Editorial

Die Geschlechterverhältnisse in modernen Gesellschaften sind in Bewegung geraten. Hieraus ergibt sich eine Vielzahl von Fragen, z.B. nach Erosionstendenzen und Beharrungskräften traditioneller Geschlechterungleichheiten und Genderregime sowie Neukonfigurationen und Widersprüchen. Die Schriftenreihe zielt darauf ab, theoretischen und empirischen Beiträgen zum Themenfeld Arbeit, Organisation und Geschlecht einen Raum zu geben und Befunde aktueller Forschungsprojekte, Tagungen und Qualifikationsarbeiten aus Soziologie, Psychologie, Wirtschaftswissenschaften und verwandten Disziplinen zur Diskussion zu stellen. Dabei werden sowohl deutsch- als auch englischsprachige Bände veröffentlicht.

Arbeit, Organisation und Geschlecht
in Wirtschaft und Gesellschaft

Schriftenreihe zur Geschlechterforschung

herausgegeben von

Prof. Dr. Maria Funder, Universität Marburg
Prof. Dr. Daniela Rastetter, Universität Hamburg
Prof. Dr. Sylvia M. Wilz, FernUniversität Hagen

Band 1

Maria Funder [Hrsg.]

# Gender Cage – Revisited

Handbuch zur Organisations- und
Geschlechterforschung

© Titelbild: istockphoto.com

Die Deutsche Nationalbibliothek verzeichnet diese Publikation in
der Deutschen Nationalbibliografie; detaillierte bibliografische
Daten sind im Internet über http://dnb.d-nb.de abrufbar.

Die Deutsche Nationalbibliothek lists this publication in the
Deutsche Nationalbibliografie; detailed bibliographic data
is available in the Internet at http://dnb.d-nb.de.

ISBN 978-3-8487-0018-9

1. Auflage 2014
© Nomos Verlagsgesellschaft, Baden-Baden 2014. Printed in Germany. Alle Rechte,
auch die des Nachdrucks von Auszügen, der fotomechanischen Wiedergabe und der
Übersetzung, vorbehalten. Gedruckt auf alterungsbeständigem Papier.

This work is subject to copyright. All rights are reserved, whether the whole or part
of the material is concerned, specifically those of translation, reprinting, re-use of
illustrations, broadcasting, reproduction by photocopying machine or similar
means, and storage in data banks. Under § 54 of the German Copyright Law where
copies are made for other than private use a fee is payable to »Verwertungsgesellschaft
Wort«, Munich.

# Inhalt

Einführung: „Gender Cage – Revisited" 9
*Maria Funder*

**Teil I  Klassische und feministische Organisationsforschung
im Überblick** 27

Die Mainstream-Organisationsforschung – Reflexionen aus einer
Genderperspektive 29
*Maria Funder*

Beginn feministischer Organisationsforschung und erste
theoretische Ansätze zu „Geschlecht und Organisation" 58
*Edeltraud Ranftl*

**Teil II  Organisation und Geschlecht – Reflexionen aus der
Perspektive von Gesellschaftstheorien** 87

„Was ist der Phall und was steckt dahinter?" Ein
systemtheoretischer Blick auf die Beobachtung der
Geschlechterdifferenz 89
*Ralf Wetzel*

Die Foucaultsche Brille: Organisation als Regierungsdispositiv aus
einer Geschlechterperspektive 122
*Roswitha Hofmann*

Der Bourdieusche Werkzeugkasten: Organisation als symbolische
Gewalt 142
*Johanna Hofbauer*

*Inhalt*

Organisation als reflexive Strukturation –
Geschlechterdifferenzierungen im Handlungskontext  166
*Steffen Dörhöfer*

**Teil III Geschlechterverhältnisse – Sichtweisen der Organisationsforschung**  193

Neo-Institutionalismus: Geschlechtergleichheit als Egalitätsmythos?  195
*Maria Funder/Florian May*

Doing/Undoing Differences: Die Sicht der prozessorientierten Organisationstheorien  225
*Edeltraud Hanappi-Egger/Helga Eberherr*

Mikropolitik und Gender im Management: „Doing Difference by Emotion"  245
*Daniela Rastetter/Christiane Jüngling*

Zum „Cultural Turn" in der feministischen Organisationsforschung. Geschlecht im Licht theoretischer Perspektiven der Organisationskulturforschung  271
*Brigitte Liebig*

Männer, Männlichkeit und Organisation  294
*Maja Apelt/Sylka Scholz*

**Teil IV Organisation und Geschlecht – Interventionen und Perspektiven**  317

Gender und Diversity: Eine Diskursgeschichte  319
*Gertraude Krell*

Diversity Management: Interventionsstrategie im rechtlich-politischen, wirtschaftlichen und organisationsdynamischen Kontext  343
*Nathalie Amstutz/Regula Spaar*

| | |
|---|---|
| Intersektionalität aus der Organisationsperspektive<br>*Helga Eberherr* | 369 |
| Organisationen verändern Geschlechterverhältnisse?! Queertheoretische Perspektiven für eine geschlechtergerechte Entwicklung von Organisationen<br>*Roswitha Hofmann* | 387 |
| Organisation und Geschlechterdemokratie: Optimistische und kritische Ausblicke<br>*Elke Wiechmann* | 411 |
| Anhang | 443 |
| Personenregister | 447 |
| Stichwortregister | 449 |

# Einführung: „Gender Cage – Revisited"

*Maria Funder*

In den letzten Jahren ist eine Vielzahl von Einführungsbüchern zur Organisationssoziologie im deutschsprachigen Raum veröffentlicht worden. Von wenigen Ausnahmen einmal abgesehen, wie dem Sammelband von Allmendinger und Hinz (2002), hat sich jedoch keine der einschlägigen Publikationen eingehend mit Organisationen aus einer Genderperspektive auseinandergesetzt.[1] Die weitgehende Ausblendung der Kategorie Geschlecht aus organisationswissenschaftlichen Erklärungskonzepten erstaunt, zumal die immer noch recht hartnäckigen geschlechtlichen Ungleichgewichte hinsichtlich der Verteilung von Einkommen (Gender Pay Gap), Tätigkeiten und Karrierechancen nicht zu übersehen sind. Es ist also höchste Zeit, diese Lücke zu schließen, denn eine kritisch reflektierte Organisationsforschung kann nicht darauf verzichten, sich mit der Geschlechterproblematik auseinanderzusetzen und theoretische Erklärungsansätze zu entwickeln, die nicht nur Aufschluss über die immer noch vorherrschenden erheblichen Beharrungskräfte der horizontalen und vertikalen Geschlechtersegregation (glass ceiling, glass walls usw.) geben, sondern auch über mögliche Erosionstendenzen, insbesondere institutionelle und strukturelle Wandlungsprozesse. Dabei dürfte vor allem die neue Unübersichtlichkeit hinsichtlich der Geschlechterordnung und -verhältnisse, ausgelöst durch z. B. Ent- und Re-Traditionalisierungstendenzen, aber auch neue Achsen der Differenz/Intersektionalität, ein Anknüpfungspunkt für die weitere geschlechter- und organisationssoziologische Theorieentwicklung und empirische Organisationsstudien sein. So lässt sich die von Swedberg vor einigen Jahren für die Wirtschaftssoziologie formulierte

---

1 Anders verhält es sich in der angloamerikanischen Organisationsforschung, in der der Zusammenhang von Organisation und Geschlecht schon seit einiger Zeit im Fokus einschlägiger Studien steht, wie aktuelle Handbücher belegen (vgl. hierzu u.a. Godwyn/Gittel (Hrsg.) 2012). Überhaupt ist für den internationalen sozialwissenschaftlichen Kontext – so jüngst Kahlert und Weinbach (2012: 3) – eine weitaus größere Offenheit im Hinblick auf die Themen der Frauen- und Geschlechterforschung zu konstatieren, die dementsprechend auch Eingang in soziologische Lehrbücher gefunden haben (vgl. u.a. Giddens 2001).

Aussage, der zufolge kein Zweifel mehr daran besteht, „that gender and economy represents [sic] one of the most promising areas for the next few decades in economic sociology" (Swedberg 2003: 259), im Prinzip eins-zu-eins auf die Organisationssoziologie – sowie die gesamte Organisationswissenschaft – übertragen. Die Organisationssoziologie wäre folglich gut beraten, eine größere Sensibilität für den Zusammenhang von Organisation und Geschlecht zu entwickeln und Impulse aus der Geschlechterforschung aufzugreifen. Aber auch die Geschlechterforschung kann von Anstößen aus der Organisationsforschung profitieren, denn weder die (Re-)Produktion noch der Wandel von Geschlechterasymmetrien lässt sich nur mit Blick auf die Gesellschaftsebene erklären, auch reicht es nicht aus, ausschließlich auf die Mikroebene der Interaktion und der Diskurse zu fokussieren.

Allein der Sachverhalt, dass Organisationen in vielerlei Hinsicht von großer Bedeutung für die Individuen in modernen Gesellschaften sind, macht sie bereits zu einem immens wichtigen und attraktiven Forschungsfeld. Während die einen ihren funktionalen, Effizienz generierenden Charakter hervorheben, betonen die anderen eher ihren Herrschafts- und Kontrollcharakter, denn – so etwa Giddens (1988) – schließlich handelt es sich um den Ort, an dem es zur Bündelung und Verknüpfung von allokativen und autoritativen Ressourcen kommt.[2] Unstrittig ist, dass Organisationen aus der modernen Gesellschaft nicht mehr wegzudenken sind. Organisationen moderieren – wie Bommes (2001: 247) es formuliert – durch die Festlegung von Inklusionsmechanismen, insbesondere durch die Spezifizierung von Ein- und Austrittsbedingungen sowie über Anforderungen an Publikums- und Leistungsrollen, Teilhabechancen von Individuen an gesellschaftlichen Teilsystemen (z. B. dem Wirtschafts-, Rechts-, Politik-, Erziehungs- oder Gesundheitssystem). Ins Auge sticht vor allem die Arbeitsorganisation, da sie über die Allokation von Erwerbschancen – und damit auch über die Höhe des materiellen Ein- bzw. Auskommens, Karriere und Prestige von Frauen und Männern – entscheidet. Es sind also Betriebe und Unternehmen, aber auch Behörden und Verwaltungen, die da-

---

2 So gehen Bruch und Türk (2005: 301) – in Anlehnung an Foucault – davon aus, dass die Organisation nicht nur „Orte der Ordnung und kontrollierten legitimen Zugriffs auf Arbeit (sind, d.V.), sondern auch Zentren der Ansammlung von Produktionsmitteln (materieller wie immaterieller Art) und disparitärer Verfügungsrechte über diese", so dass von der Organisation als (Regierungs-)Dispositiv gesprochen werden kann.

rüber befinden, wer eingestellt oder entlassen wird, wer welche Tätigkeiten ausführt und wer welche Stellen und Aufstiegschancen erhält. Von Relevanz für die Arbeits- und Lebensperspektiven von Frauen und Männern ist aber nicht nur der Typus der Arbeitsorganisation – wenngleich gerade seine Dominanz in westlichen Industriegesellschaften nicht zu übersehen ist –, sondern auch die Vielzahl anderer Organisationen (z. B. Parteien, Verbände und Gewerkschaften), die Repräsentations- und Partizipationsmöglichkeiten mitbestimmen. Organisationen stellen ein entscheidendes Nadelöhr dar, wenn es um Fragen gesellschaftlicher Inklusion (bzw. Exklusion), also um Anerkennung, (Um-)Verteilung, Teilhabe und Partizipation, geht. Dass Organisationen an Prozessen sozialer Ungleichheit mitwirken, diese verstärken – aber ebenso konterkarieren – können, liegt demnach auf der Hand. Strittig ist allerdings – selbst in der Genderforschung –, ob Geschlechterdifferenzierungen und -hierarchien in Organisationen permanent erzeugt und reproduziert werden, oder ob die Geschlechterdifferenz nicht eher als ein „latent verfügbares Angebot für die Konstruktion von Hierarchien, von Asymmetrien in Aufgabenteilung und Bewertung sowie ungleichen Chancen" (Müller 2005: 232) zu verstehen ist, von dem nicht immer Gebrauch gemacht werden muss.

Kurzum: Organisationen sind in Gegenwartsgesellschaften allgegenwärtig und von grundlegender Bedeutung für das Handeln von Menschen und ihre gesellschaftliche Positionierung. Bereits die Klassiker der Soziologie sahen in Organisationen ein zentrales Strukturelement der Neuzeit, das im Zuge der Auflösung ständischer Bindungen entstanden ist und im Laufe der Zeit einen rasanten Anstieg, nicht nur hinsichtlich ihrer Zahl, sondern auch ihrer Formenvielfalt, erfahren hat. Heutzutage wird die moderne Gesellschaft sogar als „Organisationsgesellschaft" (Schimank 2001) oder „Gesellschaft der Organisationen" (Perrow 1996) beschrieben, was jedoch – so die nicht unberechtigte Kritik (vgl. u.a. Kühl 2003; Tacke 2001) – einer zu starken Verallgemeinerung des Phänomens der Organisation gleichkommt, das damit zum zentralen Charakteristikum der modernen Gesellschaft wird. Demgegenüber erwies sich der Versuch der frühen Organisationssoziologie, „Organisationen ohne Gesellschaft" zu konzipieren, nicht als tragfähige Alternative, denn so wird der komplexe, wechselseitige Zusammenhang von Gesellschaft und Organisation nahezu vollständig ausgeblendet (vgl. Tacke 2001: 8; Faust/Funder/Moldaschl 2005: 10). Erst mit dem Neo-Institutionalismus (vgl. u.a. Powell/DiMaggio 1991; Scott/Meyer 1994) und der im deutschsprachigen Raum intensiven Rezeption der Giddensschen Strukturationstheorie (vgl. Ortmann/Sydow/

Windeler 1997) in den 1990er Jahren setzt die längst fällige Debatte über eine „Rückkehr der Gesellschaft" in die Organisationsforschung ein, die aber noch weit entfernt davon ist, Geschlechterfragen zu berücksichtigen.[3]

Während die Organisationsforschung allmählich beginnt, ihre gesellschaftstheoretische Leerstelle, wenn auch erst einmal „nur" mit Blick auf sozialtheoretische Ansätze – wie Tacke (2001) im Anschluss an Bruckmeier (1988) kritisch einwendet – zu schließen, bleibt sie – wie ausgeführt – dennoch im Kern „geschlechtsblind". So wird der Anspruch von Renate Mayntz (1963), die schon sehr früh dafür plädierte, nicht nur die Wirkung der Gesellschaft auf Organisationen – ihre Strukturen und Prozesse – auszuloten, sondern auch danach zu fragen, wie Organisationen die Gesellschaft (bzw. einzelne Teilsysteme) beeinflussen, mittlerweile sehr ernst genommen. Das zunehmende Interesse an gesellschaftstheoretischen Erklärungskonzepten spiegelt sich insbesondere in der Rezeption von Luhmann, Bourdieu und Foucault, um nur einige einschlägige Theoretiker, die Eingang in die Organisationsforschung gefunden haben, zu nennen, deutlich wider. Gleichwohl ist zu konstatieren, dass auch die Hinwendung zu allgemeinsoziologischen Theorien und Gesellschaftstheorien noch nicht zu einer größeren Offenheit im Hinblick auf die Kategorie Geschlecht im deutschsprachigen Mainstream der Organisationsforschung geführt hat. Bislang spielt die Genderfrage primär in der feministischen Organisationsforschung eine Rolle, die seit den 1970er Jahren eine Vielzahl von Erklärungskonzepten und Studien zum Zusammenhang von „Organisation und Geschlecht" hervorgebracht hat[4]; aber dennoch ist sie – von Ausnahmen (z. B. Rosabeth M. Kanter) abgesehen – bis heute nicht in den Kanon der klassischen Organisationsforschung aufgenommen worden.[5]

Betrachtet man die Entwicklungen der letzten Jahre, dann hat der längst fällige Dialog zwischen Organisations- und Geschlechterforschung noch nicht stattgefunden. Einen ersten Schritt in diese Richtung will dieses

---

3 In dem einschlägigen und prominenten Sammelband von Ortmann, Sydow und Türk (1997) findet sich nur ein einziger Hinweis auf die Problematik der Geschlechtertrennung.
4 In dem Reader von Müller, Riegraf und Wilz (2013) findet sich eine Vielzahl bislang verstreut erschienener einschlägiger Aufsätze zum Forschungsfeld „Geschlecht, Organisation, Gesellschaft", die hier erstmals in einem Band wiederabgedruckt wurden. Siehe auch Aulenbacher/Riegraf 2010; Funder 2004, 2008.
5 Eine Ausnahme bildet hier der Überblicksband von Klaus Türk über Hauptwerke der Organisationstheorie (Türk 2000), in dem auch Kanter, Acker und Ferguson als wichtige Organisationsforscherinnen aufgenommen wurden.

Handbuch leisten. Ziel ist es, einen Überblick über klassische und aktuelle sozialwissenschaftliche Theorieangebote, Analysen und Debatten zur Organisations- und Geschlechterforschung zu geben. Der Titel wurde in Analogie zu dem klassischen und einflussreichen Text „The Iron Cage revisited: Institutional Isomorphism and Collective Rationality in Organiziational Fields" aus dem Jahre 1983 von Paul J. DiMaggio und Walter W. Powell gewählt. Das hat folgenden Grund: Mit der Anspielung auf diesen Titel – der seinerzeit deutlich machen sollte, dass ein Nachdenken über das die Organisationsforschung dominierende Rationalitätsprinzip des Weberschen Bürokratiemodells dringend geboten ist – und speziell seiner Erweiterung um den Genderaspekt, soll zum Ausdruck gebracht werden, dass es an der Zeit ist, erstens die Genderkategorie im Mainstream der Organisationsforschung zu berücksichtigen und zweitens offen für aktuelle Transformationsprozesse der Geschlechterverhältnisse in Organisationen zu sein.[6] Noch ist die Richtung, in die die Reise gehen könnte, nicht eindeutig, im Gegenteil, das Bild der möglichen Reiserouten ist recht unübersichtlich und widersprüchlich: Auf der einen Seite ist die zunehmende Erwerbsbeteiligung von Frauen, der Wandel von Leitbildern (Abkehr vom traditionellen Familienernährermodell) und die zunehmende Verankerung rechtlicher Gleichstellung nicht zu übersehen, die auch Organisationen erheblich unter Druck setzen können. Auf der anderen Seite weisen aktuelle Studien und Analysen auf eine anhaltende Beharrungskraft und gleichzeitige De-Thematisierung von Geschlechterungleichheiten sowie eine Verankerung von „Egalitätsmythen" in Organisationen hin (vgl. Funder 2005; Funder/Sproll 2012; siehe auch Wetterer 2007, 2013). Dementsprechend kontrovers wird darüber diskutiert, ob der „Gender Cage" weiterhin geschlossen bleibt oder sich nicht doch allmählich auflöst, sodass Geschlechterasymmetrien bald der Vergangenheit angehören werden. Es stellt sich also die Frage, ob sich in Organisationen lediglich neue (Egalitäts- bzw. Gleichheits-)Fassaden herausbilden oder ob es nicht doch zu einer Orientierung an der Leitidee Gleichberechtigung kommt, die auf den gesamten Arbeitsalltag, die Kultur, Strukturen und Entscheidungsprozesse

---

[6] Diese noch offenen und kontrovers diskutierten Fragen waren nicht nur Anstoß für dieses Handbuch, sondern auch für die Beantragung eines DFG-Projektes, das 2013 bewilligt wurde. Es trägt den Titel: „Gender Cage – revisited: Zur Rekonfiguration von Geschlechterdifferenzierungen in Organisationen postmoderner Gesellschaften" (siehe www.gendercage-revisited.eu). Die Geschichte des Handbuchs ist daher eng verwoben mit der Geschichte des Forschungsantrages.

in Organisationen durchschlägt. Allerdings ist bereits an dieser Stelle anzumerken, dass Organisationen, die in erster Linie als Hierarchie konzipiert sind, nicht gerade der Ort sind, an dem normative Ansprüche an Gleichheit, Gleichberechtigung oder sogar Geschlechterdemokratie selbstverständlich sind. Gleichwohl werden sie seit einigen Jahren zunehmend mit derartigen Erwartungen konfrontiert, denen sie sich offenbar immer weniger vollständig entziehen können. Noch ist offen, wie Organisationen mit diesen Anforderungen umgehen werden. Wird es ihnen auch zukünftig gelingen, Gleichheitsfassaden aufzubauen und es bei einer „rhetorischen Modernisierung" (Wetterer 2003) zu belassen?

Da es bereits eine Vielzahl von Studien[7] gibt, die Aufschluss über Fakten und Daten über die Arbeitszeitgestaltung und Beschäftigungsverhältnisse von Frauen und Männern, die horizontale und vertikale geschlechtliche Segregation und den Pay Gap liefern, kann auf eine erneute, detaillierte Darstellung dieser mittlerweile weitgehend bekannten Entwicklungstrends verzichtet werden. Was hingegen bislang zumeist zu kurz kommt, ist der Versuch, weitergehende theoretische Konzepte und Analyserahmen zu entwickeln, die es erlauben, das komplexe mehrdimensionale Zusammenwirken von Geschlecht, Organisation und Gesellschaft in seiner ganzen Widersprüchlichkeit und Ambiguität zu erfassen. Anliegen des Handbuchs ist es, klassische und ausgewählte zeitgenössische theoretische Erklärungskonzepte – Gesellschafts- und Organisationstheorien – aus einer Genderperspektive zu betrachten, um einen ersten Schritt in diese Richtung zu unternehmen. Die Beiträge vermitteln somit nicht nur einen Überblick über einschlägige theoretische Konzepte, sondern auch über mögliche Weiterentwicklungen. Berücksichtigung finden zudem aktuelle Debatten und Konzepte über Interventionsstrategien und Perspektiven im Hinblick auf das widersprüchliche Zusammenwirken von Beharrungs-, Re-

---

7 Bereits ein Blick auf die Liste der aktuellen Veröffentlichungen aus der Frauen- und Geschlechterforschung macht deutlich, dass allein schon die Zahl der Studien, die zum Thema Arbeits- und Beschäftigungsverhältnisse, Karriere und Pay Gap in den letzten Jahren veröffentlicht wurden, sehr groß ist. Sie alle zu nennen ist nicht möglich. Wer sich einen ersten Überblick verschaffen will, kann z. B. die von der Projektgruppe GiB (2010) zusammengetragenen empirischen Befunde lesen, die Beiträge in dem von Krell, Ortlieb und Sieben (2011) herausgegebenen Sammelband oder das Gutachten der Sachverständigenkommission des Bundesministeriums für Familie, Senioren, Frauen und Jugend (vgl. BMFSFJ 2011) zur Gleichstellung von Frauen und Männern.

konfigurations- und Auflösungsprozessen von Geschlechterasymmetrien in Organisation und Gesellschaft.

Gegliedert ist das Handbuch in vier Kapitel. Im ersten Teil, der sich mit der klassischen und feministischen Organisationsforschung befasst, werden zunächst in einem Beitrag von *Maria Funder* – in Anlehnung an den Systematisierungsversuch des Organisationsforschers W. Richard Scott, der drei historisch aufeinander folgende Erklärungsstränge in der Organisationsforschung voneinander unterscheidet – zentrale Entwicklungslinien und Schwerpunktsetzungen des Mainstreams rekonstruiert, um eine vierte, reflexive Sicht auf Organisationen ergänzt und aus einer Genderperspektive kritisch reflektiert. Maria Funder belässt es jedoch nicht dabei, den „blinden Fleck" des Mainstreams in punkto Geschlecht zum wiederholten Male zu benennen, sondern unternimmt auch den Versuch, einschlägige theoretische Konzepte und Befunde der Organisationsforschung aus der Perspektive der Geschlechterforschung neu zu bewerten und nach Verbindungslinien zu suchen, die sich als Brückenkonzepte erweisen könnten. Um zentrale Konzepte und Studien der klassischen feministischen Organisationsforschung geht es im zweiten Beitrag dieses Einführungskapitels. Der Text von *Edeltraud Ranftl* bietet einen informativen Überblick über die Entwicklung der feministischen Organisationsforschung. Vorgestellt werden bekannte und bis heute sehr prominente Studien und Theoriekonzepte, die insbesondere mit den Namen Rosabeth M. Kanter, Kathy Ferguson, Joan Acker, Susan Halford, Anne Witz und Mike Savage verbunden sind, deren Befunde die Frauen- und Geschlechterforschung stark beeinflusst haben. Edeltraud Ranftl skizziert die Hauptaussagen der klassischen Studien und nimmt jeweils eine theoretische Verortung der Ansätze vor. Sie kommt zu dem Schluss, dass ein „Schwarz-Weiß-Bild", demzufolge Organisationen entweder vergeschlechtlicht oder als geschlechtsneutrale soziale Gebilde wahrzunehmen sind, schon längst nicht mehr die Realität der Geschlechterverhältnisse in Organisationen wiedergibt. Das Bild ist weitaus differenzierter und widersprüchlicher, was auch neue Anforderungen an die Theoriebildung mit sich bringt.

Aktuelle gesellschaftstheoretische Zugänge zum Zusammenhang von Organisation und Geschlecht eröffnet der *zweite Teil* des Handbuchs. Aus jeweils unterschiedlichen theoretischen Positionen wird aufgezeigt, ob und wie eine Verknüpfung zwischen Organisations- und Geschlechterforschung denkbar ist und zu aufschlussreichen Erkenntnissen von Organisation und Geschlecht in modernen Gesellschaften führen kann.[8] Den Auftakt macht *Ralf Wetzel,* der systemtheoretische Überlegungen ins Zentrum seiner Ausführungen stellt. Zwar liegt es nicht gerade auf der Hand, systemtheoretische Betrachtungen zur Analyse der Geschlechterproblematik in Organisationen anzustellen, denn schließlich wird davon ausgegangen, dass es in der Moderne zu einer „systemstrukturellen Entbehrlichkeit" (Weinbach/Stichweh 2001: 31) der Mann/Frau-Unterscheidung kommt. Wetzel nimmt diese theoretische Herausforderung an und setzt sich mit dem Verhältnis von Systemtheorie und Genderdiskurs auseinander. Die Analyse erfolgt entlang klassischer Systemebenen – Gesellschaft, Interaktion, Organisation. Nur auf den ersten Blick paradox ist sein Erkenntnisgewinn, dass es ausgerechnet die Systemtheorie ist, die im Kern die radikalste (und zugleich wohl auch optimistischste) Zukunftsperspektive im Hinblick auf die Geschlechterfrage aufweist, denn die Geschlechterdifferenz gilt aus systemtheoretischer Sicht als unzulässig, ja sogar als antiquiert. Gleichwohl stellt sich die Frage, wie die anhaltende Persistenz der Geschlechterdifferenz systemtheoretisch erklärt werden kann. Viel gewinnt man bereits, wenn man – wie Wetzel – zunächst einmal davon ausgeht, dass Ungleichheit als etwas nach wie vor „Überraschendes" behandelt werden kann. Wetzel diskutiert die sich hierdurch ergebenden neuen Einsichten für die Organisations- und Geschlechterforschung.

Einen ganz anderen Zugang zum Thema Organisation und Geschlecht eröffnen die Theorieangebote von Michel Foucault und Pierre Bourdieu, die mittlerweile auch als anschlussfähig für die Analyse der Geschlechterverhältnisse in Organisationen gelten. Der Beitrag von *Roswitha Hofmann* knüpft an das Theorieprogramm von Foucault an. Vorgestellt und diskutiert werden nicht nur zentrale Begriffe und Argumentationslinien der Foucaultschen Konzeption, sondern auch die organisationssoziologische Rezeption dieses Ansatzes, zu der vor allem Türk, Lemke und Bruch (2006) maßgeblich beigetragen haben. Hofmann greift diese organisati-

---

8 Dass auch in einem Handbuch nicht die gesamte Theorienvielfalt aufgenommen werden kann, muss sicherlich nicht erklärt werden. Ausgewählt wurden die in der Organisationsforschung bereits seit einiger Zeit besonders intensiv rezipierten Theorieangebote. Infrage kamen, erstens, dezidiert gesellschaftstheoretisch ausgerichtete Ansätze, wie etwa die Systemtheorie sowie die Ansätze von Foucault und Bourdieu, und zweitens – allein schon aufgrund des bereits erwähnten Impuls gebenden Effekts für die deutschsprachige Organisationssoziologie – Giddens' Strukturationstheorie.

onsbezogenen Überlegungen auf und reflektiert sie kritisch aus einer Genderperspektive. Sie arbeitet Schnittstellen zwischen dem Foucaultschen Konzept und der Organisations- und Geschlechterforschung heraus. Betrachtet man die Organisation als Regierungsdispositiv, also als einen Prozess, der menschliche Kooperation reguliert und ein historisch jeweils spezifisches Macht- und Herrschaftsverhältnis hervorbringt, ergeben sich – wie sie zeigen kann – bislang noch weitgehend unberücksichtigte geschlechterpolitische Implikationen, die zu einer Weiterentwicklung der geschlechterbezogenen Organisationsforschung verhelfen können. Mehr noch, Foucaults Ansatz bietet zudem die Chance, die Gesellschaft mitzudenken, denn geschlechterbezogene Organisationspathologien sind immer auch Pathologien der Gesellschaft.

Der Aufdeckung geschlechterbezogener Machtverhältnisse in Organisationen kommt man ebenfalls näher, wenn man – wie *Johanna Hofbauer* – hierzu in den Bourdieuschen „Werkzeugkasten" greift. Wenngleich Bourdieu auch kein Organisationstheoretiker war, und – wie Hofbauer betont – kein „Universalwerkzeug" liefert, das problemlos auf den Gegenstand Organisation übertragen werden kann, lässt sich dennoch Gewinn aus seinen Analysen ziehen. Offen gelegt werden Wechselwirkungen zwischen gesellschaftlichen Macht- und Herrschaftsverhältnissen und organisationsbasierten Strukturen der Ungleichheit. Hofbauer zeigt eindrucksvoll, warum die Organisation ein Ort symbolischer Gewalt ist und wie Geschlechterasymmetrien systematisch verdeckt werden. Organisationen werden nicht nur als Produktionsstätten von Ungleichheit verstanden. Sie tragen auch selbst zur Legitimation von Ungleichheit bei. Das Bourdieusche Konzept – insbesondere die Annahme der institutionellen Einbettung von Organisationen – bietet darüber hinaus ebenfalls die Chance, Wechselwirkungen zwischen dem Geschehen in Organisationen und dem weiteren gesellschaftlichen Umfeld zu erkennen. Damit ist nicht ausgeschlossen, dass Gleichstellungspolitik Druck auf die Wirtschaft und mithin Organisationen auslösen kann, was aber – so Hofbauer – nicht zwangsläufig der Fall sein muss. Dem entgegen steht bis heute die Reproduktion überwiegend geschlechtsdifferenzierter Wahrnehmungs- und Beurteilungsschemata, die nach wie vor im Habitus – insbesondere von Führungskräften – fest verankert sind.

Dass sich kaum eine andere Sozialtheorie besser eignet, die (Re-)Produktion und (Dis-)Kontinuität der Geschlechterverhältnisse in Organisationen sowie der modernen Gesellschaft zu erklären, als die Giddenssche Sozialtheorie, kann *Steffen Dörhöfer* in seinem Beitrag zeigen. Auch in den strukturationstheorischen Organisationsansätzen spielt die Kategorie Geschlecht bislang nur eine randständige Rolle. Der Text fragt nach möglichen Anknüpfungspunkten des Giddensschen Theoriekonzepts an gegenwärtige Diskussionen zur Geschlechterdifferenzierung in Organisationen. Dörhöfer erklärt nicht nur die Grundannahmen des Giddensschen Kernkonzepts der „Dualität von Struktur". Dargelegt wird auch, warum gerade ein strukturationstheoretischer Analyseansatz einen integrativen Theorierahmen für die Untersuchung der „Dualität von Geschlecht" in Organisationen bietet. Geht man davon aus, dass Akteure immer auch „anders" handeln können, dann lässt sich – so Dörhöfer – sogar der Gegensatz von Geschlecht als Struktur- oder Prozesskategorie auflösen, und es rücken nicht nur Doing- sondern auch Undoing-Gender-Praktiken in den Fokus der Analyse. Der Strukturationsansatz bietet daher sowohl für die Organisations- als auch die Geschlechterforschung neue Sichtweisen.

*Teil III* setzt sich mit Geschlechterverhältnissen aus der Sicht der Organisationsforschung auseinander. Ausgewählt wurde aus der Vielzahl der Organisationstheorien zum einen der Neo-Institutionalismus, der sich gerade in jüngster Zeit großer Beliebtheit in der Organisationsforschung erfreut, da von ihm – neben der Strukturationstheorie – noch am ehesten ein Beitrag zur „Rückkehr der Gesellschaft" in die Organisationssoziologie erwartet werden kann. Aufschlussreiche und weiterführende Überlegungen bieten zum anderen prozessorientierte Organisationstheorien, aber auch die Mikropolitik und die Organisationskulturforschung, die sich gerade aus der Sicht der Geschlechterforschung als sehr inspirierend erwiesen hat. In dem Beitrag von *Maria Funder* und *Florian May* geht es um Anschlussstellen des Neo-Institutionalismus für die Geschlechterforschung. Zwar ist die Kategorie „Gender" bis heute noch ein weitgehend blinder Fleck im Neo-Institutionalismus, was einer Rezeption dieses Ansatzes aber keineswegs im Wege stehen sollte; erste Versuche in diese Richtung gibt es immerhin schon (vgl. Lederle 2008; Müller 2010). In dem Beitrag werden zunächst Grundannahmen und klassische Konzept des Neo-Institutionalismus vorgestellt, die einen Einblick in neo-institutionalistisches Denken geben sollen. Funder und May gehen davon aus, dass der Neo-Institutionalismus – im Unterschied zu vielen anderen organisationssoziologischen Ansätzen – die Möglichkeit einer produktiven Verknüpfung zwischen Geschlecht, Organisation und Gesellschaft bietet, wodurch eine neue Sicht auf die „paradoxe Gleichzeitigkeit" (Maihofer 2007) von Wandel und Persistenz, Chancen und Zwängen sowie Rekonfigurationsprozessen von Geschlechterungleichheiten gewonnen werden kann. Inspiriert durch den Neo-Institutionalismus und die Debatte über (Egalitäts-)Mythen und (Gleichheits-)Fassaden wird am Ende eine Forschungsperspektive aufgezeigt, in deren Zentrum eine Weiterentwicklung in Richtung einer „Mythenspirale der Egalität" steht, die sowohl Spielräume für Erosions- als auch für Wandlungsprozesse eröffnet.

Mit der prozessorientierten Organisationstheorie befassen sich im Anschluss *Edeltraud Hanappi-Egger* und *Helga Eberherr*. Sie setzen sich eingehend mit Fragen nach dem *Wie* des Organisierens, insbesondere der Herstellung von Sinn und Regeln der Sinnkonstitution, aus einer prozessorientierten Sicht auseinander. Denn aus einer Genderperspektive erlaubt gerade diese organisationstheoretische Perspektive, Fragen nach der Bedeutung von Geschlecht sowie dessen Relevanz bzw. Irrelevanz (Doing/Undoing Gender) – in Verbindung mit anderen sozialen Kategorien (z. B. Alter oder sexuelle Orientierung) – zu diskutieren und Fragen nach den Voraussetzungen für organisationalen Wandel zu beantworten.

Im Weiteren geht es um die Mikroebene der Organisation, genauer um die Leistungsfähigkeit des mikropolitischen Ansatzes. Sie steht im Fokus der Ausführungen von *Daniela Rastetter* und *Christiane Jüngling*. Auch in ihrem Beitrag werden zunächst Grundannahmen mikropolitischer Ansätze – exemplarisch das mikropolitische Handlungsstrukturmodell von Neuberger – vorgestellt und diskutiert. Mit dem Strukturmodell von Oswald Neuberger und dem Konzept zu Emotionsarbeit nach Arlie Russell Hochschild bieten sich – wie Rastetter und Jüngling zeigen können – wichtige Anknüpfungspunkte zur Analyse von Mikropolitik und Emotionsarbeit mit Blick auf die Kategorie Geschlecht. So gelangen sie auf der Basis theoretischer Überlegungen und gestützt auf die Befunde eigener empirischer Studien zu neuen Einsichten über Mikropolitik und Emotionsarbeit im Management aus einer Geschlechterperspektive.

Nicht nur die Mikropolitik, sondern auch das Konzept der „Organisationskultur" gehört heute zum Standardrepertoire der Organisationsforschung, denn es liefert eine ausgezeichnete Basis, um Organisations- und Geschlechterforschung miteinander zu verbinden. *Brigitte Liebig* sieht daher in der Organisationskulturforschung eine „wertvolle Heuristik" für die Auseinandersetzung mit Geschlechterkonstruktionen und -verhältnissen in Organisationen. Einer eingehenden Darstellung der Kernaussagen und zentraler Konzepte der Organisationskulturforschung folgt ein Plädoyer für die Integration einer feministisch-kritischen Perspektive. Aber auch für die Geschlechterforschung eröffnet – wie sie in ihrem Beitrag weiter argumentiert – die Organisationskulturforschung neue Einsichten, da sie in kritisch-reflexiver Weise die „natürliche Ordnung des Alltags" (Hanappi-Egger 2011) problematisiert und damit einen Schlüssel zum Verständnis der Gleichzeitigkeit von Ab- und Anwesenheiten von Geschlechterdifferenzierungen sowie De- und Re-Stabilisierungen von Geschlechterasymmetrien in Organisationen bereithält.

Last but not least wird in diesem Teil auch eine Sichtung der Männlichkeitsforschung zur Erklärung des Zusammenhangs von Organisation und Geschlecht vorgenommen. *Maja Apelt* und *Sylka Scholz* leiten ihren Überblicksartikel mit der grundlegenden Frage ein, was überhaupt unter einer „männlichen" Organisation zu verstehen ist. Sie gehen davon aus, dass die Rolle von Organisationen für die Konstruktion von Männlichkeit in der Gesellschaft noch längst nicht hinreichend und zufriedenstellend geklärt ist. Am Beispiel des Militärs und des Managements wird dargestellt, wie sich unterschiedliche „Männlichkeiten" in Organisationen herausbilden und wie Organisationen selbst unterschiedliche Männlichkeiten hervorbringen. Ziel ist es, die Anschlussfähigkeit von Organisations- und Männlichkeitsforschung zu überprüfen. Dargelegt wird, dass die Analyse organisationaler Zusammenhänge zu einem wichtigen Erkenntnisgewinn hinsichtlich der Konstitution, Stabilisierung und Transformation hegemonialer Männlichkeit beitragen kann.

Wer sich mit dem Zusammenhang von Organisation und Geschlecht befasst, kommt nicht umhin, sich mit den aktuellen Debatten zum Thema Diversity und Intersektionalität auseinanderzusetzen und Interventionsmöglichkeiten sowie weitergehende Perspektiven auszuloten, was im *vierten Teil* dieses Handbuchs erfolgt. Den Auftakt hierzu übernimmt *Gertraude Krell*, die in ihrem Beitrag eine diskursgeschichtliche Herangehensweise favorisiert und so eine erkenntnisreiche Rekonstruktion der widerstreitenden Positionen zu Diversity (Management) und dessen Verhältnis zu Gender (Mainstreaming) mit Blick auf die deutschsprachige Geschlechterforschung vorlegt. Am Beispiel von Roosevelt Thomas, Jr., Taylor Cox, Jr., Elsie Cross und Marilyn Loden führt sie aus, wie unterschiedlich die diskursiven Erzeugungen von Diversity schon bei diesen vier Pionier_innen waren. Die Ausgestaltung und Reichweite von Diversity-Konzepten hat sich mittlerweile vervielfacht. Krell bekräftigt und erweitert daher ihr früheres „Plädoyer für vielfältige Verbindungen" von Geschlechterpolitik(en) mit anderen Diversity-Politiken um neue Varianten.

Einen informativen Abriss über die verschiedenen Konzepte und Dimensionen von Diversity Management bieten im Anschluss *Nathalie*

*Amstutz* und *Regula Spaar*. Sie erläutern die theoretischen Grundlagen des Diversity-Konzepts und Fragen nach Problemen der Umsetzung und tatsächlichen Wirksamkeit dieses Managementansatzes, dem sie ausgesprochen kritisch gegenüberstehen. So handelt es sich – wie sie herausstellen – vielfach nur um eine Form der „rhetorischen Modernisierung" (Wetterer). Gleichwohl räumen sie dem Konzept – wenn es mit Leitideen der Intersektionalität verbunden wird – aber auch Chancen ein und schließen eine sukzessive, quasi mimetische Verbreitung nicht aus.

Der Gedanke der Intersektionalität, der bereits in den Ausführungen von Amstutz und Spaar auftaucht, steht im Zentrum der Überlegungen von *Helga Eberherr*, die sich eingehend mit diesem immer wichtiger werdenden Forschungsfeld der Geschlechtersoziologie aus einer Organisationsperspektive auseinandersetzt. Der Artikel bietet einen Abriss der Entstehungsgeschichte und einen Einblick in die Intersektionalitätsforschung. Diskutiert wird, wie einer intersektionalen Forschungsperspektive Rechnung getragen werden kann. Eberherr geht davon aus, dass das Thema Intersektionalität eine große Bereicherung für die Organisations- und Geschlechterforschung darstellen kann, denn es liefert Impulse für eine multiperspektivische Mehrebenenanalyse, die multiple Ungleichheitsverhältnisse theoretisch und empirisch in den Blick nimmt.

In den beiden letzten Beiträgen konzentrieren sich die Überlegungen, um noch einmal an Renate Mayntz anzuknüpfen, zum einen auf das Veränderungspotenzial von Organisationen in Bezug auf die Gesellschaft (bzw. Teilsysteme der Gesellschaft) und zum anderen – umgekehrt – auf das Einflusspotenzial der Gesellschaft (bzw. einzelner Teilsysteme) auf Organisationen. *Roswitha Hofmann* diskutiert in ihrem zweiten Beitrag die Frage, ob Organisationen Veränderungen stimulieren können, die sowohl die Geschlechterordnung als auch die Orientierung am Leitbild der Heternormativität infrage stellen. Sie konzentriert sich in ihren Ausführungen in erster Linie auf die Ausstrahlungskraft einer queer-theoretischen Perspektive für eine geschlechtergerechte Entwicklung von Organisationen. Alles hängt ihres Erachtens davon ab, wie groß die Bereitschaft ist, heteronormative Verhältnisse radikal zu hinterfragen und zu einem substanziellen Abbau von persistenten, exkludierenden Normalitätsregimen, die auf rigider Zweigeschlechtlichkeit und normativer Heterosexualität beruhen, zu gelangen. Allein auf die – wenn auch für zentral erachtete – Diskursebene will sich *Elke Wiechmann* nicht fokussieren. Vielmehr ist sie davon überzeugt, dass ein Wandel der Geschlechterverhältnisse in Richtung Geschlechterdemokratie auch in Organisationen nur auf der Basis einer strukturellen Verankerung von Geschlechtergleichstellung erfolgen wird, von der wir – wie ihre empirischen Befunde zum Ausmaß der horizontalen und vertikalen Geschlechtersegregation in der Wirtschaft und der Politik zeigen – noch relativ weit entfernt sind. Ob und inwieweit sich Organisationen verändern werden, sodass der „Gender-Cage" sich öffnen kann, ist somit auch Thema dieses abschließenden Beitrages, der im Kern skeptisch bleibt, jedoch für einen verhaltenen Optimismus plädiert.

Den Autor_innen sei an dieser Stelle sehr für ihre Ideen und Beiträge gedankt, die hoffentlich weitere Diskussionen anstoßen und den Dialog zwischen Organisations- und Geschlechterforschung weitertreiben werden.

Nicht zuletzt möchte ich mich auch sehr herzlich bei *Regine Bürger* bedanken, die in bewährter Art und Weise, also mit viel Geduld und großer Sorgfalt, dazu beigetragen hat, eine druckreife Vorlage zu erstellen. Lara Koehler und Franziska Marek danke ich für die technische Unterstützung. Mein Dank gilt selbstverständlich auch dem *Nomos Verlag* – namentlich Sandra Frey, Lucia Pflieger und Martin Reichinger –, der das Vorhaben von Beginn an sehr unterstützt hat.

*Im Text erwähnte Quellen*

Allmendinger, Jutta/Hinz, Thomas (Hrsg.) (2002). Organisationssoziologie. Sonderband der Kölner Zeitschrift für Soziologie und Sozialpsychologie, 42. Wiesbaden: Westdeutscher Verlag.

Aulenbacher, Brigitte/Riegraf, Birgit (2010). Geschlechterdifferenzen und -ungleichheiten in Organisationen. In: Aulenbacher, Brigitte/Meuser, Michael/Riegraf, Birgit (Hrsg.). Soziologische Geschlechterforschung. Eine Einführung. Wiesbaden: VS, 157–171.

BMFSFJ (2011). Neue Wege – Gleiche Chancen. Gleichstellung von Frauen und Männern im Lebensverlauf. Erster Gleichstellungsbericht. Deutscher Bundestag, Drucksache 17/6240, 16.6.2011.

Bommes, Michael (2001). Organisation, Inklusion und Verteilung. Soziale Ungleichheit in der funktional differenzierten Gesellschaft. In: Tacke, Veronika (Hrsg.). Organisation und gesellschaftliche Differenzierung. Wiesbaden: Westdeutscher Verlag, 236–258.

Bruch, Michael/Türk, Klaus (2005). Organisation als Regierungsdispositiv der modernen Gesellschaft. In: Faust, Michael/Funder, Maria/Moldaschl, Manfred (Hrsg.). Die „Organisation" der Arbeit. München und Mering: Rainer Hampp, 283–306.

Bruckmeier, Karl (1988). Kritik der Organisationsgesellschaft: Wege der systemtheoretischen Auflösung von Gesellschaft von M. Weber, Parsons, Luhmann und Habermas. Münster: Westfälisches Dampfboot.

DiMaggio, Paul J./Powell, Walter W. (1983). The Iron Cage Revisited: Institutional Isomorphism and Collective Rationality. In: American Sociological Review, 48 (2), 147–160.

Faust, Michael/Funder, Maria/Moldaschl, Manfred (2005). Einführung: Hat oder braucht die Arbeits- und Industriesoziologie Organisationstheorien. In: dies. (Hrsg.). Die „Organisation" der Arbeit. München und Mering: Rainer Hampp, 9–17.

Funder, Maria (2004). (K)ein Ende der Geschlechterungleichheit? Arbeit und Geschlecht als Medien der Inklusion und Exklusion in Organisationen. In: Baatz, Dagmar/Rudolph, Clarissa/Satilmis, Ayla (Hrsg.). Hauptsache Arbeit? Münster: Westfälisches Dampfboot, 47–69.

Funder, Maria (2005). Gendered Management? Geschlecht und Management in wissensbasierten Unternehmen. In: Funder, Maria/Dörhöfer, Steffen/Rauch, Christian (Hrsg.). Jenseits der Geschlechterdifferenz? Geschlechterverhältnisse in der Informations- und Wissensgesellschaft. München und Mering: Hampp, 97–122.

Funder, Maria (2008). Geschlechterverhältnisse und Wirtschaft. In: Maurer, Andrea (Hrsg.). Handbuch Wirtschaftssoziologie. Wiesbaden: VS, 411–430.

Funder, Maria (2011). Soziologie der Wirtschaft. Eine Einführung. München: Oldenbourg

Funder, Maria/Sproll, Martina (2012). Symbolische Gewalt und Leistungsregime. Geschlechterungleichheit in der betrieblichen Arbeitspolitik. Münster: Westfälisches Dampfboot.

Giddens, Anthony (1988). Die Konstitution der Gesellschaft. Grundzüge einer Theorie der Strukturierung. Frankfurt, New York: Campus.

Giddens, Anthony (2001). Sociology. Cambridge: University Press (4th Edition).

Godwyn, Mary/Gittel, Jody Hoffer (Hrsg.) (2012). Sociology of Organizations. Structures and Relationships. Thousand Oaks: Sage.

Hanappi-Egger, Edeltraud (2011). The Triple M of Organizations: Man, Management and Myth. Wien: Springer.

Kahlert, Heike/Weinbach, Christiane (2012). Einleitung: Zeitgenössische Gesellschaftstheorien und Genderforschung. In: dies. (Hrsg.). Zeitgenössische Gesellschaftstheorien und Genderforschung. Einladung zum Dialog. Wiesbaden: Springer VS, 1–12.

Krell, Gertraude/Ortlieb, Renate/Sieben, Barbara (Hrsg.) (2011). Chancengleichheit durch Personalpolitik. Wiesbaden: Gabler (6. Auflage).

Kühl, Steffan (2003). Organisationssoziologie. Ein Einordnungs- und Rettungsversuch. In: Soziologie. Forum der Deutschen Gesellschaft für Soziologie, 1, 37-47.

Lederle, Sabine (2008). Die Ökonomisierung des Anderen. Eine neoinstitutionalistisch inspirierte Analyse des Diversity Management-Diskurses. Wiesbaden: VS.

Maihofer, Andrea (2007). Gender in Motion: Gesellschaftliche Transformationsprozesse – Umbrüche in den Geschlechterverhältnissen? Eine Problemskizze. In: Grisard, Dominique/Häberlein, Jana/Kaiser, Anelis/Saxer, Sibylle (Hrsg.). Gender in Motion: Die Konstruktion von Geschlecht in Raum und Erzählung. Frankfurt, New York: Campus, 281–315.

Mayntz, Renate (1963). Soziologie der Organisation. Reinbek: Rowohlt.

Müller, Ursula (2005). Geschlecht, Arbeit und Organisationswandel. Eine Re-Thematisierung. In: Kurz-Scherf, Ingrid/Corell, Lena/Janczyk, Stefanie (Hrsg.). In Arbeit: Zukunft. Münster: Westfälisches Dampfboot, 224–240.

Müller, Ursula (2010). Organisation und Geschlecht aus neoinstitutionalistischer Sicht. Betrachtungen am Beispiel von Entwicklungen in der Polizei. In: Aulenbacher, Brigitte/Fleig, Anne/Riegraf, Birgit (Hrsg.). Organisation, Geschlecht, soziale Ungleichheiten. Feministische Studien, 28 (1), 40–55.

Müller, Ursula/Riegraf, Birgit/Wilz, Sylvia M. (Hrsg.) (2013). Geschlecht und Organisation. Wiesbaden: Springer.

Ortmann, Günther/Sydow, Jörg/Windeler, Arnold (1997). Organisation als reflexive Strukturation. In: Ortmann, Günther/Sydow, Jörg/Türk, Klaus (Hrsg.). Theorien der Organisation. Die Rückkehr der Gesellschaft. Opladen: Westdeutscher Verlag, 315–354.

Ortmann, Günther/Sydow, Jörg/Türk, Klaus (Hrsg.) (1997). Theorien der Organisation. Die Rückkehr der Gesellschaft. Opladen: Westdeutscher Verlag.

Perrow, Charles (1996). Eine Gesellschaft von Organisationen. In: Kenis, Peter/Schneider, Volker (Hrsg.). Organisation und Netzwerk. Institutionelle Steuerung in Wirtschaft und Politik. Frankfurt, New York: Campus, 75–121.

Powell, Walter W./DiMaggio, Paul J. (Hrsg.) (1991). The New Institutionalism in Organizational Analysis. Chicago: University of Chicago Press.

Projektgruppe GiB (2010). Geschlechterungleichheiten im Betrieb. Arbeit, Entlohnung und Gleichstellung in der Privatwirtschaft. Berlin: Edition Sigma.

Schimank, Uwe (2001). Organisationsgesellschaft. In: Kneer, Georg/Nassehi, Armin/Schroer, Markus (Hrsg.). Klassische Gesellschaftsbegriffe der Soziologie. München: W. Fink, 278–307

Scott, W. Richard (1986). Grundlagen der Organisationstheorie. Frankfurt, New York: Campus.

Scott, W. Richard/Meyer, John W. (1994) (Hrsg.). Institutional Environments and Organizations. Structural Complexity and Individualism. Thousand Oaks/CA: Sage.

Swedberg, Richard (2003). Principles of Economic Sociology. Princeton, Oxford: Princeton University Press.

Tacke, Veronika (2001). Einleitung. In: dies. (Hrsg.). Organisation und gesellschaftliche Differenzierung. Wiesbaden: Westdeutscher Verlag, 7–18.

Türk, Klaus (2000). Hauptwerke der Organisationstheorie. Wiesbaden: Westdeutscher Verlag.

Türk, Klaus/Lemke, Thomas/Bruch, Michael (2006). Organisation in der modernen Gesellschaft. Eine historische Einführung. Wiesbaden: VS (2. Auflage).

Weinbach, Christine/Stichweh, Rudolf (2001). Die Geschlechterdifferenz in der funktional differenzierten Gesellschaft. In: Kölner Zeitschrift für Soziologie und Sozialpsychologie, 41, 30–52.

Wetterer, Angelika (2003). Rhetorische Modernisierung. Das Verschwinden der Ungleichheit aus dem zeitgenössischen Differenzwissen. In: Knapp, Gudrun-Axeli/ Wetterer, Angelika (Hrsg.). Achsen der Differenz. Gesellschaftstheorie und feministische Kritik 2. Münster: Westfälisches Dampfboot, 286–319.

Wetterer, Angelika (2007). Erosion oder Reproduktion geschlechtlicher Differenzierungen? Zentrale Ergebnisse des Forschungsschwerpunkts „Professionalisierung, Organisation Geschlecht" im Überblick. In: Gildemeister, Regine/Wetterer, Angelika (Hrsg.). Erosion oder Reproduktion geschlechtlicher Differenzierungen? Widersprüchliche Entwicklungen in professionalisierten Berufsfeldern und Organisationen. Münster: Westfälisches Dampfboot, 189–214.

Wetterer, Angelika (2013). Das erfolgreiche Scheitern feministischer Kritik. Rhetorische Modernisierung, symbolische Gewalt und die Reproduktion männlicher Herrschaft. In: Appelt, Erna/Aulenbacher, Brigitte/Wetterer, Angelika (Hrsg.). Gesellschaft. Feministische Krisendiagnosen. Münster: Westfälischer Dampfboot, 246–266.

# Teil I
# Klassische und feministische Organisationsforschung im Überblick

# Die Mainstream-Organisationsforschung – Reflexionen aus einer Genderperspektive

*Maria Funder*

*1 Einleitung*

Es gibt wohl kaum ein Einführungsbuch in die Organisationssoziologie, in dem nicht darauf hingewiesen wird, dass Organisationen in der modernen Gesellschaft von großer Relevanz und Dominanz sind, mit anderen Worten: „Organization Matters". Das erstaunt nicht, denn schließlich prägen sie unser Leben, angefangen von der Geburt in einem Krankenhaus über die Zeit der Erwerbstätigkeit bis hin zur Pensionierung – ja sogar im Falle des Todes spielen sie noch eine Rolle. Organisationen sind demnach allgegenwärtig und von grundlegender Bedeutung für das alltägliche Leben. Sich ihnen zu entziehen, ist weder so ohne Weiteres möglich noch empfehlenswert. Jeder Schritt in diese Richtung kommt einer gesellschaftlichen und sozialen Exklusion gleich, was Betroffene – wie z. B. Obdachlose – bitter zu spüren bekommen. Es sind also Organisationen, die die Arbeits- und Lebensperspektiven von Frauen und Männern mitbestimmen, indem sie über Einstellungen und Entlassungen, Eingruppierungen und Verdiensthöhen, Beförderungen und Zulagen, Arbeitszeitstrukturen und Arbeitsbedingungen entscheiden. Folglich sind sie in Bezug auf die Gleichstellungsproblematik kein Nebenschauplatz. Zwar hat sich in den letzten Jahrzehnten einiges in Sachen Chancengleichheit getan[1], gleichwohl sind – wie der Historiker Hans-Ulrich Wehler es jüngst formulierte – „traditionsgeheiligte Männerprivilegien […] seit jeher mit einer starren Resistenzkraft auch im Berufsleben gegen eine aktive Frauengleichberechtigung verteidigt worden" (Wehler 2013: 113). So gibt es nach wie vor Gender Gaps im Hinblick auf Arbeitszeitvolumen (Frauen arbeiten häufi-

---

1 Siehe hierzu z. B. die jüngst verabschiedete Richtlinie der UN-Kommission zur Gleichberechtigung von Frauen sowie eine Reihe nationaler gesetzlicher Regelungen und Vereinbarungen zur Gleichstellung, etwa das Allgemeine Antidiskriminierungsgesetz (AAG). Hierzu ist allerdings anzumerken, dass die meisten Regelungen keine rechtlich bindende Wirkung haben; d.h. es fehlen Sanktionsmöglichkeiten.

ger Teilzeit), Beschäftigungsverhältnisse (Frauen befinden sich häufiger in unsicheren und prekären Beschäftigungsverhältnissen), Einkommen (Frauen verdienen im Durchschnitt weniger) sowie Karrierechancen (Frauen erreichen seltener Spitzenpositionen). Die Ursachen hierfür sind in geschlechtersoziologischen Studien bereits intensiv untersucht worden. Zu nennen ist beispielsweise die fortwährende Reproduktion von Geschlechterstereotypen sowie die immer noch recht ausgeprägte geschlechtliche Arbeitsteilung (einschließlich ihrer Re-Traditionalisierung), in der sich „Normalitätsunterstellungen" sowie eine anhaltende „Verkettung von Disparitäten in der Familie, im Beruf, in wohlfahrtsstaatlichen Leistungsansprüchen" (Becker-Schmidt 2013: 39) widerspiegeln. Einen „natürlichen Trend" zur Gleichheit gibt es nicht (vgl. Maruani 2010: 637). Die kognitiven, sozialen und gesellschaftlichen Hürden, die den Weg in Richtung einer geschlechtergerechten Arbeits- und Lebenswelt versperren und es Männern wie Frauen schwer machen, „Geldverdienen und Betreuen, den Einsatz für die Gemeinschaft, politische Mitwirkung und gesellschaftliches Engagement unter einen Hut zu bringen" (Fraser 2001: 103), sind noch längst nicht alle abgebaut.[2]

Ob und wie sich Geschlechterungleichheiten (re)produzieren, erodieren oder gar rekonfigurieren, hängt – vielfach geradezu existentiell – von Entscheidungen ab, die in Organisationen getroffen werden. Hinzu kommt, dass Organisationen „in" bzw. „Teil" der Gesellschaft, ja sogar „eine besondere Form der Koordination und Zurichtung gesellschaftlicher Aktivitäten" (Ortmann/Sydow/Türk 1997: 16) sind. Folgerichtig haben sie großen Einfluss auf „den Zustand und die Entwicklung der Gesellschaft" (ebd.) und den damit eng verwobenen gesellschaftlichen Arbeits- und Geschlechterarrangements; wie auch umgekehrt die Gesellschaft – beispielsweise die hier vorherrschenden Geschlechterstereotypen bzw. „gender sta-

---

2 An Vorschlägen hierzu mangelt es nicht. Siehe z. B. das „postindustrielle Gedankenexperiment" von Nancy Fraser (2001), in dem sie das Konzept „universeller Betreuungsarbeit" entwickelt, das nicht nur auf eine Gleichstellung von Frauen und Männern in der Erwerbssphäre, sondern auch in der Betreuungsarbeit hinausläuft. Frasers Vorschlag ist jedoch voraussetzungsvoll und erfordert eine Dekonstruktion von Gender sowie eine aktive Gleichstellungspolitik. Geschlechtergerechtigkeit kann nicht nur durch Umverteilung von Arbeit und Anerkennung von Differenz erzielt werden. Erforderlich ist hierzu auch eine soziale Teilhabe (Repräsentation). Eine solche dreidimensionale Politik, die auf eine geschlechtergerechte Umverteilung, Anerkennung und Repräsentation abzielt, zu entwickeln und umzusetzen ist jedoch – wie sie betont – kein einfaches Unterfangen (vgl. Fraser 2009).

tus beliefs"[3] (Ridgeway 2001) – immer ein Stück weit selbst in einer Organisation steckt und auf diese einwirkt. Es stellt sich daher die Frage, welche Erklärungskonzepte die Mainstream-Organisationsforschung entwickelt hat, um dem Phänomen „Organisation" und den Interdependenzen zwischen Organisation und Gesellschaft auf die Spur zu kommen.

Ziel der Ausführungen ist es nicht, den längst bekannten Sachverhalt, dass die traditionelle Organisationstheorie keinen Bezug zur Geschlechterkategorie hergestellt hat, noch einmal zu beklagen. Uns bewegt vielmehr die Frage, ob und inwieweit zwischen Organisations- und Geschlechterforschung die Möglichkeit eines Dialogs besteht, zumal es durchaus eine Reihe von Konzepten gibt, die sich als anschlussfähig erweisen könnten bzw. bereits erwiesen haben. Zum Vorgehen ist anzumerken, dass hier nicht der Ort ist, um die mittlerweile große Zahl der theoretischen Ansätze und die vielen Verästelungen der Organisationsforschung in Kurzform – à la „Shakespeare in 90 Minuten"[4] – vorzustellen und zu diskutieren. Stattdessen wird ein etwas pragmatischerer Weg präferiert, d.h. ich greife zur Bündelung und Differenzierung zentraler Erklärungsstränge[5] einen Vorschlag von W. Richard Scott auf, der Anfang der 1980er Jahre drei Sichtweisen von Organisationen voneinander unterschieden hat, die sich als historische Etappen in der Organisationsforschung darstellen lassen (vgl. Scott 1986). Danach können Organisationen erstens als „rationale Syste-

---

[3] Hiermit sind – folgt man Ridgeway – Annahmen über Status- und Wertunterschiede zwischen den Geschlechtern gemeint, die „eine mögliche Erscheinungsform sozialer Ungleichheit" (Ridgeway 2001: 256) darstellen.

[4] So der Titel eines Theaterstücks von Adam Long, Daniel Singer und Jess Winfield, in dem sämtliche Werke von Shakespeare in 90 Minuten vorkommen.

[5] Zum besseren Verständnis von Organisationen wurde bereits eine Vielzahl von Konzepten zur Systematisierung entwickelt. Morgan (1997) z. B. nutzt Metaphern bzw. Bilder, um konzeptionelle Unterschiede sichtbar zu machen. Godwyn und Gittell (2012) greifen auf allgemeinsoziologische Paradigmen – nämlich das 1. rationalistische, 2. interaktionistische, 3. funktionalistische und 4. konfliktorientierte – zurück und Bonazzi (2007) nutzt ein Ordnungsschema, das auf der Basis von drei Grundfragen entwickelt wurde: Während die „industrielle Frage" Organisationstheorien bündelt, die sich mit arbeitsorganisatorischen Problemen befassen (u.a. Taylor), stellt die „bürokratische Frage" das Thema der Formalstrukturen ins Zentrum (z. B. Weber, Simon). Demgegenüber zielt die „organisatorische Frage" auf die Analyse von Entscheidungsabläufen, Grenzziehungen und die Kontrolle von Ressourcen sowie kulturelle Komponenten ab. Nicht ganz unähnlich, aber wesentlich prominenter, ist Scotts (1986) Ordnungs- bzw. Kategorisierungsversuch, der im Rahmen dieses Beitrages präferiert wird.

me", zweitens als „natürliche, soziale Systeme" sowie drittens als „offene Systeme" verstanden werden. Ergänzend hierzu kann noch eine vierte Sichtweise ausgemacht werden, die versucht, neuere theoretische Ansätze von Organisationen einzufangen. Demnach hat seit den 1980er Jahren eine relationale, prozessorientierte bzw. „reflexive Sicht auf Organisationen" an Gewicht gewonnen (vgl. u.a. Ortmann/Sydow/Türk 1997; Emirbayer 1997; Scott 2006). Bevor jedoch auf diese vier Sichtweisen eingegangen wird, werden zunächst Aspekte der Genese und Charakteristika moderner Organisationen vorgestellt (2.1). Erst danach werden – in Anlehnung an die oben angesprochenen Betrachtungsweisen – klassische und aktuelle theoretische Hauptstränge der Mainstream-Organisationsforschung skizziert und daraufhin abgeklopft, ob und inwieweit in ihnen die Geschlechterfrage eine Rolle spielt bzw. spielen könnte (2.2). Der dritte Teil knüpft an die vorgestellten theoretischen Weiterentwicklungen an und fragt, ob sich die Chancen für eine Verschränkung von Mainstream-Organisationsforschung und Geschlechtersoziologie erhöht haben (3).

## 2 Anmerkungen zur Genese von Organisationen und zur Mainstream-Forschung unter Einblendung der Geschlechterproblematik

### 2.1 Entstehungskontext und Charakteristika von Organisationen

Das Phänomen der Organisation gibt es im Grunde schon sehr lange, wenn man hierunter das planvolle, ziel- und zweckorientierte Zusammenwirken von Menschen versteht, die hierdurch ein aus ihrer Sicht „vernünftiges Ergebnis" (Weick 1985: 11) erreichen wollen. Frühe Beispiele für ein geordnetes, auf Regeln basiertes koordiniertes Zusammenarbeiten sind der Bau der Ägyptischen Pyramiden oder das komplizierte Bewässerungssystem zum Reisanbau am Nil (vgl. u.a. Weber 1980, 1988). Bereits hier wird offensichtlich, dass das soziale Gebilde der Organisation auf einer analytischen Ebene von der Tätigkeit des Organisierens (Herstellung, Ausgestaltung und Steuerung von Ordnung) zu unterscheiden ist. Wenngleich Klöster, Gilden und Zünfte des Mittelalters auch schon Charakteristika, wie etwa festgelegte Regeln und eine hierarchische Ordnung, aufweisen, die bis heute für viele Organisationen typisch sind, begreifen wir sie noch längst nicht als moderne Organisationen. Diese entstanden erst mit der – wie Niklas Luhmann es so überzeugend beschrieben hat – funktionalen Ausdifferenzierung von Teilsystemen (Wirtschaft, Recht, Politik usw.)

und der damit einhergehenden Herauslösung des Individuums aus religiösen, gemeinschaftlichen sowie ständischen Bindungen.

Organisationen, speziell Erwerbsorganisationen, haben sich historisch betrachtet mit der Industrialisierung im späten 18. und frühen 19. Jahrhundert stark ausgebreitet und sind für das „moderne Leben [...] wichtig und [...] unentbehrlich geworden" (Luhmann 2000: 7). Was sie von traditionellen Vergesellschaftungsformen unterscheidet, ist nicht nur die Abkehr von einer kompletten Vereinnahmung von Individuen, sondern auch ihre Entwicklung zu einem eigenständigen Systemtypus mit einer „Eigenlogik" (vgl. ebd.). Gemeint ist hiermit ihre Fähigkeit, Grenzen zwischen sich und ihrer Umwelt zu ziehen. Ortmann, Sydow und Windeler sprechen von einem System „organisierten Handelns" (Ortmann/Sydow/Windeler 1997: 317). So können sie z. B. – im Unterschied zu traditionellen Kooperationsformen, wie etwa Dorfgemeinschaften – im Prinzip selbst darüber entscheiden, wer Mitglied wird und wer nicht. Umgekehrt haben ihre Mitglieder – von „totalen Institutionen" (z. B. einem Gefängnis oder der geschlossenen Psychiatrie) einmal abgesehen – die Option des freien Ein- und Austritts. Ferner bestimmen sie selbst darüber, welche „Zwecke" (also z. B. die Produktion von Gütern/Dienstleistungen in Unternehmen oder die Vermittlung von Wissen in Bildungseinrichtungen) verfolgt werden sollen.

Wer über das Phänomen Organisation nachdenkt, stellt zumeist gleich eine Verbindung zur „Hierarchie" her, sodass – speziell in den Theoriekonzepten der Wirtschaftswissenschaften – zwischen „Hierarchie" und „Organisation" vielfach schon gar kein Unterschied mehr gemacht wird. Dabei hat selbst Max Weber, der Begründer der Bürokratietheorie, eine solche Gleichsetzung vermieden, wenngleich für seinen Idealtypus der Organisation, der bürokratischen bzw. formal-rationalen Herrschaft, auch ein klares System von Über- und Unterordnung elementar ist. Zwar gibt es heute nicht mehr nur den Typus der autokratischen Hierarchie[6], aber von einer restlosen Auflösung der Hierarchie kann selbst in modernen Organisationen keine Rede sein, denn selbst „flache Hierarchien", die im Zuge von Reorganisationsprozessen entstanden sind, sind Hierarchien. Kurzum, Organisationen gehören immer noch zu den Orten, an denen asymmetri-

---

6 So hat beispielsweise die partizipative sowie die fluktuierende Hierarchie (Heterarchie) im Zuge der in den 1990er Jahre einsetzenden Reorganisation von Unternehmen an Attraktivität gewonnen, da die hierdurch angestrebte Dezentralisierung zu einer Beseitigung der Nachteile klassischer Hierarchien beitragen soll.

sche, hierarchische Ordnungen anerkannt und folglich als legitim wahrgenommen werden. Hervorzuheben ist darüber hinaus, dass Organisationen – nicht nur aus der Sicht von Luhmann – die Fähigkeit zugeschrieben wird, eine „Eigenlogik" zu entfalten und z. B. selbst über den Zweck der Organisation, das Ausmaß der Hierarchie oder die Frage der Mitgliederinklusion zu entscheiden.

Sucht man nach Erklärungen, warum die Organisation in der Moderne eine so große Prominenz erfahren hat und in nahezu allen gesellschaftlichen Bereichen zu finden ist, gleich ob es sich um die Wirtschaft, die Wissenschaft, das Rechtssystem oder das Militär handelt, fallen diese – je nach theoretischer Position – recht unterschiedlich aus. Für die einen ist „Rationalität" keineswegs der auslösende Impuls, der sie hervorgebracht und quasi zu einem Erfolgsmodell gemacht hat. Vielmehr werden Herrschafts- und Kontrollaspekten, wie etwa den Durchsetzungs- und Legitimationschancen von Disziplinierungspraktiken in Organisationen, eine weitaus größere Bedeutung zugemessen. Die Organisation bildet folglich nicht nur ein „wesentliches Moment der modernen Gesellschaft", sie wird auch als „das zentrale Medium von Herrschaft in der modernen Gesellschaft" betrachtet (Türk/Lemke/Bruch 2006: 41). Für Luhmann hingegen handelt es sich bei Organisationen im Grunde um „nichtkalkulierbare, unberechenbare, historische Systeme, die jeweils von einer Gegenwart ausgehen, die sie selbst erzeugt haben" (Luhmann 2000: 9). Demgegenüber betonen wiederum andere – wie z. B. der Sozialtheoretiker Coleman (1979) – den Effizienzgedanken. Vertreter dieser Position gehen quasi von der unschlagbaren Überzeugungskraft eines „Produktivitätsdispositivs" aus, das zur massenhaften Verbreitung speziell großer Arbeitsorganisationen (z. B. großer Fabriken) beigetragen hat. Folglich ist es in erster Linie die höhere Effizienz bzw. ihre Leistungsfähigkeit (Arbeitsteilung, Spezialisierung etc.) im Hinblick auf die Herstellung von Gütern und Dienstleistungen, die ihren überaus großen Erfolg erklärt.

Unabhängig zu welcher Position man auch tendiert, ist nicht zu übersehen, dass Arbeitsorganisationen, wie Industrie- oder Dienstleistungsunternehmen, aber auch Behörden, Verbände und Parteien – soweit sie Personal beschäftigen – sukzessive zu zentralen Schaltstellen für die Integration von Frauen und Männern in das Erwerbssystem geworden sind. Sie sind es, die – wie schon einleitend erwähnt – darüber entscheiden, wer eingestellt und entlassen wird, wer welche Position zu welchen Konditionen und mit welchen Aufstiegschancen erhält, wodurch individuelle Lebenslagen und Perspektiven nachhaltig beeinflusst werden. Die moderne Gesellschaft wird daher auch als „Organisationsgesellschaft" (vgl. u.a. Schimank 2001) oder „Gesellschaft der Organisationen" (Perrow 1996) beschrieben, was allerdings nicht ohne Kritik geblieben ist. Während die einen eine solche Sicht auf die Gegenwartsgesellschaft als völlig überspitzt und einseitig zurückweisen, da sich die Gesellschaft eben nicht nur aus einer Organisationsperspektive erfassen lasse, betonen andere die Vorzüge einer Fokussierung auf Organisationen, denn nur so käme ihnen die Bedeutung zu, die ihnen in der modernen Gesellschaft gebührt. Dass in Organisationen Ungleichheiten (re)produziert werden, die einen ganz wesentlichen Einfluss auf die Lebenschancen der Geschlechter haben, bleibt dabei jedoch vielfach unberücksichtigt, was im Übrigen für die gesamte Mainstream-Organisationsforschung gilt. Dennoch wird im Weiteren der Versuch unternommen, Ausschau danach zu halten, ob die Organisationsforschung nicht doch, trotz ihrer nachweislich „geschlechtsignoranten Grundannahmen und Problemstellungen" (Müller/Riegraf/Wilz 2013: 11; siehe auch Aulenbacher/Riegraf 2011; Funder 2004), einen Erkenntnisgewinn für die Geschlechterforschung liefert.

## 2.2 Mainstream-Organisationstheorien – Betrachtungen aus einer Geschlechterperspektive

Die Organisationssoziologie verfügt mittlerweile über ein sehr breites Spektrum unterschiedlichster Theorieansätze, die längst nicht mehr nur von der Vorstellung geprägt sind, Organisationen seien rationale Systeme, die wie Maschinen funktionieren. Vielmehr werden sie zunehmend auch als unberechenbare, zahlreichen Unwägbarkeiten ausgesetzte soziale Systeme oder sogar als „reflexive Strukturation" betrachtet. Um die hier zum Ausdruck kommende schon fast unübersichtliche Fülle an Theoriekonzepten besser einordnen zu können, wurde bereits eine Reihe von Systematisierungsversuchen entwickelt. Wie bereits angekündigt, wird im Rahmen dieses Beitrags der Vorschlag von W. Richard Scott aufgegriffen, zumal sein Versuch, zu einer plausiblen Klassifizierung zentraler Erklärungsstränge der Organisationsforschung zu gelangen, einer der prominentesten ist (vgl. Scott 1986, 2006). Ziel ist es zum einen, die den jeweiligen Erklärungsstrang auszeichnende Sicht auf Organisationen kurz zu umreißen und zum anderen der Frage nachzugehen, ob sie – trotz ihrer Geschlechtsblindheit – nicht doch Aufschluss über die Wirkungsmacht der Geschlechterdifferenz in Organisationen bietet.

(1) Die rationale Organisation

In dem jüngst erschienenen Einführungsbuch „Sociology of Organizations" von Godwyn und Gittell (2012) wird hervorgehoben, dass Rationalität nicht der Klebstoff der Gesellschaft sei. Bezug genommen wird dabei u.a. auf Randall Collins, demzufolge gerade die Soziologie – mehr als jede andere Disziplin – verstanden habe, „that the human power of reasoning is based on nonrational foundations, and that human society is held together not by rational agreements but by deeper emotional processes that produce social bonds of trust among particular kinds of people" (Collins 1992: VI). In Anbetracht dieser Sichtweise erstaunt schon sehr, dass die klassische Bürokratietheorie Max Webers – genau genommen das „zweckrationale Modell" (Weber 1980), das die Wesensmerkmale einer Organisation mit den Begriffen Zweckrationalität, Formalität und Unpersönlichkeit beschreibt – zum Urmodell der Organisationsforschung werden konnte. Ein besonders nahe liegender Ausgangspunkt organisationssoziologischer Theoriekonzepte ist das – auf den ersten Blick – eigentlich nicht. Gleichwohl haben nicht wenige Organisationswissenschaftler_innen, darunter die Begründer des Fachs, Kernideen dieses Idealtypus einer Organisation zum Ausgangspunkt ihrer theoretischen Überlegungen gemacht (vgl. u.a. Barnard 1938; Selznick 1948; Gouldner 1954). Folglich beherrschte zunächst ein Organisationsverständnis die Forschung, das auf Webers Modell einer legalen, rational bürokratischen Organisation basierte. So weisen die frühen Konzepte nicht nur eine starke Orientierung am Rationalprinzip auf, sie sind auch eng verflochten mit technisch-ingenieurwissenschaftlichen Sichtweisen; zu nennen sind insbesondere Taylors „wissenschaftliche Betriebsführung" (1911) und Fayols Administrationslehre (1916). Im Fokus steht dabei die Arbeitsorganisation (primär Produktionsbetriebe und Verwaltungen), die mit Maschinen gleichgesetzt und als manipulier- und formbar betrachtet wird, um festgelegte Ziele zu erreichen (vgl. u.a. Scott 2006: 203). Morgan (1997) verwendet für diese spezifische Sicht auf Organisationen folgerichtig eine „Maschinen-Metapher", da sie ein Bild von Organisationen vermittelt, das aus reibungslos ineinander greifenden Rädchen besteht. Emotionen, Zufälle oder gar Irrationales sowie die Hinterbühne der Organisation mit ihren subtilen, informellen Strukturen und Spielregeln werden hier entweder völlig ausgeblendet oder als „beherrschbar" angesehen (z. B. durch Pensum und Bonus- oder sonstige Leistungsanreizmodelle).[7]

Obgleich sich die frühe Mainstream-Forschung nicht mit der Relevanz der Kategorie Geschlecht befasst hat, liefert sie dennoch – geradezu als einen nicht-intendierten Nebeneffekt – eine Vielzahl von Argumenten, warum Organisationen durchaus einen Beitrag zur (Re)Produktion von Geschlechterdifferenzierungen geleistet haben (und vielfach immer noch leisten). Von zentraler Bedeutung ist hier erwartungsgemäß der Aspekt der Rationalität, der sich als paradigmatisch für diese frühen organisationswissenschaftlichen Erklärungskonzepte erwiesen hat. Ausgegangen wird von der Vorstellung einer durch Rationalität und Sachlichkeit geprägten Organisation, die Fragen der Mitgliedschaft ausschließlich an organisationsrelevanten Kriterien, wie die Verfügung über fachliche Kompetenzen, festmacht. Soziale Herkunft, Ethnie oder gar Geschlechtszugehörigkeit sind demnach eigentlich bedeutungslos. Die Frage der In- und Exklusion ist folglich zunächst einmal keine des Geschlechts; was auf den ersten Blick zweifelsohne – gesetzt den Fall, die Realität trägt diesem Grundprinzip tatsächlich Rechnung – als ein Vorzug der modernen Organisation angesehen werden könnte und die These der generellen „Geschlechtsneutralität" von Organisationen unterstreicht. Das Problem wird erst sichtbar, wenn man etwas genauer hinschaut und nach dem eng mit dem Konzept der rationalen Organisation verwobenen Leitbild der „Normalarbeitskraft" fragt, das offenbar so ganz und gar nicht frei von geschlechtlichen Zuschreibungen ist und in erster Linie Männern unterstellt, dem Idealtypus einer stets kompetenten, sachorientierten, rational handelnden, vollverfügbaren Arbeitskraft zu entsprechen. Wie lässt sich das erklären?

Anknüpfend an das Modell des „Homo Oeconomicus" gehen klassische Konzepte von der Vorstellung aus, dass die Akteure in Organisationen rational und interessengeleitet handeln. Aus der Sicht des Weberschen Idealmodells sollten sie ohnehin in der Lage sein, fachlich kompetent, rein sachlich und ziel- und zweckorientiert zu agieren, also alle den Arbeitsab-

---

[7] Die rationale Sicht auf Organisationen dominierte nicht nur die ersten klassischen Ansätze, vielmehr findet sich diese Grundorientierung am Rationalprinzip sowie am Modell des Homo Oeconomicus auch in späteren Theoriekonzeptionen wieder, insbesondere in der ökonomischen Institutionentheorie, wie etwa dem Transaktionskostenansatz oder der Agency-Theory (einen Überblick geben Ebers/Gotsch 2006).

lauf störenden Gefühle auszublenden – bzw. es verstehen, nur die „richtigen" Gefühle (z. B. Kundenfreundlichkeit) gewinnbringend einzusetzen. Gefühle und Emotionen gelten demnach grundsätzlich als Störfaktoren, die, wenn man sie schon nicht gänzlich zurückdrängen kann, kontrolliert oder im Sinne der Organisation erfolgreich kanalisiert werden sollten. Angestrebt wird ein Höchstmaß an „Berechenbarkeit", da diese – so die Annahme – zu größtmöglicher Effizienz führt, was am ehesten erreicht werden kann, wenn es – so schon Weber – gelingt, „Liebe, Haß und alle [...] rein persönlichen, überhaupt alle irrationalen, dem Kalkül sich entziehenden, Empfindungselemente aus der Erledigung der Amtsgeschäfte" auszuschalten (Weber 1980: 563). Hierzu erforderlich ist der „menschlich unbeteiligte [...], daher streng ‚sachliche [...]' Fachmann" (ebd.), der seinen Aufgaben mit kühlem Kopf, also „ohne ‚Liebe' und ‚Enthusiasmus'" (ebd.: 129), nachkommt. Weber betont in diesem Zusammenhang sogar ausdrücklich, dass das Streben nach Rationalität und „Berechenbarkeit" nicht nur ein zentrales Charakteristikum von Organisationen, sondern selbstverständlich der modernen Kultur – wie des „okzidentalen Kapitalismus" (ebd.: 31 ff.) generell – sei.

Zwar gab es schon früh Kritik an dieser Sicht auf Organisation sowie erste Studien (vgl. u.a. Mayo 1948; Roethlisberger/Dickson 1939), die belegen, dass Organisationen nicht nur aus formalen Strukturen, Regeln und Kontrollsystemen bestehen, sondern auch informelle Strukturen aufweisen, wobei Emotionen wie Gefühle durchaus eine Rolle spielen (siehe hierzu auch b). Gleichwohl änderte dies aber nur wenig an der Grundeinstellung, nämlich dass es sich bei der Organisation im Kern um ein rationales Gebilde mit festgelegten Zielen, einer klaren Aufgabenverteilung und Hierarchien handelt, die darauf ausgerichtet ist, Planbarkeit herzustellen bzw. Unvorhersehbarkeiten weitgehend auszuschließen (Absorption von Unsicherheit).

Damit liefert dieser klassische Strang der Organisationsforschung im Grunde eine höchst plausible Erklärung für den lange Zeit auszumachenden weitgehenden Ausschluss von Frauen aus so gut wie allen Organisationen, gleich ob sie in der Wirtschaft, in der Wissenschaft oder im Militär verankert sind. Die Begründung liegt auf der Hand: Bereits Ende des 17. Jahrhunderts lässt sich eine Zuweisung der Geschlechter zu bestimmten gesellschaftlichen Räumen ausmachen – Frauen als zuständig für den privaten, häuslichen, familiären Bereich, Männer hingegen für den öffentlichen, beruflichen, politischen (vgl. u.a. Krell/Weiskopf 2006). Karin Hausen (1976) bringt diese frühe kulturelle und gesellschaftliche Geschlechterordnung auf den Punkt, wenn sie von einer „Polarisierung der Geschlechtscharaktere"[8] spricht, in der sich spezifische historisch-gesellschaftliche Vorstellungen über das „Wesen" der Frau und des Mannes widerspiegeln. Wie groß die Beharrungskraft dieser Polarisierung ist, zeigt sich in der anhaltenden (Re)Produktion von Geschlechterstereotypen, wie etwa in der Verknüpfung „weiblich-emotional" und „männlich-rational". Diese Zuschreibungen von so genannten typisch männlichen bzw. weiblichen Eigenschaften und Fähigkeiten haben sich nicht nur im Alltagsverständnis – quasi als vorreflexives Wissen über die Geschlechter – verankert, sondern auch in Organisationen. Frauen wurde demnach lange Zeit aufgrund der ihnen zugeschriebenen Emotionalität und „wesensmäßigen" Bestimmung für den häuslichen Bereich unterstellt, nicht dazu geeignet zu sein, in Unternehmen, Parteien oder anderen öffentlichen Organisationen arbeiten, geschweige denn studieren zu können. Mit anderen Worten: Organisationen gelten zwar – so die pointierte These von Ferguson (1984) – bis heute, ganz im Sinne der Weberschen Grundkonzeption, als „a-sexuelle" bzw. „geschlechtsneutrale" soziale Gebilde, erweisen sich aber aufgrund der Verknüpfung von Rationalität mit Männlichkeit für Frauen nur unter ganz bestimmten Bedingungen als wirklich offen; für Ferguson sind sie daher im Kern „maskulin".[9]

Demnach bietet die klassische Sicht auf Organisationen, obgleich sie diese Intention gar nicht hatte, durchaus Anknüpfungspunkte zur Erklärung für den langanhaltenden Ausschluss von Frauen aus Organisationen sowie auch für die vielfach bis heute vorherrschenden Geschlechterasymmetrien, wenn man sie – wie etwa Ferguson – in Verbindung bringt mit der sich historisch, kulturell und strukturell herauskristallisierenden Etablierung und Institutionalisierung der Zweigeschlechtlichkeit und der damit eng verknüpften asymmetrischen Geschlechterordnung. Ob jedoch die Schlussfolgerung, dass Organisationen am Ende durch und durch vergeschlechtlicht sind, die einzig richtige ist, das ist die Frage. Die Debatte hierzu ist noch voll im Gang. Während die einen von einem (zumindest phasenweisen) „Vergessen" der Geschlechterdifferenz (vgl. Hirschauer 2013) ausgehen, bleibt strittig, ob ein genereller Wandel in Richtung eines

---

8 Der Begriff entsteht im 18. Jahrhundert und bezeichnet „die mit den physiologisch korrespondierend gedachten psychologischen Geschlechtsmerkmale", mit denen die Natur bzw. das „Wesen" von Männern bzw. Frauen beschrieben werden (Hausen 1976: 363).
9 Siehe hierzu den Beitrag von Edeltraud Ranftl in diesem Band.

„degendering" von Organisationen behauptet werden kann, denn noch erweisen sich Organisationen keineswegs als vollkommen geschlechtsneutral. Studien zum Thema Geschlecht und Karriere liefern hierzu – um nur ein Beispiel zu nennen – reichlich Anschauungsmaterial. Schein et al. (1996) äußern sich hierzu sehr pointiert, wenn sie von der Gleichsetzung ausgehen: „Think manager, think male"; hieran hat sich – selbst in Anbetracht der Aufwertung so genannter „Soft Skills", die in erster Linie Frauen zugeschrieben werden – (noch) nicht allzu viel verändert (vgl. u.a. Funder 2008; Krell/Rastetter/Reichel 2012).[10]

Kurzum: Unabhängig von der berechtigten Kritik an der klassischen Sicht auf Organisationen, bietet sie eine naheliegende Erklärung für die Entstehung und für die bis heute noch in vielen Organisationen anzutreffenden Geschlechterungleichheiten, wie etwa die anhaltende Persistenz horizontaler und vertikaler Formen der Geschlechtersegregation. Dennoch bleiben viele Fragen offen, ein befriedigendes Erklärungskonzept für die Entstehung und Reproduktion von Geschlechterdifferenzierungen in Organisationen und damit einhergehender Ungleichbehandlungen liefert es nicht. Es bedarf somit eines zweiten, tiefer gehenden Blicks auf Organisationen, denn sie bestehen nicht nur – vergleicht man sie mit einem Eisberg – aus einer oberhalb der Wasseroberfläche schwimmenden Spitze. Vielmehr befindet sich ihr weitaus größerer Teil unterhalb der Wasseroberfläche. Ein Schritt zur Aufdeckung des eigentlichen Organisationsgeschehens wird mit der Sicht auf Organisationen als natürliche, soziale Systeme verbunden, wobei sich auch hier die Frage stellt, ob von ihr Aufschluss über die Geschlechterverhältnisse in Organisationen zu erwarten ist.

(2) Die Organisation als natürliches, soziales System

Das rein zweckrationale Organisationsverständnis büßte spätestens in den 1930er und 1940er Jahren an Erklärungskraft ein, als immer deutlicher wurde, dass informellen Strukturen, informellen Gruppenprozessen sowie „ungeschriebenen Gesetzen" eine große Rolle in Organisationen zukommt. So führten eine Reihe von Studien – den Anfang machte die schon erwähnte Human-Relations-Schule – zu der Erkenntnis, dass Organisatio-

---

10 Siehe hierzu auch den Beitrag von Christiane Jüngling und Daniela Rastetter, die sich mit der Bedeutung von Emotionen in Organisationen befassen.

nen erst dann verstanden werden können, wenn man sie als „natürliche Systeme" (Scott 1986) betrachtet, in denen Menschen eben nicht nur formbare Rädchen in einem Getriebe darstellen, sondern als soziale Wesen wahrzunehmen sind, die individuelle Ziele verfolgen, bestimmte Fähigkeiten aber auch Gefühle haben und soziale Beziehungen zu Vorgesetzten und Kolleg_innen eingehen.[11] Das Bild der Maschine hat damit weitgehend ausgedient, stattdessen werden Organisationen als „Kollektive, die sich in spontanen, ungelenkten Prozessen entwickeln" (Scott 2006: 203) beschrieben.

Sieht man von der berechtigten Kritik an der frühen Human-Relations-Forschung einmal ab[12], bleibt die Erkenntnis, dass „Dienst nach Vorschrift" bzw. eine rigide Orientierung an formalen Strukturen für jede Organisation fatal wäre, denn nicht alles, was eine Organisation „am Laufen hält", lässt sich formalisieren bzw. in Regelwerke überführen. Der Blick richtete sich folgerichtig verstärkt auf die organisationale „Wirklichkeit", die aus ungeschriebenen Gesetzen, informellen Strukturen und (Macht)Spielen sowie vielen, nicht-intendierten, zufälligen Abläufen besteht. Zwar wird das Rationalitätsparadigma auch in diesen Konzepten nicht vollends aufgegeben, gleichwohl geht die Kritik zum Teil recht weit. Erwähnenswert sind in diesem Zusammenhang besonders die Fallstudien zu Organisationsentscheidungen, die in den 1970er Jahren zu erheblichen Erschütterungen an dem lange Zeit dominierenden Rationalmodell beitrugen. In der Folge werden die Geschehnisse in Organisationen nicht mehr als rational gesteuert, sondern eher als von Zufällen abhängig betrachtet. „Rationalität im strengen, klassischen Sinne" – so Luhmann (2000: 28) – ist ohnehin „unerreichbar", wenngleich hieraus auch nicht gleich folgt, „dass das Verhalten in Organisationen beliebig ablaufe" (ebd.). Im Kern geht es in diesen Konzepten jedoch nicht mehr um „rationales Verhalten", sondern vielmehr um „intelligentes Verhalten", dass „auch in den Trüm-

---

11 Aufschlussreich sind in diesem Zusammenhang auch die frühen Arbeiten von Mary Parker Follett, die lange Zeit keine große Beachtung in der Organisationsforschung fanden (vgl. hierzu Graham 1995 sowie den Beitrag von Edeltraud Ranftl in diesem Band).

12 Siehe hierzu auch die aus einer Genderperspektive entwickelte Kritik an der Human-Relations-Forschung von Acker und Van Houten, die herausarbeiten, dass in den frühen Studien weder auf das patriarchalische Verhältnis zwischen den beschäftigten Frauen und ihren Vorgesetzten eingegangen wird noch auf ihre außerbetrieblichen Lebensbedingungen, so dass sie zu dem Schluss gelangen: „the worker had no gender" (Acker/Van Houten 1992).

mern der Bedingungen für Rationalität [...] noch Ordnung zu finden vermag" (ebd.: 29). Besonders deutlich wird dies im „Garbage Can Model of Organizational Choice" bzw. „Mülleimer-Modell", in dem davon ausgegangen wird, dass organisationale Entscheidungen nicht auf der Basis genau kalkulierter, rationaler Abwägungsprozesse getroffen werden, aber den Beteiligten dennoch eine Suche nach nachvollziehbaren Entscheidungsprozessen unterstellt werden kann. Dass Problemlösungen in Organisationen dabei eher zufällig zustande kommen und mal so und auch mal anders ausfallen können, ändert an diesem Sachverhalt nichts (vgl. u.a. Cohen/March/Olsen 1972). Bildlich betrachtet, werden Organisationen mit großen Mülleimern gleichgesetzt, in denen jede Menge schon einmal getroffener Entscheidungen stecken. Müssen Probleme gelöst werden, wird in diesen Mülleimer gegriffen, was dann herauskommt ist eher ein Zufallsprodukt denn eine wohl abgewogene, rationale Entscheidung. Überhaupt lassen sich Organisationen besser begreifen, wenn man sie als „organisierte Anarchien" (March 1994) versteht, was den Einsatz von Strategien und Taktiken bei Entscheidungsprozessen keineswegs gänzlich ausschließt.

Nicht ganz so unkalkulierbar und zufallsgetrieben wie im Modell der verhaltenswissenschaftlichen Entscheidungstheorie[13], stellt sich das Organisationsgeschehen aus der Perspektive der Mikropolitik dar (vgl. u.a. Küpper/Ortmann 1992; Neuberger 1995), die ebenfalls diesem Strang der klassischen Mainstream-Organisationsforschung zuzuordnen ist. Hier geht es nicht mehr allein um die Analyse von Entscheidungsprozessen. Vielmehr wird das gesamte Organisationsgeschehen – angefangen von der Einführung neuer Technologien bis hin zu umfassenden Reorganisationsprozessen – zum Thema der Forschung. Organisationen werden als ein Ort angesehen, an dem sich mikropolitische Aushandlungsprozesse abspielen, d.h. auszumachen ist ein nicht immer leicht zu durchschauendes interessengeleitetes Gegen- und Miteinander von Organisationsmitgliedern (vgl. u.a. Crozier/Friedberg 1979). Im Unterschied zu den anfangs noch sehr personalisierten, organisationspsychologischen Konzeptionen von Mikropolitik (siehe z. B. Bosetzky 1977) stehen alsbald eher organisationsstrukturelle Ansätze im Zentrum, die Organisationen als „Akteurssysteme" ver-

---

13 Das wohl bekannteste Beispiel, anhand dessen das Mülleimer-Modell häufig erklärt wird, sind Gremiensitzungen in Universitäten. Hier gibt es nicht nur häufig wechselnde Teilnehmer_innen, sondern auch Entscheidungsprozesse, die vielfach ebenso wenig nachvollziehbar sind, wie die für Probleme gefundenen Lösungen.

## Die Mainstream-Organisationsforschung – Reflexionen aus einer Genderperspektive

standen wissen wollen. Soziale Akteure werden als handlungsmächtige Subjekte wahrgenommen, die maßgeblich an der Herstellung, Reproduktion und Veränderung von organisationalen Strukturen beteiligt sind, indem sie z. B. im Rahmen von Aushandlungs- und Entscheidungsprozessen über Reorganisationsmaßnahmen bestimmen (vgl. u.a. Crozier/Friedberg 1979; Ortmann et al. 1990; Küpper/Ortmann 1992). Organisationen gelten dementsprechend als „politische Arenen", in denen konflikt- und/oder konsensorientierte (Macht)Spiele stattfinden und soziale Akteure versuchen, „Unsicherheitszonen" möglichst gering zu halten. Es werden also Koalitionen geschmiedet, es wird taktiert und versucht, Einfluss auf Entscheidungen zu nehmen, um Interessen, etwa im Hinblick auf die Produktionsorganisation, den Technikeinsatz oder die Personalrekrutierung, durchzusetzen. Ein Verdienst dieses Ansatzes besteht – bei aller berechtigten Kritik, z. B. an seinem Machtbegriff und der ausgeprägten Mikroperspektive – zweifelsohne darin, ein neues Bild von Organisationen geschaffen zu haben, das weitaus wirklichkeitsnäher ist als alle Modelle, die vorher die Organisationsforschung bestimmt haben.

Zwar hat sich – wie nicht anders zu erwarten – auch dieser Mainstream nicht mit der Frage auseinandergesetzt, welche Relevanz der Kategorie Geschlecht in ihren Modellannahmen zukommt. Dennoch bietet er ein Verständnis von Organisationen, das in ihnen in erster Linie „natürliche, soziale Systeme" sieht oder „organizations as political systems" (Morgan 1997) betrachtet – eine gute Basis, um den Zusammenhang von Organisation und Geschlecht zu entschlüsseln. Kaum ein Ansatz kann beispielsweise besser erklären, wie Machtungleichgewichte und -dynamiken in Organisationen entstehen und welche Konsequenzen asymmetrische Handlungsoptionen (z. B. von männlichen und weiblichen Beschäftigten) auf den Verlauf von Aushandlungs- und Entscheidungsprozesse haben. Zentral ist hier der Umgang mit Unsicherheitszonen: Wenngleich im Konzept von Crozier und Friedberg (1979) auch keine völlig machtlosen Akteure vorgesehen sind, gibt es dennoch in der Regel schwächere und stärkere Akteure und Akteurinnen in Organisationen, die folglich mehr oder weniger gut in der Lage sind, Machtstrategien und -taktiken anzuwenden.[14] So-

---

14 Dem klassischen Verständnis von Crozier und Friedberg (1979) zufolge lassen sich vier Machtquellen voneinander unterscheiden, deren Beherrschung Akteure und Akteurinnen in die Lage versetzen kann, Unsicherheitszonen zu kontrollieren und damit Macht auszuüben. Hierbei handelt es sich um Expertentum, exklusive Außenkontakte bzw. die Einnahme einer Brokerposition, die Kontrolle über Infor-

lange wie es Akteur_innen nicht gelingt, strategisch wichtige Ressourcen, also Machtressourcen zu generieren, ist es folglich um ihre Chancen, mikropolitische Spiele zu ihren Gunsten zu entscheiden, schlecht bestellt; völlig machtlos sind sie aber – wie gesagt – nicht. Was der Ansatz aus der Sicht der Genderforschung leisten kann, ist eine Entschlüsselung der in Organisationen (tagtäglich) stattfindenden spannungsreichen (Macht)Spiele und der damit eng verwobenen vielfältigen Macht-, Autonomie- und Abhängigkeitsverhältnisse, die so prägend für den Verlauf politischer Aushandlungsprozesse sind und zur (Re)Produktion (ggf. auch zur Erosion) von Geschlechterasymmetrien beitragen; denn starre, auf Dauer festgeschriebene Dominanzstrukturen gibt es aus der Sicht von Crozier und Friedberg nicht.

Eine solche Sicht auf Organisationen eröffnet eine weitaus wirklichkeitsnähere Perspektive auf die organisationale Binnenwelt und die hier vorherrschenden mikropolitischen Spiele, z. B. wenn es um die Verankerung von Gleichstellungsmaßnahmen geht.[15] Wie jedoch die Geschlechterdifferenz in die Organisation „hineinkommt", erklärt der Ansatz nicht. Offen bleiben daher Fragen zur Genese und Wirkungsmacht von Zweigeschlechtlichkeit sowie zu wechselseitigen Interdependenzen von Individuum, Organisation und Gesellschaft[16], was uns dazu veranlasst, einen Blick auf den dritten Mainstream der Organisationsforschung zu werfen, der die Umwelt von Organisationen zum Thema macht.

---

    mations- und Kommunikationskanäle sowie die Fähigkeit, Organisationsregeln (mit) zu bestimmen.

15 Ein Beispiel für eine genderorientierte Studie auf der Basis des mikropolitischen Ansatzes stellt die Studie von Birgit Riegraf (1996) über die Einführung betrieblicher Gleichstellungsmaßnahmen dar.

16 Daher haben Organisationsforscher_innen versucht, mikropolitische Ansätze strukturationstheoretisch zu fundieren, so dass neben Fragen der Macht und Interessendurchsetzung stets auch die das Handeln restringierenden Strukturen, in denen sich Akteure bewegen, in den Fokus der Analyse rücken. Denn bei der Durchsetzung von Interessen spielen – wie Ortmann et al. zu Recht betonen –, beispielsweise immer alle drei Strukturdimensionen (Signifikation, Domination, Legitimation) eine Rolle. Akteure müssen sich folglich „sensibel auf herrschende Regeln der Bedeutungszuweisung und Sinnkonstitution (überinterpretative Schemata) und auf Regeln der Legitimation (über Normen) beziehen" (Ortmann/Sydow/Windeler 1997: 344).

## (3) Die Organisation und ihr Umfeld – Organisation und Gesellschaft

Ein weiterer, ebenfalls tief greifender Wandel des Organisationsverständnisses ist seit den 1960er Jahren zu verzeichnen, als sich das Interesse nicht mehr ausschließlich auf die Analyse von Binnenstrukturen, sondern auch auf den Zusammenhang zwischen Organisation und Umwelt richtete. Organisationen werden nunmehr als „offene" Systeme beschrieben, die ihre Umwelt nicht nur beobachten, sondern zum Anlass nehmen, interne Strukturen und Prozesse den Umweltanforderungen anzupassen. Am bekanntesten ist die sich – ausgehend von der Aston-School in Birmingham – in den 1970er Jahren entwickelnde Kontingenztheorie[17] (auch situativer Ansatz genannt), die behauptet, dass es eine jeweils spezifische Passung zwischen Kontextvariablen (z. B. Betriebsgröße, Fertigungstechnologie) und Strukturvariable (z. B. der Spezialisierung, Standardisierung, Formalisierung, Entscheidungszentralisation) gibt. „Auf eine ganz simple Form gebracht behauptet dieser Ansatz, daß die Situation die Struktur bestimme und die Struktur einer Organisation deren Effizienz bedinge" (Türk 1989: 2). Dieser auf den ersten Blick plausible Begründungszusammenhang erwies sich als nicht haltbar, und so blieb die Kritik an dieser Sicht auf das Verhältnis zwischen Organisation und Situation nicht aus (vgl. u.a. Türk 1989: 2 ff.). Sie konzentrierte sich vor allem auf die starke Effizienzorientierung dieses Ansatzes, die nicht nur von der verhaltenswissenschaftlichen Entscheidungstheorie – wie gezeigt – hinterfragt wurde, sondern auch – um ein weiteres prominentes Beispiel zu nennen – vom Neo-Institutionalismus (vgl. u.a. DiMaggio/Powell 1983; Meyer/Rowan 1977), der sich ebenfalls anschickte, sich nicht nur auf die Binnenstrukturierung von Organisationen zu konzentrieren, sondern Interdependenzen zwischen Organisation und Gesellschaft zum Thema zu machen. Da gerade von diesem Ansatz – angesichts der von ihm stark betonten gesellschaftlichen und institutionellen Einbettung von Organisationen – eine Reihe von Impulsen für die „Rückkehr der Gesellschaft" in die Organisationsforschung ausging, steht er auch im Zentrum der weiteren Ausführungen.

Zwar ist hier nicht der Ort, um alle Verästelungen dieses Theoriestrangs darzustellen, aber gleichwohl sollen zumindest Argumente genannt werden, warum sich eine Verknüpfung von Neo-Institutionalismus und Ge-

---

[17] Siehe hierzu u.a. die Zusammenfassung von Forschungsergebnissen in Kieser/ Kubicek 1992.

schlechterforschung als gewinnbringend erweisen kann.[18] Ein Argument ergibt sich bereits aus seinem Anliegen. So interessiert sich der Neo-Institutionalismus mehr als andere Organisationstheorien dafür, wie gesellschaftliche Strukturen und Erwartungen auf Organisationen einwirken bzw. wie Organisationen versuchen, sich an gesellschaftlichen Erwartungen und Normen zu orientieren, um Legitimität zu erzielen. Die These eines gesellschaftlichen Konformitätsdrucks, der Organisationen zwingt, formal-rationale Strukturen aufzuweisen, geht – so z. B. die prominente Argumentation von Meyer und Rowan – mit einer Strategie der „Entkopplung" einher, die mit dem Aufbau von „Rationalitätsfassaden" (Meyer/ Rowan 1977) eng verknüpft ist. Die weitere Argumentation liegt auf der Hand: Zum einen tragen Rationalitätsfassaden dazu bei, der Umwelt/ Gesellschaft zu signalisieren, dass Organisationen gesellschaftliche Erwartungen erfüllen – und z. B. nicht gegen die in § 3 des Grundgesetzes geregelte Gleichberechtigung von Frauen und Männern verstoßen. Zum anderen schotten Organisationen so ihr Kerngeschäft von – vielfach auch widersprüchlichen – gesellschaftlichen Erwartungen ab und bleiben handlungsfähig. Hinter- und Vorderbühne, Aktivitäts- und Formalstruktur, „talk", „decision" und „action" fallen demnach – folgt man dem Neo-Institutionalismus – auseinander, denn Organisationen sind stets bestrebt, eine Strategie zu entwickeln, ihre Binnenstruktur von institutionellen Erwartungen abzuschirmen, aber gleichwohl den Eindruck zu vermitteln, sie entsprechen den gesellschaftlichen Vorstellungen, die von Organisationen Effizienz erwarten, die durch die Existenz formal-rationaler Strukturen am ehesten erzielt werden kann. Dennoch sollte – wie Stefan Kühl zu Recht herausstellt – die „Schauseite der Organisation" nicht mit ihrer Formalstruktur gleichgesetzt werden. Zwar können „einzelne Elemente der Formalstruktur zum Auf- und Ausbau von Organisationsfassaden" (Kühl 2011: 146) beitragen, aber hinzu kommen müssen noch „geschönte Darstellungen" und „Legendenbildungen", die Organisationen erst – von außen betrachtet – als die Organisation erscheinen lassen, die ihnen aktuell die größtmögliche gesellschaftliche Legitimation verheißt. Dass sich so ein „Egalitätsmythos" entwickeln kann, der allen Versuchen, einen strukturellen Wandel herbeizuführen, den Boden entzieht, liegt nahe. So zeigt sich, dass selbst in modernen, wissensbasierten Organisationen, in denen

---

18 Siehe hierzu den Beitrag zum Neo-Institutionalismus von Maria Funder und Florian May in diesem Band.

Chancengleichheit eigentlich als eine Selbstverständlichkeit erachtet wird, Geschlechterungleichheiten noch längst nicht verschwunden sind, ihre Thematisierung jedoch angesichts der vorherrschenden Leitlinie „Nur Leistung zählt – Geschlecht spielt keine Rolle" ausgesprochen schwierig ist (vgl. u.a. Funder/Dörhöfer/Rauch 2006; Funder/Sproll 2012). Um diese Diskrepanz erklären zu können, ist der Neo-Institutionalismus bestens geeignet, denn wie kein anderer zeigt er auf, dass die „Schauseite" einer Organisation sich von den internen formalisierten Kernprozessen bzw. der „operativen Tiefenstruktur" (Tacke 2003: 76) – der eigentlichen Aktivitätsstruktur einer Organisation – entkoppeln kann. Im Grunde kann – so Brunsson (1989) – eigentlich keine Organisation auf „Heuchelei" und „Scheinheiligkeit" bzw. eine „Doppelmoral" gänzlich verzichten. Das Ziel einer jeden Organisation ist es, dafür Sorge zu tragen, dass ihre „symbolische Oberflächenstruktur" (Tacke 2003: 76) möglichst lange als das „wahre Gesicht" der Organisation wahrgenommen wird. Folglich setzt sie alles daran, einer „Demaskierung" zu entgehen und die Illusion aufrechtzuerhalten, es handele sich bei ihr um eine rationale, effiziente, höchst moderne und reibungslos funktionierende Organisation. Mit anderen Worten, sie weiß, dass sie aktuellen Leitbildern und Modetrends entsprechen muss und sich daher z. B. an den neuesten Organisations- und Managementkonzepten orientieren sollte. Als hilfreich erweisen sich dabei u.a. offizielle Zertifizierungen, die sie als qualitätsorientiert, innovativ, sozial verantwortlich und – neuerdings – möglichst auch noch als familienfreundlich und an Diversity-Konzepten orientiert bewertet.

Der Neo-Institutionalismus bietet – wenngleich viele berechtigte Kritikpunkte noch eine Antwort erfordern – demnach eine Reihe von Anknüpfungspunkten für die feministische Organisationsforschung. Hierzu gehört nicht nur der Blick hinter die Kulissen, also dorthin wo das „wahre" Organisationsleben tobt, sondern auch auf die Interdependenzen zwischen Organisation und Gesellschaft. Damit ist der Neo-Institutionalismus nicht nur in der Lage, zu der längst fälligen „Rückkehr der Gesellschaft" (Ortmann/Sydow/Türk 1997) in die Organisationstheorie beizutragen, sondern auch einen Bogen zur Geschlechterforschung zu schlagen.

(4) Weiterentwicklungen in Richtung „relationale, prozessorientierte" sowie „reflexive" Organisationskonzepte

In den letzten Jahrzehnten ist die Theorieentwicklung weiter voran geschritten und hat nicht nur ein höheres Niveau erreicht, sondern auch neue Entwicklungsrichtungen eingeschlagen (vgl. u.a. Scott 2006). Mehr Aufmerksamkeit wird Organisationsgrenzen, Strategien der Inter- und Externalisierung sowie dem Prozess des Organisierens gewidmet, wobei relationale, prozessorientierte Betrachtungsweisen[19] zunehmend an Gewicht gewonnen haben. Der Organisationswissenschaftler Mustafa Emirbayer (1997) erachtet diese Entwicklung – weg von „substantialistischen" und hin zu „relationalen" Konzepten – daher für dringend geboten. Für ihn steht fest, dass Organisationen zwar auch weiterhin als eigenständige Gebilde zu betrachten sind, allerdings darf ihre Einbettung bzw. Abhängigkeit von wechselnden Kontextbedingungen – ob technischer, politischer, kultureller oder institutioneller Art – nicht ausgeblendet werden. Noch sind es – so Scott (2006) – nicht allzu viele Organisationsforscher_innen, die sich diese relationale, prozessorientierte Sicht zu eigen gemacht haben, was sich zukünftig aber sicherlich noch ändern wird, denn ein Zurück kann es nicht geben. Der Druck auf die etablierten Konzepte hat sich zudem noch verstärkt durch die Auflösung und Neukonfiguration von (Organisations-)Grenzen, etwa im Zuge von Transnationalisierungs- und Virtualisierungsprozessen, die z. B. mit Begriffen wie Dezentralisierung, Entgrenzung und Vermarktlichung beschrieben werden. Ausdruck finden diese Entwicklungen in der vernetzten Produktion und globalen, dynamischen Wertschöpfungsketten (vgl. u.a. Flecker 2012; siehe auch Funder/ Sproll 2012). Sie erzeugen – wie Müller (2013: 527) betont – „immense Anforderungen" an theoretische und methodologische Konzepte im Forschungsfeld zu Geschlecht und Organisation.

Erste wichtige Anstöße für die Weiterentwicklung der Organisationssoziologie lieferte bereits die in den 1990er Jahren einsetzende Debatte über die Strukturationstheorie von Anthony Giddens (vgl. Giddens 1988). In Deutschland waren es vor allem Günther Ortmann, Jörg Sydow und Arnold Windeler, die – anknüpfend an Anthony Giddens' Strukturationstheorie und das Konzept der Mikropolitik – dazu beigetragen haben, den

---

19 Zur prozessorientierten Sichtweise aus einer Genderperspektive siehe Edeltraud Hanappi-Egger und Helga Eberherr in diesem Band.

Organisationsbegriff neu zu definieren und als „reflexive Strukturation" zu begreifen (vgl. Ortmann/Sydow/Windeler 1997). Im Kern wird hier von einem Organisationsverständnis ausgegangen, das auf drei zentrale Konzepte des Giddensschen Ansatzes rekurriert, nämlich Reflexivität, Strukturation und Rekursivität, die – so Ortmann, Sydow und Windeler – „im Begriff der Organisation auf zwanglose und einleuchtende Weise zusammentreffen, wenn man *Organisation als reflexive Strukturation* bestimmt, und zwar in genau jenem Doppelsinn rekursiven Erzeugens ('Organisieren') eines Erzeugnisses ('Organisiertheit', Organisation als soziales System)" (ebd.: 322; Herv. i. O.).

Das Konzept überzeugt, denn es bietet nicht nur ein anspruchsvolles Organisationsverständnis, sondern auch die schon seit einiger Zeit immer dringender geforderte sozial- und gesellschaftstheoretische Fundierung der Organisationstheorie; wobei nicht zuletzt auch die Frage der Grenzziehungen in und zwischen Organisationen zunehmend Berücksichtigung findet. Zudem versucht es eine Antwort auf die ständige Frage nach Handlung oder Struktur zu geben, die in der Organisationstheorie – wie generell in den Sozialwissenschaften – stets entweder zugunsten der Handlungs- oder der Struktur- bzw. Systemebene ausgefallen ist. Giddens' Ansatz steht bekanntermaßen für die Idee von einer „Dualität von Struktur" und ist darauf ausgerichtet, die „defiziente Sichtweise" der Gegenüberstellung von Struktur und Handlung zu überwinden (vgl. Giddens 1988). Nun wäre noch viel zu den einzelnen Dimensionen dieses Ansatzes – sowie zur Kritik – zu sagen, aber ich will es bei dem Verweis auf diesen einen Kerngedanken bewenden lassen, demzufolge Individuum und Gesellschaft, Handlung und Struktur/System nicht als Gegensatz zu begreifen sind, sondern als gleichursprünglich, denn beide werden „in rekursiven Handlungen oder Praktiken konstituiert und das heißt: produziert und reproduziert" – so Giddens (vgl. hierzu Kießling 1988: 289).

Mit dem Rekurs auf ein solches Theoriegerüst bieten sich zudem wichtige Anknüpfungspunkte für eine reflexive Sicht auf das Zusammenwirken von Mikro-, Meso- und Makroebene, was wiederum ein Zusammendenken von Organisation, Geschlecht und Gesellschaft weiter bringen kann. Giddens (1988) betont nämlich – wie kaum ein anderer Gesellschaftstheoretiker –, dass sich Strukturen über individuelle Handlungen (re)produzieren und individuelle Praktiken selbst wiederum strukturellen Charakter haben, was sowohl für Organisation(en) – als eine Form der Strukturation kollektiven Handelns – als auch die Gesellschaft selbst gilt. Gerade dieser Ansatz wird daher nicht nur als ausgesprochen inspirierend aus der Perspektive der Organisationsforschung angesehen. Vielmehr gehört er mittlerweile ebenso zu den etablierten Theorieansätzen in der Geschlechterforschung. Sein Vorzug besteht – wie Heike Kahlert betont – darin, die Dis/Kontinuitäten von Geschlecht und der Geschlechterverhältnisse in der frühen und späten Moderne offenzulegen und erklären zu können (vgl. u.a. Kahlert 2006, 2012).[20] Überhaupt wird sowohl in der Geschlechterforschung als auch in der Organisationssoziologie seit einiger Zeit wieder verstärkt auf allgemeinsoziologische Theorien – von Luhmann über Bourdieu bis Foucault – Bezug genommen.[21] Insgesamt sind die in den letzten Jahren entwickelten Konzepte der Mainstream-Organisationsforschung in vielerlei Hinsicht ein Gewinn, zumal sie eine breite Palette unterschiedlichster Theorieperspektiven – die hier nur angedeutet werden konnten – zur Verfügung stellen, deren Scheinwerfer schon längst nicht mehr nur die Fassade der Organisation anstrahlen, sondern auch die vielen versteckten Nischen und bislang noch unsichtbaren Räume ausleuchten.

## 3 Fazit und Perspektiven: Sind Brückenschläge zwischen Mainstream- und feministischer Organisationsforschung denkbar?

Fasst man die aktuellen Entwicklungen der Mainstream-Organisationsforschung zusammen, dann ist letztendlich nicht zu übersehen, dass sie sich zwar zu einem komplexen, facettenreichen Forschungsfeld entwickelt hat, aber gleichwohl immer noch eine Reihe von Leerstellen aufweist, zu der auch die weitgehende Ausblendung einer Genderperspektive gehört. Ein Mitdenken der Kategorie Geschlecht ist im Grunde bis heute nicht selbstverständlich (vgl. u.a. Aulenbacher/Riegraf 2011; Funder 2004, 2011). Gleich welche Einführung in die Organisationssoziologie man zur Hand nimmt, eine dezidierte Auseinandersetzung mit der Relevanz der Geschlechterdifferenz – insbesondere Geschlechterasymmetrien – findet sich nicht; vielfach wird dem Thema noch nicht einmal eine Fußnote, geschweige denn ein eigenes Kapitel, gewidmet. Mainstream- und feministische Organisationsforschung finden bis heute weitgehend abgekoppelt voneinander statt und bilden quasi getrennte Welten. Dabei kommt weder die Geschlechterforschung ohne eine Berücksichtigung der Organisations-

---

20 Vgl. hierzu den Beitrag von Steffen Dörhöfer in diesem Band.
21 Zu systemtheoretischen Ansätzen siehe Ralf Wetzel, zur Foucaultschen Sicht Roswitha Hofmann und zu Bourdieu Johanna Hofbauer in diesem Band.

ebene aus, noch wäre eine Organisationsforschung gut beraten, die Genderdimension vollständig aus ihren Konzepten auszublenden. Brückenschläge erfolgen bislang jedoch allenfalls vereinzelt, machen aber deutlich, dass es sich lohnt, Verbindungslinien aufzuspüren und weiterzuverfolgen. Beispiele hierfür, wenngleich es auch nicht allzu viele sind, habe ich angeführt; wobei es eher die Geschlechterforschung war, die sich auf Mainstream-Konzepte bezogen hat, als umgekehrt. Sie zeigen, dass es möglich ist, sowohl klassische als auch jüngere Organisationsansätze zum Ausgangspunkt weitergehender Überlegungen zum Zusammenhang von Geschlecht und Organisation zu machen. Aus der Perspektive der Geschlechterforschung stellt besonders die in den 1990er Jahren in der Organisationsforschung diskutierte „Rückkehr der Gesellschaft" sowie vor allem das Aufkommen relationaler, prozessorientierter Organisationstheorien ein Gewinn dar, denn nunmehr liegen Konzepte vor, die Organisationen z. B. als „reflexive Strukturation" begreifen und das Verhältnis von Organisation und Gesellschaft zu ihrem Thema machen. Sie erweisen sich als ausgesprochen anschlussfähig, wenn es darum geht, Organisation, Geschlecht und Gesellschaft zusammenzudenken. Geht man davon aus, dass die immer noch vorherrschende Normativität der Zweigeschlechtlichkeit, damit verbundene Geschlechterstereotypisierungen sowie genderbezogene Ungleichheitslagen Resultate historisch gewachsener, komplexer sozialer, symbolischer, kultureller und politischer Prozesse sind, die nicht nur auf der Makroebene stattfinden, dann steht ohnehin außer Frage, dass es zu ihrer Entschlüsselung nicht nur eines Blicks auf gesellschaftliche Transformations- und Rekonfigurationsprozesse der Geschlechterordnung bedarf, wie beispielsweise auf den Wandel von Institutionen (Sozialstaat, Familie) und gesellschaftlich vorherrschende Leitbilder („private Kindheit", „Alleinernährermodell"), sondern auch auf die Mikroebene der handelnden Akteure und Interaktionen („Doing Gender"), was die Geschlechterforschung in den 1980er Jahren bereits mit großer Intensität getan hat, und – last but not least – die Mesoebene der Organisation. Eine gendersensible Organisationsforschung, die einen Gesellschaftsbezug aufweist, kann nicht nur Aufschluss darüber geben, wie Gender in und durch Organisationen hergestellt, reproduziert und verändert wird, sondern auch Interdependenzen zwischen Organisation, Geschlecht und Gesellschaft offenlegen. Schimank (2001) zufolge – dem ich ausdrücklich zustimme – bietet eine Fokussierung auf Organisationen die Möglichkeit, sowohl Effekte auf der Mikroebene der Individuen (Interaktion/Handlungen) als auch die Makroebene der Gesellschaft (Prozesse gesellschaftlicher (De)Integration) in ihrer wechselseitigen Verschränkung einzufangen. Zumindest in der Geschlechterforschung setzt sich – nach einer langen Phase der Ausrichtung auf die Mikro- bzw. Interaktionsebene – allmählich die Auffassung durch, dass erst die Berücksichtigung von Mikro-, Meso- und Makroebene differenzierte Erkenntnisse über die Entstehung und (Re)Produktion von Geschlechterdifferenzierungen und geschlechtlicher Ungleichheitslagen liefern kann (vgl. u.a. Becker-Schmidt 2013; Funder 2011: 175 ff.; Maihofer 2007). Organisationen bilden dabei quasi einen Transmissionsriemen für Reproduktions- wie Neukonfigurationsprozesse, indem sie nicht nur Einfluss nehmen auf die Konstruktion individueller und kollektiver Geschlechtsidentitäten, sondern auch auf Lebenslagen und -chancen, was sie zu „aktiven Konstrukteuren" von Geschlechter(un)gleichheit in der Gesellschaft macht (vgl. hierzu Müller 2013: 529).

Eine gendersensible Organisationssoziologie ist somit mehr als erstrebenswert. Der hierzu notwendige Brückenschlag zwischen Organisations- und Geschlechterforschung ist allerdings voraussetzungsvoll und erfordert zunächst den Aufbau von Grundpfeilern. Ob sie sich am Ende als stabil genug für einen Brückenbau erweisen, wird sich zeigen. Viel hängt davon ab, ob sich die präferierten Organisationskonzepte als anschlussfähig für eine genderorientierte Analyse von Organisationen herausstellen. Vielversprechend ist – um ein besonders interessantes Beispiel zu nennen – der Neo-Institutionalismus (vgl. u.a. Müller 2010, 2013), dessen Potenzial für eine geschlechtersensible Organisationsforschung zukünftig noch stärker ausgelotet werden sollte.[22]

*Weiterführende Literatur*

Aulenbacher, Brigitte/Fleig, Anne/Riegraf, Brigitte (2010). Organisation, Geschlecht, soziale Ungleichheiten. In: Feministische Studien, 28 (1).

Godwyn, Mary/Gittel, Jody Hoffer (Hrsg.) (2012). Sociology of Organizations. Structures and Relationships. Thousand Oaks: Sage.

---

22 Das DFG D-A-CH-Projekt „Gender Cage – revisited. Zur Rekonfiguration von Geschlechterdifferenzierungen in Organisationen postmoderner Gesellschaften" hat sich diese Aufgabenstellung zum Ziel gesetzt. So will es u.a. Aufschluss über den komplexen, widersprüchlichen und wechselseitigen Zusammenhang von Organisation, Geschlecht und Gesellschaft sowie die Rolle der Organisation in der gesellschaftlichen Re- und Neukonstituierung von Geschlechterdifferenzierungen geben (vgl. www.gendercage-revisited.eu).

*Die Mainstream-Organisationsforschung – Reflexionen aus einer Genderperspektive*

Müller, Ursula/Riegraf, Birgit/Wilz, Sylvia M. (Hrsg.) (2013). Geschlecht und Organisation. Wiesbaden: Springer.

*Im Text erwähnte Quellen*

Acker, Joan/Van Houten, Donald R. (1992). Differential Recruitment and Control: The Sex Structuring of Organizations. In: Mills, Albert/Tancred, Petra (Hrsg.). Gendering Organizational Analysis. Newbury Park, 15–30.

Aulenbacher, Brigitte/Riegraf, Birgit (2011). Geschlechterdifferenzen und -ungleichheiten in Organisationen. In: Aulenbacher, Brigitte/Meuser, Michael/Riegraf, Birgit (Hrsg.). Soziologische Geschlechterforschung. Eine Einführung. Wiesbaden: VS, 157–171.

Barnard, Chester I. (1938). The Functions of the Executive. Cambridge Mass.: Harvard University Press.

Becker-Schmidt, Regina (2013). Konstruktion und Struktur: Zentrale Kategorien in der Analyse des Zusammenhangs von Geschlecht, Kultur und Gesellschaft. In: Graf, Julia/Ideler, Kristin/Klinger, Sabine (Hrsg.). Geschlecht zwischen Struktur und Subjekt. Theorie, Praxis, Perspektiven. Opladen: Barbara Budrich, 19–42.

Bonazzi, Giuseppe (2007). Geschichte des organisatorischen Denkens. Wiesbaden: VS.

Bosetzky, Horst (1977). Machiavellismus, Machtkumulation und Mikropolitik. In: Zeitschrift für Organisation, 46 (3), 121–125.

Brunsson, Nils (1989). The Organization of Hypocrisy: Talk, Decisions and Actions in Organizations. Chichester et al.: Wiley.

Cohen, Michael D./March, James G./Olsen, Johan P. (1972). A Garbage Can Model of Organizational Choice. In: Administrative Science Quarterly, 17 (1), 1–25.

Coleman, James S. (1979). Macht und Gesellschaftsstruktur. Tübingen: Mohr Siebeck.

Collins, Randall (1992). Sociological Insight: An Introduction to Non-Obvious Sociology. New York: Oxford University Press (2nd Edition).

Crozier, Michel/Friedberg, Erhard (1979). Macht und Organisation. Die Zwänge kollektiven Handelns. Königstein: Athenaeum.

DiMaggio, Paul J./Powell, Walter W. (1983). The Iron Cage Revisited: Institutional Isomorphism and Collective Rationality. In: American Sociological Review, 48 (2), 147–160.

Ebers, Mark/Gotsch, Wilfried (2006). Institutionenökonomische Theorien der Organisation. In: Kieser, Alfred/Ebers, Mark (Hrsg.). Organisationstheorien. Stuttgart: Kohlhammer, 247–308.

Emirbayer, Mustafa (1997). Manifesto for a Relational Sociology. In: American Journal of Sociology, 103 (2), 281–317.

Fayol, Henri (1929, zuerst 1916). Allgemeine und industrielle Verwaltung. München: C.H. Beck.

Ferguson, Kathy E. (1984). The Feminist Case Against Bureaucracy. Philadelphia: Temple University Press.

Flecker, Jörg (Hrsg.) (2012). Arbeit in Ketten und Netzen. Die dynamische Vernetzung von Unternehmen und die Qualität der Arbeit. Berlin: Edition Sigma.

Fraser, Nancy (2001). Die halbierte Gerechtigkeit. Gender Studies. Frankfurt: Suhrkamp.

Fraser, Nancy (2009). Lageverzeichnis der feministischen Imagination: Von Umverteilung über Anerkennung zu Repräsentation. In: Grisard, Dominique et al. (Hrsg.). Gender in Motion. Die Konstruktion von Geschlecht in Raum und Erzählung. Frankfurt, New York: Campus, 259–280.

Funder, Maria (2004). (K)ein Ende der Geschlechterungleichheit? Arbeit und Geschlecht als Medien der Inklusion und Exklusion in Organisationen. In: Baatz, Dagmar/Rudolph, Clarissa/Satilmis, Ayla (Hrsg.). Hauptsache Arbeit? Feministische Perspektiven auf den Wandel von Arbeit. Münster: Westfälisches Dampfboot, 47–69.

Funder, Maria (2008). Emotionen erwünscht? Emotionalität, Informalität und Geschlecht in wissensintensiven Unternehmen. In: Funken, Christiane/Schulz-Schaeffer, Ingo (Hrsg.). Digitalisierung der Arbeitswelt. Zur Neuordnung formaler und informeller Prozesse in Unternehmen. Wiesbaden: VS, 165–192.

Funder, Maria (2011). Soziologie der Wirtschaft. Eine Einführung. München: Oldenbourg.

Funder, Maria/Dörhöfer, Steffen/Rauch, Christian (2006). Geschlechteregalität – Mehr Schein als Sein. Geschlecht, Arbeit und Interessenvertretung in der Informations- und Telekommunikationsindustrie. Berlin: Edition Sigma.

Funder, Maria/Sproll, Martina (2012). Symbolische Gewalt und Leistungsregime. Geschlechterungleichheit in der betrieblichen Arbeitspolitik. Münster: Westfälisches Dampfboot.

Giddens, Anthony (1988). Die Konstitution der Gesellschaft. Grundzüge einer Theorie der Strukturierung. Frankfurt, New York: Campus.

Godwyn, Mary/Gittel, Jody Hoffer (Hrsg.) (2012). Sociology of Organizations. Structures and Relationships. Thousand Oaks: Sage.

Gouldner, Alvin W. (1954). Patterns of Industrial Bureaucracy. Glencoe: Free Press.

Graham, Pauline (Hrsg.) (1995). Mary Parker Follett – Prophet of Management: A Celebration of Writings from the 1920s. Cambridge: Harvard Business School Press.

Hausen, Karin (1976). Die Polarisierung der Geschlechtercharaktere. Eine Spiegelung der Dissoziation von Erwerbs- und Familienleben. In: Conze, Werner (Hrsg.). Sozialgeschichte der Familie in der Neuzeit Europas. Neue Forschungen. Stuttgart: Klett-Cotta, 363–393.

Hirschauer, Stefan (2013). Die Praxis der Geschlechter(in)differenz und ihre Infrastruktur. In: Graf, Julia/Ideler, Kristin/Klinger, Sabine (Hrsg.). Geschlecht zwischen Struktur und Subjekt. Theorie, Praxis, Perspektiven. Opladen: Barbara Budrich, 153–172.

Kahlert, Heike (2006). Geschlecht als Struktur und Prozesskategorie – Eine Re-Lektüre von Giddens' Strukturationstheorie. In: Aulenbacher, Brigitte et al. (Hrsg.). FrauenMännerGeschlechterforschung. State of the Art. Münster: Westfälisches Dampfboot, 205–216.

Kahlert, Heike (2012). Dis/Kontinuitäten der Geschlechterverhältnisse in der Moderne. Skizzen zu Anthony Giddens' Verbindung von Gesellschaftstheorie und Genderforschung. In: Kahlert, Heike/Weinbach, Christine (Hrsg.). Zeitgenössische Gesellschaftstheorien und Genderforschung. Einladung zum Dialog. Wiesbaden: Springer, 57–79.

Kieser, Alfred/Kubicek, Herbert (1992). Organisation. Berlin, New York: de Gruyter.

Kießling, Bernd (1988). Die Theorie der Strukturierung. Ein Interview mit Anthony Giddens. In: Zeitschrift für Soziologie, 17 (4), 286–295.

Krell, Gertraude/Rastetter, Daniela/Reichel, Karin (Hrsg.) (2012). Geschlecht Macht Karriere in Organisationen. Berlin: Edition Sigma.

Krell, Gertraude/Weiskopf, Richard (2006). Die Anordnung der Leidenschaften. Wien: Passagen.

Kühl, Stefan (2011). Organisationen. Eine sehr kurze Einführung. Wiesbaden: VS.

Küpper, Willi/Ortmann, Günther (Hrsg.) (1992). Mikropolitik – Rationalität, Macht und Spiele in Organisationen. Opladen: Westdeutscher Verlag.

Luhmann, Niklas (2000). Organisation und Entscheidung. Wiesbaden: VS.

Maihofer, Andrea (2007). Gender in Motion. Gesellschaftliche Transformationsprozesse – Umbrüche in den Geschlechterverhältnissen? Eine Problemskizze. In: Grisard, Dominique/Häberlein, Jana/Kaiser, Anelis/Saxer, Sibylle (Hrsg.). Gender in Motion. Die Konstruktion von Geschlecht in Raum und Erzählung. Frankfurt, New York: Campus, 281–315.

March, James G. (1994). A Primer on Decision Making. New York: Free Press.

Maruani, Margaret (2010). Transformationen der Geschlechterbeziehungen – Neue Unsicherheiten. In: Soeffner, Hans-Georg (Hrsg.). Unsichere Zeiten. Herausforderungen gesellschaftlicher Transformationen. Verhandlungen des 34. Kongresses der Deutschen Gesellschaft für Soziologie in Jena 2008, Band 2. Wiesbaden: VS, 625–638.

Mayo, Elton (1948). The Human Problems of Industrial Civilisation. Boston: Division of Research Graduate School of Business Administration.

Meyer, John/Rowan, Brian (1977). Institutionalized Organizations: Formal Structure as Myth and Ceremony. In: American Journal of Sociology, 83 (2), 340–363.

Morgan, Gareth (1997). Images of Organization. Thousand Oaks: Sage.

Müller, Ursula (2010). Organisation und Geschlecht aus neoinstitutionalistischer Sicht. Betrachtungen am Beispiel von Entwicklungen in der Polizei. In: Aulenbacher, Brigitte/Fleig, Anne/Riegraf, Birgit (Hrsg.). Organisation, Geschlecht, soziale Ungleichheiten. Feministische Studien, 28 (1), 40–55.

Müller, Ursula (2013). Wandel als Kontinuität. Bilanz und Ausblick. In: Müller, Ursula/Riegraf, Birgit/Wilz, Sylvia M. (Hrsg.). Geschlecht und Organisation. Wiesbaden: Springer, 527–537.

Müller, Ursula/Riegraf, Birgit/Wilz, Sylvia M. (2013). Ein Forschungs- und Lehrgebiet wächst: Einführung in das Thema. In: dies. (Hrsg.). Geschlecht und Organisation. Wiesbaden: Springer VS, 17-22.

Neuberger, Oswald (1995). Mikropolitik. Der alltägliche Aufbau und Einsatz von Macht in Organisationen. Stuttgart: Enke.

Ortmann, Günther/Sydow, Jörg/Türk, Klaus (1997). Organisation, Strukturation, Gesellschaft. Die Rückkehr der Gesellschaft in die Organisationstheorie. In: dies. (Hrsg.). Theorien der Organisation. Die Rückkehr der Gesellschaft. Wiesbaden: Westdeutscher Verlag, 15–34.

Ortmann, Günther/Sydow, Jörg/Windeler, Arnold (1997). Organisation als reflexive Strukturation. In: Ortmann, Günther/Sydow, Jörg/Türk, Klaus (Hrsg.). Theorien der Organisation. Die Rückkehr der Gesellschaft. Wiesbaden: Westdeutscher Verlag, 315–354.

Ortmann, Günther/Windeler, Arnold/Becker, Albrecht/Schulz, Hans-Joachim (1990). Computer und Macht in Organisationen. Mikropolitische Analysen. Opladen: Westdeutscher Verlag.

Perrow, Charles (1996). Eine Gesellschaft von Organisationen. In: Kenis, Patrick/Schneider, Volker (Hrsg.). Organisation und Netzwerk. Institutionelle Steuerung in Wirtschaft und Politik. Frankfurt, New York: Campus, 75–121.

Ridgeway, Cecilia (2001). Interaktion und die Hartnäckigkeit der Geschlechter-Ungleichheit in der Arbeitswelt. In: Heintz, Bettina (Hrsg.). Geschlechtersoziologie. Wiesbaden: Westdeutscher Verlag, 250–275.

Riegraf, Birgit (1996). Geschlecht und Mikropolitik. Das Beispiel betrieblicher Gleichstellung. Opladen: Westdeutscher Verlag.

Roethlisberger, Fritz J./Dickson, William J. (1939). Management and the Worker. An Account of a Research Program Conducted by the Western Electric Company. Hawthorne Works. Chicago. Cambridge Mass.: Harvard University Press.

Schein, Virginia E./Mueller, Ruediger/Lituchy, Terri/Liu, Jiang (1996). Think Manager – Think Male: A Global Phenomenon? In: Journal of Organisational Behavior, 17 (1), 33–41.

Schimank, Uwe (2001). Organisationsgesellschaft. In: Kneer, Georg/Nassehi, Armin/Schroer, Markus (Hrsg.). Klassische Gesellschaftsbegriffe der Soziologie. München: W. Fink, 278–307.

Scott, W. Richard (1986). Grundlagen der Organisationstheorie. Frankfurt, New York: Campus.

Scott, W. Richard (2006). Reflexionen über ein halbes Jahrhundert Organisationssoziologie. In: Senge, Konstanze/Hellmann, Kai-Uwe (Hrsg.). Einführung in den Neo-Institutionalismus. Wiesbaden: VS, 201–222.

Selznick, Philip (1948). Foundations of the Theory of Organizations. In: American Sociological Review, 13, 25–35.

Tacke, Veronika (2003). Von der irrationalen Organisation zur Welt der Standards. Nils Brunsson als antizyklischer Theoriepolitiker. In: Organisationsentwicklung, 3, 74–77.

Taylor, Frederick W. (1977, zuerst 1911). Die Grundsätze wissenschaftlicher Betriebsführung. Weinheim, Basel: Beltz.

Türk, Klaus (1989). Neuere Entwicklungen in der Organisationsforschung. Ein Trend Report. Stuttgart: Enke.

Türk, Klaus/Lemke, Thomas/Bruch, Michael (2006). Organisation in der modernen Gesellschaft. Eine historische Einführung. 2. Auflage. Wiesbaden: VS.

Weber, Max (1980). Wirtschaft und Gesellschaft: Grundriss der verstehenden Soziologie. Tübingen: Mohr Siebeck.

Weber, Max (1988). Agrarverhältnisse im Altertum. In: ders. Gesammelte Aufsätze zur Sozial- und Wirtschaftsgeschichte. Tübingen: Mohr Siebeck.

Wehler, Hans-Ulrich (2013). Die neue Umverteilung. Soziale Ungleichheit in Deutschland. München: C.H. Beck.

Weick, Karl E. (1985). Der Prozess des Organisierens. Frankfurt: Suhrkamp.

# Beginn feministischer Organisationsforschung und erste theoretische Ansätze zu „Geschlecht und Organisation"

*Edeltraud Ranftl*

## 1 Einleitung

Seit René Descartes wird wissenschaftliches Arbeiten und Denken durch die Vorstellung von Rationalität bestimmt. Rationalität prägt die Arbeiten von Max Weber, sie ist ein wesentliches Merkmal der von ihm theoretisch gerahmten bürokratischen Herrschaft und Ordnung. Sie kennzeichnet Organisationen und die organisatorische Ordnung. Vielfach wurde dieses Verständnis der rationalen, unpersönlichen Organisation kritisiert und auch innerhalb der Organisationsforschung auf den Prüfstand gestellt bzw. weiterentwickelt.[1] Ein weiterer Leitgedanke der Moderne ist die Gleichheit der Menschen. Gleichheit und Differenz sind Grundfragen und zugleich Widersprüche, welche die Frauenforschung von Beginn an „bewegt" haben.

Schenkt man den Aussagen und Überzeugungen der Interviewpartner_innen in Betriebs(fall)studien Glauben, so spielt Geschlecht in Organisationen absolut keine Rolle; die Rekrutierung, Entlohnung und Verteilung von Aufgaben seien rein rationalen Überlegungen, der Qualifikation und der Leistung der Beschäftigten geschuldet. Diese Aussagen, „Geschlecht spielt keine Rolle, Geschlecht ist für uns irrelevant", entlarvt Maria Funder (2005) als „Egalitätsmythen". Die Organisationsforschung hat – so Johanna Hofbauer und Ursula Holtgrewe (2009: 67) – bislang die Chance nicht genutzt, „an feministischen Reflexionen über Ungleichheit, Mikropolitik und asymmetrische Geschlechterkulturen in Organisationen anzuschließen", sie reproduziere damit die Ausblendung der Geschlechterverhältnisse in Organisationen. Organisationsforschung und Organisationstheorie werden daher vielfach wegen ihrer Geschlechtsblindheit kritisiert (z. B. Funder 2005; Aulenbacher/Riegraf 2010; Wilz 2001; aber auch schon Acker/Van Houten 1974; Kanter 1975).

---

1 Ausführlich dazu siehe Maria Funder in diesem Band.

Was sagt die frühe feministische Organisationsforschung zum Zusammenhang von Geschlecht und Organisation? Sind Organisationen vergeschlechtlicht oder handelt es sich bei Organisationen tatsächlich um geschlechtsneutrale soziale Gebilde? Genau durch diese beiden Pole – Organisationen sind geschlechtsneutral bzw. Organisationen sind vergeschlechtlicht – sind die aus dem Amerikanischen kommenden ersten theoretischen Konzepte markiert. Die Antwort heißt lange Zeit entweder: „Gar nicht; geschlechtsspezifische Differenzen sind für Organisationen weder konstitutiv noch spielen sie als Eigenschaft der Organisationsmitglieder eine systematische Rolle […]. Oder sie lautet: Ganz und gar; Geschlecht ist, wie in allen anderen gesellschaftlichen Zusammenhängen, auch in Organisationen ein höchst relevantes Kriterium der sozialen Differenzierung und Strukturierung" (Wilz 2001: 97). Die Frage der „Geschlechtsneutralität versus Vergeschlechtlichung" von Organisationen steht bis heute auf der Agenda der Geschlechterforschung, jedoch sind die Antworten vielfältiger und differenzierter geworden, sodass man, um mit Wilz (2004b) zu sprechen, fast den Überblick über die neueren Entwicklungen im Bereich der „Gendered Organization"-Forschung verlieren könnte.

Die Wurzeln feministischer Organisationssoziologie liegen im angloamerikanischen Raum und reichen bis zur Mitte der 1970er Jahre zurück. Die frühen Ansätze bleiben zumeist dem Begriffspaar Gleichheit und Differenz der Geschlechter verhaftet, und mitunter sind sie sogar durch einen starken Essentialismus geprägt. Mittlerweile ist die Frage der Konstruktion von Geschlecht, der interaktiven Herstellung von Geschlecht (auch in Organisationen), längst in der Forschung präsent. Im folgenden Beitrag werden der Beginn der Forschung zu Geschlecht (in Management) und Organisation sowie frühe Überlegungen und Kritik an der damaligen Organisationsforschung betrachtet (Teil 2). Anschließend folgen, im Wesentlichen entlang der historischen Entwicklung der Diskussion, Darstellungen einzelner einschlägiger theoretischer Konzepte sowie deren hauptsächliche Vertreter_innen, insbesondere Rosabeth Moss Kanter (Teil 3), Kathy E. Ferguson (Teil 4) sowie Joan Acker, Anne Witz und Mike Savage (Teil 5). Jeder der diskutierten Ansätze hat einen bedeutenden Beitrag für die weitere Forschung und die Theorieentwicklung geleistet und ist in die deutschsprachige „Gendered Organization" Diskussion[2] eingegangen.

---

2 Diese setzt ab den 1990er Jahren ein.

*Edeltraud Ranftl*

*2 Das „vergessene" Geschlecht*

Etwa zur gleichen Zeit wie Max Weber, also Anfang des 20. Jahrhunderts, publizierte Mary Parker Follett (1868 – 1933) ihre organisationssoziologischen Analysen. Follett hat insbesondere zu Fragen des „Konstruktiven Konfliktes", zu Koordination von Gruppenprozessen sowie zu Prozessen der Kontrolle geforscht. Godwyn und Gittell (2012: xvi) zufolge ist sie die Begründerin des interaktionstheoretischen Zugangs in der Organisationssoziologie. Ihr Werk ist lange Zeit in Vergessenheit geraten und wurde erst 1995 von Pauline Graham neu aufgelegt. Während sich die Publikation „Sociology of Organizations. Structures and Relationships" (Godwyn/ Gittell 2012) dieser Theoretikerin besinnt, finden Mary Parker Folletts Analysen in der deutschsprachigen Organisationsforschung bislang kaum Beachtung. Die Frage, ob sich bei Parker Follett Anknüpfungspunkte für geschlechtersoziologische Organisationsforschung finden lassen, kann beim aktuellen Stand der Forschung (noch) nicht beantwortet werden. Follett wird hier erwähnt, weil die moderne Organisationsforschung nicht nur einen „Gründungsvater" sondern zumindest auch eine „Gründungsmutter" hatte.

Blickt man zurück, so war Theodore Caplow einer der Ersten, der den Geschlechterverhältnissen in Organisationen einen wichtigen Platz in seinen Arbeiten eingeräumt hat. Mit der Publikation „The Sociology of Work" legte er 1954 erstmals eine zusammenfassende Darstellung der in den 1920er Jahren institutionalisierten Berufs- und Arbeitsforschung vor, in der die Geschlechterproblematik recht umfassend behandelt wird, was als Ausnahme zu anderen Werken dieser Zeit zu werten ist. Er befasst sich mit horizontaler und vertikaler Segregation und der dazu entstandenen Forschung aus den 1940er Jahren, mit Frauenarbeit und der Rolle der Familie. Bereits damals erachtet er Organisationen als geschlechtlich strukturiert (vgl. Acker/Van Houten 1974: 152).

In den 1960er Jahren gab es – eher aus dem Blickwinkel einer „Soziologie der Frau" – Studien zu „Women in Management". Als Erklärungen für die u.a. geringe Repräsentanz von Frauen wurden meist individualistische Ansätze, biologische Unterschiede und Eigenschaften sowie die unterschiedliche Sozialisation der Geschlechter herangezogen. Zu erwähnen sind hier Positionen wie: Frauen und Männer hätten unterschiedliche Managementstile, Frauen hätten einen Mangel an Selbstbewusstsein und Motivation; Frauen wären keine so guten Strateginnen, um von den informellen Kanälen Gebrauch zu machen, und schließlich, Frauen würden ihre

Prioritäten eher auf Heim und Familie denn auf Karriere legen (vgl. Kvande/Rasmussen 2012: 478 f.). Eine Gemeinsamkeit dieser Argumentationen ist, dass sie sich auf Charakteristika von individuellen Frauen bzw. Männern beziehen und kaum auf Faktoren, die in Bezug zu den Arbeitsbedingungen stehen, die in konkreten Organisationen geboten werden.

In den USA traten 1965 Affirmative-Action-Programme in Kraft. Diese beförderten Forschungen über „geschlechtsspezifische" Unterschiede, u.a. bezüglich des Zugangs von Frauen zu höheren Positionen. Aus Geschlechterperspektive gezielter in den Blick geraten Organisationsforschung und -theorie Mitte der 1970er Jahre. Zu erwähnen sind hier vor allem die Überlegungen von Joan Acker und Donald Van Houten (1974), die der bisherigen Forschung einen „male bias" bescheinigen, sowie jene von Rosabeth Moss Kanter (1975), die Management als „male category" entlarvt und beklagt, dass die traditionellen Konzepte der Organisationsforschung mit ihrem Fokus auf „managerial rationality" die Analysen begrenzt haben (vgl. Kanter 1975: 48). Johanna Hofbauer und Ursula Holtgrewe (2009: 68) sprechen davon, dass es mit den Arbeiten von Kanter zunächst zu einer „selektiven Einblendung der Geschlechterdimension" in die feministische Organisationsforschung kam.

Sowohl Acker/Van Houten als auch Kanter beachten stärker die strukturellen Bedingungen der Organisation als die „individuellen Eigenschaften" von Frauen bzw. Stereotype über die Genusgruppen und tragen damit zu einer neuen Sichtweise bei. Acker und Van Houten betonen sogar ausdrücklich, dass in der Organisationstheorie und -forschung die Unterschiede zwischen den Geschlechtern (im Sinne von Sex Differenziation) bislang nicht beachtet wurden und, sofern sie doch Gegenstand der Analyse waren, mit Biologie, Sozialisation und Rollen(-verpflichtungen) erklärt wurden. Sie beziehen sich dabei auch auf die Forschungen zur Ungleichverteilung von Jobs und hierarchischen Positionen, auf Erklärungen für die horizontale und vertikale Segregation der Geschlechter am Arbeitsmarkt und in Organisationen, deren Erklärungsgehalt sie als unzureichend erachten. Einschlägig sind bis heute die Studien von Rosabeth Moss Kanter, die im Fokus der weiteren Ausführungen stehen.

*Edeltraud Ranftl*

## 3 Die strukturalistische Perspektive von Rosabeth Moss Kanter[3]: „Sex Power Differentials" und Tokenism[4] in Organisationen

Die Verteilung von und der Zugang zu Macht in Organisationen ist sowohl für Acker und Van Houten sowie für Kanter von zentralem Forschungsinteresse.[5] Sie stellen einen Zusammenhang von Macht und Geschlecht her und orten „Sex Power Differentials" in Organisationen, die gezielt analysiert werden sollten – so ihre Empfehlung. Auch insgesamt rücken ab den 1960er Jahren Analysen zu Macht, Prestige und Status stärker ins Zentrum der Organisations- und der Arbeitsforschung. Insofern entspricht Kanters Studie (1977) durchaus dem damaligen Zeitgeist. Sie konzentriert sich auf die Analyse von Organisationsstrukturen, wobei die Machtfrage für sie zentral ist, weil Organisationen eine wesentliche Verteilungsfunktion zukommt und Geschlecht dabei eine sehr bedeutende Rolle spielt. „The distribution of power within organizations affects who benefits, and to what degree, from the things organizations make possible, and whose interests are served by the organization's decisions. Despite a prevalent image in social science of modern organizations as universalistic, sex-neutral tools, sex is a very important determinant of who gets what in and out of organizations" (Kanter 1975: 34). 1975 kritisiert Kanter also das klassische bürokratische Modell von Weber und auch die späteren Human-Relation-Konzepte, welche letztendlich doch die „managerial authority and managerial rationality" (ebd.: 47) stützen. Diese Zugänge hätten – wie bereits oben angeführt – die Analysen begrenzt und komplexere Fragen nach der Organisationsstruktur und dem Zusammenhang zur sozialen Platzierung in der Gesellschaft, zur unterschiedlichen Situierung von Frauen und Männern und deren Konsequenzen für das Verhalten in Organisationen seien weitestgehend vernachlässigt worden. Mehr noch, durch den

---

3 Zum Zeitpunkt der Publikation von „Men and Women of the Corporation" war Kanter Professorin für Soziologie, Organisation und Management an der Yale Universität. Später und lange Zeit hat sie als Professorin für Betriebswirtschaft an der Harvard Business School gelehrt und geforscht. Kanter ist mittlerweile emeritiert.
4 Die Tokenism-Theorie geht auf Kanter zurück. Als Token werden Mitglieder von Minderheiten bezeichnet, die in einer Arbeitsgruppe weniger als 15 Prozent ausmachen.
5 Kanter (1975) bezieht sich in ihren Überlegungen nicht auf Acker und Van Houten (1974). Übereinstimmend sprechen sie in Bezug auf die Hawthorne Studien von „sex-linked interpretations" und davon, dass diese Studien einer Re-Interpretation bedürfen.

Fokus auf Rationalität konnte die Absenz von Frauen im Management und ihr Ausschluss von Macht sogar noch gerechtfertigt werden (vgl. ebd.: 48). Für Kanter wäre es an der Zeit, ein neues „more eclectic and integrated model" anzuwenden, mit dem strukturelle Fragen in Organisationen und deren Konsequenzen für organisationales Verhalten analysiert werden können. In Anlehnung an Amatai Etzionis Klassifikation plädiert sie daher für eine „Structuralist Perspective on Women" (ebd.: 49).

Mit dem Buch „Men and Women of the Corporation" und dem Aufsatz „Some Effects of Proportions on Group Life: Skewed Sex Ratios and Responses to Token Women" legt Rosabeth Moss Kanter 1977 ihre theoretischen Überlegungen zur Frage der Ungleichstellung von Frauen und Männern in Organisationen vor und eröffnet damit die wissenschaftliche Diskussion über „Organisation und Geschlecht". In „Men and Women of the Corporation" beschäftigt sich Kanter mit den Schlüsselrollen von Managern, Sekretärinnen und den Ehefrauen der Manager. Die männliche Ethik von Management wird ebenso analysiert wie die Feminisierung von Büroarbeit sowie die Ursachen und Folgen der Ungleichverteilung der Geschlechter in der Organisationshierarchie.

Nach Kanter sind vor allem drei strukturelle Determinanten für die soziale Ungleichheit zwischen den Geschlechtern in Organisationen verantwortlich: Opportunity, Power und Numbers (Minoritäten und Majoritäten). Berufliche Aufwärtsmobilität wird in klassischen Organisationen als Erfolg gewertet und honoriert. Frauen haben jedoch aufgrund ihrer beruflichen Stellung weniger Möglichkeiten (Opportunity) aufzusteigen und verfügen über begrenzten Zugang zu Macht (Power). Sie sind in Führungspositionen und den informellen einflussreichen Netzwerken unterrepräsentiert (Numbers). Ihre These ist, dass „sich Geschlechterdifferenz über Machtdifferenz, also über einen minoritären Status konstruiere" (Müller 1999: 55).

Um die Situation von Frauen in Führungspositionen zu analysieren, fragt Kanter nach den Auswirkungen der Zusammensetzung von (Arbeits-)Gruppen auf das Verhalten von Frauen und Männern. Sie knüpft hierzu an die Minderheitenforschung an, die sie zugleich auch weiter entwickelt, sodass – wie Johanna Hofbauer und Ursula Holtgrewe (2009: 68) feststellen – bei Kanter eine Grundlegung der „Managing Diversity" Perspektive geortet werden kann.

Kanter unterscheidet vier Gruppentypen: „homosoziale Gruppen", „skewed groups", diese weisen eine extreme Schieflage der Verteilung auf

(Verhältnis ca. 85:15), „tiled groups" (Verhältnis ca. 65:35) und „balanced groups", zahlenmäßig relativ ausgeglichene Gruppen.

In „skewed groups" wird die Minderheit in vielfältiger Weise kontrolliert und dominiert, weshalb die Mehrheitsgruppe als *Dominants* und die wenigen Anderen entsprechend als *Token* bezeichnet werden. Token werden oft als Repräsentant_innen und „Symbole" ihrer sozialen Kategorie – also als Repräsentant_innen für ihr Geschlecht und nicht als Individuen – behandelt und wahrgenommen. Sie werden durch den Masterstatus Geschlecht, Race, Religion oder ethnische Zugehörigkeit identifiziert (Kanter 1977a: 968). Frauen in Führungspositionen werden somit zu „Token Women". Kanter sieht Frauen und andere nicht hegemoniale Gruppen in vergleichbaren Situationen.[6] Die These, dass Frauen und andere Token gleichen oder recht ähnlichen (Macht-)Situationen ausgesetzt sind, wird jedoch bald, worauf an anderer Stelle noch etwas detaillierter eingegangen wird, heftig kritisiert (z. B. Ferguson 1984; Pringle 1989).

Kanter (1977a: 971 ff.) benennt drei Elemente des Tokenism, die jeweils mit bestimmten Dynamiken der Interaktion verbunden sind: *Visibility, Polarization und Assimilation*. Aufgrund ihrer Minderheitensituation sind Frauen in männlichen Peer-Gruppen sozial sichtbarer, was zugleich dazu führt, dass es zu einer Polarisierung, einer Grenzziehung, zwischen in-group (Männer) und out-group (Frauen) kommt. Die Dominants werden sich ihrer Gemeinsamkeiten „bewusst", und sie sind es, die die Unterschiede zu den Token definieren. Wobei letztere die zumeist stereotypen Vorstellungen bzw. Generalisierungen über sie – also die Token – übernehmen (Assimilation). Für Token Women bedeutet dies konkret: Sie sind sichtbarer als jeder einzelne Mann. Diese soziale Sichtbarkeit erzeugt einen besonderen Leistungsdruck. „Sie müssen daher stets unter Beweis stellen, besser als Männer zu sein; Fehler können sie sich eigentlich nicht erlauben" (Funder 2011: 175). Frauen in Kanters Studie berichten: sie mussten nicht hart daran arbeiten, sichtbar zu sein, aber sie müssen hart arbeiten, damit von ihren Leistungen Notiz genommen wird (vgl. Kanter 1977a: 973). Frauen werden mit stereotypen Verhaltenserwartungen konfrontiert, die – und hier kommt die gesellschaftliche Ebene ins Spiel – aus allgemeinen Annahmen darüber, wie Frauen sind und zu sein haben, resul-

---

6 Hier sei darauf hingewiesen, dass Kanter wesentliche Gleichstellungsdimensionen fast genau so benennt wie diese aktuell in EU-Recht, nationalen Gleichstellungsgesetzen und Antidiskriminierungsrichtlinien verankert sind – Geschlecht, ethnische Zugehörigkeit, Religion oder Weltanschauung etc.

tieren. Es wird zwischen Frauen und Männern in der Organisation polarisiert und Frauen müssen ihre Weiblichkeit und ihr persönliches Verhalten managen. Denn: „Ein ‚Zuviel' an Weiblichkeit kann genauso problematisch sein wie ein ‚Zuwenig' […]. Passen sie sich den stereotypen Weiblichkeitserwartungen an (assimilation), dann tragen sie sogar selbst dazu bei, dass weibliche Geschlechtsrollenstereotype (gender status beliefs)[7] weiter aufrechterhalten werden" (Funder 2011: 175; vgl. Kanter 1977a: 979 f.). Die Ausführungen von Kanter verdeutlichen Ausschließungspraktiken bzw. Mechanismen der homosozialen Reproduktion. „Vertrauen und effektive Kommunikation werden am schnellsten unter sozial Gleichen hergestellt, die soziale Mehrheit sucht daher ‚unter ihresgleichen' zu bleiben" (Hofbauer/Holtgrewe 2009: 68). Tokenism, soziale Schließungsmechanismen, begrenzte Gelegenheitsstrukturen, geringe Ausstattung mit Macht und das Fehlen von externen Interventionen[8] führen dazu, dass Frauen in der Token-Position verweilen (vgl. Kanter 1977b: 208). „Solange Frauen in der Minoritätenposition sind, wird weibliche Geschlechtszugehörigkeit als negative Differenz konstruiert" (Müller 1999: 55). Geschlechterasymmetrien in Organisationen sind nicht als in diesen Strukturen verankerte gesellschaftliche Ungleichheit zu verstehen, sondern als Resultat des Minoritätenstatus und der niedrigeren hierarchischen Positionierung von Frauen (vgl. Wilz 2004a: 445).

Durch ihre Analysen zur Feminisierung von Büroarbeit sieht Kanter, dass Frauen diesen Bereich zwar „erobert" haben, jedoch auf den niedrigeren Positionen in Organisationen angesiedelt sind. Es sei unangemessen, daraus zu schließen, dass Frauen selbst ihre Karriereambitionen aufgrund ihrer „Geschlechterrolle" begrenzen. Die These, Frauen hätten Angst vor Erfolg, sei so nicht haltbar, denn: „Perhaps what has been called fear of success is really the token woman's fear of visibility" (Kanter 1977b: 975). Sie stellt sich auch entschieden gegen die Argumentation „women are different" und betont vielmehr „the job makes the person" (ebd.: 9). Das auch im 21. Jahrhundert gerade im Zusammenhang mit „der" Finanz-

---

7 „Gender status beliefs" nach Ridgeway sind Annahmen über den Status von Frauen und Männern (ihrer ist höher); sie beeinflussen die Verhaltenserwartungen der (und an die) Geschlechter.
8 Anzumerken ist, dass in der Studie, die der Publikation „Men and Women of the Corporation" zugrunde liegt, der Effekt von Gleichstellungsmaßnahmen in Organisationen jedoch nicht analysiert werden konnte. Die Notwendigkeit von Gleichstellungsmaßnahmen wurde in der Folge von zahlreichen Forscher_innen bekräftigt.

und Wirtschaftskrise vorgebrachte Argument, Frauen und Männer hätten einen unterschiedlichen Führungsstil, wird bereits von Rosabeth Moss Kanter mit Verweis auf zahlreiche Studien zurückgewiesen (vgl. Kanter 1975, 1977a, 1977b).

Wenn etwa durch Gleichstellungsmaßnahmen und Neueinstellungen eine nach Gender unausgeglichene zu einer gender-balanced Gruppe wird, sollten sich die Beziehungen und die Kultur der Gruppe ändern und zu Gleichheit der Geschlechter führen, argumentiert Kanter (1977a, 1977b). Männer lediglich durch Frauen zu ersetzen, greife allerdings zu kurz. Es gehe darum, die „Natur" von modernen Organisationen zu verändern (Kanter 1977b: xiii). Im Kapitel „Contributions to Practice" (ebd.: 265 ff.) diskutiert Kanter Möglichkeiten zur Veränderung von Organisationen. Darunter finden sich Empowering Strategien und Strategien zum Ausgleich der ungleichen Verteilung von Frauen und Männern. Ihre Veränderungsvorschläge reichen von der Implementierung von Gleichstellungsprogrammen über die Entwicklung von Frauennetzwerken in Organisationen, den Einsatz einer „women task force" (ebd.: 282), die bei der Rekrutierung von Frauen unterstützt, bis hin zur Entlohnung von Sekretärinnen auf Basis von Arbeitsanforderungen und nicht entlang der Stellung des Chefs (Sekretärin – Chefsekretärin), einem gewichtigen Einfallstor für Diskriminierung bei der Entlohnung von frauendominierten Tätigkeitsbereichen (vgl. hierzu u.a. Ranftl 2008; Jochmann-Döll/Ranftl 2010). Zu Kanters Beiträgen für die Praxis gehören auch Schulungen für Führungskräfte über Mechanismen und Auswirkungen des Tokenism – eine Reihe von Maßnahmen, die heute als „gender change management" bezeichnet werden. Kanter beschäftigt sich jedoch auch mit den Grenzen der Reformierbarkeit von Organisationen.

Die viel diskutierte Hypothese von Kanter, dass es ab einer *„kritischen Masse"*[9] in der Gesamtgruppe zu einer Integration von Frauen und zu Einebnung der Machtdifferenz komme, wurde durch zahlreiche (spätere) Studien weitgehend korrigiert. Im Folgenden werden daher die Einwände und Weiterentwicklungen bzw. Ergebnisse empirischer Studien skizziert. Lor-

---

9 Nach Kanter bleiben Frauen unter einem Anteil von 15 bis 20 Prozent Token (vgl. Kanter 1977a: 987). Folgt man ihren Ausführungen zu Gruppen, wäre die „kritische Masse" bei etwa 35 Prozent anzusiedeln. In der Literatur zu Kanter schwanken die Angaben zwischen 30 und 40 Prozent. In jedem Fall, so Kanter (1977a: 988): „numbers do appear to be important in shaping outcomes for disadvantaged individuals".

ber (2005: 32) beispielsweise merkt an: Es gab Veränderungen, aber Sexismus und diskriminierende Rekrutierungspraktiken gibt es nach wie vor. Frauen und Männer arbeiten in verschiedenen Jobs und Führungspositionen sind männlich dominiert. Sie führt als Beispiel die Theorie der „gendered job queues" an (ebd.: 29), die besagt, dass die besten Jobs für Männer der dominierenden ethnischen Gruppe reserviert sind. Wenn ein Job an Ansehen sowie Entlohnung verliert und die Arbeitsbedingungen schlechter werden, verlassen Männer diese Arbeitsplätze, um in anderen Jobs zu arbeiten. Männer anderer ethnischer Gruppen sowie Frauen können nachrücken. Die neuen, besseren Jobs gehen wieder an die bevorteilte Gruppe, die Beschäftigten bleiben weiterhin segregiert, ein typischer Männerberuf kann so innerhalb von einer Dekade zu Frauenarbeit werden (vgl. ebd.). Hierfür steht auch der Begriff „Geschlechtswechsel von Berufen". Mit einem steigenden Anteil von Frauen in einer Organisation gehen oftmals sexuelle Belästigungen und eine Abwertung von Fähigkeiten/Fertigkeiten von Frauen einher – eine Verteidigung von Männern gegenüber Frauen, die in ihr Territorium eindringen (vgl. ebd.: 32). Das Phänomen, dass Frauen, die es schaffen, in eine Männerdomäne vorzudringen, diese oftmals bald – wie durch eine Drehtür – wieder verlassen, wird als *„Drehtüreffekt"* (Jacobs 1989) bezeichnet. Wenn jedoch Männer „Token" in einer frauendominierten Beschäftigung sind (z. B. Krankenpflege, Bibliotheksarbeit), werden sie – wie mit einem gläsernen Aufzug – in höherwertige Tätigkeiten befördert. Der *„glass escalator"* (Williams 1992) funktioniert für Frauen nicht, sie sind mit einer *„glass ceiling"*, also einer „gläsernen Decke", konfrontiert, die sie von männerdominierten Toppositionen fernhält. Maria Funder stellt ebenfalls eine Hartnäckigkeit der Geschlechterungleichheit in Organisationen fest, die nicht bloß eine Frage des Frauenanteils ist, und betont, dass auf der einen Seite zwar die Chancen von Frauen, ins Management zu gelangen, gestiegen sind, „auf der anderen Seite kommt es häufig zu einer Vertiefung der Geschlechtertrennung (glass walls[10]) dergestalt, dass Frauen verstärkt in jenen Arbeitsbereichen und Abteilungen zu finden sind, die als weniger prestigeträchtig gelten (Resegregation)" (Funder 2011: 176). Eine Feminisierung gehe also mit Statusabwertungen einher. An der Situation, der von Kanter diskutier-

---

10 Das Konzept der „gläsernen Wände" (Reid/Kerr/Miller 2003) besagt, dass Frauen weniger Chancen haben, in bestimmte Sektoren von Organisationen bzw. öffentlichen Einrichtungen zu gelangen; diese Segregationslinien sind schwer zu überschreiten.

ten „dead end jobs", der sogenannten Sackgassenberufe, wie z. B. Sekretariatsarbeit, hat sich nach wie vor relativ wenig verändert.

Zusammenfassend zur Kritik am Konzept der „Token" und der kritischen Masse kann festgehalten werden: „Auch wenn Frauen an Anzahl und Qualifikation mit Männern gleichziehen, können sie diese ‚Gleichheit' dennoch nicht in einen entsprechenden Zugewinn an Machtpositionen ummünzen" (Wilz 2004a: 445). Zahlreiche Forscher_innen wurden durch dieses Konzept inspiriert und zu weiteren Analysen und theoretischen Überlegungen angeregt.

Fundamentale Kritik wird daran geübt, dass Kanter den Fokus ihrer Analyse primär auf die Organisationsstrukturen richtet. Sowohl in ihrem (weiter oben besprochenen) Aufsatz und in „Men and Women of the Corporation" stellt sie eine maskuline Ethik des Managements fest und schreibt, „[W]hile organizations were being defined as sex-neutral machines, *masculine principles* were dominating their authority structures" (Kanter 1977b: 46, Herv. d.V.), womit sie maskuline Prinzipien hervorhebt. Trotz dieser Einsicht konzentriert sie sich – wie erwähnt – auf die Organisationsstrukturen und nicht auf Gender. Implizit positioniert Kanter damit Gender als „standing outside of structure, and she fails to follow up her own observations about masculinity and organizations" (Acker 1990: 143).

Weitere Kritikpunkte betreffen Kanters Organisationsverständnis. So etwa sieht Rosemary Pringle (1989) Kanter in der Tradition von Max Weber verortet, sie akzeptiere seine Überlegungen einer rationalen, zielorientierten Bürokratie und enthülle seinen vergeschlechtlichten Subtext nicht, weil ihre Lesart von Max Weber, „degendered" sei (vgl. Witz/Savage 1992: 17). Dass Kanter an die Bürokratietheorie von Weber – als zweckrational, hierarchisch, sachlich-formal und unpersönlich – anschließt und somit Organisationen als grundsätzlich geschlechtsneutral erachtet, wird von zahlreichen weiteren Autor_innen betont bzw. kritisiert (z. B. Aulenbacher/Riegraf 2010; Ferguson 1985; Funder 2008, 2011; Hofbauer/Holtgrewe 2009; Müller 1999; Wilz 2004a).

Pringle[11], die ebenfalls die Gleichsetzung von Geschlechterungleichheit mit der Situation von Minoritäten hinterfragt, kritisiert Kanters Zugang u.a., da diese Gender nicht als eigene Analysekategorie verwende. Im

---

11 Eine australische Soziologin, die sich aus einer poststrukturalistischen Perspektive auch mit Macht- und Herrschaftsverhältnissen zwischen den Geschlechtern (am Beispiel von Sekretärinnen) befasst.

Gegenteil: Kanter „argues that what look like sex differences are really power differences and that ‚power wipes out sex'" (Pringle 1989: 160). Pringle sieht Machtbeziehungen in Organisationen als Ausdruck der gesellschaftlichen Organisation von Geschlecht und nicht wie Kanter als feste Größe. Organisationen sind für sie per se ungleichheitserzeugend. Wandel kommt nicht durch Partizipation von Frauen an der Macht zustande, „sondern indem sie die Seite der unterdrückten Sexualität in Organisationen entwickeln" (Müller 1999: 55).

Trotz aller Kritik wird Kanters Arbeit überwiegend auch gewürdigt. So schreiben Witz und Savage (1992: 14, Herv. i. O.): „The framework for her analysis of gendered corporate experiences is a thoroughgoing *socially constructionist* one which focuses attention on the *gender* of organizational participants. As such it must be situated firmly within 1970s feminist sociology and its reaction to an ‚oversexualized' and ‚overfamilialised' conception of women". Positiv hervorzuheben ist ferner, dass die Auseinandersetzung mit Kanters geschlechtsneutraler Machtkonzeption den Ausgangspunkt einer Reihe von Arbeiten in den 1980er Jahren zum Thema Geschlecht und Organisation geliefert hat (vgl. Leichthammer 2000: 147).

Kanter hat also ein theoretisches Konzept vorgestellt, das nach wie vor viel diskutiert wird. Nach Hofbauer/Holtgrewe (2009: 68, Herv. i. O.) etwa deshalb, „weil sich ihre Befunde konstruktivistisch lesen lassen. Die Idee geschlechtskonstitutiver Grenzziehung bzw. Distinktionen [...] ist in ihren Konzeptionen bereits angelegt und gewinnt vor dem Licht der später entwickelten Konzepte von *doing gender while doing work* zusätzlichen Erklärungswert". Insgesamt sind die „Konzeption der ‚token', der ‚critical mass' und der ‚homosozialen Kooptation' [...] nach wie vor zentrale Referenzpunkte von Auseinandersetzungen in der feministischen Organisationsforschung" (Riegraf 2013: 18). Kanter zählt zu den wenigen Autorinnen des Forschungsstranges „Geschlecht und Organisation", die von der Mainstream Organisationsforschung rezipiert wird.[12] Im Rahmen eines Diversitymanagements wird die Idee, eine zahlenmäßige Repräsentation von unterschiedlichen Gruppen (vor allem auch Frauen) in Organisationen herzustellen, nach wie vor verfolgt (vgl. Hanappi-Egger 2011).[13]

---

12 Ausführlicher dazu siehe Maria Funder in diesem Band.
13 An dieser Stelle will ich auch anführen, dass Kanter selbst in ihren späteren Publikationen die „Gender-Perspektive" nicht mehr verfolgt.

Abschließend noch zur Einordnung des Ansatzes. Folgt man einer Kategorisierung nach strukturorientierten und handlungsorientierten Ansätzen, ist Kanter den strukturorientierten[14] zuzuordnen. Folgt man einer Einteilung entlang feministischer Strömungen, ist Kanter, die selbst in die Frauenbewegung involviert war, dem liberalen Feminismus zuzuordnen (vgl. z. B. Calás/Smircich 2001: 219 ff.). Leitziel liberaler Feministinnen ist gleicher Zugang und gleiche Repräsentation von Frauen und Männern. Daher sind Segregation am Arbeitsmarkt und die „gender stratification of organizational hierarchies" (Lorber 2005: 29) analysiert worden. Zu viel beachteten Topics liberal feministischer Forscher_innen zählen die „gläserne Decke", die Demographie von Organisationen[15] und soziale Netzwerke, u.a. Karrierenetzwerke (vgl. u.a. Calás/Smircich 2001: 225). In diesen Forschungen wird davon ausgegangen, dass Verbesserungen über Reformen hergestellt werden könnten. Liberaler Feminismus fragt nicht danach, wie Geschlecht in Organisation und Gesellschaft konstruiert wird.

### 4 Patriarchat und Bürokratie in Kooperation

Untersucht man die Situation von Frauen in hierarchischen Organisationen, kommen – so Ulla Ressner (1987, 1988: 24) – alsbald zwei dominierende Machtstrukturen zum Vorschein. Es sind dies die zwei parallelen Strukturen Bürokratie und Patriarchat. Wobei das Gendering über die Struktur des Patriarchats Eingang in die mehr oder weniger autonome Struktur von bürokratischen Organisationen findet. Dieser Zugang, der auf einer Theorie der dualen Struktur basiert, habe das Problem, dass die zentrale Theorie der Organisationsstruktur unerforscht bleibe und somit die Hierarchie von Organisationen implizit als geschlechtsneutral erachtet wird, kritisiert Joan Acker (1990: 143 f.; siehe auch: Kvande/Rasmussen 2012: 480).

---

14 Diese beschäftigen sich mit der Platzierung und der demographischen Zusammensetzung von Personengruppen, mit Aufstiegschancen im Zusammenhang mit der formalen Struktur, mit organisationsgebundener Geschlechtersegregation und inneren Mobilitätsprozessen (vgl. Achatz et al. 2002).

15 Forschungen zur Organisationsdemographie, zur Zusammensetzung von (Arbeits-)Gruppen und deren Leistung, gibt es seit den 1960ern. Sie haben durch Kanters Überlegungen neue Impulse erhalten.

Von der Grundannahme, dass es eine enge Verzahnung zwischen patriarchalen Strukturen (Patriarchat) und bürokratisch rationalen Organisationen (Bürokratie) gibt, geht auch Kathy E. Ferguson aus. Sie argumentiert im Gegensatz zu Ressner oder auch Kanter, dass Bürokratien selbst ein Konstrukt maskuliner Dominanz sind. Bereits an dieser Stelle ist anzumerken, dass für Ferguson, auf deren Arbeit nun näher eingegangen wird, Reformen kein adäquates Mittel sind, um Ungleichheit und Diskriminierung von Frauen in Organisationen zu beseitigen. Zwar können einzelne Frauen in Organisationen aufsteigen, darin ist aber weder etwas Feministisches noch eine radikale Veränderung der Situation von Frauen zu sehen. Die Aufnahme von Frauen in bestehende Organisationen verlängert nur ihre Unterordnung (vgl. Ferguson 1984, 1985: 56).

In ihrem 1984 veröffentlichten Buch „The Feminist Case Against Bureaucracy" befasst sich Ferguson mit den Strukturen und Prozessen von Macht in der bürokratischen Gesellschaft und liefert eine umfassende Analyse und Kritik der Bürokratietheorie. Sie analysiert u.a. die von Bürokratien eingesetzten Methoden der Vertrauensbildung und die damit zusammenhängende Normierung des Verhaltens in Organisationen. Im Aufsatz „Bürokratie und öffentliches Leben: die Feminisierung des Gemeinwesens" (Ferguson 1985) konzentriert sie sich auf die Beschreibung der Subordination von Frauen und den Prozess der Feminisierung auch von „Bürokraten" und der Klientel von Bürokratie. Den Begriff Feminisierung verwendet sie, um den Prozess der Unterordnung zu charakterisieren. Subordinierte müssen „feminine" Verhaltensweisen beherrschen. Solange „Gruppen institutionelle Macht über andere besitzen, wird Weiblichkeit eine Eigenschaft bleiben, die die untergeordnete Bevölkerung charakterisiert" (ebd.: 73).

Ihre zentrale These besagt, dass die existierenden Muster von Dominanz und Unterordnung in Bürokratien gleich verlaufen wie die Machtbeziehungen zwischen Frauen und Männern (vgl. Ferguson 1984: x); d.h. Bürokratie und Patriarchat arbeiten zusammen. Für Ferguson ist die gesellschaftliche Trennung von Produktion und Reproduktion mit der Differenzierung und Hierarchisierung der Geschlechter – auch in Organisationen – verwoben. Bürokratie ist demnach eine strukturelle Manifestation männlicher Herrschaft, wobei die disziplinierenden Methoden der Bürokratisierung sowohl die diskursiven wie die institutionellen Praktiken betreffen. In ihren Analysen, die nicht nur die organisationalen Strukturen, sondern auch die organisationalen Diskurse[16] umfassen, und somit „die Sprache instrumentaler Rationalität" (vgl. ebd.: 6) inkludieren, bezieht sich Ferguson auf die theoretischen Überlegungen von Michel Foucault zum „bürokratischen Diskurs" und auf sein „Disziplinenmodell".[17] Auf der Makro-Ebene verwendet Ferguson Erkenntnisse von Max Weber, z. B. dass sich bürokratische Strukturen in einem systematischen Prozess gemeinsam mit dem fortgeschrittenen Kapitalismus entwickelt haben (vgl. Witz/Savage 1992: 18). „Die Struktur der hierarchischen Organisation formt das Verhalten der Mitglieder, indem es gewisse Arten von Handlungen und Motivationen erleichtert und andere verhindert. Bürokratisches Verhalten ist häufig eine sehr rationale Antwort auf die Zwänge, die das System seinen Mitgliedern auferlegt" (Ferguson 1985: 61).

Viele Eigenschaften, die konventionell den Frauen zugeschrieben werden, können unter dem Titel „Impression-Management" zusammengefasst werden. Diese Geschicklichkeit eines erfolgreichen „Beeindruckungsmanagements" muss von Frauen beherrscht werden, „um mit den Zwängen der Unterordnung zurecht zu kommen" (ebd.: 57). Das hat eine Menge mit politischer Machtlosigkeit zu tun und mit der Einübung, die Rolle des/der Unterlegenen in sozialen Beziehungen zu spielen (vgl. ebd.: 56). Dieses „Impression-Management" geht allerdings auf Kosten von Initiative zeigen, Kreativität oder Unternehmungsgeist. Andere Subordinierte müssen sich ähnlich wie Frauen verhalten. Sie werden daher von Ferguson ebenfalls als das „zweite Geschlecht" (z. B. Ferguson 1985: 57 und 67 ff.) erachtet.[18]

Bürokratische Herrschaft ist – zumindest für Organisationen – nicht nur negativ, sondern positiv in dem Sinne, als sie das Wissen und die Individuen, die sie benötigen, aktiv produziert (vgl. Ferguson 1984: 90). Den Prozess der Normierung von Verhaltensweisen in Organisationen beschreibt Ferguson als „homosexuelle Reproduktion". Ihre Analyse – so Deters (1995: 94) – „widerspricht nicht nur der in der Organisationssoziologie festgestellten Existenz heterogener Handlungsmuster in Organisatio-

---

16 „By ‚discourse' I mean the characteristic ways of speaking and writing that both constitute and reflect our experiences" (Ferguson 1984: 6).
17 Foucault nennt den Anstieg extensiver administrativer Regulierung im 17. und 18. Jhd. „the disciplines".
18 Je ein Unterpunkt ihrer Publikation beschäftigt sich mit „Der Bürokrat als das zweite Geschlecht" und „Die Klientel als das zweite Geschlecht" (Ferguson 1985: 57 ff. und 67 ff.).

*Beginn feministischer Organisationsforschung*

nen, sondern verdeutlicht auch, daß die Entwicklung eines vertrauten Milieus mit einer tendenziellen sozialen Homogenisierung einhergeht".

Ferguson bezieht sich in ihrer Beschreibung der Subordination von Frauen und der entwickelten Verhaltensweisen des „Beeindruckungsmanagements" auf Kanters Tokenism. Den Druck zur Konformität in Organisationen sieht Ferguson jedoch nicht wie Kanter primär in der Zusammensetzung von Gruppen begründet, sondern in der gesellschaftlichen Stellung von Frauen und anderen Subordinierten in Kapitalismus und Patriarchat. Ferguson stellt einen Zusammenhang zwischen Unterordnung im Diskurs und der Praxis von Bürokratie und jener des Patriarchates her. Sie argumentiert, dass bürokratische Macht eine organisationale Arena schafft, in der die Feminisierung der Untergeordneten befördert wird (vgl. Witz/Savage 1992: 19).

Was schlägt Ferguson als „Lösung" vor? Der Bürokratie kann zwar etwas entgegengesetzt, aber sie könne nicht von innen heraus verändert werden, denn „to encounter bureaucracy only on its own terms, to confront it within its own discourse, is to forfeit the struggle" (Ferguson 1984: 29). Eine kurzfristige Strategie wären andere Organisationsformen und nicht die bloße Inklusion von Frauen in männliche bürokratische Strukturen. Langfristig gehe es um die Auflösung männlich zentrierter Organisationsformen (vgl. Witz/Savage 1992: 19) und dazu könne der feministische Diskurs „provide a way of thinking" (Ferguson 1984: 29).

Während Kanter bezüglich einer erfolgreichen Integration von Frauen in bürokratische Hierarchien optimistisch ist, weil diese nicht grundlegend durch männliche Macht definiert sind[19], ist Ferguson – wie erwähnt – der Auffassung, dass eine Integration von Frauen in Organisationen die männlich geprägten Strukturen nicht signifikant verändern kann. Auf den Punkt gebracht: Die Integration durch Beeindruckungsmanagement ist Illusion.

Zur Einschätzung des Beitrags von Ferguson für die Diskussion um „Organisation und Geschlecht" werden zunächst kritische Würdigungen angeführt. Witz und Savage (1992: 17 f.) heben besonders die tiefblickende und originelle Beschreibung der Bürokratisierung der Gesellschaft und der Subordination von Frauen in Organisationen hervor. Gleichwohl wurde „The Feminist Case Against Bureaucracy" auch heftig kritisiert. So schreiben Aulenbacher und Riegraf (2010: 165): „Die von Ferguson ver-

---

19 Sie wurde wegen ihrer geschlechtsneutralen Machtkonzeption kritisiert – siehe weiter oben.

tretene Position über die Reformunfähigkeit von Organisationen wurde in den 1990er Jahren scharf kritisiert und verworfen". Grund dafür war, dass Frauenförder- und Gleichstellungsmaßnahmen durchaus zu Veränderungen in Organisationen führten und – zum anderen – dass im Zuge „ökonomischer Flexibilisierungs- und sozialer Pluralisierungstendenzen" bisher starre Organisationsstrukturen und Verfahren „beweglicheren Arrangements Platz machten" (ebd.).

Als besonders problematisch wird erachtet, „that her whole case against bureaucracy is built on an assumption of gender-differentiated modes of social action" (Witz/Savage 1992: 20). Ferguson verwendet nicht nur Stereotype über „Weiblichkeit" (unterdrückt, schwach, passiv), die Erfahrung von Frauen und Männern als z. B. Kund_innen werden gleichgesetzt (vgl. Acker 1990: 144). In ihrem theoretischen Konzept bleiben das Spezifische der „weiblichen" Erfahrung sowie die Verbindung von Maskulinität und Macht unklar (vgl. ebd.).

Fergusons Arbeit markiert dennoch einen weiteren wichtigen Pol in der Diskussion über „Organisation und Geschlecht". Sie fasst „den Zusammenhang von Organisation und Geschlecht als durchgängig patriarchal strukturiert" (Wilz 2004a: 445) auf und „analysiert bürokratische Organisierung in gesamtgesellschaftlicher Sicht als dominantes, strukturierendes Prinzip der modernen Gesellschaft" (Schäfer 2000: 111). Erwähnenswert ist m.E., dass bereits 1985 ein Beitrag von Kathy Ferguson in deutscher Übersetzung im Sonderband „Bürokratie als Schicksal?" der (zwar kritischen aber keineswegs feministischen) Zeitschrift Leviathan erschienen ist. Radikale feministische Kritik wie diese ist so kaum noch zu finden.

Die Frage, wie Ferguson entlang feministischer Strömungen eingeordnet werden kann, ist leicht zu beantworten. Ihre Positionen und Überlegungen sind dem radikalen Feminismus zuzuordnen (vgl. Calás/Smircich 2001: 226). Von feministischen Standpunkttheoretiker_innen, die „weibliche Qualitäten" oder Aktionsformen nicht bewerten, unterscheidet Ferguson, dass sie sehr wohl essentialisiert und Frauen aufgrund ihrer Erfahrung eine „andere Stimme" und das Potenzial zur Entwicklung nicht hierarchischer Organisationen „zuschreibt". Fergusons Organisationsanalysen sind stark makrosoziologisch orientiert, sie verbindet diese aber auch mit mikrosoziologischen Analysen.

*5 Hinter der Fassade: Verdeckte, vergeschlechtlichende Prozesse und Strukturen*

Organisationen gelten – wie bereits ausgeführt – als geschlechtsneutrale, a-sexuelle und körperlose soziale Gebilde. Hinter dieser Fassade finden jedoch vergeschlechtlichende Prozesse statt, und bei näherer Betrachtung zeigen sich vergeschlechtlichte Substrukturen (vgl. Acker 1990, 1992). Die Frage, wie und durch welche Prozesse es dazu kommt, dass Geschlecht in Organisationen möglicherweise omnirelevant und omnipräsent ist, wird ab Ende der 1980er Jahre gestellt.

Zum einen haben Forscher_innen die Bedeutung von Gender in und durch Interaktionsprozesse(n) näher in den Blick genommen. Dieser Forschung, also einer sozial relationalen Betrachtung organisationaler Prozesse, kommt das Verdienst zu, „auf die ungleichheitserzeugende und -stabilisierende Dynamik von Interaktionsprozessen und sozialen Beziehungen in Organisationen hingewiesen" (Achatz et al. 2002: 293) zu haben.

Zum anderen wurde vor dem Hintergrund der ungleichen Entlohnung von Frauen und Männern der Blick auf die Bewertung von frauendominierten im Vergleich mit männerdominierten Tätigkeitsbereichen gerichtet. Eine zentrale Erkenntnis aus dieser als „comparable worth debate"[20] bekannten Diskussion ist, dass geschlechtsneutral formulierte Kriterien, Verfahren und Prozeduren (u.a. Entgeltsysteme) oftmals ungleiche Auswirkungen auf Frauen und Männer haben und somit zu einer Unterbewertung von „Frauenarbeit" führen.[21] „Insofern schafft nicht erst die ungleiche Behandlung durch die Institution, sondern auch deren Gleichbehandlung vor dem Hintergrund ungleicher struktureller Voraussetzungen Tatbestände einer *gendered institution*" (Hofbauer/Holtgrewe 2009: 69, Herv. i. O.).

Diese beiden Stränge liefern Grundlagen für das Konzept der „Gendered Substructures", deren wohl prominenteste Klassikerin Joan Acker[22]

---

20 Die bekanntesten Begründerinnen der Debatte sind: Paula England, Ronny Steinberg und Joan Acker.
21 Diese Erkenntnisse sind auch für die Gesetzgebung und Jurisprudenz von praktischer Relevanz, da damit der Grundsatz der gleichen Entlohnung bei gleichwertiger Arbeit präzisiert werden kann.
22 Acker ist emeritierte Professorin für Soziologie der University of Oregon. Zahlreiche Gastprofessuren führten sie nach Europa, z. B. bekleidete Acker die Marie Jahoda Gastprofessur an der Ruhr-Universität in Bochum im Jahr 2000.

ist. In den Aufsätzen: „Hierarchies, Jobs, Bodies – A Theory of Gendered Organizations" und „Gendering Organizational Theory" beschäftigt sich Acker (1990, 1992) zunächst mit bisherigen Ansätzen feministischer Organisationsforschung. Und weil Gender darin primär als Analogie (z. B. Ferguson) oder als Hinzufügung und nicht als eine komplexe Komponente von Kontrolle und Herrschaft in Organisationen beachtet wurde, will sie der Kategorie Geschlecht einen zentralen analytischen Stellenwert einräumen und entwickelt eine Theorie der „Gendered Organization" (Acker 1990, 1992).[23]

Ausgangspunkt für Acker ist die Trennung von Produktions- und Reproduktionssphäre und die damit verbundene – nach Geschlecht – asymmetrische Strukturierung der Gesellschaft, „die sich auch in Organisationen widerspiegelt" (Funder 2004: 58). Ihre These besagt, dass Zweigeschlechtlichkeit in allen Organisationsprozessen und -strukturen eingebettet ist und ein konstitutives Element von Organisationen bildet. Geschlecht wird von Acker als soziale Konstruktion aufgefasst: „Gender refers to patterned, socially produced, distinctions between female and male, feminine and masculine. Gender is not something that people are" (Acker 1992: 250).

Die Überlegungen zu vergeschlechtlichenden Prozessen und Strukturen in Organisationen erläutert Acker am Beispiel von als geschlechtsneutral geltenden Arbeitsbewertungssystemen, die von einer (an der Lebensrealität von Männern ausgerichteten) „Normalleistung" einer geschlechtslosen Arbeitskraft genauso ausgehen wie von abstrakten Jobs und abstrakten Hierarchien. Bei näherer Betrachtung entpuppen sich diese Bewertungssysteme als maskulin konnotiert. Arbeitsplatzbeschreibungen sind von Geschlechterstereotypen durchzogen und im Ergebnis zeigt sich eine systematische Unterbewertung von „Frauenarbeit". Also nur „vordergründig ist organisationales Handeln und Entscheiden demnach rational begründet und legitimiert. Die geschlechtsneutralen Selbstbeschreibungen sind sowohl Fassade als auch Ergebnis einer mehrdimensionalen Substruktur der Organisation, die dem Organisationsgeschehen eine durchgängige Geschlechterdimension verleiht" (Hofbauer/Holtgrewe 2009: 69). Die Verge-

---

23 Schon 1974 haben Joan Acker und Donald Van Houten die Hypothese aufgestellt, dass „geschlechtsspezifische" Unterschiede auf strukturelle Faktoren zurückgeführt werden können und dass „sex structuring" in der Organisationsforschung nicht hinreichend beachtet und daher nicht entsprechend differenziert interpretiert werde (vgl. Acker/Van Houten 1974: 152 f.).

schlechtlichung vollzieht sich auf vier (nur) analytisch zu trennenden Dimensionen (vgl. Acker 1992; sowie z. B. Funder 2005) und schreibt sich in organisationale Grundsätze, Regeln und Routinen ein, die auch Basis für Personalentscheidungen sind.

(1) *Geschlechtliche Arbeitsteilung* und die Organisation von Arbeit. Die Besetzung von Stellen, Ver- und Zuteilung von Arbeitstätigkeiten, Hierarchiestufen, Entlohnung und Ausstattung mit Entscheidungsmacht erfolgt (sehr häufig und immer noch) entlang tradierter Vorstellungen über Frauen und Männer, Männlichkeit und Weiblichkeit.

(2) Alle Organisationen erzeugen *Symbole und Bilder.* „Gender images, always containing implications of sexuality, infuse organizational structure" (Acker 1992: 253). Heutige Organisationen werden als zielorientiert, machtvoll, effizient und konkurrenzorientiert, kaum jedoch als empathisch, fürsorglich etc. dargestellt; d.h. „[s]ymbolisch geht organisationale Macht [...] mit einer spezifischen heterosexuellen Männlichkeit einher" (Kassner 2000: 11).

(3) Die dritte Dimension ist die *Interaktion* zwischen Individuen, Vorgesetzten und Mitarbeiter_innen, Frauen und Männern, Klient_innen etc. Hier geht es nicht nur um formelle sondern ebenso um informelle Strukturen wie beispielsweise das Kontaktknüpfen und informelle Absprachen während des Mittagsessens oder der Kaffeepause.

(4) Als vierte Dimension ist *die Konstruktion von Geschlechtsidentitäten auf der Subjektebene* zu nennen. Dazu gehört beispielsweise die (geforderte) Darstellung und Selbstpräsentation durch Kleidung, Make-up und auch Sprache, durch welche eine Geschlechtszugehörigkeit signalisiert wird. Sowohl offen wie verdeckt spielt Sexualität auch in Organisationen eine Rolle. Die Verbindung zwischen Dominanz und Sexualität formt Interaktionen und trägt zur Aufrechterhaltung von Männer bevorzugenden Hierarchien bei (vgl. Pringle 1989; Acker 1992: 254).[24]

Eine Schlüsselstelle in Joan Ackers Aufsatz ist der (sehr häufig zitierte) Satz: „To say that an organization, or any other analytic unit, is gendered means that advantage and disadvantage, exploitation and control, action and emotion, meaning and identity, are patterned through and in terms of a

---

24 Für Acker (1992: 254) stellen sowohl Gender, Sexualität sowie Körper Ressourcen für das Management dar.

distinction between male and female, masculine and feminine. Gender is not an addition to ongoing processes, conceived as gender neutral. Rather, it is an integral part of those processes, which cannot be understood without an analysis of gender" (Acker 1990: 146). Acker trifft hier folgenreiche Aussagen. „Erstens: Organisationen sind anderen sozialen Entitäten gleichgestellt. Zweitens: Es geht um soziale Ungleichheiten, und es geht um zentrale soziale Dimensionen (Macht, Kontrolle, Handeln, Emotionen, Sinn und Identität), die alle mit der Unterscheidung der Geschlechter verbunden sind und damit drittens [...]: Die Geschlechterdifferenzierung ist ubiquitär, also auch in Organisationen" (Wilz 2004b: 250). Der hier implizit verwendete Organisationsbegriff ist sehr – um nicht zu sagen zu – weitläufig, mahnt Sylvia Wilz (ebd.) und fordert, den Organisationsbegriff in der feministischen Organisationsforschung präziser zu fassen.[25]

Inhaltlich wurde das Konzept der „Gendered Organization" durch spätere Forschung weiter gefüllt. Klärende Ergänzungen liefern beispielsweise die Erkenntnisse über „Gender Status Beliefs" (Ridgeway 2001). Demnach herrschen in Interaktionen stereotype Erwartungsstrukturen vor, „die Männern einen höheren Status zuschreiben. Diese werden auch dann aufrecht erhalten, wenn sich die ursprüngliche strukturelle Basis verändert hat" (Ridgeway 2001: 257). Cecilia Ridgeway zeigt auf, wie diese Erwartungen sogar dazu führen, dass sich Frauen mit niedrigeren Löhnen „zufrieden" geben. Und Acker selbst hat in der Zwischenzeit ihr theoretisches Konzept um die Forschungsperspektive der Intersektionalität erweitert. Sie schlägt vor, die einzelnen ungleichheitserzeugenden Komponenten nicht zu isolieren, sondern gender als „classed", „racialized" usw. zu analysieren. Organisationen bezeichnet sie in diesem Zusammenhang als *Ungleichheitsregime* (inequality regimes), die im Hinblick auf z. B. Sichtbarkeit und Legitimität von Ungleichheit, Mechanismen der Kontrolle und der Compliance zu analysieren sind.[26]

Das Symposium „Beyond Armchair Feminism: Applying Feminist Organization Theory to Organizational Change"[27] beschäftigt sich mit der Frage, wie die bisherige „Gendered Organization" Forschung als Wissen

---

25 Ob und inwiefern diese berechtigte Kritik durch die weitere Forschung obsolet geworden ist, darüber geben u.a. die Beiträge in diesem Band Aufschluss.
26 Siehe dazu die Beiträge von Acker: „Inequality Regimes: Gender, Class, and Race in Organizations" (2006) und „Theorizing Gender, Race and Class in Organizations" (2011).
27 Siehe dazu die Beiträge u.a. von Acker im Journal: Organization 2000.

genutzt werden kann, um einen Wandel hin zu egalitären Verhältnissen in Organisationen einzuleiten. Um einen Veränderungsprozess gemeinsam mit den Beschäftigten zu entwickeln und umzusetzen, erachten die diskutierenden Autor_innen einen Action-Research Ansatz als zielführend. In der Praxis zeigt sich jedoch auch hier, dass dem Geschlecht in Organisationen keine entscheidende Bedeutung zugesprochen wird, weil – so die alltäglichen Deutungsmuster – ohnehin nach universalistischen Regeln verfahren und alle gleich behandelt würden. Geschlecht fungiert stillschweigend als ein Muster der Zuweisung von Positionen und Strukturierungen laufen somit weiterhin „unbewusst" ab (vgl. Andresen 2002: 45).

Als eine Weiterung und theoretische Zuspitzung von Ackers Konzept muss die Analyse der britischen Forscher_innen Susan Halford, Mike Savage und Anne Witz (1997) gesehen werden. Sie können anhand empirischer Studien (Krankenpflege, Bankwesen, kommunale Verwaltung) aufzeigen, dass Geschlecht nicht nur *„embedded"* sondern auch *„embodied"* ist. Organisationen abstrahieren also keineswegs von Körpern, diese sind vielmehr Ansatzpunkte der Geschlechterdifferenzierung und Basis für vergeschlechtlichte Diskurse und die Selbstpräsentation der Subjekte (vgl. Wilz 2004a: 447; vgl. Funder 2004: 60). In Organisationen sind Geschlecht und Körperlichkeit[28] somit zweifelsohne wirkungsmächtig. Organisationen können nicht von Personen und diese wiederum nicht von Körpern abstrahieren. Halford, Savage und Witz (1997) begreifen Organisationen als kontextabhängig und somit als prinzipiell wandelbar (vgl. Wilz 2001: 104).

Das Konzept der „Gendered Substructures" ist in der feministischen (nicht jedoch der Mainstream-) Organisationsforschung auf große Resonanz, aber auch auf Kritik gestoßen. Die bedeutendsten Einwände ziehen die grundlegende Annahme der Omnipräsenz und Omnirelevanz von Geschlecht in Organisationen in Zweifel und erachten es – u.a. aufgrund weiterer empirischer Ergebnisse – als problematisch und zu generalisierend, Geschlecht in allen Prozessen, Praktiken und Strukturen als wirkungsmächtig anzusehen (z. B. Funder 2005; Hofbauer/Holtgrewe 2009:70; Andresen 2002; Wharton 2002).

Die Positionen von Joan Acker sind dem sozialistischen Feminismus zuzuordnen. Ihr Gleichheitskonzept erfordert eine egalitäre Verteilung von

---

28 Die Frage, wie Organisationen zumindest bereichsspezifisch Körperlichkeit hervorbringen, hatte bereits Anne Witz und Mike Savage (1992) beschäftigt.

Haus- und Versorgungsarbeit sowie die Überwindung einer Kategorisierung von Arbeit als „Frauenarbeit" bzw. „Männerarbeit" (vgl. Lorber 2005: 75). „The gendered structure of organizations will only be completely changed with a fundamental reorganization of both production and reproduction" (Acker 1992: 260). Aus organisationssoziologischer Perspektive kann das Konzept der „Gendered Organization" handlungsorientierten Ansätzen zugeordnet werden, die sich mit der Frage befassen, wie Geschlechterstrukturen in Organisationen erzeugt und aufrecht erhalten werden, und in deren Mittelpunkt „die Prozesse der Zuschreibung und sozialen Konstruktion von Geschlecht im Kontext von Organisationen" (Achatz 2008: 124) stehen.

## 6 Facettenreiche Ausblicke

Anliegen des Beitrages war es, den Beginn und erste grundlegende theoretische Ansätze zur feministischen Organisationsforschung darzustellen und zu diskutieren. Nicht ins Boot geholt wurden die theoretischen (Weiter-)Entwicklungen im deutschen Sprachraum[29], die im Wesentlichen erst in der zweiten Hälfte der 1990er Jahre einsetzen. Das Forschungsfeld und die Fragestellungen sind mittlerweile facettenreicher und vielfältiger geworden. Evident war und ist, dass es Geschlechterungleichheit in Organisationen gibt. Die Fragen, wie und wodurch es zu dieser kommt, wie konkret Restrukturierungsprozesse auf Geschlechterbeziehungen und -verhältnisse in Organisationen wirken, ob Geschlechtergrenzen flexibler und offener werden, wird zusehends differenziert bearbeitet. Die Einschätzungen zur aktuellen Situation in Bezug auf egalitäre Verhältnisse in Organisationen sind aber längst nicht einheitlich. So sieht beispielsweise Joan Acker zwar Veränderungen, aber gleichzeitig neue Formen von Ungleichheit entstehen: „Gendered and racialized practices are not erased, and new configurations of exploitation, domination, and inequality seem to be continually produced in the ongoing processes of global corporate expansion and organizational restructuring" (Acker 2013: 121). Von Optimismus geprägte Positionen gibt es gleichwohl auch, beispielsweise stellt Ursula Pasero fest, „dass die moderne Gesellschaft es sich zukünftig gar nicht mehr er-

---

29 Wohl beachtet wurden Überblicksartikel wie z. B. Aulenbacher/Riegraf 2010; Funder 2004, 2008, 2011; Hofbauer/Holtgrewe 2009; Müller 1999; Wilz 2001, 2004a, 2004b.

lauben kann, dem Gleichheitsgrundsatz widersprechende Diskriminierungsroutinen (Pasero 2003: 121) aufrechtzuerhalten" (Funder 2008: 418 f.). Diese Einschätzung kann ich (leider) nicht teilen. Vielmehr ist von einer „Gleichzeitigkeit von Wandel und Beharrung tradierter Strukturmuster und Handlungsroutinen" (Wetterer 2007: 190) auszugehen. Generell muss – so Wetterer – genauer hingeschaut werden, wovon die Rede ist. Erodieren die geschlechterdifferenzierenden Deutungsmuster oder die interaktiven Routinen des „Doing Gender"? „Finden wir die ‚alten Verhältnisse' in der von Joan Acker [...] so genannten ‚gendered substructure' der Organisationen, in den Geschlechterarrangements, die Beruf und Familie zu koordinieren suchen, oder auf der Ebene des Geschlechterverhältnisses als eines gesellschaftlichen Strukturzusammenhangs? Haben wir es mit Widersprüchen auf einzelnen dieser Ebenen, mit Widersprüche(n) zwischen verschiedenen Ebenen oder mit beidem zu tun?" (ebd.: 190). Widersprüche, Brüche und Ungleichzeitigkeiten kennzeichnen also die aktuelle Situation in Bezug auf die Geschlechterverhältnisse und -beziehungen in Organisationen. Für die weitere Entwicklung der Forschung wird nicht zuletzt eine präzisere Begrifflichkeit und eine klare Problemstellung eingemahnt (z. B. Wetterer 2009; Wilz 2001, 2004b).

Während am Beginn der feministischen Forschung zu „Geschlecht und Organisation" die bestehenden Organisationstheorien kaum aufgegriffen wurden, wird zusehends eine Verknüpfung von feministischen mit organisationssoziologischen Theorien angestrebt, und (erste) kreative Ideen dazu liegen vor. Die angedachte Palette ist breit und reicht u.a. von einer neoinstitutionalistischen Perspektive und Modernisierungstheorien über poststrukturalistische Ansätze bis hin zur Überlegung, „dass handlungstheoretische Paradigmen in Anlehnung an die Sozialtheorie von Pierre Bourdieu für die Weiterentwicklung feministischer Organisationsforschung am meisten versprechen" (Hofbauer/Holtgrewe 2009: 65).[30] Welche Theorietraditionen sich schlussendlich als „tragfähige Brückenpfeiler" – so Funder in diesem Band – für die Erforschung des Zusammenhangs von „Geschlecht und Organisation" erweisen werden, ist noch nicht ausreichend erforscht und erprobt.

---

30 Über diese Weiterentwicklung gibt der Aufsatz von Johanna Hofbauer in diesem Band Auskunft.

*Edeltraud Ranftl*

## Weiterführende Literatur

Witz, Anne/Savage, Mike (1992). The Gender of Organizations. In: Savage, Mike/ Witz, Anne (Hrsg.). Gender and Bureaucracy. Oxford: Blackwell Publishers, 3–62.
Feministische Studien (2010). Organisation, Geschlecht, soziale Ungleichheiten. Sonderheft Feministische Studien, 28 (1).
Müller, Ursula/Riegraf, Birgit/Wilz, Sylvia M. (Hrsg.) (2013). Geschlecht und Organisation. Wiesbaden: Springer VS.
Jeanes, Emma L./Knights, David/Yancey Martin, Patricia (Hrsg.) (2011). Handbook of Gender, Work, and Organization. Chichester (UK): Wiley.

## Im Text erwähnte Quellen

Achatz, Juliane (2008). Die Integration von Frauen in Arbeitsmärkten und Organisationen. In: Wilz, Sylvia M. (Hrsg.). Geschlechterdifferenzen – Geschlechterdifferenzierungen. Ein Überblick über gesellschaftliche Entwicklungen und theoretische Positionen (Hagener Studientexte zur Soziologie). Wiesbaden: VS, 105–138.
Achatz, Juliane/Fuchs, Stefan/Stebut, Janina/Wimbauer, Christine (2002). Geschlechterungleichheit in Organisationen. Zur Beschäftigungslage hochqualifizierter Frauen. In: Allmendinger, Jutta/Hinz, Thomas (Hrsg.). Organisationssoziologie. Wiesbaden: Westdeutscher Verlag, 284–318.
Acker, Joan (1990). Hierarchies, Jobs, Bodies: A Theory of Gendered Organizations. In: Gender & Society, 4 (2), 139–158.
Acker, Joan (1992). Gendering Organizational Theory. In: Mills, Albert J./Tancred, Peta (Hrsg.). Gendering Organizational Analyses. Newbury Park, London, New Delhi: Sage, 248–260.
Acker, Joan (2000). Gendered Contradictions in Organizational Equity Projects. In: Organization, 7 (4), 625–632.
Acker, Joan (2006). Inequality Regimes: Gender, Class, and Race in Organizations. In: Gender & Society, 20 (4), 441–464.
Acker, Joan (2011).Theorizing Gender, Race, and Class in Organizations. In: Jeanes, Emma L./Knights, David/Yancey Martin, Patricia (Hrsg.) (2011). Handbook of Gender, Work, and Organization. Chichester (UK): Wiley, 65–80.
Acker, Joan (2013, zuerst 2006). Is Capitalism Gendered and Racialized? In: Ferguson, Susan J. (Hrsg.). Race, Gender, Sexuality, Social Class. Dimensions of Inequality. Los Angeles, London, New Delhi, Singapore, Washington DC: Sage, 115–124.
Acker, Joan/Van Houten, Donald R. (1974). Differential Recruitment and Control: The Sex Structuring of Organizations. In: Administrative Science Quarterly, 19 (2), 152–163.

Andresen, Sünne (2002). Gender Mainstreaming: eine Strategie zum geschlechtergerechten Umbau von Organisationen? In: Nohr, Barbara/Veth, Silke (Hrsg.). Gender Mainstreaming. Kritische Reflexionen einer neuen Strategie. Berlin: Karl Dietz, 39–55.

Aulenbacher, Brigitte/Riegraf, Birgit (2010). Geschlechterdifferenzen und -ungleichheiten in Organisationen. In: Aulenbacher, Brigitte/Meuser, Michael/Riegraf, Birgit. Soziologische Geschlechterforschung. Eine Einführung. Wiesbaden: VS, 157–171.

Bartol, Kathryn M. (1978). The Sex Structuring of Organizations: A Search for Possible Causes. In: The Academy of Management Review, 3 (4), 805–815.

Calás, Marta B./Smircich, Linda (2001, zuerst 1996). From ‚The Woman's' Point of View: Feminist Approaches to Organization Studies. In: Clegg, Stewart R./Hardy, Cynthia/Nord, Walter R. (Hrsg.). Handbook of organization studies. London: Sage, 218–257.

Caplow, Theodore (1954). The Sociology of Work. New York: McGraw-Hill (deutsch 1958: Soziologie der Arbeit. Meisenheim am Glan: Anton Hain KG).

Deters, Magdalene (1995). Sind Frauen vertrauenswürdig? Vertrauen, Rationalität und Macht: Selektionsmechanismen in modernen Arbeitsorganisationen. In: Wetterer, Angelika (Hrsg.). Die Konstruktion von Geschlecht in Professionalisierungsprozessen. Frankfurt, New York: Campus, 85–100.

Ferguson, Kathy E. (1984). The Feminist Case Against Bureaucracy. Philadelphia: Temple University Press.

Ferguson, Kathy E. (1985). Bürokratie und öffentliches Leben: die Feminisierung des Gemeinwesens. In: Diamond, Stanley/Narr, Wolf-Dieter/Homann, Rolf (Hrsg.). Bürokratie als Schicksal? Leviathan, Sonderheft 6. Opladen: Westdeutscher Verlag, 54–75.

Funder, Maria (2004). (K)ein Ende der Geschlechterungleichheit? Arbeit und Geschlecht als Medien der Inklusion und Exklusion in Organisationen. In: Baatz, Dagmar/Rudolph, Clarissa/Satilmis, Ayla (Hrsg.). Hauptsache Arbeit? Münster: Westfälisches Dampfboot, 47–69.

Funder, Maria (2005). Gendered Management? Geschlecht und Management in wissensbasierten Unternehmen. In: Funder, Maria/Dörhöfer, Steffen/Rauch, Christian (Hrsg.). Jenseits der Geschlechterdifferenz? Geschlechterverhältnisse in der Informations- und Wissensgesellschaft. München und Mering: Rainer Hampp, 97–122.

Funder, Maria (2008). Geschlechterverhältnisse und Wirtschaft. In: Maurer, Andrea (Hrsg.). Handbuch der Wirtschaftssoziologie. Wiesbaden: VS, S. 411–430.

Funder, Maria (2011). Soziologie der Wirtschaft. München: Oldenbourg, 171–182.

Godwyn Mary/Gittell, Jody Hoffer (Hrsg.) (2012). Sociology of Organizations: Structures and Relationships. Los Angeles, London, New Delhi, Singapore, Washington DC: Sage.

Graham, Pauline (Hrsg.) (1995). Mary Parker Follett – Prophet of Management: A Celebration of Writings from the 1920s. Cambridge: Harvard Business School Press.

Halford, Susan/Savage, Mike/Witz, Anne (1997). Gender, careers and organizations: current developments in banking, nursing and local government. Basingstoke: Palgrave Macmillan.

Hanappi-Egger, Edeltraud (2011). Die Rolle von Gender und Diversität in Organisationen: Eine organisationstheoretische Einführung. In: Bendl, Regine/Hanappi-Egger, Edeltraud/Hofmann, Roswitha. Diversität und Diversitätsmanagement. Wien: UTB, 175–202.

Hofbauer, Johanna/Holtgrewe, Ursula (2009). Geschlechter organisieren – Organisationen gendern. Zur Entwicklung feministischer und geschlechtersoziologischer Reflexion über Organisationen. In: Aulenbacher, Brigitte/Wetterer, Angelika (Hrsg.). Arbeit. Perspektiven und Diagnosen. Münster: Westfälisches Dampfboot, 64–81.

Jacobs, Jerry A. (1989). Revolbing Doors: Sex Segregation and Women's Careers. Stanford: Stanford University Press.

Jochmann-Döll, Andrea/Ranftl, Edeltraud (2010). Impulse für die Entgeltgleichheit. Die ERA und ihre betriebliche Umsetzung auf dem gleichstellungspolitischen Prüfstand. Berlin: Edition Sigma.

Kanter, Rosabeth M. (1975). Women and the Structure of Organizations: Explorations in Theory and Behavior. In: Sociological Inquiry, 45 (2–3), 34–74.

Kanter, Rosabeth M. (1977a). Some Effects of Proportions on Group Life: Skewed Sex Ratios and Responses to Token Women. In: American Journal of Sociology, 82 (5), 965–990.

Kanter, Rosabeth M. (1977b). Men and Women of the Corporation. New York: Anchor Press.

Kassner, Karsten (2000). Acker, Joan. Hierarchies, Jobs, Bodies – A Theory of Gendered Organizations. In: Türk, Klaus (Hrsg.). Hauptwerke der Organisationstheorie. Wiesbaden: Westdeutscher Verlag, 10–11.

Kvande, Elin/Rasmussen, Bente (2012). Women's Careers in Static and Dynamic Organizations. In: Godwyn, Mary/Gittell, Jody Hoffer (Hrsg.). Sociology of Organizations: Structures and Relationships. Los Angeles, London, New Delhi, Singapore, Washington DC: Sage, 477–491.

Leichthammer, Kerstin (2000). Kanter, Rosabeth Moss. Men and Women of the Corporation. In: Türk, Klaus (Hrsg.). Hauptwerke der Organisationstheorie. Wiesbaden: Westdeutscher Verlag, 145–147.

Lorber, Judith (2005). Gender Inequality: Feminist Theories and Politics. Los Angeles: Roxbury Publishing Company (3rd Edition).

Müller, Ursula (1999). Geschlecht und Organisation. Traditionsreiche Debatten – aktuelle Tendenzen. In: Nickel, Hildegard/Volker, Susanne/Hüning, Hasko (Hrsg.). Transformation, Unternehmensorganisation, Geschlechterforschung. Opladen: Leske+Budrich, 53–75.

Organization (2000). 7 (4). London, Thousand Oaks, CA and New Delhi: Sage.

Pasero, Ursula (2003). Gender, Individualität, Diversity. In: Pasero, Ursula/Weinbach, Christine (Hrsg.). Frauen, Männer, Gender Trouble. Systemtheoretische Essays. Frankfurt: Suhrkamp, 105–124.

Pringle, Rosemary (1989). Bureaucracy, Rationality and Sexuality: The Case of Secretaries. In: Hearn, Jeff/Sheppard, Deborah L./Tancred-Sheriff, Peta/Burrell, Gibson (Hrsg.). The Sexuality of Organization. London: Sage.

Ranftl, Edeltraud (2008). Equal Pay und Perspektiven zur Umsetzung des Prinzips der Gleichwertigkeit. In: Buchmayr, Maria (Hrsg.). Alles Gender? Feministische Standortbestimmungen. Innsbruck, Wien, Bozen: StudienVerlag, 199–211.

Reid, Margret F./Kerr, Brinck/Miller, Will (2003). Glass Walls and Glass Ceilings: Women's Representation in State and Municipal Bureaucracies. Westport: Praeger Publishers.

Ressner, Ulla (1987). The Hidden Hierarchy: Democracy and Equal Opportunities. Aldershot: Avebury.

Ressner, Ulla (1988). The Hidden Hierarchy – „Mandator" & Male Power in the Swedish State Apparatus. In: Canadian Women Studies, 9 (2), 24–26.

Ridegeway, Cecilia L. (2001). Interaktion und die Hartnäckigkeit der Geschlechter-Ungleichheit in der Arbeitswelt. In: Heintz, Bettina (Hrsg.). Geschlechtersoziologie. Sonderheft 41 der Kölner Zeitschrift für Soziologie und Sozialpsychologie. Wiesbaden: Westdeutscher Verlag, 250–275.

Riegraf, Birgit (2013). Theoretische Erörterungen. In: Müller, Ursula/Riegraf, Birgit/Wilz, Sylvia M. (Hrsg.). Geschlecht und Organisation. Wiesbaden: Springer VS, 17–22.

Schäfer, Monika (2000). Ferguson, Kathy E. The Feminist Case against Bureaucracy. Philadelphia 1984, XVIII, 286S. In: Türk, Klaus (Hrsg.). Hauptwerke der Organisationstheorie. Wiesbaden: Westdeutscher Verlag, 111–113.

Wetterer, Angelika (2007). Erosion oder Reproduktion geschlechtlicher Differenzierungen? Zentrale Ergebnisse des Forschungsschwerpunkts „Professionalisierung, Organisation Geschlecht" im Überblick. In: Gildemeister, Regine/Wetterer, Angelika (Hrsg.). Erosion oder Reproduktion geschlechtlicher Differenzierungen? Widersprüchliche Entwicklungen in professionalisierten Berufsfeldern und Organisationen. Münster: Westfälisches Dampfboot, 189–214.

Wetterer, Angelika (2009). Arbeitsteilung & Geschlechterkonstruktion – Eine theoriegeschichtliche Rekonstruktion. In: Aulenbacher, Brigitte/Wetterer, Angelika (Hrsg.). Arbeit. Perspektiven und Diagnosen der Geschlechterforschung. Münster: Westfälisches Dampfboot, 42–63.

Wharton, Amy S. (2002). Geschlechterforschung und Organisationssoziologie. In: Allmendinger, Jutta/Hinz, Thomas (Hrsg.). Organisationssoziologie. Kölner Zeitschrift für Soziologie und Sozialpsychologie, Sonderheft 42. Wiesbaden: Westdeutscher Verlag, 188–202.

Williams, Christine L. (1992). The Glass Escalator: Hidden Advantages for Men in the ‚Female' Professions. In: Social Problems, 39 (3), 253–267.

Wilz, Sylvia M. (2001). „Gendered Organizations": Neuere Beiträge zum Verhältnis von Organisation und Geschlecht. In: Berliner Journal für Soziologie, 11 (1), 97–107.

Wilz, Sylvia M. (2004a). Organisation: Die Debatte um ‚Gendered Organizations'. In: Becker, Ruth/Kortendiek, Beate (Hrsg.). Handbuch Frauen- und Geschlechterforschung. Theorie, Methoden, Empirie. Wiesbaden: VS, 443–449.

Wilz, Sylvia M. (2004b). Relevanz, Kontext und Kontingenz: Zur neuen Unübersichtlichkeit in der Gendered Organization. In: Pasero, Ursula/Priddat, Birger P. (Hrsg.). Organisationen und Netzwerke. Der Fall Gender. Wiesbaden: VS, 227–258.

Witz, Anne/Savage, Mike (1992). The Gender of Organizations. In: Savage, Mike/Witz, Anne (Hrsg.). Gender and Bureaucracy. Oxford: Blackwell Publishers, 3–62.

# Teil II
# Organisation und Geschlecht – Reflexionen aus der Perspektive von Gesellschaftstheorien

"Was ist der Phall und was steckt dahinter?"[1]
Ein systemtheoretischer Blick auf die Beobachtung der
Geschlechterdifferenz

*Ralf Wetzel*

> "Wie auch bei der Idee des Gleichgewichts handelt es sich
> eigentlich (bei der Idee der Gleichheit) nur um eine Kontrollidee
> zur Überwachung von hochwahrscheinlichen Abweichungen."
> Niklas Luhmann (1988: 64 f.)

*1 Einleitung*

Die allgemeine Anerkennung und Akzeptanz des Beitrags von Niklas Luhmann zur Aktualisierung soziologischen Denkens ist in den letzten Jahren etwa in dem Maße gestiegen, in dem die Erregung über die „Reizfigur Luhmann" nachgelassen hat, der Umgang mit der Theorie scheint sich in einer bestimmten Weise normalisiert zu haben. Luhmann ist ein nichtignorabler Klassiker geworden. Eine solche „neue Normalität" hat dazu geführt, dass originär besonders skandalisierte Debatten, die sich an einigen spezifischen Zugriffen der Systemtheorie entzündeten, heute abgekühlter geführt werden und eine eher unaufgeregte Sachlichkeit, zuweilen auch wieder eine Experimentierfreude, aggressive Polemik bzw. vielsagende Ignoranz ersetzt haben. Zu diesen thematischen Zugriffen gehört auch die theoretische Behandlung der Geschlechterdifferenz. Auch wenn diese Differenz in den Arbeiten Luhmanns selbst und auch im allgemeinen systemtheoretischen Diskurs bislang kaum eine große Rolle gespielt hat, reichte das wenige aus, um eine hitzige Debatte mit polemischem Angriff (Luhmann 1988) und Gegenangriff (vgl. Runte 1994; Teubner 2001) zu entfachen. Diese Phase scheint überwunden, es sind inzwischen moderatere Töne zu hören. Insbesondere die programmatischen Beiträge von Ursu-

---

[1] Es gibt Zitate, auf die man neidisch sein könnte. Dieses stammt aus einem Aufsatz von Armin Nassehi (2003: 97) und gehört zweifellos dazu.

la Pasero und Christine Weinbach, aber auch die eher experimentell angelegten „Etüden" von Dirk Baecker und Peter Fuchs, über die alle noch ausführlicher zu sprechen sein wird, deuten auf eine fast schon beunruhigende Versachlichung, Klärung und Verankerung der Systemtheorie im Kanon der für die Geschlechterdifferenz zuständigen Sozialtheorien hin (vgl. u.a. Aulenbacher/Meuser/Riegraf 2010).[2]

Eine der Qualitäten der Systemtheorie liegt in ihrem Überraschungspotenzial. Mit einem handlichen Apparat an Theoriestücken und Kernunterscheidungen, die mit hohem Flexibilitäts- und Verknüpfungsgrad auf nahezu alle sozialen Phänomene ausgerichtet werden können, aktiviert die Theorie regelmäßig Kontraintuition und einen experimentellen Umgang mit den Untersuchungsgegenständen – und mit sich selbst. Systemtheoretisches Denken erlaubt gewissermaßen die „Lockerung der kognitiven Muskulatur" (Fuchs). Mit erstaunlicher Leichtigkeit gelingt es ihr, eine zu Mainstream-Perspektiven inkongruente Beobachtung einzunehmen, ein „Quer-Stellen", das hinreichend substanziell ist, also Plausibilitätsgewicht besitzt. Betrachtet man die Geschlechterdifferenz bereits unter Verwendung von basalen Unterscheidungen der Theorie[3], so wird rasch klar, dass der theoretische Zugang tatsächlich ungewöhnlich verlaufen muss. Sinnverarbeitende Systeme (Bewusstsein und Kommunikation) und selbst der Körper als lebendes, nicht-sinnverarbeitendes System „haben" demnach kein Geschlecht. Die Vorstellung eines „männlichen Bewusstseins" ist ebenso absurd wie jene von „weiblicher Führung". Geschlecht ist zutiefst und ausschließlich eine soziale Unterscheidung, und darin kontingent. Es gibt nichts, was diese Differenz alternativlos erzwingt, schon gar nicht die Vorstellung vom biologischen Körper. Damit zwingt der systemtheoretische Blick zunächst weg von der Mann/Frau- und hin zur Sex/Gender-Dif-

---

2 Dies gilt selbst für den Ton der Kritik (siehe Aulenbacher 2006). Gleichwohl spürt man nach wie vor die Ungewöhnlichkeit und Fremdheit, mit der innerhalb der deutschsprachigen Geschlechterforschung mit Systemtheorie umgegangen wird, siehe dazu die rhetorische Einbettung der Systemtheorie, etwa in den Kanon der Gesellschaftsanalysen (Aulenbacher/Meuser/Riegraf 2010: 33 ff., insbesondere die weiterleitenden Bemerkungen).

3 Ich muss hier aus naheliegenden Gründen terminologische und unterscheidungstheoretische Hintergründe voraussetzen (insbesondere hinsichtlich der Unterscheidungen System/Umwelt, Leben/Psyche/Kommunikation, operationelle Schließung/ strukturelle Kopplung, Evolution/Intervention) und verweise auf einschlägige Einführungen wie Fuchs (2004), Kneer/Nassehi (2000) sowie die Kerntexte von Luhmann (1984; 1997a).

ferenz, erlaubt jedoch die Beobachtung dieser beiden Meta-Differenzen und ihrer Verschränkung (vgl. Fuchs/Fuchs 2006; Luhmann 1988). Die systemtheoretisch interessierte Frage ist jene, was beide Unterscheidungen prominent macht, was sie hervortreibt, wie sie angesichts des Umstandes, dass auch andere Unterscheidungen prominent sein könnten, funktionieren, und was sie bis heute, unter wechselnden gesellschaftsstrukturellen Verhältnissen, immer noch wirklichkeitsmächtig, als *fungierende Ontologien* (Fuchs/Fuchs 2006: 9) auftreten lässt.

Ziel dieses Beitrages ist es nicht, Systemtheorie und Geschlechterforschung ins Gespräch zu bringen, dieses Gespräch läuft bereits, wenn auch lückenhaft. Vielmehr geht es darum, sich an den Systemebenen der Systemtheorie entlang zu hangeln und entsprechend in den folgenden Kapiteln erst auf Gesellschafts- (Kapitel zwei), später auf Interaktions- (Kapitel drei) und schließlich auf die Organisationsebene (Kapitel vier) durchzustoßen, um das Verhältnis von Systemtheorie und Genderdiskurs zu durchmessen. Im abschließenden Kapitel fünf möchte ich ein kurzes Fazit über die systemtheoretische Instruktion ziehen.

## 2 Gesellschaft und Geschlecht: die semantische Hervortreibung einer Differenz durch gesellschaftsstrukturellen Wandel

### 2.1 Gesellschaftsstruktureller Umbau als Ausgangspunkt

Gesellschaft als das System der sozialen Letztverweise, jenseits dessen keine Kommunikation mehr auffindbar ist, unterliegt evolutionärer Veränderung (vgl. Luhmann 1997a). Sie verändert sich ungesteuert, indem sie autonom darüber entscheidet, welche Irritationen aus ihrer nicht-sozialen Umwelt sie als relevant wahrnimmt und welche nicht. Im Rahmen dieser Evolution strukturiert sich Gesellschaft anhand von Primärdifferenzen, von denen inzwischen drei unterschiedliche erkennbar wurden. Neben einer eher tribalen Gesellschaft, die nach der Differenz von Zentrum/Peripherie operiert, sind eine stratifizierte Gesellschaft und eine funktional differenzierte bedeutsam geworden. Das Charakteristikum der stratifizierten Gesellschaft liegt in unterschiedlichen gesellschaftlichen Schichten, die hierarchisch, also mit klarer und unausweichlicher Bestimmung von „oben" und „unten" (etwa Adel, Kaufmannsgilden, Handwerker, Bauern,

Leibeigene)[4], geordnet sind. Inklusion in die Schicht war gleichbedeutend mit Vollinklusion, es wurde darin für jedwede Belange des sozialen Lebens gesorgt, sei es in wirtschaftlichen, rechtlichen, erzieherischen oder politischen Belangen. All dies geschah in spezifischen sozialen Orten, vor allem in Haushalten. Die in den Schichten verankerte Ungleichheit war selbst kein soziales Thema, da einerseits zu dieser Ungleichheit gesellschaftlich faktisch keine Alternativen verfügbar waren[5] und andererseits die gegebene Ordnung durch die Religion und darüber durch den stilisierbaren Willen Gottes plausibilisiert werden konnte. Ebenso unhinterfragt war auch die ungleiche Stellung von Frau und Mann. Die übergeordnete Stellung des Mannes als Haushaltsvorstand war religiös eindeutig. Er übernahm die Repräsentation des Haushalts, obwohl er nur ein Teil dessen war. „In dieser Ordnung war die Repräsentation Sache des Mannes" (Luhmann 1988: 53), und zwar nicht nur die des Haushaltes, sondern auch jene der Gesellschaft. Die Frau tauchte kaum als selbstunterscheidungsfähige Einheit auf, und die Bipolarität der Geschlechtsunterscheidung war kaum entwickelt, stattdessen wurden Männer und Frauen bis ins späte 18. Jahrhundert als *„Abstufungen-in-demselben"* begriffen (Fuchs/Fuchs 2006: 13, Herv. i. O.). Der Mann war die „vollständige" Variante, die Frau in gewissem Sinne nicht voll ausgereift. Entsprechend dieser Asymmetrie war klar, dass der Mann auch die Repräsentation der Gesellschaft übernahm.

Diese schichtspezifische Komplettversorgung fand in Europa spätestens mit dem ausgehenden 18. Jahrhundert ihr Ende. Die Schichten lösten sich nach und nach auf und mit ihr die Vollinklusion an den unterschiedlichen sozialen Orten. An die Stelle der vertikalen Schichten traten horizontal unterschiedene, hochabstrakte soziale Funktionsbereiche. Politische Kommunikation löste sich von religiöser und später von wirtschaftlicher Kommunikation ab, wissenschaftliche Kommunikation machte sich ebenso von religiöser, politischer und wirtschaftlicher Kommunikation unabhängig. Diese gesellschaftlichen Funktionen wurden nicht mehr über Schichten

---

4 Neben einer weltlichen Hierarchie bestand die Parallelhierarchie des Klerus.
5 Was man nicht von etwas anderem unterscheiden kann, kann man faktisch nicht bezeichnen. Ungleichheit war sozial nicht greifbar, nicht unterscheidbar. Gleichwohl gab es lokale Alternativen, etwa die demokratische Selbstverwaltung von Frauen in den religiösen Beginenhöfen Flanderns und Hollands. Allerdings konnten sich diese Formen des Zusammenlebens nicht als *gesellschaftliche* Alternative präsentieren, sondern nur als korporationsinterne Spezialzonen, die argwöhnisch von der klerikalen Hierarchie beobachtet wurden.

und sozial-integrative Orte in diesen Schichten gebündelt, sie traten verstärkt unabhängig und „gesellschaftstotal" auf: Politische Kommunikation beobachtete die gesamte Gesellschaft ausschließlich aus politischer Perspektive (Regierung/Opposition), wirtschaftliche Kommunikation tat dies ebenso (Eigentum/Nicht-Eigentum) wie religiöse (Transzendenz/Immanenz) und wissenschaftliche (wahr/falsch) Kommunikation. So grenzte sich ein Teilsystem nach dem anderen jeweils von allen anderen Teilsystemen (etwa Recht, Militär, und selbst von Familie) selbstreferenziell ab. Dabei ging auch das Primat der Religion unter, die ihre Letztbeobachtungs- und Beurteilungsfähigkeit verlor und die Ebenbürtigkeit von Politik, Wirtschaft, Recht, Wissenschaft usw. zur Kenntnis nehmen musste (Luhmann 1997a: 707 ff.). Damit wäre eine wesentliche Eigenschaft moderner, funktional differenzierter Gesellschaften benannt: ihre polykontexturale Verfassung. Alles, was geschieht, kann von x-beliebigen Beobachtern unter je spezifischer Beobachtungsperspektive in den Blick genommen werden, jede spezifische Beobachtung kann von anderen Beobachtern gegenbeobachtet werden. Es existiert keine Letztinstanz mehr, die endgültig über zutreffend oder unzutreffend, angemessen und unangemessen entscheiden kann. Diese Gegenbeobachtbarkeit gilt für alle Beobachter und Unterscheidungen gleichermaßen, auch für die Geschlechterdifferenz und ihre Beobachtung.

## 2.2 Die semantischen Karrieren des Individuums, der Gleichheit und der Partizipation

Mit der Heterarchisierung der Gesellschaft ging auch die Umplatzierung des/der Einzelnen in der Gesellschaft einher. Mann und Frau waren aus den sozialen Geburtsorten des Mittelalters hinausgeworfen und fanden sich im Jenseits der sich schließenden, funktionalen Bezüge wieder. Es operierten Funktionsmilieus, die kein „*Eingeboren-Sein*" des/der Einzelnen mehr kannten. In dem Ausmaß, in dem sich die soziale, schichtgeleitete Komplettversorgung des Individuums veränderte, traten dem/der Einzelnen unpersönliche, voneinander unabhängige Funktionsbereiche gegenüber.[6] Inklusion geschah nicht mehr über eine soziale Schicht sondern

---

6 Ich muss hier aus Platzgründen auf eine ausführlichere Darstellung von Verhältnissen in einzelnen Gesellschaftsbereichen, insbesondere hinsichtlich der Verhältnisse in Politik und Familie, verzichten (siehe dazu v.a. Weinbach/Stichweh 2001).

über Leistungs- und Publikumsrollen, die die Funktionssysteme bereitstellten. Im Anschluss lag es an der Aktivität des/der Einzelnen, Anschlüsse an diese Funktionsbereiche zu finden und entsprechende Rollen einzunehmen. Ob jemand politischen Einfluss wahrnehmen wollte, hing ebenso vom Engagement des Einzelnen ab wie von der Frage, ob er dies als politischer Funktionär (Leistungsrolle) oder als Wähler (Publikumsrolle) tut. Der Anschluss an wirtschaftliche Kommunikation (Anbieter oder Konsumentin), an Erziehung (Schülerin oder Lehrer), Rechtsprechung (Jurist oder Angeklagte) usw. erfolgt ebenfalls unter diesen Prämissen (vgl. Stichweh 1988). Die Last der Inklusion lag nicht mehr in den Systemen, sondern auf den Schultern des Individuums, ihm oblag es, von den Funktionssystemen sozial „erkannt" zu werden, also adressabel zu sein. Ohne soziale Adresse erfolgte keine Bezugnahme der Systeme auf das Individuum. Es sind die Individuen, die um *individuellen Relevanzaufbau*, um soziale Anerkennung seitens der funktionalen Bezüge bemüht sind, obwohl die Eigendynamik und Rezeption der Systeme über die soziale Erkennung entscheiden.

Der Begriff des Individuums startete in genau jener Zeitstelle seine außergewöhnliche Karriere. So geläufig dieses Wort heute ist, so irrelevant war es noch vor diesen Umbrüchen. In stratifizierten Verhältnissen gab es faktisch keinen Grund, das In-Dividuale, das Unteilbare zu betonen, da eine Komplettversorgung existierte und diese Inklusionsform faktisch nicht unterscheidbar war. Erst in dem Moment, in dem diese Versorgung zerfiel und durch eine heterogene Vervielfachung von Beobachtung ersetzt wurde, entstand das Individuelle, das vor allem im tatsächlich spezifischen, individuellen Inklusions-Exklusionsprofil hinsichtlich der Funktionssysteme bestand. Dies bedeutete auch mit Blick auf die Geschlechterdifferenz, dass sich die Adressbildung der Funktionssysteme nicht mehr auf die Strukturwirkung des Geschlechts verlassen konnte. Vielmehr mussten „Sonderaufmerksamkeiten" reserviert werden, um die „*Individualität* von Geschlecht", die einzigartige Ausprägung des Geschlechts am Einzelnen, auffangen zu können (siehe Fuchs/Fuchs 2006: 11). „Das neue Merkmal (der Geschlechterdifferenz, d.V.) ist die Verlagerung von außen nach innen, von Stand und Herkunft in das ‚Innere', in die ‚Natur' des Menschen" (Pasero 1994: 274), und damit in das Individuelle. Entsprechend verliert das Geschlecht seine Wirkung als Ausgangspunkt für soziale Differenzierung und erscheint als Produkt des Einsatzes der Differenz von Mann und Frau.

Mit der Karriere des Individuums wurde noch eine weitere Karriere gezündet: jene der Gleichheit (Fuchs 1996). In dem Maße, in dem die plausibilisierte Hierarchie des Mittelalters entfiel, ging auch die Begründung für die Ungleichheit Einzelner und für die Hierarchie der Geschlechter im Zugang zu den Funktionssystemen verloren. Ungleichheit fiel stattdessen individuell und *en masse* regelrecht auf, die Gesellschaft wurde semantisch extrem „ungleichheitsreizbar" (Fuchs 1996: 963). Ungleich Behandelte traten als unterscheidbare soziale Gruppen scharf hervor. Die faktische Ungleichheit von Behinderten, Frauen und Armen im Zugang zu Erziehung, Eigentum, Rechtsprechung, politischem Einfluss usw. widersprach der Heteronomie der Funktionssysteme. „Frauen werden rechtsfähig, aber mit geschlechtstypischen Konnotationen, Frauen können Familien gründen, aber das (deutsche, d.V.) Familienrecht weist bis 1976! geschlechtstypische Subordinationsmuster auf. [...] Frauen sind in die ‚Wirtschaft der Gesellschaft' inkludiert mit dem geschlechtsspezifischen Schönheitsfehler einer auffallend geringeren Bezahlung und peripherer Positionen" (Pasero 1994: 275).

Mit diesen strukturellen Neuheiten entstand zudem auch die semantische Figur der Partizipation (vgl. Wetzel 2013), die das generelle Exklusionsproblem des Individuums und die faktisch unterschiedlich vorhandenen Zugangsmöglichkeiten zu gesellschaftlicher Inklusion widerspiegelte. Partizipation als gesellschaftliches Teilnahmeansinnen entwickelte sich zur Strategie zur Erreichung des Gleichheitspostulats, das sich vielfach als ein Gleichheitsmythos entpuppte.[7] Strukturelle Exklusion wurde semantisch konvertierbar als Form von behinderter oder unterdrückter Partizipation. Die strukturelle Veränderung der Gesellschaft und die daraus resultierenden semantischen Anpassungen, sichtbar in den semantischen Karrieren des Individuums, der Gleichheit und der Partizipation, reagierten auf Folgeprobleme der neuen funktionalen Primärdifferenzierung und wurden zum Motor weiterer Strukturveränderungen, etwa in Form der Entstehung neuer sozialer Bewegungen und sekundärer Funktionssysteme, wie jenes der Sozialen Arbeit. Soziale Ungleichheitsbearbeitung ist insofern ein zwingendes Folgeproblem funktionaler Differenzierung und wird auch und gerade an der Geschlechterdifferenz sichtbar (Weinbach/Stichweh 2001: 35). Individualität, Gleichheit und Partizipation sind dabei

---

7 Hier drängt sich die Parallele zur neo-institutionalistischen Idee des Egalitätsmythos auf (siehe den Beitrag von Maria Funder und Florian May in diesem Band). In der Tat sind beide Theorieströme in bestimmten Punkten sehr nahe.

nicht zu verwechseln mit den gesellschaftsstrukturellen Ursachen, denen sie entspringen. Sie sind semantische Reaktionen auf diese gesellschaftsstrukturellen Verschiebungen.[8]

### 2.3 Die Symmetrie der Geschlechterdifferenz und das Erwachen der Frauenbewegung

Die Geschlechterdifferenz wurde dementsprechend am Ausgang des Mittelalters umkonturiert. Dies ist der Punkt, an dem Luhmanns Initialtext von 1988 einhakt. Anhand der Beobachtungslogik George Spencer Browns nimmt er eine differenztheoretische Bestimmung der Mann/Frau-Unterscheidung vor und zeigt, dass diese, wie nahezu alle anderen zentralen Unterscheidungen im Gebrauch asymmetrisiert wird (vgl. Luhmann 1988: 47). Innerhalb der Unterscheidung von Mann/Frau herrschte lange Zeit eine asymmetrische Bezeichnungspräferenz für den Mann vor und dies war so lange plausibel, als sie auch mit gesellschaftlich gängigen Unterscheidungen korrelierte. Die stratifizierte Gesellschaft war nicht nur eine der Unterscheidung von Oben/Unten, mit Präferenz für „Oben", auch die Unterscheidung von Teil/Ganzem war prägend, mit Präferenz für das „Ganze". Bis dato konnte jeder Teil der Gesellschaft mit Blick auf das „große Ganze", auf seine Leistung für das Ganze hin beobachten. Zudem wurden konkurrenzfreie Positionen freigehalten, die zur Repräsentation des Ganzen dienten, auch wenn die Repräsentanten selbst nur Teile waren.

Mit dem Wegfall der gesellschaftsstrukturellen Hierarchie wird auch die Asymmetrie der Geschlechterdifferenz fragwürdig und damit auch die Repräsentationsfunktion des Mannes, da „das Ganze" nicht mehr existiert und in inkommensurable Beobachterperspektiven zerfällt. Es gibt insofern nichts mehr, das der Mann repräsentieren könnte. Damit wird die Unterscheidung symmetrisch und instabil, sie verliert ihre produktive Operativität bei der Herstellung von Ordnung. Für die Frage, was die Unterscheidung dennoch so prominent werden und über lange Zeit hinweg bleiben lässt, zieht Luhmann nun die Ideologie der Gleichheit heran, die mit ihrer semantisch gewonnenen Wirksamkeit den „Funktionssinn der Asymmetrie ersetzt" (Luhmann 1988: 58). Unter dem Schirm des Gleichheitsdrucks

---

[8] Gesellschaftsstrukturelle Gegebenheiten erzwingen Paradoxien und Widersprüche (wie etwa die Ersetzung von geschlechtlichen Asymmetrie- mit Symmetrieproblemen), die semantisch aufgefangen und abgedeckt werden.

lässt Luhmann die Frauenbewegung antreten, die die Mann/Frau-Unterscheidung als universalistische Leitdifferenz und die Gleichstellung als ihr Programm entwickelt. Darüber, so die These, gelingt die Stabilisierung einer symmetrischen Unterscheidung.[9] Die Frauenbewegung simuliert eine Asymmetrie, um die weitere Nutzung der Unterscheidung zu begünstigen. „Luhmann unterstellt also der Frauenbewegung eine Art ‚self-fulfilling prophecy', da jede Übertragung der Idee der Gleichheit immer nur eines wahrnehmen kann: *Ungleichheit*" (Nassehi 2003: 87, Herv. i. O.). Im Versuch, Gleichheit zu erreichen, muss die benachteiligte Seite zunächst bezeichnet, also hervorgehoben werden. Gleichheitsbemühungen erzeugen faktisch zunächst Differenz und insofern Ungleichheit selbst mit.[10] Tatsächlich musste die Geschlechterforschung zunächst feststellen, dass mit der Präsenz aufklärerischer Gleichheitssemantik die Geschlechterdifferenz an sich populärer wurde als sie es zuvor war, und dass daran die Frauenbewegung einen nicht unerheblichen Anteil hatte (vgl. Heintz 2008; Pasero 1994: 273 f.). Damit wird ein Grundproblem sozialer Bewegungen benannt, die im Kern kaum als Lösung eines durch sie erkannten Problems erscheinen, sondern regelmäßig als Entfaltungsoption für Widersprüche und Paradoxien der Moderne gelten.

Gesellschaftstheoretisch zeigt Luhmann auf, dass die Mann/Frau-Unterscheidung es nicht schafft, selbst funktionssystemische – also weiterhin fundamental gesellschaftsstrukturierende – Qualitäten zu entwickeln, auch und gerade weil die Unterscheidung nicht asymmetrisiert werden kann, wie bei Funktionssystemen üblich und notwendig.[11] Erst der „ersatzweise" Rückgriff auf eine soziale Bewegung erlaubt es, die Unterscheidung stabil zu stellen und Ordnungswirkungen zu erzielen. Damit wird zwar zunächst klar, dass von einer „systemstrukturellen Entbehrlichkeit" (Weinbach/ Stichweh 2001: 31) der den Mann bevorzugenden Asymmetrie in der Geschlechterdifferenz auszugehen ist. Auch die anhaltend hohe Präsenz der

---

9  In der Tat siedeln sich Protestbewegungen an symmetrisch gewordenen Unterscheidungen, die durch das Gleichheitspostulat an Prominenz gewonnen haben, an. Dies gilt etwa für die Behinderten-, Friedens- und die Arbeiterbewegung.
10 „Die Paradoxie der Sichtbarmachung von Frauen besteht darin, dass sie sichtbar werden, und Gleichstellung produziert nolens volens Ungleichstellung" (Nassehi 2003: 87 f.). Zu weiteren Beispielen, wie Gleichheitsbemühungen Differenz und Ungleichheit erzeugen, siehe ebd.
11 Eigentum etwa in der Codierung der Wirtschaft (Eigentum/Nicht-Eigentum), Recht in jener des Rechtssystems (Recht/Unrecht), Wahrheit in der der Wissenschaft (wahr/falsch), siehe Luhmann (1988: 61 ff.).

Unterscheidung selbst wird klarer, gerade weil die gesellschaftsstrukturelle Relevanz eigentlich entfallen ist: Es liegt in der Nicht-Ignorabilität von individualisierter Ungleichheit als Kerneigenschaft der Moderne, die sich als Differenzierungsfolge herausgebildet hat. Erst vor dem Hintergrund funktionaler Heterarchie und atomistischer Individualisierung kann faktische Ungleichheit Problemkraft gewinnen, die Ideologie und Utopie der Gleichheit anspringen, soziale Energie in Größenordnungen freisetzen und somit zu einem maßgeblichen Generator gesellschaftlicher Entwicklung werden. Funktionssystemische Heterogenität und arbiträre Individualität treiben Ungleichheiten hervor, die bearbeitet werden müssen. Gleichheit als funktionssystemisch äquivalentes Programm wird dabei zur Kontrollroutine für die Beobachtung hochwahrscheinlicher Abweichungen, nimmt man einmal an, dass das Erreichen eines Gleichgewichts- und Gleichheitszustandes extrem unwahrscheinlich ist (Luhmann 1988: 64 f.).

## 2.4 Gesellschaftliches Zwischenfazit

Die Spezifik, das Quer-Stellen einer systemtheoretischen Sicht ist zunächst, dass das Geschlecht nicht per se „in der Welt" ist, sondern ein soziales Konstrukt ist, also sozial angefertigt wird. Kommunikation ist der Ausgangspunkt, nicht Biologie. Zugleich wird deutlich, dass die ansonsten unauslöschliche Gegenwart des individualisierten Subjekts in der Moderne nicht schlicht vorausgesetzt werden kann, sondern als Ergebnis von gesellschaftsstrukturellen Veränderungen und verändertem Unterscheidungsgebrauch erst zur Geltung kommt. *Bevor* eine Judith Butler ähnliche Thesen aufstellte und die Subjektzentrierung der Geschlechterforschung hinterfragte, war dies alles andere als gewöhnlich. Die Eigentliche, darüber hinausgehende Überraschung der Theorie liegt jedoch darin, dass sie der Geschlechterdifferenz keine fundamentale, gesellschaftsstrukturprägende Rolle mehr zugesteht. Damit weicht sie von anderen Theorieangeboten ab, die genau davon ausgehen, um die augenscheinlich wuchtigen asymmetrischen empirischen Verhältnisse einzufangen. Die Systemtheorie erlaubt es, stattdessen Freiheitsgrade an Orten durchzuhalten, an denen man sich andernorts schon früh festlegt, etwa indem die grundlegende gesellschaftliche Strukturierung bereits unter Maßgabe der Genderperspektive gedacht wird.[12] Daran anschließend kann die Theorie ihre kontra-intuitive Anlage und ihre Lust am experimentellen Denken aufzeigen: Sie kann zeigen, dass eine funktional differenzierte, prinzipiell geschlechtsunsensible Gesellschaft geschlechtliche Ungleichheit gleichzeitig unter Druck setzt und hervortreibt, und auf beides dann mit einem Programm der Gleichstellung antwortet, dass die Paradoxie von Ungleichheitsverbot und -produktion abdeckt, ohne es tatsächlich abbaubar zu machen. Mit der Setzung von geschlechtsungleichheitsunsensiblen Vorbedingungen geht sie auch tendenziell davon aus, dass die Geschlechterdifferenz an gesellschaftsstruktureller Relevanz (nicht zwingend interaktioneller oder organisationaler!) weiterhin verlieren wird. Dass sie an Schärfe seit jener gravierenden Umstellung bereits durchaus verloren hat, ist sichtbar: so ist die Form der Zweigeschlechtlichkeit unscharf geworden (Fuchs/Fuchs 2006) und das wohlfahrtsstaatliche Orientierungsmodell der Heterosexualität wurde ebenso relativiert wie die Zugangsbeschränkungen von Frauen zu Bildung, Wirtschaft und Politik (siehe zu beidem Weinbach/Stichweh 2001). Dadurch wird die „De-Thematisierung" von Geschlecht thematisierbar (vgl. Pasero 1995).

Gleichwohl bleibt die Frage noch offen, warum Ungleichheit sich bis heute so hartnäckig um die Geschlechterdifferenz lagert und trotz Wandel bis heute ontologisch „hart" geblieben ist. Entsprechend ist offen, welche Funktion die Unterscheidung, die Asymmetrie und die semantische Repräsentation im Hinblick auf moderne Inklusionslagen erfüllt und welches soziale grundlegende Problem sie dauerhaft mit ihrer Existenz löst. Eine dementsprechende funktionale Analyse (Luhmann 1970) wurde (mehr oder weniger vollständig), von unterschiedlichen Autoren (etwa Luhmann, Pasero, Baecker, Weinbach, Fuchs) auf unterschiedlichen Ebenen durchgespielt, mit überaus überraschender Varianz im Ergebnis. Diesen Analysen möchte ich nun im Blick auf die weiteren Systemebenen Interaktion und Organisation nachgehen.

---

12 Für weitere evolutionistische Theorieangebote, die einen ähnlich geschlechtlich unsensiblen Zugang wählen siehe die Literatur in Weinbach/Stichweh (2001: 31).

*3 Interaktion und Geschlecht: die soziale Relevanz der Person*

Wenn nun schon die Funktionssysteme geschlechtsunsensibel konstruiert sind[13], stellt sich die Frage, an welchem sozialen Ort sie denn überhaupt beobachtbar wird und wo sie denn konstituiert wird. Entsprechend fragt zunächst Ursula Pasero, „wie die Evidenz der Geschlechtlichkeit erzeugt wird" (2003: 109), um dann Christine Weinbach ausführen zu lassen, welches Verhältnis zwischen „geschlechtlich gefassten Personen als sexiertes Bündel von Erwartungen einerseits und den in die verschiedenen Kommunikationsbereiche implementierten Erwartungen andererseits" (Weinbach 2004: 11) herrscht. Damit ist das Stichwort gefallen, um das sich im Weiteren alles entfalten wird: die Form „Person".

*3.1 Die Form „Person" als Ausgangspunkt*

Dass die Person als Ausgangspunkt aller weiteren Überlegungen dient, überrascht erst auf den zweiten Blick, da die Person systemtheoretisch anders als üblich „geformt" wird. Sie ist keine „Ersatzvokabel" für den Menschen schlechthin, sie bezeichnet stattdessen jenen Teil des Menschen, der für soziale Systeme als relevant erkannt wird. Die „Person" regelt ein Kernproblem, dem soziale Systeme generell ausgesetzt sind: Sie müssen den Zugriff auf den Menschen und das „darin" befindliche psychische System irgendwie regeln, er muss sozial zugänglich sein. Das Theoriestück, das die Systemtheorie dafür vorsieht, ist jenes der sozialen „Person" (Luhmann 1993: 194, 1995), und entsprechend nehmen dann Ursula Pasero (1994: 277) und Christine Weinbach (2004, 2006) dies zum Ausgangspunkt ihrer weiteren Arbeiten. „Person" wird hier bestimmt als „individuell attribuierte Einschränkung von Verhaltensmöglichkeiten" (Luhmann 1995: 142), die als Zwei-Seiten-Form, als Unterscheidung Person/Unperson gebaut wird. Unter der Bezeichnung „Person" wird all das geführt, was „für die weitere Kommunikation hervorgehoben und bereitgestellt,

---

13 Das bedeutet nicht, dass Geschlecht nicht in den Funktionssystemen thematisiert werden könnte: Die Warengestaltung im Wirtschaftsbereich kann sich auf Frauen ausrichten, politische Parteien werden mehr Frauen als Kandidatinnen aufstellen, wenn das Wiederwahlchancen erhöht, die Wissenschaft differenziert „Frauen- und Gender Studies" aus, um der Wahrheit näher zu kommen (vgl. Luhmann 1988: 64).

was interessant, weiter klärbar, eventuell auch bezweifelbar ist" (Luhmann 1995: 142). In den Bereich der „Unperson" fällt dagegen, was uninteressant und irrelevant bleibt, aber in den Bereich der Person jederzeit hinüber gezogen werden könnte. Beispielhaft wären dies etwa überraschende Informationen über Drogenexzesse einer Politikerin oder erotische Schattenabenteuer eines bislang braven Familienvaters. Von dieser Zweiseitenunterscheidung wird nun nochmals das unterschieden, was außerhalb der Unterscheidung läuft, also all jenes, was durch die Unterscheidung Person/ Unperson selbst ausgeschlossen ist, etwa Naturkatastrophen (nicht aber die sichtbare oder unterlassene Hilfeleistung Einzelner), Zustände technischer Geräte (nicht aber die attribuierbare Fähigkeit, damit kompetent umzugehen), usw. Die Form „Person" ist dabei kein Desiderat psychischer Referenz, sondern eine Struktur, die *soziale* Funktionen erfüllt. Sie ist der *soziale Verweis* auf den Menschen, jedoch nicht der Mensch selbst. Ohne soziale Person existiert ein Mensch für Kommunikation schlicht nicht. Gleichwohl nimmt das psychische System darauf Bezug, es orientiert sich an dem, was von seiner sozialen Umwelt an „Schablonierung" angeliefert wird. „Das Bewusstsein lernt, sich als Person in seiner Teilnahme an Kommunikation auf deren Erwartungsstrukturen zu stützen und davon auszugehen, dass seine Mitteilungen in der Kommunikation erfolgreich sind" (Weinbach/Stichweh 2001: 47).

Es liegt nun auf der Hand, dass die Kategorie des Geschlechts die Unterscheidung der „Person" berührt und über sie letztlich das Geschlecht Relevanz entfaltet. Wie dies geschieht, hat Christine Weinbach (2004) eindrucksvoll ausgeführt. Es ist im Kern die Person, mit der das Bewusstsein die interne körperliche und damit auch die geschlechtliche Selbstwahrnehmung abgleicht.[14] Das bedeutet, dass das Bewusstsein die geschlechtliche Selbstwahrnehmung zu den geschlechtlich geprägten externen Rollenerwartungen in Beziehung setzt, aus dem semantischen Vorrat gesellschaftlicher Geschlechterbeschreibungen Bestandteile zur Selbstbeschreibung und Identitätsbildung entnimmt und das eigene Verhalten im sozialen Kontext danach ausrichtet.

---

14 Zur Relevanz des Körpers, auf die hier rein aus Platzgründen nicht eingegangen werden, hier nur so viel: Im Interaktionskontext wird dem Körper „keine Chance gelassen (…), kontingent zu erscheinen, sondern dem geschlechtstypische, ethnische und alterstypische Bedeutung anhaftet, die kaum dementiert werden kann" (Pasero/Weinbach 2003: 11). Darüber hinausgehend siehe Fuchs/Fuchs 2006; Nassehi 2003.

Über die soziale Konstitution der Person, durch ihre Aufladung mit gesellschaftlich verfügbaren Semantiken lernt das Individuum, sich selbst in Form dieser Semantiken und dieser sozialen Person zu beschreiben. Es sind die sozialen Semantiken, die dem Bewusstsein die Selbstbeschreibung ermöglichen, und es ist die Person, über die das Bewusstsein zu einer Identität gelangt: „Vokabeln wie ‚Selbstdarstellung' und ‚Doing Gender' verdecken leicht die Tatsache, dass es sich hier *nicht* um einen vom Bewusstsein gesteuerten Vorgang handelt. Im Gegenteil muss die Form ‚Person' als Bedingung der Möglichkeit der Selbststeuerung des Bewusstseins im Moment seiner Inklusion in die Kommunikation begriffen werden" (Weinbach/Stichweh 2001: 47, Herv. d.V.). Die Gesellschaft steuert das Individuum, und nicht das Individuum die Gesellschaft – das ist der zentrale systemtheoretische Punkt. Darüber hinaus ist die Person auch das Schema, über das Inklusion seitens der sozialen Systeme vorgenommen wird. Soziale Kontexte greifen auf Leute über genau diese Form der Person zu (vgl. Stichweh 1988; Weinbach/Stichweh 2001). Die Systemtheorie verfügt nun über einen ausdifferenzierten Begriffsapparat, mit dem die Unterschiedlichkeit des sozialen Kontexts und seine spezifischen Inklusionsmodi erfasst und so eine unterschiedliche Relevanz der Geschlechtlichkeit in Abhängigkeit des je gewählten Kontexts für die Person sichtbar gemacht werden kann. Entsprechend der Systemdifferenzierung Interaktion/Organisation/Gesellschaft besitzt Geschlechtlichkeit auf den jeweiligen Systemebenen eine spezifische Relevanz, die über die Form der Person ausreguliert wird. Das Geschlecht wird demnach umso relevanter, so eine erste These von Christine Weinbach, je interaktions- und damit körpernäher die Systeme operieren, und, so eine zweite, weiter reichende These, auch nur dann, wenn sich diese Systeme „personalisieren" müssen, wenn also die Repräsentanz des Systems durch seine Mitglieder erforderlich wird. Wenn Systeme auf Personen zurechnen, diese adressieren müssen, dann kommt Geschlechtlichkeit sozial in den Blick und sonst nicht. Anders formuliert besitzt das Geschlecht aufgrund veränderter gesellschaftlicher Gegebenheiten keine primäre, sondern eine *sekundäre* Relevanz, die auf spezifischen Funktionserfordernissen unterschiedlicher Systemtypen basiert (vgl. Weinbach 2006).

## 3.2 Geschlecht in der Interaktion

Während die Funktionssysteme Individuen noch über abstrakte Leistungs-/Publikumsrollen inkludieren können, funktioniert diese Abstraktion nun unter Interaktionsverhältnissen schlicht nicht. Interaktionssysteme sind über die körperliche Ko-Präsenz der Interaktionsteilnehmer bestimmt, über reflexive Möglichkeiten der (psychischen) Wahrnehmung des anderen. Damit kommt die Interaktion nicht um die Referenz auf die physische Anwesenheit der Kommunikationspartner und um die Referenz auf die an Körpern „ablesbare" Geschlechtlichkeit herum. Dabei wird nicht jedes Individuum, das in räumlicher Nähe ist, sofort zum Interaktionsteilnehmer. Es hängt vielmehr davon ab, ob es vom Interaktionssystem bereits überhaupt als Person erkannt und entsprechend adressiert werden kann.[15] Was im Anschluss an die prinzipielle Registratur (Adressierung) eines Interaktionsteilnehmers jedoch in die Form „Person" sozial eingetragen wird, was als interessant und anschlussunterstützend gilt, sprich wie also die Unterscheidung von Person/Unperson befüllt wird, geschieht unter Einfluss der geschlechtlichen Wahrnehmbarkeit der Teilnehmer. Über die körperliche Referenzierbarkeit des Geschlechts werden damit auch gesellschaftliche Semantiken der Geschlechtlichkeit, u.a. in Form von Geschlechtsrollen (Weinbach 2004: 89 ff.)[16] aufrufbar, die in Ausschnitten in die Person des jeweils anwesenden Individuums eingetragen werden. Weiterhin nehmen die für die Interaktion relevanten internen wie auch außerhalb erkennbaren Rollenverpflichtungen eines Einzelnen Einfluss auf die Referenzierung des Geschlechts in der Person. Für die Personalisierung einer Frau, die z. B. an der Bar des Tennisclubs steht, macht es nicht nur einen Unterschied, wie lange sie schon im Club ist und wie viele andere Sportarten sie ausübt, sondern auch, ob sie (evtl. kinderlose) Unternehmerin, (evtl. alleinerziehende) Feministin oder Hausfrau (evtl. mit mehreren Kindern) ist. Bereits bei dieser Aufzählung wird klar, dass die externen Rollenverpflichtungen,

---

15 Väter von Töchtern im Pubertätsalter werden etwa in einschlägigen Boutiquen trotz permanenter physischer Anwesenheit erst dann sozial relevant, wenn es um Regulierung von Zahlungserfordernissen geht. Bis dahin können sie verlautbaren, was sie wollen.
16 Weinbach definiert Geschlechtsrollen als „hochgeneralisierte Personenformsemantiken, die kommunikative Erwartungen auf unterschiedliche Weise bündeln. Die Struktur, die im Kern zwischen männlichen und weiblichen Personenstereotypen zu unterscheiden erlaubt, nennen wir Geschlechtsrolle" (Weinbach 2004: 90).

die für Männer an gleicher Bar gelten, nicht identisch sein müssen (Angestellter? Auslandserfahrung? Sozialprestige der Industriebranche? Verheiratet?). Die Relevanz anderer Rollenverpflichtungen im Rahmen anderer Funktionssysteme (insbesondere Familie und ökonomische/wohlfahrtsstaatliche Registratur) werden geschlechtstypisch erfasst. Es liegt gleichwohl in der Autonomie des Interaktionssystems, diese Einträge anhand, entgegen oder ohne diese erreichbaren Semantiken des Geschlechts vorzunehmen. Je nach Einbezug des körperlichen Geschlechts und der berücksichtigten internen und externen Rollenverpflichtungen verändert sich entsprechend der Interaktionsverlauf, die jeweils behandelten Themen und die Relevanz des Geschlechts im und für den weiteren thematischen Verlauf. Entsprechend können abstrakte, gesellschaftlich-funktionale Rollen als Kunde, Schülerin usw., die keine geschlechtliche Vorkonditionierung durch funktionale Differenzierung erfahren, durch die wahrgenommene Geschlechtlichkeit der Teilnehmenden, durch die spezifische Aktualisierung der jeweiligen weiteren Rollenverpflichtungen und der verfügbaren geschlechtsrelevanten Semantiken sehr spezifisch aufgeladen werden. Entsprechend können Interaktionen signifikant unterschiedlich verlaufen, auch anders als eine geschlechtsneutrale Kommunikation erwarten ließe. Laut Weinbach/Stichweh (2001: 45) „kann das Geschlecht zum heimlichen Exklusionskriterium werden oder zumindest die Legitimität der Rollenübernahme durch diese Person infrage stellen", es hängt letztlich davon ab, was als Person im Interaktionszusammenhang erzeugt wird. Die Betonung spezifischer, geschlechtsbedingter Kommunikationsverläufe wird folglich der „Anfälligkeit" dieses Sozialsystems für sexuierte Unterscheidungen und Semantiken zugerechnet. Diese systemspezifische Privilegierung der Geschlechterdifferenz als emergentes Produkt dieses Systemtyps scheint die Subvertierung der Geschlechter*in*differenz der „Makrosysteme" zu ermöglichen.

An dieser Stelle tritt unvermeidlich die Frage auf, woher die Geschlechtsstereotype im semantischen Formvorrat der Gesellschaft kommen. Weinbach/Stichweh (2001: 35) machen deutlich, dass genau diese Stereotype als Reaktion auf den Funktionswegfall der Geschlechterdifferenz entstanden, und seit dem in Veränderung begriffen sind. In der Startphase der modernen Gesellschaft gab es ausgefeilte Versuche, die Ungleichheit der Frau im Zugang zu den Funktionsbereichen zu rechtfertigen. „Philosophie und Anthropologie befassten sich intensiv mit der Psyche der Frau, um ihre gesellschaftliche Exklusion zu untermauern" (Weinbach/Stichweh 2001: 35), die Erfindung von Geschlechtsdifferenzen und

-ungleichheiten fällt genau in diese Zeit, mit genau jener Logik. Der Effekt war weitgehende Exklusion vom politischen System, die Verbarrikadierung der Hochschulen und des Lehramtes, der Kirchenkanzeln usw. Diese Theorien stellen gewissermaßen eine „semantische Übertreibung" (Nassehi 2003: 85) dar, die den mangelnden gesellschaftsstrukturellen Halt kompensieren und überdecken sollen. Gleichsam verblassten diese Theorien über die Zeit und die heute verfügbaren Geschlechtsstereotype und Geschlechtsrollen sind deutlich anders und abgeschwächter besetzt. Das rüstet die Autoren denn auch mit Hoffnung auf die Möglichkeiten einer De-Thematisierung des Geschlechts aus (Pasero 1995)[17], selbst wenn eine „verbleibende Restfunktion" der Geschlechterdifferenz in Repräsentationsfragen immer noch übrig bleibt.

*3.3 Interaktionales Zwischenfazit*

Was kommt heraus, wenn man nicht von einer geschlechtlichen Prädisposition oder Prästrukturierung der Moderne ausgeht und nach Funktionen dieser Unterscheidung sucht? Zunächst einmal, dass das Geschlecht deswegen nicht irrelevant sein muss. Vielmehr zeigt die Analyse, dass die Differenz innerhalb der Kommunikation mit verteilten Relevanzen bestückt ist und dass diese Relevanz steigt, je näher man dem Körper kommt. Das heißt, Interaktion ist ein zentraler Ort, an dem Geschlecht wachgerufen wird (vgl. Heintz 2008). Diese Einsicht kann gleichwohl nur dann Wirkung zeigen, wenn man von unmittelbar handelnden Akteuren abstrahieren, wenn man hinter Individuen Systeme unterschiedlichen Typus ausmachen kann, die gleichwohl auf Individuen zugreifen, die eine Form der Vermittlung entwickeln müssen, in die sich die Geschlechtsunterscheidung „einnisten" kann. Darin kann man durchaus eine Funktion wittern: Geschlecht wird in der Kopplung von Kommunikation und Bewusstsein wachgerufen und reguliert den Zugriff sozialer Systeme. Aber ist Interaktion der „Hauptmechanismus" der Asymmetriereproduktion (Heintz 2008: 235 ff.)? Zu dieser Beurteilung fehlt noch eine relevante Beobachtungsebene, die Organisation.

---

17 Ähnlich offen: Heintz/Nadai 1998.

*4 Organisation und Geschlecht: eine verblüffende Leerstelle*

Diese Ebene hält gleich zwei Überraschungen parat. Zunächst wird bei genauerem Hinsehen klar, dass diese Ebene bei der systemtheoretischen Exegese des Geschlechts relativ unbehandelt geblieben ist. Das verblüfft, da die Organisation offensichtlich ein zentraler Ort angestammter Ungleichbehandlung ist: „Mit Hilfe ihrer Organisationen lässt die Gesellschaft die Grundsätze der Freiheit und der Gleichheit, die sie nicht negieren kann, scheitern" (Luhmann 2000: 394). Genau dies hat Ursula Pasero mit ihrer Bezeichnung von unterschiedlichen Formen der Kooperation in Organisationen gezeigt. Sie führt die geschlechtstypisch-segregierte, die asymmetrisch-komplementäre und neuerdings die instabil-symmetrische Kooperation an, die, bis auf die letztere, starke Ungleichsetzungen beinhalten (vgl. Pasero 2004: 143 f.). Will man also Ungleichheit, spezifisch die Geschlechterungleichheit dechiffrieren, kommt man an der Organisation offenbar nicht vorbei, ein zentraler Puzzlestein für eine systemtheoretisch schlüssige Argumentation fehlt also noch weitgehend.[18]

Weiterhin überrascht die Organisation *inhaltlich*. Bei einem genaueren Blick entpuppt sie sich als eine Kopie vormals stratifizierter Schichtverhältnisse in temporalisierter Form. Die Organisation wiederholt Schichtung im vertausendfachten Kleinen, was einige Brisanz im Hinblick auf die Persistenz der Geschlechterungleichheit verspricht. Diese Brisanz soll hier knapp entfaltet werden. Zunächst soll ein Blick auf die Gründe der massenhaften Verbreitung dieses Sozialphänomens geworfen werden, dann ein Blick auf einen klassischen aber äußerst instruktiven organisationstheoretischen Vorschlag zur Erklärung des Widerspruchs von anhaltender organisationaler Ungleichheit bei unvermindertem Gleichheitsdruck. Schließlich kommt ein organisationsbezogener Vorschlag zur Herführung des Glass-Ceiling-Problems von Dirk Baecker zum Tragen, dem zur eigentlichen Durchschlagskraft seines Arguments eben dies fehlt: die organisationstheoretische Rahmung, die ich hier, mit Rückgriff auf Peter Fuchs nachholend liefern möchte.

---

18 Die dritte Überraschung ist, dass dies keine systemtheoretische Spezifität ist, wie Maria Funder in ihrer Gegenüberstellung von Mainstream- und feministischer Organisationsforschung zeigt. Die Organisation ist, von welcher Seiter man auch schaut, unterbelichtet (vgl. Funder 2004).

## 4.1 Organisation als Folge gesellschaftlicher Strukturveränderung

Die Umstellung der gesellschaftlichen Primärdifferenzierung löste nicht nur einen bis heute anhaltenden Vorgang, sondern auch eine Reihe von Folgeproblemen aus. Die an Fahrt gewinnende Heterarchie der Funktionssysteme erzeugte, wie gesehen, generelle Adress- und Inklusionsprobleme des Individuums. Parallel dazu kam es zu einer Relevanzveränderung eines spezifischen Sozialsystemtyps: der Organisation. Sie war seit den ersten arbeitsteiligen Erfordernissen (Klöster, Staudamm- und Pyramidenbau, Armeebildung etc.) bereits als Korporation eingeführt, quantitativ jedoch völlig unbedeutend. Mit der Umformung der Gesellschaftsstruktur ereignete sich nun ihre explosionsartige quantitative Vermehrung. Einem elementar hierarchisch verfassten Phänomen gelingt es mit nachhaltigem Erfolg, ein Oben und Unten gegen die funktionale Heterarchie zu stabilisieren. In gewissem Sinne wird das geschichtete Mittelalter in der Moderne wieder präsent (Fuchs 2009). Wichtig ist hier zunächst, dass Organisationen eine zentrale Rolle bei der Ausgestaltung von individuellen Inklusionslagen spielen. So inkludieren Organisationen, entgegengesetzt zu den Funktionssystemen, nicht alle, sondern jeweils nur einen extrem kleinen Bruchteil der Menschen als Mitglieder. Allein aber durch die schiere Quantität der Organisationen sind schließlich jeder und jede irgendwie an Gesellschaft beteiligt (Luhmann 1994) und übernimmt entweder Leistungsrollen (Mitglied) oder Publikumsrollen (wiederum als Käufer eines spezifischen Anbieters, als Wähler einer spezifischen Partei, als Klient einer Klinik oder einer Sozialpädagogischen Beratungsstelle etc.). Folglich sind alle via Organisation irgendwie inkludiert. Gleichzeitig unterlaufen sie das allgemeine Teilhabegebot, indem sie äußere Inklusionsforderung in innere, hierarchisch geführte Ungleichheit umrechnen. Die Differenzierung von organisationalen Leistungs- und Publikumsrollen erzeugt einerseits Gleichheit im Anschluss an Funktionssysteme und andererseits Ungleichheit durch eine asymmetrische Rollenverteilung. Entsprechend liegt eine der Leistungen von Organisationen darin, einerseits Inklusion sicherzustellen und gleichzeitig zu unterlaufen. Die Organisation verschafft der Gesellschaft eine Schaltstelle zur Bearbeitung von Inklusion *durch* Ungleichheit, in der diese Ungleichheiten nicht zwingend abgebaut, sondern in Hierarchie, in begrenzte Freiheitsgrade und in unterschiedliche Ungleichheitsstrukturen übertragen werden.

*Ralf Wetzel*

## 4.2 Die drei Seiten der Organisation – der vorweggenommene Clou des „frühen" Luhmann

Organisationen stehen (wie Funktionssysteme und Interaktionen) für operational geschlossene Sozialsysteme, nicht für die psychischen Prozesse ihrer Mitglieder bzw. Kunden. Sie „schließen" sich durch das Prozessieren von Entscheidungen und werden dadurch autonome Systeme (vgl. Luhmann 2000). Diese Autonomie ist von innen wie von außen faktisch kaum einsehbar, geschweige denn kalkulierbar, Organisationen verhalten sich eigensinnig, wenn auch nicht unabhängig von den Vorstellungen ihrer Umwelten. Mit dieser Eigensinnigkeit reagieren sie auch auf das Thema der Geschlechterungleichheit: Sie sind im Stande, autonom und unabhängig auf (u.a. politisch oder moralisch motivierte) gesellschaftliche Semantiken zu reagieren. Entsprechende Konzepte, wie Gender Mainstreaming, werden organisationsintern nach internen Prämissen ausgedeutet und mit organisationseigenem Sinn versehen, der sich von jenem der externen gesellschaftlichen Semantik unterscheidet. Wie nun diese Autonomie intern funktioniert und die Organisation sich autonom gegenüber ihrer Umwelt setzt, dafür stehen unterschiedliche Möglichkeiten der Beschreibung zur Verfügung.

In einer grundlegenden, jedoch noch weit vor der „autopoietischen Wende", in den frühen 1980er Jahren veröffentlichten Schrift zeigt Luhmann (1964) klar die Differenz von formaler und informeller Organisation auf. Informalität kommt demnach zur Geltung, wenn entweder Lücken in formellen Richtlinien informell geschlossen werden resp. Nicht-Formalisiertes informell ausagiert wird (Luhmann 1964: 283 ff.), oder wenn von formellen Regelungen abgewichen, sprich im günstigen Falle „brauchbare Illegalität" (Luhmann 1964: 304 ff.) hergestellt wird. Das ist nicht zwingend ein grundsätzliches, manageriales Problem. Vielmehr kommt Informalität als eine (der Organisationskultur nahestehende) nicht-entscheidbare Entscheidungsprämisse überall dort vor, wo „Probleme auftauchen, die nicht durch Anweisung gelöst werden können" (Luhmann 2000: 241). Dies ist in Organisationen regelmäßig der Fall, etwa wenn widersprüchliche formale Regelungen existieren, wenn Vorgaben nicht *en detail* formalisiert werden können (etwa die „Gesichtsarbeit" von Verkäufern) oder wenn Regeln verletzt werden *müssen*, um handlungsfähig zu sein (etwa Umgang mit Unterschriften in gefahrensensiblen Fertigungsbereichen (vgl. Kühl 2011)). Weiterhin nimmt Luhmann in dieser Publikation eine Kernaussage der Neo-Institutionalisten (siehe Funder/May in diesem

Band) vorweg, indem er auf die Darstellungsnotwendigkeiten des Systems gegenüber dessen Umwelt und die besondere Rolle des Formalsystems in der Außendarstellung, der „Schauseite" der Organisation verweist (Luhmann 1964: 108 ff., hier insb. 112). „Für Nichtmitglieder wird keineswegs das ganze System faktischen Verhaltens zugänglich gemacht, vielmehr nur eine begrenzte, idealisierte, zusammenstimmende Auswahl von Themen, Symbolen und Erwartungen, die den Leitfaden für die Situationsdefinition geben, wenn Nichtmitglieder anwesend sind oder Einblick nehmen können" (Luhmann 1964: 112). Ähnlich der persönlichen Selbstdarstellungen, müssen Organisationen ebenso ein nach außen „gefälliges" Selbst anfertigen, eine Selbstbeschreibung, die idealisiert ist und in einem ständigen Prozess „ausgebaut, laufend gepflegt und verbessert werden" muss (Luhmann 1964: 113). Mit der Darstellung einer solchen Ausdifferenzierung dreier verschieden rationaler Kommunikationsflüsse in einer Organisation wird der Umgang einer Organisation mit Widersprüchen im Allgemeinen und mit externen Zumutungen im Besonderen möglich. Gesellschaftlichen Anforderungen wird dann regelmäßig dadurch entsprochen, dass einerseits die formale Seite der Organisation zur Schauseite wird, unter Umständen auch extra dafür aufgebaut wird, wie dies etwa bei formalen Strukturen von Gleichstellungsbeauftragten oder geschlechtsneutral formulierten Leistungsbeurteilungssystemen der Fall ist. Andererseits werden diese Formalstrukturen intern, in der informellen, tatsächlichen Verwendung nach ganz anderen Prämissen benutzt. Durch die Aufspaltung externer Anforderungen in drei unterschiedliche interne Verwendungsweisen wird klar, wie Organisationen „offiziell" diesen Ansprüchen zu folgen scheinen, ohne dies faktisch zu tun. Durch Aufbau formaler Scheinkonstruktionen wird den Ansprüchen entsprochen und gleichzeitig können sie im Innenverhältnis stillschweigend durch informelle Abweichung unterlaufen werden. Dies dürfte die Umsetzungslücke von Gender-Mainstreaming-Konzepten erklären und auch die Hoffnung auf baldige, „echte" Gleichstellung dämpfen. Es wird dabei auch klar, dass die externe Gleichheits- und Gleichstellungssemantik systematisch anders gesetzt ist als die Kommunikation des organisationsinternen Vollzugs. „Der Gleichheitssatz ist […] kein (organisationales, d.V.) Konditionalprogramm" (Luhmann 2000: 393) und ist auch aus diesem Grund organisationsintern nicht ohne Weiteres anschlussfähig. Der Gleichheitssatz wird, so er denn überhaupt auf dem internen Radar der Organisation aufscheint, umgerechnet in ebensolche Konditional- (oder Zweck-)Programme oder in Stellen, in informelle Unterlaufung und, falls aus Sicht der Organisation erforderlich, externe

Repräsentation. Diese Umrechnung geschieht bei zwangsläufigem Verlust der externen Identität des Gleichheitssatzes.

Nun erklärt die Autonomie der Organisation von gesellschaftlichen Semantiken, warum die Organisation so „stur" resp. ironisch im Umgang mit diesen Semantiken sein kann. Sie erklärt jedoch noch nicht, warum diese Ignoranz, insbesondere im Hinblick auf die Geschlechterdifferenz und -ungleichheit, funktional ist, warum also Organisationen intern augenscheinlich an horizontalen und vertikalen Geschlechterungleichheiten festhalten. Eine erste Spur in diese Richtung liefern Weinbach und Stichweh (2001) unter Rückgriff auf die klassische Organisationstheorie Luhmanns. Sie spüren der Funktion der Geschlechterdifferenz über die Struktur der Mitgliedsrolle und die Relevanz der Person des/der Einzelnen nach. Die Mitgliedsrolle verbindet einen persönlichen und einen dienstlichen Bereich von Verhaltenserwartungen, sie „trennt und verbindet beide Rollenbereiche" (Luhmann 1964: 42). Entsprechend ist dies der Moment, in dem auch die Geschlechterdifferenz aktualisiert und relevant werden kann, da hier die soziale Person, also das, was *von der Organisation* als relevant erkannt wird, und das, womit die sexuierte Person durch Geschlechtsstereotype aufgeladen werden kann, in das Blickfeld tritt. Dies geschieht dann, wenn „eine systeminterne Symbolisierung der Einheit von System und Umwelt in Form der Koordination von systeminternen und -externen Rollenverpflichtungen der Mitglieder thematisch wird" (Weinbach/Stichweh 2001: 43). Dann, wenn Organisationen sich personalisieren müssen, sie Symbole für ihre Außenrepräsentanz benötigen, wird auf sexuierte Identifizierungen zurückgegriffen. Diese Identifizierungen sind dann zumeist mit Geschlechtsstereotypisierungen in Berufsbildern (und entsprechenden geschlechtlich unterschiedenen Statushierarchien in diesen Berufsbildern) aufgeladen. In diesem Sinne berührt und aktualisiert die Mitgliedschaftsrolle die Geschlechterdifferenz, durch sie kann die Organisation durch die Geschlechterdifferenz „infiziert" werden. Beide Autoren sehen dabei in den Bedingungen formaler Organisation (Formalisierung organisatorischer Rollen, Konditionierung des Verhaltens durch Mitgliedschaftsbedingungen, Trennung dienstlicher und privater Belange) Möglichkeiten zur Entwicklung von Verhaltensstandards, die „die Blindheit gegenüber geschlechtlichen Unterschieden normieren und durchzusetzen vermögen" (Weinbach/Stichweh 2001: 43). Die Organisation erscheint danach als ein „nüchterneres", objektiveres und eben formell indifferentes Feld, das helfen kann, um Geschlechtsstereotype abklingen zu lassen bzw. „blind zu stellen". Allerdings ist dies im Hinblick auf die zuvor angesprochene

„Dreiseitigkeit" organisationaler Kommunikation zweifelhaft, insbesondere etwa angesichts der vermutbaren „Schauseitennähe" gleichstellungsorientierter Personalpolitik.

### 4.3 Organisational gerahmte Interaktion und der unvollständige Einwurf Dirk Baeckers

Die Differenz von formaler und informeller Organisation hat Luhmann später aufgegeben, gleichwohl sie bis heute zu instruieren vermag. Mit der Übernahme des Autopoiesis-Konzepts als Operationsprinzip sinnverarbeitender Systeme wurde etwas anderes deutlich – die Unterscheidung von Organisation und Interaktion als unterschiedliche, jedoch im Operationsmodus ähnliche soziale Systeme. Organisation als pure Entscheidungskommunikation benötigt eine „Rohmasse" von Kommunikationen, die als Entscheidungshandeln „ausgeflaggt" werden können, obwohl sie es vorher unter Umständen gar nicht waren. Diese Rohmasse, diese Mikrodiversität (vgl. Luhmann 1997b) kann sich die Entscheidungskommunikation kaum selbst bereitstellen, dies liefert Interaktion als ständig aufflackernde, unruhige Sozialität, in der „vorbereitendes Handeln" (Luhmann 1971, zitiert nach Weinbach/Stichweh 2001: 41) bereitgestellt wird. Interaktion liefert Handlungen, die noch keine Entscheidungen sind, aber durch die Organisation zu solchen zu Recht beobachtet werden können. Luhmann ersetzt insofern die Differenz von formeller mit informeller Kommunikation mit der Unterscheidung von Organisation und Interaktion und führt Interaktion als eigenständigen Systemtyp ein, der ebenso autonom wie die Organisation selbst ist. Gleichwohl fungiert die Organisation für Interaktion in Organisation als Rahmen, der die dortige Interaktion konditioniert (Kieserling 1999: 340 ff.), die Interaktion aber nicht zum Teil der Organisation werden lässt.

In diesem Rahmen meldet sich Dirk Baecker (2003a) zu Wort, indem er eine zentrale Ursache für die anhaltende Ungleichheit der Geschlechter in Organisationen, insbesondere des „Glass-Ceiling"-Phänomens ausmacht: die interaktionelle Setzung von Männern und Frauen innerhalb der Hierarchie einer Organisation. Zunächst hält er fest, dass „[…] unsere Gesellschaft bistabil ist. Sie verfügt über zwei Gesamtzustände, zwischen denen sie […] hin und her switchen kann […]. Der eine Gesamtzustand entspricht einer zivilen, in bestimmten Hinsichten spielerischen und heterarchischen Erkundung der eigenen Möglichkeiten, der andere Gesamtzustand der Stress- und Konfliktbewältigung durch Hierarchisierung" (Baecker 2003a: 128). Offenbar können die vier Elemente des Netzwerks – Frauen, Männer, Spitzenpositionen und die Hierarchie der Gesellschaft – einzeln und als Netzwerk zwischen beiden Zuständen „switchen". Zudem gibt es einen Mechanismus, der das alte, hierarchische Muster aktuell hält und Entscheidungen in Organisationen trotz anderer Verfügbarkeiten immer wieder in dieses Muster zurückspringen lässt. Er prüft dabei einen Mechanismus durch, der besagt, dass „Männer wie Frauen jede hierarchische Stellung zueinander akzeptieren lässt, solange der Frau mindestens ein Mann vorgeordnet ist, diese Akzeptanz jedoch in dem Moment verweigert, in dem die Frau eine Position zu erreichen ‚droht', in der ihr kein Mann mehr vorgeordnet ist" (Baecker 2003a: 131). Um diesen Mechanismus zu erspüren, setzt er auf einen jüngeren interaktionstheoretischen Vorschlag von Eric Leifer. Leifer (2002) argumentiert entgegen klassischen Vorstellungen, dass man soziale Rollen nur dann übernimmt, *wenn es nicht mehr anders geht*. Bis zu diesem Punkt versuchen die Interaktionsteilnehmer sich selbst bzw. sich gegenseitig nicht festzulegen und so mehrdeutig wie nur möglich miteinander umzugehen (Beispiele etwa bei Heintz 2008: 234). Die Momente, in dem nun auf Rollen zugerechnet wird, sind „ambiguity failures" (Leifer 2002). Dies sind jene Momente, in denen Mehrdeutigkeit zerstört und auf radikale Vereinfachung gesetzt wird. Wenn Männer und Frauen nun im Interaktionskontext miteinander kommunizieren, so sind sie zwar füreinander als Männer und Frauen wahrnehmbar, allerdings existieren für beide Seiten Techniken, eben jene Geschlechtswahrnehmung zu überspielen und auszublenden. Es ist also generell mit einer „Neutralisierungskomponente der Kommunikation" im Interaktionsbereich (Baecker 2003a: 135) zu rechnen, die die wahrgenommenen Eigenschaften des Gegenübers, auch des Geschlechts, zur Kenntnis nehmen *und* dennoch diese Kenntnis folgenlos bleiben kann. Entsprechend besteht der Mechanismus, um den es geht, in der Aufhebung der Neutralisierung, in der Aufhebung der Hemmung, auf geschlechtliche Identitäten zurückzurechnen. Genau dies erfolgt offenbar in organisational gerahmten Interaktionen: „Jede Interaktion innerhalb einer Organisation vermag die Tatsache, dass die Interaktionsteilnehmer in der Organisation hierarchische Positionen einnehmen, nach Bedarf zu neutralisieren oder zu betonen. Beide Möglichkeiten sind ko-präsent […]. Der ‚Glass-Ceiling-Effekt' ist das Ergebnis von ‚ambiguity failures' auf breiter Front. Weder Männern noch Frauen gelingt es, in dem Moment, in dem eine Frau einen Anspruch auf eine Spitzenposition erhebt, auf die Attribution der geschlechtlichen Identität zu verzichten. Sie erscheint als Frau, die in dieser Position keinen Mann mehr über sich hätte – und wird daran gehindert bzw. hindert sich selbst, diese Position zu erreichen" (Baecker 2003a: 138 f.). Das Glas durchbricht nur, wem es gelingt, bestimmte Identitätszuschreibungen zu vermeiden und „Mehrdeutigkeiten an den Tag zu legen, die als Führungsqualifikation ausgelegt werden kann" (ebd.: 140). Baecker nähert sich dem Problem der geschlechtlichen Ungleichheit mit einer bemerkenswerten Experimentierfreude. Er argumentiert nicht gesellschaftstheoretisch, obwohl er von der Variabilität und prinzipiellen Nicht-Determiniertheit der Geschlechterdifferenz in der Moderne ausgeht. Er argumentiert nicht organisationstheoretisch, obwohl Möglichkeiten an dieser Stelle zur Verfügung stünden. Er wechselt das theoretische Spielfeld und kopiert Zusammenhänge in organisationale Kontexte hinein. Was dabei gleichsam offen bleibt, ist wiederum, was diesen Mechanismus auslöst, was ihn in Gang setzt bzw. ununterbrochen am Leben hält.

*4.4 Eine notwendige Ergänzung: Das moderne Repräsentationsproblem der Organisation*

Dies möchte ich, nicht weniger experimentell, mit einem Verweis ergänzen, der in der bisher ausgeführten Argumentation bereits enthalten ist. Der Verweis wiederholt das gesellschaftliche Argument der Repräsentationsnotwendigkeit eines Ganzen, dass gesellschaftlich einst obsolet geworden ist, nun auf der Ebene der Organisation. Mit dem Verschwinden der Stratifikation auf gesellschaftlicher Ebene ist nicht gleichbedeutend, dass sie komplett das Feld geräumt hat. Man kann nach Schemata der modernen Mitrepräsentanz stratifizierter Muster suchen und würde in modernen Organisationen und etwa Familien fündig werden (Fuchs/Fuchs 2006; insb.: 20). Folgt man der These, dass das Mittelalter in Form der Organisation in die Moderne „hineinüberwintert" hat (vgl. Fuchs 2009), so ist auch das Problem von Repräsentationsnotwendigkeiten eines Ganzen durch eines seiner Teile wieder eingeführt – in empirisch zigtausendfacher Form (Luhmann 2000: 30). Hierarchie ist eine der Kerneigenschaften von Organisation, und Hierarchie führt zwangsläufig zu Repräsentationsnotwendigkeiten. Auf organisationaler Ebene würde dies bedeuten, dass wiederum konkurrenzfreie Positionen an der Spitze der Hierarchie existieren, die jedoch nicht konkurrenzlos eingenommen werden können. Es geht hier wiederum um die Funktion, die ein Teil (Organisationsspitze) für das Gesamtsystem (Organisation) übernimmt, obwohl es selbst nicht das Ganze ist. Das ruft Erinnerungen an weiterführende Analogien, spezifisch zum Umgang mit der Geschlechterdifferenz in stratifizierten Gesellschaften, wach, schließlich könnte man die Ausführungen von Luhmann (1988) zu Rolle und Problem der Repräsentation durch geschlechtliche Ungleichheit auf *organisationstheoretischer* Referenzebene neu lesen. Dementsprechend liegt es nahe, dass die organisationale Oben/Unten- und Teil/Ganzes-Unterscheidungen mit ihren jeweiligen Präferenzwerten auch die klassische Geschlechterdifferenz stützen und re-asymmetrisieren. Zusammenfassend formuliert bedeutet das: Die Mann/Frau-Asymmetrie repräsentiert das Gesamtsystem und die Schichtung der Organisation. Dies geschieht, obwohl (und während) *auf gesellschaftlicher Ebene* die Geschlechterdifferenz genau deswegen an Folgenreichtum eingebüßt hat, weil sie ihren Präferenzwert verloren hat. Nun scheint es diese Korrelation, diese Repräsentation zu sein, die jene „ambiguity failures" im Interaktionsbereich im Innenverhältnis erzwingt. Und es scheint diese Korrelation zu sein, die die Geschlechtsungleichheit zur isomorphistischen Kopiervorlage innerhalb einer weltgesellschaftlichen Organisationspopulationen macht.[19] Es könnte also durchaus sein, dass die moderne Errungenschaft „Organisation", die ohne die tektonische Sozialverschiebung der Gesellschaft gar nicht im jetzigen Ausmaß erkennbar wäre, im Blick auf das Geschlecht eines der letzten, aber extrem wirkungsvollsten Anachronismen der *vorgängigen* Gesellschaft darstellt.[20] Generell scheint die Organisation also durchaus ein markanter „Widerpart" gegen die in Auflösung befindliche Strukturdeterminierung der Geschlechterdifferenz zu sein. Darin erfüllt sie par excellence die Paradoxierung der gesellschaftlichen Inklusions-/Exklusionsverhältnisse. Und spätestens hier wird klar, dass es nicht nur die Interaktion ist, die ihren Teil an der Persistenz der Geschlechterungleichheit hat (nochmals Heintz 2008).

---

19 Neo-Institutionalistische Bezüge sind, wie man hier sieht, gelegentlich sehr nah an systemtheoretischen Überlegungen gebaut, da sie das Verhältnis von Gesellschaft und Organisation in den Blick nehmen, lediglich mit unschärferem Begriffsapparat.
20 Weinbach (2012: 209 f.) spricht hier noch recht vage von einer „Meso-Ebene", die eine entsprechende Relevanz für die Geschlechterdifferenz habe.

## 4.5 Funktionswandel der Organisation und Folgen für die Geschlechterdifferenz?

Bevor man nun die Säge an die „anachronistische" Hierarchie der Organisation legt[21], kann man vielleicht auch hier auf Evolution setzen. Denn auch die Errungenschaft der Organisation ist nicht frei von sozialer Dynamik, sie ist selbst einem gehörigen Wandel unterworfen. Angesichts der aktuellen extrem hohen Wandelsensibilität in Organisationen und der vielerorts präsenten systematischen Verunsicherung lässt sich fragen, ob und wie lange sie die gesellschaftliche Funktion der Unsicherheitsabsorption noch ausüben wird und ob nicht funktionale Äquivalente (Netzwerke, Projekte) in Reichweite kommen. Darüber lässt sich gegenwärtig nur spekulieren (vgl. Wetzel/Aderhold/Rückert-John 2009). Jedoch wird sichtbar, dass neue organisierte Kooperationsmuster die klassischen Mechanismen der Organisation tangieren (Priddat 2004). So geht es etwa vielfach weniger darum, die Eigenmotivation der Mitglieder (wie klassisch tayloristisch) auszuschalten und eine vereinfachende Indifferenzzone einzurichten, sondern Individualität im Rahmen schwacher und temporaler Hierarchie zuzulassen. Es geht darum, neben technische und ökonomische Effizienz eine soziale treten zu lassen. Dies sind Punkte, an denen die klassischen Kategorien des Geschlechts durchaus weiter an Wirkung verlieren und ihre Vereinfachungsleistungen nachlassen können. Wie die Organisation dann die Beziehung zur Psyche und zum Körper ihrer Umwelt organisieren wird, bleibt offen und mit gehöriger Spannung abzuwarten. Man kann folglich durchaus mit Dirk Baecker (2003b: 110) vermuten: „[...] wenn sich die Einsicht bewährt, dass das Management einer Organisation ein komplexer Rechenvorgang der Vernetzung unterschiedlicher Systeme [...] ist, kann man der Geschlechterproblematik einen geradezu katalytischen, aber auch einen hohen diagnostischen Wert im aktuellen organisationalen Wandel und seiner Analyse beimessen". Insofern verhülfe die Geschlechterdifferenz der Organisation zu einer „nachholenden Modernisierung" und hätte, ganz unerwartet, ihre nächste Funktion. Wenn das nichts ist!

---

21 Das haben schon ganz andere versucht, mit recht „überschaubaren" Ergebnissen, vgl. Kühl 1994.

*4.6 Organisationales Zwischenfazit*

Zunächst wird auf Organisationsebene eines klar: Die Organisation ist der Ungleichheitsrechner der Moderne, sie rechnet Gleichheit handfest in Ungleichheit um. Hier wird über Inklusion/Exklusion *entschieden*. Die Struktur der Gesellschaft ist eine sehr andere als jene der Organisation. Hier dürfte wohl auch eines der zentralen Missverständnisse in der Kontroverse zwischen systemtheoretischen und feministischen Beschreibungsversuchen liegen: Der Gleichheitsgrundsatz ist gerade *kein* Organisationsprinzip. Von Organisationen zu erwarten, dass sie auf Gleichheitsdruck ähnlich antworten wie Gesellschaft, führt nicht weit. Die klassische Aufspaltung organisationaler Kommunikation in formale/informelle und Schauseitenkommunikation legt offen, wie Gleichstellung nach außen erkennbar gemacht, im Binnenbereich Ungleichheit jedoch aufrechterhalten werden kann. Generell entsteht der Eindruck, die Geschlechterdifferenz liefere ein „Angebot für die Konstruktion von Hierarchie" (Müller 2005). Im Kern aber funktioniert es umgekehrt: die Organisation benutzt die Geschlechterdifferenz zur Restabilisierung von Repräsentationsnotwendigkeiten, die vor allem dann „zuschlagen", wenn es um die Besetzung von Spitzenpositionen geht. In diesem extrem sensiblen und vergleichsweise extrem unwahrscheinlichen Moment wird die ansonsten gesellschaftlich kontingent gesetzte und historisch mehr und mehr symmetrisierte Geschlechtsdifferenz mit Vehemenz re-asymmetrisiert, re-stabilisiert und strahlt damit (im Rahmen struktureller Kopplungen) in andere Gesellschaftsbereiche zurück.

Das Quer-Stehen der Theorie erwirtschaftet hier über die „Störrischkeit" der Organisation die Möglichkeit, die paradoxe, gleichzeitige Erfüllung und Unterlaufung der Gleichstellungsbemühungen zu demonstrieren. Des Weiteren kommt auch hier die Funktionsbestimmung einen Schritt weiter. Auch bei Organisation geht es um Repräsentation, die durch eine Wiederbelebung stratifizierter Prinzipien zur Re-Asymmetrisierung der Geschlechterdifferenz beiträgt und als kaum überbrückbare Anforderung an die organisational gerahmte Interaktion richtet. Eine solchermaßen übergreifende gesellschafts-, organisations- *und* interaktionstheoretisch informierte Sicht auf Organisationen liefert also die Einsicht, dass das Mittelalter noch durch die Organisation in die moderne Gesellschaft hinein strahlt, und, evolutorischen Wandel unberücksichtigt, so zur Funktionsfähigkeit der Moderne entscheidend beiträgt.

## 5 Zusammenfassung

Was sind die Angebote, die nun die Systemtheorie zur Beschreibung und Erklärung der organisationalen Persistenz der Geschlechterdifferenz anbietet? Generell erlaubt die Systemtheorie, Abstand zu gewinnen von in Alltagskommunikation „umherfliegender" Moral und Handlungsdruck, was gerade mit Blick auf die Geschlechterdifferenz manchmal angebracht scheint. Sie „bürstet" zudem die Interventions-, Handlungs- und Abweichungsversessenheit der Moderne ordentlich gegen den Strich, indem sie Strukturkomponenten aufwertet und die Relevanz des Individuums dämpft. Das erwirtschaftet wiederum Raum für andere Beschreibungen, so man sich darauf einlässt. Im Kern verschafft die Theorie vor allem Überblick über eine differenzierte Relevanz der Geschlechterunterscheidung über die moderne Gesellschaft hinweg. Mit dem gegebenen Begriffsapparat in der Verknüpfung von Gesellschaft, Organisation und Interaktion mit Bewusstsein verschafft sie einen generellen Blick auf die soziale Inklusionslage des Individuums und bringt den paradoxen Zuschnitt der Geschlechterunterscheidung anhand einiger weniger logischer Grundoperationen zum Vorschein. Darauf aufbauend ergibt die Freistellung des Geschlechts von einem fundamentalen, strukturellen Einfluss auf Gesellschaft eine deutlich größere Variabilität der Erklärungsmöglichkeiten für seine Wirkungsmacht. Wird sie stabil gehalten aufgrund einer sozialen Bewegung, die an der Unterscheidung parasitiert und damit ihre Symmetrisierung unterbricht (Luhmann 1988)? Regelt sie den Zugriff auf das Individuum in Interaktionen, Organisationen und Funktionssystemen, wie Weinbach/Stichweh (2001) vermuten? Ist sie *die* moderne Repräsentationsdifferenz der Organisation? Übernimmt sie die Mehrdeutigkeitsregulation in der Kopplung zwischen Systemen (Baecker 2003a)? Reguliert sie gar den Zugriff auf den Körper für die gesamte Gesellschaft im Krisenfall (Fuchs/Fuchs 2006)? Und was, wenn ein möglicherweise gegebenes sekundäres „Gender Regime" (Weinbach 2006) tatsächlich im „Fading out" Modus operiert und man nur eine zu kleinzeitige Beobachtung nutzt?

All dies wird sichtbar, wenn man auf die Frage, was die Monstranz der Geschlechterdifferenz und der vermeintlichen männlichen Dominanz ist und was dahinter, also hinter dem „*Phall*", stecke, zunächst einmal –

*Nichts*[22] – vermutet. Dies aber führt dazu, dass die empirisch erkennbare Ungleichheit nicht als – wie Kritiker_innen anführen – etwas systemtheoretisch Unmögliches, sondern als etwas nach wie vor Überraschendes behandelt werden kann. Nach der spezifischen Funktion dieser Überraschung lässt sich erst unter diesen Prämissen suchen, um ganz nebenbei einen tieferen Blick in die Logik der modernen Gesellschaft zu gewinnen. Schließlich verblüfft die Theorie selbst, legt sie doch einen augenzwinkernden Optimismus an den Tag, den man ansonsten so gar nicht von ihr kennt. Mit all dem wendet sich die Theorie vor allem gegen eines: gegen allzu schnelle Festlegung. Wenn von vornherein klar ist, dass die Geschlechterdifferenz strukturell bedingt ist und auf gesellschaftlicher Herrschaft fußt, was bleibt dann noch zu klären außer jene mannigfaltigen Momente, in denen Herrschaft eben kein Erklärungsmuster ist?

*Weiterführende Literatur*

Luhmann, Niklas (1988). Frauen, Männer und George Spencer Brown. In: Zeitschrift für Soziologie, 17 (1), 47–71.
Pasero, Ursula/Weinbach, Christine (Hrsg.). Frauen, Männer, Gender Trouble. Systemtheoretische Essays. Frankfurt: Suhrkamp, 125–143.
Weinbach, Christine (2004). Systemtheorie und Gender. Das Geschlecht im Netz der Systeme. Wiesbaden: VS.
Weinbach, Christine/Stichweh, Rudolf (2001). Die Geschlechterdifferenz in der funktional differenzierten Gesellschaft. In: Kölner Zeitschrift für Soziologie und Sozialpsychologie, 41, 30–52.

*Im Text erwähnte Quellen*

Aulenbacher, Brigitte (2006). Gender meets funktionale Differenzierung. Zur mangelnden analytischen Radikalität der systemtheoretischen Verortung von Geschlecht. In: Aulenbacher, Brigitte/Bereswill, Mechthild/Löw, Martina/Meuser, Michael/Mordt, Gabriele/Schäfer, Reinhild/Scholz, Sylka (Hrsg.). FrauenMännerGeschlechterforschung. State of the Art. Münster: Westfälisches Dampfboot, 95–99.
Aulenbacher, Brigitte/Meuser, Michael/Riegraf, Birgit (2010). Soziologische Geschlechterforschung. Eine Einführung. Wiesbaden: VS.

---

22 Genau dies war die Antwort auf die Frage „was der Fall sei und was dahinter stecke", die Luhmann in seiner Abschiedsvorlesung 1992 in Bielefeld stellte.

Baecker, Dirk (2003a). Männer und Frauen im Netz der Hierarchie. In: Pasero, Ursula/ Weinbach, Christine (Hrsg.). Frauen, Männer, Gender Trouble. Systemtheoretische Essays. Frankfurt: Suhrkamp, 125–143.

Baecker, Dirk (2003b). Organisation und Geschlecht. In: Baecker, Dirk (Hrsg.). Organisation und Management. Frankfurt: Suhrkamp, 101–108.

Fuchs, Peter (1996). Das Phantasma der Gleichheit. In: Merkur, 570/571, 959–964.

Fuchs, Peter (2004). Niklas Luhmann beobachtet. Wiesbaden: VS.

Fuchs, Peter (2009). Hierarchien unter Druck – Ein Blick auf ihre Funktion und ihren Wandel. In: Wetzel, Ralf/Aderhold, Jens/Rückert-John, Jana (Hrsg.). Die Organisation in unruhigen Zeiten. Über Folgen von Strukturwandel, Veränderungsdruck und Funktionsverschiebung. Heidelberg: Carl Auer Publishing, 53–72.

Fuchs, Peter/Fuchs, Marie-Christin (2006). Ein Grinsen ohne Katze. Anmerkungen zu Mann und Frau und sex und gender. Unveröffentlichtes Manuskript; http://www.ats-institut.de/index.php?id=81 [16.7.2013]

Funder, Maria (2004). (K)ein Ende der Geschlechterungleichheit? Arbeit und Geschlecht als Medien der Exklusion und Inklusion in Organisationen. In: Baatz, Dagmar/Rudolph, Clarissa/Satilmis, Ayla (Hrsg.). Hauptsache Arbeit? Feministische Perspektiven auf den Wandel von Arbeit. Münster: Westfälisches Dampfboot, 47–69.

Heintz, Bettina (2008). Ohne Ansehen der Person? De-Institutionalisierungsprozesse und geschlechtliche Differenzierung. In: Wilz, Sylvia Marlene (Hrsg.). Geschlechterdifferenzen – Geschlechterdifferenzierungen. Ein Überblick über gesellschaftliche Entwicklungen und theoretische Positionen. Wiesbaden: VS, 231–252.

Heintz, Bettina/Nadai, Eva (1998). Geschlecht und Kontext. In: Zeitschrift für Soziologie, 27 (2), 75–93.

Kieserling, André (1999). Kommunikation unter Anwesenden. Studien zu Interaktionssystemen. Frankfurt: Suhrkamp.

Kneer, Georg/Nassehi, Armin (2000). Niklas Luhmanns Theorie Sozialer Systeme. Stuttgart: UTB.

Kühl, Stefan (1994). Wenn die Affen den Zoo regieren. Die Tücken der flachen Hierarchien. Frankfurt, New York: Campus.

Kühl, Stefan (2011). Organisation. Eine sehr kurze Einführung. Wiesbaden: VS.

Leifer, Eric (2002). Micromoment Management: Jumping at Chances for Status Gain. In: Soziale Systeme: Zeitschrift für Soziologische Theorie, 8, (2), 165–177.

Luhmann, Niklas (1964). Form und Funktion formaler Organisationen. Berlin: Duncker & Humblot.

Luhmann, Niklas (1970). Systemtheorie und funktionale Analyse. In: Luhmann, Niklas (Hrsg.). Soziologische Aufklärung 1. Aufsätze zur Theorie der Gesellschaft. Opladen: Westdeutscher Verlag.

Luhmann, Niklas (1984). Soziale Systeme. Grundriss einer allgemeinen Theorie. Frankfurt: Suhrkamp.

Luhmann, Niklas (1988). Frauen, Männer und George Spencer Brown. In: Zeitschrift für Soziologie, 17 (1), 47–71.

Luhmann, Niklas (1993). Sozialsystem Familie. In: Luhmann, Niklas (Hrsg.). Soziologische Aufklärung 5. Konstruktivistische Perspektiven. Opladen: Westdeutscher Verlag, 189–209.

Luhmann, Niklas (1994). Die Gesellschaft und ihre Organisationen. In: Derlien, Hans-Ulrich/Gerhardt, Uta/Scharpf, Fritz (Hrsg.). Systemrationalität und Partialinteresse. Festschrift für Renate Mayntz. Baden-Baden: Nomos, 189–201.

Luhmann, Niklas (1995). Die Form „Person". In: Luhmann, Niklas (Hrsg.). Soziologische Aufklärung 6. Die Soziologie und der Mensch. Opladen: Westdeutscher Verlag, 137–148.

Luhmann, Niklas (1997a). Die Gesellschaft der Gesellschaft. Frankfurt: Suhrkamp.

Luhmann, Niklas (1997b). Selbstorganisation und Mikrodiversität: Zur Wissenssoziologie des neuzeitlichen Individuums. In: Soziale Systeme, 3 (1), 23–32.

Luhmann, Niklas (2000). Organisation und Entscheidung. Wiesbaden: Westdeutscher Verlag.

Müller, Ursula (2005). Geschlecht, Arbeit und Organisationswandel. Eine Re-Thematisierung In: Kurz-Scherf, Ingrid/Correll, Lena/Jancyk, Stefanie (Hrsg.). Arbeit: Zukunft. Münster: Westfälisches Dampfboot, 224–240.

Nassehi, Armin (2003). Geschlecht im System. Die Ontologisierung des Körpers und die Asymetrie der Geschlechter. In: Pasero, Ursula/Weinbach, Christine (Hrsg.). Frauen, Männer, Gender Trouble. Systemtheoretische Essays. Frankfurt: Suhrkamp, 80–124.

Pasero, Ursula (1994). Geschlechterforschung revisited: Konstruktivistische und systemtheoretische Perspektiven. In: Wobbe, Therese/Lindemann, Gesa (Hrsg.). Denkachsen. Zur theoretischen und institutionellen Rede vom Geschlecht. Frankfurt: Suhrkamp, 264–296.

Pasero, Ursula (1995). Dethematisierung von Geschlecht. In: Pasero, Ursula/Braun, Friederike (Hrsg.). Konstruktion von Geschlecht. Pfaffenweiler: Centaurus, 50–66.

Pasero, Ursula (2004). Gender Trouble in der Organisation und die Erreichbarkeit der Führung. In: Pasero, Ursula/Priddat, Birger P. (Hrsg.). Organisationen und Netzwerke – der Fall Gender. Opladen: VS, 143–163.

Pasero, Ursula/Weinbach, Christine (2003). Vorwort. In: Pasero, Ursula/Weinbach, Christine (Hrsg.). Frauen, Männer, Gender Trouble. systemtheoretische Essays. Frankfurt: Suhrkamp, 7–14.

Priddat, Birger P. (2004). Von Gender Trouble zu Gender-Kooperation In: Pasero, Ursula/Priddat, Birger P. (Hrsg.). Organisationen und Netzwerke – der Fall Gender. Opladen: VS, 164–197.

Runte, Annette (1994). Die „Frau ohne Eigenschaften" oder Niklas Luhmanns systemtheoretische Beobachtung der Geschlechterdifferenz. In: Wobbe, Therese/Lindemann, Gesa (Hrsg.). Denkachsen. Zur theoretischen und institutionellen Rede vom Geschlecht. Frankfurt: Suhrkamp, 297–325.

Stichweh, Rudolf (1988). Inklusion in Funktionssysteme der modernen Gesellschaft. In: Mayntz, Renate/Rosewitz, Bernd/Schimank, Uwe (Hrsg.). Differenzierung und Verselbständigung: Zur Entwicklung gesellschaftlicher Teilsysteme. Frankfurt: Suhrkamp, 261–293.

Teubner, Ulrike (2001). Soziale Ungleichheit zwischen den Geschlechtern – kein Thema innerhalb der Systemtheorie? In: Knapp, Gudrun-Axeli/Wetterer, Angelika (Hrsg.). Soziale Verortung der Geschlechter. Münster: Westfälisches Dampfboot, 30–52.

Weinbach, Christine (2004). Systemtheorie und Gender. Das Geschlecht im Netz der Systeme. Wiesbaden: VS.

Weinbach, Christine (2006). Kein Ort für Gender? Die Geschlechterdifferenz in systemtheoretischer Perspektive. In: Aulenbacher, Brigitte/Bereswill, Mechthild/Löw, Martina/Meuser, Michael/Mordt, Gabriele/Schäfer, Reinhild/Scholz, Sylka (Hrsg.). FrauenMännerGeschlechterforschung. State of the Art. Münster: Westfälisches Dampfboot, 82–94.

Weinbach, Christine (2012). Funktionale Differenzierung und Wohlfahrtsstaat: Zur gesellschaftstheoretischen Verortung der Geschlechterdifferenz. In: Kahlert, Heike/Weinbach, Christine (Hrsg.). Zeitgenössische Gesellschaftstheorie und Gender. Einladung zum Dialog, Wiesbaden: VS, 193–213.

Weinbach, Christine/Stichweh, Rudolf (2001). Die Geschlechterdifferenz in der funktional differenzierten Gesellschaft. In: Kölner Zeitschrift für Soziologie und Sozialpsychologie, 41, 30–52.

Wetzel, Ralf (2013). Gesellschaftliche Partizipationssemantik und Organisation. In: Kranz, Olaf/Steger, Thomas (Hrsg.). Between Instrumentality and Insignificance – Employee Participation in the Context of Organizations in Central and Eastern Europe. München und Mering: Hampp Publishing (i.E.).

Wetzel, Ralf/Aderhold, Jens/Rückert-John, Jana (2009). Die Organisation in unruhigen Zeiten. Über die Folgen von Strukturwandel, Veränderungsdruck und Funktionsverschiebung. Heidelberg: Carl Auer Publishing.

# Die Foucaultsche Brille: Organisation als Regierungsdispositiv aus einer Geschlechterperspektive

*Roswitha Hofmann*

*1 Einleitung*

Michel Foucaults Werk wurde in den letzten drei Dekaden in unterschiedlichen Feldern der organisationsbezogenen Theorieentwicklung und -forschung rezipiert. Der Einfluss Foucaultschen Denkens zeigt sich dabei nicht nur in der Zitationshäufigkeit (vgl. Honneth/Saar 2003; Carter/McKinlay/Rowlinson 2002: 515), sondern auch in den vielfältigen Anschlüssen, theoretischen Weiterentwicklungen und in der Verwendung der Konzepte als Analysewerkzeuge im Rahmen kritischer, poststrukturell orientierter Organisations- und Managementforschung. So finden in diesen Forschungsfeldern der für Foucault so zentrale Zusammenhang von Wissen, Macht und Diskurs wie auch Fragen der Subjektwerdung und der Rolle von Sexualität und Begehren in Organisationen starke Resonanz.[1] Entsprechend der Themenstellung dieses Bandes beschäftigt sich der Beitrag mit den Schnittstellen zwischen Foucaultschen Konzepten und der Organisationsforschung sowie der Geschlechterforschung. Des Weiteren wird auf die neuere Konzeption der Organisation als Regierungsdispositiv (vgl. Bruch/Türk 2005; Bruch 2011) eingegangen. Dieser Fokus wurde gewählt, weil zu anderen Konzepten und methodologischen und methodischen Fragen bereits ein umfangreicher, geschlechtertheoretisch reflektierter Literaturkorpus vorliegt (vgl. u.a. Fraser 1994; Benhabib 1993; Raab 1998; Villa 2010; Bührmann/Schneider 2012) und aus Sicht der Autorin die Betrachtung von Organisation/en als Regierungsdispositiv bisher unberücksichtigte geschlechterpolitische Implikationen aufweist, die zu einer Weiterentwicklung der geschlechterbezogenen Organisationsforschung beitragen können.

---

1 Vgl. Dreyfus/Rabinow 1987; Burrell 1988; Clegg 1989, 1994; Bührmann 1995; McKinlay/Starkey 1998; Bruch/Türk 2005; Bruch 2011.

Der Beitrag ist wie folgt aufgebaut: Zunächst werden im Überblick zentrale Begriffe und Konzepte Foucaults sowie seine Bezüge zu Organisationen dargelegt. Im folgenden Kapitel werden die Rezeption von und zentrale Kritikpunkte an Foucault seitens der Geschlechterforschung erläutert. Im dritten Kapitel wird speziell auf das Konzept der Organisation als Regierungsdispositiv von Bruch und Türk eingegangen und vor dem Hintergrund poststrukturalistisch orientierter feministischer Theoriebildung reflektiert. Den Abschluss des Beitrages bilden Überlegungen dazu, inwiefern das Konzept der Organisation als Regierungsdispositiv Potenzial für die Verknüpfung von Geschlechterforschung und Organisationsforschung besitzt.

## 2 Zentrale Begriffe und Konzepte des Foucaultschen Werks

### 2.1 Der Zusammenhang zwischen Diskurs, Dispositiv, Wissen und Macht

Michel Foucault[2] beschäftigt sich in seinen beiden Werkphasen, der „Archäologie" und der „Genealogie", mit der Frage nach der historischen Entstehung der Denk-, Ordnungs- und in Folge auch Regierungsfundamente westlicher Gesellschaften. Dabei adressiert er in seinen Überlegungen und den daraus resultierenden Konzepten insbesondere historische Zusammenhänge zwischen dem in Gesellschaften gültigen *Wissen*, den herrschenden *Machtverhältnissen* und den *Subjektivierungsweisen*. Hierzu greift Foucault in seiner „Archäologie" unter anderem die zentrale These des Linguisten und Strukturalisten Ferdinand de Saussure auf, entsprechend welcher Sprache linguistisch als sozial geprägtes abstraktes Regelsystem („langue") und als individueller Sprechakt („parole") begriffen werden kann (vgl. Saussure 1967). Foucault wendet Saussures Konzept kritisch durch seinen *Diskursbegriff*, in welchem Sprache als Teil ordnender Praktiken begriffen wird. Diskurse bestehen nach Foucault aus sprachlichen und nicht-sprachlichen Regeln und Praktiken, die Bedeutungen und institutionalisierte Regulationen hervorbringen. Die Bedeutung von (materiell existierenden) Dingen sowie von Handlungen entsteht nach Foucault erst

---

2  Michel Foucault (1926–1984) war als Philosoph, Psychologe, Historiker und Soziologe multi-disziplinär ausgebildet. Von 1970 bis 1984 hat er den Lehrstuhl für die „Geschichte der Denksysteme" am Collège de France in Paris inne (siehe dazu u.a. Deleuze 1987).

in ihrer Verbindung mit Diskursen. Durch Diskurse werden Dinge und Handlungen erst Objekte des Wissens, davor (vor-diskursiv) haben sie seiner Ansicht nach keine Bedeutung. Foucault baut seine Diskurstheorie im Weiteren durch das Konzept des *Dispositivs* aus. Dispositiv versteht er als „ein entschieden heterogenes Ensemble, das Diskurse, Institutionen, architektonische Einrichtungen, reglementierende Entscheidungen, Gesetze, administrative Maßnahmen, wissenschaftliche Aussagen, philosophische, moralische oder philanthropische Lehrsätze, kurz: Gesagtes ebensowohl wie Ungesagtes umfasst. […] Das Dispositiv selbst ist das Netz, das zwischen diesen Elementen geknüpft werden kann" (Foucault 1978: 119 f.).[3] Die Denkfundamente von Gesellschaften beruhen nach Foucault demnach auf historisch-kontingenten diskursiven Formationen, auf geteilten Denkstilen, -mustern und -strategien, die in einem bestimmten gesellschaftlichen Umfeld und in einer bestimmten historischen Epoche genutzt und über Institutionen abgesichert werden (vgl. Hall 1997). Zentral für diese Konzeption ist die in einem bestimmten historischen Kontext hervorgebrachte Verknüpfung und Gültigkeit von Bedeutung (Repräsentation), von *Wissen und Macht*. Wissen und Macht(-strukturen) sowie auch Interessenslagen stehen dabei immer in Relation zueinander. Diese Relation bringt als Effekt die jeweils gültigen Wahrheiten (*Wahrheitsregime*) einer Gesellschaft hervor, ihre jeweils eigene Rationalität. Diese Rationalität wiederum beeinflusst die Relation zwischen Macht und Wissen in einer Gesellschaft. Die Relation Wissen und Macht ist somit nicht ohne Wahrheit und Wahrheit nicht ohne die Relation Wissen und Macht zu denken (vgl. Hall 1997: 47 ff.). Diskurse bestimmen demnach, was in einer Gesellschaft legitimerweise gesagt und damit als „wahr" erachtet werden kann. Wesentlich an Foucaults Macht-Wissensanalytik ist dabei zum einen, dass sich Diskurse und die in sie eingebetteten und gleichzeitig hervorgebrachten Wahrheitsregime über die Zeit verändern (z. B. durch Diskursverschiebungen), diese also jeweils in ihrem historischen Kontext spezifisch sind. Zum anderen verändert sich Foucaults Sicht auf Macht zwischen seinen Werkphasen grundlegend. Betrachtet er Macht in seiner ers-

---

3 Foucault erklärt die Entstehung und die Wirkweisen eines Dispositives u.a. anhand des „Sexualitätsdispositivs", das er als Komplex aus kommunikativen Praktiken, Handlungen, Gegenständen und Klassifikationen versteht, in dessen Rahmen Menschen ihre Sexualität und die anderer entlang von Normen klassifizieren, bewerten und kontrollieren. Als Dispositiv wird Sexualität als Machttechnik, auf welche Machtverhältnisse aufbauen, deutlich (siehe Foucault 1983).

ten Schaffensphase, der „Archäologie", noch als vorwiegend destruktiv, so begreift er Macht in seinem späteren Werk als zirkulierende, *produktive Kraft*. Foucault interessieren daher grundsätzlich die verwobenen diskursiven und nicht-diskursiven Praktiken, in denen Machtverhältnisse hergestellt werden und Macht ausgeübt wird (vgl. Foucault 2005).

*2.2 Macht und Subjekt: Disziplinarmacht, Bio-Macht und Gouvernementalität*

In Foucaults Machtanalytik erhält auch das *Subjekt* eine neue Bedeutung für die Hervorbringung von Gesellschaft. Subjekte sind nach Foucault nicht die Besitzer_innen von Macht, Wissen und Wahrheit, sondern selbst Effekte von Diskursen, d.h. sie unterliegen selbst in ihrer Subjektwerdung den (sich historisch verändernden) diskursiven Regeln von Gesellschaft, die Macht(-verhältnisse) hervorbringen bzw. von Machtverhältnissen wiederum geprägt werden. Damit stellt Foucault dem autonomen Subjekt der Aufklärung ein dezentralisiertes Subjekt entgegen, das nicht unabhängig, sondern immer in der Verwobenheit von diskursiven und nicht-diskursiven Praktiken entsteht und handelt. Der Zusammenhang zwischen Macht und Subjektwerdung erschließt sich nach Foucault über unterschiedliche *Machttechniken:* die „Disziplinierung", die „Bio-Macht" und die „Gouvernementalität".

Die modernen Formen der *Disziplinierung* des Subjekts setzten nach Foucault im 17. und 18. Jahrhundert als Teil der Genealogie des modernen Staates ein. Zu dieser Zeit wurde die Ressource „Mensch" als zentral für den Bestand und ökonomischen Fortschritt von Gesellschaften erkannt und immer mehr der oft willkürlichen und gewaltförmigen Machtausübung der Regierenden entzogen. Macht wurde nun zunehmend mit dem Argument der Wohlfahrt und der Besserung ausgeübt und Machtverhältnisse auf neue Weise institutionalisiert. Schulen, Besserungsanstalten, Erziehungsheime und „Irrenanstalten" entstanden, in welchen Menschen unter ständiger Beobachtung Besserung erfahren sollten bzw. die Allgemeinheit durch die *Isolierung* der „Anormalen" geschützt werden sollte. Foucault zeichnet diese Entwicklungen u.a. in seinen Arbeiten zum Gefängnis (vgl. Foucault 1977), zur Entstehung der Klinik (vgl. Foucault 1988) und zu „Irrenanstalten" (vgl. Foucault 1993a) nach. Zentral für diese Machttechnik sind Taktiken wie beispielsweise die räumliche Trennung (z. B. in die Trennung zwischen „Normalen" und „Anormalen" oder von „Gesunden" und „Kranken"), wodurch Unterschiede durch Bewertungen und Kategorisierungen hergestellt werden, die auf Menschen wirken. Eine weitere Taktik ist die *Bestrafung*, die bereits bei kleinen Vergehen als „Korrektur" einsetzt, um Konformität bereits möglichst früh und nachdrücklich sicherzustellen.

Die Ausübung von Disziplinarmacht beruht demnach auf der ständigen Beobachtung, Beurteilung, Messung, auf Vergleichen und der Reglementierung von Subjekten. Sie ermöglicht es grundsätzlich, zwischen „normal" und „anormal", zwischen „angepasst" und „unangepasst" zu unterscheiden und wirkt dabei nicht nur auf das Denken von Menschen ein, sondern zugleich auf deren Körper (z. B. Verständnis von „Männlichkeit" und „Weiblichkeit"). Die ständige Wiederholung dieser Unterscheidungspraktiken führt dazu, dass Disziplinierungspraktiken im Zeitverlauf nicht nur als selbstverständlich, sondern als „natürlich" wahrgenommen und internalisiert werden (z. B. Unterscheidung zwischen „natürlicher" und „unnatürlicher" Sexualität). Die Fremdkontrolle wird letztlich zur Selbstkontrolle, die Foucault später auch „Technologien des Selbst" (Foucault 1993c) nennt.

Mit dem Konzept der Disziplinarmacht, das noch vorwiegend auf Subjekte bezogen war, verknüpfte Foucault in seinem späteren Werk die Machttechnik der *Bio-Macht*. Sie wirkt nicht nur, wie die Disziplinarmacht, ordnend auf das Denken, den Körper und die Sexualität einzelner Individuen, sondern richtet sich auf die gesamte Bevölkerung. Über die Entwicklung der Bio-Macht wurde, so Foucault, u.a. sichergestellt, dass sich die menschliche Arbeitskraft in der benötigten Anzahl wie auch im Hinblick auf die entsprechende gesundheitliche Konstitution für die Anforderungen des 18. und der folgenden Jahrhunderte entwickelte (vgl. Foucault 1983). Diese Form der Machttechnik ist daher u.a. durch die Kontrolle der Geburtenraten, des Gesundheitszustandes der Bevölkerung und der demografischen Entwicklung geprägt: „Diese Macht ist dazu bestimmt, Kräfte hervorzubringen, wachsen (zu) lassen und zu ordnen, anstatt sie zu hemmen, zu beugen oder zu vernichten" (Foucault 1983). Foucault zeichnet entlang des Konzepts der Bio-Politik historisch nach, wie Menschen über diese neue Machttechnologie zu einem normalisierten „Produktionsfaktor" wurden. Menschliches Leben wurde in diesem Prozess mit zunehmend berechenbaren Existenzbedingungen ausgestattet, es musste sich aber dafür bestimmten Normen und Regeln unterwerfen. Nach Foucault entstand so eine Normalisierungsgesellschaft, in der die bereits erwähnten „Technologien des Selbst" eine zentrale Rolle spielten. Unter

Technologien des Selbst begreift Foucault: „[...] gewusste und gewollte Praktiken [...], mit denen die Menschen nicht nur die Regeln ihres Verhaltens festlegen, sondern sich selber transformieren, sich in ihrem besonderen Sein modifizieren und aus ihrem Leben ein Werk zu machen suchen, das gewisse ästhetische Werte trägt und gewissen Stilkriterien entspricht" (Foucault 1993b). Es sind somit Handlungsstrategien, die Menschen in ihrer Subjektwerdung einsetzen, um sich individuell, sozial und gesellschaftlich zu positionieren und diskursiv vermittelten Werten zu entsprechen sowie als erstrebenswert anerkannte Ziele zu erreichen.

In seinem Konzept der *Gouvernementalität* erfährt Foucaults Konzept der Disziplinar- und Bio-Macht eine weitere Ausarbeitung in Richtung einer kollektiven, gesellschaftlichen Perspektive. Gouvernementalität stellt für Foucault eine neue Form des Regierens und damit eine neue Herrschaftstechnologie dar, die auf das Führen und Lenken von Menschen – als Individuen und als Kollektive – zielt. Gouvernementalität manifestiert sich dabei nicht als rein staatlicher Prozess, sondern erfasst alle Bereiche der Gesellschaft. Dementsprechend definiert Foucault Gouvernementalität wie folgt: „Unter Gouvernementalität verstehe ich die Gesamtheit, gebildet aus den Institutionen, den Verfahren, Analysen und Reflexionen, den Berechnungen und den Taktiken, die es gestatten, diese recht spezifische und doch komplexe Form der Macht auszuüben, die als Hauptzielscheibe die Bevölkerung, als Hauptwissensform die politische Ökonomie und als wesentliches technisches Instrument die Sicherheitsdispositive hat. Zweitens verstehe ich unter Gouvernementalität die Tendenz oder die Kraftlinie, die im gesamten Abendland unablässig und seit sehr langer Zeit zur Vorrangstellung dieses Machttypus, den man als ‚Regierung' bezeichnen kann, gegenüber allen anderen – Souveränität, Disziplin – geführt und die Entwicklung einer ganzen Reihe spezifischer Regierungsapparate einerseits und einer ganzen Reihe von Wissensformen andererseits zur Folge gehabt hat" (Foucault 2005: 171 f.). Foucault beschreibt mit dem Konzept der Gouvernementalität, das er erstmals 1978 in einer Vorlesung zum Thema „Genealogie des modernen Staates" vorstellt, somit zum einen die historische Entwicklung moderner Gesellschaften von einem mittelalterlichen Gottesstaat zu einem neuzeitlichen Verwaltungsstaat. Zum anderen macht er die damit verbundene Diskursentwicklung und die Praktiken und neuen Machttechnologien des Regierens deutlich (vgl. Foucault 2004). Der neuzeitliche Verwaltungsstaat beruht demnach auf einer neuen „politischen Rationalität", die aus einem spezifischen Gefüge von Institutionen, dem Zusammenwirken von kodifizierten Verfahren, formalen Gesetzen und unbewussten Gewohnheiten besteht. Diese Rationalität ist eng mit der Idee des Liberalismus verbunden, also der Formierung von freien Individuen und Bürger_innen, die einer anderen Art der staatlichen Kontrolle bedürfen als Gottesgläubige und Leibeigene des Mittelalters und der frühen Neuzeit. Nach Foucault ist Gouvernementalität als neue Form des Regierens und im Anschluss an seine Arbeiten zur Disziplinarmacht und Bio-Macht nicht bloß durch institutionell-administrative Praktiken gekennzeichnet, sondern durch das Zusammenwirken von Fremd- und Selbstdisziplinierung der Individuen.

Die hier dargelegten machtanalytischen Grundlagen des Foucaultschen Werks zeigen, dass sich Foucault immer mit Subjekten bzw. Subjektwerdung im Zusammenspiel mit Organisation und Gesellschaft beschäftigt hat, worauf in Folge näher eingegangen wird.

*2.3 Organisation bei Foucault*

Foucault beschäftigt sich in seiner Machtanalytik mit einer Vielzahl von Organisationen als Orten, in denen Machttechniken entwickelt und ausgeübt werden. Wie erwähnt sind es hier insbesondere die Entwicklung von Gefängnissen, modernen Kliniken und „Irrenanstalten", in denen die Disziplinarmacht sich entfaltet. In seinen Arbeiten zu Regieren und Gouvernementalität treten zunehmend der Staat und andere Bereiche der Gesellschaft ins Zentrum seiner organisationsbezogenen Überlegungen. Foucault entwickelte in seinen Arbeiten zwar keine organisationstheoretische Position im soziologischen Sinne, jedoch eine Grundlage für die kritische Reflexion von Individualisierungs- und Modernisierungsprozessen (vgl. Hillebrandt 2000: 124). So problematisierte Foucault bereits in den 1960er und 1970er Jahren eine Reihe von Ambivalenzen der Modernisierung, wie sie in neueren Analysen von Modernisierungsprozessen thematisiert werden: Neue Normen hinsichtlich der Selbstverwirklichung, der Selbstkontrolle und des Selbstmanagements, die Notwendigkeit der Selbstpositionierung und -vermarktung sowie die Entgrenzung von Leben und Arbeiten (vgl. auch Bröckling 2007). Aufgrund der machtkritischen Ausrichtung Foucaults sind es im Bereich der Organisationstheorie und -forschung daher vor allem kritisch orientierte Gesellschaftstheoretiker_innen (vgl. Bruch/Türk 2005) und Vertreter_innen der Critical Management Studies (vgl. Clegg 1989, 1994; Knights 2002; Clegg et al. 2002; Barratt 2008), die Foucaults Machtanalytik rezipiert und weiterentwickelt haben. Sie sind

*Organisation als Regierungsdispositiv aus einer Geschlechterperspektive*

weniger an der Frage interessiert, wie sich Organisationen gegenüber gesellschaftlichen Einflüssen optimieren können, als vielmehr an der historischen Herausbildung von Regeln, Macht- und Kontrollmechanismen, die für Organisationen, Gesellschaften und damit für Subjekte und deren Handlungsmöglichkeiten strukturbildend sind. Inwiefern Foucault in diesem Zusammenhang auch Fragen der Geschlechterverhältnisse behandelt, die hier im Zentrum der Betrachtung stehen, wird im nächsten Abschnitt dargelegt.

*2.4 Geschlecht und Geschlechterverhältnisse bei Foucault*

Ebenso wie Foucault die Frage nach den Konstruktionsbedingungen von Machtverhältnissen und von Subjektivierungsprozessen stellt, treten auch soziale Unterschiede und soziale Ungleichheiten als zugrunde liegende und zugleich durch Machtverhältnisse (re-)produzierte Faktoren in den Fokus seiner Überlegungen, ohne jedoch eine explizit geschlechtertheoretische Position zu formulieren. Eine Vielzahl feministischer Theoretiker_innen haben sich vor allem auf die genealogischen Konzepte Foucaults bezogen, sie theoretisch wie methodisch[4] aufgenommen und weitergeführt, aber auch kritisiert.[5] Es sind mehrere Kritikpunkte, die von feministischen Geschlechterforscher_innen ins Treffen geführt werden. Erstens blendet Foucault die für viele feministische Theoriepositionen und politische Handlungsansätze zentrale Kategorie „Geschlecht" aus. So geht Foucault beispielsweise in seinem Konzept des in seinem Werk zentralen Sexualitätsdispositivs (vgl. Foucault 1983) nicht auf geschlechtsbezogene Konstruktionsmodi ein und ignoriert die zunehmende Diskursivierung und damit Relevanzsetzung von Geschlechterdichotomien und -verhältnissen in den Humanwissenschaften des 18. und 19. Jahrhunderts (vgl. dazu u.a. Bührmann 1995). Daran knüpfen sich aber, wie die Geschlechterforschung auf vielfältige Art theoretisch wie analytisch darlegt, persistente geschlechtsspezifische Zuschreibungen und Aufgabenverteilungen sowie mikropolitische Disziplinierungstechnologien, die entlang der Herstellung und Aufrechterhaltung von Weiblichkeits- und Männlichkeitsidealen funktionieren (z. B. „die ideale Hausfrau und Mutter") und Gesellschaften

---

4 Vgl. hierzu u.a. Butler 1991, 1995; Bührmann 1995; Bublitz 2000; Diaz-Bone 2003; Keller 2007 sowie auch Bührmann/Schneider 2012.
5 Vgl. u.a. Raab 1998; Frietsch 2002 sowie Villa 2010.

grundlegend strukturieren. Foucault ignoriert damit aus Sicht von feministischen Geschlechterforscher_innen eine fundamentale Voraussetzung und einen zentralen Modus moderner Machtverhältnisse der Disziplinargesellschaft, in welcher Frauen und Männer aufgrund asymmetrischer Geschlechterverhältnisse gerade nicht die gleichen Bedingungen und mikropolitischen Möglichkeiten vorfinden.

Ein zweiter zentraler Kritikpunkt seitens der Geschlechterforschung bezieht sich auf die Dezentralisierung des Subjekts in Foucaults Werk. Hier wird die Gefahr gesehen, dass durch das oben genannte Infragestellen des autonomen Subjekts durch die Darstellung der Verwobenheit von Diskursen und Subjektwerdung das politisch handelnde Subjekt und seine Widerstandsmöglichkeiten gegen Ungleichheitsverhältnisse geschwächt würden. Damit wäre in Konsequenz die Politikfähigkeit des Subjekts infrage gestellt (vgl. Benhabib 1993).

Ein dritter Kritikpunkt der Geschlechterforschung bezieht sich auf das Fehlen einer normativen Grundlage in der Foucaultschen Machtkritik, wie beispielsweise Gerechtigkeitsansprüche (vgl. Fraser 1994), die für Gleichstellungspolitiken zentral sind. Theoretiker_innen führen aber auch ins Treffen, dass gerade das Fehlen normativer Konzeptionen im Hinblick auf Geschlecht Möglichkeiten bietet, von einem homogen gedachten Subjekt abzugehen, differente Elemente in der Subjektivierung zu erkennen und als Handelnde unterschiedliche Subjektpositionen einzunehmen. Foucault stellt aus dieser (feministischen) Perspektive demnach auch nicht die Handlungsfähigkeit von Subjekten infrage, sondern ihre vermeintlich homogene Verfasstheit.

Auch Foucaults Ablehnung universeller normativer Grundlagen wird von Geschlechterforscher_innen nicht nur negativ rezipiert. Foucaults Ablehnung von universellen Normen zielt im Grunde auf die jeder Norm inhärenten Ausgrenzungsmechanismen (vgl. Maihofer 1995). Foucault begreift demnach Normen und Werte als Machtpraktiken und daher konstitutive Elemente von Machtverhältnissen, die Gegenstand von Aushandlungsprozessen und damit Machtprozessen sind. Er behauptet damit nicht, dass es keine normativen Standards gibt, sondern kritisiert diesbezügliche universelle Ansprüche, die zwingend immer zu Ausschlüssen führen müssen.

Neben der Frage der Handlungsfähigkeit von Subjekten und der normativen Grundlagen politischen Handelns sind es zudem die Infragestellung des „natürlichen" Körpers und der „natürlichen" Sexualität durch die Analyse der damit verbundenen Diskursivierungspraktiken, die Foucault für die Geschlechterforschung interessant machen. Für Foucault sind Körper wie auch Sexualität Gegenstand und Ergebnisse von Machtpraktiken. So regte Foucault neben anderen Autor_innen auch zur Kritik der Konzeption von „Sex" und „Gender" und damit der universellen Kategorie „Frau" an (vgl. Rubin 1993 [1984]; Butler 1995, 1991), die zusammen mit der Kritik an universellen Normen dazu beitrug, Differenzen und Machtverhältnisse zwischen Frauen verstärkt zu thematisieren.

Zwischenbetrachtung: Foucault hat mit seiner Machtanalytik und Diskurstheorie eine Reihe von Entwicklungen in der organisations- und geschlechterbezogenen Theoriebildung und Forschung beeinflusst. Er lieferte wesentliche Grundlagen für eine diskursanalytische und machtanalytische Erforschung von Organisationen, u.a. im Rahmen der Organisationssoziologie und der Critical Management Studies. Foucaults Arbeiten waren und sind zudem Teil der poststrukturalistischen Entwicklung in der Geschlechterforschung mit ihrem neuen Identitäts- und Differenzverständnis, wie es sich u.a. in der Intersektionalitätsforschung und den Queer Studies manifestiert. Im abschließenden Kapitel werden nun entsprechend der Zielsetzung dieses Beitrags zentrale Fäden aus Foucaults Werk für eine geschlechterorientierte Organisationsforschung zusammengeführt. Dafür wird das an Foucault orientierte Konzept der Organisation als Regierungsdispositiv (Bruch/Türk 2005) aus der soziologischen Organisationsforschung herangezogen und geschlechtertheoretisch reflektiert. Anhand dieser Konzeption können einerseits Probleme der „geschlechterneutralen Organisationsforschung" erläutert und andererseits neue Perspektiven für eine Verknüpfung von macht- und gesellschaftskritischer Organisationsforschung mit Geschlechterforschung eröffnet werden.

## 3 Organisation als Regierungsdispositiv aus einer Geschlechterperspektive

Seit Dekaden beschäftigen sich Forscher_innen mit Fragen nach der Re-Produktion und den Wirkungsweisen von Geschlecht, Geschlechterverhältnissen und Vergeschlechtlichungsprozessen in Organisationen (vgl. u.a. Acker/Van Houten 1992 [1974]; Riegraf 1996; Wilz 2002; Krell 2003; Funder/Dörhöfer/Rauch 2006; Acker 2006) und kritisieren damit implizit und explizit „geschlechtsblinde" Entwicklungen in der Organisationstheorie und -forschung. Da Geschlechterkonstruktionen und Geschlechterverhältnisse in der Geschlechterforschung als Ergebnis gesellschaftlicher Prozesse betrachtet werden, dient die Machtanalytik Foucaults neben anderen machtkritischen Konzepten zunehmend auch in der organisationsbezogenen Geschlechterforschung in all ihrer thematischen Vielfalt als theoretischer und methodologischer Bezugspunkt (vgl. u.a. Ferguson 1984; Pringle 1988; Bublitz 2000; Davey 2004; McKinlay/Pezet 2010; Linstead/Brewis 2007; Välikangas/Seeck 2011; Munro 2012). Aufgrund der für die Geschlechterforschung so grundlegenden gesellschaftlichen Rückbindung erscheint die von Bruch und Türk vorgelegte Neuinterpretation des Konzepts der Organisation als Regierungsdispositiv (Bruch/Türk 2005; Bruch 2011) an die Geschlechterforschung auf mehreren Ebenen anschlussfähig und für die hier fokussierte Verknüpfung von Organisations- und Geschlechterforschung vielversprechend.

Bruch und Türk analysieren das Konzept „Organisation" als historisches Dispositiv von Regierung und konzeptualisieren Organisation dabei als ein Ergebnis historischer Prozesse, in deren Rahmen staatliche Macht und die Art und Weise des Regierens neu definiert wurden (vgl. Bruch/Türk 2005; dazu auch Türk/Lemke/Bruch 2002). Organisation wird somit grundsätzlich gesellschaftstheoretisch gewendet, nicht als neutrales Konzept, das eine gesellschaftliche Funktion erfüllt, betrachtet, sondern als Regierungsform der Moderne, als strukturbildender Prozess, in dem Vorstellungen von Rationalität und Ordnung Machttechniken darstellen. Türk et al. weisen in diesem Zusammenhang auf einen wichtigen Aspekt hin. Die gängige Differenzierung zwischen Gesellschaft und Organisation bzw. die Betrachtung von Gesellschaft und Organisation als Verhältnis ist „von großer Bedeutung für die Konstitution unserer Welt, für die Art und Weise, wie wir uns orientieren, Probleme definieren und Lösungsstrategien entwickeln" (Türk/Lemke/Bruch 2002: 15). Denkt man Gesellschaft wie Organisation/en nicht, wie in organisationssoziologischen und -managementbezogenen Forschungen oft üblich, als Relation, sondern Organisation als gesellschaftlich hervorgebrachtes Phänomen, so kann auch analysiert werden, wie Organisation mit anderen gesellschaftlichen Phänomenen wie sozialen Ungleichheiten zusammenhängt (vgl. ebd.). Gesellschaft wird so immer als Organisation und Organisation immer auch als Gesellschaft begreifbar – eine Perspektive, die in der organisationsbezogenen Geschlechterforschung, in der Geschlecht als sozial hergestellt begriffen wird, seit längerem zu den Grundlagen zählt.[6] Auch dass Organisation/en

---

6 Siehe dazu u.a. den Überblicksartikel von Wilz 2010.

wie Gesellschaft strukturbildende Kooperationsformen darstellen, in denen im Zuge der Herausbildung „von spezifischen Kontexten, in denen nach bestimmten Regeln wiederholte Muster, also Regelmäßigkeiten von Ko-Operationen zu beobachten sind" (Türk/Lemke/Bruch 2002: 16), ist für die Geschlechterforschung kein neues Phänomen. Gerade in der Analyse der Vergeschlechtlichung von organisationalen Strukturen und Prozessen spielen nämlich Grenzziehungen, wie die Herstellung von Zugehörigkeiten und Ausschlüssen u.a. entlang mikropolitischer Regeln, eine wesentliche Rolle (vgl. z. B. Riegraf 1996).

Bruch und Türk (2005) verstehen nun unter Bezugnahme auf Foucaults Konzepte des Dispositivs und der Gouvernementalität Organisation als eine in modernen Gesellschaften zentrale Form der Regulation von gesellschaftlichen Kooperationsverhältnissen. Sie stellen die These auf, dass Organisationen historisch spezifische Machtverhältnisse konstituieren, welche quer zur staatlich-juridischen und ökonomischen Machtausübung liegen, und rekonstruieren Organisation/en als ein historisches Regierungsdispositiv. Organisation wird demnach als eine historisch spezifische Form bzw. als ein gesellschaftliches Verhältnis betrachtet, „das eine unverzichtbare Existenzbedingung für den modernen Kapitalismus und den modernen Staat war und ist" (Türk/Lemke/Bruch 2002: 10). Vermittels der Organisation werden gesellschaftliche Strukturen hervorgebracht und reproduziert, sodass es sich gleichzeitig um eine Regierungstechnik und einen „hegemonialen Diskurs" handelt.

Mit der Perspektive auf Organisation als Regierungsdispositiv werden die Re-Produktionszusammenhänge von gesellschaftlichen Machtverhältnissen wie auch die herrschenden Geschlechterverhältnisse gesellschafts- wie organisationstheoretisch neu positioniert. Doch Bruch und Türk (2005) kommen, obwohl sie grundlegende Strukturierungsmomente der Moderne und damit der bürgerlichen Gesellschaft in ihrer Genealogie der Organisation als Regierungsdispositiv thematisieren (z. B. die Unterscheidung zwischen „privatem Bereich" und „Erwerbsbereich"), ohne Geschlechterperspektive aus. Sie setzen somit die quasi-geschlechterneutrale Organisationsforschung fort, in der Geschlecht nicht als historisch kontingentes Phänomen betrachtet wird, welches als zentraler Bezugspunkt in die Entstehung von Organisationen im Sinne von Orten der Ordnung und der Kontrolle eingeschrieben ist. In der Genealogie der Organisation als Regierungsdispositiv wird Geschlecht schlicht vorausgesetzt und bleibt als gesellschaftliches Strukturphänomen, als das es in den Ausführungen in unterschiedlicher Form immer wieder erscheint,[7] unhinterfragt und damit androzentristischen, historischen Darstellungen verhaftet. Aus der Geschlechterforschung ist allerdings bekannt, wenngleich in der graduellen Relevanz umstritten, dass Organisationen durch ihren Zusammenhang mit Gesellschaft vergeschlechtlicht sind (vgl. Acker 2006; Wilz 2006). Doch gerade die Konzeption der Organisation als Regierungsdispositiv leitet dazu an, den Zusammenhang zwischen Organisation und Gesellschaft nicht als Relation zu betrachten (Organisation *und* Gesellschaft), sondern beides in eins zu setzen (Organisation *ist* Gesellschaft bzw. Gesellschaft *ist* Organisation). Damit wird die Frage, ob Organisationen vergeschlechtlicht sind, obsolet. Durch diese Erweiterung der Konzeption von Organisation als Regierungsdispositiv werden folglich nicht nur „geschlechtsneutrale" Positionen in der Organisationsforschung einmal mehr infrage gestellt, sondern auch die Diskussion in der organisationsbezogenen Geschlechterforschung hinsichtlich der (Omni-)Relevanz von Geschlecht in Organisationen mit einer vertiefenden macht- und gesellschaftskritischen Perspektive versehen.

Ausgehend von dieser grundlegenden Frage des Zusammenspiels von Organisation und Gesellschaft in der Konzeption von Organisation als Regierungsdispositiv ergeben sich aus meiner Sicht noch weitere, für eine Verknüpfung von Geschlechter- und Organisationsforschung produktive Aspekte. Für Bruch bedeutet „Organisationen als ein Dispositiv [...] zu analysieren, zunächst ganz allgemein, diese als eine ungeordnete Menge von Elementen zu begreifen, deren spezifische Anordnung und Verbindung eine Struktur in kognitiver wie in verhaltenspraktischer Art und Weise bildet. [...] Die Aufgabe der Untersuchung des Dispositivs besteht darin, die einzelnen Elemente, ihre spezifische Verknüpfung und die damit verbundenen Strategien und Funktionen in ihrer historischen Kontextualität zu bestimmen" (Bruch 2011: 15). Geschlechterverhältnisse müssen in diesem Zusammenhang nun als Elemente begriffen werden, die jeweils historisch kontextualisiert durch spezifische Praktiken und Strategien in Organisation beziehungsweise Gesellschaften Funktionen erfüllen und damit Teile von Machtverhältnissen darstellen. Geschlechterverhältnisse

---

7 Vgl. z. B. die Ausführungen zur Entstehung von emanzipatorischen Vergemeinschaftungsformen (Bruch 2011: 30), die durch die Geschlechterhierarchie und die historisch kolportierten Belege ausschließlich von Männern getragen wurden. Geschlechterhierarchische Aspekte, wie sie aus der feministischen Geschichtsforschung bekannt sind (vgl. u.a. Giesebner 2005), bleiben unerwähnt.

*Organisation als Regierungsdispositiv aus einer Geschlechterperspektive*

werden so entlang der oben benannten Machttechniken der Disziplinierung, der Bio-Politik und Gouvernementalität als Bündel von Techniken identifiziert, mittels derer über Teilhabemöglichkeiten und die Verfügung von Ressourcen verhandelt wird. Charakteristisch für Machtverhältnisse sind daher die Art und Weise, wie Möglichkeitsräume für Subjekte geschaffen und kontrolliert werden, d.h. wer welche Subjektpositionen einnehmen kann, wer demnach regiert (regieren kann), wer regiert wird. Hier wirkt nicht zuletzt die dichotome und hierarchisierte Geschlechterordnung als strukturgebend (z. B. Zugang zu Netzwerken, zu Informationen, zu ökonomischen und zeitlichen Ressourcen). Macht- und Herrschaftseffekte sind demnach in Organisationen und damit in Gesellschaften an das Geschlecht geknüpft.

Die Konzeption der Organisation als Regierungsdispositiv kann neben der konstitutiven Verwobenheit von Geschlechterverhältnissen in Organisationen und Gesellschaften auch aufzeigen, wie Geschlechterverhältnisse durch Vorstellungen von Ordnung, Effektivität, Effizienz und Produktivität zur Reproduktion ihrer selbst beitragen. So spielt im Regierungsdispositiv „Organisation" die Bio-Politik, also die Regulierung und Kontrolle der Gesundheit, der geschlechtlichen Reproduktion und der Mobilität, dahingehend eine wesentliche Rolle, als dadurch körperlich und strukturell Männer und Frauen unterschiedlich adressiert werden. Dies mündet in unterschiedliche Möglichkeiten der Teilhabe an den beiden Sphären „Privatbereich" und „Erwerbsbereich". Menschen erhalten in der neuen Form des Regierens, wie es die Organisation als Regierungsdispositiv nahelegt, ihre gesellschaftliche Bedeutung durch ihre Relevanz für die Gesellschaft, wie Bruch (2011: 27) ausführt. Durch die Geschlechterhierarchie ist diese Relevanz für viele Frauen bzw. Männer unterschiedlich gelagert, u.a. deshalb, weil Reproduktionsarbeit, die nach wie vor allem Frauen verrichten, immer noch unter Erwerbsarbeit rangiert und Berufsfelder, die mehrheitlich von Männern besetzt sind, zumeist höher bezahlt sind als Berufsfelder, die mehrheitlich von Frauen besetzt werden.

Der Hinweis Bruchs, dass die neue Form des Regierens, wie sie in der Organisation als Regierungsdispositiv sichtbar wird, „nicht auf ökonomische Imperative beschränkt ist" (Bruch 2011: 28), kann somit auch dahingehend weitergedacht werden, dass die Aufrechterhaltung von ungleichen Geschlechterverhältnissen definitiv nicht ausschließlich ökonomisch begründet ist, wie dies beispielsweise oft in der Elternkarenzfrage ins Treffen geführt wird, sondern immer auch eine Frage der Möglichkeitsräume der Subjektwerdung und damit der eigenen gesellschaftlichen und sozialen

Positionierung darstellt.[8] Das Konzept der Organisation als Regierungsdispositiv erfasst, nicht zuletzt aufgrund der Neukonzeption des Zusammenhangs zwischen Organisation und Gesellschaft, demnach auch das gleichzeitige Wirken mehrerer Rationalitäten (hier das einer historisch spezifischen ökonomischen Rationalität und einer historisch spezifischen geschlechterhierarchischen Rationalität) analytisch. Dadurch ergibt sich für die geschlechterbezogene Organisationsforschung eine erweiterte Perspektive, die eine Reduktion auf eine Rationalitätsform mit sich bringt.

Denkt man nun noch über die dichotomen Geschlechtergrenzen hinaus, so kann das Konzept der Organisation als Regierungsdispositiv weitere Perspektiven für die Verknüpfung der Organisations- und der Geschlechterforschung bieten. Bezieht man die oben ausgeführten Überlegungen Foucaults und seiner Rezipient_innen hinsichtlich der Denaturalisierung von Geschlecht und der Dezentralisierung des Subjekts mit ein, so wird das Konzept auch anschlussfähig an queer-theoretische Konzepte, die eine radikale Gesellschaftskritik entlang der Analyse von Normierungen, Normalisierungen und Hierarchisierungen von Geschlecht und Sexualität darstellen (vgl. u.a. Jagose 2001). Das queer-theoretische Konzept der „Heteronormativität"[9] kann hier als ein Ausgangspunkt genommen werden, um das Zusammenspiel von Sexualitäts- und Geschlechternormen als konstitutive Elemente bzw. als Machttechniken des Regierungsdispositivs zu identifizieren. Heteronormativität, so zeigt eine steigende Zahl an Studien, ist ein bestimmendes Element der Selbst- und Fremdführung, der jeweils historisch spezifischen gesellschaftlichen und organisationalen Ordnungsvorstellungen, die über In- und Exklusion bestimmen (vgl. u.a. Ingraham 1994; Hartmann et al. 2007; Tyler/Cohen 2008; Bendl et al. 2009; Legg 2012).

Zusammenfassend betrachtet kann das Konzept der Organisation als Regierungsdispositiv die Zusammenführung von Geschlechter- und Organisationsforschung dahingehend unterstützen, dass damit Geschlechterver-

---

8 Hier sei auf die nach wie vor mangelnde gesellschaftliche und organisationale Akzeptanz von Frauen bzw. Männern hingewiesen, die Pflege- und Betreuungsaufgaben nicht traditionell geschlechterrollenkonform wahrnehmen.

9 Unter Heteronormativität sind jene für Gesellschaften normgebenden Denkweisen und Praktiken zusammengefasst, die auf einer klaren Abgrenzung zwischen Frauen und Männern (Geschlechterdichotomie) und heterosexuellem Begehren bzw. Sexualität beruhen. Andere Formen von Geschlechtlichkeit bzw. von Begehren und Sexualität werden in heteronormativ geprägten Gesellschaften als „anormal" abgewertet, tabuisiert oder ausgeblendet.

hältnisse und andere Machtverhältnisse nicht nur *innerhalb* von Organisationen zu adressieren sind, sondern vielmehr auch *außerhalb*. So trägt das Dispositiv darüber hinaus auch zur Thematisierung global-gesellschaftlicher Entwicklungen in ihrer Verwobenheit mit dem Geschehen in Einzelorganisationen bei. Oder anders ausgedrückt: Geschlechterbezogene Organisationspathologien können unter der Perspektive der Organisation als Regierungsdispositiv daher immer auch als Pathologien der Gesellschaft insgesamt – lokal und global – und nicht nur einer spezifischen Organisation begriffen werden. Eine Schlussfolgerung hieraus lautet: Entlang der Dispositivsicht könnten in der Organisationsforschung insbesondere auch geschlechterbezogene Machttechniken expliziert werden[10] und Interventionsformen entwickelt werden, die die vielfältigen Intersektionen von gesellschaftlichen, organisationalen und individuellen Dynamiken und Prozessen der Vergeschlechtlichung berücksichtigen.

*Weiterführende Literatur*

Bruch, Michael/Türk, Klaus (2005). Organisation als Regierungsdispositiv der modernen Gesellschaft. In: Faust, Michael/Funder, Maria/Moldaschl, Manfred (Hrsg.). Die „Organisation" von Arbeit. München und Mering: Rainer Hampp, 283–306.

Bublitz, Hannelore (2001). Archäologie und Genealogie. In: Kleiner, Marcus S. (Hrsg.). Michel Foucault. Eine Einführung in sein Denken. Frankfurt, New York: Campus, 27–39.

Dreyfus, Hubert L./Rabinow, Paul (1987). Michel Foucault. Jenseits von Strukturalismus und Hermeneutik. Weinheim: Beltz.

Foucault, Michel (2004). Geschichte der Gouvernementalität. 2 Bände. Frankfurt: Suhrkamp.

*Im Text erwähnte Quellen*

Acker, Joan/Van Houten, Donald R. (1992). Differential Recruitment and Control: The Sex Structuring of Organizations. In: Mills, Albert J./Tancred, Peta (Hrsg.). Gendering Organizational Analysis. London: Sage, 15–30. (Erstveröffentlichung 1974. In: Administrative Science Quarterly 19 (2), 152–163).

---

10 Z. B. Anerkennungs-/Exklusionsregime hinsichtlich unterschiedlicher Formen von Geschlechterperformanz, der Wahrnehmung von Pflege- und Betreuungstätigkeit oder gleichgeschlechtlicher Partner_innenschaften in Gesellschaft bzw. Organisation/en.

Acker, Joan (2006). Inequality Regimes. Gender, Class, and Race in Organizations. In: Gender & Society, 20 (4), 441–464.

Barratt, Edward (2008). The Later Foucault in Organization and Management Studies. Human Relations, 61 (4), 515–537.

Bendl, Regine/Fleischmann, Alexander/Hofmann, Roswitha (2009). Queer Theory and Diversity Management: Reading Codes of Conduct from a Queer Perspective. Journal of Management and Organization, 15 (5), 625–638.

Benhabib, Seyla (1993). Feminismus und Postmoderne. Ein prekäres Verhältnis. In: Benhabib, Seyla/Butler, Judith/Cornell, Drucilla/Fraser, Nancy. Der Streit um Differenz. Feminismus und Postmoderne in der Gegenwart. Frankfurt: Fischer, 9–30.

Bröckling, Ulrich (2007). Das unternehmerische Selbst. Frankfurt: Suhrkamp.

Bruch, Michael (2011). Kritik und Organisation. Zur Genese von Organisation aus regierungstheoretischer Perspektive. In: Bruch, Michael/Scheiffele, Peter/Schaffar, Wolfram (Hrsg.). Organisation und Kritik. Münster: Westfälisches Dampfboot, 13–40.

Bruch, Michael/Türk, Klaus (2005). Organisation als Regierungsdispositiv der modernen Gesellschaft. In: Faust, Michael/Funder, Maria/Moldaschl, Manfred (Hrsg.). Die „Organisation" der Arbeit. Arbeit, Innovation und Nachhaltigkeit. München und Mering: Rainer Hampp, 283–306.

Bublitz, Hannelore (2000). „Zur Konstitution von Kultur und Geschlecht um 1900". In: Bublitz, Hannelore/Hanke, Christine/Seier, Andrea (Hrsg.). Der Gesellschaftskörper. Zur Neuordnung von Kultur und Geschlecht um 1900. Frankfurt: Campus, 19–96.

Bührmann, Andrea D. (1995). Das authentische Geschlecht. Die Sexualitätsdebatte der neuen Frauenbewegung und die Foucaultsche Machtanalyse. Münster: Westfälisches Dampfboot.

Bührmann, Andrea D./Schneider, Werner (2012). Vom Diskurs zum Dispositiv. Eine Einführung in die Dispositivanalyse. Bielefeld: Transcript (2., unveränderte Auflage).

Burrell, Gibson (1988). Modernism, Post Modernism and Organizational Analysis 2: The Contribution of Michel Foucault. Organization Studies, 9 (2), 221–235.

Butler, Judith (1991). Das Unbehagen der Geschlechter. Frankfurt: Suhrkamp.

Butler, Judith (1995). Körper von Gewicht. Berlin: Berlin Verlag.

Carter, Chris/McKinlay, Alan/Rowlinson, Michael (2002). Introduction: Foucault Management and History. In: Organization, 9 (4), 515–526.

Clegg, Stewart, R. (1989). Frameworks of Power. London: Sage.

Clegg, Stewart, R. (1994). Social Theory for the Study of Organization: Weber and Foucault. In: Organization, 1 (1), 149–178.

Clegg, Stewart R./Pitsis, Tyrone S./Rura-Polley, Thekla/Marosszeky, Marton (2002). In: Organization Studies, 23 (3), 317–337.

Davey, Caroline L. (2004). The Impact of Human Factors on Ab Initio Pilot Training. In: Gender, Work and Organization, 11 (6), 627–647.

Deleuze, Gilles (1987). Foucault. Frankfurt: Suhrkamp.

Diaz-Bone, Rainer (2003). Diskursanalyse. In: Bohnsack, Ralf/Marotzki, Winfried/ Meuser, Michael (Hrsg.). Hauptbegriffe Qualitativer Sozialforschung. Ein Wörterbuch. Opladen: Leske+Budrich, 35–39.

Dreyfus, Hubert L./Rabinow, Paul (1987). Michel Foucault. Jenseits von Strukturalismus und Hermeneutik. Weinheim: Beltz.

Ferguson, Kathy E. (1984). The Feminist Case Against Bureaucracy. Philadelphia: Temple University Press.

Foucault, Michel (1977). Überwachen und Strafen. Frankfurt: Suhrkamp (Französische Ausgabe 1975).

Foucault, Michel (1978). Dispositive der Macht. Über Sexualität, Wissen und Wahrheit. Berlin: Merve (Französische Ausgabe 1961).

Foucault, Michel (1983). Der Wille zum Wissen. Sexualität und Wahrheit 1. Frankfurt: Suhrkamp.

Foucault, Michel (1988). Die Geburt der Klinik. Eine Archäologie des ärztlichen Blicks. Frankfurt: Fischer (Französische Ausgabe 1963).

Foucault, Michel (1993a). Wahnsinn und Gesellschaft. Eine Geschichte des Wahns im Zeitalter der Vernunft. Frankfurt: Suhrkamp.

Foucault, Michel (1993b). Der Gebrauch der Lüste. Sexualität und Wahrheit 2. Frankfurt: Suhrkamp.

Foucault, Michel (1993c). Technologien des Selbst. In: Martin, Luther/Gutman, Huck/ Hutton, Patrick (Hrsg.). Technologien des Selbst. Frankfurt: Suhrkamp, 24–62.

Foucault, Michel (2004). Geschichte der Gouvernementalität. 2 Bände. Frankfurt: Suhrkamp.

Foucault, Michel (2005). Analytik der Macht. Frankfurt: Suhrkamp.

Fraser, Nancy (1994). Widerständige Praktiken. Macht, Diskurs, Geschlecht. Frankfurt: Suhrkamp.

Frietsch, Ute (2002). Die Abwesenheit des Weiblichen. Epistemologie und Geschlecht von Michel Foucault zu Evelyn Fox Keller. Frankfurt, New York: Campus.

Funder, Maria/Dörhöfer, Steffen/Rauch, Christian (2006). Geschlechteregalität – mehr Schein als Sein. Berlin: Edition Sigma.

Giesebner, Andrea (2005). Feministische Geschichtswissenschaft. Eine Einführung. Wien: Löcker.

Hall, Stuart (1997). Representation. Cultural Representations and Signifying Practices. London: The Open University.

Hartmann, Jutta/Klesse, Christian/Wagenknecht, Peter/Fritzsche, Bettina/Hackmann, Kristina (Hrsg.) (2007). Heteronormativität. Empirische Studien zu Geschlecht, Sexualität und Macht, Reihe: Interdisziplinäre Geschlechterforschung. Wiesbaden: VS.

Hillebrandt, Frank (2000). Disziplinargesellschaft. In: Kneer, Georg/Nassehi, Armin/ Schroer, Markus (Hrsg.). Soziologische Gesellschaftsbegriffe. Konzepte moderner Zeitdiagnosen. München: Fink, 101–126.

Honneth, Axel/Saar; Martin (Hrsg.) (2003). Michel Foucault. Zwischenbilanz einer Rezeption: Frankfurter Foucault-Konferenz 2001. Frankfurt: Suhrkamp.

Ingraham, Chrys (1994). The Heterosexual Imaginary: Feminist Sociology and Theories of Gender: Sociological Theory: Juli 1994, 203–219.

Jagose, Annamarie (2001). Queer Theory. Eine Einführung. Berlin: Querverlag.

Keller, Rainer (2007). Diskursforschung: eine Einführung für SozialwissenschaftlerInnen. Wiesbaden: VS.

Knights, David (2002). Writing Organizational Analysis into Foucault. In: Organization, 9 (4), 575–593.

Krell, Gertraude (2003). Die Ordnung der „Humanressourcen" als Ordnung der Geschlechter. In: Weiskopf, Richard (Hrsg.). Menschen-Regierungskünste. Anwendungen poststrukturalistischer Analyse auf Management und Organisation. Wiesbaden: Westdeutscher Verlag, 63–90.

Legg, Stephen (2012). The Life of Individuals as well as of Nations: International Law and the League of Nations' Anti-Trafficking Governmentalities. In: Leiden Journal of International Law, 25 (3), 647–664.

Linstead, Stephen/Brewis, Joanna (2007). Passion, Knowledge and Motivation: Ontologies of Desire. In: Organization, 14 (3), 351–371.

Maihofer, Andrea (1995). Politische Möglichkeiten feministischer Theorie. In: Die Philosophin, 11, 94–105.

McKinlay, A./Starkey, K. (Hrsg.) (1998). Foucault, Management and Organization Theory. London: Sage.

McKinlay, Alan/Pezet, Eric (2010). Accounting for Foucault. In: Critical Perspectives on Accounting, 21 (6), 486–495.

Munro, Iain (2012). The Management of Circulations: Biopolitical Variations after Foucault. In: International Journal of Management Reviews, 14, 345–362.

Pringle, Rosemary (1988). Secretaries talk: Sexuality, Power and Work. London: Verso.

Raab, Heike (1998). Foucault und der feministische Poststrukturalismus. Dortmund: Edition Ebersbach.

Riegraf, Birgit (1996). Geschlecht und Mikropolitik. Das Beispiel betrieblicher Gleichstellung. Opladen: Leske+Budrich.

Rubin, Gayle (1993, zuerst 1984). Thinking Sex: Notes for a Radical Theory of the Politics of Sexuality. In: Abelove, Henry/Barale, Michele Aina/Halperin, David M. (Hrsg.). The Lesbian and Gay Studies Reader. London: Routledge, 3–44.

Saussure, Ferdinand de (1967). Grundfragen der allgemeinen Sprachwissenschaft. Bern: de Gruyter.

Türk, Klaus/Lemke, Thomas/Bruch, Michael (2002). Organisation in der modernen Gesellschaft. Wiesbaden: Westdeutscher Verlag.

Tyler, Melissa/Cohen, Laurie (2008). Management in/as Comic Relief: Queer Theory and Gender Performativity in the Office. In: Gender, Work and Organization, 15 (2), 113–132.

Välikangas, Anita/Seeck, Hannele (2011). Exploring the Foucauldian Interpretation of Power and Subject in Organization. In: Journal of Management & Organization, 17, 812–827.

Villa, Paula-Irene (2010). Poststrukturalismus: Postmoderne + Poststrukturalismus = Postfeminismus? In: Becker, Ruth/Kortendiek, Beate (Hrsg.). Handbuch Frauen- und Geschlechterforschung. Wiesbaden: VS, 269–273 (3., erweiterte und durchgesehene Auflage).

Wilz, Sylvia M. (2002). Organisation und Geschlecht. Strukturelle Bindungen und kontingente Kopplungen. Opladen: Leske+Budrich.

Wilz, Sylvia M. (2006). Geschlechterdifferenzierung von und in Organisationen. In: Rehberg, Karl-Siegbert (Hrsg.). Soziale Ungleichheit, kulturelle Unterschiede: Verhandlungen des 32. Kongresses der Deutschen Gesellschaft für Soziologie in München. Teilbd. 1 und 2. Frankfurt, New York: Campus, 3215–3224. http://nbn-resolving.de/urn:nbn:de:0168-ssoar-143013.

Wilz, Sylvia M. (2010). Organisation: Die Debatte um „Gendered Organizations". In: Becker, Ruth/Kortendiek, Beate (Hrsg.). Handbuch Frauen- und Geschlechterforschung. Theorie, Methoden, Empirie. Wiesbaden: VS, 513–519 (3., erweiterte und durchgesehene Auflage).

# Der Bourdieusche Werkzeugkasten: Organisation als symbolische Gewalt

*Johanna Hofbauer*

## 1 Einleitung

Einem geflügelten Wort des US-amerikanischen Soziologen Charles Perrow zufolge (1989) leben wir in einer „Gesellschaft der Organisationen", Organisationen seien Schlüsselerscheinungen unserer Zeit. Als solche spielen sie eine zentrale Rolle bei der Verteilung von Lebenschancen, denn Organisationen strukturieren die Bedingungen von Erwerbsarbeit. Sie definieren Mitgliedschaftsanforderungen und kontrollieren den Einstieg in den Arbeitsmarkt. Sie klassifizieren Eignungsvoraussetzungen, verteilen Erstpositionen und strukturieren Laufbahnen. In den letzten Jahren hat sich daher auch die deutschsprachige Geschlechterforschung verstärkt der Erforschung von Organisationen zugewandt. Im Folgenden werden Fragen der Geschlechterungleichheit mit der Konzeption von Organisation im Sinne des französischen Soziologen Pierre Bourdieu verknüpft. Im Vordergrund steht die geschlechterdifferenzierende Arbeitsteilung in Organisationen und das Problem der ungleichen Chancen von Frauen beim Zugang zu organisationalen Macht- bzw. Führungspositionen. Obwohl die Statistik im Detail zu unterschiedlichen Ergebnissen kommt, zeichnet sich für Deutschland folgendes Bild ab: Trotz formaler Gleichstellung und deutlichem Bildungsanstieg von Frauen steigen sie allenfalls bis zu mittleren Managementebenen auf, in den höchsten Führungspositionen macht ihr Anteil nur 5,5% oder weniger aus (Krell 2010: 432 ff.).

Bourdieus theoretische Konzepte entstanden zu wesentlichen Teilen im Rahmen von empirischen Untersuchungen über soziale Ungleichheit (vgl. Bourdieu 1988; Bourdieu/Passeron 1971). Daher sind hiervon wertvolle Anregungen bzw. Erkenntnisse für die ungleichheitstheoretisch interessierte, geschlechtersoziologische Organisationsforschung zu erwarten. Mit Bourdieus konzeptionellem Werkzeugkasten an den Gegenstand Organisation heranzugehen, soll nicht unbedingt zur Entwicklung neuer organisationstheoretischer Modelle führen. Bourdieu war eigentlich kein Organisationstheoretiker. Auch lieferte er kein Universalwerkzeug von abstrakten

Begriffen, die umstandslos auf den Gegenstand Organisation übertragen werden können. Statt eines fertigen Theorieapparates erhalten wir eher ein Begriffswerkzeug, das offen für den Zuschnitt auf unterschiedliche Typen von Untersuchungsgegenständen ist, hierfür aber jeweils neu adaptiert werden muss. Dem Mangel an Universalwerkzeugen steht der Vorteil flexibler Erkenntnisinstrumente gegenüber. Sie sind Bestandteil eines gesellschaftstheoretischen Modells, das ein ganzheitliches Verständnis von Organisationen vermittelt und die Einbettung von Organisationen in Gesellschaft untersucht. Damit rücken Zusammenhänge in den Vordergrund, die von der herkömmlichen Organisationsforschung gewöhnlich vernachlässigt werden bzw. deren Komplexität nicht ausreichend berücksichtigt wird: empirische Wechselwirkungen zwischen gesellschaftlichen Macht- und Herrschaftsverhältnissen und organisationsbasierten Strukturen der Ungleichheit, die sich an den unterschiedlichen Ausprägungen der Geschlechtersegregation in Organisationen und an der Unterpräsentation von Frauen in organisationalen Machtpositionen ermessen lassen.

Im Folgenden stelle ich das Begriffsdreieck *Feld, Kapital, Habitus* und Bourdieus Konzept der *symbolischen Herrschaft* bzw. *Gewalt* dar, das auf die kritische Reflexion von Organisation als Ort der Geschlechtersegregation und ihrer Legitimation in Gesellschaft zielt. Die Ausführungen werden sich zunächst auf die Einbettung von Organisationen in das Geflecht von asymmetrischen Beziehungen zwischen Organisationen beziehen. Im Anschluss wird es um die methodologisch darunter liegende Ebene der Einzelorganisation und ihre internen Machtbeziehungen gehen. Ich versuche dabei vor allem die Verbindungen zwischen den Theoriebausteinen hervorzuheben und ziehe hierzu empirische Befunde der Bourdieu nahen Forschung bzw. der geschlechtersoziologischen Organisationsforschung heran.

*2 Der Bourdieusche Werkzeugkasten: Felder aus Organisationen und Organisationen als Felder*

Mit dem Konzept des sozialen Feldes verbindet Bourdieu die Herausbildung von relativ abgegrenzten, über den sozialen Raum verteilten Beziehungssystemen. Seine Unterscheidung der Felder der Wirtschaft, der Kultur oder der Politik erinnert vage an die differenzierungstheoretischen Vorstellungen klassischer sowie auch neuerer Gesellschaftstheorien (Émile Durkheim, Niklas Luhmann). Bourdieu schränkt die Anzahl der Felder theoretisch nicht ein, sondern erachtet diese Frage für abhängig von empirischen Gegebenheiten bzw. Forschungsinteressen.

Um Bourdieus feldtheoretische Konzeption an die Organisationsforschung heranzuführen bedarf es einer generativen Leseweise seiner Grundbegriffe. Mustafa Emirbayer und Victoria Johnson (2008) entwickelten auf einer solchen Basis die Konzeption organisationaler Felder auf zwei Ebenen: Auf der Ebene der Beziehungen zwischen Organisationen und auf der Ebene der Einzelorganisation und ihrer internen Machtstrukturen. Damit können empirische Beobachtungen auf unterschiedlichen Ebenen angesiedelt und Makro- bzw. Meso- und Mikroebene zusammengeführt werden.

## 2.1 Felder aus Organisationen

a) Symbolische Herrschaft im Verhältnis zwischen Organisationen

Auf der Suche nach feldanalytischen Interpretationen von Machtbeziehungen zwischen Unternehmen stößt man in der Literatur kaum je auf Bourdieu, sondern auf das viel prominentere, innerhalb neoinstitutionalistischer Organisationstheorien entwickelte, Konzept des *organisationalen Feldes*. Einige Grundannahmen stimmen mit Bourdieuschen Prämissen überein, daher nehme ich den Ausgang vom bekannteren neoinstitutionalistischen Konzept[1] und leite hiervon zu Bourdieu über.

Nach der Definition der neoinstitutionalistischen Autoren Paul DiMaggio und Walter W. Powell (2000) umfasst ein organisationales Feld „jene Organisationen, die gemeinsam einen abgegrenzten Bereich des institutionellen Lebens konstituieren: die wichtigsten Zulieferfirmen, Konsumenten von Ressourcen und Produkten, Regulierungsbehörden sowie andere Organisationen, die ähnliche Produkte oder Dienstleistungen herstellen bzw. anbieten" (149). Das Kriterium gemeinsamer Feldzugehörigkeit ist hier nicht eine bestimmte formale Eigenschaft, wie bspw. die Branchen- oder regionale Zugehörigkeit. Entscheidend ist, ob das Handeln der kollektiven Akteure aufeinander abgestimmt bzw. auf ein gemeinsames Sinnsystem bezogen ist (Kieser/Ebers 2006: 368).

---

1 Siehe hierzu auch den Beitrag von Maria Funder und Florian May in diesem Band.

Auch der Bourdieusche Feldbegriff zielt auf Beziehungen, die das Produkt sinnhafter Praxis sind. Im Unterschied zu neoinstitutionalistischen Ansätzen gilt Bourdieus Interesse aber weniger dem Phänomen der Institutionenbildung als solchem. Sein Thema sind vielmehr die Macht- und Herrschaftsbeziehungen, die durch Institutionen bzw. Sinnsysteme ermöglicht, abgesichert und in gewisser Hinsicht verborgen werden. Diesen Zusammenhang der Anerkennung von Macht, die auf der Verkennung ihrer Willkür beruht, bezeichnet Bourdieu als *symbolische Gewalt* bzw. *Herrschaft* (vgl. Bourdieu/Passeron 1973). Die beiden Konzepte sind eng verwandt. Beide leisten einen Beitrag zur Erklärung der Reproduktion von sozialer Ordnung, die „mit der durch symbolische Wirkungen erpressten Beteiligung der Beherrschten an der über sie ausgeübten Herrschaft erklärt" wird (Schmidt 2009: 231).

Zur Verdeutlichung der Herrschaftsbeziehungen zwischen Organisationen kann Emirbayers und Johnsons (2008: 12) Beispiel der Haute-Couture-Mode dienen. Im Feld der Mode dominieren wenige große Häuser und Marken die Definition von Modetrends, andere Hersteller und kleinere Marken orientieren sich an den führenden Modellen. Dieses Imitationsverhalten kommt nicht nur durch das Wirken äußerer Marktzwänge zustande, sondern beruht wesentlich auf dem geteilten Glauben an die Überlegenheit führender Marken und ihrer Kreationen. Die positive Anerkennung beruht auf der Verkennung der Willkür ihrer Herrschaft (vgl. Bourdieu/Passeron 1973). Sie blendet die materiellen Voraussetzungen der Durchsetzung von Geschmacksurteilen aus – sowohl die ökonomischen und institutionellen Mittel der Marktführer, als auch die sozialen Beziehungen, die sie pflegen und nutzen, um in den relevanten Kreisen der kulturellen Elite mitzuspielen und kreative Ideen wirksam auf den Markt zu bringen. Herrschaft, so Bourdieu, ist eben ein zweiseitiger Prozess. Sie beruht nicht nur auf den Überlegenheitsansprüchen der Dominierenden, sondern auch auf der Bereitschaft der Dominierten, die von den Dominierenden erhobenen Ansprüche auf Überlegenheit anzuerkennen (zum Konzept der „symbolischen Komplizenschaft" im geschlechtertheoretischen Kontext siehe bspw. Bourdieu 1997: 230). Damit rücken nicht nur die mächtigen Akteurinnen und Akteure in Organisationen in den Vordergrund der Betrachtung. Jedes Handeln oder Unterlassen von Akteurinnen und Akteuren zählt, das mächtigen Unternehmen erlaubt, ihren Einfluss geltend zu machen.

b) Wechselwirkungen mit dem institutionellen Umfeld von
   Organisationen

Die feldtheoretische Rekonstruktion von Beziehungen zwischen Organisationen beleuchtet einen wesentlichen Kontext organisationalen Handelns, besonders im Hinblick auf ungleichheitstheoretische Untersuchungen von Einzelorganisationen. Im Rahmen der zunehmenden Vernetzung von Unternehmen werden beispielsweise Beschäftigungs- und Arbeitsbedingungen nicht mehr nur innerhalb, sondern im Verhältnis zwischen Unternehmen festgelegt. Mächtige Unternehmen prägen Konventionen für Beschäftigungsbedingungen, Branchenstandards von Arbeitsqualität und Entlohnungspolitik (aktuelle Beispiele in Flecker 2012 und Funder/Sproll 2012). Auf diesem Wege üben sie Einfluss auf die (sozial-)politische Normbildung und Steuerung aus. Dies zeigt sich am Beispiel der Diffusion von Strukturen der Arbeitsorganisation. Zur Verbreitung der organisationalen Flexibilisierung trägt beispielsweise bei, dass sie seitens führender Unternehmen erfolgreich als „Sachzwang" dargestellt wird (Flecker 2000). Flexible Strukturen der Arbeitsorganisation implizieren Anforderungen an die Lebensführung der Beschäftigten. Von der Flexibilisierung der Arbeitszeiten geht beispielsweise ein erheblicher Druck auf private Arbeitsteilungsarrangements aus. Meist nötigt dieser Druck zum Verzicht auf Vollerwerbstätigkeit eines Elternteils bzw. Beziehungspartners. Sehr häufig stecken Frauen ihre Ansprüche zurück und weichen auf den Teilzeitarbeitsmarkt aus, der aber nur geringe Qualifizierungs- und Laufbahnchancen bietet (u.a. Jurczyk 1993). Die eingeschränkte Erwerbstätigkeit jener Frauen nährt umgekehrt Vorurteile hinsichtlich der begrenzten Belastbarkeit von Frauen insgesamt. Auf diese Weise bleiben Geschlechterstereotype am Leben, die zur Beeinträchtigung der Aufstiegschancen auch vollerwerbsorientierter Frauen beitragen.

Symbolische Herrschaft in organisationalen Feldern führt zur Legitimation von Regeln und Erwartungen im Feld, die zur Aufrechterhaltung der traditionellen Arbeitsteilung beitragen. In der Geschichte bildete weibliche Sorgearbeit eine Voraussetzung für die Institutionalisierung des männlichen Normalarbeitsverhältnisses, ebenso wie für die überdurchschnittliche zeitliche Verfügbarkeit von männlichen Beschäftigten, die sich (dadurch) für verantwortliche und leitende Positionen qualifizierten. In dem Zusammenhang wurde Zeitflexibilität zum Indikator für Leistungswillen und -fähigkeit. Diese Kategorisierung steht bis heute der Gleichstellung im Wege. Denn auch Frauen ohne Sorgearbeitspflichten – bzw. Frauen, die Care-

Leistungen zukaufen und deren zeitliche Verfügbarkeit daher der männlichen gleichzusetzen ist – sind vom Vorurteil eingeschränkter Verfügbarkeit betroffen (Krell 2010: 426). Die Bedeutung eines solchen Vorurteils und die Zusammenhänge, unter denen es bestehen bleibt, dringen kaum je ins öffentliche Bewusstsein. Politische und ökonomische Diskurse blenden sie aus bzw. kreisen um scheinbar unverrückbare Sach- und Marktzwänge. Es gilt daher, das Wissen über die Macht- und Herrschaftsstrukturen organisationaler Felder mit dem Wissen über die Strukturen gesellschaftlicher Geschlechterverhältnisse zu verbinden. Der Bourdieusche Werkzeugkasten bildet hierzu einen brauchbaren Ansatz, weil die feldanalytische Konzeption die Verbindungen zwischen unterschiedlichen gesellschaftlichen Sphären erkennen lässt.

Ein wesentlicher Baustein für diese Analyse ist Bourdieus Begriff „Feld der Macht" (Bourdieu/Wacquant 1996: 107). Das Machtfeld einer Gesellschaft umfasst die dominierenden Positionen verschiedener sozialer Felder. Es rekrutiert sich gewissermaßen aus den Eliten der Wirtschaft, Politik, Wissenschaft und Kultur. Analog hierzu konzipieren Emirbayer und Johnson (2008) das „organisationale Machtfeld", das sich als eine Art „herrschaftlicher Mikrokosmos" im Rahmen von Formalorganisationen bildet (Bittlingmayer/Bauer 2009: 120). Wir wechseln damit auf die Ebene der einzelnen Organisation und nehmen hierbei den Bourdieuschen Werkzeugkasten im Hinblick auf die Begriffe Feld, Kapital und Habitus näher in Augenschein.

*2.2 Organisationen als (Macht-)Felder*

Der Begriff des organisationalen Machtfelds weist über die Vorstellung von Führungsschicht im Sinne einer formalen Hierarchieebene hinaus. Die relevante analytische Einheit ist nicht die Formalorganisation, sondern das Netz aus Machtbeziehungen, das eine formale Organisation durchzieht. Im Vordergrund der Betrachtung stehen aufeinander bezogene Praktiken, die Sinnsysteme konstituieren – Sinnsysteme, die Ressourcen für die Ausübung symbolischer Gewalt bzw. Herrschaft beinhalten, beispielsweise das Leistungsprinzip oder der Mythos rationaler Organisation (vgl. Brunsson 2006). Diese Betrachtungsweise stellt jene Dimension von Organisation in den Vordergrund, die üblicherweise als die kulturelle Dimension bezeichnet wird – das „halb öffentliche, halb private Substrat organisationaler Aktivitäten, die gelebte Kehrseite der öffentlichen Ziele, das informelle ‚zweite Leben' der Institutionen" (Kirsch-Auwärter 1995: 73).

Der Fokus auf die informelle Dimension soll keinen analytischen Gegensatz aufbauen. Formelle und informelle Organisation bilden schließlich nur „theoretisch zerlegte Einheiten, die in der Realität verschmolzen sind" (Mayntz 1969: 762). „(U)ngeplante Erscheinungen (z. B. Gruppen, Normen), die zusätzlich zu oder in Abweichung von dem Organisationsplan auftreten" (ebd.), entstehen auf der Grundlage und mit den Mitteln (Ressourcen) der Formalorganisation. Sie wirken auf die Formalorganisation zurück, indem sie beispielsweise die Auslegung ihrer Regeln beeinflussen. Andreas Reckwitz (2008) stellt die Intention einer solchen Forschungsperspektive mit Bezug auf das Akteursbild dar: „Statt der normativen Idealisierung von Akteuren, die expliziten institutionellen Normen folgen, geben für die praxeologische Organisationsforschung informelle Praktiken, etwa in Form von Netzwerken oder in der Verwendung von symbolischen Organisationsmythen, dem organisationellen Alltag seine Struktur" (Reckwitz 2008: 103). Reckwitz bezieht sich hier auf die Organisationstheorien etwa von Karl Weick, Günther Ortmann und Erhard Friedberg. Wenn auch im Detail noch viele Unterschiede bestehen mögen, passt Bourdieus praxeologische Position doch ins Bild. Mit Bourdieu treten freilich die durch informelle Praktiken erzeugten Machtbeziehungen in den Mittelpunkt, die sich quer durch die formalen Beziehungen erstrecken bzw. über die formalen Positionen hinausreichen.

Eine hiermit kompatible, geschlechtersoziologische Vorstellung von Organisation geht auf Rosabeth M. Kanter (1998) zurück: „Organizations define a network of power relations outside of the authority vested in formal positions; the power network defines which people can be influential beyond the boundaries of their positions" (Kanter 1998: 259). Kanter hatte auch darauf hingewiesen, dass für die Einbindung in informelle Netzwerkbeziehungen Kriterien ausschlaggebend sind, die nach den Maßstäben der formalen Bürokratie als illegitim gelten: Kriterien wie die soziale Ähnlichkeit von Merkmalen mit Mehrheits- bzw. hegemonialen Gruppen in der Organisation. Bevor wir die Vorstellung eines die Geschlechter segregierenden – mithin geschlechterdifferenzierenden und -hierarchisierenden – organisationalen Machtfeldes weiterentwickeln, bedarf es einiger Erläuterungen der drei Grundbegriffe Feld, Kapital und Habitus.

a) Ökonomisches, soziales und kulturelles Kapital: Zur Analyse
   objektiver Relationen zwischen Positionen

Bourdieu stellt die theoretische Figur des sozialen Feldes auf verschiedene Weisen dar. In einem ersten Schritt lässt sich ein Feld beschreiben als „ein Netz oder eine Konfiguration von objektiven Relationen zwischen Positionen" (Bourdieu/Wacquant 1996: 127). Es genügt hierbei nicht, sich an den formellen Strukturen der Organisation zu orientieren. Vielmehr muss man fragen, welche Machtbeziehungen bspw. die Strukturen der Formalorganisation aufweisen, ohne dass diese im Alltag immer greifbar oder sichtbar sind (wie das bspw. beim Organigramm der Fall ist). Die Rekonstruktion solcher „objektiven Relationen", die zumeist unterhalb unserer Wahrnehmungsschwelle liegen, bedarf einer eigenständigen sozialwissenschaftlichen Analyse. Es gilt in einem aufwändigen Prozess theoriegeleiteter empirischer Rekonstruktion die „Unterscheidungs- bzw. Verteilungsprinzipien" zu identifizieren, die innerhalb eines fraglichen sozialen Universums [...] ihrem Träger Stärke bzw. Macht verleihen" (Bourdieu 1985: 9). Bourdieu bezeichnet jene Machtmittel als „Kapital", womit mehrere Aspekte verbunden sind: die (ungleiche) Verteilung, die Tauschbarkeit und die Produktivität von Kapital. Letztere hängen insofern zusammen, als durch Umtausch einer Kapitalsorte in eine andere Wertzuwächse erzielt werden können.

Bourdieu unterscheidet vier Grundsorten, ökonomisches, soziales, kulturelles und symbolisches Kapital (vgl. Bourdieu 1983). *Symbolisches Kapital* nimmt eine Sonderstellung unter den Kapitalsorten ein, insofern es den Wert der übrigen bezeichnet. Es bezeichnet das soziale Ansehen, das eine Person genießt, bzw. die Wertschätzung ihrer Kapitalien und ihres Habitus in einem bestimmten Feld. *Ökonomisches Kapital* besteht in Form der Verfügung über Einkommen bzw. materielles Vermögen. *Soziales Kapital* umfasst Beziehungen oder Netzwerkkontakte, die sich als nützlich erweisen können. Ökonomisches und soziales Kapital können etwa in folgender Weise produktiv füreinander sein: Hohes Einkommen verschafft Zugang zu nützlichen Beziehungen, Netzwerkkontakte erweitern die Möglichkeiten der Einkommensgenerierung. Beide Kapitalien können außerdem den Zugang zu *kulturellem Kapital* erleichtern, worunter Bourdieu den Bildungshintergrund und die Berufserfahrung bzw. die damit verbundenen Bildungs- und Berufstitel versteht: So erleichtern gehobene Einkommen Bildungskarrieren, während Netzwerkkontakte gute Gelegenheiten zur Erweiterung des Kulturkapitals eröffnen können, bspw. durch Vermittlung von zusätzlichen Projekten, neuen Verantwortungsbereichen etc.

Zum Kulturkapital gehören ferner die seit Kindheit ausgebildeten sozialen und sprachlichen Fähigkeiten. Sie werden durch spätere Erfahrungen modifiziert, bewahren aber Spuren der ursprünglichen Prägung (Herkunftsmilieu). Diese Dimensionen des sogenannten „inkorporierten Kulturkapitals" (Bourdieu 1983) spielen eine wichtige Rolle nicht nur im Rahmen der kapitaltheoretischen Erklärung von Ungleichheit, sondern auch im Rahmen von Bourdieus Habitustheorie (siehe hierzu auch die Ausführungen zum „geschlechterdifferenzierenden Habitus"). Als Kapital erhalten inkorporierte Eigenschaften und Fähigkeiten soziales Gewicht, etwa als Bestandteile von Eignungsvoraussetzungen für Bildungs- und Berufskarrieren. Im Gegensatz zur neoklassischen Humankapitaltheorie betont Bourdieu die ungleichen Chancen für die Aneignung von Kulturkapital, das in den gehobenen gesellschaftlichen Kreisen anerkannt wird. In umfänglichen Studien des französischen Bildungssystems wiesen Bourdieu und Jean-Claude Passeron (1971) auch auf systematische Benachteiligungen nach Geschlecht hin. Die Geschlechtersegregation der Studienrichtungen beispielsweise (mit einem Überhang von Frauen in den Geisteswissenschaften und Männern in den Ingenieurwissenschaften) führt in Kombination mit dem segregierten Arbeitsmarkt dazu, dass Frauen mit gleichem Niveau an Kulturkapital (bspw. akademischer Abschluss) weniger *symbolisches Kapital* erlangen. Bei der Bewertung von Kulturkapital spielen Organisationen eine wesentliche Rolle, denn sie tauschen das außerhalb der Organisation erworbene Kapital in die spezifische Währung der Organisation um.

b) Bürokratisches Kapital der Formalorganisation

Obwohl Bourdieu keine Theorie der Organisation im generischen Sinn entwickelte, stellte er eine Reihe grundlegender Beobachtungen über Organisationen an. Diese beziehen sich beispielsweise auf die Kapitalien, die durch Organisationszugehörigkeit erworben werden. Als „bürokratisches Kapital" bezeichnet Bourdieu etwa das Handlungsvermögen, das mit der formalen Mitgliedschaft bzw. mit einer bestimmten Position in der formalen Hierarchie verbunden ist (Bourdieu 2000: 268). Es beruht auf den Bestandteilen des Kultur- und Sozialkapitals, die von der Organisation anerkannt bzw. validiert wurden. Der Tausch von Kultur- und Sozialkapital in bürokratisches Kapital wird durch Formalisierungen von Bewerbungsverfahren bis zu einem gewissen Grad kontrolliert – indem etwa ein bestimmter Bildungs- oder Berufstitel gefordert wird. Dennoch kommen hierbei bewusst oder unbewusst auch Kriterien ins Spiel, die sich schwer formalisieren lassen bzw. deren Formalisierung gar nicht erwünscht ist. Ersteres trifft beispielsweise auf die Beurteilung von Fähigkeiten oder Modalitäten der Leistungsbereitschaft zu, die zwar zum Zeitpunkt der Bewerbung in Aussicht gestellt, aber erst in der Zukunft realisiert werden. Bei der Einschätzung des Leistungspotenzials, gemessen beispielsweise in Form zeitlicher Flexibilität, beziehen sich Entscheidungsverantwortliche auf Annahmen. Diese sind nicht zuletzt durch die Klassifikationsschemata des Habitus beeinflusst. Geschlechterdifferenzierende Schemata des Habitus tragen dazu bei, das Potenzial von Frauen geringer einzustufen, insbesondere wenn es um ihre Eignung für Positionen oder Aufgaben geht, die als „männlich" kategorisiert sind. Die Gefahr der unreflektierten Aktualisierung solcher Schemata scheint höher, wenn sie mit Normen und Klassifikationen der Organisationskultur[2] übereinstimmen. „Asymmetrische Geschlechterkulturen von Organisationen" (Müller 1998) normalisieren die Geringschätzung der Fähigkeiten und legitimieren die Geschlechterstereotypisierung im Alltag.

Brigitte Liebig (2000) rekonstruierte im Rahmen einer Untersuchung in schweizerischen Unternehmen verschiedene Typen organisationaler Geschlechterkultur. Das Spektrum reicht von ausgeprägt asymmetrischen bis zu symmetrischeren Kulturen. Quer durch alle untersuchten Unternehmen bestehe aber die Tendenz, an kategorialen Schemata von Geschlecht festzuhalten (Liebig 2000: 62). Dieses Beharren auf Unterschieden führt nicht zwingend zu diskriminierenden Handlungen. Die kategoriale Trennung der Geschlechter hält aber die Option zur strategischen Unterscheidung bereit. Dieses latente Risiko schlägt in manifeste Benachteiligung um, wenn Bewerbungsentscheidungen oder Selektionsprozesse auf der Kippe stehen. In solchen Situationen besinnen sich Entscheidungsverantwortliche häufig ihres Interesses an der Erhaltung des Gewichts ihrer eigenen (Spiel-)Kapitalien. Dieses Interesse treibt auch Prozesse der In- und Outgroup-Differenzierung an. Wie Henri Tajfel und Kollegen (1971) im Rahmen sozialpsychologischer Untersuchungen zeigen, neigen Individuen da-

---

2 Siehe hierzu auch den Beitrag von Brigitte Liebig zum Thema Organisations- und Geschlechterkultur.

zu, ähnlich Kategorisierte höher einzustufen. Sie hegen eine generelle Präferenz für Ihresgleichen und verteidigen durch Selektion sozial Ähnlicher die Statusansprüche ihrer eigenen Gruppe.

c) Geschlechterdifferenzierender Habitus

Unter dem *sozialen Habitus* versteht Bourdieu ein System von Dispositionen bzw. Einstellungen, Neigungen und Haltungen, die Individuen zur „zweiten Natur" geworden sind (Bourdieu 1979: 171). Sie werden durch praktische Erfahrung bzw. praktisches Tun angeeignet. Ihre Inkorporierung erklärt, dass sie nur bedingt der Reflexion zugänglich sind. Bourdieus bekannteste empirische Untersuchungen beziehen sich auf herkunftstypische Prägungen des Habitus, etwa auf die klassen- bzw. milieuspezifischen Unterschiede hinsichtlich kultureller Vorlieben und Geschmacksbildungen (Bourdieu 1988: 424). In seinen früheren ethnologischen Arbeiten hatte er aber auch geschlechtertypisierende Strukturen des Habitus erforscht und später eine Theorie der männlichen Herrschaft entwickelt (Bourdieu 2005), die eine Kritik der Naturalisierung von Geschlecht einschließt. Wie eingangs bemerkt, beruht Bourdieus Forschungsarbeit auf dem Prinzip der Reflexivität und rigorosen Kritik der Macht- und Herrschaftsverhältnisse, die Sozialordnungen zugrundeliegen. Mit diesem Ziel setzte er sich auch mit den Strukturen „männlicher Herrschaft" (Bourdieu 2005) auseinander, die er als Paradefall symbolischer Herrschaft erachtet (Bourdieu 1997: 220). Sie setze sich zwar heute nicht mehr „mit der Evidenz des Selbstverständlichen durch" (Bourdieu 1997: 226), bestehe aber über weite Strecken unbemerkt bzw. unwidersprochen weiter, vermittelt durch Strukturen privater und beruflicher Arbeitsteilung. Der Habitus spielt eine wichtige Rolle für die Aufrechterhaltung männlicher Herrschaft: „Ihre Wirkung entfaltet die symbolische Herrschaft (sei sie die einer Ethnie, des Geschlechts, der Kultur, der Sprache usf.) nicht in der reinen Logik des erkennenden Bewusstseins, sondern durch die Wahrnehmungs-, Bewertungs- und Handlungsschemata, die für die Habitus konstitutiv sind und die diesseits von Willenskontrolle und bewusster Entscheidung eine sich selbst zutiefst dunkle Erkenntnisbeziehung begründen" (Bourdieu 2005: 70).

Zur Frage der Vermittlung geschlechterdifferenzierender Deutungen im Rahmen der Sozialisation stoßen wir auf eine aufschlussreiche Studie von Günter Gebauer (1997). Er untersuchte die Ausbildung der grundlegenden

Dispositionen des Habitus im Rahmen von Kinderspielen. Da auch in modernen Gesellschaften Kinderspiele und Spielsachen noch über weite Strecken geschlechterdifferenzierend ausgelegt sind, entwickeln Kinder Unterschiede der Verhaltensdispositionen, die später, als natürliche Geschlechterunterschiede gedeutet, im Wesen des männlichen/weiblichen Geschlechts vermutet und für unüberbrückbare Differenzen gehalten werden. Im Rahmen der spielerisch gemachten Erfahrung, die durch die alltägliche Erfahrung geschlechtlicher Arbeitsteilung in der Familie, Erwerbssphäre und Öffentlichkeit (Medien) bestätigt werden, eignen sich Kinder Annahmen darüber an, wie Frauen und Männer im Allgemeinen „sind". Diese grundlegenden Annahmen verbinden sich mit Bewertungen der mit den Kategorien assoziierten Eigenschaften und Merkmale. „Framed before we know it" nennt Cecilia Ridgeway (2009) das Phänomen der spontanen Geschlechterkategorisierung und stellt die ungleiche Bewertung der Geschlechter als Ergebnis eines alltäglichen Distinktionsvorgangs dar: Einfluss- und Prestigehierarchien entstehen, wenn Personen mit unterschiedlichen Ressourcen an einer Interaktion teilnehmen, die strukturelle Unterschiede widerspiegeln: „Wenn sich die Interaktionspartner zusätzlich noch durch ein Distinktionsmerkmal unterscheiden, entsteht leicht die Vorstellung, dass Personen in statushöheren Kategorien respektierter, kompetenter und machtvoller sind" (Ridgeway et al. 1998). „Auf diese Weise wird das Unterscheidungsmerkmal zum Anknüpfungspunkt für die Entwicklung von Statusannahmen" (Ridgeway 2001: 257).

Auch für Bourdieu ist Distinktion ein Schlüsselbegriff, wenn es um die Erklärung sozialer Statushierarchie geht. Er konzipiert Distinktion in einer Weise, die das von Ridgeway dargestellte Interaktionsgeschehen noch stärker mit den historisch gewachsenen Strukturen der Ungleichheit verbindet. Das wird mit Blick auf einen weiteren Baustein feldanalytischer Konzeption deutlich: Die konflikttheoretische Konzeption des Feldes als Kräftefeld, das durch Konkurrenzbeziehungen strukturiert wird.

d) Soziales Kräftefeld und Konkurrenzbeziehungen

Der Begriff Kräftefeld betont die dynamischen Beziehungen und beinhaltet die Vorstellung von Handelnden, die dieser Dynamik ein Stück weit ausgeliefert sind. Bourdieu erläutert solche objektiven Kräfteverhältnisse unter anderem mit Bezug auf die Metapher des Magnetfelds (Bourdieu/ Wacquant 1996: 138). In einem Magnetfeld wirken Kräfte, die einzelne

Elemente in Positionen bringen, jenseits ihres Willens und ihrer Kontrolle. Das im soziologischen Kontext etwas fremdartig wirkende Bild des Magnetfelds hat den Vorteil, zwei Grundgedanken relationaler Soziologie anschaulich zu machen, die für die Erklärung von Distinktionsprozessen zentral sind: Die soziale Wirklichkeit wird durch Beziehungen strukturiert, nicht durch Individuen. Diese Beziehungen entwickeln Qualitäten, die nicht aus den Eigenschaften der Individuen abgeleitet werden können (vgl. Fuhse/Mützel 2010). Daran knüpft die konflikttheoretische Vorstellung der Spannungs- und Anziehungskräfte an, die zur charakteristischen Dynamik der Beziehungen führen (Emirbayer 1997: 281 ff.). In der sozialen Wirklichkeit entwickeln sich solche Spannungs- und Anziehungskräfte im Rahmen der laufenden Kämpfe um Prestige und soziale Anerkennung. Wie Georg Simmel darlegt, hat diese soziale Konkurrenz keine zersetzende, sondern eine integrative, „ungeheure vergesellschaftende Wirkung" (Simmel 1995: 226). Denn sie „zwingt den Bewerber, der einen Mitbewerber neben sich hat und häufig erst hierdurch ein eigentlicher Bewerber wird, dem Umworbenen entgegen- und nahezukommen, sich ihm zu verbinden, seine Schwächen und Stärken zu erkunden und sich ihnen anzupassen, alle Brücken aufzusuchen oder zu schlagen, die sein Sein und seine Leistungen mit ihm verbinden könnten" (ebd.). „Den Umworbenen" darf man sich nicht als singuläre Persönlichkeit denken (wie in einer Liebesbeziehung, für die andere Gesetze gelten), sondern als Inhaber einer Position, die selbst ein Produkt der Konkurrenzbeziehungen ist – bei Bourdieu: „Ausgeburt des Feldes" (Bourdieu/Wacquant 1996: 138).

Über die soziale Form der Konkurrenzbeziehung hinaus interessiert uns ihr Gegenstand. Vordergründig geht es um Über- und Unterordnungsbeziehungen zwischen Individuen. Dahinter stehen jedoch Auseinandersetzungen über Klassifikationsprinzipien. Denn anhand der legitimen Klassifikationsprinzipien wird die Rangordnung der Eigenschaften und Merkmale festgelegt, die Machtpositionen reklamieren lässt. Wesentlich zum Verständnis ist hier wieder die relationale Vorstellung, wonach Eigenschaften und Merkmale nicht isoliert bewertet werden, sondern im Verhältnis zueinander. Der Verhältnisbestimmung liegt ihre Unterscheidung zugrunde. Um A höher als B einzustufen, müssen A und B erst voneinander unterschieden werden. Abstrakt gesprochen beginnen soziale Statuskämpfe daher mit Unterscheidungsfragen. An diesem Punkt kommt Bourdieus Konzept der Distinktion ins Spiel: Unter Distinktion ist die Unterscheidung hinsichtlich jener Eigenschaften zu verstehen, die einen Anspruch auf

Überlegenheit rechtfertigen.[3] Besondere Bedeutung kommt in diesem Zusammenhang auch dem Seltenheitswert einer Eigenschaft zu. Der Wert von Kapital bemisst sich grundsätzlich in Relation zur Gesamtheit der im Feld vorhandenen Kapitalien. Für alle erworbenen Merkmale – Bildung (Kulturkapital) und Beziehungen (Sozialkapital) – besteht die Gefahr der Entwertung durch Verschiebung der Anteilsverhältnisse. Aufholprozesse im Bildungssystem führten etwa in der Vergangenheit zur Inflation von Bildungstiteln, wodurch ein traditioneller Distinktionsvorteil der gehobenen Schichten vernichtet wurde (vgl. Bourdieu/Passeron 1971). Sie reagierten hierauf mit der Eroberung neuer Bildungsstufen bzw. mit der Erweiterung des Bildungskapitals (heute bedarf es bspw. zusätzlicher Auslandssemester, Praktika bei prestigereichen Unternehmen, etc.).

Dominierende Gruppen verhindern die Verringerung sozialer Abstände, indem sie als distinktive Eigenschaften oder Fähigkeiten nur solche anerkennen, die (am ehesten) ihrer eigenen Gruppe zugänglich sind; oder indem sie Distinktionswerte erzeugen, die nur durch Mitglieder ihrer Gruppe darstellbar sind. Letzteres entspricht dem von Reinhard Kreckel (1997) skizzierten Typus der „künstlichen Verknappung des Zugangs zu bestimmten symbolischen Gütern", wie beispielsweise „subkulturelle Denk-, Sprach- und Verhaltensnormen" (Kreckel 1997: 79). Auf den geschlechtersoziologischen Kontext übertragen ist hier vor allem an die Grenzziehungsprozesse im Sinne des Gendering von Professionen zu denken (vgl. u.a. Gildemeister/Wetterer 2007). Die Inszenierung von Männlichkeit im Rahmen beruflicher Selbstdarstellung kann die Öffnung des Berufs für Frauen erheblich erschweren (siehe zum Beispiel das Berufsfeld der Unternehmensberatung: Rudolph 2007).

Organisationen können Distinktionsbedürfnisse unterstützen, indem sie physische oder symbolische Grenzen schaffen. Cynthia F. Epstein hatte bereits vor längerem darauf hingewiesen, dass die symbolische Segregation den Mangel an physischer Segregation kompensieren kann: „men and women often are separated not by walls but [...] by social classifications that define some jobs as male and others as female even though the two sexes occupy much the same physical space. So when male managers work in the same offices with female secretaries, segregation exists in symbolic form. In other cases, men and women may do the same or essen-

---

3 *Se distinguer* bedeutet im Französischen eben nicht nur „sich unterscheiden", sondern auch „sich auszeichnen".

tially similar jobs (as janitors and cleaning personnel, for example), but men are assigned one job title and women another" (Epstein 1988: 136). Wo diese Grenzen abgebaut werden, wurden verstärkte Distinktionsaktivitäten beobachtet: „Indem etwa Arbeitskollegen ihren Mitkonkurrentinnen grundsätzlich gleiche Fähigkeiten zugestehen, markieren sie jedoch den sozialen Abstand durch die Einschränkung, es fehle ihnen ein bzw. *das* entscheidende Quäntchen einer relevanten Eigenschaft oder Ressource, seien es Durchsetzungsfähigkeit oder Kontakte, Flexibilität oder Mobilität, Talent oder Charisma" (Hofbauer 2004: 54).

Soziale Konkurrenz um Prestige und Anerkennung strukturiert wohl einen wesentlichen Teil des informellen Geschehens in Organisationen. Das verbindet die Organisation mit gesellschaftlichen Strukturen, in die sie eingebettet ist. Als Gesellschaftsmitglieder leisten Akteurinnen und Akteure fortwährend Engagement für Statusarbeit, in Form der Darstellung von Schicht- bzw. Milieuzugehörigkeit. Bourdieu hat dies auf eine einfache Formel gebracht: Während die Oberschicht und avantgardistische Milieus „feine Unterschiede" (Bourdieu 1988) kultivieren, um ihre gehobenen Positionen zu behaupten, gehen die Bemühungen der angrenzenden Milieus und Statusgruppen in Richtung Imitationsverhalten. Der Druck der Nachrückenden zwingt gehobene Milieus wiederum dazu, neue Distinktionen zu ersinnen. Erwerbsarbeit stellt eine wesentliche Ressource für Distinktion zur Verfügung, sowohl in Form von Einkommen (Konsumstärke) als auch in Form von Berufsprestige. Innerhalb des Erwerbsarbeitskontexts, der überwiegend durch Arbeitsorganisationen vermittelt ist, finden demnach wichtige statusbildende Kämpfe statt – Kämpfe um berufliche Anerkennung und beruflichen Erfolg, die auf Basis unterschiedlicher Grundausstattungen an Kapital gefochten werden.

Das allgemeine Werben um die Nähe zu den dominierenden Kräften im Feld treibt die Konkurrenz um die wertvollen Kapitalien an. Der Verteilungskampf über diese Mittel ist am dichtesten, wo die begehrtesten, in nur geringer Zahl verfügbaren Positionen generiert werden. Der Kampf um diese Positionen weist auf das Zentrum des Feldes hin. Die aus den Kämpfen im Inneren des Feldes Verdrängten – bzw. bis dahin noch nie Vorgedrungenen – rücken indessen auf zentrumsfernere Plätze. Anzeichen für eine Grenzregion sind die nachlassende *äußere* Dynamik der Auseinandersetzungen, und das nachlassende *innere* Engagement an solchen Auseinandersetzungen. Bildlich gesprochen verdichtet sich im Inneren des Feldes das Aufkommen wertvoller Kapitalien, die Grenzen des Feldes zeichnen sich demgegenüber ab, wo ein Mangel an Distinktionswerten herrscht.

Diese Vorstellung einer durch Konkurrenzverhältnisse, Anerkennungs- und Verteilungskämpfe geschaffenen Struktur von Feldern führt uns zur Konzeption der organisationalen Machtfelder zurück. Eine der zentralen feldanalytischen Fragen ist die nach den Grenzen von Feldern: Wie konstituieren sich informelle „Zirkel der Macht" (Lorber 1999)? Nach welchen Kriterien schließen sie Mitglieder ein bzw. aus?

e) Spiele der Macht

Das organisationale Machtfeld ist ein analytisches Konstrukt, das auf der Ebene der informellen Organisation angesiedelt ist. Es entsteht durch soziale Praktiken, muss also aktiv hergestellt werden, indem Beziehungen geknüpft und Kapitalien akkumuliert werden, die innerhalb des Beziehungsnetzwerks als Machtressourcen anerkannt sind. Die Reproduktion eines solchen Machtfelds erfordert laufende Bemühungen der Grenzziehung. Obwohl wir annehmen können, dass dieses Geschehen sehr regelmäßig ist – anders wäre kaum zu erklären, dass gehobene Positionen immer noch durchweg sozial homogen besetzt sind (mit rund 94,5% Männern in den oberen Führungspositionen) – wollen wir keine Zwangsläufigkeit behaupten. Ebenso wenig gehen wir davon aus, dass die dominierenden Kräfte im Feld Grenzen automatisch und absichtsvoll ziehen, im Bewusstsein der diskriminierenden Implikationen ihres Tuns. Die Vorstellung nicht-intentionaler und dennoch strategischer Praktiken der Grenzziehung erschließt sich mit Bezug auf eine dritte, nämlich praxistheoretische Annäherung an das soziale Feld.

Neben objektiven Relationen, die sich im Rahmen von Konkurrenz- und Statuskämpfen bilden, beschreibt Bourdieu die Strukturen sozialer Felder als Produkt sinnhafter Praktiken. In diesem Zusammenhang verwendet er häufig die Metapher des Spiels. Analog zum Magnetfeld entsteht hiermit das Bild von aufeinander bezogenen Handlungen (Spielzügen). Das Spiel folgt Regeln, die im Spiel selbst entwickelt werden, durch historische Entwicklungen aber bis zu einem gewissen Grad an einen Regelkanon gebunden ist. Die Spieler_innen entwickeln im laufenden Tun spezifische Fähigkeiten, eine Art praktischen Spielsinn, der intuitive Fähigkeiten und Situationseinschätzungen ermöglicht. Diese Fähigkeiten sind ein Bestandteil der Habitusbildung. Von der Dynamik des laufenden

Spiels mehr oder weniger getrieben (Kräftefeld), sind die Teilnehmenden im Allgemeinen damit beschäftigt, kompetent mitzuspielen und darauf bedacht, ihre Karten klug einzusetzen. Der günstige Verlauf des Spiels lässt sich nicht programmieren, sondern entsteht im Prozess bzw. im Vollzug des Spiels. Er ist abhängig von den Spielzügen anderer, die gleichermaßen „auf Gewinn" spielen und ihren Einfluss auf die Interpretation der Spielregeln geltend zu machen versuchen.

Die Auslegung der Regeln bzw. ihre Definition bietet ein wesentliches Moment der Einflussnahme. Die Chancen hierzu sind für jene höher, die bereits Trumpfkarten in der Hand halten – Trumpfkarten sind solche Kapitalien, die hohes symbolisches Kapital erzielen. Innerhalb des Spiels können strategische Koalitionen entstehen – zwischen Spieler_innen in günstigen Positionen, die ähnliche Karten besitzen und deren Wert zu erhalten suchen. Ihre Verbindung zueinander besteht auf der Basis eines geteilten objektiven Interesses: Bildet beispielsweise ein Auslandsstudium oder eine erfolgreich absolvierte Auslandsentsendung einen Trumpf im Spiel, werden jene den Wert der internationalen Erfahrung verteidigen, deren Position im Spiel auf einer solchen Trumpfkarte beruht. Ihr Vorteil kann ein angenehmer Nebeneffekt von sachbezogenen Entscheidungen sein, er kann intuitiv oder absichtlich und kalkuliert ins Spiel gebracht werden. Ob er einen Nachteil für all jene bedeutet, die über keinerlei Auslandserfahrung verfügen, ist keine Frage der Diskriminierungsabsichten erfolgreicher Spieler_innen. Der Verlauf des Spiels kann freilich objektive Interessen wecken. Er lässt sogar solche Spieler_innen an einem Strang ziehen, die keinerlei persönliche Sympathie füreinander hegen.

Die Metapher des Spiels lässt die Bedeutung des objektiven Interesses erkennen und verdeutlicht gleichzeitig die Momente des sinnlichen Erkennens und der Intuition, die den meist wortlos geschlossenen Bündnissen in solchen Spielen zugrunde liegen. Die Konzeption eines objektiven Interesses, das mit den impliziten Bündnissen verfolgt wird, erübrigt zudem die Annahme einer wesenhaften Interessenhomogenität zwischen bestimmten Akteurinnen und Akteuren. Dieser Punkt ist für geschlechtersoziologische Erklärungen wichtig, die sich dem relationalen Paradigma soziologischer Theoriebildung verpflichten. Frauen- und Männerinteressen sind weder in sich homogen noch zwangsläufig konträr, sondern konstituieren sich unter bestimmten Bedingungen, die es zu untersuchen gilt. Im Rahmen einer feldtheoretischen Konzeption von Organisation geht es um die Identifikation der objektiven Interessen von Angehörigen eines Machtfeldes gegenüber den hiervon Auszuschließenden bzw. Ausgeschlossenen.

f) Selektive Assoziation

Ein maßgeblicher Mechanismus bei der Bildung von Machtfeldern scheint die „selektive Assoziation" zu sein (Kreckel 1997: 83). Es handelt sich dabei um Formen der Verbündung, die innerhalb der Strukturen hierarchischer Organisation – bzw. darüber hinaus – Ungleichheitsbeziehungen schaffen. Selektive Assoziation findet in symmetrischen Beziehungen statt, zwischen hierarchisch Gleichgestellten: „Werden nun die direkten Beziehungen zwischen diesen Gleichen intensiviert und ‚exklusiv' gestaltet, so kann das zu einer Verstärkung und Verfestigung des allgemeinen Zustandes der Ungleichheit beitragen" (Kreckel 1997: 83). Ähnlich hatte Rosabeth M. Kanter (1993) die Praxis des *Boundary Heightening* geschildert: Innerhalb von Organisationen bilden sich informelle Gruppen, nicht nur indem sie die Interaktion zwischen ihresgleichen verdichten, sondern auch durch Erhöhung der sozialen Kontrolle gegenüber „anderen". Diese von Kanter beobachteten Aktivitäten spielen sich zwischen sozialen Mehrheiten und Minderheiten in Organisationen ab und dienen der Verteidigung der Privilegien und des Status von Mehrheitsgruppenangehörigen.

Die Verstärkung informeller Grenzen findet schließlich auch in Form der Kooptation statt. Judith Lorber (1999) schildert Grenzziehung als sinnhafte Praxis, die dem Erhalt der Vertrauens- und Loyalitätsbeziehungen in gehobenen Positionen dient. In der Geschichte wurden Vertrauen und Loyalität zwischen Machtträgern über Verwandtschaftsbeziehungen hergestellt (zu „Brüderhorden": Lorber 1999: 324 f.). In modernen Unternehmen werden hierzu „Bündnisse von Männern gleicher Rasse, Religion und Klassenherkunft geschaffen" (Lipman-Blumen 1976, zitiert nach Lorber 1999: 325). Nicht Verwandtschaft, sondern soziale Ähnlichkeit (Homosozialität) bildet das Kriterium für Vertrauenswürdigkeit. Lorber beschreibt im Anschluss an Oswald Halls Bild vom „konzentrischen Zirkel" der Macht, wie durch Zuwahl von sozial Ähnlichen die historisch gewachsenen, sozial homogenen Machtbeziehungen reproduziert werden: In den „inneren Zirkel der Macht" (Lorber 1999: 336) werden gewöhnlich nur Mitglieder aufgenommen, die bspw. nach Gender, Ethnizität und sozialer Herkunft homogen sind. „Frauen mit hervorragenden Zeugnissen und Arbeitsleistungen schaffen es […] meist nur bis zum Zirkel der freundlichen Kollegen, vorausgesetzt, sie gehören der gleichen Rasse und sozialen Klasse an und machen die gleiche Arbeit wie die Männer des inneren Zirkels; sonst werden sie Einzelgängerinnen" (ebd.).

Nun hatte Kanter auch beobachtet, dass Ähnlichkeit nicht der Kooptation vorausgeht, sondern hierdurch entsteht. Empfundene Ähnlichkeit ist ein Produkt informeller Interaktion, geteilter Verantwortung und Erfahrung. Die Exklusivität des Mitgliedsstatus (im „inneren Zirkel"), das geteilte Interesse an der Erhaltung dieser Exklusivität und die besondere Qualität der Beziehungen, die hierdurch entsteht, bringt Ähnlichkeiten des beruflichen Habitus hervor, auf die sich Entscheidungsverantwortliche später beziehen können, wenn sie Kooptationsentscheidungen rechtfertigen müssen. Eine Folge der Reproduktion männlicher Machtzirkel in Organisationen ist schließlich die Reproduktion des Mythos von „männlicher Leistungsträgerschaft", der weitere Prozesse der Fremd- und Selbstausschließung nach sich ziehen kann (vgl. Hofbauer 2010).

*3 Organisation als symbolische Gewalt – Resümee*

Mit dem Untertitel zu diesem Aufsatz „Organisation als symbolische Gewalt" wird die Prämisse verbunden, dass Organisationen nicht nur Produktionsstätten von Ungleichheit sind, sondern auch zur Legitimation von Ungleichheit beitragen. Sie entlasten „die herrschende Klasse von der permanenten Legitimitätserzeugung ihrer hervorgehobenen Position", denn ihre Mitglieder „können sich stets auf ihre Rolle als organisationaler und institutioneller Funktionsträger für die Erfüllung gesamtgesellschaftlich wichtiger Aufgaben berufen und tun dies auch" (Bittlingmayer/Bauer 2009: 120). Im Binnenverhältnis wird die Legitimität der Inhaberinnen und Inhaber hervorgehobener Positionen durch Prozesse der Grenzziehung bzw. „Zirkelbildung" abgesichert. Hinzu kommt, dass Organisationsmitglieder geneigt sind, die Wirklichkeit in einer Weise wahrzunehmen, die ihren Glauben an die „rationale Organisation" bestätigt (Brunsson 2006). Hieran halten sie selbst dann noch fest, wenn die erlebte Praxis sie eigentlich eines Besseren belehren müsste.[4] Nils Brunsson erklärt dies mit „mechanisms of hope, maintaining the dream of rational organization" (Brunsson 2006). Mit dem Glauben an die rationale Organisation verbindet sich der Glaube, dass die Übernahme von Entscheidungsverantwortung an bestimmte soziale Voraussetzungen geknüpft ist. Dieser Glaube stützt sich auf die tägliche Wahrnehmung überwiegend männlich dominierter Füh-

---

4 Siehe hierzu auch den Beitrag zum Neo-Institutionalismus.

rungsebenen und auf die in der Regel immer noch überwiegend geschlechterdifferenzierenden Beurteilungsschemata des Habitus.

Je höher die Hierarchieebene, desto selektiver sind Organisationen, nicht nur hinsichtlich der fachlichen Fähigkeiten und Berufserfahrungen von Entscheidungsverantwortlichen, sondern vor allem hinsichtlich ihrer sozialen Merkmale (vgl. Scheidegger 2010$^2$). Der Systemtheoretiker Dirk Baecker (2003) führt die Selektivität Vorgesetzter gegenüber Frauen auf die Unfähigkeit ersterer zurück, funktionale Eignungskriterien (Bildung, Leistungsfähigkeit, Erfahrungswissen) unabhängig von der Geschlechtszugehörigkeit zu beurteilen („Ambiguitätsversagen"). Da es sich hierbei jedoch nicht – wie die systemtheoretische Perspektive betont – um ein gelegentliches Versagen handelt, sondern um einen systematisch wiederkehrenden Vorgang, bedarf es eines umfassenden soziologischen Erklärungsrahmens. Der Bourdieusche Werkzeugkasten bietet hierfür reichlich Material. Ein besonderer Vorzug ist die Möglichkeit zur Verbindung von Makro-, Meso- und Mikro-Ebene über das Konzept des sozialen Feldes.

Die feldanalytische Rekonstruktion der Organisationen umspannenden Macht- und Herrschaftsstrukturen ist wichtig, um die institutionelle Einbettung von Organisationen abzubilden und die Wechselwirkungen zwischen dem Geschehen in Organisationen und dem weiteren gesellschaftlichen Umfeld zu beleuchten. Die Kenntnis der Machtbeziehungen zwischen Unternehmen ist erforderlich, um etwa den Druck der Wirtschaft auf die Gestaltung der steuerungspolitischen Rahmenbedingungen in Gesellschaft abzuschätzen. Politik kann die Qualität bzw. das Ausmaß der Einbettung von Wirtschaft in Gesellschaft gestalten. Sie kann die Gleichstellungspolitik hierin aktiv einbeziehen oder aber unter dem Druck der Wirtschaft zurückweichen und bspw. die voranschreitende Deregulierung der Arbeitsbeziehungen ermöglichen, was die Individualisierung von Risiken der Beschäftigung bzw. der Laufbahnentwicklung innerhalb von Organisationen zur Folge hat. Bourdieus feldanalytische Konzeption erlaubt es, solche Querverbindungen zwischen institutionellen und organisationsübergreifenden und -internen Machtstrukturen zu denken. Dieses Potenzial wird sich allerdings erst in der ganzen Fülle zeigen, wenn solche Verbindungen auf Basis empirischer Untersuchungen rekonstruiert werden – der überzeugte Empiriker Bourdieu hätte ein solches Vorhaben sicherlich unterstützt!

*Weiterführende Literatur*

Bourdieu, Pierre/Wacquant, Loïc J.D. (1996). Reflexive Anthropologie. Frankfurt: Suhrkamp.
Bourdieu, Pierre (1997). Eine sanfte Gewalt. Pierre Bourdieu im Gespräch mit Irene Dölling und Margareta Steinrücke. In: Dölling, Irene/Krais, Beate (Hrsg.). Ein alltägliches Spiel. Geschlechterkonstruktion in der sozialen Praxis. Frankfurt: Suhrkamp, 218–230.
Emirbayer, Mustafa/Johnson, Victoria (2008). Bourdieu and Organizational Analysis. In: Theory and Society, 37 (1), 1–44.

*Im Text erwähnte Quellen*

Baecker, Dirk (2003). Männer und Frauen im Netzwerk der Hierarchie. In: Pasero, Ursula/Weinbach, Christine (Hrsg.). Frauen, Männer, Gender Trouble. Systemtheoretische Essays. Frankfurt: Suhrkamp, 125–143.
Bittlingmayer, Uwe H./Bauer, Ullrich (2009). Herrschaft (domination) und Macht (pouvoir). In: Fröhlich, Gerhard/Rehbein, Boike (Hrsg.). Handbuch Bourdieu. Leben – Werk – Wirkung. Stuttgart und Weimar: J.B.Metzler, 118–123.
Bourdieu, Pierre (1979). Entwurf einer Theorie der Praxis. Frankfurt: Suhrkamp.
Bourdieu, Pierre (1983). Ökonomisches Kapital, kulturelles Kapital, soziales Kapital. In: Soziale Welt, Sonderband 2: „Soziale Ungleichheiten", Göttingen, 183–198.
Bourdieu, Pierre (1985). Sozialer Raum und Klassen. Leçon sur la leçon. 2 Vorlesungen. Frankfurt: Suhrkamp.
Bourdieu, Pierre (1988). Die feinen Unterschiede. Kritik der gesellschaftlichen Urteilskraft. Frankfurt: Suhrkamp.
Bourdieu, Pierre (1997). Eine sanfte Gewalt. Pierre Bourdieu im Gespräch mit Irene Dölling und Margareta Steinrücke. In: Dölling, Irene/Krais, Beate (Hrsg.). Ein alltägliches Spiel. Geschlechterkonstruktion in der sozialen Praxis. Frankfurt: Suhrkamp, 218–230.
Bourdieu, Pierre (2000). Les structures sociales de l´économie. Paris: Seuil.
Bourdieu, Pierre (2005). Die männliche Herrschaft. Frankfurt: Suhrkamp.
Bourdieu, Pierre/Passeron, Jean-Claude (1971). Die Illusion der Chancengleichheit. Stuttgart: Klett.
Bourdieu, Pierre/Passeron, Jean-Claude (1973). Grundlagen einer Theorie der symbolischen Gewalt. Frankfurt: Suhrkamp.
Bourdieu, Pierre/Wacquant, Loïc J.D. (1996). Reflexive Anthropologie. Frankfurt: Suhrkamp.
Brunsson, Nils (2006). Mechanisms of Hope. Maintaining the Dream of the Rational Organization. Kristianstad: Kristianstads boktr.

DiMaggio, Paul J./Powell, Walter P. (2000). Das „stahlharte Gehäuse" neu betrachtet: Institutioneller Isomorphismus und kollektive Rationalität in organisationalen Feldern. In: Müller, Hans-Peter/Sigmund, Steffen (Hrsg.). Zeitgenössische amerikanische Soziologie. Opladen: Leske+Budrich, 147–173.

Emirbayer, Mustafa (1997). Manifesto for a Relational Sociology. In: American Journal of Sociology, 103 (2), 281–317.

Emirbayer, Mustafa/Johnson, Victoria (2008). Bourdieu and Organizational Analysis. In: Theory and Society, 37 (1), 1–44.

Epstein, Cynthia Fuchs (1988). Deceptive Distinctions. Sex, Gender, and the Social Order. New Haven and London: Yale University Press.

Flecker, Jörg (2000). „Sachzwang Flexibilisierung"? Unternehmensreorganisation und flexible Beschäftigungsformen. In: Minssen, Heiner (Hrsg.). Begrenzte Entgrenzungen. Wandlungen von Organisationen und Arbeit. Berlin: Edition Sigma, 269–292.

Flecker, Jörg (Hrsg.) (2012). Arbeit in Ketten und Netzen. Die dynamische Vernetzung von Unternehmen und die Qualität der Arbeit. Berlin: Edition Sigma.

Fuhse, Jan/Mützel, Sophie (2010). Einleitung: Zur relationalen Soziologie. Grundgedanken. Entwicklungslinien und transatlantische Brückenschläge. In: dies. (Hrsg.). Relationale Soziologie. Zur kulturellen Wende der Netzwerkforschung. Wiesbaden: VS, 7–36.

Funder, Maria/Sproll, Martina (2012). Symbolische Gewalt und Leistungsregime. Geschlechterungleichheit in der betrieblichen Arbeitspolitik. Münster: Westfälisches Dampfboot.

Gebauer, Gunter (1997). Kinderspiele als Aufführungen von Geschlechtsunterschieden. In: Dölling, Irene/Krais, Beate (Hrsg.). Ein alltägliches Spiel. Geschlechterkonstruktionen in der sozialen Praxis. Frankfurt: Suhrkamp, 259–284.

Gildemeister, Regine/Wetterer, Angelika (Hrsg.) (2007). Erosion oder Reproduktion geschlechtlicher Differenzierungen? Widersprüchliche Entwicklungen in professionalisierten Berufsfeldern und Organisationen. Münster: Westfälisches Dampfboot.

Hofbauer, Johanna (2004). Distinktion – Bewegung an betrieblichen Geschlechtergrenzen. In: Pasero, Ursula/Priddat, Birger (Hrsg.). Organisationen und Netzwerke. Der Fall Gender. Wiesbaden: VS, 45–64.

Hofbauer, Johanna (2010). Soziale Homogenität und kulturelle Hegemonie. Organisation und Ausschließung aus Bourdieuscher Persepektive. In: Feministische Studien, 28 (1), 25–39.

Jurczyk, Karin (1993). Flexibilisierung für wen? Zum Zusammenhang von Arbeitszeiten und Geschlechterverhältnissen. In: Jurczyk, Karin/Rerrich, Maria S. (Hrsg.). Die Arbeit des Alltags. Beiträge zu einer Soziologie alltäglicher Lebensführung. Freiburg i.Br.: Lambertus, 346–374.

Kanter, Rosabeth Moss (1993, zuerst 1977). Men and Women of the Corporation. New York: Basic Books.

Kanter, Rosabeth Moss (1998, zuerst 1976). The Impact of Hierarchical Structures on the Work Behavior of Women and Men. In: Meyers, Kristen A./Anderson, Cynthia D./Risman, Barbara (Hrsg.). Feminist Foundations. Toward Transforming Sociology. Thousand Oaks et al.: Sage, 259–277.

Kieser, Alfred/Ebers, Mark (2006, zuerst 1992). Organisationstheorien. Stuttgart: Kohlhammer.

Kirsch-Auwärter, Edit (1995). Kulturmuster organisationalen Handelns am Beispiel wissenschaftlicher Institutionen. In: Wetterer, Angelika (Hrsg.). Die soziale Konstruktion von Geschlecht in Professionalisierungsprozessen. Frankfurt, New York: Campus, 73–83.

Kreckel, Reinhard (1997). Politische Soziologie der sozialen Ungleichheit. Frankfurt, New York: Campus.

Krell, Gertraude (2010). Führungspositionen. In: Projektgruppe GiB (Hrsg.). Geschlechterungleichheiten im Betrieb. Arbeit, Entlohnung und Gleichstellung in der Privatwirtschaft. Berlin: Edition Sigma, 423–484.

Liebig, Brigitte (2000). Organisationskultur und Geschlechtergleichstellung. Eine Typologie betrieblicher Geschlechterkulturen. In: Zeitschrift für Frauenforschung, 18, 47–66.

Lorber, Judith (1999). Gender – Paradoxien. Opladen: Leske+Budrich.

Mayntz, Renate (1969). Organisation. In: Bernsdorf, Wilhelm (Hrsg.). Wörterbuch der Soziologie. Stuttgart: Enke, 761–764.

Müller, Ursula (1998). Asymmetrische Geschlechterkultur in Organisationen und Frauenförderung als Prozeß – mit Beispielen aus Betrieben und der Universität. In: Zeitschrift für Personalforschung, 12 (2), 123–142.

Perrow, Charles (1989). Eine Gesellschaft von Organisationen. In: Journal für Sozialforschung, 28 (1), 3–19.

Reckwitz, Andreas (2008). Unscharfe Grenzen. Bielefeld: Transcript.

Ridgeway, Cecilia L./Boyle, Elizabeth H./Kuipers, Kathy/Robinson, Dawn T. (1998). How Do Status Beliefs Develop? The Role of Resources and Interactional Experience. In: American Sociological Review, 63, 331–340.

Ridgeway, Cecilia L. (2001). Interaktion und die Hartnäckigkeit der Geschlechter-Ungleichheit in der Arbeitswelt. In: Heintz, Bettina (Hrsg.). Geschlechtersoziologie. Sonderheft 41 der Kölner Zeitschrift für Soziologie und Sozialpsychologie. Wiesbaden: Westdeutscher Verlag, 250–275.

Ridgeway, Cecilia L. (2009). Framed Before We Know It: How Gender Shapes Social Relations. In: Gender & Society, 23 (2), 145–160.

Rudolph, Hedwig (2007). Unternehmensberatungen als männliche Eliteorganisationen. In:

Gildemeister, Regine/Wetterer, Angelika (Hrsg.). Erosion oder Reproduktion geschlechtlicher Differenzierungen? Widersprüchliche Entwicklungen in professionalisierten Berufsfeldern und Organisationen. Münster: Westfälisches Dampfboot, 99–121.

Scheidegger, Nicole (2010$^2$). Wirkungen struktureller Löcher auf den Karriereerfolg: eine kontingente Betrachtung. In: Stegbauer, Christian (Hrsg.). Netzwerkanalyse und Netzwerktheorie. Wiesbaden: VS, 503–516.

Schmidt, Robert (2009). Symbolische Gewalt (violence symbolique). In: Fröhlich, Gerhard/Rehbein, Boike (Hrsg.). Bourdieu-Handbuch. Leben – Werk – Wirkung. Stuttgart, Weimar: J.B.Metzler, 231–235.

Simmel, Georg (1995). Soziologie der Konkurrenz. In: ders. (Hrsg.). Aufsätze und Abhandlungen 1901–1908, Gesamtausgabe Bd. 7. Frankfurt: Suhrkamp, 221–246.

Tajfel, Henri/Billig, M.G./Bundy, R.P./Flament, Claude (1971). Social categorization and intergroup behaviour. In: European Journal of Social Psychology, 1, 149–178.

# Organisation als reflexive Strukturation – Geschlechterdifferenzierungen im Handlungskontext

*Steffen Dörhöfer*

## 1 Einleitung

Die strukturationstheoretische Organisationsanalyse betrachtet Organisationen als eine Kollektivität, die sich durch eine besondere Herrschafts- und Koordinationsweise auszeichnet. Dementsprechend spielt das Management eine bestimmende Rolle bei der reflexiven Gestaltung von Organisationen und der „Überwachung" der Organisationsmitglieder. Innerhalb der vielschichtigen Handlungskontexte in Organisationen – Abteilungen, Gruppen, Arbeitsplätze – sind es jedoch alle organisationalen Akteure, die in ihren alltäglichen sozialen Praktiken organisationale Handlungseinheiten produzieren und reproduzieren. Nach dem Giddensschen Grundtheorem der „Dualität von Struktur" (Giddens 1988: 77) stehen die Organisationsstrukturen den Organisationsmitgliedern nicht etwa äußerlich als Handlungsrestriktionen gegenüber, sondern sind als aktivierte Strukturmomente sowohl Medium als auch Ergebnis sozialer Praktiken. Auf diese Weise beziehen sich kompetente Akteure in situierten Handlungskontexten auf Regeln und Ressourcen, wobei sie immer auch „anders" agieren können. Konsequenterweise stehen in der strukturationstheoretischen Betrachtung von Organisationen die Handlungskontexte im Mittelpunkt des Interesses (vgl. Thrift 1985: 610), die situationsübergreifend (mehrfach) strukturiert sind und bestimmte situationsbedingte Eigenlogiken besitzen.

Bisher hat die Kategorie Geschlecht in den strukturationstheoretischen Organisationsansätzen nur eine eher randständige Rolle gespielt. Trotzdem bietet das Giddenssche Theorieinstrumentarium eine hohe Anschlussfähigkeit an gegenwärtige Diskussionen zur Geschlechterdifferenzierung in Organisationen und ermöglicht die Entwicklung eines integrativen Untersuchungsrahmens für eine geschlechtskategorial informierte Organisationstheorie (in Anlehnung an Kahlert 2012: 59). Insbesondere die Denkfigur einer Dualität von Struktur eröffnet eine erweiterte Analyseperspektive auf Organisationen, die das rekursive Zusammenspiel zwischen einer strukturierten Handlungseinheit und dem eigentlichen Prozess des Organisierens betrachtet (vgl. Weick 1985; Hosking/Morley 1991; Czarniawska 2008). Dieser Grundgedanke lässt sich problemlos auf die gegenwärtige Diskussion um Geschlecht als Struktur- und Prozesskategorie übertragen. Denn eine „Dualität von Geschlecht" (Kahlert 2012) kann die klassische Gegenüberstellung der Annahme einer strukturell vergeschlechtlichten Organisation (u.a. Acker 1990) auf der einen Seite und kontingenz- sowie handlungstheoretischer Ansätze – beispielsweise Prozesse des „Doing Gender" (Hagemann-White 1984) oder der De-Institutionalisierung (Heintz/Nadai 1998; Heintz 2001, 2008) – auf der anderen Seite miteinander vermitteln.

Das Ziel des Beitrags besteht folglich darin, die gendertheoretische Anschlussfähigkeit des strukturationstheoretischen Organisationskonzepts aufzuzeigen und die „Dualität von Geschlecht" in den Untersuchungsrahmen zu integrieren. Indem die strukturationstheoretische Organisationsanalyse gerade die Kontextualität der Produktion und Reproduktion von Organisationsstrukturen herausarbeitet, lässt sich in einer genderorientierten Erweiterung dieses Ansatzes die „kontextabhängige Ausformulierung von Geschlechterdifferenzen" (Kuhlmann et al. 2012: 498; auch Wilz 2012) untersuchen. Anhand des organisationssoziologischen Untersuchungsrahmens können eine Mehr-Ebenen-Strukturierung von Geschlechterdifferenzierungen und entsprechende Ungleichzeitigkeiten zwischen den Strukturebenen analysiert werden.

Um einige vorherrschende Schwierigkeiten und Missverständnisse in Bezug auf die Theorie der Strukturierung zu vermeiden, wird in einem ersten Schritt auf Giddens' Theorieverständnis und die Übertragbarkeit seiner Theorieinstrumente auf organisationstheoretische Fragestellungen eingegangen (2). An diese Vorüberlegungen knüpft die Entwicklung eines Theoriemodells an, das Organisationen als „reflexive Strukturation" begreift und die unterschiedlichen Strukturierungskontexte herausarbeitet (3). Abschließend wird die Integration der Kategorie Geschlecht in den strukturationstheoretischen Untersuchungsrahmen diskutiert und Perspektiven für eine Mehr-Ebenen-Theorie der Geschlechterdifferenzierung in Organisationen formuliert (4).

*2 Theorie der Strukturierung und Organisationswissenschaft*

Die Grundzüge der Strukturationstheorie entwickelt Giddens vor allem in seinen Veröffentlichungen „New Rules of Sociological Method" (1976),

"Central Problems in Social Theory" (1979) und "Constitution of Society" (1984). Obwohl seine sozialontologischen Überlegungen nur einen überschaubaren Aspekt seines wesentlich umfassenderen Gesamtwerks darstellen und er die Überarbeitung seiner Theorieprämissen seit Ende der 1990er Jahre mehr oder weniger beendet hat, prägen seine sozialtheoretischen Kategorien die organisationstheoretische Debatte wie keine andere "Großtheorie". Demnach gilt es, um einen strukturationstheoretischen Untersuchungsrahmen näher ausarbeiten zu können, sowohl das Giddenssche Theorieverständnis als auch die zeitgenössische Bezugnahme auf seine Theorieinstrumente in modernen Organisationstheorien nachzuvollziehen.

Mit der "Theorie der Strukturierung" verfolgt Anthony Giddens das Ziel, eine Sozialontologie jenseits des Funktionalismus und der interpretativen Soziologie zu formulieren. Entscheidend ist in diesem Zusammenhang, dass Giddens seinen Theorieansatz als "Sensitizing Device" (Giddens 1990: 310, 1988: 335 ff.) begreift, das selektiv zur Entwicklung empirisch überprüfbarer Untersuchungsmodelle und zur Reflexion von Forschungsprozessen herangezogen werden kann. Dementsprechend verweist er mehrfach auf die relative Autonomie seiner Sozialtheorie gegenüber ihrer empirischen Überprüfbarkeit, da sie im Hinblick auf logische Konsistenz (vgl. Stones 2005: 34 ff.) als eine "Ontology of Potentials" (Cohen 1989: 12 ff.) konzipiert ist: "The ontological element of scientific theory can be understood as a series of internally consistent insights into the trans-historical potentials of the phenomena that constitutes a domain of inquiry: i.e. fundamental processes and properties that may be activated or realised in various ways in diverse circumstances and on different occasions" (ebd.: 17). Aus diesem Grund kritisiert Giddens Untersuchungskonzepte, die versuchen, seine ontologischen Grundannahmen *en bloc* in die empirische Forschung zu überführen und schlägt vor, einige theoretische Prinzipien der Strukturationstheorie in eine (empirisch überprüfbare) "Theorie mittlerer Reichweite"[1] zu übertragen (vgl. Giddens 1989; siehe auch: Cohen 1989: 17; Orlikowski 1996).

Nach Giddens sollte sich ein strukturationstheoretisches Forschungsprogramm von einer unvermittelten Gegenüberstellung (Dualismus) handlungs- und strukturorientierter Ansätze verabschieden und von einer "Dua-

---

1 Die Verwendung dieses Konzepts von Merton scheint hier durchaus angebracht, weil Giddens – trotz aller sozialontologischen Differenzen beider Autoren – deutlich den vergleichbaren Theoriestatus beider Ansätze hervorhebt (u.a. Giddens 1989: 297).

lität von Struktur" – im Folgenden als „Dualität von Handlung und Struktur" bezeichnet – ausgehen. Der Grundgedanke besteht darin, dass kompetente Akteure in ihren Handlungen auf Strukturen rekurrieren und diese als soziale Praktiken (re)produzieren. Er formuliert dies wie folgt: „By the duality of structure, I mean the essential recursiveness of social life, as constituted in social practices: structure is both medium and outcome of the reproduction of practices. Structure enters simultaneously into the constitution of the agent and social practices, and ‚exists' in the generating moments of this constitution" (Giddens 1979: 5).

Im Mittelpunkt der Strukturationstheorie steht somit die Produktion und Reproduktion sozialer Praktiken innerhalb sozialer Systeme. Hierbei grenzt Giddens ganz bewusst sein Strukturverständnis von dem „traditionellen" Strukturverständnis der Sozialtheorie ab, das soziale Strukturen als beobachtbare Handlungsmuster beschreibt. Vielmehr sind Strukturen durch die Abwesenheit des Subjekts gekennzeichnet, sodass die Regeln und Ressourcen lediglich im impliziten Wissen der Akteure und in sozialen Praktiken realisiert werden. Aus den sozialontologischen Grundprämissen leitet er sodann einige generelle Prinzipien für ein strukturationstheoretisches Forschungsprogramm ab (Giddens 1989: 300; ähnlich: 1990: 310 ff. sowie 1988: 335 ff.):

(1) Als ein Nexus sozialer Relationen und Praktiken sind soziale Systeme der Ausgangspunkt empirischer Untersuchungen. Dabei dürfen soziale Systeme in keiner Weise als präkonstituierte und bereits abgegrenzte Handlungseinheiten angesehen werden, sondern die Analyse bezieht sich auf das aktive Produzieren und Reproduzieren sozialer Praktiken im Handeln der Akteure.

(2) Die Produktion und Reproduktion von sozialen Praktiken seitens der Akteure (Strukturation) ist in konkreten Handlungskontexten situiert. Im Gegensatz zu einer handlungstheoretischen Verengung des Kontextverständnisses betont Giddens die systemische (Teil-)Konditionierung dieser *Settings* und die Rückwirkung kontextualisierter Handlungen auf das Systemganze. Diese Handlungskontexte können folglich aufgrund institutioneller Einflüsse durch unterschiedliche Strukturmomente beeinflusst werden.

(3) Zudem ist die Reflexivität der individuellen und kollektiven Akteure im Vollzug der sozialen Praktiken basaler Bestandteil der (Re-)Produktionsprozesse. Es besteht also immer ein gewisses artikulierbares oder nicht-artikulierbares Wissen gegenüber dem eigenen Handeln;

ohne natürlich die teilweise nichterkannten Handlungsvoraussetzungen sowie die nichtintendierten Handlungsfolgen zu vernachlässigen.
(4) Schließlich sollte die Reflexivität der Handelnden auf den eigenen Forschungsprozess angewendet und der Einfluss verwendeter Forschungspraktiken und erhobener Forschungsergebnisse auf den Untersuchungsgegenstand berücksichtigt werden.

Die Übertragbarkeit dieser Theorieprinzipien auf die empirische Forschung haben verschiedene Autoren_innen ausführlich kritisiert, wobei vor allem die Anwendung der Strukturationstheorie in der Organisationswissenschaft die postulierte Irrelevanz der Strukturationstheorie für die empirische Forschung (vgl. Gregson 1989) praktisch widerlegt. Trotzdem sind gerade die laufenden Theoriedebatten und insbesondere die Kritiken an der Strukturationstheorie (vor allem: Archer 1995; Mouzelis 1995; Parker 2000) zu berücksichtigen und in die Entwicklung eines Untersuchungsrahmens für Organisationen miteinzubeziehen (siehe vor allem Stones 2001, 2005).

In der Organisationstheorie hat sich die Strukturationstheorie in ganz unterschiedlichen Feldern, wie beispielsweise im Strategy-as-Practice-Ansatz (Whittington 2006; Jarzabkowski 2005; Heracleous 2003), der organisationalen Kommunikationsforschung (McPhee/Zaug 2001; Putnam/Nicotera 2009), der Mikropolitik (Ortmann 1990, 1995), der Technologie im Allgemeinen (Orlikowski 1992, 2000) und der Informationstechnologie im Besonderen (DeSanctis/Poole 1994) sowie Unternehmensnetzwerken (Sydow 1992; Windeler 2001), etabliert. Dabei orientiert sich die Übertragung der Strukturationstheorie auf organisationstheoretische Fragestellungen an ganz unterschiedlichen Strategien. Beispielsweise zeigt Marlei Pozzebon in ihren Metastudien zur Verwendung strukturationstheoretischer Konzepte in den Themenfeldern des strategischen Managements (Pozzebon/Pinsonneault 2005) und der organisationalen IT-Forschung (Pozzebon 2004) auf, dass die Giddensschen Theorieinstrumente zumeist in Kombination mit anderen theoretischen Konzepten verwendet werden, wobei die Strukturationstheorie entweder als „Integrative Theoretical Tool" (Child 1997) oder zur Ergänzung primär verwendeter Theorien, hierbei vor allem in der neo-institutionalistischen Organisationstheorie, eingesetzt wird.

An die Entwicklung eines strukturationstheoretischen Untersuchungsrahmens zur Analyse von Geschlechterdifferenzierungen schließen die folgenden Ausführungen an. Sie knüpfen an (meta-)theoretische Grundannahmen der Strukturationstheorie an und setzen die anscheinend widersprüchlichen theoretischen Bausteine einer „Gendered Organization" und die handlungstheoretischen Doing-Gender-Prozesse innerhalb eines integrativen Untersuchungsmodells zueinander in Beziehung. Auf diese Weise können die Reflexivität auf Prozesse der Genderdifferenzierung erhöht und Einsichten gewonnen werden, die einem „nichtreflexiven" Forschungszugang verstellt sind.

## 3 Organisation als reflexive Strukturation

Das strukturationstheoretische Organisationsverständnis bietet für die Geschlechtersoziologie ganz unterschiedliche Anknüpfungspunkte, da Organisationen auf allen Handlungsebenen als gesellschaftlich konstituiert angesehen werden. Auf diese Weise betont dieser organisationstheoretische Ansatz den Einfluss sozialer Institutionen auf die organisationale Meso- und Mikroebene und ermöglicht die Analyse der Mehr-Ebenen-Strukturierungen von Handlungskontexten. Gleichzeitig vernachlässigt die Strukturationstheorie keinesfalls die Eigenlogik beziehungsweise die Handlungsfähigkeit von Organisationen, auch wenn die Organisationsgrenzen als wesentlich durchlässiger und mehrdeutiger angesehen werden als in anderen Organisationstheorien. Dies liegt in der basalen Kontextualisierung der (Re-)Produktion von Organisationen begründet, da die Individuen zwar den Herrschaftsmechanismen der „Kollektivität Organisation" ausgesetzt sind, diese aber ein bestimmtes „Angebot" an Handlungsmöglichkeiten besitzen.

Im Folgenden wird der strukturationstheoretische Untersuchungsrahmen zur Organisationsanalyse anhand der Giddensschen Grundidee von Organisationen als reflexiver Strukturation und der daraus abgeleiteten Strategiefähigkeit von Organisationen entwickelt (Ortmann/Sydow/ Windeler 1997; Dörhöfer 2010). Organisationen sind als besondere soziale Systeme zu konzipieren, deren Reproduktion und Wandlung im Strukturationsprozess der Individuen immer wieder neu hergestellt werden muss. Demzufolge rücken die „Orte" der tagtäglichen Strukturierungspraktiken der Individuen, die Giddens als Handlungskontexte beschreibt, in den Fokus der Untersuchung, die Anknüpfungspunkte für eine Analyse der Geschlechterverhältnisse in Organisationen bieten.

## a) Reflexivität, Strategie und Mikropolitik

Die Strukturationstheorie begreift Organisationen als reflexive soziale Systeme, die kontinuierlich ihre institutionelle Umwelt und ihre internen Praxiskonfigurationen zum Zweck der Systemreproduktion überwachen. Nach Giddens besteht die Reflexivität dieser Steuerungsprozesse in der bewussten Gewinnung und Speicherung von Informationen, die kontinuierlich in die Strukturation – im Sinne der strategischen Ausrichtung und der Selbstbeschreibung – des sozialen Systems eingehen. Zur Gewinnung und Dokumentation von Informationen haben sich in modernen Organisationen unterschiedliche „reflexive Institutionen" (Moldaschl 2005) herausgebildet und als Funktion etabliert, die unter anderem das Controlling, das Human Resource Management und das Consulting umfassen können. Dementsprechend kann auch die Reflexivität von Geschlechterungleichheiten in Organisationen institutionalisiert werden, indem z. B. Funktionen und Verantwortlichkeiten für das Diversity Management beziehungsweise das Gender Mainstreaming geschaffen werden. Gleichwohl erhöht sich die Wirksamkeit einer institutionalisierten Gender-Reflexivität wahrscheinlich erst dann, wenn dieser Themenbereich nicht eine separate Funktion darstellt, sondern sich als Querschnittsthema in allen „klassischen" reflexiven Institutionen wiederfindet und somit fest verankert ist.

Entscheidend ist hierbei, dass die Reflexivität von Organisationen in der Vermittlung von Umweltanforderungen und internen Handlungspraktiken besteht, wobei die Eigenlogik der Organisation immer den Ausgangspunkt für die Informationsgenerierung und -interpretation darstellt. Um die Eigenlogik und die Handlungsfähigkeit von Organisationen zu betonen, versteht Giddens Organisationen als „Kollektivitäten" und meint damit den hohen Grad an Reflexivität zur Sicherstellung der Systemreproduktion. Dieser hohe Grad an Reflexivität ist deshalb möglich, weil sich Organisationen von anderen sozialen Systemen, wie beispielsweise dem Netzwerk oder Gruppen, aufgrund ihrer Koordinationsweise unterscheiden (vgl. Giddens 1990: 302 f.). Demzufolge ist die Bedingung der reflexiven Ausdifferenzierung von Organisationen und der kollektiven Handlungsfähigkeit (vgl. Leflaive 1996: 23) die Verfasstheit von Unternehmen als Herrschaftssystemen. Giddens fasst sein Organisationsverständnis präzise zusammen: „It is a social system which is able to ‚bracket time-space', and which does so via the reflexive monitoring of system reproduction and the articulation of ‚discursive history'. [...] Reflexively-monitored conditions of social reproduction involve the documentation of such reproduction with a view to its co-ordination and control" (Giddens 1987: 153 f.).

Für die Reproduktion von „Kollektivitäten" ist entscheidend, dass durch die Aufrechterhaltung der Herrschaftsstrukturen und den Einsatz von Machtmitteln das Unternehmen reflexiv strukturiert werden kann (vgl. Ortmann/Sydow/Windeler 1997). Auf diese Weise können „strategisch situierte Akteure die Gesamtbedingungen der Systemreproduktion reflexiv zu regulieren versuchen, entweder, um die Dinge, so wie sie sind, zu erhalten oder sie zu verändern" (Giddens 1988: 80). Somit sind Organisationen immer als strategiefähig gegenüber ihrer institutionellen Umwelt zu betrachten, „entkommen" aber nicht ihrer eigenen – immer wieder veränderbaren – Geschichte. Und diese Organisationsgeschichte ist selbstverständlich zumeist auch eng mit der pfadabhängigen Ausformung von Geschlechterdifferenzen verzahnt. Zwar kann die Organisation ihren historischen Geschlechterstrukturen nicht entkommen, aber mit der zunehmenden Reflexivität von Geschlechterungleichheiten kann die Vorgeschichte erkannt und in Zukunft schrittweise verändert werden.

Die „strategische Wahl" von Organisationen (vgl. Child 1997) ist der Hauptfokus der Reflexivität von Organisationen, da auf der Grundlage von organisationsinternen und -externen Handlungsbedingungen die Organisationsstrategie als „ein Muster, ein über die Zeit hinweg konsistentes Verhalten" (Mintzberg/Ahlstrand/Lampel 1999: 23) entsteht (siehe Abbildung 1). In einer „Strategy-as-Practice-Perspektive" (u.a. Whittington 2006; Jarzabkowski 2005; Jarzabkowski/Balogun/Seidl 2007) zeigen unterschiedliche Untersuchungen die enge Verschränkung des *Strategizing* und des Organisierens auf. Die praxisorientierte Erweiterung der Organisationsstrategie verweist auf das komplexe Ineinandergreifen der Informationsgewinnung bezüglich der institutionellen Organisationsumwelt und der pluralen organisationsinternen formellen und informellen Kontexte (vgl. Jarzabkowksi/Fenton 2006: 633 ff.) mit teilweise sehr unterschiedlichen Interessen.

*Abbildung 1: Prozess der strategischen Wahl (eigene Darstellung, basierend auf Child 1997; Heracleous 2003)*

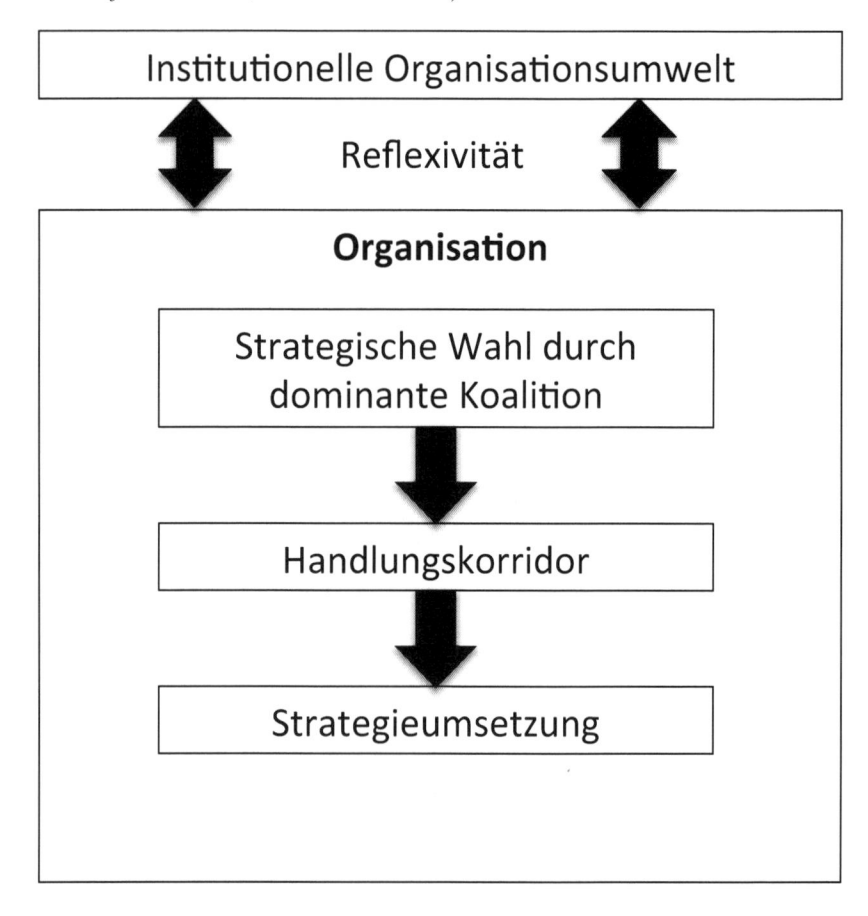

```
┌─────────────────────────────────────────────┐
│   Institutionelle Organisationsumwelt       │
└─────────────────────────────────────────────┘
         ↕         Reflexivität         ↕
┌─────────────────────────────────────────────┐
│               Organisation                   │
│   ┌─────────────────────────────────────┐   │
│   │   Strategische Wahl durch           │   │
│   │      dominante Koalition            │   │
│   └─────────────────────────────────────┘   │
│                    ↓                         │
│   ┌─────────────────────────────────────┐   │
│   │          Handlungskorridor           │   │
│   └─────────────────────────────────────┘   │
│                    ↓                         │
│   ┌─────────────────────────────────────┐   │
│   │         Strategieumsetzung           │   │
│   └─────────────────────────────────────┘   │
└─────────────────────────────────────────────┘
```

In diesem Zusammenhang erweist sich die Informationsgewinnung, Strategieformulierung und -umsetzung als politischer Prozess, wobei letztendlich die dominante Koalition, die selbstverständlich aus unternehmensinternen und -externen Akteuren zusammengesetzt sein kann, die „strategische Wahl" (Child 1997) zu ihren Gunsten aushandelt. Obwohl der „Strategy-as-Practice-Ansatz" damit die reine Top-Down-Sichtweise auf die Strategieformulierung überwindet, ist besonders der Herrschaftskontext, in dem dieser Strategieformulierungsprozess stattfindet, hervorzuheben. Denn die strategische Wahl findet immer innerhalb eines strukturell eingeschränkten „Entscheidungskorridors" (Ortmann/Becker 1995: 62) statt.

Auf der Grundlage einer mikropolitischen Untersuchungsperspektive kann der gesamte Strategieformulierungs- und Strategieimplementierungsprozess in Bezug auf geschlechteregalitäre Managementkonzepte analysiert werden, d.h. das rekursive Zusammenspiel zwischen Gender-Reflexivität, pluralen, mikropolitischen Interessen und dem bestehenden Handlungskorridor (im Kontext der Organisations- beziehungsweise „Gender-Geschichte").

Insgesamt ist es für die weitere Betrachtung des strukturationstheoretischen Untersuchungsrahmens von außerordentlicher Bedeutung, dass es, erstens, unterschiedliche Interessen gegenüber den strategischen Zielen gibt, zweitens, dass die strategischen Kompromisslösungen teilweise ambivalent aussehen und drittens, dass die Umsetzung der Strategie(n) sowie die damit einhergehende Organisationsgestaltung – im Sinne von Formalisierungen – als kontextorientierter Managementprozess anzusehen ist. Die Aspekte der Formalstruktur, der sozialen Praktiken und der Handlungskontexte erhalten mit der Konzeption von Organisationen als sozialen Systemen einen umfassenden Theorierahmen.

b) Organisation und Strukturation

Die reflexive Strukturation von Organisationen findet ihre Zuspitzung in einem hohen Grad an Formalisierung (vgl. Ortmann/Sydow/Windeler 1997: 315; McPhee 2004). Indem Unternehmen ihre Strukturen und Prozesse formalisieren, nehmen sie eine Abstraktion von konkreten Situationen und Personen vor. Auf diese Weise kann das Management die sozialen Beziehungen von Personen, die in verschiedenen, raumzeitlich entfernten Kontexten situiert sind, über die lokalen Grenzen hinaus „heben" und, entsprechend den Erfordernissen der Gesamtorganisation, kombinieren.

Selbstverständlich kann das Managementhandeln die sozialen Beziehungen von Personen durch den Einsatz von Machtmitteln lediglich beeinflussen und nicht bestimmen. Dementsprechend sind Managementpraktiken immer auf andere Personen bezogen, sodass das Management zwar qua Funktion diverse Möglichkeiten der Koordination und Kontrolle von Personen besitzt, dies aber ein wechselseitiges und kein einseitiges Verhältnis darstellt. Management ist vielmehr als ein relationaler Prozess zu verstehen (vgl. Cunliffe 2009) und bedeutet, dass Managementpraktiken immer in ein komplexes Netz sozialer Relationen eingebettet sind und die

Formung der sozialen Beziehungen den Prozess des Organisierens bestimmt.[2] Infolgedessen sind alle genderorientierten Managementmaßnahmen immer als eingebunden in dieses komplexe Netz an Relationen und nicht als isolierte Managementbemühungen zu betrachten.

Somit sind Unternehmen letztendlich durch organisationale Handlungsmuster – Routinen und Praktiken – bestimmt, die sowohl eine gewisse Stabilität gewähren als auch ständig im alltäglichen Handeln der Organisationsmitglieder produziert und reproduziert werden. Den Prozess des Organisierens, der zwischen vorhandenen Strukturen und der ständigen Neuordnung der „Erlebnisströme" oszilliert, hat Karl Weick (1985) sehr anschaulich beschrieben und ausgeführt.[3] Mit dem strukturationstheoretischen Organisationsverständnis kann der Herrschaftscharakter und die prozessrelationale Konzeption von Unternehmen integriert werden. Von zentraler Bedeutung ist hierbei die „Dualität von Handlung und Struktur", auf deren Grundlage die theoretische Unterscheidung von sozialem System und Struktur erfolgt.

Während in vielen organisationstheoretischen Konzepten die Struktur von Unternehmen oftmals mit der Formalstruktur gleichgesetzt wird, konzipiert Giddens den Strukturbegriff wesentlich komplexer. Danach kann die Struktur eines Unternehmens nicht durch das Management formalisiert und festgeschrieben werden, sondern bildet sich durch die aufeinander bezogenen Handlungen aller Unternehmensakteure im Prozess des Organisierens und Arbeitens heraus. Um einen Strukturbegriff zu entwickeln, der die Wechselwirkung zwischen Struktur und Handlung konsequent in die Produktion und Reproduktion sozialer Praktiken mit einfließen lässt, unterscheidet die Theorie der Strukturierung in Anlehnung an die Sprachwissenschaft eine syntagmatische Dimension, das „soziale System", von einer paradigmatischen Dimension, der „Struktur". Das soziale System beschreibt die regelmäßigen organisationalen und sozialen Praktiken in Unternehmen, die in konkreten raumzeitlichen Kontexten situiert sind und

---

2 Den Zusammenhang zwischen formaler Organisation und den Auswirkungen auf die tatsächlichen Arbeitspraktiken beschreibt Tsoukas (2001) sehr pointiert: „Thus, insofar as actors follow abstract rules, formal organization is an input into human action, while organization at large is an outcome of it – a pattern emerging from actors adapting to local contingencies and closely interrelating their actions with those of others" (ebd.: 9).
3 Siehe hierzu auch den Beitrag von Helga Eberherr/Edeltraud Hannapi-Egger in diesem Band.

sich historisch herausgebildet haben. Im Gegensatz zum sozialen System existiert die Struktur lediglich als virtuelle Ordnung und ist durch die Abwesenheit des Subjekts gekennzeichnet (vgl. Giddens 1988: 77). Strukturen sind nur dann in sozialen Systemen existent, wenn sie als Strukturmomente im Handeln realisiert werden.[4] Infolgedessen existieren Strukturen nur in den Erinnerungsspuren von Akteuren, die sich in ihrem sozialen Handeln auf dieses hauptsächlich implizite Wissen beziehen und es entsprechend den situativen Kontexten anwenden. Erst durch die reflexive Bezugnahme der Handelnden auf kontextübergreifende Strukturen bilden sich die stabilen Handlungsmuster – soziale Praktiken – heraus.

Infolgedessen stellen Organisationen einen Nexus von ineinander verwobenen sozialen Praktiken dar, die ständig durch die Bezugnahme von organisationalen Akteuren auf Strukturen produziert und reproduziert werden. Nach Giddens bestehen Strukturen aus Regeln und Ressourcen, die nur analytisch voneinander zu trennen sind und in den sozialen Praktiken zusammenwirken (siehe Abb. 2). Auf der Strukturebene unterteilen sich die Regeln in Weisen der Signifikation und der Legitimation, während die allokativen und autoritativen Ressourcen die Dimension der Herrschaft bezeichnen. Unter Regeln versteht Giddens „Techniken oder verallgemeinerbare Verfahren [...], die in der Ausführung/Reproduktion sozialer Praktiken angewendet werden" (Giddens 1988: 73). Im Gegensatz dazu verkörpern Ressourcen das „Handlungsvermögen der Akteure" (Walgenbach 1999: 361). Anders als Regeln, sind Ressourcen nicht nur in den sozialen Praktiken und den Erinnerungsspuren der Akteure präsent, sondern können in sozialen Systemen durchaus materiell als Artefakte gespeichert werden.

---

4 „Somit stellt der sozialwissenschaftliche Strukturbegriff auf die Strukturmomente sozialer Systeme ab: diese ermöglichen die ‚Einbindung' von Raum und Zeit in soziale Systeme und sind dafür verantwortlich, daß soziale Praktiken über unterschiedliche Spannen von Raum und Zeit hinweg als identische reproduziert werden, also systemische Formen erhalten" (Giddens 1988: 69).

*Abbildung 2: Dimensionen der Dualität von Handlung und Struktur (Quellen: Giddens 1988: 81; Becker 1996: 141.)*

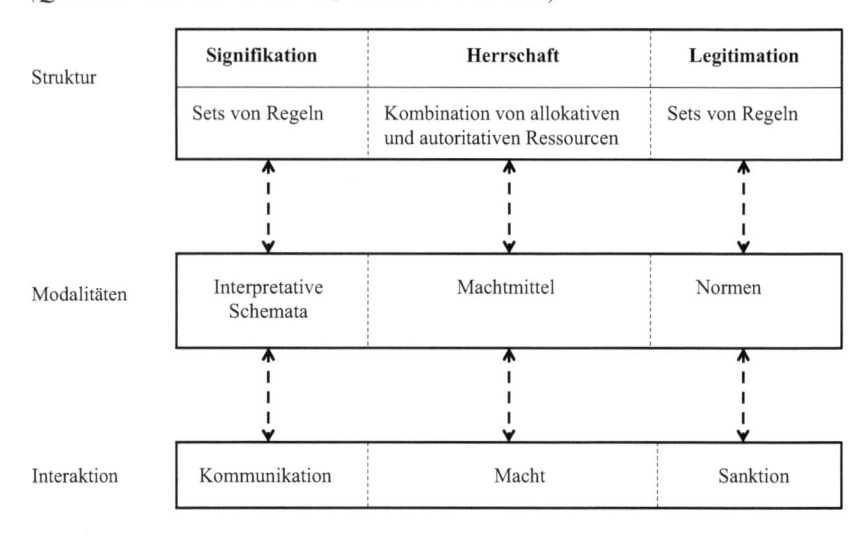

| | Signifikation | Herrschaft | Legitimation |
|---|---|---|---|
| Struktur | Sets von Regeln | Kombination von allokativen und autoritativen Ressourcen | Sets von Regeln |
| Modalitäten | Interpretative Schemata | Machtmittel | Normen |
| Interaktion | Kommunikation | Macht | Sanktion |

Die Vermittlungsebene zwischen der Struktur- und der Interaktionsebene konzipiert Giddens als Strukturmodalitäten. Zur Reproduktion sozialer Systeme beziehen sich Akteure in ihren Handlungen auf die Strukturmodalitäten, d.h. sie wenden die abstrakten, transsituationalen Strukturen innerhalb eines bestimmten raumzeitlichen Handlungskontextes mehr oder weniger reflexiv an: „Die Akteure vermitteln in ihren Interaktionen die Handlungs- mit der Strukturebene, indem sie die Regeln und Ressourcen unter situativen Umständen situationsspezifisch und nach Maßgaben ihrer Biographie und Kompetenz, also auf ganz besondere Weise, zu Modalitäten ihres Handelns machen" (Ortmann/Sydow/Windeler 1997: 319 ff.).

Den rekursiven Prozess, in dem die Akteure ihre kontextbezogenen Handlungen an raumzeitlich übergreifenden Strukturen ausrichten und damit soziale Systeme reproduzieren, fasst Giddens mit dem Begriff „Strukturierung" zusammen. Hierbei ist der Strukturierungsprozess immer in die Herrschaftsverhältnisse des Unternehmens eingebunden (Ressourcen), weil sich die Akteure in ihren Handlungen auf Fazilitäten (Machtmittel) beziehen und in Interaktionssequenzen Macht ausüben. Damit konstituieren Ressourcen die Herrschaftsstruktur in Unternehmen und Regeln bilden die organisationale Wissensstruktur (Mutual Knowledge). Aus einer genderorientierten Perspektive eröffnet dieses allgemeine Konzept der „Dualität von Handlung und Struktur" die Möglichkeit, den allgemeinen strukturationstheoretischen Untersuchungsrahmen um ein erweitertes, gendersensibles Strukturverständnis zu ergänzen. Wie später noch näher ausgeführt wird, lässt sich die Kategorie „Geschlecht" im Sinne einer „Dualität von Geschlecht" (Kahler 2012) integrieren. Dies hat bedeutende theoretische Implikationen: Einerseits können sich Geschlechterdifferenzen als Strukturkategorien – asymmetrische Machtressourcen oder als Genderwissen – etablieren und auf der anderen Seite sind die Strukturen immer erst durch das Handeln der Akteure wirksam oder auch nicht relevant.

Entsprechend dem Grundgedanken der Strukturationstheorie werden soziale Praktiken von kompetenten („knowledgeable") Akteuren ausgeführt, die ihr Handeln reflexiv steuern und auf diese Weise den Prozess des gesellschaftlichen Lebens beeinflussen (vgl. Giddens 1988: 53). Daraus folgt, dass Handeln als ein kontinuierlicher Strom – „a continuous flow of conduct" (Giddens 1979: 55) – verstanden wird, innerhalb dessen sich die Akteure mit ihrem Handlungswissen auf ihr soziales und physisches Umfeld beziehen. Die Reflexivität der Akteure und ihr Handlungswissen operiert auf zwei verschiedenen Bewusstseinsebenen: Das praktische Bewusstsein umfasst das „implizite Wissen" (Polanyi 1985) der Akteure, das sie in ihren alltäglichen Handlungsroutinen kompetent anwenden und das sie nicht explizieren können. Zwischen dem praktischen und dem diskursiven Bewusstsein gibt es keine endgültige Abgrenzung, da Letzteres durch die diskursive Explizierbarkeit der Handlungsgründe charakterisiert ist und sich ständig auf Bereiche des „impliziten Wissens" ausdehnen kann.

Obwohl Giddens die unterschiedlichen Bewusstseinsformen sehr grundsätzlich und allgemein ausarbeitet, zeigen sich bereits in diesem Zusammenhang interessante Anschlüsse zur genderorientierten Organisationsanalyse. Insbesondere stellt sich im Folgenden die weitergehende Frage, in welchem Verhältnis die diskursive Verfolgung von Strategien der Geschlechteregalität und die praktische Reproduktion von Geschlechterdifferenzen in sozialen Praktiken stehen.

c) Systemintegration und lokale Handlungskontexte

Obwohl in Unternehmen die Herrschafts- und Machtverhältnisse eine Bedingung reflexiver Steuerung und der Konstitution kollektiven Handelns („Kollektivität") sind, bedeutet dies keineswegs, dass es sich hierbei um kohärente Einheiten handelt. Ganz im Gegenteil: Unternehmen als soziale

Systeme zeichnen sich wesentlich durch die Vielschichtigkeit sozialer Beziehungen und Prozesse aus, die sich sowohl aus den dynamischen Unternehmensgrenzen als auch aus der komplexen Binnenstrukturierung begründen. Daraus folgt, dass im Prozess des Organisierens und Arbeitens die Einheit bzw. die soziale Ordnung des Unternehmens nicht per se gegeben ist, sondern immer wieder – in erster Linie durch Managementpraktiken – neu konstruiert werden muss.

Um die komplexe Struktur sozialer Systeme theoretisch zu fassen, nimmt Giddens eine weitere wichtige theoretische Unterscheidung vor, indem er die Systemintegration von der Sozialintegration abgrenzt. Zuerst einmal meint „Integration" im Allgemeinen, dass in Unternehmen „die Reziprozität von Praktiken (Autonomie und Abhängigkeit) zwischen Akteuren oder Kollektiven" (Giddens 1988: 80) hergestellt wird. Mit anderen Worten: In Bezug auf die strategische Ausrichtung des Unternehmens organisiert das Management auf der Grundlage vorhandener Machtressourcen das temporäre Zusammenwirken von Individuen und Gruppen durch „Integration Practices" (Briand/Bellemare 2006: 67). Die integrativen Managementpraktiken beziehen sich entweder auf die Ebene der Systemintegration oder der Sozialintegration, wobei die Systemintegration Verbindungen zu physisch in Zeit und Raum abwesenden Akteuren oder Gruppen beschreibt. Im Gegensatz dazu umfasst die Sozialintegration „eine Systemhaftigkeit auf der Ebene von Face-to-Face-Interaktionen" (Giddens 1988: 80). Das Management steuert – aufgrund des hierarchischen und machtasymmetrischen Charakters von Unternehmen – nur in erster Linie die System- und Sozialintegration. Wie Abbildung 3 aufzeigt, versucht das Management zwar die System- und Sozialintegration zu regulieren, aber die Integrationspraktiken stehen in einer eindeutigen Wechselwirkung mit den lokalen Praktiken organisationaler Akteure.

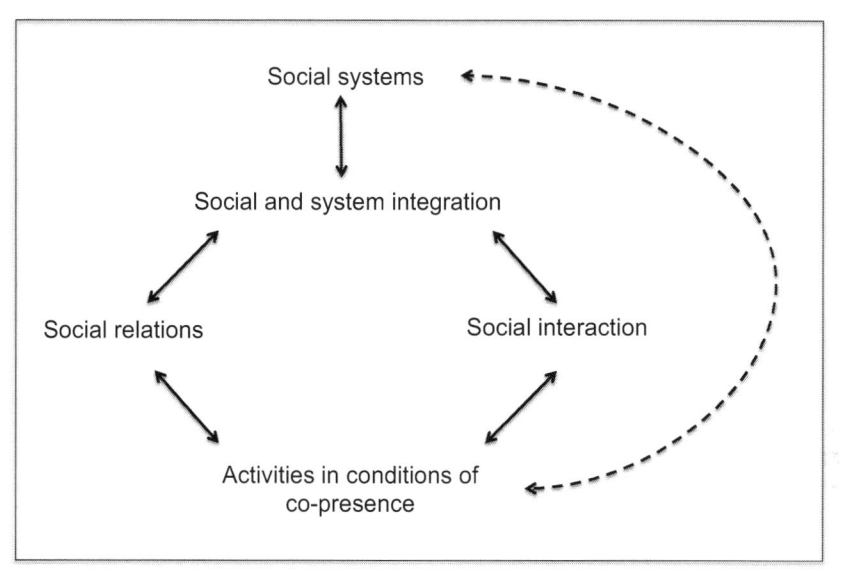

*Abbildung 3: Soziale Relationen und Interaktionen in sozialen Systemen (Quelle: Giddens 1990: 302)*

```
                    Social systems  ◄-------
                         ↕                  ╲
              Social and system integration  ╲
                  ↗              ↖            ╲
                 ↙                ↘            ╲
        Social relations     Social interaction ⎞
                 ↕                ↕            ╱
                  ↘              ↗            ╱
                 Activities in conditions of ╱
                       co-presence    ◄----
```

In Unternehmen finden alle sozialen Praktiken in lokalen Kontexten statt, die ein materielles „Setting" und die Kopräsenz von Akteuren beinhalten. Diese Interaktionskontexte bestehen aus räumlich und zeitlich abgegrenzten Orten („Locales") – Giddens spricht von „Raum-Zeit-Segmenten" (Giddens 1988: 123) –, die sowohl in einem Abhängigkeitsverhältnis zum Unternehmen stehen als auch eine gewisse Autonomie besitzen (vgl. Giddens 1979: 6). Aus einer Managementperspektive stellt sich dementsprechend die Frage, wie das Management, das in einem spezifischen lokalen Kontext handelt, die Verhaltensweisen in zahlreichen anderen, raumzeitlich entfernten Handlungskontexten koordinieren und kontrollieren kann (vgl. Cohen 1989: 164). Übertragbar ist dieser Gedanke auf die Genderproblematik, denn das Management kann sich zwar um die Durchsetzung von Diversity-Management- und Gender-Mainstreaming-Praktiken bemühen, aber die tatsächlichen Prozesse des „Doing-/Undoing-Gender" finden auf der Interaktionsebene (Handlungskontexte) statt. Gleichzeitig tragen die Prozesse des „Doing-/Undoing-Gender" immer auch zur Strukturbildung bei und beeinflussen somit die Management- sowie Organisierungspraktiken. Denn Handelnde haben immer die Option, bezogen auf spezifische Kontextbedingungen, vorhandene Regeln neu zu interpretieren oder aufgrund von Erfahrungen aus anderen sozialen Systemen „anders zu handeln". Giddens (1988) bezeichnet dies als „Dialektik der Herrschaft". Das Management kann hierfür unterschiedliche machtbasierte Managementpraktiken einsetzen, wie Formalisierung von Strukturen, Einsatz von Technologie, direkte/indirekte Kontrolle und motivationale Mechanismen.

Letztendlich erhalten die lokalen Interaktionskontexte ihre „Systemhaftigkeit" auf der Basis bestehender sozialer Beziehungen, die zwischen Individuen und jenseits von Face-to-Face-Interaktionen bestehen: „Social systems are composed of social relations and social interaction, coordinated across time and space. Practices carried on in contexts of co-presence (experienced by all actors as part of the durée of day-to-day life) are the ‚stuff' of social interaction and the core elements of social reproduction more generally. They constitute social systems, however, only insofar as they 1) regularly ‚stretch' across time-space and 2) are mediated by communication other than face-to-face sort. Social system integration refers to the coordinating mechanisms that produce ‚systemness' over different contexts of co-presence" (Giddens 1990: 302).

In Organisationen stabilisieren sich die sozialen Beziehungen von Individuen in lokalen Kontexten vor allem durch die Herausbildung von Gruppenstrukturen und auf der kontextübergreifenden Ebene als Interdependenz von Gruppenbeziehungen. Auf der Ebene der Kopräsenz organisieren sich Gruppen um soziale Praktiken herum (vgl. Poole/Seibold/McPhee 1996), indem sich Interaktionen von Personen in Form sozialer Relationen raumzeitlich stabilisieren. Diese gruppeninternen Routinen und Praktiken können immer auch aus einer genderorientierten Perspektive analysiert werden, die Rollen- und Aufgabenzuweisungen, die Kooperation der Gruppenmitglieder und die alltäglichen Aushandlungsprozesse untersucht. Dabei kann (analytisch) zwischen formellen und informellen Gruppen unterschieden werden (vgl. Brooks 2006: 89 ff.) und auf dieser Grundlage das strukturationstheoretische Organisationskonzept folgendermaßen erweitert werden: „Organizations are constituted as a dynamic and complex social system with interdependent networks of interpersonal and intergroup relations" (Paulsen 2003: 16). Die Beziehungen der Gruppen untereinander sind nicht nur durch formale Abläufe oder spezifische Rollenprofile strukturiert, sondern die Interdependenzen zwischen verschiedenen Gruppenkontexten untereinander und in Beziehung zum Unternehmen sind ein wechselseitiger Prozess. Aus der Perspektive des Unternehmens findet die Reproduktion des sozialen Systems durch den Strukturierungsprozess von Akteuren in unterschiedlichen Gruppenkontexten statt, da immer eine Wechselwirkung zwischen Systemebene und Gruppenstruktur besteht. Außerdem sind die unterschiedlichen Gruppen durch organisationale Routinen und Praktiken miteinander verbunden und bedingen sich gegenseitig: „The outcomes of structuration at each level reproduce the overall structure (in a limited, often resistant way), which conditions structuration at the other levels, both because each level operates on inputs from the other levels and because a range of sorts of boundary spanning people and boundary negotiations regularly interrelate the locals" (McPhee/Zaug 2001: 587).

*4 Bringing Gender Back In*

Die Anschlussfähigkeit des strukturationstheoretischen Organisationsansatzes für die Genderforschung hat sich bereits in unterschiedlichen Bezugnahmen auf die Giddensschen Theorieinstrumente erwiesen (u.a. Kahlert 2006, 2012; Wilz 2002; Funder/Dörhöfer/Rauch 2006). Vor allem die Denkfigur einer „Dualität von Handlung und Struktur" bietet ein hohes Erklärungspotenzial, um dualistische Gegenüberstellungen von Geschlecht als Strukturkategorie und Geschlecht als Prozesskategorie zu überwinden und sich den strukturierten Handlungskontexten der Geschlechterdifferenzierung zuzuwenden (u.a. Gildemeister 2004: 42; Funder 2008). Wahrscheinlich verfügt keine andere Sozial- und Organisationstheorie über eine ähnlich theoretisch fundierte Bestimmung von Handlungskontexten wie die Giddenssche Sozialtheorie, die nicht nur von einem gehaltvollen Kontextverständnis ausgeht, sondern zudem plausibel aufzeigt, wie diese Kontexte durch die institutionellen, organisationalen und individuellen Strukturierungsebenen geprägt sind. Zudem verfügt die Strukturationstheorie über eine elaborierte Handlungstheorie, auf deren Grundlage sich die tatsächlichen Handlungen der kompetenten und reflexiv agierenden Individuen erklären lassen. Indem die Akteure immer auch „anders" handeln können, als es die organisationalen Strukturen ermöglichen und restringieren, geraten auch „Undoing-Gender"-Praktiken in den Analysefokus. Ein geschlechtskategorial informiertes strukturationstheoretisches Organisationsverständnis kann der Genderforschung umfassende Theorieimpulse geben; dabei kristallisieren sich besonders drei Themenfelder heraus:

(1) Die strukturationstheoretische Organisationsanalyse geht von der basalen Gesellschaftlichkeit von Organisationen aus (vgl. Ortmann/

Sydow/Türk 1997) und ermöglicht es, die Einbettung von Organisationen in unterschiedliche, nicht nur politökonomisch geprägte, Umwelten zu verstehen.[5] Inwieweit institutionelle Handlungsimperative, die die Geschlechterdifferenzierung oder die Geschlechteregalität befördern, für die Organisation handlungsrelevant und Bestandteil der strategischen Ausrichtung werden, erweist sich im Rahmen des pfadabhängigen sozialen Systems als politischer Prozess der Interpretation von Umwelten und organisationsinterner Realitäten sowie der Durchsetzung formulierter Strategien als organisationale Praktiken.

Indem Organisationen prinzipiell als strategie- und damit handlungsfähig angesehen werden, stellt sich die Frage nach den Implementierungsproblemen von Egalitätsnormen, Managementleitbildern (Diversity Management, Gender Mainstreaming) und gesetzlichen Bestimmungen in veränderter Art und Weise, nämlich wie Organisationen mit den Umweltanforderungen umgehen und wie diese Handlungsvorgaben „bearbeitet" werden. Dass es oftmals eine deutliche Diskrepanz zwischen diskursiver Geschlechteregalität in Organisationen und der tatsächlichen Fortschreibung der asymmetrischen Geschlechterdifferenzierung in alltäglichen sozialen Praktiken gibt, haben unter anderem die Konzepte der „rhetorischen Modernisierung" (Wetterer 2003) und des „Egalitätsmythos" (Funder/Dörhöfer/Rauch 2006) ausgearbeitet. Im Rahmen des strukturationstheoretischen Untersuchungsansatzes lassen sich diese Entkopplungsprozesse vor allem in Bezug auf die Widersprüchlichkeit institutioneller Handlungsanforderungen, dem politischen Prozess der Interpretation von Gleichheitsnormen und des (Nicht-)Wirksamwerdens in unterschiedlichen organisationalen Kontexten untersuchen.

(2) Die Kategorie „Geschlecht" lässt sich problemlos in das strukturationstheoretische Organisationsverständnis integrieren und ist als „Dualität von Geschlecht" (Kahlert 2012) sowohl auf der Strukturebene als auch auf der Handlungsebene relevant. Dies bedeutet, dass Geschlechterdifferenzen in die Regeln und die Ressourcenverteilung einer Organisation eingelagert sind, wobei sie sich erst im Handeln der Individuen realisieren. Im Mittelpunkt der Analyse von Geschlechterdifferenzierungen stehen damit die so-

---

5 Die Institutionentheorie müsste in dieser Hinsicht noch deutlicher ausgearbeitet werden, da Giddens nur punktuell und teilweise missverständlich auf diesen Aspekt seiner Sozialtheorie eingeht. Um diesen „missing institutional link" (Thrift 1985) herzustellen, könnte sich eine Bezugnahme auf die neo-institutionalistische Organisationstheorie als weiterführend erweisen.

zialen Praktiken der Akteure und Akteurinnen, d.h. wie Organisationsmitglieder in ihren unterschiedlichen Handlungskontexten mit dem Angebot an bestimmten Deutungsmustern und Erwartungen umgehen. Gegenüber handlungstheoretischen Konzepten impliziert die Untersuchungseinheit der sozialen Praktiken aber auch, dass sich die Geschlechterasymmetrie durchaus als Strukturelement etablieren kann (vgl. u.a. Gherardi/Poggio 2001). Auf der einen Seite fließen die zentralen Einsichten der strukturorientiert argumentierenden „Gendered-Organization"-Theorie von Acker (1990) ein, sodass strukturbezogene und damit tatsächlich praktizierte Differenzierungsmuster auf der Legitimations-, Herrschafts- und Signifikationsebene in den Blick geraten (in Bezugnahme auf Giddens: Wolffensperger 1991). Auf der anderen Seite verweist Kahlert konsequenterweise darauf, dass „vergeschlechtlichte" Regeln und Ressourcen auch Mittel zur Produktion veränderter bzw. verändernder Geschlechterverhältnisse in sozialen Praktiken sind (vgl. ebd.: 63).

Auf diese Weise zeigt sich die Vielschichtigkeit an Handlungsebenen und -kontexten, in denen Geschlechterdifferenzen produziert oder nicht produziert werden. Dementsprechend betont Hofbauer, dass die Praktiken des „Gendering" weit über eine enge handlungsorientierte und interaktionistische Perspektive hinausweisen müssen und kommt zu dem Schluss: „Die Deutung von geschlechtlichen Unterscheidungspraktiken als soziale Abgrenzungsakte mit implizierter Statusabsicherung erfordert es daher, die handlungstheoretische an eine strukturtheoretische Konzeption anzubinden" (Hofbauer 2004: 46).

(3) Nachdem Giddens die Kontextualität sozialen Handelns umfassend ausgearbeitet hat, können anhand seines Handlungsmodells die potenziellen Widersprüche zwischen dem diskursiven und dem praktischen Bewusstsein der Akteure in der (Re-)Produktion von Geschlechterdifferenzierungen sichtbar gemacht werden. Gemäß der „Dualität von Handlung und Struktur" unterscheidet Martin (2003) zwischen „Gendered Practices" und „Practicing Gender" in Organisationen. Die Gendering-Praktiken können entweder intentional, oder unreflektiert, also im praktischen Handeln, erzeugt werden. An die Überlegungen von Giddens und Martin anschließend schlägt Mathieu eine erweiterte Betrachtung der Unterscheidung zwischen praktischem und diskursivem Bewusstsein der Akteure vor, indem er beide Bewusstseinszustände analytisch trennt, mit dem Ziel, eine genauere Beschreibung von Ungleichzeitigkeiten zwischen geschlechteregalitären Aussagen im diskursiven Verhalten und der Reproduktion von Geschlechterungleichheiten im praktischen Handeln zu erhalten: „Ulti-

mately the distinction between practical and discursive consciousness, conduct and action, and their mutual inclusion is central to a rounded and holistic view of social life. [...] By deploying them together and exploring especially the gap or non-interaction between them, paradoxes, contradictions and inconsistencies become less puzzling and the role they play in producing inequalities can be explored. The idea of a gap is only intelligible if one holds the two simultaneously in relation to each other" (Mathieu 2009: 180).

Insgesamt stellt der strukturationstheoretische Analyserahmen einen integrativen Theorierahmen für die Untersuchung der „Dualität von Geschlecht" in Organisationen zur Verfügung, der gleichzeitig auch die Reflexivität gegenüber Geschlechterdifferenzierungen erhöht. Auf dieser Theoriegrundlage ist es möglich, unterschiedliche Strukturierungsebenen und die Kontextbezogenheit des Handelns, einschließlich der damit einhergehenden Widersprüchlichkeiten, Ambivalenzen und Ungleichzeitigkeiten in die Untersuchung miteinzubeziehen.

*Weiterführende Literatur*

Giddens, Anthony (1988). Die Konstitution der Gesellschaft. Grundzüge einer Theorie der Strukturierung. Frankfurt: Campus.

Giddens, Anthony (1990). Structuration Theory and Sociological Analysis. In: Clark, John/Modgil, Celia/Modgil, Sohan (Hrsg.). Anthony Giddens. Consensus and Controversy. London: Falmer Press, 297–315.

Kahlert, Heike (2012). Dis/Kontinuitäten der Geschlechterverhältnisse in der Moderne. Skizzen zu Anthony Giddens' Verbindung von Gesellschaftstheorie und Genderforschung. In: Kahlert, Heike/Weinbach, Christine (Hrsg.). Zeitgenössische Gesellschaftstheorien und Genderforschung. Einladung zum Dialog. Wiesbaden: Springer VS, 57–79.

McPhee, Robert D. (2004). Text, Agency, and Organization in the Light of Structuration Theory. In: Organization, 11 (3), 355–371.

Ortmann, Günther/Sydow, Jörg/Windeler, Arnold (1997). Organisation als reflexive Strukturation. In: Ortmann, Günther/Sydow, Jörg/Türk, Klaus (Hrsg.). Theorien der Organisation. Die Rückkehr der Gesellschaft. Opladen: Westdeutscher Verlag, 315–354.

## Im Text erwähnte Quellen

Acker, Joan (1990). A Theory of Gendered Organizations. In: Gender and Society, 4 (2), 139–158.

Archer, Margaret (1995). Realist Social Theory: The Morphogenetic Approach. Cambridge: Cambridge University Press.

Becker, Albrecht (1996). Rationalität strategischer Entscheidungsprozesse. Ein strukturationstheoretisches Konzept. Wiesbaden: DUV.

Briand, Louise/Bellemare, Guy (2006). A Structurationist Analysis of Post-Bureaucracy in Modernity and Late Modernity. In: Journal of Organizational Change Management, 19 (1), 65–79.

Brooks, Ian (2006). Organisational Behaviour. Individuals, Groups and Organisation. Essex: Pearson.

Child, John (1997). Strategic Choice in the Analysis of Action, Structure, Organizations and Environment: Retrospect and Prospect. In: Organization Studies, 18 (1), 43–76.

Cohen, Ira J. (1989). Structuration Theory. Anthony Giddens and the Constitution of Social Life. Basingstoke: Palgrave Macmillan.

Cunliffe, Ann (2009). A very Short, Fairly Interesting and Reasonably Cheap Book About Studying Management. Thousand Oaks: Sage.

Czarniawska, Barbara (2008). A Theory of Organizing. Cheltenham: Edward Elgar.

DeSanctis, Geradine/Poole, Marshall S. (1994). Capturing the Complexity in Advanced Technology Use: Adaptive Structuration Theory. In: Organization Science, 5 (2), 121–147.

Dörhöfer, Steffen (2010). Management und Organisation von Wissensarbeit. Wiesbaden: VS.

Funder, Maria (2008). Geschlechterverhältnisse und Wirtschaft. In: Maurer, Andrea (Hrsg.). Handbuch Wirtschaftssoziologie. Wiesbaden: VS, 411–430.

Funder, Maria/Dörhöfer, Steffen/Rauch, Christian (2006). Geschlechteregalität – Mehr Schein als Sein. Geschlecht, Arbeit und Interessenvertretung in der Informations- und Telekommunikationsindustrie. Berlin: Editon Sigma.

Gherardi, Silvia/Poggio, Barbara (2001). Creating and Recreating Gender Order in Organizations. In: Journal of World Business, 36 (3), 245–259.

Giddens, Anthony (1976). New Rules of Sociological Method. A Positive Critique of Interpretative Sociologies. London: Hutchinson.

Giddens, Anthony (1979). Central Problems in Social Theory: Action, Structure, and Contradiction in Social Analysis. London: Palgrave Macmillan.

Giddens, Anthony (1984). The Constitution of Society. Outline of the Theory of Structuration. Cambridge: Polity Press.

Giddens, Anthony (1987). Social Theory and Modern Sociology. Cambridge: Stanford University Press.

Giddens, Anthony (1988). Die Konstitution der Gesellschaft. Grundzüge einer Theorie der Strukturierung. Frankfurt, New York: Campus.

Giddens, Anthony (1989). A Reply to my Critics. In: Held, David/Thompson, John B. (Hrsg.). Social Theory of Modern Societies. Anthony Giddens and his Critics. Cambridge: University Press, 249–301.

Giddens, Anthony (1990). Structuration Theory and Sociological Analysis. In: Clark, John/Modgil, Celia/Modgil, Sohan (Hrsg.). Anthony Giddens. Consensus and Controversy. London: Falmer Press, 297–315.

Gildemeister, Regine (2004). Geschlechterdifferenz – Geschlechterdifferenzierung: Beispiele und Folgen eines Blickwechsels in der empirischen Geschlechterforschung. In: Buchen, Sylvia/Helfferich, Cornelia/Maier, Maja S. (Hrsg.). Gender methodologisch. Wiesbaden: VS, 27–45.

Gregson, Nicky (1989). On the (Ir)relevance of Structuration Theory to Empirical Research. In: Held, David/Thompson, John B. (Hrsg.). Social Theory of Modern Societies. Anthony Giddens and his Critics. Cambridge: University Press, 235–248.

Hagemann-White, Carol (1984). Sozialisation: Weiblich-männlich? Opladen: Leske +Budrich.

Heintz, Bettina (2001). Geschlecht als (Un-)Ordnungsprinzip. Entwicklungen und Perspektiven der Geschlechtersoziologie. In: Heintz, Bettina (Hrsg.). Geschlechtersoziologie, 41, 9–29.

Heintz, Bettina (2008). Ohne Ansehen der Person? De-Institutionalisierungsprozesse und geschlechtliche Differenzierung. In: Geschlechterdifferenzen – Geschlechterdifferenzierungen. Ein Überblick über gesellschaftliche Entwicklungen und theoretische Positionen. Wiesbaden: VS, 231–251.

Heintz, Bettina/Nadai, Eva (1998). Geschlecht und Kontext. De-Institutionalisierungsprozesse und geschlechtliche Differenzierung. In: Zeitschrift für Soziologie, 27 (2), 75–93.

Heracleous, Loizos (2003). Strategy and Organization. Realizing Strategic Management. Cambridge: University Press.

Hofbauer, Johanna (2004). Distinktion – Bewegung an betrieblichen Geschlechtergrenzen. In: Pasero, Ursula/Priddat, Birger (Hrsg.). Organisationen und Netzwerke: Der Fall Gender. Wiesbaden: VS, 45–64.

Hosking, Dian-Marie/Morley, Ian E. (1991). A Social Psychology of Organizing. People Processes and Contexts. New York: Pearson.

Jarzabkowski, Paula (2005). Strategy as Practice: An Activity-based Approach. London: Sage.

Jarzabkowski, Paula/Balogun, Julia/Seidl, David (2007). Strategizing: The Challenges of a Practice Perspective. In: Human Relations, 60 (1), 5–27.

Jarzabkowski, Paula/Fenton, Evelyn (2006). Strategizing and Organizing in Pluralistic Contexts. In: Long Range Planning, 39 (6), 631–648.

Kahlert, Heike (2006). Geschlecht als Struktur und Prozesskategorie – Eine Re-Lektüre von Giddens' Strukturationstheorie. In: Aulenbacher, Brigitte et al. (Hrsg.). FrauenMännerGeschlechterforschung. State of the Art. Münster: Westfälisches Dampfboot, 205–216.

Kahlert, Heike (2012). Dis/Kontinuitäten der Geschlechterverhältnisse in der Moderne. Skizzen zu Anthony Giddens' Verbindung von Gesellschaftstheorie und Genderforschung. In: Kahlert, Heike/Weinbach, Christine (Hrsg.). Zeitgenössische Gesellschaftstheorien und Genderforschung. Einladung zum Dialog. Wiesbaden: VS, S. 57–79.

Kuhlmann, Ellen/Kutzner, Edelgard/Riegraf, Birgit/Wilz, Sylvia M. (2012). Organisationen und Professionen als Produktionsstätten von Geschlechter(a)symmetrie. In: Müller, Ursula/Riegraf, Birgit/Wilz, Sylvia M. (Hrsg.). Geschlecht und Organisation. Wiesbaden: VS, 495–525.

Leflaive, Xavier (1996). Organizations as Structures of Domination. In: Organization Studies, 17 (1), 23–47.

Martin, Patricia (2003). „Said and Done" Versus „Saying and Doing" Gendering Practices, Practicing Gender at Work. In: Gender & Society, 17 (3), 342–366.

Mathieu, Chris (2009). Practising Gender in Organizations: The Critical Gap between Practical and Discursive Consciousness. In: Management Learning, 40 (2), 177–193.

McPhee, Robert D. (2004). Text, Agency, and Organization in the Light of Structuration Theory. In: Organization, 11 (3), 355–371.

McPhee, Robert D./Zaug, Pamela (2001). Organizational Theory, Organizational Communication, Organizational Knowledge, and Problematic Integration. In: Journal of Communication, 51 (3), 574–591.

Mintzberg, Henry/Ahlstrand, Bruce/Lampel, Joseph (1999). Strategy Safari. Eine Reise durch die Wildnis des strategischen Managements. Wien: Ueberreuter.

Moldaschl, Manfred (2005). Institutionelle Reflexivität. Zur Analyse von „Change" im Bermuda-Dreieck von Modernisierungs-, Organisations- und Interventionstheorie. In: Faust, Michael/Funder, Maria/Moldaschl, Manfred (Hrsg.). Die „Organisation" der Arbeit. München: Rainer Hampp, 355–382.

Mouzelis, Nicos (1995). Sociological Theory: What Went Wrong?. London: Routledge.

Orlikowski, Wanda J. (1992). The Duality of Technology: Rethinking the Concept of Technology in Organizations. In: Organization Science, 3 (3), 398–427.

Orlikowski, Wanda J. (1996). Improvising Organizational Transformation over Time: A Situated Change Perspective. In: Information Systems Research, 7 (1), 63–92.

Orlikowski, Wanda J. (2000). Using Technology and Constituting Structures: A Practice Lens for Studying Technology in Organizations. In: Organization Science, 11 (4), 404–428.

Ortmann, Günther (1990). Mikropolitik und systemische Kontrolle. In: Bergstermann, Jörg/Brandherm-Böhmker, Ruth (Hrsg.). Systemische Rationalisierung als sozialer Prozess. Zu Rahmenbedingungen und Verlauf eines neuen, betriebsübergreifenden Rationalisierungstyps. Bonn: Dietz, 99–120.

Ortmann, Günther (Hrsg.) (1995). Formen der Produktion. Organisation und Rekursivität. Opladen: Westdeutscher Verlag.

Ortmann, Günther/Becker, Albrecht (1995). Management und Mikropolitik. Ein strukturationstheoretischer Ansatz. In: Ortmann, Günther (Hrsg.). Formen der Produktion. Organisation und Rekursivität. Opladen: Westdeutscher Verlag, 43–81.

Ortmann, Günther/Sydow, Jörg/Türk, Klaus (1997). Organisation, Strukturation, Gesellschaft. Die Rückkehr der Gesellschaft in die Organisationstheorie. In: Ortmann, Günther/Sydow, Jörg/Türk, Klaus (Hrsg.). Theorien der Organisation. Die Rückkehr der Gesellschaft. Opladen: Westdeutscher Verlag, 15–34.

Ortmann, Günther/Sydow, Jörg/Windeler, Arnold (1997). Organisation als reflexive Strukturation. In: Ortmann, Günther/Sydow, Jörg/Türk, Klaus (Hrsg.). Theorien der Organisation. Die Rückkehr der Gesellschaft. Opladen: Westdeutscher Verlag, 315–354.

Parker, John (2000). Structuration. Buckingham: Open University Press.

Paulsen, Neil (2003). Who are we now?: Group Identity, Boundaries, and the (Re)organizing

Process. In: Paulsen, Neil/Hernes, Tor (Hrsg.). Managing Boundaries in Organizations: Multiple Perspectives. Basingstoke: Palgrave Macmillan, 14–34.

Polanyi, Michael (1985). Implizites Wissen. Frankfurt: Suhrkamp.

Poole, Marshall S./Seibold, David/McPhee, Robert D. (1996). The Structuration of Group Decisions. In: Hirokawa, Randy Y./Poole, Marshall S. (Hrsg.). Communication and Group Decision Making. Thousand Oaks: Sage, 114–146.

Pozzebon, Marlei (2004). The Influence of a Structurationist View on Strategic Management Research. In: Journal of Management Studies, 41 (2), 247–272.

Pozzebon, Marlei/Pinsonneault, Alain (2005). Challenges in Conducting Empirical Work Using Structuration Theory: Learning from IT Research. In: Organization Studies, 26 (9), 1353–1376.

Putnam, Linda L./Nicotera, Anne M. (2009). Building Theories of Organization. The Constitutive Role of Communication. New York: Routledge.

Stones, Rob (2001). Refusing the Realism–Structuration Divide. In: European Journal of Social Theory, 4 (2), 177–197.

Stones, Rob (2005). Structuration Theory. Basingstoke: Palgrave Macmillan.

Sydow, Jörg (1992). Strategische Netzwerke. Evolution und Organisation. Wiesbaden: Gabler.

Thrift, Nigel (1985). Bear and Mouse or Bear and Tree? Anthony Giddens's Reconstitution of Social Theory. In: Sociology, 19 (4), 609–623.

Tsoukas, Haridimos (2001). Re-viewing organization. In: Human Relations, 54 (1), 7–12.

Walgenbach, Peter (1999). Giddens Theorie der Strukturierung. In: Kieser, Alfred (Hrsg.). Organisationstheorien. Stuttgart: Kohlhammer, 355–376.

Weick, Karl E. (1985). Der Prozess des Organisierens. Frankfurt: Suhrkamp.

Wetterer, Angelika (2003). Rhetorische Modernisierung: Das Verschwinden der Ungleichheit aus dem zeitgenössischen Differenzwissen. In: Knapp, Gudrun-Axeli/Wetterer, Angelika (Hrsg.). Achsen der Differenz. Gesellschaftstheorie und feministische Kritik II. Münster: Westfälisches Dampfboot, 286–319.

Whittington, Richard (2006). Completing the Practice Turn in Strategy Research. In: Organization Studies, 27 (5), 613–634.

Wilz, Sylvia M. (2002). Organisation und Geschlecht: Strukturelle Bindungen und kontingente Kopplungen. Opladen: Leske+Budrich.

Wilz, Sylvia M. (2012). Geschlechterdifferenzierung von und in Organisationen. In: Müller, Ursula/Riegraf, Birgit/Wilz, Sylvia M. (Hrsg.). Geschlecht und Organisation. Wiesbaden: VS, 150–160.

Windeler, Arnold (2001). Unternehmungsnetzwerke. Konstitution und Strukturation. Wiesbaden: Westdeutscher Verlag.

Wolffensperger, Joan (1991). Engendered Structure: Giddens and the Conceptualization of Gender. In: Davis, Kathy/Lejenaar, Monique/Oldersma, Jantine (1991). The Gender of Power. London: Sage, 87–108.

# Teil III
# Geschlechterverhältnisse – Sichtweisen der Organisationsforschung

# Neo-Institutionalismus: Geschlechtergleichheit als Egalitätsmythos?

*Maria Funder und Florian May*

## 1 Einleitung: Der Neo-Institutionalismus – Inspirationsquelle für die Geschlechterforschung?

Der Neo-Institutionalismus gehört mittlerweile zu den wohl bekanntesten und einflussreichsten sozialwissenschaftlichen Ansätzen der Organisationsforschung. Er hat sich zu einem weit verzweigten Forschungsfeld mit einer Vielzahl von Spielarten entwickelt, die zumindest eines gemeinsam haben, die Wiederentdeckung der Bedeutung von Institutionen, angefangen von den in einer Gesellschaft vorherrschenden formalen Regeln, sozialen Normen und kulturellen Werten über politische und rechtliche Ordnungen (z. B. Richtlinien und Gesetze) bis hin zu kognitiven Skripten und Gewohnheiten. Ja, sogar Organisationen selbst werden mitunter als Institutionen verstanden (vgl. z. B. Zucker 1983). Kennzeichnend für alle institutionalistischen Ansätze ist darüber hinaus eine Fokussierung auf die Verzahnung von Organisation und Gesellschaft. Selbst wenn – wie Türk (1997: 127) zugespitzt formuliert – das Insistieren auf die gesellschaftliche Einbettung von Organisationen schon längst „kalter Kaffee" ist, also im Grunde „Alltagswissen", sollte dennoch nicht aus dem Blick geraten, dass es vor allem der neue soziologische Institutionalismus war, der – wie kaum eine andere Organisationstheorie – die soziologisch triviale Erkenntnis, dass „Organisationen sich ‚in der Gesellschaft' befinden" (ebd.: 127), wieder ernst genommen hat. Was den Neo-Institutionalismus auszeichnet, ist daher fraglos die Abkehr von atomistischen Handlungskonzepten sowie einer rein auf ökonomische Aspekte bzw. Effizienzgesichtspunkte reduzierten Sicht auf Organisationen. Zu seinen Stärken gehört somit zweifelsohne die Berücksichtigung der multikontextuellen Einbettung von Organisationen in die Gesellschaft, die eben nicht nur ökonomischer Natur ist, sondern immer auch kulturelle, soziale und politische Komponenten aufweist. Mit anderen Worten handelt es sich um einen Ansatz, der „Gesellschaft nicht auf die Ökonomie reduziert" (Senge 2011: 152). Organisationen werden vielmehr als ein Teil der Gesellschaft verstanden, die auf sie einwirkt und mit Erwartungen konfrontiert. Dennoch sind sie damit nicht gleich „Marionetten", die institutionelle Erwartungen eins-zu-eins umsetzen und in erster Linie zur Reproduktion von Konformität beitragen. So werden ihnen – nicht jedoch den organisationalen Akteuren selbst – durchaus Entscheidungsspielräume zugeschrieben, die allerdings stets auf Routinen und Angemessenheitskriterien („Taken-for-granted"-Annahmen) treffen. Nicht ausgeblendet wird somit – quasi im Umkehrschluss –, dass Organisationen nicht nur ein „wesentliches strukturelles Moment" der Gesellschaft sind, sondern dass sie auch selbst ein „strukturierendes Moment" (Türk 1997) darstellen. Mitunter wird sogar auf den „subversiven Gebrauch der Institutionen durch opportunistische Organisationen" (Wehrsig 1997: 177; Meyer/Rowan 1977) verwiesen, die sich hierdurch machtvoll Legitimation verschaffen. Genau diese Fokussierung auf wechselseitige Interdependenzen zwischen Organisation und Gesellschaft macht den Neo-Institutionalismus attraktiv für die Geschlechterforschung. Zwar ist die Kategorie „Gender" bis heute ein blinder Fleck im Neo-Institutionalismus, was die Geschlechterforschung aber keineswegs davon abgehalten hat, sich mit diesem Ansatz auseinanderzusetzen, denn gerade er verspricht – so Ursula Müller –, „trotz relevanter theoretischer Ausblendungen […], interessante Einsichten in das Verhältnis von Organisation und Gesellschaft" (Müller 2010: 41). Zudem könnte er – wie Müller weiter argumentiert – dazu beitragen, von einem verengten Blick auf die Ebene der Alltagsinteraktion, dem in den letzten Jahren bevorzugten Forschungsfeld der Gender Studies zur Analyse von „Doing-Gender"-Prozessen, wegzukommen und wieder verstärkt auf ein Mehrebenen-Modell zuzusteuern, das am ehesten in der Lage ist, die Vielschichtigkeit und Komplexität von Geschlecht und Geschlechterverhältnissen in organisationalen und gesellschaftlichen Kontexten zu erfassen (vgl. u.a. Maihofer 2007; Funder 2008). Der Neo-Institutionalismus bietet im Unterschied zu vielen anderen organisationssoziologischen Ansätzen die Möglichkeit, eine produktive Verknüpfung zwischen Geschlechterverhältnissen, Organisation und Gesellschaft herzustellen und hierdurch eine neue Sicht auf die „paradoxe Gleichzeitigkeit" (Maihofer 2007) von Wandel und Persistenz, Chancen und Zwängen sowie Rekonfigurationsprozessen von Geschlechterungleichheiten zu gewinnen. Noch wird der Neo-Institutionalismus in der feministischen Organisationssoziologie und den Gender Studies allerdings nicht allzu häufig als theoretisches Gerüst für empirische Arbeiten und zur Analyse von Geschlechterarrangements in Organisation und Gesellschaft herangezogen.[1] Es gibt also gute Gründe, das zu ändern.

Ziel des Beitrages ist es auszuloten, ob und wie es gelingen kann, Neo-Institutionalismus und Geschlechterforschung miteinander ins Gespräch zu bringen. Die zentrale Frage lautet: Kann es für die Genderforschung ein Gewinn sein, Organisationen aus der Perspektive des Neo-Institutionalismus[2] zu untersuchen? Hierzu ist es notwendig, zunächst grundlegende Annahmen des Neo-Institutionalismus darzustellen, zentrale Begrifflichkeiten zu erklären und das spezifisch „Neue" am Neo-Institutionalismus herauszuarbeiten (2). Um den Neo-Institutionalismus in den Kanon der Organisationstheorien besser einordnen zu können, wird zuerst auf seine historischen Wurzeln (2.1) sowie den zentralen Begriff der Institution (2.2) eingegangen. Ausgewählte Meilensteine des Neo-Institutionalismus stehen im Fokus der weiteren Ausführungen, wobei im Rahmen des Beitrages von Beginn an eine Geschlechterperspektive mitgedacht wird (2.3). Im dritten Teil wird dann diskutiert, ob und wie sich die Geschlechterforschung das Angebot des Neo-Institutionalismus zunutze machen und was mit einer institutionalistischen Sicht auf Organisation und Geschlecht erreicht werden kann. Inspiriert durch den Neo-Institutionalismus und die Debatte über Mythen wird am Ende eine Forschungsperspektive aufgezeigt, in deren Zentrum eine *„Mythenspirale der Egalität"* steht (3).

---

1 Zu den wenigen deutschsprachigen Arbeiten hierzu gehören z. B. die Untersuchungen von Lederle (2007) und Hericks (2011) sowie die konzeptionellen Überlegungen von Müller (2010).
2 Da es sich bei dem Neo-Institutionalismus um keine einheitliche Theorie handelt, sondern eine Vielzahl neo-institutionalistischer Herangehensweisen in differierenden wissenschaftlichen Fachgebieten existieren, wird im Folgenden aufgrund des organisationssoziologischen Fokus dieses Bandes speziell und ausschließlich auf den soziologischen Neo-Institutionalismus rekurriert, der in sich jedoch ebenfalls nicht einheitlich ist. Insofern können hier nicht sämtliche Herangehensweisen thematisiert, sondern lediglich eine notwendigerweise getroffene Auswahl behandelt werden.

## 2 Hintergrund, Begrifflichkeiten und Meilensteine des Neo-Institutionalismus

### 2.1 Ein Rückblick: Alter und neuer Institutionalismus

Beim Neo-Institutionalismus handelt es sich um kein neues Konzept, sondern vielmehr um die Renaissance einer klassischen soziologischen Grundidee, der zufolge Institutionen bzw. institutionelle Erwartungen eine große Wirkungsmacht, nicht nur auf die Individuen einer Gesellschaft, sondern auch auf das organisationale Handeln haben. Seine historischen Wurzeln gehen bis auf die soziologischen Klassiker zurück, wie etwa Veblen, Durkheim und Weber. Zu nennen sind aber auch Parsons (1965) und Merton (1968) sowie die frühe US-amerikanische Organisationswissenschaft (u.a. Gouldner 1954; Stinchcombe 1965; Blau/Scott 1962). Gemeinsam ist den Ansätzen, dass sie Organisationen als einen strukturgebenden Faktor moderner Gesellschaften begreifen und den Einfluss organisationalen Handelns auf die Gesellschaft in den Fokus ihrer Analysen rücken. Aufbauend auf Erkenntnissen der sogenannten „Old Institutionalists", bildete sich in den 1970er Jahren eine neue Organisationstheorie heraus, die zu einer Re- und Neuformulierung einiger grundlegender Ideen der Klassiker beitrug. Während die frühen Ansätze noch stark durch ein aus der Gesellschaftstheorie stammendes Grundverständnis geprägt waren, konzentrierte sich der organisationswissenschaftlich ausgerichtete Neo-Institutionalismus zunächst primär auf mikro- und mesosoziologische Fragestellungen. Später richtete sich der Blick dann auf organisationale Felder und makrosoziologische Aspekte.[3]

Zwischen „Old" und „New Institutionalism" gibt es – bei allen Unterschieden, die vor allem in der noch explizit gesellschaftstheoretischen Ausrichtung des klassischen Institutionalismus zu sehen sind – eine große Gemeinsamkeit: Organisationen werden nicht als vollkommen autonome bzw. autarke Einheiten, sondern immer als eingebettet in und beeinflusst durch die Institutionen der Gesellschaft betrachtet; mitunter werden sie –

---

3 Siehe hierzu die „World-Polity"-Forschung (u.a. Meyer 2005a, 2005b; Meyer 1987; Thomas et al. 1987; Drori et al. 2003), die im Kern davon ausgeht, dass die kulturelle Ordnung westlicher Gesellschaften, wie etwa bestimmte Strukturformen des politischen Systems, formale Organisationen sowie die Verankerung von Rechten, sich weltweit ausbreiten werden. Pate gestanden hat hier unverkennbar Max Webers Konzept eines „okzidentalen Rationalisierungsprozesses".

wie bereits erwähnt – sogar selbst als Institutionen beschrieben. Was den Neo-Institutionalismus gegenüber vielen anderen soziologischen Organisationstheorien auszeichnet, ist somit zum einen die Wiederentdeckung der Institution, bei der es sich bis heute um einen der elementarsten Grundbegriffe der Soziologie handelt, und zum anderen eine Sicht auf Organisationen, die diese nicht abkoppelt von ihrem gesellschaftlichen Kontext. Die Bedeutung des gesellschaftlichen Umfeldes, die institutionelle Eingebundenheit organisationalen Handelns sowie der Einfluss von Kultur und Werten auf Organisationen sind – wie Senge und Hellmann (2006) herausstellen – folglich ein entscheidendes Charakteristikum institutionalistischer Ansätze. Zum Selbstverständnis des „New Institutionalism" heißt es bei DiMaggio/Powell (1991a: 2): „The current effort to conjoin the research foci [...] is not merely a return to school roots, but an attempt to provide fresh answers to old questions about how social choices are shaped, mediated, and channelled by institutional arrangements". Das „Neue" am Neo-Institutionalismus wird vor allem in der radikalen Infragestellung rein ökonomisch argumentierender Theoriekonzepte gesehen. Der Ansatz stellt folglich einen „provokanten Gegenentwurf" (Hasse/ Schmidt 2010) zu vorherrschenden Sichtweisen dar, insbesondere ökonomischen Theorien rationaler Wahl und Webers Idealtypus formaler Rationalität, denn – so die Argumentation – selbst die Verfolgung von als rational geltenden Zielen ist niemals völlig voraussetzungslos und frei von institutionellen Einflüssen (vgl. u.a. DiMaggio/Powell 1991a; Meyer/ Jepperson 2005).

*2.2 Der zentrale Begriff der Institution*

Trotz der schon im Namen des Ansatzes anklingenden Zentralität des Begriffs Institution existiert keine einheitliche Definition: „There is very little consensus on the definition of key concepts, measures or methods within this theory tradition" (Tolbert/Zucker 1996: 175). In Anbetracht der doch recht unterschiedlichen Verwendungsweisen des Begriffs Institution, mit dem sowohl ein Begrüßungsritual, wie etwa ein Handschlag, als auch das Recht auf freie Meinungsäußerung oder die Gleichberechtigung von Frauen und Männern gemeint sein kann, erstaunt diese Schwierigkeit nicht. Sogar Organisationen – genau genommen die Funktion, die der „formalen Organisation" zur Stabilisierung der kulturellen Ordnung zukommt – werden als Institutionen (z. B. Zucker 1977, 1983) oder „kulturelle Modelle" (z. B. Meyer et al. 1994; Meyer/Jepperson 2005) bezeichnet. Kurzum: Einigkeit über den Begriff herrscht im soziologischen Neo-Institutionalismus nicht. Versucht man dennoch zu einer ersten begrifflichen Annäherung zu gelangen, hilft der Bezug auf Berger und Luckmann weiter, auf die sich viele Neo-Institutionalist_innen beziehen. Danach sind – so eine ihrer pointierten Aussagen – Institutionen einfach „*da*, außerhalb der Person und beharren in ihrer Wirklichkeit, ob wir sie leiden mögen oder nicht" (Berger/Luckmann 2003: 64, Herv. i. O.). Ähnlich formulieren es auch die Wegbereiter des Neo-Institutionalismus, Meyer/Rowan, Zucker und DiMaggio/Powell, deren Position Türk folgendermaßen auf den Punkt bringt: „Für sie alle gilt etwas als institutionalisiert, wenn es gerade nicht aus der Erfahrung der handelnden Subjekte stammt, wenn es nicht ‚lokal produziert' (Knorr Cetina 1990) ist, sondern – aus welchen Gründen auch immer – bloß ausgeführt bzw. als Grenze sozialen Handelns hingenommen wird. ‚Institution' meint dort also offenbar gegen lokale Opportunitäten dogmatisch durchsetzbare und nicht aus diesen ‚emergierte' Strukturen" (Türk 1997: 147). Oder anders ausgedrückt: Von Institutionen ist immer dann die Rede, wenn Strukturen, Verfahren, Routinen usw. den Status von unhinterfragten Fakten gewonnen haben und übergeordnete, verfestigte gesellschaftliche Erwartungen darstellen (vgl. u.a. Meyer/Rowan 1977; Tolbert/Zucker 1996). In den luziden Worten von Luhmann lässt sich dies folgendermaßen formulieren: „Gemeint sind relativ dauerhaft gegebene, änderungsresistente Verhaltensprämissen, auf die das Handeln sich stützen kann und das weitere Analysen erspart" (Luhmann 2000: 35).

Um es nicht bei diesen Anmerkungen zu belassen, empfiehlt sich ein Blick auf den wohl am häufigsten rezipierten Versuch, zu einer umfassenden Definition des Institutionenbegriffs zu gelangen, der von Richard Scott (1994, 2007) stammt. Dieser unterscheidet zwischen drei Formen von Institutionen, nämlich *regulativen, normativen* und *kognitiven*. Unter *regulativen Institutionen* sind z. B. staatliche Gesetze und Verordnungen zu verstehen. Sie umfassen explizit formulierte Regeln, deren Nichtbefolgung Sanktionen nach sich zieht, wodurch ihre Einhaltung quasi einen zwanghaften Charakter aufweist. *Normative Institutionen* entfalten sich dagegen über internalisierte Werte und Erwartungen anderer Akteure. Sie legen fest, welches Verhalten in einer Gesellschaft als wünschenswert bzw. opportun betrachtet wird. Akteure internalisieren diese Werte und entscheiden (rational), ob und inwieweit ihr Verhalten mit den Werten und Normen übereinstimmen soll bzw. muss (vgl. u.a. Senge 2006: 38 f.). *Ko-*

*gnitive Institutionen* bezeichnen laut Scott (2007) kollektive Konzeptionen der Wirklichkeitswahrnehmung. Es handelt sich größtenteils um routinisierte und selbstverständliche Handlungen. Unter Institutionen können demnach alle relativ dauerhaften Handlungen zusammengefasst werden, die als unhinterfragte, objektive gesellschaftliche Tatbestände Geltungsmacht besitzen. Ihnen wird im Neo-Institutionalismus eine herausragende Bedeutung zugemessen, zumal die als selbstverständlich wahrgenommenen Vorstellungs- und Handlungsroutinen eine überaus große Persistenz aufweisen und Gesellschaften nachhaltig prägen (vgl. u.a. Scott 2007: 51 ff.).[4] Hierzu gehören unter anderem bestimmte soziale Praktiken und Routinen (z. B. bestimmte Gebräuche, Traditionen), Werte und Regeln sowie auch die gerade in unserer Gesellschaft noch fest verankerte Heteronormativität, einschließlich der damit eng verwobenen geschlechtlichen Arbeitsteilung. So besitzt die bis heute vorherrschende Zweigeschlechtlichkeit immer noch den Stellenwert eines (biologisch) gegebenen Tatbestandes, der sich kulturell und gesellschaftlich relativ fest verankert und in das Alltagswissen über Frauen und Männer als „alltagsweltliches Geschlechterwissen" eingeschrieben hat (vgl. u.a. Dölling 2007; Wetterer 2008).

Institutionen kommt – so lässt sich festhalten – nicht nur im Hinblick auf die Gesamtgesellschaft eine überaus große Relevanz zu. Vielmehr werden sie als das Bindeglied zwischen Gesellschaft und Organisation betrachtet. Organisationen können folglich nicht abgekoppelt von institutionellen Erwartungen verstanden werden. Oder anders ausgedrückt: Eine Engführung der Entstehung und Verbreitung von modernen Organisationen auf rein effizienzbasierte Begründungen scheidet aus. Der Neo-Institutionalismus wendet sich explizit gegen das häufig in der Organisationsforschung anzutreffende (Effizienz-)Paradigma der Ziel-Mittel-Rationalität, dessen Ursprung auf Max Webers Bürokratiemodell zurückgeht (vgl.

---

4 Das Konzept blieb nicht ohne Kritik (vgl. u.a. Senge 2006). Im Kern geht es dabei um die Frage der Gleichwertigkeit von Institutionen. Selbst Scott hält den Bereich des Kognitiven für grundlegend, zumal er sämtliche allgemeine Glaubensvorstellungen und Skripte, mit denen Akteure ihre Wirklichkeit wahrnehmen, umfasst. Wenn das so ist, dann müssten die anderen beiden Varianten eigentlich der Kategorie der kognitiven Institutionen untergeordnet werden. Oder anders ausgedrückt: Alle Institutionen sind im Grunde kognitiv verankert. Regulative und normative Institutionen wären dann aber nicht gleichrangig mit kognitiven, sondern lediglich Spezialfälle. Zu berücksichtigen ist allerdings, dass es sich bei Scotts Modell um eine rein analytische Trennung handelt.

Weber 2012). Das Rationalitätskonzept als solches wird zwar nicht komplett abgelehnt, aber ein Großteil organisationalen Handelns wird nicht auf bewusste, rationale Überlegungen zurückgeführt, sondern unhinterfragten Routinen und unbewusst ablaufenden Vorgängen bzw. „Taken-for-granted"-Annahmen zugeschrieben. Organisationen sind daher auch nicht als korporative Akteure konzipiert, die ausschließlich zweckrational im Sinne des Organisationszieles handeln (vgl. u.a. Meyer/Rowan 1977; DiMaggio/ Powell 1991a). Vielmehr folgen sie *Rationalitätsmythen*, von deren Einhaltung und Entsprechung sie sich *Legitimität* in dem für sie relevanten *organisationalen Feld* versprechen. Um diese zentralen Begrifflichkeiten des Neo-Institutionalismus besser zu verstehen, empfiehlt es sich, kurz auf drei zentrale Aufsätze einzugehen, die quasi zu Meilensteinen in der Entwicklung dieses Theorieprogramms wurden. Hierzu zählen: (a) der Aufsatz von Lynne G. Zucker aus dem Jahr 1977 über „The Role of Institutionalization in Cultural Persistence", (b) der ebenfalls 1977 erschienene Artikel „Institutional Organizations: Formal Structure as Myth and Ceremony" von John Meyer und Brian Rowan sowie (c) der von Paul J. DiMaggio und Walter W. Powell aus dem Jahr 1983 stammende Aufsatz „The Iron Cage Revisited: Institutional Isomorphism and Collective Rationality".[5]

## 2.3 Meilensteine des Neo-Institutionalismus und Weiterentwicklungen aus einer Genderperspektive

(a) Was die Arbeit Lynne G. Zuckers auszeichnet, ist die Aufdeckung mikrosozialer Vorgänge und Handlungsweisen von Akteuren, die viel zur Erklärung von Institutionalisierungsprozessen beigetragen hat. Im Zentrum ihrer Studie stehen Laborexperimente, in denen getestet wurde, wie

---

5 Als einflussreich erwiesen sich darüber hinaus die Arbeiten von W. Richard Scott, Roger R. Friedland, Robert R. Alford, Ronald L. Jepperson und Nils Brunsson, die ebenfalls wesentliche Beiträge zur Entstehung und Entwicklung des Neo-Institutionalismus geleistet haben. Eine umfassende Zusammenfassung des Neo-Institutionalismus findet sich in dem 1991 veröffentlichten Sammelband von DiMaggio und Powell mit dem Titel „The New Institutionalism in Organizational Analysis" (vgl. DiMaggio/Powell 1991).

Versuchspersonen (ausschließlich Frauen/Studentinnen[6]) den sog. „autokinetischen Effekt" unter unterschiedlichen Versuchsanordnungen wahrnehmen. Hierbei handelt es sich um eine optische Täuschung, die darin besteht, dass sich ein in einem dunklen Raum wiederholt kurz aufflackernder stationärer Lichtpunkt in der Wahrnehmung von Probandinnen zu bewegen scheint. Zucker generierte in ihren Experimenten unterschiedliche „Social Settings", die jeweils einen unterschiedlichen Institutionalisierungsgrad darstellen sollten, angefangen von Individual- über Gruppensituationen bis hin zur Simulation relativ formalisierter Organisationsstrukturen. Das Ergebnis lautet: Je höher der simulierte Organisationsgrad, desto stabiler die Schätzwerte bzw. seltener ließen sich die Probandinnen von bereits bestehenden Bewertungen abbringen. Zucker sieht hierin einen Beleg für die sukzessive Festigung institutionalisierter Praktiken, die mit jeder Experimentierphase resistenter gegen Manipulationen werden. So war unter der Bedingung eines geringeren Institutionalisierungsgrades die Bereitschaft zur Akzeptanz einer Korrektur von Schätzwerten weitaus eher gegeben als bei einer hohen Institutionalisierung, wo sogar Anreize bzw. Sanktionen nicht mehr erforderlich waren. Türk sieht in Zuckers Experimenten einmal mehr die Macht von Organisation(en) bestätigt, denn sie liefern Anschauungsmaterial dafür, „welche zurichtende Macht die gesellschaftlich institutionalisierte Organisationsform im Hinblick auf individuelle Verhaltensäußerungen: hier Urteilsbildungen, hat. […] In diesem Sinne können die Experimente […] ein Erschrecken darüber auslösen, wie Menschen (in diesem Fall Studentinnen) nur, weil sie in einem (simulierten) Organisationskontext agieren, jegliches eigene Urteilsvermögen hintanstellen, um den Vorgaben einer (simulierten!) Autoritätsperson zu folgen" (Türk 1997: 129 f.). Dass auch Zucker in späteren Arbeiten zu dem Schluss gelangt, Organisationen zu den bedeutendsten und mächtigsten institutionellen Formen in modernen Gesellschaften zu zählen, liegt auf der Hand (vgl. Zucker 1983).[7] Lässt man kritische Einwände, etwa an der Gleichsetzung von Organisation und Institution, einmal beiseite, dann hat

---

6 Ob die Versuchsergebnisse anders ausgefallen wären, wenn nicht nur Frauen (insgesamt 180 Probandinnen), sondern auch Männer die Probanden oder die Versuchsleiter Frauen gewesen wären, ist die Frage. Zucker thematisiert diese geschlechtliche Problematik ihrer Experimente nicht.
7 So wendet sich auch Zucker, die einen der grundlegenden Beiträge zur Mikrofundierung des Neo-Institutionalismus verfasst hat, verstärkt der Meso- und Makroperspektive zu.

Zucker zweifelsohne den Boden für eine Sicht auf Organisationen bereitet, der zufolge diese nicht aufgrund ihrer überragenden Effizienz eine so große Verbreitung gefunden haben, sondern weil es ihnen gelungen ist, sich Geltung und Macht zu verschaffen, sodass sie zu zentralen Institutionen moderner Gesellschaften werden konnten.

(b) Während Zucker, was in Anbetracht ihrer institutionalistischen Ausrichtung erstaunt, von der Vorstellung ausging, dass Produktivitätseffekte zumindest den Anstoß für die Ablösung verwandtschaftsbezogener Formen der Organisation von Arbeit durch industrielle, arbeitsteilige, formalrationale Organisationen gegeben haben, die dann durch Imitation massenhaft Verbreitung fanden, lehnen Meyer und Rowan (1977) jegliche Erklärungsmodelle ab, in denen Organisationen als ein Resultat rationalen Handelns betrachtet werden, was insbesondere ökonomische Theorien rationaler Wahl auszeichnet. Vielmehr sind es gesellschaftliche Erwartungen, insbesondere „Rationalitätsmythen", die einen enormen Druck auf Organisationen ausüben, sich so und nicht anders zu strukturieren und bestimmte Praktiken und Verfahren zu übernehmen. Hierzu Meyer und Rowan: „The impact of such rationalized institutional elements on organizations and organizing situations is enormous. These rules define new organizing situations, redefine existing ones, and specify the means for coping rationally with each. They enable, and often require, participants to organize along prescribed lines" (Meyer/Rowan 1977: 344). Mit anderen Worten, es sind die in einer Gesellschaft vorherrschenden institutionalisierten Rationalitätsmythen, die vorgeben, wie neue Organisationen strukturiert sein sollen bzw. nach welchem Vorbild existierende Organisationsstrukturen umzuwandeln sind. Organisationen sehen sich demnach mit gesellschaftlichen Erwartungen konfrontiert, formale Strukturen und Praktiken zu implementieren, die als effizient gelten. Lange Zeit hatten das Bürokratiemodell und der Taylorismus/Fordismus eine solche Leitbildfunktion, später waren es dann japanische Managementkonzepte, wie etwa das Lean- oder Total-Quality-Management, heute ist es das Shareholder-Value-Konzept. Damit ist aber noch keineswegs gesagt, dass Unternehmen die jeweils aktuellen Managementkonzepte leitbildgetreu umsetzen und auch nicht, dass sie überhaupt zu der erhofften und erwünschten Leistungssteigerung beitragen. Vollkommen ausblenden können Organisationen Konformitätserwartungen im Hinblick auf aktuelle Leitbilder aber nicht, denn mit der Anpassung an die vorherrschenden, effizienzversprechenden Rationalitätsmythen stellen sie schließlich unter Beweis, dass sie – dem Zeitgeist entsprechende – rationale Verfahren und Prozesse, Techniken und Strukturen aufweisen. Entscheidend für die Übernahme dieser institutionellen Elemente ist dabei vor allem – so Meyer und Rowan – ihr legitimitätsstiftender Charakter; wobei sie sich auf Max Weber beziehen, der schon früh herausgestellt hat, wie entscheidend Legitimität für die Aufrechterhaltung sozialer Ordnungen (Herrschaft) ist (vgl. Weber 1984). Organisationen sind daher bestrebt, Legitimität verheißende Strukturen aufzuweisen, zumal ihnen diese nicht nur Stabilität, sondern auch Zugang zu relevanten gesellschaftlichen Ressourcen verschaffen kann. Denn eine Organisation, die z. B. nicht auf die neuesten Konzepte des Qualitätsmanagements und anerkannte Controlling-Systeme verweisen kann, hat es schwer, Geschäftspartner und Investoren zu gewinnen. D.h. „institutionalisierte Produkte, Dienste, Techniken, Strategien und Programme (fungieren, d.V.) als machtvolle Mythen" (Türk 1997: 131), die – so Meyer/Rowan (1977) – allerdings vielfach nur zu zeremoniellen bzw. symbolischen Veränderungen führen, während die Kernbereiche von Organisationen hiervon weitgehend unberührt bleiben. Demnach geht es eigentlich nicht um Übernahme, sondern „Imagination", um eine Formulierung von Luhmann (2000: 78) aufzugreifen. Aufgebaut werden „Rationalitätsfassaden", die signalisieren sollen, dass gesellschaftliche Erwartungen erfüllt werden und Organisationen Praktiken und Strukturen besitzen, die – wie ausgeführt – als rational, effizient und modern gelten. Mitunter reicht es bereits aus, über notwendige Reformen zu reden, um den Erwartungen der Umwelt – zumindest eine Zeit lang – zu entsprechen.

Geht es um die Anpassung an institutionelle Erwartungen – die schon bei Meyer/Rowan (1977) mit dem Begriff der Isomorphie bezeichnet wird –, dann kommt vor allem der (Ausweich-)Strategie der „Entkopplung" eine große Relevanz zu. Um diesen zentralen Aspekt besser verstehen zu können, müssen wir etwas ausholen: Ausgegangen wird von der Vorstellung, dass Organisationen mit recht unterschiedlichen, vielfach widersprüchlichen Anforderungen konfrontiert werden. Denn sie sind in eine Vielzahl differierender und teilweise in Konflikt miteinander stehende gesellschaftliche Kontexte eingebettet. Diese wiederum haben Einfluss auf die organisationalen Entscheidungen und Prozesse. So werden z. B. technische Effizienzkriterien von der technischen Umwelt einer Organisation eingefordert, um vorgegebene technische Produktstandards, Normen und Verfahrensabläufe zu gewährleisten. Organisationen müssen sich demnach nicht nur an „institutionalisierten" (zeremonialen, symbolischen), sondern stets auch an „relationalen" (effizienzorientierten, technischen) Kontexten ausrichten.[8] In jedem Fall kann es zu Widersprüchen kommen, wenn z. B. die Effizienz- nicht mit den Legitimitätsanforderungen der institutionellen Umwelt übereinstimmen oder wenn die zeremoniellen Anforderungen selbst nicht miteinander kompatibel sind (vgl. Meyer/Rowan 1977: 356). Um diese Diskrepanzen auszubalancieren, bieten sich – so Meyer und Rowan – vier mögliche organisationale Strategien an: Erstens die Verweigerung der Ansprüche aus der institutionellen Umwelt, was jedoch die Gefahr birgt, dass die Organisation an Legitimität verliert und Ressourcen einbüßen könnte. Zweitens die strikte Befolgung der externen Anforderungen, was wiederum dazu führen kann, dass das Kerngeschäft und damit die eigenen Effizienzkriterien Schaden nehmen. Drittens das Zugeben einer Diskrepanz zwischen Formal- und Aktivitätsstruktur, was ebenfalls einen Legitimitätsverlust der Organisation zur Folge haben könnte, und schließlich viertens das bereits erwähnte Errichten einer formalen Struktur, die als Fassade dient, sowie einer informellen Struktur, welche von der formalen entkoppelt ist (vgl. Meyer/Rowan 1977: 356 ff.). Die Strategie der *Entkopplung* ist laut Meyer und Rowan die vielversprechendste, um Widersprüchen zwischen organisationalen Aufgaben und institutionellen Anforderungen zu begegnen.[9] Dem zugrunde liegt die Vorstellung, dass sich Organisationen intern in Ebenen oder Bereiche differenzieren lassen, die eigenständig operieren, zwischen denen aber Wechselwirkungen bestehen. Die Intensität dieser Wechselwirkungen gibt Auskunft über den Grad der Kopplung, wobei die These der Entkopplung die weitgehendste darstellt, denn sie behauptet, es gebe zwischen den eigenständigen Ebenen gar keine Beziehung mehr. Meyer/Rowan zufolge bietet – in Anlehnung an Thompson (1967)[10] – die Strategie der Entkopplung Organisa-

---

8 Meyer/Rowan unterscheiden in diesem Zusammenhang auch zwischen zwei Organisationstypen: Als Beispiel für den ersten können Organisationen des produzierenden Gewerbes angeführt werden, bei denen Effizienzanforderungen der Aufgabenumwelt zentral für das Überleben der Organisation sind (Becker-Ritterspach/Becker-Ritterspach 2006: 106). Der zweite Typ umfasst Organisationen, die weniger aufgrund ihrer eigenen Effizienzkriterien, sondern vielmehr durch die Anpassung an die zeremoniellen Anforderungen der institutionellen Umwelt überleben (vgl. hierzu auch Bonazzi 2007: 380).
9 Als mögliche Widersprüche können als ein Beispiel unter vielen etwa Kostenziele und Umweltmaßnahmen genannt werden.
10 Thompson (1967) zieht eine klare Grenze zwischen Organisation und Umwelt, so dass es dem Kern einer jeden Organisation möglich ist, sich bis zu einem bestimmten Grad von der Umwelt abzuschotten.

tionen die Möglichkeit, mit widersprüchlichen Anforderungen, die sich aus der technischen und institutionellen Umwelt ergeben, umzugehen, wobei jedoch offen bleibt, ob eine solche Entkopplung langfristig überhaupt stabil sein kann, was sich letztendlich nur empirisch klären lässt. Kurzum: Organisationen passen sich lediglich im Hinblick auf ihre Formalstruktur den institutionellen Anforderungen bzw. antizipierten Erwartungen an und bauen einen Rationalitätsmythos auf, während das reale Geschehen, also ihre Aktivitätsstruktur, nach wie vor altbekannten Strukturmustern folgt. Nils Brunsson (1989) hat in diesem Zusammenhang die mittlerweile einschlägig bekannte Unterscheidung zwischen „Talk", „Decision" und „Action" eingeführt. Das heißt, die Entkopplung von Formal- und Aktivitätsstruktur bewirkt, dass Organisationen sich nach „außen" hin bereit zeigen („Talk"), sich verändernden Umweltbedingungen anzupassen, indem sie z. B. neue Ideen und Leitbilder aufgreifen und scheinbar auch umsetzen. In der alltäglichen Organisationspraxis hingegen – also im Hinblick auf organisationale Handlungen („Decision" und „Action") – fallen „Talk", wie z. B. das öffentliche Reden über die Umsetzung neuer Konzepte und Ideen, und reale Praxis („Action") weit auseinander, denn nach „innen" werden keine tatsächlichen Änderungen vorgenommen, im Gegenteil, altbewährte Praktiken werden fortgeschrieben, sodass von einer Doppelmoral, ja sogar von „Heuchelei" und organisationaler „Scheinheiligkeit" („Hypocrisy"), gesprochen werden kann (vgl. u.a. Brunsson 1989; Brunsson/Olsen 1993). Eine solche Unterscheidung zwischen „Talk" und „Action" findet sich auch bei anderen Autor_innen, wie z. B. Goffman (1969), der zwischen Vorder- und Hinterbühne differenziert. Am Beispiel der Gleichstellungsproblematik lässt sich diese Ausweichstrategie im Hinblick auf die Erfüllung gesellschaftlicher Erwartungen gut belegen (vgl. u.a. Lederle 2007; Müller 2010). Dabei wird – wie Funder/Dörhöfer/Rauch in ihrer empirischen Studie zur ITK-Industrie zeigen – der Rationalitätsmythos durch einen „*Egalitätsmythos*" (Funder 2005; Funder/Dörhöfer/Rauch 2006) erweitert. Selbst in modernen wissensbasierten Unternehmen, in denen schon längst ein Abschied von traditionellen Formen der Organisation von Arbeit (z. B. durch Projektarbeit, flache Hierarchien, Zielvereinbarungen) stattgefunden hat, herrschen noch recht traditionelle Formen der Geschlechterasymmetrie vor. Während auf der Vorderbühne alles in bester Ordnung zu sein scheint und Unternehmen offenbar viel dafür tun, Chancengleichheit umzusetzen,[11] sieht es auf der Hinterbühne anders aus. So bestehen Formen der Geschlechterungleichheit – wie auch Lederle bestätigt – häufig informell weiter und sind, obgleich sie formell eigentlich als abgeschafft gelten, „nach wie vor *institutionalisiert*" (Lederle 2007: 388, Hervh. i. O.). Auf der einen Seite gewinnt man somit den Eindruck, die Geschlechterdifferenz spiele keine Rolle mehr – und falls dies doch der Fall sein sollte, wird hierfür von den in empirischen Studien befragten Expert_innen stets eine Reihe „plausibler" (organisationsexterner) Gründe angeführt (z. B. dass Frauen keine Karriere machen wollen oder der Arbeitsmarkt keine qualifizierten Frauen aufweist) (vgl. u.a. Funder/Sproll 2012). Auf der anderen Seite lassen sich informelle Strukturen und Spielregeln ausmachen, die bis heute zu einer permanenten Reproduktion von asymmetrischen und hierarchischen Geschlechterdifferenzierungen beigetragen haben (vgl. ebd.). Hinzu kommt, dass der überaus wirkungsmächtige „Egalitätsmythos" einer Thematisierung der Strukturkategorie Geschlecht gerade in modernen Organisationen lange Zeit den Boden entzogen hat. Allein der Verweis auf das Leistungsprinzip, auf das sich Verfahren der Personalrekrutierung, die Ausgestaltung von Entgeltstrukturen und der Verlauf von Karrierepfaden beziehen, hat dazu geführt, dass Fragen der Geschlechterungleichheit zu einem Randthema geworden sind, an dem auch viele Frauen kein Interesse mehr haben. Spannend könnte nunmehr die Frage sein, ob diese über einen langen Zeitraum hinweg recht wirkungsmächtige Entkopplung zwischen zeremoniellen und tatsächlichen Praktiken der Gleichstellungspolitik dauerhaft stabil gehalten werden

---

11 Zu beobachten ist eine zunehmende Zahl von Strategien zur Förderung von Gleichstellung in Unternehmen, die sich bei näherer Betrachtung jedoch zumeist als Maßnahmen zur Verbesserung der Familienfreundlichkeit entpuppen (z. B. Arbeitszeitflexibilisierung, Kinderbetreuung, Elternförderung, Wiedereinstieg) (vgl. u.a. Funder/Sproll 2012). Verstärkt nachgefragt werden auch Zertifikate, wie sie u.a. von der Hertie-Stiftung „familieundberuf" vergeben werden, die Unternehmen als besonders familienfreundlich ausweisen. Als ein zentrales Motiv für die Förderung von Familienfreundlichkeit wird der Aspekt der Image-Verbesserung angeführt. Demgegenüber stagniert die Verbreitung von weitergehenden Gleichstellungsmaßnahmen schon seit Jahren auf einem relativ niedrigen Niveau (vgl. u.a. Jüngling/Rastetter 2011). Kaum ein Unternehmen verfügt z. B. über systematische Personalstatistiken, erst recht mangelt es an differenzierten Bedarfserhebungen und Monitoring-Instrumenten. Selbst die Umsetzung des aus den USA stammenden Diversity Managements, dem von großen Beratungsunternehmen attestiert wird, Unternehmen zu ökonomischem Erfolg zu verhelfen („Business Case"), erfolgt bislang noch recht zögerlich (vgl. u.a. Maschke/Wiechmann 2010).

kann. Oder anders gefragt, ob die aktuelle Renaissance des Themas Chancengleichheit bzw. Geschlechterungleichheit (siehe insbesondere die Debatte über die Frauenquote) aus einem Egalitätsmythos eine „Self-fulfilling-prophecy" machen könnte, also eine Kopplung von Formal- und Aktivitätsstruktur. Hierzu gibt es aktuell mehr Fragen als Antworten; wir kommen darauf an anderer Stelle noch einmal zurück (siehe Teil 3).[12] Entscheidend dürfte dabei nicht zuletzt die Suche nach Impulsgebern, Verbreitungsmodi und Vorbildern für neue, geschlechtergerechte Organisationsmodelle sein. Aber gerade für die Analyse von Wandlungsprozessen, die nicht ohne eine Berücksichtigung der Handlungsebene bzw. eine Akteursperspektive auskommt, hat der Neo-Institutionalismus bislang noch kein überzeugendes Erklärungskonzept gefunden. Auszumachen sind allenfalls erste Annahmen und Überlegungen, wie etwa das Konzept des institutionellen Unternehmers (vgl. DiMaggio 1988),[13] das dem Problem des fehlenden Akteursbezugs immerhin Aufmerksamkeit widmet, wenngleich es dieses auch nicht wirklich löst. Stattdessen verstärkt sich die Ablehnung einer Handlungsperspektive sogar noch weiter, was sich in den zunehmend makrosoziologisch ausgerichteten Arbeiten von Meyer und seinen Forschungskolleg_innen besonders deutlich widerspiegelt (vgl. u.a. Meyer et al. 1994; Meyer/Boli/Thomas 1987; Meyer 2005a). Während Meyer und Rowan (1977) anfangs noch davon ausgegangen sind, dass korporative Akteure entscheidungsautonom und in der Lage sind, die an sie gestellten Erwartungen durch die bereits beschriebene Ausweichstrategie, also eine Strategie der Entkopplung, zu begegnen, verschwindet in den späteren Texten von Meyer und seinen Kollegen (vgl. u.a. Meyer 1987; Meyer et al. 1994; Scott/Meyer 1994; Meyer/Jepperson 2005) sowohl diese stark

---

12 Antworten auf diese und weitere Fragen soll ein von der DFG gefördertes Forschungsprojekt geben, das den Titel trägt: „Gender Cage – revisited. Zur Neukonfiguration von Geschlechterdifferenzierungen in Organisationen postmoderner Gesellschaften".

13 Mit dem Akteurstypus des „Institutional Entrepreneurs" (DiMaggio 1988) entstand die Vorstellung von einem institutionellen Unternehmertum, das zu aktivem und zielgerichtetem Handeln in der Lage sei. Zu einer Weiterentwicklung dieser Idee haben Lawrence und Suddaby (2006) mit ihrem Konzept der „institutionellen Arbeit" („Institutional Work") beigetragen, an das – wie noch zu zeigen sein wird – mit Blick auf die noch offene Problematik des organisationalen Wandels angeknüpft werden kann, denn verstanden wird institutionelle Arbeit als „the purposive action of individuals and organizations aimed at creating, maintaining and disrupting institutions" (Lawrence/Suddaby 2006: 215).

handlungstheoretische Ausrichtung als auch die Vorstellung einer Aufspaltung von Innen- und Außenwelten. Stattdessen präferieren sie nunmehr eine makrosoziologische Argumentation, der zufolge Organisationen als kollektive Akteure gelten, die bereits selbst im Hinblick auf ihre organisationalen Strukturen durch die gesellschaftliche Umwelt vorgeprägt und daher längst nicht so formbar sind, wie etwa mikropolitische Ansätze behaupten (Meyer 1987: 15). Mit anderen Worten: Entscheidend ist die Bühne der Weltgesellschaft, Organisationen haben hier nur einen sehr begrenzten Einfluss. Vielmehr sind sie durch und durch „Manifestationen einer die Welt zunehmend umspannenden universalistisch-rationalistischen Ideologie" (Türk 1997: 137). Betrachtet man nun die Geschlechterproblematik unter diesem Blickwinkel, dann ist offensichtlich, dass Gleichberechtigung erst dann eine Chance hat, wenn sie den Status eines universalen Grundprinzips erlangt und ein Element der kulturellen (Welt-)Ordnung geworden ist. Folgt man den Überlegungen von Heintz/ Müller/Schiener (2006), Lenz (2007), Wobbe (2001, 2009), Ramirez (2001), Berkovitch (2001) u.a., dann gibt es hierfür durchaus erste Anhaltspunkte (z. B. globale Normen, Konventionen zur Eliminierung aller Formen der Diskriminierung von Frauen (CEDAW) oder Weltaktionsplattformen), wenngleich diese auch noch recht bescheidene Erfolge vorweisen können. Unabhängig davon ist hier allerdings kritisch anzumerken, dass – so Hasse und Krücken (2005: 48) – sowohl das methodische Vorgehen als auch die theoretische Fundierung der „World-Polity"-Forschung höchst umstritten sind. Das gilt insbesondere für die Grundidee einer weltweiten Diffusion westlicher Kultur- und Strukturmuster.

(c) Der Beitrag von DiMaggio und Powell (1983) zur Entwicklung des Neo-Institutionalismus ist – neben den Arbeiten von Meyer/Rowan und Zucker – insofern von großer Bedeutung, da hier nicht nur der Begriff der *Isomorphie* präzisiert, sondern auch die Ebene der *organisationalen Felder* in die Debatte eingeführt wird. Wie Zucker gehen auch DiMaggio und Powell zunächst davon aus, dass Effizienzsteigerungen der Anlass für die rasche Verbreitung von formalen Organisationen sei. Aber schon bald muss das klassische Effizienzparadigma dem weitaus gewichtigeren Argumentationsmuster des Strebens nach „Isomorphie" bzw. Strukturhomogenität weichen. Im Zentrum ihres Beitrages steht die Frage: „What makes organizations so similiar?" (ebd.: 147) Wie bereits im Titel angedeutet – „The Iron Cage Revisited" – geht es um eine neue Lesart des Siegeszuges von Webers Bürokratiemodell, bei dessen Verbreitung laut DiMaggio und Powell Angleichungsprozesse – „institutional isomorphism" – zur Erzielung von Legitimität die entscheidende Rolle gespielt haben. Diese finden in organisationalen Feldern statt, worunter sie Folgendes verstanden wissen wollen: „By organizational field we mean those organizations that, in the aggregate, constitute a recognized area of institutional life: key suppliers, resource and product consumers, regulatory agencies, and other organizations that produce similar services or products" (DiMaggio/Powell 1983: 148). DiMaggio und Powell gehen davon aus, dass innerhalb eines organisationalen Feldes ein großer Druck zur „Isomorphie" bzw. Homogenisierung organisationaler Strukturen auszumachen ist. Sie unterscheiden hierbei zwischen zwei Typen der Isomorphie: 1. der schon längst bekannten wettbewerbsbedingten bzw. kompetitiven und 2. der institutionellen Isomorphie. Die wettbewerbsbedingte Isomorphie bezeichnet dabei den Prozess der Angleichung von Organisationsstrukturen aufgrund des Wettbewerbs um knappe Ressourcen und Märkte. Die dahinter stehende Idee ist, dass die wettbewerbsbedingt am wenigsten geeigneten Organisationen früher oder später aussterben und die Verbleibenden eine ähnliche Form aufweisen, da sich deren Strategien in diesem Feld als optimal herausgestellt haben. Ihr Hauptaugenmerk richten DiMaggio und Powell aber auf die institutionelle Isomorphie. Diese resultiert nicht aus dem Wettbewerb um Ressourcen und Kunden, sondern um soziale Legitimität und politische Unterstützung. Im Rahmen einer weiteren Differenzierung unterscheiden sie drei Mechanismen isomorphischer Anpassung: (1) „coercive isomorphism", (2) „mimetic isomorphism" und (3) „normative isomorphism" (vgl. DiMaggio/Powell 1983: 150 ff.).[14]

(1) Der „coercive isomorphism" bezeichnet eine Form der Isomorphie, die auf formellem wie auch informellem Druck basiert und einen Zwang zur Standardisierung in Gang setzt. Dieser Zwang kann sowohl durch staatliche Regulationen und Gesetze als auch durch kulturelle Erwartungen oder informelle Abhängigkeiten, wie etwa Absprachen zwischen Unternehmen, bestimmte Verfahren oder Konventionen, hervorgerufen werden. Mit Blick auf die Genderproblematik könnte in diesem Zusammenhang auf die Verankerung gesetzlicher Regelungen hingewiesen werden, die zur Etablierung von Gleichstellungsbeauftragten in Organisationen des öffentlichen Dienstes geführt haben. In Wirtschaftsorganisationen finden sich bislang kaum Formen des „coercive isomorphism", obgleich es z. B.

---

14 Hierzu ist anzumerken, dass die Unterscheidung der drei Mechanismen lediglich analytischer Natur ist und in der Realität häufig Überschneidungen existieren.

in Deutschland mit dem AGG (Allgemeines Gleichstellungsgesetz) durchaus rechtliche Rahmenregelungen gibt. Von einem „coercive isomorphism" kann erst dann die Rede sein, wenn es zu einer gesetzlichen, verbindlichen Frauenquote kommt, die in Unternehmen – bei Strafe des Untergangs – definitiv umgesetzt werden muss.

(2) Unter „mimetic isomorphism" oder Isomorphie durch Imitation wird die Übernahme von als legitim wahrgenommenen Organisationsmustern verstanden, die zumeist dann erfolgt, wenn Organisationen hoher Ungewissheit ausgesetzt sind. Im Kern handelt es sich um Nachahmungsprozesse. Organisationen, die als besonders erfolgreich gelten (Vorbilder), werden dabei von anderen Organisationen des Feldes imitiert, in der Hoffnung, ebenfalls einen Legitimitäts- und Effizienzzuwachs zu erzielen. Eine große Rolle spielen hier Beratungsorganisationen, welche beispielsweise Unternehmen die Übernahme von als bewährt geltenden neuen Technologien und Managementkonzepten (wie z. B. Lean-Production, Kontinuierliche Verbesserungsprozesse (KVP) oder SAP-Software) empfehlen und auf die Effizienzvorteile neuer Verfahren und Methoden zur Organisationsgestaltung verweisen. Auch die aktuell zunehmende Verbreitung eines „Managing Diversity", die eine Optimierung des Einsatzes von Humankapital verspricht, zählt hierzu.[15]

(3) Der dritte Modus der Angleichung lautet: „normative isomorphism" und entsteht durch normativen Druck zur Professionalisierung. So trägt die Zugehörigkeit zu bestimmten Berufsgruppen bzw. Professionen dazu bei, dass Organisationen sich an vorgegebenen Methoden, Praktiken, Standards und Verfahrensregelungen orientieren. Die vorherrschende normative Bindung wie der gemeinsame Denkansatz bewirken, dass spezifische Problemlösungsstrategien und -muster auch tatsächlich eingehalten werden. Sie entstehen in organisationalen Feldern häufig durch die Schaffung von Berufs- bzw. Professionsverbänden, wozu nur Zutritt hat, wer z. B. über die entsprechenden Bildungszertifikate verfügt oder spezifische Aufnahmeregelungen erfüllt und sich verpflichtet, die vorherrschenden organisationalen Normen einzuhalten. DiMaggio und Powell ziehen – was bei der Rezeption ihres Artikels häufig in den Hintergrund rückt – den Kreis sogar noch viel weiter und verweisen auf Angleichungsprozesse, die sich auf die „individuals in an organizational field" (ebd.: 153) beziehen. Sie

---

15 Siehe hierzu die Beiträge von Gertraude Krell und Nathalie Amstutz/Regula Spaar in diesem Band.

rekurrieren auf die schon früh von Kanter (1977) ausgemachte „homosexual reproduction of management", wonach die vorherrschenden Personalrekrutierungsprozesse im Management stets den gleichen Managertypus hervorbringen, nämlich (weiße) Männer, die dieselbe Universität besucht haben, denselben Sprach- und Kleidungsstil bevorzugen und auch sonst eine Vielzahl von Gemeinsamkeiten aufweisen. Diese Form der Homogenität wird im Arbeitsalltag wertgeschätzt, denn wenn man weiß, mit wem man es zu tun hat, ist z. B. Kooperation oder der Aufbau informeller Netzwerke weitaus einfacher (Unsicherheitsabsorption) zu bewerkstelligen. Das Konzept der normativen Isomorphie liefert somit Aufschluss darüber, warum gerade im höheren Management bis heute Inklusions- bzw. Schließungsprozesse zu beobachten sind, die zu einem weitgehenden Ausschluss von Frauen – sowie auch anderer, als kulturell „anders" wahrgenommener Personengruppen – geführt haben. Aus der Perspektive der Geschlechterforschung handelt es sich hier um einen immer noch recht instruktiven, anschlussfähigen Erklärungsansatz.

Isomorphie bleibt in dem Konzept von DiMaggio und Powell nicht auf die formalen Strukturen beschränkt, sondern wirkt sich ebenfalls homogenisierend auf die inneren Aktivitätsstrukturen aus.[16] Hierin liegt ein entscheidender Unterschied zum Isomorphiebegriff von Meyer und Rowan (1977), da die weitgehende Entkopplung dadurch an Bedeutung verliert, lose Kopplung an Relevanz gewinnt und Isomorphie facetten- und weitreichender definiert ist. Zudem erwarten DiMaggio und Powell substanzielle Veränderungen auf der Handlungsebene sowie Angleichungsprozesse im organisationalen Feld (vgl. hierzu auch Hasse/Krücken 2005: 27). Denn im Unterschied zu Meyer (vgl. u.a. Meyer 1987, siehe auch Meyer et al. 1994) lehnen sie in ihren späteren Arbeiten ein auch in ihren frühen Konzepten noch vorherrschendes „übersozialisiertes" Modell von Organisationen – das vielen institutionalistischen Theoriekonzepten inhärent ist – ab. Stattdessen wollen sie Faktoren wie Macht, Interessen, Strategien und selbstverständlich auch dem Handeln von Akteuren mehr Gewicht verleihen. Dass diese Neuorientierung institutionalistischer Ansätze kein einfaches Unterfangen ist, liegt auf der Hand, denn neben einer Reihe von Vorzügen, die der Neo-Institutionalismus für eine Organisationsanalyse bietet, sind Schwächen offensichtlich, wenn es etwa darum geht, Aussagen „über

---

16 Zur Kritik am Isomorphiebegriff siehe auch Becker-Ritterspach/Becker-Ritterspach 2006.

die Ursprünge, die Reproduktion und die Erosion von institutionellen Praktiken und organisationalen Formen" (Türk 1997: 140) machen zu wollen, denn letztendlich geht es in diesem Ansatz in erster Linie doch immer „nur um die Verbreitung und Reproduktion bereits etablierter Muster" (ebd.). Dabei wäre gerade – wie bereits betont – die Analyse von Wandlungsprozessen – und zwar sowohl von Organisationswandel als auch institutionellem Wandel – aus einer Geschlechterperspektive von großem Interesse, zumal die Geschlechterforschung über Beharrungsprozesse von Geschlechterungleichheiten schon recht gut Bescheid weiß (vgl. u.a. Becker-Schmidt 2007; Funder 2008; Funder/Sproll 2012).

Ein ebenfalls immer noch nicht vollständig ausgeräumter Kritikpunkt, der aus einer Genderperspektive höchst relevant ist, stellt die von DiMaggio (1988) selbst thematisierte problematische Mikrofundierung dar, an der sich – sieht man von den Laborexperimenten Zuckers (1977) einmal ab – bis heute nichts Wesentliches geändert hat. Erstaunlich ist das nicht, denn der Abschied von einem explizit akteurszentrierten Ansatz erzeugt ganz automatisch das Problem, dieses „theoretische Vakuum" (Müller 2010) zu füllen. Akteure als reflexionsfähige Wesen mit Eigensinn, Widerstandskraft und der Fähigkeit zur Gegenwehr in das Konzept zu integrieren, wird daher eine anspruchsvolle Herausforderung für die zukünftige neo-institutionalistische Theorieentwicklung bleiben. Dass Neo-Institutionalist_innen – wie etwa Powell – dem strukturationstheoretischen Ansatz von Giddens[17] daher viel abgewinnen können, ist nachvollziehbar, denn hier tut sich ein Weg auf – ohne auf einen utilitaristischen Ansatz zurückfallen zu müssen –, einer Handlungs- bzw. Akteursperspektive wieder mehr Gewicht zu geben (vgl. Powell/DiMaggio 1991: 183, 190 ff.; zur Kritik siehe u.a. Türk 1997).[18]

---

17 Giddens Konzept der „Dualität" der Struktur behauptet eine wechselseitige bzw. rekursive Bezogenheit von Struktur und Handlung. Strukturen „ermöglichen *und* restringieren" (Giddens 1988: 77). Soziales Handeln findet zwar im Rahmen bereits strukturierter Kontexte statt, ist aber nicht voll und ganz determiniert. Siehe hierzu den Beitrag von Steffen Dörhöfer in diesem Band.

18 Aufschlussreich sind hier die bereits erwähnten Arbeiten zur „Institutional Work", in denen es in jüngster Zeit auch verstärkt um die „Intentionalität des Handelns" von Akteuren, wie insbesondere die Zielgerichtetheit ihres Handelns, ging. Demzufolge gilt es, ein Verständnis von handelnden Akteuren zu gewinnen, das weder in Richtung habitualisierter Wiederholungen noch ausschließlich auf atomistisch handelnde „schlaue Agenten" des Wandels weist (vgl. u.a. Lawrence/Suddaby/Leca 2009; Powell/Colyvas 2008).

Unabhängig von diesen und anderen Schwachstellen weist der Neo-Institutionalismus aber auch Vorzüge auf, von denen die Geschlechterforschung profitieren kann. Hervorzuheben ist vor allem der Sachverhalt, dass er – wie kaum ein anderes klassisches Organisationskonzept – für eine Abkehr von rein ökonomischen Betrachtungsweisen von Organisationen (selbst Unternehmen) und eine gesellschaftliche Wiedereinbettung von Organisationen plädiert. Das macht ihn nicht nur anschlussfähig für Gesellschaftstheorien, sondern auch für die Geschlechterforschung, die sich seit einiger Zeit wieder verstärkt mit gesellschaftlichen Transformationsprozessen und Fragen des Wandels sowie der Persistenz von Geschlechterverhältnissen befasst und bestrebt ist, zu einer „produktiven Verbindung von Gesellschaftstheorie und Geschlechterforschung" (Maihofer 2007: 281) zu gelangen. Dass in diesem Kontext Mehrebenen-Modelle gefragt sind, die die „Mikro-, Meso- und Makroebene sowie die individuellen/psychischen, strukturellen/institutionellen und symbolischen/ repräsentativen Dimensionen in den Blick nehmen und miteinander in Beziehung setzen" (ebd.: 294) – also auch der Organisationsebene Gewicht verleihen –, liegt auf der Hand.

*3 Impulse für die organisationssoziologische Geschlechterforschung*

Wenn der neue Institutionalismus – wie Türk, Wehrsig u.v.a. behaupten – „für eine gesellschaftstheoretisch ambitionierte Organisationsforschung nicht zu umlaufen (ist, d.V.)" (Wehrsig 1997: 177), dann drängt sich die Frage auf, ob die Geschlechterforschung hieraus nicht ebenfalls Gewinn schlagen kann. Oder anders formuliert: „Was kann" – wie Müller (2010: 46) fragt – aus neo-institutionalistischem Denken „für Geschlecht und Organisation gelernt werden?"

Obwohl in diesem Beitrag nur einige ausgewählte Aussagen des soziologischen Neo-Institutionalismus im Fokus standen und aus einer Genderperspektive kommentiert wurden, soll abschließend dennoch der Versuch unternommen werden, Argumentationsmuster herauszugreifen, die Impulse für die organisationssoziologische Geschlechterforschung liefern können. Infrage kommen hierfür:
(1) die den Neo-Institutionalismus so prägende Grundaussage der gesellschaftlichen Einbettung von Organisationen, also die Interdependenz zwischen Organisation und Gesellschaft, die durch Institutionen hergestellt wird. Dabei darf jedoch nicht ausgeblendet werden, dass Organisa-

tionen im Grunde nicht nur als strukturelle, sondern auch als strukturierende Momente der Gesellschaft zu begreifen sind. Von dieser neo-institutionalistischen Sensibilität für die wechselseitige Verflechtung von Organisation und Gesellschaft kann sowohl die Organisations- als auch die Geschlechterforschung profitieren. Ein weiterer großer Vorzug des Neo-Institutionalismus besteht in der Abkehr von der sonst üblichen, starken Fixierung auf das Rationalitätsparadigma und gleichzeitigen Widererstarkung der Bedeutung von Legitimität. Besser kann kaum erklärt werden, warum gesellschaftliche Leitbilder – kulturelle Vorstellungen über Geschlechter – von so großer Relevanz für Organisationen sind. Aber auch – um ein Beispiel zu nennen –, warum Gleichstellungspolitik in der Regel nicht zum erwünschten Erfolg (Wandel der Aktivitätsstruktur) führt, gleichwohl in modernen Unternehmen in den letzten Jahren verstärkt Diversity-Konzepte verankert wurden. Unternehmen können offenbar nicht mehr so ohne Weiteres ignorieren, dass es Diversity-Management-Konzepte gibt, die in einigen organisationalen Feldern eine nicht unwesentliche Rolle bei der Legitimitätsbeschaffung spielen, d.h. bei Nichtbeachtung ist nicht nur mit sozialen Kosten (Verlust von Legitimität in der Öffentlichkeit), sondern auch mit ökonomischen Kosten (z. B. bei Diskriminierungsklagen) zu rechnen (vgl. hierzu u.a. Lederle 2007). Ob geschlechtliche Ungleichheiten jedoch bereits durch das Aufkommen neuer gesellschaftlicher Erwartungen an Unternehmen (z. B. Chancengleichheit und Vielfalt zu fördern) abgebaut werden, ist eine ganz andere Frage, die sich nicht allein mit einem Blick auf die Diskursebene klären lässt. Weiterführend ist die neo-institutionalistische Annahme der Entkopplung.

(2) die These der Entkopplung, denn findet das Argument von Meyer/ Rowan Berücksichtigung, dass Organisationen Ausweichstrategien entwickelt haben, um mit institutionellen Erwartungen bzw. gesellschaftlichen Anforderungen umzugehen, ergibt sich hieraus eine plausible Erklärung für die anhaltenden Probleme der Etablierung einer proaktiven Gleichstellungspolitik und das Auseinanderfallen von Formal- und Aktivitätsstruktur. Das Konzept der Entkopplung von Formal- und Aktivitätsstrukturen ist bis heute sehr aufschlussreich und überzeugend, zumal es eng verknüpft ist mit der Genese und Verbreitung eines nach wie vor recht wirkungsmächtigen *Egalitätsmythos*. Er ist verantwortlich für die De-Thematisierung von Geschlechterungleichheiten in Organisationen, die darauf insistieren, dass die Geschlechterdifferenz „eigentlich" keine Rolle mehr spielt (bzw. spielen darf), denn – so ihr Credo – in der Personalpolitik bil-

den ausnahmslos Leistungskriterien die Basis für Personalrekrutierungsprozesse, Entlohnungssysteme und Karrieremöglichkeiten.

(3) die These der Homogenisierungstendenzen, die höchst aufschlussreich ist, um nicht nur die Verbreitung spezifischer, als effizient geltender Organisationsformen zu erklären, sondern auch hiermit kompatibler Leitideen, wie etwa Vorstellungen über die ideale Arbeitskraft (flexibel, mobil, kreativ, selbstorganisiert usw.) und die unhinterfragte Gültigkeit einer Leistungsmeritokratie, die wiederum zur Imagination einer „Leistungs-Illusio" und Reproduktion der immer noch männlich konnotierten Vollzeitarbeitskraft beitragen. Dass die Strukturkategorie Geschlecht nicht in dieses Konzept passt und sich ein Egalitätsmythos hat verbreiten können, ist dementsprechend nicht weiter erstaunlich und weitgehend auf Mechanismen des institutionellen Isomorphismus zurückzuführen. Sie sind verantwortlich für Homogenisierungsprozesse in organisationalen Feldern, finden sich aber auch – wie erwähnt – auf der Ebene der „individuals in organizational fields" wieder. Gleichwohl erfordert die Idee des Egalitätsmythos eine Erweiterung, um nicht nur die Reproduktion des Immergleichen, sondern auch mögliche Varianzen bzw. Veränderungsprozesse erklären zu können. An dieser Stelle gilt es, Weiterentwicklungen des Neo-Institutionalismus aufzuspüren, die Aufschluss über Wandlungsprozesse, die Institutionalisierung neuer Regeln, Werte und Praktiken in Organisationen geben.

(4) theoretisch weitergehende Überlegungen, die zu einem besseren Verständnis von Stabilität und Wandel beitragen und dabei z. B. von reflexiven, iterativen und rekursiven Prozessen ausgehen, die sich stets auf mehreren Ebenen abspielen und vielfach eher den Charakter von (zufallsgesteuerten) „Basteleien" bzw. „Bricolagen" aufweisen, zumeist widersprüchlich verlaufen und Paradoxien erzeugen können; wie z. B. die auf den ersten Blick unverständliche Gleichzeitigkeit von Gleichstellungssemantik und geschlechtlicher Arbeitsteilung. Berücksichtigung finden müssen demnach nicht nur radikale externe Schocks, wie z. B. Marktturbulenzen, die bereits in den frühen neo-institutionalistischen Studien als Impulsgeber für institutionelle Wandlungsprozesse betrachtet wurden. Vielmehr gilt es (De-)Institutionalisierungsprozesse selbst zum Thema zu machen. Erste Anstöße hierzu lieferten Tolbert und Zucker (1996), die den Prozess der Institutionalisierung – in Anlehnung an Berger und Luckmann (1966) – als einen dreistufigen Prozess beschreiben, der (1) aus einer Phase der Habitualisierung (Entwicklung neuer Strukturen in einer Vorreiterorganisation), (2) dem Prozess der Objektivierung (Konsensbildung hinsichtlich

des Nutzens der neuen Regelungen) und (3) der Phase der Sedimentierung (Verankerung der neuen Strukturelemente im Sinne eines von allen Organisationen geteilten Glaubens an ihren Nutzen) besteht. Vollends befriedigend ist aber auch dieses Konzept nicht, denn im Fokus stehen in erster Linie die bereits bekannten mimetischen Prozesse, die zur Verbreitung neuer Strukturmuster beitragen; wobei der umgekehrte Prozess der Deinstitutionalisierung eines tiefgreifenden externen Veränderungsprozesses bedarf. Kurzum: Allein die Einflüsse der institutionellen Umwelt von Organisationen (insbesondere auf Erwartungen, Leitbilder und Pfadabhängigkeiten) in den Blick zu nehmen erweist sich offenbar nicht als zielführend, weitaus ertragreicher scheint es zu sein, auch der organisationalen Eigenlogik und dem Akteurshandeln, einschließlich der Wirkungsmacht von Subversion und Widerstand, Beachtung zu schenken (vgl. hierzu u.a. Kirchner 2012). Sie bilden geradezu die Voraussetzung dafür, dass vorherrschende institutionelle Erwartungen erst einmal erschüttert und Geschlechterverhältnisse in Organisationen in Unordnung gebracht werden. Theoretisch kommt für eine solche Weiterentwicklung nicht nur eine Verknüpfung zwischen Strukturationstheorie und Neo-Institutionalismus, das Theorieangebot der Verfechter_innen einer „Institutional Work" oder der sich allmählich formierende „diskursive Institutionalismus" (vgl. u.a. Schmidt 2006; Lederle 2007; Zilber 2009) infrage, sondern auch Deutschmanns Konzept der Mythenspirale, auf das im Weiteren kurz eingegangen werden soll (vgl. Deutschmann 1997, 2002; siehe auch Hiß 2005).

Deutschmann erkennt zunächst an, dass es dem Neo-Institutionalismus gelungen ist, Mechanismen des institutionellen Isomorphismus zu erklären, also z. B. wie es zur Verbreitung spezifischer Organisationsstrukturen und Managementkonzepte gekommen ist und warum selbst ineffiziente Unternehmen nicht untergehen müssen. Jedoch hat dieser Ansatz seines Erachtens bislang kein überzeugendes Konzept gefunden, um Innovationsprozesse sowie die Herausbildung und Verankerung neuer Leitbilder identifizieren und analysieren zu können. Um diese Lücke zu schließen, entwickelt er das Konzept der „Mythenspirale" und argumentiert mit der Idee sich selbst erfüllender Prophezeiungen. Mythen können – so die Argumentation – am Ende einer langen, sich immer wieder selbst verstärkenden „(Mythen-)Spirale" eine realitätsverändernde Wirkungsmacht erhalten. Denn „Mythen erzeugen, wenn sie erfolgreich sind, ihre eigene Wirklichkeit, indem sie die für das innovative Projekt erforderlichen Investitionen und Ressourcen mobilisieren" (Deutschmann 2002: 82). Der Gedanke an einen gemeinsamen Mythos kann zum Antriebsriemen für die Durchsetzung von innovativen Prozessen werden und die Entwicklung und Umsetzung konkreter Projekte voranbringen. Deutschmann beschreibt die Dynamik von Mythen – in Anlehnung an Tolbert und Zucker (1996) – ebenfalls in Form eines Phasenmodells, das jedoch nicht nur aus drei, sondern vier Phasen besteht: Genese, Verbreitung, Institutionalisierung und Krise. Der Vorzug dieses Modells besteht in seiner Dynamik, denn Mythen entstehen und können auch wieder vergehen bzw. durch neue Mythen ersetzt werden.

Die Grundidee der Mythenspirale ist mit Blick auf unsere Suche nach neuen theoretischen Impulsen nicht nur für den Neo-Institutionalismus, sondern auch für die organisationssoziologische Genderforschung inspirierend und lässt sich – allerdings mit gewissen Modifikationen – adaptieren. Denn um sowohl Aufschluss über die Beharrungskraft als auch den Wandel von Geschlechterasymmetrien zu gewinnen, bietet sich so die Möglichkeit, den „Egalitätsmythos" neu zu fassen und von einer *„Mythenspirale der Egalität"* auszugehen, an deren Ende dann vielleicht nicht mehr nur eine „Scheinresonanz" zur Legitimationsgewinnung steht. Diese konzeptionelle Ergänzung kann nicht nur erklären, warum es – trotz des gerade in modernen Organisationen vorherrschenden „Ungleichheitstabus" (Nentwich 2004) – immer noch zur Reproduktion traditioneller Formen der Geschlechterungleichheit kommt, sondern auch, dass es zumindest Spielräume für Erosions- und Wandlungsprozesse gibt. Denkbar ist somit, dass aus einem Egalitätsmythos – entwickelt sie sich nach dem Muster der „self-fulfilling-prophecy" – im Erfolgsfall (vielleicht nicht in allen, aber doch in einigen Organisationen) Wirklichkeit werden kann. Ob und inwieweit die Organisationsrealität Anhaltspunkte hierfür bietet, ist letztendlich eine empirische Frage.[19]

*Weiterführende Literatur*

Brunsson, Nils (1989). The Organization of Hypocrisy: Talk, Decisions and Actions in Organizations. Chichester et al.: Wiley.
Kirchner, Stefan (2012). Wer sind wir als Organisation? Organisationsidentität zwischen Neo-Institutionalismus und Pfadabhängigkeit. Frankfurt, New York: Campus.
Lederle, Sabine (2008). Die Ökonomisierung des Anderen. Eine neoinstitutionalistisch inspirierte Analyse des Diversity Management-Diskurses. Wiesbaden: VS.

---

19 Siehe hierzu auch FN 10.

Müller, Ursula (2010). Organisation und Geschlecht aus neoinstitutionalistischer Sicht. Betrachtungen am Beispiel von Entwicklungen in der Polizei. In: Feministische Studien, 28, 1, 40–54.

Senge, Konstanze (2011). Das Neue am Neo-Institutionalismus: Der Neo-Institutionalismus im Kontext der Organisationswissenschaft. Wiesbaden: VS.

*Im Text erwähnte Quellen*

Becker-Ritterspach, Florian A. A./Becker-Ritterspach, Jutta C. E. (2006). Isomorphie und Entkoppelung im Neo-Institutionalismus. In: Senge, Konstanze/Hellmann, Kai-Uwe (Hrsg.). Einführung in den Neo-Institutionalismus: Mit einem Beitrag von W. Richard Scott. Wiesbaden: VS, 102–117.

Becker-Schmidt, Regine (2007). Geschlechter- und Arbeitsverhältnisse in Bewegung. In: Aulenbacher, Brigitte/Funder, Maria/Jacobsen, Heike/Völker, Susanne (Hrsg.). Arbeit und Geschlecht im Umbruch der modernen Gesellschaft. Forschung im Dialog. Wiesbaden: VS, 250–268.

Berkovitch, Nitza (2001). Frauenrechte, Nationalstaat und Weltgesellschaft. In: Heintz, Bettina (Hrsg.). Geschlechtersoziologie. Wiesbaden: Westdeutscher Verlag, 375–398.

Berger, Peter L./Luckmann, Thomas (2003). Die gesellschaftliche Konstruktion der Wirklichkeit: Eine Theorie der Wissenssoziologie. Frankfurt: Fischer (19. Auflage).

Blau, Peter M./Scott, William R. (1962). Formal Organizations. San Francisco: Chandler.

Bonazzi, Giuseppe (2007). Geschichte des organisatorischen Denkens. Wiesbaden: VS.

Brunsson, Nils (1989). The Organization of Hypocrisy: Talk, Decisions and Actions in Organizations. Chichester et al.: Wiley.

Brunsson, Nils/Olsen, Johan P. (1993). The Reforming Organization. Chichester et al.: Wiley.

Deutschmann, Christoph (1997). Die Mythenspirale: Eine wissenssoziologische Interpretation industrieller Rationalisierung. In: Soziale Welt, 47, 55–70.

Deutschmann, Christoph (2002). Postindustrielle Industriesoziologie. Theoretische Grundlagen, Arbeitsverhältnisse und soziale Identitäten. München: Juventa.

DiMaggio, Paul J. (1988). Interest and Agency in Institutional Theory. In: Zucker, Lynne G. (Hrsg.). Institutional Patterns and Organizations. Cambridge: Ballinger, 3–22.

DiMaggio, Paul J./Powell, Walter W. (1983). The Iron Cage Revisited: Institutional Isomorphism and Collective Rationality. In: American Sociological Review, 48 (2), 147–160.

DiMaggio, Paul J./Powell, Walter W. (1991). The New Institutionalism in Organizational Analysis. Chicago, London: University of Chicago Press.

DiMaggio, Paul J./Powell, Walter W. (1991a). Introduction. In: DiMaggio, Paul J./ Powell, Walter W. (1991). The New Institutionalism in Organizational Analysis. Chicago, London: University of Chicago Press, 1–38.

Dölling, Irene (2007). „Geschlechter-Wissen" – ein nützlicher Begriff für die „verstehende" Analyse von Vergeschlechtlichungsprozessen? In: Gildemeister, Regine/ Wetterer, Angelika (Hrsg.). Erosion oder Reproduktion geschlechtlicher Differenzierung? Widersprüchliche Entwicklungen in professionalisierten Berufsfeldern und Organisationen. Münster: Westfälisches Dampfboot, 19–31.

Drori, Gili S./Meyer, John W./Ramirez, Francisco O./Schofer, Evan (2003). Science in the Modern World Polity. Institutionalization and Globalization. Stanford: Stanford University Press.

Funder, Maria (2005). Gendered Management? Geschlecht und Management in wissensbasierten Unternehmen. In: Funder, Maria/Dörhöfer, Steffen/Rauch, Christian (Hrsg.). Jenseits der Geschlechterdifferenz? Geschlechterverhältnisse in der Informations- und Wissensgesellschaft. München und Mering: Hampp, 97–122.

Funder, Maria (2008). Geschlechterverhältnisse und Wirtschaft. In: Maurer, Andrea (Hrsg.). Handbuch Wirtschaftssoziologie. Wiesbaden: VS, 411–430.

Funder, Maria/Dörhöfer, Steffen/Rauch, Christian (2006). Geschlechteregalität – Mehr Schein als Sein. Geschlecht, Arbeit und Interessenvertretung in der Informations- und Telekommunikationsindustrie. Berlin: Edition Sigma.

Funder, Maria/Sproll, Martina (2012). Symbolische Gewalt und Leistungsregime. Geschlechterungleichheit in der betrieblichen Arbeitspolitik. Münster: Westfälisches Dampfboot.

Giddens, Anthony (1988). Die Konstitution der Gesellschaft. Grundzüge einer Theorie der Strukturierung. Frankfurt, New York: Campus.

Goffman, Erving (1969). Wir alle spielen Theater. Die Selbstdarstellung im Alltag. München: R. Piper & Co.

Gouldner, Alvin W. (1954). Patterns of Industrial Bureaucracy. Glencoe, IL: Free Press.

Hasse, Raimund/Krücken, Georg C. (2005). Neo-Institutionalismus. Bielefeld: Transcript.

Hasse, Raimund/Schmidt, Lucia (2010). Unternehmertum, Arbeit, Sprache. Zur Mikrofundierung des Neo-Institutionalismus. In: Sociologia Internationalis, 48 (1), 1–28.

Heintz, Bettina/Müller, Dagmar/Schiener, Heike (2006). Menschenrechte im Kontext der Weltgesellschaft. Die weltgesellschaftliche Institutionalisierung von Frauenrechten und ihre Umsetzung in Deutschland, der Schweiz und Marokko. In: Zeitschrift für Soziologie, 35 (6), 424–448.

Hericks, Katja (2011). Entkoppelt und institutionalisiert: Gleichstellungspolitik in einem deutschen Konzern. Wiesbaden: VS.

Hiß, Stefanie (2005). Warum übernehmen Unternehmen gesellschaftliche Verantwortung? Ein soziologischer Erklärungsversuch. Frankfurt, New York: Campus.

Jüngling, Christiane/Rastetter, Daniela (2011). Die Implementierung von Gleichstellungsmaßnahmen: Optionen, Widerstände und Erfolgsstrategien. In: Krell, Gertraude/Ortlieb, Renate/Sieben, Barbara (Hrsg.). Chancengleichheit durch Personalpolitik. Wiesbaden: Gabler, 25–40 (6. Auflage).

Kanter, Rosabeth M. (1977). Men and Women of the Corporation. New York: Basic Books.

Kirchner, Stefan (2012). Wer sind wir als Organisation? Organisationsidentität zwischen Neo-Institutionalismus und Pfadabhängigkeit. Frankfurt, New York: Campus.

Lawrence, Thomas B./Suddaby, Roy (2006). Institutions and Institutional Work. In: Clegg, Stewart R./Hardy, Cynthia/Lawrence, Thomas B./Nord, Walter R. (Hrsg.). The Sage Handbook of Organization Studies. London: Sage, 215–254 (2nd Edition).

Lawrence, Thomas B./Suddaby, Roy/Leca, Bernard (2009). Introduction: Theorizing and Studying Institutional Work. In: dies. (Hrsg.). Institutional Work. Actors and Agency in Institutional Studies of Organizations. Cambridge, New York: Cambridge University Press, 1–27

Lederle, Sabine (2007). Die Einführung von Diversity Management in deutschen Organisationen. In: Zeitschrift für Personalforschung, 21 (1), 22–41.

Lenz, Ilse (2007). Inklusionen und Exklusionen in der Globalisierung der Arbeit. Einige Überlegungen. In: Aulenbacher, Brigitte/Funder, Maria/Jacobsen, Heike/Völker, Susanne (Hrsg.). Arbeit und Geschlecht im Umbruch der modernen Gesellschaft. Forschung im Dialog. Wiesbaden: VS, 185–200.

Luhmann, Niklas (2000). Organisation und Entscheidung. Wiesbaden: Westdeutscher Verlag.

Maihofer, Andrea (2007). Gender in Motion: Gesellschaftliche Transformationsprozesse – Umbrüche in den Geschlechterverhältnissen? Eine Problemskizze. In: Grisard, Dominique/Häberlein, Jana/Kaiser, Anelis/Saxer, Sibylle (Hrsg.). Gender in Motion: Die Konstruktion von Geschlecht in Raum und Erzählung. Frankfurt, New York: Campus, 281–315.

Maschke, Manuela/Wiechmann, Elke (2010). Instrumente und Akteure betrieblicher Gleichstellungsförderung. In: Projektgruppe GiB (Hrsg.). Geschlechterungleichheiten im Betrieb. Arbeit, Entlohnung und Gleichstellung in der Privatwirtschaft. Berlin: Edition Sigma, 485–550.

Merton, Robert K. (1968). Social Theory and Social Structure. New York: Free Press.

Meyer, John W. (1987). The World Polity and the Authority of the Nation-State. In: Thomas, George M./Meyer, John W./Ramirez, Francisco O./Boli, John (Hrsg.). Institutional Structure. Constituting State, Society, and the Individual. Newbury Park/CA et al.: Sage, 41–70.

Meyer, John W. (Hrsg.) (2005a). Weltkultur. Wie die westlichen Prinzipien die Welt durchdringen. Frankfurt: Suhrkamp.

Meyer, John W. (2005b). Vorwort. In: Hasse, Raimund/Krücken, Georg C. (2005). Neo-Institutionalismus. Bielefeld: Transcript, 5–12.

Meyer, John W./Boli, John/Thomas, George M. (1987). Ontology and Rationalization in the Western Cultural Account. In: Thomas, George M./Meyer, John W./Ramirez, Francisco O./Boli, John (Hrsg.). Institutional Structure: Constituting State, Society, and the Individual. Newbury Park: Sage, 12–37.

Meyer, John W./Boli, John/Thomas, George M./Ramirez, Francisco O. (1994). World Society and the Nation State. In: American Journal of Sociology, 103, 144–181.

Meyer, John W./Jepperson, Ronald L. (2005). Die „Akteure" der modernen Gesellschaft. Die kulturelle Konstruktion sozialer Agentenschaft. In: Meyer, John W. (Hrsg.). Weltkultur. Wie die westlichen Prinzipien die Welt durchdringen. Frankfurt: Suhrkamp, 47–84.

Meyer, John W./Rowan, Brian (1977). Institutionalized Organizations: Formal Structure as Myth and Ceremony. In: American Journal of Sociology, 83, 340–363.

Müller, Ursula (2010). Organisation und Geschlecht aus neoinstitutionalistischer Sicht. Betrachtungen am Beispiel von Entwicklungen in der Polizei. In: Feministische Studien, 28 (1), 40–54.

Nentwich, Julia C. (2004). Die Gleichzeitigkeit von Differenz und Gleichheit. Neue Wege für die Gleichstellung. Königstein/Taunus: Helmer.

Parsons, Talcott (1965). Structure and Process in Modern Societies. New York: Free Press.

Powell, Walter W./DiMaggio Paul J. (Hrsg.) (1991). The New Institutionalism in Organizational Analysis. Chicago: University of Chicago Press.

Powell, Walter W./Colvyas, Jeanette A. (2008). Microfoundations of Institutional Theory. In: Greenwood, R. Royston/Oliver, Christine/Sahlin, Kerstin/Suddaby, Roy (Hrsg.). The Sage Handbook of Organizational Institutionalism. Thousand Oaks, CA: Sage, 276–298.

Ramirez, Francisco O. (2001). Frauenrechte, Weltgesellschaft und die gesellschaftliche Integration von Frauen. In: Heintz, Bettina (Hrsg.). Geschlechtersoziologie. Wiesbaden: Westdeutscher Verlag, 356–375.

Schmidt, Vivien (2006). Institutionalism and the State. In: Hay, Colin/Marsh, David/Lister, Michael (Hrsg.). The State. Theories and Issues. Basingstoke: Palgrave Macmillan.

Scott, W. Richard (1994). Institutions and Organizations: Toward a Theoretical Synthesis. In: Scott, W. Richard/Meyer, John W. (Hrsg.). Institutional Environments and Organizations. Structural Complexity and Individualism. Thousand Oaks/CA: Sage, 55–80.

Scott, W. Richard (2007). Institutions and Organizations: Ideas and Interests. London: Sage.

Scott, W. Richard/Meyer, John W. (1994) (Hrsg.). Institutional Environments and Organizations. Structural Complexity and Individualism. Thousand Oaks/CA: Sage.

Senge, Konstanze (2006). Zum Begriff der Institution im Neo-Institutionalismus. In: Senge, Konstanze/Hellmann, Kai-Uwe (Hrsg.). Einführung in den Neo-Institutionalismus. Mit einem Beitrag von W. Richard Scott. Wiesbaden: VS, 36–47.

Senge, Konstanze (2011). Das Neue am Neo-Institutionalismus: Der Neo-Institutionalismus im Kontext der Organisationswissenschaft. Wiesbaden: VS.

Senge, Konstanze/Hellmann, Kai-Uwe (Hrsg.) (2006). Einführung in den Neo-Institutionalismus: Mit einem Beitrag von W. Richard Scott. Wiesbaden: VS.

Stinchcombe, Arthur L. (1965). Social Structure and Organizations. In: March, James G. (Hrsg.). Handbook of Organizations. Chicago: Rand McNally, 142–193.

Thomas, George M./Meyer, John W./Ramirez, Francisco O./Boli, John (1987) (Hrsg.). Institutional Structure: Constituting State, Society, and the Individual. Newbury Park, CA: Sage.

Thompson, James D. (1967). Organizations in Action: Social Science Bases of Administrative Theory. New York: McGraw-Hill.

Tolbert, Pamela S./Zucker, Lynne G. (1996). The Institutionalization of Institutional Theory. In: Clegg, Stewart R./Hardy, Cynthia/Nord, Walter R. (Hrsg.). Handbook of Organization Studies. London, Newbury Park: Sage, 175–190.

Türk, Klaus (1997). Organisation als Institution der kapitalistischen Gesellschaftsformation. In: Ortmann, Günther/Sydow, Jörg/Türk, Klaus (Hrsg.). Theorien der Organisation. Die Rückkehr der Gesellschaft. Opladen: Westdeutscher Verlag, 124–176.

Weber, Max (1984). Soziologische Grundbegriffe. Tübingen: Mohr Siebeck (6. Auflage, zuerst 1921).

Weber, Max (2012). Wirtschaft und Gesellschaft: Grundriß der Verstehenden Soziologie. Studienausgabe. Tübingen: Mohr Siebeck (zuerst 1922).

Wehrsig, Christof (1997). Kommentar: Organisation als Institution? In: Ortmann, Günther/Sydow, Jörg/Türk, Klaus (Hrsg.). Theorien der Organisation. Die Rückkehr der Gesellschaft. Opladen: Westdeutscher Verlag, 177–180.

Wetterer, Angelika (2008). Geschlechterwissen & soziale Praxis: Grundzüge einer wissenssoziologischen Typologie des Geschlechterwissens. In: dies. (Hrsg.). Geschlechterwissen und soziale Praxis. Theoretische Zugänge – empirische Erträge. Königstein/Taunus: Helmer, 39–63.

Wobbe, Theresa (2001). Institutionalisierung von Gleichberechtigungsnormen im supranationalen Kontext: Die EU-Geschlechterpolitik. In: Heintz, Bettina (Hrsg.). Geschlechtersoziologie. Wiesbaden: Westdeutscher Verlag, 332–356.

Wobbe, Theresa (2009). Von Rom nach Amsterdam: Die Metamorphosen des Geschlechts in der Europäischen Union. Wiesbaden: VS.

Zilber, Tammar B. (2009). Institutional Maintenance as Narrative Acts. In: Lawrence, Thomas B./Suddaby, Roy/Leca, Bernard (Hrsg.). Institutional Work. Actors and Agency in Institutional Studies of Organizations. Cambridge, New York: Cambridge University Press, 205–235.

Zucker, Lynne G. (1977). The Role of Institutionalization in Cultural Persistence. In: American Sociological Review, 42 (5), 726–743.

Zucker, Lynne G. (1983). Organizations as Institutions. In: Bacharach, Samuel B. (Hrsg.). Research in the Sociology of Organizations, 2 (1), 1–47.

# Doing/Undoing Differences: Die Sicht der prozessorientierten Organisationstheorien

*Edeltraud Hanappi-Egger und Helga Eberherr*

*1 Der Entstehungskontext prozessorientierter Organisationstheorien*

Organisationstheorien haben ohne Zweifel ihren Aufschwung in der Industriellen Revolution erlebt, als es galt, die neuen Produktionsstätten aufzubauen (vgl. Hanappi-Egger 2011). Die Vorstellung von Organisationen als Maschinen, die durch das Zusammenwirken von einzelnen Teilen (Menschen und Maschinen) am besten zu steuern sind, wurde erst spät von moderneren Sichtweisen abgelöst. Ein Merkmal dieser neueren Organisationstheorien war die kritische Reflexion der bis dahin dominierenden Erklärungsperspektiven, die Organisationen als von Strukturen bestimmt *oder* als rein handlungsorientiert betrachteten. Prozessorientierte Organisationstheorien[1] sind als weiterer Baustein zu verstehen, diese Einseitigkeiten, nämlich entweder handlungstheoretische Perspektiven auf Organisationen oder struktur- und systemtheoretische Perspektiven einzunehmen, weiterzudenken. Während auch in einigen neueren Organisationstheorien, die das soziale Gefüge in den Blick nehmen, stark von funktionalen Aufbau- und Ablaufstrukturen ausgegangen wird, fokussieren prozessorientierte Zugänge weniger auf Organisationen als solche, sondern vielmehr auf das Organisieren selbst. Damit treten Fragen nach dem *Wie* des Organisierens, also dem Prozess des Organisierens sowie der Herstellung von Sinn und Regeln der Sinnkonstitution (Weick/Sutcliffe/Obstfeld 2005; Gherardi 2009) in den Vordergrund, die die Organisation zu bestimmen suchen und für Akteure und Akteurinnen als handlungsleitend gedacht werden. Gerade aus Gendersicht erlaubt diese organisationstheoretische Perspektive, Fragen nach der Bedeutung von Geschlecht sowie dessen Relevanz bzw. Irrelevanz sowie weiterführend in Verschränkung mit anderen sozialen Kategorien, wie z. B. Alter oder sexueller Orientierung, in Orga-

---

1 Zur weiterführenden Diskussion vgl. z. B. Gaitanides 2007; Kasper/Mayrhofer 2009.

nisationen aus Prozesssicht zu diskutieren. Dabei steht ein Geschlechter- und Diversitätsverständnis im Mittelpunkt, in dem davon ausgegangen wird, dass die Bedeutung von Geschlecht bzw. bestimmte Diversitätsdimensionen in spezifischen organisationalen Situationen aktiviert – oder aber auch nicht aktiviert werden.

Dieser Beitrag beschäftigt sich mit neueren Organisationstheorien, die nicht nur im Sinne eines „Doing-Difference"-Ansatzes verschiedene Formen und Prozesse der Bedeutungsaktivierung untersuchen, sondern auch die Möglichkeit zulassen, dass im Sinne einer „Undoing Difference" bestimmte Sozialkategorien, wie z. B. Geschlecht, in organisationalen Prozessen und Praktiken nicht unbedingt bedeutungswirksam werden, was Fragen organisationalen Wandels und Veränderung ebenso einschließt.

Um diesen Inhalt entsprechend aufzuspannen, wird zuerst eine kurze Einführung in prozessorientierte Organisationstheorien gegeben und ihre Relevanz für die Geschlechter- und Diversitätsforschung beleuchtet. In weiterer Folge werden Ansätze des „Doing/Undoing Difference" in der Organisations- und Geschlechterforschung vorgestellt und anhand neuerer Forschungsergebnisse deren Bedeutung für prozessorientierte Organisationstheorien diskutiert.

## 2 Prozessorientierte Organisationstheorien

Unter prozessorientierten Organisationstheorien werden all jene Ansätze verstanden, die weniger die Organisationen als mehr oder weniger stabiles Gebilde der sozialen Welt in den Blick rücken (siehe etwa Taylor 1911; Weber 1972), sondern Organisation im Sinne prozessualer Handlungsordnungen konzipieren und eine Verbindung strukturalistischer und interaktionistisch orientierter theoretischer Perspektiven auf Organisation suchen (vgl. Kieser/Ebers 2006; Walgenbach/Meyer 2008). Das dem zugrunde liegende Prozessverständnis hat wenig gemein mit dem Prozessverständnis klassischer Organisationstheorien (vgl. Irle 1971), die vor allem Prozesse in den Ablauf- oder Aufbauorganisationen darstellen, in denen es um das Zusammenwirken bestimmter Teilprozesse im zeitlichen Verlauf und über Verantwortlichkeiten hinweg geht. In Abgrenzung dazu wird aus prozesstheoretischer Perspektive weniger ein statisches Verständnis von Organisation angenommen, sondern Organisation eher als eine Momentaufnahme kontinuierlicher Veränderung verstanden. Prozesstheorien versuchen, diesen dynamischen Prozess des Entwerfens von Handlungsordnungen und deren organisationalen Wirkungsweisen zu bestimmen. In den unter prozessorientierten Organisationstheorien zusammengefassten Ansätzen wird in deren Frühformen davon ausgegangen, dass Entscheidungen – und in weiterer Folge generell organisationales Handeln – eingebettet sind in jeweilige zeitlich befristete „Ströme" organisationalen Geschehens. Das „Garbage Can Model of Organizational Choice" (Cohen/March/Olsen 1972) etwa gilt als einer der ersten organisationstheoretischen Beiträge, die diese Strommetapher für die Betrachtung organisationaler Entscheidungsprozesse bedienen. Dieses Modell ist vor allem als Gegenentwurf zu dem damals bestimmenden Verständnis rational handelnder[2] Akteure und Akteurinnen in Entscheidungsprozessen zu sehen (vgl. Hanappi-Egger 2011). Entscheidungsprozesse werden in diesem Modell nicht unmittelbar von Problemen angestoßen, sondern erst dann, wenn sich ein entsprechendes Handlungsfeld oder eine Arena in der Organisation für dieses Problem findet. Diese, im Verständnis von Cohen, March und Olsen (1972), „organisierte Anarchie" ist als Vielzahl von Entscheidungsarenen konzipiert, in denen Akteur_innen ihren jeweiligen persönlichen „Ballast" (also Einstellungen, Meinungen, Emotionen, Werte usw.) in Entscheidungssituationen einbringen, die sich durch ein hohes Maß an Unsicherheit und Ambiguität auszeichnen. Diese Entscheidungsarenen, verstanden als fortlaufender Prozess, werden durch die Organisationsstruktur beeinflusst und in gewissem Sinne gelenkt, jedoch nicht rational gesteuert, sondern sind von einer Vielzahl an Einflussmomenten abhängig. Dies steht in einem deutlichen Gegensatz zu Organisationstheorien, die rationales und intendiertes Entscheidungsverhalten von Akteur_innen annehmen. Dem „Garbage Can Model" folgend wird davon ausgegangen, dass Entscheidungen oft ad hoc gefällt werden und von sehr unterschiedlichen Faktoren abhängen, sodass nicht immer ein kausaler Zusammenhang zwischen Intention und Handeln unterstellt werden kann. Trotz der Bedeutung, die strukturellen Rahmungen einer Organisation in prozessorientierten Organisationstheorien gegeben wird, kommt Mintzberg zu der Einschätzung, dass eine Strukturbetrachtung[3] allein nicht ausreichend ist, son-

---

2 Rational handelnden Personen wird unterstellt, dass sie in Entscheidungssituationen erwartete Nutzen bestimmen und Präferenzordnungen formulieren können, die dann zu nutzenmaximierenden Entscheidungen führen.
3 Mintzberg benennt je nach Ausprägung und Dominanz fünf relevante Strukturkomponenten, nämlich „Simple Structure", „Machine Bureaucracy", „Professional Bureaucracy", „Divisionalized Form" und „Adhocracy" (Mintzberg 1979).

dern durch eine Prozessbetrachtung ergänzt werden muss (vgl. Mintzberg 1979). Weiterführend wurde das Bild des Stroms bzw. des „Erlebnisstroms" auch von Weick aufgegriffen (vgl. Weick 1985). Erlebnisse werden in diesem Verständnis von den Wahrnehmenden nicht permanent neu erfahren bzw. neu interpretiert, sondern die Wahrnehmung folgt einem habitualisierten Erfahrungsvermögen, welches mitbeeinflusst, was wahrgenommen wird bzw. wahrgenommen werden kann.

In der Organisations- und Geschlechterforschung, insbesondere in jenen Ansätzen, in denen die Frage nach der Herstellung von Geschlecht und deren Bedeutungsaktualisierung („Doing-Gender"-Ansätze) in Organisationen im Zentrum des Interesses steht, hat die prozessorientierte Perspektive zunehmend Eingang in die Theoriebildung und empirische Konzeption gefunden. Im nächsten Abschnitt wird, ausgehend von den einflussreichen Arbeiten von Karl Weick, das spezifische organisationstheoretische Potenzial prozessorientierter „Doing-/Undoing-Gender"-Ansätze abgesteckt und diskutiert.

## 2.1 Konzepte und Anwendungen

Ohne Frage zählt Karl Weick zu den einflussreichsten Theoretikern prozessorientierter Organisationstheorien. Weick (1985) geht davon aus, dass in Organisationen vor allem Prozesse des Wahrnehmens und des Interpretierens von Bedeutung sind. Diese Herstellungsprozesse von Sinn bezeichnet er als „Sensemaking", die wie folgt konzeptualisiert werden: „Sensemaking involves the ongoing retrospective development of plausible images that rationalize what people are doing. Viewed as a significant process of organizing, sensemaking unfolds as a sequence in which people concerned with identity in the social context of other actors engage ongoing circumstances from which they extract cues and make plausible sense retrospectively, while enacting more or less order into those ongoing circumstances" (Weick/Sutcliffe/Obstfeld 2005: 409).

Sinngebungsprozesse bzw. die Herstellung von Sinn („Sensemaking") in Handlungen organisationaler Akteure und Akteurinnen werden weniger ex ante konzipiert, sondern vielmehr als Teil eines retrospektiven „Sensemaking" von Handlungen wahrgenommen; das heißt dem Handeln wird im Nachhinein eine Bedeutung zu verleihen, um sie zu plausibilisieren, zu rationalisieren und auch zu legitimieren. Wahrnehmungs- und bedeutungsgebende Prozesse stehen bei Weick (1985) in einem engen Verhältnis zu

Prozessen der Wissensgenerierung und -organisation im Sinne von „Organizing Knowledge". In diesem Sinne werden beispielsweise Prozesse des Entscheidens als sozial hergestellt verstanden, die jene kognitiven Strukturen reproduzieren,[4] welche die Wahrnehmungswelten und Vorstellungen von Realitäten der Organisationsmitglieder strukturieren und es ihnen ermöglichen, in ihrer spezifischen Welt zu funktionieren. Damit kann Weicks Verständnis von Entscheidungshandeln im Sinne von „Sensemaking" einem interpretativ-konstruktivistischen Zugang zugeordnet werden (vgl. u.a. Laroche 1995; Maitlis 2005; Balogun/Pye/Hodgkinson 2008). Handeln oder spezifisches Entscheidungshandeln bedeutet daher nicht, die rationale Auswahl aus Alternativen zu treffen, sondern vielmehr ein Lokalisieren, Artikulieren und Ratifizieren früherer Entscheidungen, diese im Hier und Jetzt zu aktualisieren und als Entscheidungen zu präsentieren, die gerade erst getroffen wurden (vgl. Weick 1995). Weick geht davon aus, dass Gestaltungsprozesse Ergebnisse produzieren, die durch den Selektionsprozess so interpretiert werden, als ob eine Entscheidung getroffen worden wäre. Das bedeutet auch, „daß die Situation entscheidungsinterpretiert, nicht entscheidungsgeleitet ist" (Weick 1985: 278). Ähnlich argumentiert Weick z. B. auch bezogen auf retrospektive Karrierenarrationen, denn „Karrieren erweisen sich gewöhnlich als Handlungsfolgen, die im nachhinein karriereinterpretiert werden, statt im voraus karriieregeplant zu sein" (Weick 1985: 278). Um interagieren und kommunizieren zu können, strukturieren Organisationsmitglieder ihre wahrgenommene Umwelt einerseits, um diese sinnhaft begreifen und andererseits, um sozial geteilte Deutungen herstellen und aufrechterhalten zu können (vgl. Laroche 1995; Weick 1995). Dieses sinnhafte Begreifen und Deuten ist immer auch rückgebunden an den jeweiligen Organisationskontext und wird von diesem in hohem Maße mitbestimmt. Strukturelle Rahmungen einer Organisation fungieren hierbei als Regelsysteme, indem sie als Anleitungen dienen, wie bestimmte Dinge gemacht bzw. Handlungsergebnisse interpretiert und plausibilisiert werden (sollen). Dabei geht Weick von einer Prozesskette aus, die sich wie folgt darstellen lässt:

---

4 In Anlehnung an die Strukturationstheorie Giddens' (Giddens 1997) kann darauf verwiesen werden, dass ein Sinngebungsprozess auch als Strukturationsprozess der Rekursivität von produktiven und reproduktiven Prozessen begriffen werden kann.

*Abbildung 1: Theorie des Organisierens (Quelle: Hanappi-Egger/ Hofmann 2006: 222 in Anlehnung an Weick 1979: 132.)*

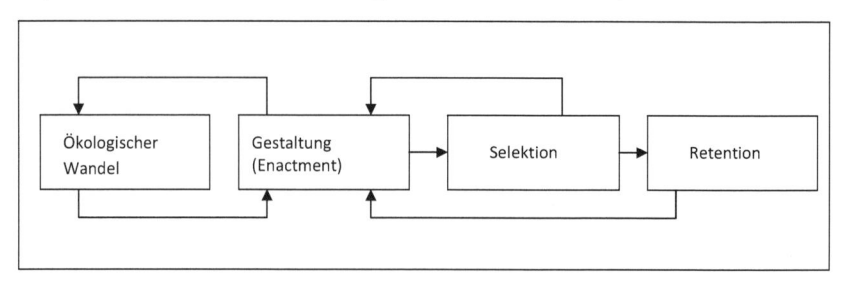

```
┌─────────────────────────────────────────────────────────────────┐
│         ┌──────────────┐   ┌──────────────┐                     │
│         ↓              │   ↓              │                     │
│   ┌───────────┐   ┌──────────────┐   ┌──────────┐   ┌──────────┐│
│   │Ökologischer│   │ Gestaltung   │──→│ Selektion│──→│ Retention││
│   │  Wandel   │   │ (Enactment)  │   │          │   │          ││
│   └───────────┘   └──────────────┘   └──────────┘   └──────────┘│
│         │              │                                         │
│         └──────────────┘                                         │
└─────────────────────────────────────────────────────────────────┘
```

Weick nimmt an – wie in Abbildung 1 dargestellt –, dass gegebene Routineprozesse lediglich unterbrochen werden, wenn aus dem Umfeld geeignet starke Aufmerksamkeitserreger eintreffen (Enactment). Diese neuen Beobachtungen werden vordergründig im Rahmen von vorhandenem Wissen interpretiert. Dabei tendieren Personen dazu, bestehende sinnstiftende Einordnungspraktiken beizubehalten (Retention). Erst wenn sich das beobachtete soziale oder organisationale Phänomen nicht mit den vorhandenen Erkenntnissen erklären bzw. plausibilisieren lässt, wird der Interpretationsrahmen erweitert. Hanappi-Egger (2012) verweist darauf, dass entsprechende Bedeutungsmuster zu unterschiedlichen Sozialreferenzen auf erlernten Interpretationsmustern beruhen. Gemeinsam ist ihnen, dass sie Angebote für Sinngenerierung, also für die Interpretation von sozialen und organisationalen Ereignissen und Prozessen, bieten.

Diese „Sensemaking"-Perspektive für die Geschlechter- und Organisationsforschung nutzbar zu machen, bedeutet danach zu fragen, welche geschlechtsspezifischen Einschreibungen in Deutungs- und Einordnungspraktiken in Organisationen zur Aufrechterhaltung ungleicher Bewertungen, Geschlechterhierarchien und Reproduktion von Ungleichverhältnissen beitragen. Eine solche Perspektive lenkt die Aufmerksamkeit auch auf die Frage, wie Organisationsmitglieder mit den vorgegebenen Grenzen beschränkter Kapazitäten der Informationsverarbeitung (vgl. Balogun/Pye/ Hodgkinson 2008) und auch mit Vorgaben und Beschränkungen des organisationalen Kontextes und struktureller Rahmungen einer Organisation umgehen. Aus dem Bedürfnis, in sozialen Situationen Sicherheit herzustellen und Kontrolle zu bewahren, um handlungsfähig zu bleiben, versuchen Personen ihren Beobachtungen und Erfahrungen einen Sinn zu geben und in vorhandenes Wissen einzuordnen. Diese Praktiken des Deutens und Einordnens von Organisationsmitgliedern sind bestimmt von Regeln der Sinnkonstitution, so genannten kognitiven Regeln, die Reckwitz als „die sinnhafte Matrix des kollektiv geteilten Wissens" (Reckwitz 1997: 129) bezeichnet. Diese Matrix ermöglicht bestimmte Perspektivierungen von Realität und somit auch bestimmte Wahrnehmungen und Deutungen. Andere wiederum werden als undenkbar ausgeschlossen oder kommen in diesem Deutungshorizont erst gar nicht vor. Dieses kollektiv geteilte Wissen ist hierbei meist als implizites Wissen (vergleichbar mit dem Habitus-Konzept bei Bourdieu)[5] abrufbar.

Damit wird einmal mehr deutlich, dass Geschlechter- und Diversitätskonstruktionen sowie Zuschreibungen in hohem Maße erlernt sind. Der jeweilige gesellschaftliche Kontext beeinflusst, welches Verständnis von Geschlechter- bzw. Diversitätsverhältnissen jeweils vorherrschend ist. So lassen sich vielfältige, sozial-kulturell hergestellte Unterschiede in Bezug auf Geschlechterrollenerwartungen beobachten. Während in europäischen Kontexten stark binär ausgeprägte Geschlechterkategorisierungen anzutreffen sind (Männer und Frauen), werden in Thailand z. B. Transgender-Personen als Teil des öffentlichen Lebens anerkannt, was sich etwa darin zeigt, dass es in vielen Schulen nicht nur Frauen- und Herrentoiletten, sondern auch Transgender-Toiletten gibt (vgl. Claes/Hanappi-Egger/Primecz 2012). Organisationstheoretisch bedeutet dies, dass Organisationen Teil gesellschaftlicher Bedeutungskonstruktionen sind und daher Geschlechter- und Diversitätsverständnisse reproduzieren, aber auch, dass organisationale Praktiken wiederum selbst in solche Konstruktionen eingebettet sind (vgl. Hanappi-Egger 2012; Martin 2006).

Zusammenfassend kann also festgehalten werden, dass in prozessorientierten Organisationstheorien der Fokus auf organisationalen Praktiken der Sinn- und Bedeutungskonstruktion liegt. Diese bieten für die Geschlechter- und Diversitätsforschung vielfältige Anknüpfungsmöglichkeiten, um den Blick auf Aktivierungsmuster von Geschlechter- und Diversitätskonstruktionen und deren ungleichheitsproduzierende Wirkungen zu richten, wie im nächsten Abschnitt mit Rekurs auf „Doing-Gender"- bzw. „Doing-Difference"-Ansätze weiter verdeutlicht wird.

---

5 Vgl. u.a. Bourdieu 1997 sowie auch den Beitrag von Johanna Hofbauer.

## 2.2 „Doing Gender" – „Doing Difference"

Die Allianz prozessorientierter Organisationstheorien im oben skizzierten Verständnis in Verbindung mit konstruktivistischen gendertheoretischen Konzepten kann als vielversprechend bewertet werden. Das Konzept der Herstellung von Geschlecht in interaktiven Praktiken des Unterscheidens, wofür die Formulierung „Doing Gender"[6] steht, geht bereits auf Harold Garfinkel (1967) und Arbeiten von Erving Goffman (1977, 1979) zurück und bezeichnet die Prozesse der Aneignung von Geschlechterrollen und Geschlechteridentitäten, die in alltäglichen Interaktionen hergestellt, bestätigt und dauerhaft verfestigt, aber auch verändert werden. „Doing Gender" verweist somit auf den Prozesscharakter der Herstellung von Geschlechterrollen und Geschlechterzuschreibungen in Praktiken des Genderings „durch Akte der Relevanzsetzung der Sinnstruktur ‚Geschlecht' in der Interaktion" (Hofbauer 2004: 49). Fenstermaker/West (2002) haben diesen Ansatz des „Doing Gender" (West/Zimmerman 1987, 1991) als „Doing-Difference"-Perspektive weiterentwickelt, um Differenzsetzungen über das Geschlecht hinausgehend in den Blick zu rücken. Im Ansatz des „Doing Gender" wird davon ausgegangen, dass Geschlechterzuschreibungen und entsprechende, oft auch stereotype, Geschlechterrollenerwartungen in sozialen Interaktionen in Organisationen auf unterschiedlichen Ebenen relevant gemacht werden, Bedeutung erhalten und kontextspezifisch interpretiert werden (vgl. auch Calás/Smircich 2006). Beispielsweise dominieren im Management nach wie vor Vorstellungen permanenter Verfügbarkeit eng geknüpft an Vollzeitarbeitserwartungen. So konnten z. B. Eberherr/Hanappi-Egger (2012) in einer Falluntersuchung in einem internationalen Finanzunternehmen zeigen, dass ein Antizipieren dieser Vollzeitnorm folgenreich ist. Sie kann dazu führen, dass in den potentiellen individuellen Planungshorizonten von Mitarbeiterinnen und Mitarbeitern die Übernahme von Leitungsaufgaben in Teilzeit erst gar nicht in Erwägung gezogen wird bzw. erst gar nicht als „Option [...] in den individuellen Handlungsentwürfen vorkommt" (Eberherr/Hanappi-Egger 2012: 59), da diese ohnehin nicht denkmöglich ist. Diese verinnerlichten normativ-organisational vermittelten Erwartungen werden somit Teil von Denk- und Handlungsspielräumen und können zu einem Zurücknehmen von Karrie-

---

6 Alterszuschreibungen können analog dazu als „Doing Age" konzipiert werden, die in ähnlicher Weise in Interaktionen hergestellt, aufrechterhalten und auch modifiziert werden (vgl. Eberherr 2005; Eberherr/Fleischmann/Hofmann 2007).

reaspirationen bei Frauen (und auch bei Männern) führen. Normativ geprägte Interpretationsrahmen, unabhängig von situationsspezifischen organisationalen Gegebenheiten können – wie bereits Wilz gezeigt hat – durch „Anforderungen an Führungskräfte, voll verfügbar und fachlich und persönlich hervorragend zu sein, so gekoppelt werden, daß sie zum Ausschluß von Personen mit familiären Pflichten" (Wilz 2002: 258) führen. Besonderer Wirkmächtigkeit im Sinne von „nachhaltig eingeschrieben in Interaktionen und Prozessen des ‚Doing Gender' bzw. ‚Doing Difference'" kommt hierbei Routinen zu, verstanden als spezifische Form sozialer Praktiken in Organisationen. Diese Form sozialer Praktiken sind als know-how-abhängige und von einem praktischen „Verstehen" zusammengehaltene Verhaltensroutinen zu begreifen. Beispielsweise kann dieses praktische „Verstehen" von „Organisationskultur" bei Personalentscheidungen wirksam werden, indem routinemäßig Bewerber und Bewerberinnen ab einem gewissen Lebensalter erst gar nicht in die engere Wahl gezogen und ohne genauere Prüfung per se als nicht geeignet aussortiert werden. Verhaltensroutinen sind als spezifische Form von Wissen „in den Körpern der handelnden Subjekte ‚inkorporiert'" (Reckwitz 2003: 289) und in routinisierten Beziehungen sowie im alltäglichen Tun handlungswirksam. Bereits bei Giddens findet sich die Annahme, dass vieles in unserem alltäglichen Handeln und Tun nicht direkt motiviert ist, sondern routinisiert erfolgt (vgl. Giddens 1984: 6).[7] Für prozessorientierte Forschungs- und Analysezugänge in der Geschlechter- und Organisationsforschung kommt diesem Aspekt eine wichtige Rolle zu, da davon auszugehen ist, dass die analytische Aufmerksamkeit auch auf unerkannte Handlungsbedingungen und unintendierte Handlungsfolgen der Akteure und Akteurinnen sowie ihr Handeln gerichtet werden muss. Giddens benennt diese spezifische Form des Wissens „Practical Consciousness" (Giddens 1984: 7), also praktisches Bewusstsein. Er bezeichnet damit jenes Wissen, welches von Handelnden für gewöhnlich nicht diskursiv ausgedrückt wird und in Form von nicht-reflexivem und routinisiertem Wissen in die Handlungspraxis eingeht.

Anknüpfend an die Bedeutung von Routinen in organisationalen Prozessen werden in der Geschlechter- und Organisationsforschung „Doing-Gender"-Ansätze auch als Anwendung von Routinen (vgl. Tienari/Nentwich 2012) verstanden, in denen Geschlechterattributionen, Zuschreibun-

---

7 Siehe hierzu auch den Beitrag von Steffen Dörhöfer in diesem Band.

gen und Verhaltenserwartungen in der Alltagspraxis bedeutsam werden. Bekannte Beispiele für Geschlechterattributionen sind die Rede von der angeblich besonderen Eignung von Frauen für kommunikative Tätigkeitsfelder oder deren fehlende Durchsetzungsfähigkeit als Führungskraft. Diese Naturalisierungen im Sinne von So-Seins-Formen von Frauen oder Männern, die auch als biologistische Zuschreibungen zu bezeichnen sind, können in Routinen, Praktiken und Prozessen, insbesondere als nicht-reflexives Wissen, zu unintendierten Folgen der Ungleichheitsproduktion beitragen. Zu betonen ist, dass die Reproduktion geschlechtsspezifischer Zuschreibungen zunächst relativ unabhängig vom Geschlecht der Akteure und Akteurinnen zu denken ist, da „Doing Gender" auf ein Wissen rekurriert, welches als Referenzrahmen gleichermaßen für Frauen und Männer abrufbar ist. Zahlreiche Studien in der Geschlechter- und Organisationsforschung beschäftigen sich daher damit, aufzuzeigen, wie über Feminitäts- und Maskulinitätskonstruktionen spezifische Verhaltensnormen, Verhaltenserwartungen und Zuschreibungen in je spezifischen organisationalen Kontexten, Prozessen und Praktiken produziert, reproduziert und bedeutsam werden (vgl. u.a. Hochschild 1983; Gunnarsson et al. 2003; Gildemeister 2008; Zanoni 2011; Holgersson 2012; Hanappi-Egger 2012, 2013). Diese Überlegungen können auch weiterführend auf andere Diversitätsdimensionen übertragen werden: „Doing Difference" bezieht sich somit auf die kontinuierliche, oft implizite und unbewusste Herstellung von hierarchischen Bedeutungszusammenhängen entlang unterschiedlicher sozialer Kategorien oder Personengruppen (vgl. Fenstermaker/West 2002). So wird z. B. der „ideale" Manager nicht nur als Mann konstruiert, sondern als tendenziell weiß, heterosexuell, physisch leistungsfähig und gut ausgebildet. Wichtig ist in diesem Zusammenhang, zu betonen, dass allein die Herstellung und Aufrechterhaltung des Unterscheidens bzw. Unterschied-Machens entlang des Geschlechts oder anderer sozialer Zugehörigkeiten nicht gleichbedeutend ist mit Ungleichheitsbildung. Diese entsteht erst durch Bewertungsprozesse, die aus Verschiedenartigkeit Verschiedenwertigkeit machen. Das bedeutet, dass zwischen Prozessen der Differenzierung und Prozessen, die zu Ungleichheit führen, zu unterscheiden ist.

## 3 Neuere Ansätze: Undoing/Non-Doing Gender aus prozessorientierter organisationstheoretischer Sicht

Prozessorientierte Ansätze der Organisations- und Geschlechterforschung sind besonders anschlussfähig an neuere Zugänge in der Geschlechterforschung. Sie tragen sowohl der Kontextualität und Variabilität sowie den dynamischen Prozessen der Einschreibungen von Geschlecht in Organisationen als auch der Veränderungsperspektiven Rechnung. Die Diskussion in den neunziger Jahren war in Abgrenzung dazu weitaus stärker geprägt von theoretisch-konzeptionellen sowie empirisch gestützten Arbeiten zu grundsätzlichen Bestimmungen eines Zusammenhangs von Organisation und Geschlecht. Als besonders einflussreich sind die Arbeiten von Joan Acker zu nennen, die mit ihrem theoretischen Konzept der „Gendered Substructure" vier Perspektiven des Ineinandergreifens von Gendering in Organisationen differenziert[8] (vgl. Acker 1990, 1992). Bis Anfang der 1990er Jahre war die theoretische Konzeption des Zusammenhangs von Geschlecht und Organisationen bestimmt von der These, dass Geschlecht in jeder Organisation, in Interaktionen und Strukturen zu jeder Zeit wirksam ist (vgl. u.a. Funken 2004). Diese Annahme der Omnirelevanz von Geschlecht wird in prozessorientierten Ansätzen infrage gestellt bzw. zugunsten einer Bestimmung von kontextabhängigen Aktualisierungsprozessen („Doing Gender") von Geschlecht und deren organisationalen Implikationen unter Berücksichtigung des jeweiligen organisationalen Kontextes aufgebrochen (vgl. u.a. Alvesson/Billing 1992; Czarniawska/Höpfl 2002; Gherardi 2009; Wilz 2008). Neben der eingeforderten Berücksichtigung von Variationsbreiten des Relevant-Werdens von Geschlecht in organisationalen Praktiken und Prozessen wird auch auf die Notwendigkeit von Inner- und Zwischengruppendifferenzierungen verwiesen, da davon auszugehen ist, dass sowohl Innergruppenunterschiede als auch intersektionale Dynamiken bedeutsam und daher zu berücksichtigen sind. Zentrale Erkenntnis dieser verstärkten Auseinandersetzung ist, dass Prozesse der Geschlechterdifferenzierung und deren Relevanzsetzung in Organisationen „in kontextuell variierendem Ausmaß, in variierender Form und mit

---

8 Diese vier Perspektiven des Genderings in Organisationen umfassen: Erstens die Produktion von geschlechtsspezifischen und hierarchisierten Tätigkeits- und Arbeitsbereichen, zweitens die Produktion geschlechtsspezifischer Symboliken und Bilder, drittens Prozesse der Interaktion und viertens innerpersonelle Prozesse der Herstellung und Darstellung von Geschlechtsidentitäten (vgl. Acker 1990).

unterschiedlichen (ungleichheitsrelevanten oder -irrelevanten) Folgen" (Wilz 2004: 254) geschehen. Prozesse der Einschreibung und Relevanzsetzung von Geschlecht in Organisationen werden als eine dynamische „Konkurrenz von Prozessen der Aktualisierung und Neutralisierung von Geschlecht als Kategorie sozialer Ordnung" (Hirschauer 2001: 208) verstanden. Das heißt auch, sich mit der Frage zu beschäftigen, wie Geschlecht relevant gemacht wird bzw. in den Hintergrund treten oder in Vergessenheit geraten kann (vgl. u.a. Deutsch 2007; Heintz 2001; Hirschauer 2001; Kelan 2010; Risman 2009). Dies impliziert die Annahme, dass Relevanzsetzungen von Geschlecht als kontingent[9] angenommen werden, ohne jedoch beliebig zu sein (vgl. z. B. Heintz 2001). Die Variabilität der Relevanz bzw. Irrelevanz geschlechtlicher Differenzierungen und deren „kontextuelle Kontingenz" konnten Heintz et al. (1997: 75) in ihren Untersuchungen zu unterschiedlichen Berufsfeldern (Krankenpflege, Sachbearbeitung, Informatik) zeigen. Diese konzeptionelle Fassung ermöglicht darüber hinaus, Veränderungen und sich historisch wandelnde Geschlechterverhältnisse analytisch in den Blick zu bekommen (vgl. Fenstermaker/West 2002) sowie Kontextbedingungen zu spezifizieren, um organisationalen Wandel voran zu treiben. Trotz der Betonung von Kontextabhängigkeit und Variabiliät ist den meisten dieser Zugänge gemein, dass Geschlecht in Organisationen als unumgängliches Moment sozialer Ordnung aufgefasst wird. Neben dem Verständnis von „Doing Gender", also der Herstellung von Geschlecht in Prozessen und Praktiken, gerät somit ein „Undoing Gender" im Sinne von Neutralisierungen geschlechtsspezifischer Ordnungen in organisationalen Prozessen und Praktiken in den Fokus der Aufmerksamkeit (vgl. Nentwich 2003; Martin 2006; Hancock/Tyler 2007; Pullen/Knights 2007; Powell/Bagilhole/Dainty 2009). Mit „Undoing Gender" wird die konzeptionelle Annahme der möglichen Bedeutungslosigkeit bzw. unterschiedlicher Bedeutsamkeiten von Geschlecht begrifflich bestimmt. Die Rede von Neutralisierungen („Undoing Gender") von Geschlecht bedeutet jedoch – wie bereits ausgeführt – nicht das völlige Verschwinden von Geschlecht, sondern ist vielmehr eine Art „Stillstellen einer Unterscheidung" (Hirschauer 2001: 221), die jedoch als kategoriale Basiskategorie latent immer präsent bleibt und daher auch leicht aktivierbar ist. Relativierungsphänomene von Prozessen und Praktiken der Bedeutungsgebung von Geschlecht können daher erst dann einset-

---

9 Siehe dazu weiterführend auch Aulenbacher 2010.

zen, wenn die Geschlechtsunterscheidung bzw. Geschlechtszuordnung bereits zustande gekommen ist, weshalb Geschlecht besonders voraussetzungsvoll ist (vgl. Hirschauer 2001). In Situationen z. B., wo eine eindeutige Geschlechtszuordnung nicht sofort getroffen werden kann, tritt die Zuordnungsnotwendigkeit in den Fokus der Aufmerksamkeit, da eine geschlechtsspezifische Indifferenz zumindest als irritierend wahrgenommen wird. Im Unterschied zum Geschlecht ist beispielsweise im Hinblick auf die Kategorie Alter diese exakte Bestimmungs- bzw. Einordnungsnotwendigkeit in Interaktionen nicht primär handlungsrelevant. Um interagieren zu können, müssen wir z. B. nicht über das jeweilige Alter des Interaktionspartners bzw. der Interaktionspartnerin exakt Bescheid wissen bzw. wird uns dieses fehlende Wissen nicht besonders irritieren. Darüber hinaus kann die Geschlechtszugehörigkeit zugunsten anderer Kategorien, wie z. B. nationale Zugehörigkeit oder Alter, in den Hintergrund rücken. „Undoing Gender" braucht einen Bezugspunkt, um in der Interaktion vergessen werden zu können, wohingegen in Abgrenzung dazu ein „Not-Doing Gender" das gänzliche Fehlen eines Deutungshorizonts Geschlecht bezeichnet (vgl. Hirschauer 1994, 2001). In diesem Verständnis verweist „Undoing Gender" bzw. die Neutralisierung von Geschlecht also nicht auf ein grundsätzliches Verschwinden von bedeutungsgebender Relevanz, sondern auf ein In-den-Hintergrund-rücken. Dieser Aspekt wird uns im abschließenden Kapitel noch weiter beschäftigen, wo es auch um die Frage geht, wie Maskulinitäts- und Feminitätskonstruktionen in organisationalen Kontexten sichtbar gemacht und verändert werden können.

## 4 Conclusio: Warum prozessorientierte Organisationstheorien für den Geschlechter- und Diversitätsdiskurs hilfreich sind

Für die Organisations- und Geschlechterforschung ist mit dem Fokus auf Sinn- und Bedeutungskonstruktionen in organisationalen Prozessen und Praktiken ein vielversprechender Pfad beschritten. Besonders hervorzuheben ist das Erkenntnispotenzial hinsichtlich der Bestimmung impliziter und expliziter Prozesse und Praktiken der Herstellung von Unterschieden, um Aktivierungsmuster von Geschlechter- und Diversitätskonstruktionen und deren ungleichheitsstabilisierende und -destabilisierende Wirkungen erklärbar zu machen. So wie Organisationen als „situierte Praxis" (Halford/Savage/Witz 1997) zu konzipieren sind, die kontextabhängig und wandelbar sind, ist die Aktualisierung bzw. Neutralisierung von Geschlecht in der jeweiligen "situierten Praxis" zu bestimmen. Die Herstellung von Geschlecht als situierte Praxis zu begreifen, der Relevanz von Geschlecht sowie auch der Irrelevanz von Geschlecht in organisationalen Prozessen, Praktiken und Routinen nachzugehen, heißt auch, Geschlecht nicht per se als (omni-)relevant zu fixieren, sondern in der analytischen Perspektive als bedeutungsoffen zu konzipieren.

Das Erkenntnispotential einer "Undoing-Gender"-Perspektive dürfte gegenwärtig theoretisch und empirisch noch nicht ausgeschöpft sein, denn Untersuchungen, die der Frage nachgehen, welche kontextuellen und situativen Bedingungen bei einer "Neutralisierung" von Geschlecht spezifiziert werden können, in denen es zu keinen hierarchisierenden Bewertungen von Geschlecht kommt, liegen kaum vor. Die Weiterentwicklung der Omnirelevanz-Annahme hin zu einer situativen, kontextuell zu bestimmenden Relevanz ermöglicht es auch, organisationalen Wandel und sich historisch wandelnde Geschlechterverhältnisse analytisch in den Blick zu bekommen sowie Bedingungen zu spezifizieren, die organisationalen Wandel vorantreiben. Wie bereits ausgeführt, fungieren strukturelle Rahmungen einer Organisation als Regelsysteme, die für Akteure und Akteurinnen sowohl ermöglichenden als auch begrenzenden Charakter haben und von diesen durch Bezugnahme auf sie reproduziert werden. Organisationale Wandlungs- und Veränderungsprozesse sind somit immer als komplexe Prozesse zu begreifen und setzen dem "Sensemaking"-Ansatz folgend bei der Beeinflussung von sinn- und bedeutungsgebenden Deutungsangeboten an. Regeln[10] können einerseits als normative Regeln, die explizit gemacht und auch sanktioniert werden, und andererseits als kognitive Regeln, die sinnkonstituierend sind, wirksam werden. Den kognitiven Regeln – also jenen Regeln, die bestimmend für Deutungs- und Einordnungsprozesse sowie als kollektiv geteiltes Wissen meist implizites Wissen sind – kommt daher eine zentrale Rolle zu. Normative Regeln können als explizite versprachlichte Regeln relativ einfach Ziel strategisch-organisationaler Veränderungsprozesse werden. Im Unterschied dazu haben kognitive Regeln als implizites Wissen eine viel größere Veränderungsresistenz, da sie zuerst versprachlicht, also von – in Anknüpfung an Giddens (1997) – einem "praktischen Bewusstsein" in ein "diskursives Bewusstsein" (vgl. Giddens 1997: 56) transformiert werden müssen. Erst diese Versprachli-

---

10 Siehe zur soziologischen Diskussion des Regelbegriffs Giddens 1997 sowie auch Reckwitz 1997.

chung ermöglicht eine gezielte Bearbeitung von personalen und organisationalen Deutungsmustern, die in Form normativer geschlechterdifferenzierender Erwartungen, geschlechterstereotyper Zuschreibungen u.ä. in Organisationen wirksam sind. Insbesondere Routinen, als spezifische Formen des Wissens, kommt hier besondere Bedeutung zu, da sie als unerkannte Handlungsbedingungen noch leichter zu unintendierten Handlungsfolgen führen können als z. B. ungleiche Bewertungsmaßstäbe bzw. folgenreiche „Andersbehandlungen". Die Persistenz von Geschlechterungleichheiten in Organisationen lässt sich vor diesem Hintergrund auch aus der organisationalen Lernperspektive reflektieren. Organisationales Lernen als in erster Linie explorativ stattfindendes Lernen greift auf bewährtes Wissen zurück, welches wiederum Bestehendes festschreibt. Im Unterschied dazu eignet sich exploratives Lernen, also ein Lernen, welches nicht primär etabliertes Wissen reproduziert (vgl. Hanappi-Egger/ Hofmann 2012), um bestehende Deutungs- und Handlungsmuster zu durchbrechen und Veränderungsprozesse voranzutreiben. Zur konkreten Bestimmung der kontextuell variierenden Wirkungsmechanismen situativer Prozesse und Praktiken in Organisationen bedarf es weiterführender Forschung. Differenzierteres Wissen ist unumgänglich, um Produktions- und Reproduktionsbedingungen von Geschlechterungleichheiten in Organisationen zu spezifizieren, die Effektivität von Strategien und Maßnahmen zu erhöhen und nachhaltig Chancengleichheit, die diese Bezeichnung verdient – nämlich auch im Sinne der Herstellung gleicher Ausgangsbedingungen – zu erreichen.

*Weiterführende Literatur*

Acker, Joan (2012). Gendered Organizations and Intersectionality: Problems and Possibilities. In: Equality, Diversity and Inclusion: An International Journal, 31 (3), 214–224.
Bendl, Regine/Hanappi-Egger, Edeltraud/Hofmann, Roswitha (2012). Diversität und Diversitätsmanagement. Wien: facultas wuv.
Danowitz, Mary A./Hanappi-Egger, Edeltraud/Mensi-Klarbach, Heike (Hrsg.) (2012). Gender in Diversity in Organizations: Concepts and Practices. London: Palgrave.
Konrad, Alison M./Prasad, Pushkala/Pringle, Judith K. (Hrsg.) (2006). The Handbook of Workplace Diversity. London: Sage.
Lorber, Judith/Farrell, Susan (1991). The Social Construction of Gender. Newbury Park/CA et al.: Sage.

Ridgeway, Cecilia L. (2011). Framed by Gender. How Gender Inequality Persists in the Modern World. Oxford: University Press.

*Im Text erwähnte Quellen*

Acker, Joan (1990). Hierarchies, Jobs, Bodies: A Theory of Gendered Organizations. In: Gender and Society, 4 (2), 139–158.
Acker, Joan (1992). Gendering Organizational Theory. In: Miller, Albert/Trancred, Petra (Hrsg.), Gendering Organizational Analysis. Newbury Park, London, New Dehli: Sage, 248–260.
Alvesson, Mats/Billing, Yvonne-Due (1992). Gender and Organization: Towards a Differentiated Understanding. In: Organization Studies, 13 (1), 73–103.
Aulenbacher, Brigitte (2010). Falsche Gegensätze und vermeintlicher Konsens: eine diskurspolitische Intervention in Sachen ‚Organisation, Geschlecht, Kontingenz'. In: Feministische Studien, 28 (1), 109–120.
Balogun, Julia/Pye, Annie/Hodgkinson, Gerard P. (2008). Cognitively Skilled Organizational Decision Making: Making Sense of Deciding. In: Hodgkinson, Gerard P./Starbuck, William H. (Hrsg.). The Oxford Handbook of Orgnazational Decision Making. New York: Oxford University Press, 233–249.
Bourdieu, Pierre (1997). Die feinen Unterschiede. Frankfurt: Suhrkamp.
Calás, Marta B./Smircich, Linda (2006). From the ‚Woman's Point of View' Ten Years Later: Toward a Feminist Organization Studies. In: Clegg, Stewart/Hardy, Cynthia/Nord, Walter (Hrsg.). Handbook of Organization Studies. London: Sage, 284–346, (2$^{nd}$ Edition).
Claes, Marie-Therese/Hanappi-Egger, Edeltraud/Primecz, Henriett (2012). Gender and Diversity across Cultures. In: Danowitz, Mary Ann/Hanappi-Egger, Edeltraud/Mensi-Klarbach, Heike (Hrsg.). Diversity in Organizations: Concepts and Practices. London: Palgrave, 193–208.
Cohen, Michael/March, James/Olsen, Johan (1972). A Garbage Can Model of Organizational Choice. In: Administrative Science Quarterly, 17 (3), 1–25.
Czarniawska, Barbara/Höpfl, Heather (Hrsg.) (2002). Casting the Other. The Production and Maintenance of Inequalities in Work Organizations. London: Routledge.
Deutsch, Francine M. (2007). Undoing Gender. In: Gender Society, 21 (1), 106–127.
Eberherr, Helga (2005). Was heißt hier alt? Alter(n) im Spannungsfeld Arbeitsmarkt und Lebenswelten. In: Koryphäe – Medium für feministische Naturwissenschaft und Technik, 38, 28–31.
Eberherr, Helga/Fleischmann, Alexander/Hofmann, Roswitha (2007). Altern im gesellschaftlichen Wandel – Alternsmanagement als integrative organisationale Strategie. In: Koall, Iris/Bruchhagen, Verena/Höher, Friederike (Hrsg.). Diversity Outlooks. Managing Diversity zwischen Ethik, Profit und Antidiskriminierung. Münster: LIT, 82–96.

Eberherr, Helga/Hanappi-Egger, Edeltraud (2012). Macht der Distinktion: Von Differenz-produktionen zu Ungleichheiten in Organisationen. Wien: Abteilung für Gender und Diversitätsmanagement, WU Wien (unv. Projektbericht).

Fenstermaker, Sarah/West, Candace (2002). Doing Gender, Doing Difference. Inequality, Power, and Institutional Change. New York, London: Routledge.

Funken, Christiane (2004). Zu Chancen und Risiken von (in)formellen Organisationsstrukturen für die Karrieren von Frauen und Männern. In: Pasero, Ursula/Priddat, Birger P. (Hrsg.). Organisationen und Netzwerke. Der Fall Gender. Wiesbaden: VS, 13–44.

Gaitanides, Michael (2007). Prozessorganisation. München: Vahlen (2. Auflage).

Garfinkel, Harold (1967). Studies in Ethnomethodology. Englewood Cliffs, New York: Prentice Hall.

Gherardi, Silvia (2009). Introduction: The Critical Power of the „Practice Lens". In: Management Learning, 40 (2), 115–128.

Giddens, Anthony (1984). The Constitution of Society. Outline of the Theory of Structuration. Cambridge: Polity Press.

Giddens, Anthony (1997). Die Konstitution der Gesellschaft. Grundzüge einer Theorie der Strukturierung. Frankfurt, New York: Campus (3. Auflage).

Gildemeister, Regine (2008). Doing Gender: Soziale Praktiken der Geschlechterunterscheidung. In: Kortendiek, Beate/Becker, Ruth (Hrsg.). Handbuch Frauen- und Geschlechterforschung. Theorie, Methoden, Empirie. Wiesbaden: VS, 137–145.

Goffman, Erving (1977). The Arrangement between the Sexes. In: Theory and Society, 4 (3), 301–331.

Goffman, Erving (1979). Gender Advertisements. New York: Harper and Row.

Gunnarsson, Eva/Andersson, Susanne/Rosell, Annika V./Lehto, Arja/Salminen-Karlsson, Minna (Hrsg.) (2003). Where Have All the Structures Gone? Doing Gender in Organizations. Examples from Finland, Norway and Sweden. Stockholm: Norstedts.

Halford, Susan/Savage, Mike/Witz, Anne (1997). Gender, Carrers and Organizations. Current Developments in Banking, Nursing and Local Government. London: Palgrave Macmillan.

Hanappi-Egger, Edeltraud (2011). The Triple M of Organizations: Man, Management and Myth. Wien, New York: Springer.

Hanappi-Egger, Edeltraud (2012). Die Rolle von Gender und Diversität in Organisationen: Eine organisationstheoretische Einführung. In: Bendl, Regine/Hanappi-Egger, Edeltraud/Hofmann, Roswitha (Hrsg.). Diversität und Diversitätsmanagement. Wien: facultas wuv, 175–201.

Hanappi-Egger, Edeltraud (2013). Forthcoming. Backstage: The Organizational Gendered Agenda in Science, Engineering and Technology Professions. In: European Journal of Women's Studies, 20 (3), 279–294.

Hanappi-Egger, Edeltraud/Hofmann, Roswitha (2006). Narratives, Gender and Organizations. In: Schreyögg, Georg/Koch, Jochen (Hrsg.). Knowledge Management and Narratives. Organizational Effectiveness Through Storytelling. Berlin: Erich Schmidt, 213–228.

Hanappi-Egger, Edeltraud/Hofmann, Roswitha (2012). Diversitätsmanagement unter der Perspektive organisationalen Lernens: Wissens- und Kompetenzentwicklung für inklusive Organisationen. In: Bendl, Regine/Hanappi-Egger, Edeltraud/Hofmann, Roswitha (Hrsg.). Diversität und Diversitätsmanagement. Wien: facultas wuv, 327–349.

Hancock, Philip/Tyler, Melissa (2007). Un/doing Gender and the Aesthetics of Organizational Performance. In: Gender, Work and Organization, 14 (6), 512–533.

Heintz, Bettina (2001). Geschlecht als Unordnungsprinzip. Entwicklungen und Perspektiven der Geschlechtersoziologie. In: Heintz, Bettina (Hrsg.). Geschlechtersoziologie. Kölner Zeitschrift für Soziologie und Sozialpsychologie, Sonderheft 41. Opladen: Westdeutscher Verlag, 9–29.

Heintz, Bettina/Nadai, Eva/Fischer, Regula/Ummel, Hannes (1997). Ungleich unter Gleichen. Studien zur geschlechtsspezifischen Segregation des Arbeitsmarktes. Frankfurt, New York: Campus.

Hirschauer, Stefan (1994). Die soziale Fortpflanzung der Zweigeschlechtlichkeit. In: Kölner Zeitschrift für Soziologie und Sozialpsychologie, 46, 668–692.

Hirschauer, Stefan (2001). Das Vergessen des Geschlechts. Zur Praxeologie einer Kategorie sozialer Ordnung. In: Heintz, Bettina (Hrsg.). Geschlechtersoziologie. Kölner Zeitschrift für Soziologie und Sozialpsychologie, Sonderheft 41. Opladen: Westdeutscher Verlag, 208–235.

Hochschild, Arlie R. (1983). The Managed Heart. Commercialization of Human Feelings. Berkley: University of California Press.

Hofbauer, Johanna (2004). Distinktion – Bewegung an betrieblichen Geschlechtergrenzen. In: Pasero, Ursula/Priddat, Birger P. (Hrsg.). Der Fall Gender. Wiesbaden: VS, 45–64.

Holgersson, Charlotte (2012). Recruiting Managing Directors: Doing Homosociality. In: Gender, Work & Organization (online published).

Irle, Martin (1971). Macht und Entscheidungen in Organisationen. Studie gegen das Linie-Stab-Prinzip. Frankfurt: Akademische Verlagsgesellschaft.

Kasper, Helmut/Mayrhofer, Wolfgang (Hrsg.) (2009). Personalmanagement, Führung, Organisation. Wien: Linde.

Kelan, Elisabeth K. (2010). Gender Logic and (Un)doing Gender at Work. In: Gender, Work & Organization, 17 (2), 174–194.

Kieser, Alfred/Ebers, Mark (Hrsg.) (2006). Organisationstheorien. Stuttgart: Kohlhammer (6. Auflage).

Laroche, Herve (1995). From decision to action in organizations: Decision-making as a social representation. In: Organization Science, 6 (1), 62–75.

Maitlis, Sally (2005). The Social Processes of Organizational Sensemaking. In: The Academy of Management Journal, 48 (1), 21–49.

Martin, Patricia Y. (2006). Practising Gender at Work: Further Thoughts on Reflexivity. In: Gender, Work & Organization, 13 (3), 254–276.

Mintzberg, Henry (1979). The Structuring of Organizations. Englewood Cliffs/NJ: Prentice-Hall.

Nentwich, Julia C. (2003). Doing Difference and Equality in a Swiss Organization. 3. International Interdisciplinary Conference. In: Gender, Work & Organization, 1–20.

Powell, Abigail/Bagilhole, Barbara/Dainty, Andrew (2009). How Women Engineers Do and Undo Gender: Consequences for Gender Equality. In: Gender, Work & Organization, 16 (4), 411–428.

Pullen, Alison/Knights, David (2007). Editorial: Undoing Gender: Organizing and Disorganizing Performance. In: Gender, Work and Organization, 14 (6), 505–511.

Reckwitz, Andreas (1997). Struktur: zur sozialwissenschaftlichen Analyse von Regeln und Regelmäßigkeiten. Opladen: Westdeutscher Verlag.

Reckwitz, Andreas (2003). Grundelemente einer Theorie sozialer Praktiken. Eine sozialtheoretische Perspektive. In: Zeitschrift für Soziologie, 32 (4), 282–301.

Risman, Barbara J. (2009). From Doing To Undoing: Gender as We Know It. In: Gender Society, 23 (1), 81–84.

Taylor, Frederick W. (1911). The Principles of Scientific Management. New York: Harper.

Tienari, Janne/Nentwich, Julia (2012). The ‚Doing' Perspective on Gender and Diversity. In: Danowitz, Mary A./Hanappi-Egger, Edeltraud/Mensi-Klarbach, Heike (Hrsg.). Diversity in Organizations: Concepts and Practices. London: Palgrave, 109–136.

Walgenbach, Peter/Meyer, Renate (Hrsg.) (2008). Neoinstitutionalistische Organisationstheorien. Stuttgart: Kohlhammer.

Weber, Max (1972). Wirtschaft und Gesellschaft. Tübingen: Mohr Siebeck (5. Auflage, zuerst 1921).

Weick, Karl E. (1979). The Social Psychology of Organizing. Reading, Mass. u.a.: Addison-Wesley.

Weick, Karl E. (1985). Der Prozess des Organisierens. Frankfurt: Suhrkamp.

Weick, Karl E. (1995). Sensemaking in Organizations. Thousand Oaks, London, New Delhi: Sage.

Weick, Karl E./Sutcliffe, Kathleen M./Obstfeld, David (2005). Organizing and the Process of Sensemaking. In: Organization Science, 16 (4), 409–421.

West, Candace/Zimmerman, Don H. (1987). Doing Gender. In: Gender and Society, 1 (2), 125–151.

West, Candace/Zimmerman, Don H. (1991). Doing Gender. In: Lorber, Judith/Farrell, Susan A. (Hrsg.).The Social Construction of Gender. Newbury Park, London, New Delhi: Sage, 13–37.

Wilz, Sylvia M. (2002). Organisation und Geschlecht. Strukturelle Bindungen und kontingente Koppelungen. Opladen: Leske+Budrich.

Wilz, Sylvia M. (2004). Relevanz, Kontext und Kontingenz: Zur neuen Unübersichtlichkeit in der Gendered Organization. In: Pasero, Ursula/Priddat, Birger P. (Hrsg.). Organisationen und Netzwerke. Der Fall Gender. Wiesbaden: VS, 227–258.

Wilz, Sylvia M. (Hrsg.) (2008). Geschlechterdifferenzen – Geschlechterdifferenzierungen. Ein Überblick über gesellschaftliche Entwicklungen und theoretische Positionen. Wiesbaden: VS.

Zanoni, Patrizia (2011). Diversity in the lean automobile factory: doing class through gender, disability and age. In: Organization, 18 (1), 105–127.

# Mikropolitik und Gender im Management: „Doing Difference by Emotion"

*Daniela Rastetter und Christiane Jüngling*

## 1 Einleitung

Keine Karriere ohne Mikropolitik – das ist mittlerweile in einer Reihe von Studien für Manager bestätigt worden (z. B. Blickle 2004a; Blickle et al. 2009; Yukl/Falbe 1990). Die Bedeutung mikropolitischer Kompetenz für Frauen in Karrierepositionen wurde bisher jedoch nur selten empirisch erforscht (Ausnahmen sind Schiffinger/Steyrer 2004; Mayrhofer/Meyer/Steyrer 2005). Gar nicht in den Blick genommen wurde bislang das mikropolitische Handlungsfeld der Emotionalität für den beruflichen Aufstieg von Frauen. Im folgenden Beitrag möchten wir den Ansatz der Mikropolitik mit jenem der Emotionsarbeit verknüpfen und dabei die Kategorie Gender systematisch miteinbeziehen, um die besonderen Anforderungen an das Emotionsmanagement für die Karriere von Frauen zu untersuchen. Denn wir gehen davon aus, dass gezielte Emotionsregulation gerade im Management zu den notwendigen Aufstiegskompetenzen gehört und dass Frauen aus zwei Gründen besonderen Bedarf an „Emotionsregulierungskompetenz" haben: Zum einen sind sie, je höher sie steigen, umso mehr mit einer männerdominierten Kultur mit spezifischen Regeln und Normen konfrontiert, die es zu erkennen und einzuhalten gilt. Zum anderen stehen sie als „weibliche Minderheit" unter spezifischem Erwartungsdruck hinsichtlich traditioneller Geschlechterstereotypen und Weiblichkeitsvorstellungen. Dies gilt in besonderem Maß für den Bereich der Emotionalität. Es besteht die doppelte Anforderung, die Emotionsregeln des Managements zu beachten *und* kompetent mit geschlechtsspezifischen Erwartungen umzugehen. Denn selbst in hohen Positionen werden Frauen zuerst als Frauen und erst in zweiter Linie als Führungskräfte wahrgenommen. Frauen gelten gemäß herrschender Stereotype per se als „emotional". Gefühlsäußerungen werden geschlechtsspezifisch gedeutet, z. B. wird Aggressivität bei Frauen als – negativ konnotierte – „Zickigkeit" interpretiert, bei Männern als legitimer Ausdruck von Unzufriedenheit oder Durchsetzungsstärke (vgl. Rastetter 2011: 181; Cornils 2011).

Um die Besonderheiten der mikropolitischen Emotionsarbeit von Frauen im Management zu untersuchen, werden zunächst die Grundannahmen mikropolitischer Ansätze sowie das mikropolitische Handlungsstrukturmodell von Neuberger dargestellt, das die theoretische Basis unserer Untersuchungen ist. Im Anschluss werden Ergebnisse der Emotionspsychologie zu geschlechtstypischen Unterschieden skizziert. Die Komponenten „Emotionalität" und „Körper" des Strukturmodells von Neuberger bilden wichtige Anknüpfungspunkte zum Ansatz der Emotionsarbeit, der bereits von Hochschild auf Geschlecht, jedoch nicht auf innerbetriebliche Emotionsarbeit bezogen wurde. Unsere empirischen Ergebnisse bestätigen diese theoretischen Überlegungen: Wir können verschiedene Emotionsregeln identifizieren, die spezifisch für Frauen gelten oder für Frauen eine andere Qualität haben als für Männer.

## 2 Mikropolitik und Emotionsarbeit

### 2.1 Mikropolitisches Handeln

Der Begriff der Mikropolitik geht auf einen Aufsatz des Soziologen Tom R. Burns aus dem Jahr 1961 zurück, der schon recht früh auf die große Relevanz interner Aushandlungsprozesse in Organisationen, wie insbesondere die Bedeutung von Intrigen, informellen Machtkämpfen und Absprachen, aufmerksam gemacht hat. Seitdem hat sich eine Vielzahl von Organisationsforscher_innen mit dem Thema Politik in Organisationen auseinandergesetzt. Das Spektrum reicht von stark personalisierten Konzepten (vgl. beispielsweise Bosetzky 1977) bis hin zu organisationstheoretischen Ansätzen (vgl. u.a. Crozier/Friedberg 1979; Ortmann/Küpper 1986; Ortmann et al. 1990; vgl. Neuberger 1995), die im Kontext der Analyse von Rationalisierungs- und Restrukturierungsprozessen bekannt geworden sind.

Frühe Studien zu „Influence-Tactics" (Kipnis/Schmidt/Wilkinson 1980; Yukl/Falbe 1990) beziehen sich auf dasselbe Forschungsfeld. Aus Beschreibungen („Self-Reports") von betrieblichen Akteuren wurden Typologien verschiedener Macht- und Einflusstaktiken abgeleitet. Die Forschungsgruppe um Kipnis/Schmidt/Wilkinson (1980) untersuchte nicht nur die Qualität verschiedener Taktiken, sondern die Kontextbedingungen der Auswahl verschiedener Optionen (Richtungen der Einflussnahme: „upward", „lateral/horizontal", „downward") sowie situative Faktoren

(Geschlecht, eigene Position, Größe der Organisation, Existenz von Gewerkschaften etc.). Ergänzt und bestätigt wurden diese Befunde durch Replikationsstudien von Yukl und Falbe (1990). Nach diesen Befunden werden „weiche", kooperative und indirekte Taktiken insgesamt wesentlich häufiger genutzt als konfrontative Strategien. Die Berücksichtigung des Kontextes ist in den letzten Jahren wieder wichtiger geworden, ein Faktor, auf den Neuberger seit Beginn seiner Arbeiten hinweist und der in seinem Handlungsstrukturmodell (siehe unten) enthalten ist.

In der neueren Mikropolitik-Forschung wurden in den letzten Jahren im englischsprachigen Raum zahlreiche Untersuchungen zu Zusammenhängen von Mikropolitik und verschiedenen Konstrukten durchgeführt. Eine Forschungslinie bezieht sich auf das Konstrukt *„political skills"*, mit dem mikropolitische Kompetenzen und Fähigkeiten von Organisationsmitgliedern gemeint sind. Je mehr politische Fähigkeiten jemand hat, so die Annahme, desto leichter kann er/sie den sozialen Kontext richtig erfassen und sein Verhalten daran anpassen (Ferris/Treadway 2012: 4). Bei Führungskräften scheinen *political skills* dazu beizutragen, dass sie ihre Mitarbeiter_innen zu selbstständiger Zielerreichung im Sinne eines *Management by Objectives* motivieren (vgl. ebd.: 17).

Ein anderer Forschungsschwerpunkt behandelt nicht das individuelle Verhalten, sondern die Wahrnehmung von Mikropolitik in Organisationen, also ob das Arbeitsumfeld als stark politisch geprägt betrachtet wird. Studienergebnisse legen nahe, dass wahrgenommene Mikropolitik mit Stress, Burnout, Demotivation sowie sinkender Arbeitszufriedenheit und Arbeitsleistung zusammenhängt, vor allem deshalb, weil Leistung und Anstrengung in der Wahrnehmung der Befragten zu wenig honoriert wird (Ferris/Treadway 2012; Hochwarter et al. 2006). Jedoch spielen hierbei wiederum die individuellen *political skills* eine wichtige Rolle, denn sie schützen vor negativen psychischen Auswirkungen wahrgenommener Mikropolitik wie Depressionen und Stress (Cropanzano/Li 2006; Brouer et al. 2006). Eine weitere Moderatorvariable zwischen der Wahrnehmung von Mikropolitik und negativen Folgen ist die soziale Unterstützung von Vorgesetzten (Halbesleben/Wheeler 2006).

Einen Bezug zwischen wahrgenommener Mikropolitik und Emotionen als Ressource stellten Liu et al. (2006) her. Sie untersuchten affektive und kognitive Reaktionen auf *„organizational politics"* als Stressfaktor. Emotionen fungieren in diesem integrativen Modell als Moderatorvariable zwischen Wahrnehmung und Verhalten. Bei negativen Bewertungen von *organizational politics* droht Burnout und Zynismus, bei positiver Bewertung entsteht Arbeitszufriedenheit und Verantwortungsübernahme (ebd.: 167 ff.). Gleichzeitig wird auch das emotionale Verhalten als „*political skill*" betrachtet (ebd.: 170 ff.). Strategisches emotionales Verhalten erscheint als eine mikropolitische Taktik, die hilft, Positionen in Organisationen abzusichern. Unterschieden werden positive emotionale Reaktionen, negative emotionale Reaktionen und maskierte emotionale Reaktionen. Liu und Kolleg_innen (2006) stellen die These auf, dass Personen, die ihre Emotionen politisch managen, in Organisationen erfolgreicher sind. Damit ist dieser Ansatz mit unserer Untersuchung (siehe unten) vergleichbar.

Einer der wenigen deutschen Mikropolitik-Forscher ist Gerhard Blickle, der zahlreiche empirische Studien zu Mikropolitik und Erfolg in Organisationen durchgeführt hat, unter anderem zur Strategie dargestellter Bescheidenheit (Blickle et al. 2008), zu mikropolitischem Verhalten von Mitarbeitern gegenüber Vorgesetzten (Blickle 2003), zum Erfolg von Koalitionen und Mentoring (Blickle 2004b) oder zum Zusammenhang zwischen politischen Fähigkeiten und der Arbeitsleistung (vgl. Blickle et al. 2009).

Zum Thema Karrierestrategien liegt in Österreich eine Verlaufsstudie mit Wirtschaftsabsolventen und -absolventinnen vor, die in einem Kapitel auch Geschlechterdifferenzen beleuchtet (vgl. Mayrhofer/Meyer/Steyrer 2005). Die Autoren haben virtuelle Zwillinge gebildet und konnten zeigen, dass Frauen auch bei ansonsten gleichen Bedingungen weniger Einkommen haben als Männer, was sie auf Geschlechterstereotype und das „männliche Managerideal" (siehe Kap.3) zurückführen.

Auch in der Geschlechterforschung wurde der Ansatz der Mikropolitik aufgegriffen. Birgit Riegraf untersuchte z. B. Spielräume von Gleichstellungspolitik aus einer mikropolitischen Perspektive (vgl. Riegraf 1996). Sie macht darauf aufmerksam, dass übliche Ansätze zur Gleichstellung nur ökonomische, technologische und organisatorische Determinanten berücksichtigen und Verhandlungsprozesse und Interessenkonflikte vernachlässigen (ebd.: 232). Jüngling/Rastetter (2012) greifen diese Überlegungen auf und entwickeln Erfolgskriterien betrieblicher Gleichstellungspolitik vor dem Hintergrund zu erwartender Widerstände und Konflikte. Insgesamt ist festzustellen, dass Studien zu Mikropolitik zum einen überwiegend mit quantitativem Design und zum anderen – von Ausnahmen abgesehen – ohne Genderbezug durchgeführt wurden. Der Zusammenhang von Frauen, Karriere und Mikropolitik wurde in unserer Interventionsstudie unseres Erachtens zum ersten Mal über einen längeren Zeitraum und mit einem qualitativen Design untersucht.

Mikropolitik wird überall dort relevant, wo Macht eine Rolle spielt – und damit gerade in Führungspositionen von Unternehmen, einer weitgehend veränderungsresistenten Männerdomäne. Unsere im Rahmen des Beitrags referierten theoretischen und empirischen Befunde stammen aus dem Forschungsvorhaben *Mikropolitik und Aufstiegskompetenz von Frauen*, einem Teilvorhaben des abgeschlossenen BMBF-Verbundprojektes „Aufstiegskompetenz von Frauen: Entwicklungspotentiale und Hindernisse auf dem Weg zur Spitze".[1] Die Ausgangsthese dieses Projekts lautete, dass das Wissen um Mikropolitik und der kompetente Umgang mit Mikropolitik notwendige Bedingungen für Frauen sind, um in betrieblichen Hierarchien aufzusteigen. Weiter nahmen wir an, dass das gezielte Coaching mikropolitischer Kompetenzen die individuellen Handlungsspielräume erweitert und sich dieses wiederum positiv auf den Aufstieg von Frauen in Führungspositionen auswirken würde. Ziel der Studie war es, neben der theoretischen Weiterentwicklung des Konzepts Mikropolitik in Bezug zur Dimension Gender, eine Antwort auf die Frage zu erhalten, ob ein an Mikropolitik orientiertes Coaching Frauen bei ihrem beruflichen Aufstieg unterstützen kann.[2]

Der theoretische Bezugsrahmen unserer Studie ist das mikropolitische Handlungsstrukturmodell, das der Führungsforscher Oswald Neuberger entwickelt hat. Dieses Modell ermöglicht zahlreiche theoretisch-empirische Anknüpfungspunkte (vgl. Neuberger 2006: 237 ff.). Der explizite Einbezug der Kategorie Gender fehlt jedoch auch in diesem theoretischen Ansatz. Im Folgenden wird deshalb zunächst die Grundlegung des Modells erläutert, um dieses dann in einem weiteren Schritt durch den Theorieansatz der Emotionsarbeit (vgl. Hochschild 1990; Rastetter 2008) sowie mittels der Kategorie Gender zu erweitern.

Neuberger legt seinen konzeptionellen Überlegungen eine interpersonelle Perspektive zu Grunde und betrachtet auf Basis handlungstheoretischer Überlegungen „jene subsystemischen Domänen, die als Mittel, Methoden und Ziele von Einflussversuchen infrage kommen" (Neuberger 2006: 237). Die Organisation wird dabei als politische Arena betrachtet, in

---

1 Das Projekt wurde für die Dauer von drei Jahren (2009-2012) aus Mitteln des BMBF und aus dem Europäischen Sozialfonds (ESF) der EU gefördert. Zu den Ergebnissen siehe u.a. Rastetter/Cornils/Mucha 2011; Cornils/Mucha/Rastetter 2012.
2 Zu Aufbau und weiteren Ergebnissen der Studie siehe Rastetter/Cornils/Mucha 2011; Mucha 2011; Cornils 2011; Cornils/Rastetter 2012; Mucha/Rastetter 2012; Cornils/Mucha/Rastetter 2012; Jüngling/Rastetter 2012.

der um Deutungsmacht, Ressourcen und Spielräume gerungen wird und in der in organisationalen Unsicherheitszonen durch die Nutzung Anderer eigene Interessen verfolgt werden (ebd.: 18). Neuberger orientiert sich bei seinem Modell an der Machtdefinition von Max Weber.[3] Den interaktionalen Aspekt mikropolitischen Handelns übersetzt er mit der „dyadischen Grundstruktur einer Einflusssituation" (ebd.: 242), die aus (mindestens) einer Einfluss ausübenden Person (Akteur_in A) und einer Zielperson (Akteur_in Z) besteht, die von A gegebenenfalls auch gegen ihr Widerstreben beeinflusst wird. Diese Matrix verschiedener Einflussrichtungen wird im mikropolitischen Handlungsalltag noch komplexer, weil Akteur_in A gleichzeitig auch Einflussversuchen von anderen Personen ausgesetzt ist und noch allgemeiner betrachtet verschiedene Akteur_innen parallel mikropolitisch interagieren. Es werden *acht* Komponenten[4] unterschieden, „von denen angenommen wird, dass sie die Wahl der Einflusstaktiken bzw. Reaktionen auf sie konditionieren" (ebd.: 246). Von diesen Komponenten sollen nur zwei näher beleuchtet werden, die für unser Thema von Relevanz sind:

*Körperlichkeit*: Vor dem Hintergrund, dass Fitness, gutes Aussehen, Sportlichkeit, Ernährung und Vitalität für Manager_innen einen hohen Stellen- und Selektionswert besitzen, erscheint die Ignoranz gegenüber Körperlichkeit – Kurzformel „ich bin verkörpert" – umso verwunderlicher (vgl. ebd.: 260). Das Absehen vom Körper ist der Fiktion des homo oeconomicus geschuldet, der körper- und emotionslos, sachlich, rational und asexuell ist. Diese Figur ist zu Recht als völlig realitätsfern kritisiert worden, sonst gäbe es in Organisationen nicht die Phänomene Müdigkeit, Krankheit, erotische Anziehung, Antipathien, „Office Romances", Inanspruchnahme sexueller Dienstleistungen etc. In mikropolitischer Perspektive, so Neubergers Schlussfolgerung, muss Körperlichkeit von Personen und Dingen (Materialisierung) als Bedingung, Medium und Folge mikropolitischer Interventionen berücksichtigt werden. Was Neuberger hier allgemein anspricht, wird von Genderforscher_innen schon lange der Führungs- und Organisationsforschung vorgeworfen: Körperlichkeit wird kaum reflektiert (vgl. beispielsweise Witz 1992; Rastetter 1994; Wilz

---

3 „Macht bedeutet jede Chance, innerhalb einer sozialen Beziehung den eigenen Willen auch gegen Widerstreben durchzusetzen, gleichviel, worauf diese Chance beruht" (Weber 1972: 28).
4 Die acht Komponenten lauten: Identität, Emotion, Körperlichkeit, Kompetenz, Identität, Kognition, Motivation, Institutionen sowie Relationen.

2010), in Führungsetagen agieren aber nicht geschlechtslose Körper, sondern durch heteronormative Sozialisationsprozesse vergeschlechtlichte Frauen und Männer (vgl. weiterführend Halford/Savage/Witz 1997; Hassard/Holliday/Willmott 2000; Wilz 2002). Innerhalb der Führungsforschung spielt die Integration oder Ausgrenzung von Körperlichkeit hinsichtlich der Unterrepräsentanz von Frauen im Management eine zentrale Rolle. Daten aus der vorliegenden Studie belegen diese Bedeutsamkeit anhand zahlreicher sexualisierender Erfahrungen im Berufsalltag von (Nachwuchs-)Führungsfrauen (vgl. 2.7). Auch in den für Führungskräfte wesentlichen erweiterten Körperattributen, wie Kleidung (Dresscode) oder materiellen Symbolen, wie Ausstattung und Lage des Büros, Firmenwagen usw., sind implizite Geschlechtercodes enthalten, die Insider_innen kennen und beachten müssen. Mikropolitisches Handeln in Organisationen zeichnet sich demnach nicht nur im Allgemeinen, sondern auch im genderspezifischen Sinne durch Körperlichkeit und Verkörperung (Materialisierung) aus.

*Emotion*: Emotionen bzw. emotionale Bewertungen sind eine Begleiterscheinung jeglichen Handelns. Handlungen werden als angenehm, wertvoll, peinlich usw. bewertet. Das Erzeugen emotionaler Reaktionen ist im mikropolitischen Sinne eine Einflusstaktik, d.h. die Zielperson soll positive oder negative Emotionen empfinden (z. B. sich wohl oder unwohl fühlen). Damit beabsichtigt die Einfluss ausübende Person, die in der Zielperson ausgelösten Emotionen und Stimmungen als Mittel für die Durchsetzung der eigenen Interessen zu nutzen. In mikropolitischen Interaktionen ist es deshalb bedeutsam, das aktuelle Befinden der Akteur_innen zu erkennen. Dies setzt die Fähigkeit zur Empathie voraus, d.h. Emotionen wahrnehmen und einschätzen zu können. Mikropolitisch betrachtet ist es weniger von Bedeutung, eigene Gefühle zu haben, als Gefühle nach außen darzustellen (vgl. Neuberger 2006: 283). Der Gefühlsausdruck eignet sich besonders gut für mikropolitische Manöver, weil Gefühle simuliert werden können und Stimmungen mittels Emotionen beinflussbar sind, konkret: Euphorie und Sympathie können vorgetäuscht und Flirts oder Tränen gezielt eingesetzt werden, um eigene Interessen durchzusetzen. Maßgabe sind dafür implizite Emotionsnormen, deren konkrete Ausformulierung je nach Hierarchieebene, Branche, Tätigkeit, Unternehmenskultur, aber auch je nach personalen Merkmalen – zu denen auch das Geschlecht zählt – variieren. Die Kompetenz der Emotionsregulation wird Mitarbeiter_innen in verschiedenen Arbeitskontexten auch professionell abverlangt, was mit dem Begriff der Emotionsarbeit umschrieben wird.

## 2.2 Frauen und Männer konstruieren Emotionen

Befunde aus der Emotionspsychologie zu Geschlechterunterschieden sind für die Frage der Emotionsregulation interessant: Im *Ausdruck* von Gefühlen gibt es mehr Unterschiede zwischen den Geschlechtern als im *Erleben*. Frauen können ihre Gefühle leichter ausdrücken als Männer, Männer können dagegen leichter einen Emotionsausdruck unterdrücken (vgl. Lozo 2010: 48). Um dies zu schaffen, lenken sie sich gern mit Sport oder anderen Aktivitäten ab, während Frauen eher dazu tendieren, (negative) Emotionen hinzunehmen (ebd.). Die Emotionalität „der Frau"[5] wird ferner eher als ein stabiles Persönlichkeitsmerkmal und die Emotionalität „des Mannes" eher als eine situative und zufällige Reaktion wahrgenommen (ebd.). Jedoch scheinen die Unterschiede zwischen den Geschlechtern im Erleben von Emotionen wesentlich geringer zu sein. Erklärbar ist dies durch Stereotype, die sich auf die Interpretation eigener und fremder Gefühle und das Ausdrucksverhalten auswirken. Gefühle werden vor dem Hintergrund geschlechtsspezifischer Stereotype wahrgenommen, die nach wie vor Weiblichkeit mit Emotionalität und Männlichkeit mit Rationalität verbinden (ebd.: 45; vgl. auch Plant et al. 2000). Das bedeutet, dass die kognitive Komponente von Emotionalität aus Gefühlen das macht, was wir wahrnehmen. Frauen interpretieren Anspannung auf Grund einer bevorstehenden Prüfung eher als Angst und drücken diese Angst dann auch eher aus als Männer. Männer interpretieren diese Anspannung vielleicht eher als positive Erregung oder zeigen, wenn sie sich ängstlich fühlen, dies weniger nach außen. Damit ist gemeint, dass auch vermeintlich „authentische" Gefühle gesellschaftlich beeinflusst sind und dass auch das Gefühlserleben sozial habitualisiert ist (vgl. Neckel 2005: 421). Nichtsdestotrotz spielt „Gesellschaft" umso weniger eine Rolle, je körperlicher und „tiefer" das Erleben von Gefühlen stattfindet, d.h. je weniger kognitiv überformt es ist. Ansonsten hätten Psychotherapien keinen Sinn, die versuchen, Klient_innen an ihre „wahren" Gefühle heranzuführen.

Geschlechterstereotype wirken sich demnach sowohl auf der Stufe der Wahrnehmung, vor allem aber auf der Stufe der Interpretation von Gefühlen, in der Weise aus, dass Gefühle bei Frauen von ihnen selbst und von Beobachter_innen stereotyp „weiblich" gedeutet werden; Gefühle bei

---

5 Wir möchten keineswegs eine Essentialisierung von Frauen und Männern befördern, jedoch wird in Organisationen von diesen Konstrukten Gebrauch gemacht, so dass sie handlungsrelevant werden.

Männern von ihnen selbst und von Beobachter_innen als stereotyp „männlich". Dies hat Konsequenzen für die Anforderungen und Strategien der Emotionsregulation, die wir als Teil von Mikropolitik betrachten.

*2.3 Emotionsarbeit: Geschlechtstypische Anforderungen*

Im arbeitssoziologischen Ansatz der *Emotionsarbeit* wird systematisch untersucht, wie sich Organisationen die Besonderheit des Menschen zunutze machen, inneres Erleben und äußeren Gefühlsausdruck trennen zu können. Die entsprechenden Steuerungsfähigkeiten eignet sich jede Person im Lauf der Sozialisation an, bei Emotionsarbeit am Arbeitsplatz muss sie diese jedoch bewusster und zielgerichteter, gemäß organisationaler (Emotions-)Normen, einsetzen. Hochschild hat gezeigt, wie Flugbegleiterinnen mit einem Dauerlächeln alle machbaren Wünsche der Fluggäste erfüllen sollen, damit diese die Fluggesellschaft beim nächsten Mal wieder wählen (vgl. Hochschild 1990). Mit Emotionsarbeit werden die Charakteristika personenbezogener Dienstleistungstätigkeit umschrieben: Die Beschäftigten sollen sich zum Zwecke der Aufgabenerfüllung ihre Gefühle bewusst machen und sie betrieblichen Erfordernissen unterwerfen, z. B. Stimmungen unterdrücken, für bestimmte Situationen Hochstimmung erzeugen oder sich in anderen zurücknehmen. Ziel der Emotionsarbeit ist die Erfüllung der Kriterien Kundenzufriedenheit und Kundenbindung. Bei den Kunden und Kundinnen sollen positive Gefühle sowie auch Vertrauen, Zufriedenheit und Wohlbefinden geweckt werden (vgl. Rastetter 2008: 11). Folge herrschender Emotionsnormen sind emotionale Dissonanzen, d.h. man erlebt andere Gefühle, als man erleben oder zeigen soll. Hier setzen zwei Möglichkeiten der professionellen Emotionsregulation an. Beim *Oberflächenhandeln* (*Surface Acting*) wird nur der Gefühlsausdruck, die äußere Darstellung, den (Ausdrucks-)Normen angepasst. Will man aber nicht nur so tun, als wäre man gut aufgelegt, sondern sich wirklich sich auch dementsprechend fühlen, ist die direkte Einflussnahme auf das Fühlen erforderlich, die den gewünschten Gefühlsausdruck auf verlässlichere Weise hervorruft, weil er mit dem erlebten Gefühl zusammen fällt. *Tiefenhandeln* (*Deep Acting*) – die damit verbundene Einflussstrategie – bezieht sich auf inneres Handeln, mit dem Gefühle hervorgerufen werden, z. B. durch Imagination. So lernen die Flugbegleiterinnen in Hochschilds Studie, sich die Flugpassagiere als nette Gäste im eigenen Wohnzimmer vorzustellen. In Arbeitskontexten herrschen also Ausdrucksnormen (welche

Gefühle sollen *gezeigt* werden?) und Gefühlsnormen (welche Gefühle sollen *erlebt* werden?).

Hochschild identifizierte Emotionsarbeit als typische Frauenarbeit, da Frauen (vor allem der Mittelschicht) zugeschrieben wird, von Natur aus fürsorglich, freundlich, zugewandt und einfühlsam zu sein und diese Fähigkeiten leicht am Arbeitsplatz einsetzen können. Dies führt dazu, dass dort, wo Frauen und Männer zusammenarbeiten, die emotionalen Anteile der Arbeit gerne Frauen übertragen werden, während Männer eher die organisatorischen Aufgaben erledigen (vgl. Martin 1999; Forseth 2005).

Neuere Befunde zur Emotionsregulation zeigen: Tiefenhandeln hat auf beide Geschlechter positive Wirkungen, da mit dieser Technik emotionale Dissonanzen aufgehoben werden, während Oberflächenhandeln auf Frauen negativere Effekte hat als auf Männer (geringeres Wohlbefinden, mehr emotionale Erschöpfung), vermutlich weil Frauen die (subjektiv erlebte) damit verbundene Inauthentizität ihrer Rolle weniger leicht ertragen als Männer (vgl. Johnson/Spector 2007). Dies passt zu den genannten Ergebnissen, dass es Männern leichter fällt als Frauen, Gefühle zu unterdrücken und andere Gefühle zu zeigen als sie tatsächlich haben. Generell ist jedoch das Aushalten emotionaler Dissonanzen über eine längere Zeit für alle Betroffenen belastend (vgl. Nerdinger 2011: 89; Judge/Woolf/Hurst 2009).

Die Frage der persönlichen Authentizität scheint Frauen auch gemäß unserer Ergebnisse stark zu beschäftigen. Die weiblichen Nachwuchskräfte, obwohl aufstiegsorientiert, setzten sich in Gruppendiskussionen intensiv und leidenschaftlich mit Fragen des authentischen Verhaltens, des „sich Verbiegens", „sich Verstellens" und „des Wahrens der eigenen Identität" im Kontext der an sie gestellten Erwartungen und der herrschenden Normen auseinander (vgl. Jüngling/Rastetter 2011).

Wir gehen davon aus, dass sich das Stereotyp „weiblich-emotional" nicht nur auf Emotionsarbeit bei frauentypischer Dienstleistungstätigkeit auswirkt, sondern auch auf Führungstätigkeiten. Wenig bekannt und erforscht ist, *wie* Emotionsarbeit im Management geleistet wird.[6] Hierbei handelt es sich um Emotionsarbeit gegenüber Vorgesetzten, Kolleg_innen und Mitarbeiter_innen, aber auch gegenüber Geschäftspartner_innen oder -kund_innen. Im Management herrschen Emotionsnormen, die den beteiligten Akteur_innen bekannt sein und von ihnen eingehalten werden müs-

---

6 Einer der wenigen Beiträge aus der Managementforschung zu Emotionsarbeit stammt von Conrad (1991), zu Emotionen und Management vgl. Urban 2008, Sieben 2007 und Schreyögg/Sydow 2001.

sen, um beruflich erfolgreich zu sein. Es ist also ein „emotionales Selbstmanagement" vonnöten, das in der neueren Emotionssoziologie als gesellschaftliche und organisationale Forderung jenseits der Dienstleistungsbranche identifiziert und kritisch als „Subjektivierung des Emotionsmanagements" diskutiert wird (Neckel 2005: 423). Damit ist die allgemeine gesteigerte Selbstreflexivität des eigenen Gefühlslebens zum Zwecke der Erhöhung des persönlichen „emotionalen Kapitals" gemeint, die weit über Hochschilds These der Entfremdung innerer Gefühle durch Emotionsregeln hinausgeht. Denn es geht dabei nicht nur um eine Disziplinierung des Gefühlshaushalts einer Person, sondern um eine Aktivierung der emotionalen Potenziale der gesamten Person. Emotionsarbeit wird zum Modus der Subjektkonstitution mit dem Ziel der betrieblichen *und* der individuellen Gewinnmaximierung (Penz/Sauer 2011: 123; vgl. Funder 2008). Die Anforderung an emotionales Selbstmanagement betrifft zunächst beide Geschlechter. In einem stark durch maskuline Stereotypen geprägten Feld, wie dem Führungsbereich, nimmt Emotionsmanagement für Frauen jedoch eine andere Qualität an als für Männer, da sie größere Widersprüche verarbeiten müssen.

## 3 Emotionsarbeit im Management

Grundsätzlich gilt im Management sowohl für weibliche als auch männliche Führungskräfte: Je höher die hierarchische Ebene, desto riskanter ist der spontane Ausdruck von Gefühlen: *„Je höher man steigt, desto einsamer wird man und desto weniger traut man sich, Emotionen zu zeigen"* – so eine von uns befragte Expertin.[7] Unter Einsamkeit versteht die Führungskraft ein fehlendes vertrauenswürdiges Umfeld, das Authentizität gefährlich macht. Die grundlegende Emotionsregel lautet deshalb für alle: Perfektioniere die Selbstkontrolle. Lediglich in kleinen vertrauten Gruppen können Gefühle offen geäußert werden. Auch extreme Situationen (besondere Erfolge, Niederlagen) erlauben im Ausnahmefall das ansonsten verpönte Äußern von starken Gefühlen.

Worin bestehen nun die besonderen Anforderungen an das Emotionsmanagement von Frauen in Führungspositionen? Zum einen liegen sie da-

---

7 Die Zitate stammen aus 20 Interviews mit männlichen und weiblichen Führungskräften („Expert_innen") sowie 30 Interviews mit weiblichen Nachwuchskräften (mit den Ziffern I bis XXX durchnummeriert).

rin begründet, dass Gefühlsnormen mit dem sog. männlichen Managerideal verbunden sind („Think-Manager-Think-Male", Schein et al. 1996; vgl. Haubl 2008). Dieses sagt aus, dass sich eine „typische" Führungskraft durch als männlich bewertete Merkmale auszeichnet: Durchsetzungsstärke, Initiative und Dominanz gelten als Ausdruck (männlicher) Führungsqualität, und zwar trotz der neueren Ansätze zur Bedeutung von Soft Skills im Management. Die Einschätzungen männlicher Studenten bezüglich Eigenschaften von Frauen sind jenen vor 15 Jahren erstaunlich ähnlich, während Männer im mittleren Management Frauen weniger stereotyp weibliche Eigenschaften (passiv, submissiv etc.) und mehr stereotyp männliche Eigenschaften (ehrgeizig, analytisch, durchsetzungsfähig etc.) zuschreiben als in früheren Zeiten (Duehr/Bono 2006). Eine mögliche Erklärung dafür ist, dass Manager mehr konkrete Erfahrungen mit Frauen als Managerinnen gemacht haben als Studenten, und vermehrte Informationen über Personen verringern in der Regel Stereotype.

Auch wenn sich Vorstellungen bezüglich erfolgreichen Führens hin zu charismatischen oder transformationalen Stilen gewandelt haben (ebd.), wird der Ausdruck „schwacher" Gefühle wie Trauer oder Angst, Depression, Scham oder Verlegenheit im Managerideal nach wie vor als unmännlich betrachtet (vgl. Mühlen-Achs 2003: 153; Lozo 2010) und deshalb auch als unpassend für eine Führungskraft bewertet. Außerdem kollidiert das Managerideal mit der Stereotypisierung von Frauen, die „weiblich-emotional" seien (vgl. Wippermann 2010). Daraus folgt, dass Frauen im Management mit einer größeren emotionalen Verunsicherung und mit mehr emotionalen Dilemmata konfrontiert sind als Männer und aufgrund dessen reflektierter und bewusster mit Emotionalität umgehen (müssen). Weibliche Führungskräfte müssen eine für sie passende Balance zwischen „Coolness" und „Idealfrau" finden. Es hat sich gezeigt, dass die „Unsicherheitszone Emotionalität" ein Einfallstor für mikropolitische Strategien von Akteur_innen darstellt, die sich durch Nutzung geschlechtsstereotyper Deutungen, Bewertungen und Interpretationen Vorteile verschaffen wollen.

## 3.1 Emotionsarbeit bei weiblichen Führungskräften

### 3.1.1 Unsicherheitszone Emotionalität

Die Unsicherheitszone der Emotionalität wird mikropolitisch betrachtet von Akteur_innen genutzt, indem sie durch geschlechtsstereotype Attributionen bewusst oder unbewusst Frauen in ihrem Arbeitsumfeld abwerten, Unsicherheiten vergrößern und weibliches Verhalten als „emotional" interpretieren. Eine Nachwuchsführungskraft drückt dementsprechend ihren Wunsch nach mehr Sicherheit bei der Wahrnehmung und Bewertung von Emotionen am Arbeitsplatz bildhaft so aus:

> *„Ich habe das Gefühl, da laufe ich auf so einem Minenfeld. Also da habe ich auch das Gefühl, da so ein kleiner Detektor oder so, das wäre ganz nützlich"* (XII).

Frauen wird eine größere mimische Expressivität zugeschrieben, von Männern wird ein selbstkontrollierter Gesichtsausdruck erwartet (vgl. Rastetter 2011: 183). Als besonders extremer und negativ bewerteter Emotionsausdruck wird das Weinen betrachtet. Mehrere männliche Führungskräfte sprechen in den Interviews das Weinen von Frauen explizit an, wobei sie dessen manipulativen Charakter anprangern.

> *„In Stresssituationen oder in emotionalen Situationen nicht emotional zu reagieren eben, das ist sicherlich wichtig. Und schon gar nicht, Tränen einzusetzen oder so was, was Frauen ja auch gerne tun"* (Experte).
> *„Emotionale Blockaden, also eben durch weinen oder so was, was ich eben nur von Frauen kenne"* (Experte).

Sie unterstellen Frauen eine Taktik, die ihnen selbst nicht zur Verfügung steht, wenn sie nicht stereotypabweichend handeln wollen. Die Vermutung liegt nahe, dass hier ein Stereotyp aktiviert wird: die hinterhältige, verführerische Frau, die mit ihren Gefühlen den Mann und dessen Gefühle manipuliert. Weibliche Führungskräfte werden via Geschlechterstereotypisierungen als Emotionsmenschen festgelegt, und gleichzeitig sieht das männliche Managerideal Emotionskontrolle vor. In der Zusammenschau bedeutet dies: Der Ausdruck von Emotionen wird Frauen als Schwäche ausgelegt, und es wird ihnen damit eine Inkompetenz für höhere Führungsaufgaben unterstellt.

Im Führungsbereich bedeutet jedoch der Ausdruck von Gefühlen der Schwäche und Hilfsbedürftigkeit in einer Kultur, die sozialen Status mit Selbstkontrolle und Unabhängigkeit verknüpft, einen Statusverlust (vgl.

Mühlen-Achs 2003). Die Anspielung auf das „taktische Weinen" von Frauen führt mithin zu einer zweifachen Abwertung von (potenziellen) Konkurrentinnen: Ihnen wird unterstellt, häufiger unprofessionelle Gefühle zu zeigen und sie dann auch noch aus unlauteren Motiven einzusetzen (vgl. Rastetter 2011).

### 3.1.2 Emotionsregeln für Frauen im Management

Generell sagt die Vielfalt erlaubter Gefühle innerhalb einer Norm etwas über die Strenge der Norm aus. Diese Bandbreite ist bei Männern größer, wenn auch die allgemeinen Normen im Unternehmen dieselben sind. Die erlaubte Normabweichung gibt Auskunft darüber, wer wie viel Macht und wer die unangreifbarere Stellung im Unternehmen hat, die nicht mit der formalen Position identisch sein muss. Frauen als Minderheiten in leitenden Funktionen müssen immer wieder aktiv beweisen, wirklich eine Führungskraft zu sein – auch emotional. Wenn sie dem Prototyp entsprechen wollen, werden sie in ihren Handlungsmöglichkeiten eingeschränkt. Männer als „typische Führungskräfte" dürfen sich Abweichungen – z. B. Wutausbrüche oder Beleidigungen – erlauben, weil sie trotzdem als Führungskraft anerkannt werden.

> *„Kollegen schreien da vielleicht in der Gegend rum, ist auch nicht wirklich viel besser, wird aber anders bewertet"* (XII).
> *„[…] ich kenne so viele Kollegen, die weiblich dann sind, weil sie in die Luft gehen und emotional sind und zynisch und unsachlich werden, aber das wird einfach anders bewertet"* (XIX).

Emotionsarbeit von Frauen im Management lässt sich in (1) Anpassung an Emotionsnormen im Hochschildschen Sinn und (2) erweiterte Emotionsarbeit in Bezug auf den Körper einteilen. Ungeachtet situativer und unternehmenskultureller Varianten konnten wir drei verschiedene Emotionsnormen für Frauen identifizieren: (a) Coolness und Souveränität, (b) Fürsorglichkeit und (c) Aggressionstabu.

a) Coolness und Souveränität

Der bewusste Ausdruck von männlich attribuierten Emotionen gilt, wie die folgende Aussage einer Expertin verdeutlicht, als wichtiger Bestandteil von Führungskompetenz: *„Man muss auch mal den Hirschen spielen, also* *bewusst taffer, härter sein als man will, weil die Mitarbeiter eine klare Ansage brauchen. Das ist dann Schauspielstunde"* (Expertin). Dieser Führungskraft ist bewusst, dass sie Gefühle vorspielt, dass sie als Vorgesetzte auf der Bühne steht und genau beobachtet wird. Sie geht davon aus, dass sie mit ihrer eigentlich gefühlten Milde und Nachsicht nicht zum Ziel kommt, nämlich die Mitarbeiter_innen zu erwünschten Leistungen zu bringen. Ihre Strategie ist das Oberflächenhandeln.

Eine Event-Managerin (Nachwuchs) verbindet das internalisierte männliche Managerideal mit Geschlechterstereotypisierungen bzw. der Emotionalisierung von Frauen: *„Also für mich ist das selbstverständlich, dass man die Emotionen eigentlich vor der Tür lässt"*, denn *„[...] man muss immer als Frau so ein bisschen sein wie ein Mann, weil Männer sind da auch viel abgebrühter. Frauen denken immer so, die sind immer so, man ist immer so emotional"* (XXIII).

> Andere Frauen sagen: *„[...] ich bin da ein ziemlicher Eisblock in der Firma. Weil ich immer das Gefühl habe, dass man sonst a) ein bisschen verletzlich ist, und b) denke ich, das hat da einfach nichts zu suchen, also ich habe manchmal, hatte jetzt auch mal ein Meeting, da war mir echt zum Heulen irgendwie zumute, weil das war so unfair, aber da sitze ich dann ganz eisern"* (XXIX).
> *„Mir hat auch schon mal ein Vorgesetzter gesagt, naja, ich bin zu emotional"* (XXX);
> *„[...] wenn ich diese Emotionalität ein bisschen besser in den Griff bekäme, dann würde ich davon weniger mit nach Hause nehmen. [...] ich glaube, das ist ganz wichtig, dass Frauen das gut im Griff haben müssen, um unter Männern gut mithalten zu können"* (XIX).

Die Frauen haben die – männlich stereotypisierten – Regeln internalisiert und stellen sie nicht infrage. Generell wissen sie um den riskanten Charakter von „weiblichen" Gefühlsäußerungen und halten sich an die Regel: „Nur maskuline Emotionen zeigen!" Die Regel der Coolness führt also zu einem Dilemma für Frauen: Souverän auftreten ohne zu „männlich" zu wirken, weil dies wiederum negativ bewertet wird – auch von anderen Frauen.

b) Fürsorglichkeit

Die Erwartungen an besondere „weibliche" Fürsorglichkeit kristallisierten sich in unserer Untersuchung als zweite Emotionsnorm heraus. In den Interviews berichten einige weibliche Führungskräfte, dass ihre männlichen

Mitarbeiter, besonders die älteren, von ihnen mehr Verständnis für „menschliche Schwächen" und Minderleistungen erwarten.

> *„Da hört man dann schon mal von den Mitarbeitern: Sie als Frau müssten das doch verstehen. Außerdem sagen sie jetzt schon, und das ist ja eigentlich als Kompliment gemeint: Jetzt haben wir uns so gut an Sie gewöhnt, Sie werden doch nicht genauso schnell gehen wie Ihre Vorgänger. Da musste ich lernen, mich aktiv abzugrenzen"* (XXII).

Diese Aussage verdeutlicht, dass Managerinnen größere Empathie und Fürsorglichkeit für die Mitarbeiter_innen abverlangt wird als Männern. Gerade in Bereichen, in denen Frauen in der Minderheit sind, werden sie leicht in die Rolle einer mütterlichen Vertrauensperson gedrängt, wie eine Ingenieurin mit Teamleitungsfunktion berichtet:

> *„Die Firma ist ein Altmännerladen und die Teamleiter wenden sich alle an mich. Das ist dann immer dasselbe: Zwischen 40 und 50 ist die Ehe kaputt, die stecken in ihrer Midlifecrisis und sind von ihrem Leben voll frustriert. Da landen dann alle Emotionen bei mir"* (XII).

Fürsorglichkeit gehört zu den klassischen Erwartungen an Frauen. Sie passt zum weiblichen Archetyp der „guten Mutter", die ihre Familie behütet und liebevoll behandelt. Diese Rolle schmälert das Ansehen der Frau als Führungskraft, da die Unterstützung anderer im männlichen Managerideal als Schwäche gilt. Die Managerinnen sind in der Gefahr, zu viel soziale Verantwortung zu übernehmen, was wiederum ihrem beruflichen Aufstieg im Wege steht. Die „zu gute", von allen akzeptierte und deshalb „bequeme" Führungskraft wird auch von ihren Vorgesetzten nicht mehr gerne abgegeben, wenn höhere Positionen zu besetzen sind.

c) Aggressionstabu

Emotional aggressive Machtmittel, wie ein ausdrucksloses Gesicht (Pokerface), ein arroganter Blick, ein herablassendes Mundverziehen, ein Wutausbruch, werden Frauen nicht zugestanden bzw. anders bewertet:

> *„Weil, wenn man ‚nein' sagt, dann ist man gleich zickig. Also das kommt zumindest relativ schnell. Also ich komme dann irgendwann und sage ‚nein'. ‚Ja, jetzt zicke mal nicht rum!' Dann sage ich: ‚Ich zicke doch gar nicht rum'. Weil man halt immer erwartet, dass man prinzipiell hilft und sehr vermittelnd ist"* (XXIX).

Ähnlich formuliert es eine andere Managerin:

„*Also es ist schon schnell so, dass man gerade wenn man viel mit Männern zusammenarbeitet, es wird dann zwar so nicht gesagt, aber es ist dann schon schnell so, irgendwie die Zicke, oder dass man dann so gerne auf diese charmant männliche Art so heruntergespielt wird*" (XIX).

Das Aggressionstabu führt dazu, dass negative Gefühle nicht nach außen geleitet werden können und dadurch emotionale Dissonanzen bestehen bleiben. Haubl (2007) plädiert deshalb dafür, dass Frauen ein bejahendes Verhältnis zu ihrer Aggressivität entwickeln im Sinne eines Zulassens von Ärger und Wut angesichts von Gegnern und Widerständen. Andernfalls drohen Frauen auf Widerstand mit Angst zu reagieren und sich zurückzuziehen.

Die Anforderungen an Emotionsregulation sind in den täglichen Interaktionen am Arbeitsplatz für Frauen – wie gezeigt – beträchtlich. Zum einen widersprechen sich die Emotionsregeln untereinander, denn gleichzeitig souverän und cool, fürsorglich und niemals aggressiv zu sein, ist eine schwer erfüllbare Aufgabe. Zum anderen widersprechen sie zum Teil dem Idealbild der Führungskraft, nämlich in den als weiblich bewerteten Eigenschaften „nicht aggressiv" und „fürsorglich".

Doch es gibt noch weitere Erschwernisse: Auch auf der Ebene des Körpers gilt es, Emotionsarbeit zu leisten. Diese von Hochschild nicht betrachtete Anforderung bringt neue Dilemmata ins Spiel, da Frauen damit umgehen müssen, dass auf ihren Körper erotisch-sexuell Bezug genommen wird. Auch hier gelten die Normen Coolness, Freundlichkeit und Aggressionstabu.

### 3.1.3 Emotionsarbeit und Körperlichkeit

Der idealtypische Manager hat einen männlichen Körper („Think manager – think male", s.o.), das heißt, dass weibliche Führungskräfte auch körperlich eine Abweichung darstellen, die Aufmerksamkeit erregt. Häufig machen sie dabei negative Erfahrungen, wie die Teilnehmerinnen unserer Untersuchung berichten. Für uns war es erstaunlich, wie viel sexuelle Belästigung selbst Frauen in qualifizierten Positionen erleben. Diese geht von „dummen Sprüchen": „*Uh, der Ausschnitt ist aber heute ein bisschen tief*" (I) über Witze bis zu Übergriffen: „*Ja. Das ist eigentlich als Frau auf jeder, fast jeder Dienstreise oder größeren Veranstaltung […] kommt es irgendwie vor*" (XIX).

> *"Mein jetziger Vorgesetzter, der damals noch nicht mein Vorgesetzter war, [...], der hat zum Beispiel nicht als erstes gefragt, was, warum ich da bin oder was ich mache, sondern hat sich als erstes erkundigt, ob ich einen Freund habe. Und das wurde mir dann zugetragen"* (XXX).
>
> *"Der Chefprogrammierer dort, [...], der kam immer, wenn er an meinen Schreibtisch kam, dann hat der, dann kam der mir so nahe, ja. Dann hat der so direkt an meiner Tastatur geschrieben, statt sie sich zu nehmen"* (I).

Die sexuelle Belästigung „klein zu halten", sich mit einem Lächeln souverän über die Situation zu stellen, sind die bevorzugten Abwehrstrategien, um nicht in den Verdacht zu geraten, dem Geschlechterstereotyp der „Zicke" oder „Spielverderberin" zu entsprechen. Zeigen Frauen sexuelle Belästigung gegenüber dem Ethik-Rat oder der Gleichstellungsstelle im Unternehmen an, müssen sie damit rechnen, von Kollegen und Kolleginnen zukünftig als „Nestbeschmutzerinnen" oder „zu schwach, sich selbst zu wehren" geächtet zu werden. Gerät sie dadurch in eine Außenseiterposition, sinken ihre Chancen auf eine Anwartschaft für höhere Führungspositionen.

Frauen in (Nachwuchs-)Führungspositionen nutzen deshalb die Strategien, die sich in ihrem Berufsalltag mit Männern „bewährt" haben:

> *"Also ich mache dann daraus auch keine große Sache. Ich glaube damit ist auch niemanden geholfen"* (XIX).
>
> *"[...] und ich denke, man darf einfach vieles nicht so persönlich nehmen"* (XXX).
>
> *"Mir sind schon durchaus relativ viele Belästigungen in meinem Leben passiert, und ich glaube, ich hab sehr viel daraus gelernt"* (I).
>
> *"Im Notfall lächeln und darüber stehen, weil, dadurch kann man den anderen am meisten ärgern"* (XXV).

Die Devise ist: Mit Freundlichkeit reagieren, sich nicht aufregen (Aggressionstabu), sondern möglichst Coolness demonstrieren. Hier wird deutlich, wie das Konglomerat von Normen zur Emotionskontrolle, weibliche Körperlichkeit und Geschlechterstereotypisierungen wirkt. Frauen mit Karriereambitionen müssen ebenso wie weibliche Führungskräfte besondere Emotionsregulierungskompetenzen entwickeln.

> *"Wenn man jung ist, und wird da irgendwie angemacht oder die gucken irgendwie zu lange auf die Bluse, dann fühlt man sich auf einmal unsicher oder wird rot oder irgendwie sowas, und das ist immer schlecht, weil dann grinsen die Herren und haben ja eigentlich das dann geschafft, was sie wollten, oder man weiß nicht mehr, was man sagen will oder so. Also man muss sich da schon einen Panzer zulegen"* (XXIII).

Dieses Zitat zeigt, dass Konkurrenten auch die Unsicherheitszone Körper nutzen, um Macht aufzubauen, indem sie Frauen auf ihren Körper ansprechen und damit versuchen, sie (auch nonverbal) zu verunsichern. Die meisten Betroffenen sind auf Grund ihrer Position und ihrer Erfahrung in der Lage, mit Belästigungen fertig zu werden. Jedoch führen diese zu einer Einschränkung des Wohlbefindens und nehmen Energie für andere Aufgaben – aus mikropolitischer Perspektive ein gewollter Effekt. Außerdem müssen erst viele schlechte Erfahrungen gemacht werden, bis ein „Panzer" gefestigt ist. In erster Linie sind jene Frauen von Belästigungen betroffen, die viel Kontakt mit männlichen Geschäftspartnern und -kunden haben. Manche ausländische Führungskräfte sind in ihrem Herkunftsland kaum mit Frauen in leitenden Funktionen vertraut und behandeln diese gewohnheitsmäßig als Untergebene.

Umgekehrt sehen die weiblichen Nachwuchskräfte in diesem Bereich auch Potenzial, mit Erotik zu „spielen", etwa um eine angespannte Verhandlungssituation zu entschärfen, indem sie selbst eine sexualisierte Anspielung machen. Der Unterschied besteht darin, dass sie dann selbst die Regisseurinnen des Spiels sind und nicht die Opfer. Freilich erkennen sie die Gratwanderung dieser Strategie, die leicht ins Gegenteil kippen und gegen sie verwendet werden kann.

*4 Fazit: Managerinnen als Spezialistinnen komplexer Emotionskontrolle*

Managerinnen stehen vor der Aufgabe, in komplexer Weise emotional strategisch zu handeln. Das Konzept der Mikropolitik bietet analytische Möglichkeiten, diese Handlungskompetenz theoretisch zu fassen. Strategisches emotionales Verhalten wird in der politischen Organisationsforschung als besondere politische Fähigkeit („*political skill*") betrachtet (vgl. Liu et al. 2006). Auch in den Typologien von Macht- oder Einflusstaktiken finden sich Strategien, die eine instrumentelle Einflussnahme auf Gefühle beinhalten, sei es hinsichtlich der Eindrucksbildung (d.h. der Beeinflussung der Gefühle anderer) oder der Ausdrucksbildung (d.h. der gezielten Steuerung des eigenen Gefühlsausdrucks). Auf der Basis des differenzierten mikropolitischen Handlungsstrukturmodells von Neuberger haben wir anhand der Komponenten Emotion und Körperlichkeit für weibliche Führungskräfte besonders wichtige Dimensionen dieser strategischen Emotionsregulation untersucht, die wir als Emotionsarbeit im Management definieren. Die Anforderungen des emotionalen Selbstmanagements führen vor dem Hintergrund herrschender Geschlechterstereotype dazu, dass weibliche Führungskräfte in ihren beruflichen Interaktionen komplexere Emotionsarbeit leisten müssen als Männer. Authentizität im Sinne des Auslebens innerer Gefühle ist bei beiden Geschlechtern riskant. Unsere Ergebnisse haben jedoch gezeigt, dass männliche Führungskräfte beispielsweise eher „ausrasten" – also sich emotional normabweichend verhalten – dürfen als weibliche. Ihr Handlungsspielraum ist größer, die Regeln sind weniger strikt. Dies demonstriert ihre Dominanz im Management und ist für Frauen ein belastendes Paradox: Obwohl ihnen geschlechtsstereotyp ein spontaner und stärkerer Gefühlsausdruck zugeschrieben wird, müssen sie ihre Gefühle im Management noch stärker kontrollieren als männliche Führungskräfte. Bei vielen Frauen führt das erforderliche Emotionsmanagement zu besonders großen Anstrengungen, da sie nicht authentisches Oberflächenhandeln stärker ablehnen als Männer. Aus Befunden der Emotionspsychologie lässt sich ableiten, dass sie die fehlende emotionale Authentizität ihres professionellen Handelns stärker wahrnehmen und schwerer ertragen als Männer (vgl. 2.3). Eine Zusatzanforderung stellen für Frauen die Reaktionen auf ihre Körperlichkeit und im negativen Fall erotisch-sexuelle Übergriffe dar, die sensibel behandelt werden müssen, da es sich bei den Tätern meist um Kollegen, Geschäftspartner oder Kunden handelt. Je nach Situation müssen Frauen hierbei nicht selten gute Miene zum bösen Spiel machen, um nicht Kunden zu verprellen oder ihren eigenen Ruf zu ruinieren.

Während sich im Dienstleistungsbereich die Anforderungen an Männer und Frauen angleichen, weil Kundenorientierung der höchste Wert ist und das Geschlecht dabei sekundär wird, orientiert sich im Führungsbereich Emotionalität in erster Linie an alltagsweltlichen Normen, bei denen Geschlechterstereotype eine dominante Rolle spielen. Da „weibliche" Emotionen dem männlichen Managerideal widersprechen, werden Frauen im Management umso weniger anerkannt, je „weiblichere" Gefühle sie zeigen. Passen sie jedoch ihr Verhalten zu sehr an die herrschenden maskulinen Emotionsnormen an, verletzen sie Erwartungen an „weibliches" Geschlechtsrollenverhalten. Daraus entstehen bei weiblichen Nachwuchskräften Unsicherheiten bezüglich des eigenen Verhaltens und dessen Bewertung durch andere. Die Verunsicherung führt zu einer verstärkten Selbstreflexivität bezüglich der Angemessenheit von Emotionen und des emotionalen Ausdrucks.

Emotionale Dissonanzen sind – wie gezeigt – an der Tagesordnung, die mittels Oberflächenhandeln verborgen, aber nicht aufgelöst werden können. Oberflächenhandeln ist gerade für Frauen besonders anstrengend, zumal viele in ihren Jobs eine extreme Einsatz- und Leistungsbereitschaft zeigen und die Belastungen durch Emotionsarbeit nur begrenzt durch Ressourcen im Privatleben auffangen können, da dort – in Partnerschaft und der Familie – von ihnen wieder die höhere emotionale Kompetenz verlangt wird. Diese Befunde könnten ein Grund für den sog. Drehtüreffekt sein, der beschreibt, dass zwar immer mehr qualifizierte Frauen in eine Karrierelaufbahn einsteigen, aber aufgrund der erlebten Anforderungen nicht dabei bleiben (vgl. Busch/Holst 2012).

Nach unseren Ergebnissen (Mucha/Rastetter 2012; Jüngling/Rastetter 2012) sind jene Frauen besonders erfolgreich, die flexibel mit Geschlechterstereotypen umgehen können und Rollendistanz herstellen, d.h. eine Anpassung an herrschende Emotionsnormen als professionelle Anforderung betrachten. Oberflächenhandeln bewerten sie als akzeptierten Teil ihrer Aufgabe, das sie weniger „authentisch" als spielerisch ausführen. Dazu brauchen sie weitreichende Kompetenzen zur Emotionsregulation und ein großes Potenzial an Handlungsoptionen, aus denen sie situativ angemessen schöpfen können. Einige Frauen bringen diese Kompetenzen mit, andere können sie, z. B. mit Unterstützung durch Coaching oder Weiterbildung, erwerben. Die andere Alternative wäre die Veränderung von Emotionsnormen im Managementbereich. Flexiblere Normen würden dazu führen, dass von weiblichen Führungskräften weniger Emotionsarbeit geleistet werden müsste. Dies ist sicherlich die schwierigere und langfristigere Aufgabe, die aber ebenso wichtig wäre wie die individuelle Kompetenzerweiterung. Dabei geht es um Veränderungen von Unternehmenskulturen und Werten, um Modifikationen von Führungs- und Geschlechterstereotypen, ein Projekt, das voraussichtlich nicht in einer Frauengeneration zu bewältigen ist.

*Weiterführende Literatur*

Cornils, Doris/Rastetter, Daniela (2012). „…und schon gar nicht Tränen einsetzen". Gender, Emotionsarbeit und Mikropolitik im Management. In: Krell, Gertraude/Rastetter, Daniela/Reichel, Karin (Hrsg.). Geschlecht Macht Karriere in Organisationen. Berlin: Edition Sigma, 157–179.
Hochschild, Arlie Russell (1990). Das gekaufte Herz. Die Kommerzialisierung der Gefühle. Frankfurt: Campus.
Neuberger, Oswald (2006). Mikropolitik und Moral in Organisationen. Stuttgart: Lucius & Lucius.

## Im Text erwähnte Quellen

Blickle, Gerhard (2003). Einflusstaktiken von Mitarbeitern und Vorgesetztenbeurteilung: eine prädiktive Feldstudie. In: Zeitschrift für Personalpsychologie, 2 (1), 4–12.

Blickle, Gerhard (2004a). Einfluss ausüben, Ziele verwirklichen. Ein Überblick über Einflusstaktiken in Organisationen und ihre situationsspezifischen Wirkmechanismen. Fachbeiträge Personalführung, 37 (6), 58–70.

Blickle, Gerhard (2004b). Einflusskompetenz in Organisationen. In: Psychologische Rundschau, 55 (2), 82–93.

Blickle, Gerhard/Kramer, Jochen/Zettler, Ingo/Momm, Tassilo/Summers, James K./Munyon, Timothy P./Ferris, Gerald R. (2009). Job Demands as a Moderator of the Political Skill-Job Performance Relationship. In: Career Development International, 14 (4), 333–350.

Blickle, Gerhard/Schneider, Paula B./Perrewé, Pamela L./Blass, Fred R./Ferries, Gerald R. (2008). The Roles of Self-Disclosure, Modesty and Self-Monitoring in the Mentoring Relationship. A Longitudinal Multi-Source Investigation. In: Career Development International, 13 (3), 224–240.

Bosetzky, Horst (1977). Machiavellismus, Machtkumulation und Mikropolitik. In: Zeitschrift für Organisation, 46, 121–125.

Brouer, Robyn L./Ferris, Gerald R./Hochwarter, Wayne A./Laird, Mary Dana/Gilmore, David C. (2006). The Strain-Related Reactions to Perceptions of Organizational as a Workplace Stressor: Political Skill as a Neutralizer. In: Vigoda-Gadot, Eran/Drory, Amos (Hrsg.). Handbook of Organizational Politics. Cheltenham, Northampton: Edward Elgar, 187–208.

Burns, Tom R. (1961). Micropolitics: Mechanism of Institutional Change. In: Administrative Science Quarterly, 6, 257–281.

Busch, Anne/Holst, Elke (2012). Berufliche Geschlechtersegregation und Verdienste in Führungspositionen. In: Krell, Gertraude/Rastetter, Daniela/Reichel, Karin (Hrsg.). Geschlecht Macht Karriere in Organisationen. Berlin: Edition Sigma, 81–98.

Conrad, Peter (1991). Managementrolle: Emotionsarbeiter. In: Staehle, Wolfgang H. (Hrsg.). Handbuch Management. Die 24 Rollen der exzellenten Führungskraft. Wiesbaden: Gabler, 411–446.

Cornils, Doris (2011). Konkurrenz und Solidarität unter Frauen im Management. In: Themenheft der Zeitschrift Freie Assoziation. Das Unbewusste in Organisation und Kultur, 14 (3+4), 75–102.

Cornils, Doris/Mucha, Anna/Rastetter, Daniela (2012). Bedeutung von Mikropolitik für den Aufstieg am Beispiel von drei Handlungsfeldern. Gruppendynamik und Organisationsberatung. In: Zeitschrift für angewandte Sozialpsychologie, 43 (3), 225–244.

Cornils, Doris/Rastetter, Daniela (2012). „...und schon gar nicht Tränen einsetzen". Gender, Emotionsarbeit und Mikropolitik im Management. In: Krell, Gertraude/ Rastetter, Daniela/Reichel, Karin (Hrsg.). Geschlecht Macht Karriere in Organisationen. Berlin: Edition Sigma, 157–179.

Cropanzano, Russell/Li, Andrew (2006). Organizational politics and workplace stress. In: Vigoda-Gadot, Eran/Drory, Amos (Hrsg.). Handbook of Organizational Politics. Cheltenham, Northampton: Edward Elgar, 139–160.

Crozier, Michel/Friedberg, Erhard (1979). Macht und Organisation: Die Zwänge kollektiven Handelns. Königstein: Athenäum.

Duehr, Emily E./Bono, Joyce E. (2006). Men, Women, and Managers: Are Stereotypes Finally Changing? In: Personnel Psychology, 59 (3), 815–846.

Ferris, Gerald R./Treadway, Darren C. (2012). Politics in Organizations: History, Construct Specification, and Research Directions. In: Ferris, Gerald R./Treadway, Darren C. (Hrsg.). Politics in Organizations. Theory and Research Considerations. New York: Routledge, 3–26.

Forseth, Ulla (2005). Gendered Bodies and Boundary Setting in the Airline Industry. In: Morgan, David H.J./Brandth, Berit/Kvande, Elin (Hrsg.), Gender, Bodies and Work. Aldershot: Ashgate, 47–60.

Funder, Maria (2008). Emotionalität erwünscht? Rationalität, Emotionalität und Geschlecht in wissensbasierten Unternehmen. In: Funken, Christiane/Schulz-Schaefer, Ingo (Hrsg.). Die Digitalisierung der Arbeitswelt: Zur Neuordnung formaler und informeller Prozesse im Unternehmen. Wiesbaden: VS, 165–192.

Halbesleben, Jonathon R.B./Wheeler, Anthony R. (2006). The Relationship between Perceptions of Politics, Social Support, Withdrawal and Performance. In: Vigoda-Gadot, Eran/Drory, Amos (Hrsg.). Handbook of Organizational Politics. Cheltenham, Northampton: Edward Elgar, 253–270.

Halford, Susan/Savage, Mike/Witz, Anne (1997). Gender, Careers and Organisations. Current Developments in Banking, Nursing and Local Government. Basingstoke: Palgrave Macmillan.

Hassard, John/Holliday, Ruth/Willmott, Hugh (2000). Body and Organization. London: Sage.

Haubl, Rolf (2007). Bescheidenheit ist keine Zier. Enttabuisierung weiblicher Aggression in Organisationen. In: Haubl, Rolf/Daser, Bettina (Hrsg.). Macht und Psyche in Organisationen. Göttingen: Vandenhoek & Rupprecht, 100–124.

Haubl, Rolf (2008). Emotionen – Rohstoff, aus dem die Profite sind. In: Themenheft der Zeitschrift Freie Assoziation. Das Unbewusste in Organisation und Kultur, 11 (2), 7–21.

Hochschild, Arlie Russell (1990). Das gekaufte Herz. Die Kommerzialisierung der Gefühle. Frankfurt: Campus.

Hochwarter, Wayne A./Kolodinsky, Robert W./Witt, Lawrence A./Hall, Angela T./ Ferris, Gerald R./Kacmar, Michele K. (2006). Competing Perspectives on the Role of Understanding in the Politics Perceptions-Jobs Performance Relationship: A Test of the „Antidote" versus „Distraction" Hypotheses. In: Vigoda-Gadot, Eran/Drory, Amos (Hrsg.). Handbook of Organizational Politics. Cheltenham, Northampton: Edward Elgar, 271–285.

Johnson, Hazel-Anne/Spector, Paul E. (2007). Service With a Smile: Do Emotional Intelligence, Gender, and Autonomy Moderate the Emotional Labor Process? In: Journal of Occupational Health Psychology, 4 (12), 319–333.

Judge, Timothy A./Woolf, Erin F./Hurst, Charlice (2009). Is Emotional Labor More Difficult for Some than for Others? A Multilevel, Experience-Sampling Study. In: Personnel Psychology, 62 (1), 57–88.

Jüngling, Christiane/Rastetter, Daniela (2011). Ist die Ehrliche stets die Dumme? Mikropolitische Moral bei weiblichen Nachwuchsführungskräften. In: Themenheft der Zeitschrift Freie Assoziation. Das Unbewusste in Organisation und Kultur, 14 (3+4), 169–189.

Jüngling, Christiane/Rastetter, Daniela (2012). Der berufliche Aufstieg ist politisch. Reflektionen über mikropolitisch orientierte Coachingprozesse bei weiblichen Nachwuchsführungskräften. Gruppenpsychotherapie und Gruppendynamik. In: Zeitschrift für Theorie und Praxis der Gruppenanalyse, 48 (3), 260–277.

Kipnis, David/Schmidt, Stuart M./Wilkinson, Ian (1980). Intraorganizational Influence Tactics: Explorations in getting One's Way. In: Journal of Applied Psychology, 65 (4), 440–452.

Liu, Yongmei/Ferris, Gerald R./Treadway, Darren C./Prati, Melita L./Perrewé, Pamela L./Hochwarter, Wayne A. (2006). The Emotion of Politics and the Politics of Emotions: Affective and Cognitive Reactions to Politics as a Stressor. In: Vigoda-Gadot, Eran/Drory, Amos (Hrsg.). Handbook of Organizational Politics. Cheltenham, Northampton: Edward Elgar, 1651–186.

Lozo, Ljubica (2010). Emotionen der Geschlechter: Ein fühlbarer Unterschied? In: Steins, Gisela (Hrsg.). Handbuch Psychologie und Geschlechterforschung. Wiesbaden: VS, 43–54.

Martin, Susan Ehrlich (1999). Police Force or Police Service? Gender and Emotional Labor. In: The Annals of the American Academy of Political and Social Science, 561 (1), 111–126.

Mayrhofer, Wolfgang/Meyer, Michael/Steyrer, Johannes (2005). Macht? Erfolg? Reich? Glücklich? Einflussfaktoren auf Karrieren. Wien: Linde.

Mucha, Anna (2011). „Das habe ich bewusst nicht gemacht, das ist nicht mein Stil." – Entwicklung einer Skala zur Bereitschaft zu mikropolitischem Handeln im Kontext Aufstieg. In: Themenheft der Zeitschrift Freie Assoziation. Das Unbewusste in Organisation und Kultur, 14 (3+4), 117–132.

Mucha, Anna/Rastetter, Daniela (2012). Macht und Gender. Nach Macht greifen – mit mikropolitischer Kompetenz! Bereitschaft weiblicher Nachwuchsführungskräfte zum Einsatz und Aufbau von Macht. Gruppendynamik und Organisationsberatung. In: Zeitschrift für angewandte Sozialpsychologie, 43 (2), 173–188.

Mühlen-Achs, Gitta (2003). Wer führt? Körpersprache und die Ordnung der Geschlechter. München: Frauenoffensive.

Neckel, Sighard (2005). Emotion by Design. Das Selbstmanagement der Gefühle als kulturelles Programm. In: Berliner Journal für Soziologie, 15 (3), 419–430.

Nerdinger, Friedemann W. (2011). Psychologie der Dienstleistung. Göttingen: Hogrefe.

Neuberger, Oswald (1995). Mikropolitik: der alltägliche Aufbau und Einsatz von Macht in Organisationen. Stuttgart: Enke.

Neuberger, Oswald (2006). Mikropolitik und Moral in Organisationen. Stuttgart: Lucius & Lucius.

Ortmann, Günther/Küpper Willi (1986). Mikropolitik in Organisationen. In: Die Betriebswirtschaft, 46, 590–602.

Ortmann, Günther/Windeler, Arnold/Becker, Albrecht/Schulz, Hans-Joachim (1990). Computer und Macht in Organisationen. Mikropolitische Analyse. Mensch und Technik. Sozialverträgliche Technikgestaltung. Opladen: Westdeutscher Verlag.

Penz, Otto/Sauer, Birgit (2011). Arbeit der Subjektivierung. Männlichkeit und Emotionen. In: Mixa, Elisabeth/Vogl, Patrick (Hrsg.). E-Motions. Transformationsprozesse in der Gegenwartskultur. Wien: Turia und Kant, 117–127.

Plant, Ashby E./Hyde, Janet S./Keltner, Dacher/Devine, Patricia G. (2000). The Gender Stereotyping of Emotions. In: Psychology of Women Quarterly, 24 (1), 81–92.

Projekt: Aufstiegskompetenz von Frauen. http://www1.uni-hamburg.de/aufstieg/ (Abruf: 03. 12. 2012)

Rastetter, Daniela (1994). Sexualität und Herrschaft in Organisation. Opladen: Westdeutscher Verlag.

Rastetter, Daniela (2008). Zum Lächeln verpflichtet. Emotionsarbeit im Dienstleistungsbereich. Frankfurt, New York: Campus.

Rastetter, Daniela (2011). Da laufe ich auf einem Minenfeld. Emotionsarbeit von Frauen im Management. In: Hoyer, Timo/Beumer, Ullrich/Leuzinger-Bohleber, Marianne (Hrsg.). Jenseits des Individuums – Emotionen in der Organisation. Göttingen: Vandenhoeck & Rupprecht, 172–189.

Rastetter, Daniela/Cornils, Doris/Mucha, Anna (Gastherausgeberinnen) (2011). Freie Assoziation. In: Zeitschrift für das Unbewusste in Organisation und Kultur, 14 (3+4).

Riegraf, Birgit (1996). Geschlecht und Mikropolitik: das Beispiel betrieblicher Gleichstellung. Opladen: Leske+Budrich

Schein, Virginia E./Mueller, Ruediger/Lituchy, Terri/Liu, Jiang (1996). Think Manager – Think Male: A Global Phenomenon? In: Journal of Organisational Behavior, 17 (1), 33–41.

Schiffinger, Michael/Steyrer, Johannes (2004). Der K(r)ampf nach oben – Mikropolitik und Karriereerfolg in Organisationen. In: Zeitschrift Führung + Organisation, 73 (3), 136–143.

Schreyögg, Georg/Sydow, Jörg (Hrsg.) (2001). Emotionen und Management. Managementforschung 11. Wiesbaden: Gabler.

Sieben, Barbara (2007). Management und Emotionen. Analyse einer ambivalenten Verknüpfung. Frankfurt, New York: Campus.

Urban, Fabian York (2008). Emotionen und Führung: theoretische Grundlagen, empirische Befunde und praktische Konsequenzen. Wiesbaden: Gabler.

Weber, Max (1972). Wirtschaft und Gesellschaft. Frankfurt: Uni-Print.

Wilz, Sylvia M. (2002). Organisation und Geschlecht. Strukturelle Bindungen und kontingente Kopplungen. Opladen: Leske+Budrich.

Wilz, Sylvia M.(2010). Organisation: Die Debatte um „Gendered Organizations". In: Becker, Ruth/Kortendiek, Beate (Hrsg.). Handbuch Frauen- und Geschlechterforschung. Wiesbaden: VS, 513–519.

Wippermann, Carsten (2010). Frauen in Führungspositionen. Barrieren und Brücken (Broschüre, herausgegeben vom Bundesministerium für Familie, Senioren, Frauen und Jugend). Berlin.

Witz, Anne (1992). Professions and Patriarchy. London: Routledge.

Yukl, Gary/Falbe, Cecilia (1990). Influence Tactics and Objectives in Upward, Downward, and Lateral Influence Attempts. In: Journal of Applied Psychology, 75 (2), 132–140.

# Zum „Cultural Turn" in der feministischen Organisationsforschung. Geschlecht im Licht theoretischer Perspektiven der Organisationskulturforschung

*Brigitte Liebig*

## 1 Einleitung: Organisation – Kultur – Geschlecht

Die soziologische Frauen- und Geschlechterforschung befasst sich bereits seit Mitte der 1970er Jahre mit Organisationen als zentralen Akteuren der Chancenverteilung auf dem Arbeitsmarkt (vgl. z. B. Funder 2011). Seit Beginn geht sie Organisationen aufbauend auf einem eigenständigen feministisch-theoretischen Rahmenwerk und aus gesellschaftskritischer Perspektive an. Zum zentralen Kennzeichen einer feministischen Organisationssoziologie wurde dabei nicht nur die Kritik an den epistemologischen Grundlagen der klassischen Organisationstheorie und -wissenschaft, sondern auch eine Verlagerung von strukturdeterministischen Erklärungsansätzen hin zur Orientierung an einem im weitesten Sinne „kulturellen Paradigma". Zum *„Cultural Turn"* in der feministischen Organisationsforschung trug der tiefgreifende Perspektivenwechsel bei, in dessen Zuge in den Sozialwissenschaften seit den späten 1970er Jahren die kulturelle Konstitution des Sozialen an die Stelle einer Bearbeitung „rationaler" Strukturen rückte (vgl. u.a. Müller 1999). Die Hinwendung zum „Kulturellen" wurde auch dadurch befördert, dass sich die in vielen Arbeitsorganisationen etablierten strukturellen Maßnahmen der Geschlechtergleichstellung als weitaus weniger effektiv als erwartet erwiesen. Deutlich wurde, dass die Herausforderungen institutioneller Gleichstellungspolitik insbesondere in deren „Bearbeitung" bzw. Umsetzung durch Organisationen zu suchen sind und dass in diesem Zusammenhang Aspekten, die jenseits formaler Regelungen und Strukturen angesiedelt sind, ein wichtiger Stellenwert zugemessen werden muss (vgl. z. B. Kirton/Greene 2010). Heute stellt die Frage, wie mit der „kulturellen Eigenlogik von Organisationen" (vgl. Hanappi-Egger 2011) umgegangen werden kann, eine Kernfrage in der Gleichstellungsdiskussion dar.

Kulturelle Dimensionen von Organisationen bilden einen zentralen Gegenstandsbereich der Organisationskulturforschung.[1] Stand diese bis Ende der 1970er Jahre noch am Rande der Organisationswissenschaft, so wurde sie bereits in den 1980er und 1990er Jahren als eines ihrer größten und brisantesten Gebiete bewertet (vgl. May 1997). Zwar scheint die Euphorie der Aufbruchjahre inzwischen längst wieder verblasst, jedoch hat das Forschungsfeld eine große Vielfalt an innovativen Ansätzen und Studien hervorgebracht und ist heute durch eigene Fachzeitschriften sowie eine interdisziplinäre, internationale Forschungsgemeinschaft repräsentiert (vgl. zur Übersicht Ashkanasy/Wilderom/Peterson 2011; Alvesson 2011, 2012; www.scos.org). Der Einfluss des Konzepts reicht weit in die Organisationslehre und Praxis hinein, z. B. wenn es um Wissensmanagement (Nonaka/Takeuchi 1995; Pawlowsky 1998), Organisationslernen (Sackmann 1993) und -entwicklung oder Ansätze des Diversitätsmanagements (vgl. Bendl/Hanappi-Egger/Hofmann 2012) geht.

Abgesehen von wenigen Ausnahmen (z. B. Alvesson/Billing 1992; Helms Mills/Mills 2000; Aaltio/Mills 2002), lassen sich in der Organisationskulturforschung allerdings erst wenige Bemühungen einer Integration der Geschlechterthematik finden. Die Ursachen dafür sind einerseits in der Geschichte der Organisationswissenschaften sowie in dem von männlichen Protagonisten und Interessen geprägten „Markt" der Organisationskulturforschung zu suchen, den vorwiegend Unternehmen, Verwaltungen, Management und die Beratungsindustrie bilden (vgl. Hearn/Parkin 1983; Alvesson/Berg 1992). Andererseits spielt das Theoriewerk der Organisationskulturforschung bisher auch in der feministischen Auseinandersetzung mit Organisationen nur selten eine Rolle. So mangelt es auch hier an einem Versuch, in einen die disziplinären Grenzen überschreitenden Dialog mit der Organisationskulturforschung zu treten. Kaum Beachtung fanden z. B. die begrifflich-konzeptuellen Entwicklungen dieses Feldes, obwohl es sich fast zeitgleich zu jenem in der feministischen Organisationsanalyse entwickelte (Ausnahmen z. B. Harlow/Hearn 1995; Itzin/Newman 2001). In der Absicht, hier eine Brücke zu schlagen, geht dieser Beitrag der Frage nach, welche Anknüpfungspunkte und Impulse theoretische Ansätze der Organisationskulturforschung für die feministische Organisationsanalyse möglicherweise bereithalten können (2). In Anlehnung an be-

---

[1] Geprägt wurde der Begriff „Organisational Culture" von Pettigrew (1979) in einem der qualitativ-empirischen Organisationsforschung gewidmeten Band des „Administrative Science Quarterly".

stehende Systematisierungsversuche werden zentrale theoretische Positionen vorgestellt und in ihren Bezügen zur feministischen Organisationsforschung diskutiert. Abschließend wird noch einmal nach der Relevanz des Konzepts „Organisationskultur" und vice versa nach deren Bedeutung für die Organisationskulturforschung gefragt (3).

*2 Theoretische Ansätze der Organisationskulturforschung*

Die Ursprünge des Konzepts „Organisationskultur" lassen sich bis hin zur „Betriebsgemeinschaft" der 1930er Jahre und in den USA zur *„Human-Relations-Bewegung"* zurückverfolgen; vor allem letztere besaß bis Mitte der 1960er Jahre im Bereich der Organisationstheorie und -entwicklung großen Einfluss (zur Geschichte vgl. u.a. Ebers 1988; Krell 1991). Ähnlich wie in der feministischen Organisationsforschung bildeten die Kritik an der „Seelenlosigkeit" einer tayloristischen „Betriebsführung" oder der Weberschen Konzeption der „rationalen Organisation" einen wichtigen Ausgangspunkt der Wissensentwicklungen (vgl. Ferguson 1984; Burrell/ Hearn 1989). Überdies lässt sich der Aufschwung des Konzepts mit der Weltwirtschaftskrise der 1980er Jahre in Verbindung bringen, die in Wirtschaftsunternehmen eine erhebliche Nachfrage nach neuen Konzepten zu Führung und Organisation generierte (vgl. hierzu Alvesson/Berg 1992). Bis heute entlehnt das Forschungsfeld seine Konzepte, Modelle und Methoden verschiedensten sozial- und geisteswissenschaftlichen Disziplinen und verfügt über einen starken Bezug zu betriebswirtschaftlichen Teildisziplinen wie Unternehmensführung, Organisation und Personalforschung.[2]

*Pragmatisch versus puristisch*

Die Erkenntnisinteressen der Organisationskulturforschung lassen sich in einem ersten Schritt als Positionen erfassen, die auch als *„pragmatisch"*

---

[2] Zuweilen findet sich das Konzept „Organisationskultur" in der Fachliteratur auch mit jenem des „Organisationsklimas" gleichgesetzt: Letzteres geht auf die Feldtheorie Kurt Lewins zurück und bezeichnet – im Unterschied zu der auf das Unbewusste bzw. Vorbewusste zielenden Organisationskultur – die *bewusste* Wahrnehmung und Beurteilung des Organisationsalltags durch die Organisationsmitglieder (vgl. z. B. Bögel 2003).

auf der einen, *„puristisch"* auf der anderen Seite bezeichnet werden (z. B. Alvesson/Berg 1992). Dabei rückt die als „pragmatisch" bzw. auch als „interventionistisch" bezeichnete Haltung in erster Linie praktische Fragen des Organisationsalltags bzw. die Optimierung und Steuerung von Organisationsabläufen in den Vordergrund (z. B. Peters/Waterman 1982; Deal/ Kennedy 1992). Die stärker im akademischen Umfeld verankerte Strömung der „Cultural Purists" (z. B. Pondy et al. 1983) hingegen beurteilt eine marktorientierte Perspektive in der Organisationskulturforschung als ethisch zweifelhaft und wenig innovativ: Ihr Interesse gilt dem *Verstehen* von Organisationen als einem epistemologischen System sowie der Weiterentwicklung des Organisationskulturbegriffs. Anwendung finden puristische Zugänge darüber hinaus in der Dekonstruktion organisations(kultur)wissenschaftlicher Begriffe und Konzepte (z. B. Martin 2002).

Alvesson/Berg (1992) weisen schließlich auf die Existenz eines *„akademischen Pragmatismus"* als dritte Strömung hin: Im Unterschied zum Pragmatismus und Purismus orientiere sich dieser an wissenschaftlichen Standards, ohne deshalb die praxisbezogenen Anliegen der Organisationen zu ignorieren. Die unterschiedlichen Erkenntnisinteressen gehen mit einer Vielfalt an theoretischen Ansätzen einher, wobei im Folgenden in Anlehnung an Allaire/Firsirotu (1984) zwischen „funktionalistischen" (2.1) und „interpretativen" Perspektiven (2.2) unterschieden werden soll.

## 2.1 Funktionalistische Perspektiven

### 2.1.1 Kernaussagen des funktionalistischen Paradigmas

Das „funktionalistische Paradigma" der Organisationskulturforschung orientiert sich an positivistischen wissenstheoretischen Annahmen der Sozial- und Organisationswissenschaften (vgl. Burrell/Morgan 1979): Neben Strukturen, Strategien oder spezifischen Technologien verfügen Organisationen aus dieser Sicht auch über eine Kultur, die sich – wie andere Merkmale der Organisation – in Form konkreter empirischer Indikatoren und Relationen erfassen lässt. Ein viel rezipierter Vertreter dieses Ansatzes ist Edgar Schein (1992), ein Pionier der Organisationspsychologie und Organisationsentwicklung. Im Zentrum seiner Perspektive, die sich einem „akademisch-pragmatischen" Anspruch verpflichtet fühlt, steht die adaptive bzw. regulative Bedeutung von Kultur für die Existenzsicherung von Organisationen. Ursprünge und Inhalte kultureller Dimensionen lassen sich folglich – in Anknüpfung an systemtheoretische bzw. gruppenpsychologische Konzepte – im Verhältnis zur *Funktion* bestimmen, die sie für Organisationen bei der Bewältigung zentraler externer sowie interner Anforderungen besitzen. Ihre Genese wird mit Annahmen i.S. von „Hypothesen" assoziiert, die sich für die Mitglieder einer Organisation bei der Lösung von Problemen der Anpassung an interne und externe Anforderungen über gewisse Zeiträume hinweg als erfolgreich erwiesen haben. Von anfangs versuchsweisem Charakter, werden die in der Geschichte der Organisationen generierten Auffassungen allmählich zur Selbstverständlichkeit, zur sozialen Realität und normativen Vorgabe für das Denken, Handeln und Empfinden in Organisationen.

Organisationskulturen bilden sich demnach aufgrund eines den Organisationsmitgliedern eigenen Bedürfnisses nach Stabilität und Konsistenz heraus und zielen letztlich auf Integration und Strukturgebung (vgl. Schein 1992: 11). So gehen funktionalistische Ansätze auch von einer engen positiven Beziehung zwischen dem Ausmaß an kulturellem Konsens und der Effizienz einer Organisation aus: Vielfach ist hier auch von „starken" bzw. „schwachen" Kulturen die Rede (vgl. Ouchi 1981).

*Ebenen des Kulturellen*

Einen wichtigen Bestandteil des Ansatzes bildet die Auffassung, dass kulturelle Phänomene in Organisationen verschiedene Ausdrucksformen annehmen können, die in einer hierarchischen Ordnung zueinander stehen (vgl. Schein 1992): *Kulturelle Artefakte* werden in diesem Zusammenhang als die am unmittelbarsten der Beobachtung zugängliche, wenn auch keineswegs leicht oder eindeutig zu interpretierende Ebene einer Organisationskultur bestimmt. Dazu zählen etwa physische Manifestationen, Technologien, Traditionen, Mythen und Geschichten über die Organisation, beobachtbare Rituale und Zeremonien sowie sprachliche Umgangs- oder emotionale Ausdrucksformen. Ebenfalls an der „Oberfläche" der Organisationen liegen nach Schein (1992) *explizite Einstellungs- und Wertemuster*, wie sie sich z. B. in Unternehmensphilosophien und Leitbildern von Organisationen artikuliert finden. Aus funktionalistischer Sicht dienen diese als Handlungsanleitungen zur Bewältigung von Krisen und Kontingenzen. Ihre Inhalte werden in der Geschichte einer Organisation, d.h. auf der Grundlage gemeinsamer Erfahrungen sozial validiert. Allerdings handele es sich – so Schein – hierbei in erster Linie um idealisierte Vorstellungen, die oftmals keine Entsprechung im Organisationshandeln haben. Ein tieferes Verständnis der Kultur von Organisationen eröffnet sich diesem Modell zufolge erst auf der Ebene der grundlegenden Anschauungen der Organisationsmitglieder, die von kollektivem Charakter und dem Bewusstsein weitestgehend unzugänglich sind. Dabei handelt es sich nach Schein (1992: 12) um Werthaltungen und Überzeugungen, die im Umgang mit organisationsinternen und -externen Anforderungen erworben, validiert und zukünftigen Organisationsmitgliedern als „richtige" Art und Weise des Wahrnehmens, Denkens und Empfindens vermittelt werden.

*Graphik 1: Ebenen des Kulturellen (in Anlehnung an Schein 1992)*

| Artefakte & Kreationen | sichtbare organisationale Phänomene |
| Werte & Normen | Strategien, Ziele, Philosophien |
| Grundlegende Anschauungen | selbstverständliche Formen des Wahrnehmens, Denkens und Empfindens |

Angelehnt an die aus der Anthropologie bekannte Annahme, dass Gesellschaften durch kulturübergreifende Orientierungen verbunden sind, werden im Theoriewerk Edgar Scheins überdies eine Reihe von inhaltlichen Kategorien formuliert, die in ihrer jeweils spezifischen Verknüpfung das „*Cultural Paradigm*" einer Organisation konstituieren. Neben Auffassungen zur „Natur der Realität" (als objektive, intersubjektive oder individuelle Realität), zur „Natur von Zeit und Raum", oder der „Natur des Menschen" (als gut, böse oder neutral) sowie weiteren Grundorientierungen werden auch Anschauungen zu Geschlechterdifferenz und Geschlechterbeziehungen zum Kern des kulturellen Grundmusters von Organisationen gezählt.

## 2.1.2 Geschlechterdefinitionen und -verhältnisse als instrumentelle Arrangements

Funktionalistische Perspektiven rücken – und hierin besteht ihr wesentlicher Beitrag – die kollektive Bearbeitung interner/externer Anforderungen als wichtige Einflussgröße organisationaler Regelungen, Routinen und Sinnzuschreibungen in den Blick. In diesem Theorierahmen werden somit auch „explizite oder implizite Wahrnehmungs- und Umgangsweisen, die das Verhältnis der Geschlechter in Organisationen zueinander regeln bzw. legitimieren" (Müller 1998: 127) als Resultate einer kollektiven Deutung von Anforderungen deutlich, denen Organisationen in ihrem Binnenraum sowie aufgrund spezifischer Umweltbedingungen ausgesetzt sind. So bilden etwa ökonomische Rahmenbedingungen, Arbeitsmarktverhältnisse oder gesetzliche Vorgaben einen Anforderungsrahmen, der von den Organisationen „kulturell" mittels spezifischer Denkmuster und Interpretationen bearbeitet werden muss. Zum anderen können spezifische sprachliche Konventionen, der Umgang mit Emotionalität oder mit den außerberuflichen Verpflichtungen der männlichen/weiblichen Beschäftigten als Ausdruck einer kulturellen Bewältigung von organisationsinternen Geschlechterverhältnissen und -ansprüchen verstanden werden (vgl. Schein 1992).

So gesehen, lassen sich Geschlechterdefinitionen und -verhältnisse als *instrumentelle Arrangements* verstehen, die sich im Verlauf der Organisationsgeschichte als intersubjektive Antwort auf organisationsspezifische Voraussetzungen und Anforderungskonstellationen herausgebildet haben. Für diese These sprechen international vergleichende Studien, die auf einen engen Zusammenhang zwischen gesellschaftlich verankerten Handlungserwartungen und dem Zugang von Frauen zum Erwerbssektor aufmerksam machen (vgl. z. B. Pfau-Effinger 1996; Duncan/Pfau-Effinger 2000). Schon früh zeigten Analysen im Bereich der „Comparative Management Studies" (vgl. z. B. Hofstede 2001), dass international in Abhängigkeit von gesellschaftlich-kulturellen Voraussetzungen sehr unterschiedliche Meinungen bzgl. der Eignung von Frauen für leitende Positionen seitens der (überwiegend männlichen) Unternehmensführungen vertreten werden. Auch existieren Hinweise darauf, dass das Interesse an der kommerziellen Nutzung sogenannter „männlicher" oder „weiblicher" Eigenschaften den Umgang mit Geschlechtertypisierungen bestimmt, wie es etwa Arlie Hochschilds (2012) Arbeit zum Einsatz „weiblicher" Qualifikationen in der Luftfahrt oder Daniela Rastetters (2008) Studien zu „Emotionsarbeit" im Dienstleistungsbereich illustrieren.[3]

### 2.1.3 Grenzen des funktionalistischen Ansatzes

Die funktionalistische Betrachtungsweise stellt den geschlechtsneutralen Charakter von Organisationen nicht infrage; vielmehr bilden normative Konstruktionen von Geschlecht selbst Grundlage dieses Konzepts. So werden, wie bereits erwähnt, im theoretischen Entwurf Scheins (1992) Einstellungen und Werthaltungen zur Geschlechterdifferenz und Geschlechterbeziehung als Bestandteil jener grundlegenden Anschauungen definiert, die den Kern von Organisationskulturen bilden. Wie die Ausführungen zeigen, wird dabei ausschließlich von der Existenz von Grundhaltungen ausgegangen, die sich auf die *zweigeschlechtliche* Natur des Menschen („Nature of Human Nature") beziehen.

Eingeschränkt wirkt die Aussagekraft des funktionalistischen Ansatzes überdies, da er Ungleichheitsverhältnisse zwischen den Geschlechtern ignoriert. Kulturelle Phänomene in Organisationen sind aber nicht einfach als intersubjektive Wahrnehmung und Interpretation von „objektiv" gegebenen inner- und außerorganisatorischen Anforderungen zu verstehen. Vielmehr lässt sich die Auslegung von Geschlecht und Geschlechterverhältnissen selbst als ein Aushandeln von Wirklichkeit und nur vor dem Hintergrund von Machtverhältnissen zwischen den Geschlechtern erklären (Ramsay/Parker 1992): So mögen Organisationen zwar einander gleichen, insofern sie sich „zweckrational" gegenüber den jeweiligen externen/internen Anforderungen verhalten, die „wertrational" bestimmte Art und Weise hingegen, diese Anforderungen kulturell zu bearbeiten und zu vermitteln, erklärt sich jedoch nur vor dem Hintergrund situativer Bezüge und spezifischer Interessen.

Anlass zu einer kritischen Betrachtung funktionalistischer Perspektiven geben zudem neo-institutionalistische Ansätze der Geschlechter- und Diversity-Forschung (z. B. Müller 2010).[4] Sie betrachten Organisationen als institutionelle, sich in Anpassung an organisationsinterne und -externe Erwartungsstrukturen verhaltende Akteure. Dabei machen sie auf Wider-

---

[3] Siehe hierzu auch den Beitrag von Daniela Rastetter und Christiane Jüngling in diesem Band.
[4] Siehe hierzu auch den Beitrag von Maria Funder und Florian May in diesem Band.

sprüche zwischen organisationalen Normen, Regeln und Leitvorstellungen und dem tatsächlichem Handeln im Organisationsalltag aufmerksam (vgl. Meyer/Rowan 1977; Müller 2010). Wie sich zeigt, können Organisationen beispielsweise in Reaktion auf interne/externe gleichstellungspolitische Ansprüche – und zwecks Erhalt ihrer Legitimität – formale Strukturen der Gleichstellung etablieren, während sie gleichzeitig die tatsächliche Umsetzung von Gleichstellungsforderungen im Organisationsalltag blockieren. Kulturell verankerten Haltungen und impliziten Rationalitäten kommt also gerade bei der „Entkoppelung" (Meyer/Rowan 1977) von formalen Strukturen und tatsächlichem Handeln, das heißt in diesem Falle: beim oft zu beobachtenden Missverhältnis zwischen Anspruch und Realität der Geschlechtergleichstellung in Organisationen, eine wichtige Rolle zu.

*2.2 Interpretative Ansätze*

2.2.1 Kernaussagen interpretativer Ansätze

Interpretative Ansätze der Organisationskulturforschung bilden eine Klammer für verschiedenste Ansätze, die von streng symbolistischen bis hin zu verstehenden Ansätzen reichen. Deutlich abgegrenzt von rationalistisch-funktionalistischen Zugängen orientieren sie sich an „subjektivistischen" sozialtheoretischen Annahmen und Wissenschaftsphilosophien (vgl. Burrell/Morgan 1979). Ihr Kulturbegriff lehnt vielfach an symbolische Zugänge der Kulturanthropologie (Geertz 1973) an: Aus dieser Sicht besitzen Organisationen keinen Gehalt, der jenseits der subjektiven Auffassungen der Organisationsmitglieder anzusiedeln wäre. Organisationen „haben" nicht eine Kultur, sondern sie sind vielmehr selbst als kulturelles Phänomen zu verstehen. Das Kulturelle wird zur „Root Metaphor" (Smircich 1983) bei der Analyse von Organisationen. An die Stelle einer Untersuchung der „Kultur von Organisationen" treten die Wahrnehmungen und Interpretationen sozialer Akteure und Akteurinnen, die in ihrer Komplexität und Situationsabhängigkeit rekonstruktiv erschlossen werden.

Weitaus deutlicher als funktionalistische Ansätze, die es oft dabei belassen, den ordnungsstiftenden und integrativen Charakter von Organisationskulturen zu betonen, beziehen interpretative Ansätze kulturelle Divergenzen, Widersprüche und „Fragmentierungen" von Organisationen in ihre Überlegungen ein (vgl. Martin/Frost/O'Neill 2006). Organisationen werden als eine lose Verkoppelung von Sub- und Gegenkulturen verstanden, deren Beziehungen und Inhalte als situatives Ergebnis der Verhandlung zwischen sozialen Akteurinnen und Akteuren in stetiger Veränderung begriffen sind. Damit öffnet sich der Blick nicht nur für Gegensätze und Konflikte um Situationsdeutungen und Problemdefinitionen, es wird auch möglich, Entwicklungen und den Wandel von Bedeutungssystemen in Organisationen zu thematisieren. Nicht zuletzt findet sich hier die funktionalistische Ansätze häufig kennzeichnende Vorstellung des steuerbaren Charakters von Kultur, im Sinne eines „Cultural Engineering" (vgl. z. B. Peters/Waterman 1982), kritisiert und abgelöst. Jegliche Einflussnahme auf Organisationen wird als ein langfristiges und nur partizipativ zu bewerkstelligendes Vorhaben verstanden.

Aus der Vielfalt interpretativer Perspektiven in der Organisationskulturforschung sollen hier drei wichtige Strömungen skizziert werden: (a) der Organizational Symbolism, (b) sozial-konstruktivistische und (c) wissenssoziologisch inspirierte Konzepte:

(a) Eine Strömung innerhalb der interpretativen Ansätze bildet der „Organizational Symbolism". Im Mittelpunkt stehen hier Symbole als Trägerinnen und Vermittlerinnen unterschwelliger, abstrakter Werte und Ideologien (vgl. Dandridge/Mitroff/Joyce 1980; Pondy et al. 1983). Neben symbolischen Manifestationen in Gestalt visueller und physischer Artefakte, wie z. B. der Architektur oder dem Logo einer Organisation, werden hier auf einer Handlungsebene Rituale, Zeremonien und Feiern sowie – auf der Ebene von Anschauungen – die in Organisationen kursierenden (Helden-)Geschichten, Mythen und Metaphern als kulturelle Ausdrucksformen untersucht (vgl. z. B. Morgan/Frost/Pondy 1983). Allerdings gilt das Interesse nicht allein den symbolischen Bedeutungen an sich, sondern den Bedeutungsnetzen, welche symbolische Bedeutungseinheiten in ihren Beziehungen zueinander generieren. Erst das jeweils spezifische Bedeutungsmuster, das „Web of Meaning" (Geertz 1973), das die Beziehungen zwischen einzelnen symbolischen Bedeutungseinheiten konstituiert, gibt nach Auffassung des Symbolismus Auskunft über die Kultureigenschaften einer Organisation.

(b) Angelehnt an die „neuere" Wissenssoziologie (Berger/Luckmann 1972) rücken „sozial-konstruktivistisch" orientierte Ansätze der Organisationskulturforschung (vgl. Alvesson/Berg 1992) Prozesse der Herstellung individuell übergreifender Interpretationen der Organisationswirklichkeit in den Blick und erschließen sie in ihrer Fraglosigkeit, aber auch in ihrer Komplexität, Vieldeutigkeit und Dynamik. Nicht Symbole oder Metaphern an sich, sondern die Rolle symbolisch-kultureller Dimensionen im

Rahmen von Prozessen der sozialen Konstruktion von Wirklichkeit stehen im Zentrum des Interesses. Mittels welcher alltagspraktischen Handlungen, so die Frage, werden Realitäten und Sinnzuschreibungen in Organisationen sozial hergestellt? Vermittelt durch welche Symbole, Diskurse und Praktiken entsteht koordiniertes Handeln? Insofern abgegrenzt vom Symbolismus wird auch hier der kulturelle Kern des sozialen Phänomens Organisation über die Identifikation derjenigen zentralen Themen erschlossen, welche symbolisch-kulturelle Elemente in Organisationen miteinander verbinden. Dabei ist die Auffassung leitend, dass jedes Realitätsverständnis an spezifische soziale und historische Kontexte gekoppelt und somit als perspektivisch sowie als nicht endgültig zu bewerten ist.

(c) Organisationskulturtheoretische Perspektiven, die sich der „klassischen" Wissenssoziologie zurechnen lassen, betrachten Organisationen als Systeme kollektiv geteilter Normen, Werte und Grundhaltungen, die im Rahmen einer gemeinsamen Geschichte und Alltagspraxis ausgebildet werden (vgl. z. B. Smircich 1983; Ashkanasy/Jackson 2002). Sie lenken die Aufmerksamkeit auf grundlegende Deutungsmuster und Orientierungen, die dem unmittelbaren Handeln der Organisationsmitglieder vorgelagert sind. Als „Tacit Knowledge" (Polanyi 1966) kommen sie auf der Ebene des Handelns zwar zum Ausdruck, reichen gleichzeitig aber über dessen situative Merkmale hinaus, indem sie langfristig das Handeln der sozialen Akteure und Akteurinnen bestimmen. Dabei gelten auch kulturelle Deutungsmuster als perspektivisch, geprägt von gemeinsamer Erfahrung und bestimmt durch spezifische „Frames of Reference" (Smircich 1983). Diese „Frames" werden durch eine Vielfalt an internen/externen Bezügen der Organisationen gebildet, zu denen gleichermaßen gesellschaftliche, wettbewerbs- und marktbestimmte Bedingungen wie spezifische innerbetriebliche Voraussetzungen gezählt werden können. In ihrem selbstverständlichen, dem Bewusstsein nur schwer zugänglichen Charakter gelten die sozial geteilten Orientierungen bzw. Wissensbestände in Organisationen als Filter jeglicher Wissensaufnahme und -verarbeitung sowie als Grundlage der Verständigung und des koordinierten Handelns. In der Organisationsgeschichte und Alltagspraxis verankert, strukturieren und ermöglichen sie gemeinsames zielorientiertes Handeln und entlasten die einzelnen Organisationsmitglieder von Entscheidungen.

### 2.2.2 „Doing Gender" und Geschlechterwissen

Interpretative Perspektiven der Organisationskulturforschung teilen heute ihren Gegenstandsbereich in weiten Teilen mit poststrukturalistischen bzw. postmodernen Positionen im Forschungsfeld „Gender & Organisation" (vgl. dazu Calás/Smircich 2009). Während die Organisationskulturforschung Symbole, Repräsentationen und Handlungsorientierungen zu Geschlecht und Differenz aber nur als eines von vielen organisationalen Phänomenen thematisiert (vgl. z. B. Ashkanasy/Widerom/Peterson 2011), verweist die feministische Organisationsanalyse auf die Rolle von Geschlecht als ideologisch-strukturellem Kern der Organisationen und übt Kritik an den ideologisch gefärbten Gewissheiten, die organisationskulturtheoretischen Konzeptionen und Begriffen zugrunde liegen. Zwei Ausrichtungen sind hier zu nennen:

(a) Gendered Organizational Cultures

Seit den späten 1980er Jahren haben poststrukturalistische Ansätze auf Diskurse, Sprache und Begrifflichkeit als mächtige Faktoren der Vermittlung, Speicherung sowie der Produktion von Geschlechterungleichheiten in Organisationen aufmerksam gemacht (vgl. z. B. Buzzanell 2000; Ashcraft/Mumby 2004; Gherardi/Poggio 2007; zur Übersicht Riegraf 2010). Ausgehend von den theoretischen Annahmen Michel Foucaults und Judith Butlers zeigen eine Vielzahl von Studien auf, wie scheinbar geschlechtsneutrale Diskurse und Alltagstheorien über Kompetenz und Eignung vergeschlechtlichte berufliche Praktiken und Identitäten generieren (vgl. zur Übersicht Calás/Smircich 1996, 2006) und wie diese schließlich Eingang in Texte und Dokumente finden, welche Organisationen zur Beschreibung ihrer Inhalte, Aufgaben, Regeln und Programme produzieren (vgl. Wijk/Finchilescu 2008).[5] Darüber hinaus legten in Anlehnung an ethnomethodologische Prämissen und Grundfragen zahlreiche Arbeiten der Frauen- und Geschlechterforschung dar, wie Zeremonien, Feiern und Rituale (vgl. Gherardi 1994, 1995), die alltäglichen Umgangs- und Gesprächsformen, die informellen Konventionen in Bezug auf Kleidung, Schmuck und Aussehen (vgl. z. B. Dellinger 2002) und nicht zuletzt die Körpersymbolik

---

5 Siehe hierzu auch den Beitrag von Roswitha Hofmann in diesem Band.

und Selbstinszenierung als Mann oder Frau (vgl. z. B. Morgan/Brandth/ Kvande 2005; Haynes 2012) Geschlechtertrennungen in Organisationen verstetigen und legitimieren.

Auch bildete die postmoderne Kritik Ausgangspunkt für feministische Beiträge, welche das Bedeutungsfeld Organisation in seinem Verhältnis zur interaktiv-kommunikativen (Re-)Produktion von Geschlecht erschließen (zur Übersicht Collinson 2007; Aulenbacher/Meuser/Riegraf 2010: 157 ff.; Wilz 2010). Diese Studien verweisen auf den simultanen und sich wechselseitig unterstützenden Charakter von Prozessen des „Doing Gender" und „Doing Organization" (Acker 1990; siehe auch Hofbauer/Holtgrewe 2009). Sie widmen sich den komplexen sozialen Prozessen der Geschlechterdifferenzierung und Hierarchienbildung und beschreiben das „Day-to-Day Bargaining" um (Be-)Deutungen als Teil des Machtstrebens und Machterhalts in Organisationen (vgl. u.a. Jüngling 1999; Mensching 2008). Erkennbar wird, wie alltägliche Verkoppelungen von geschlechtlich konnotierten Befähigungen mit geschlechtertypisierten Arbeitsanforderungen in die Delegation spezifischer Aufgaben an die Geschlechter resultieren, wie sie die Aufteilung von Organisationen in männliche Kern- und weibliche Randbereiche reproduzieren (vgl. z. B. Schlamelcher 2011). Eng verknüpft mit gesellschaftlichen Normalitätsvorstellungen und Machtverhältnissen werden im alltäglichen Handeln und vermittelt über Symbole und Bilder Trennlinien zwischen den Geschlechtern geschaffen, welche die „vergeschlechtlichte Tiefenstruktur" („Gendered Substructure", Acker 1990) in Organisationen generieren und bewahren.[6]

(b) Geschlechterwissen von Organisationen

Ansätze einer wissenssoziologischen Betrachtung von Organisationskulturen finden sich vor allem in Beiträgen, die *Geschlecht und Organisation* als soziale und kulturelle Phänomene in ihren Bezügen zu organisationalen Strukturzusammenhängen und Dynamiken darlegen (z. B. Liebig 2003, 2013a; Dölling 2003; Mensching 2008 sowie Wetterer 2008, 2009). An die Stelle einer Rekonstruktion von Symbolen oder von sozialen Prozessen der Geschlechterdifferenzierung im „sozial-konstruktivistischen" Sinne gendering-theoretischer Ansätze (Acker 1990) tritt hier die Analyse

---

6 Siehe hierzu auch den Beitrag von Edeltraud Ranftl in diesem Band.

der auf Geschlecht und Differenz bezogenen handlungsleitenden Orientierungen in ihrer perspektivischen und organisationsspezifischen Ausprägung. Dabei wird deutlich, dass die Geschlechterdifferenz eine „historisch unhintergehbare" (Aulenbacher 2010) Kategorie sozialer Ordnung in Organisationen bildet, die „situativ pragmatisch" (vgl. Hirschauer 2001) aktualisiert und hervorgehoben oder aber in den Hintergrund gedrängt werden kann.

Wissenssoziologische Arbeiten legen die in der Geschichte und Handlungspraxis der Organisationen verankerten Grundorientierungen zu Geschlechterbeziehungen offen und machen sie in ihrer Bedeutung für den Umgang mit Gleichstellungsforderungen deutlich (vgl. Liebig 2013b). Sie zeigen den Einfluss betrieblicher Transformationen auf handlungsleitende Orientierungen zu Geschlecht auf (Liebig 2001) oder illustrieren, wie organisationale Akteure und Akteurinnen ihre individuell-biographisch wie im Organisationsalltag ausgebildeten Wissensformen zu Geschlecht gezielt und „strategisch" einbringen (Andresen/Dölling 2008). Großes Gewicht gewinnt in diesem Theorierahmen die Thematisierung von Interessenkonflikten und Machtbeziehungen: Organisationen konstituieren aus dieser Sicht nicht selten unterschiedliche Lebens- bzw. Erfahrungswelten für Männer und Frauen, die zu widersprüchlichen, sich konkurrierenden und inkonsistenten Realitätsentwürfen beitragen (vgl. Martin 2002; Wetterer 2008). Auf der Basis weiterer Dimensionen sozialer Differenz, wie Generationenzugehörigkeit oder Herkunft, ergeben sich überlappende und konkurrierende Erfahrungszusammenhänge, die situativ die Bedeutung der Dimension Geschlecht hervortreten oder aber in den Hintergrund treten lassen. Auch bilden Arbeits- und Projektgruppen, Start-Ups, Familienunternehmen oder betriebliche Abteilungen potentiell spezifische „Wissensräume" (Nonaka/Konno 1998), in denen Grenzziehungen zwischen den Geschlechtern unterschiedliche Ausdrucksformen annehmen können.

*3 Organisationskulturforschung und feministisch-emanzipatorisches Wissen – ein Fazit*

Das Konzept der „Organisationskultur" kann heute als eine wertvolle Heuristik für die Analyse von Geschlechterkonstruktionen und -verhältnissen in Organisationen herangezogen werden (vgl. Mills 2002). Mit seiner Hilfe lässt sich zeigen, dass Symbolisierungen, Praktiken und Wissensformen von Geschlecht und Differenz zutiefst im Organisationsalltag verankert sind und diesen in seiner Gesamtheit wie in seinen Brüchen kennzeichnen. Trotz ihres holistischen Anspruchs machen organisationskulturtheoretische Konzepte darauf aufmerksam, dass Organisationen nicht als stabile oder widerspruchsfreie Gebilde anzusehen sind. Vor dem Hintergrund unterschiedlicher Voraussetzungen und Rahmenbedingungen, so wird hier deutlich, können Orientierungen zu Geschlecht ebenso unverwechselbare wie organisationsübergreifend ähnliche Merkmale aufweisen. Darüber hinaus erlaubt bzw. fordert es das Kulturkonzept, Orientierungen zu Geschlechterdifferenz, zu Geschlechterbeziehungen und -ungleichheit nicht isoliert, sondern in ihrer Verwobenheit mit weiteren Bedeutungseinheiten und als Teil des komplexen Bedeutungssystems „Organisation" anzugehen: Geschlechterkonstruktionen finden dabei nicht nur in ihrer Verschränkung mit weiteren Kategorien sozialer Differenzierung, wie Alter, ethnische Zugehörigkeit oder sexuelle Orientierung Eingang in die Analyse (vgl. zum Konzept der Intersektionalität z. B. Winker/Degele 2011), sondern auch in ihrer Verwobenheit mit Konstrukten von Arbeit, Leistung, Zeit, Erfolg oder Verantwortung.

Mit Hilfe des Konzepts „Organisationskultur" gelingt es überdies, Organisationen im Lichte interner/externer Umweltanforderungen zu analysieren, was in der feministischen Organisationsanalyse als eine der großen Herausforderungen gilt (vgl. dazu Müller 2010). Indem es Ursprünge und Inhalte kultureller Ausdrucksformen, seien es nun symbolische Artefakte, kommunikative Praktiken oder Wissen über das Geschlecht, als „funktionales" Resultat einer Auseinandersetzung mit spezifischen externen/internen Umweltanforderungen deutlich macht, bietet es einen Schlüssel, um die Gleichzeitigkeit der (situativen) Abwesenheit und (situationsübergreifenden) Anwesenheit von Geschlechterdifferenzierungen in Organisationen zu erklären. Die Heterogenität, Flexibilität und Anpassungsfähigkeit von Geschlechterkonstruktionen in Organisationen oder die Vielfalt von Geschlechtersymboliken innerhalb und zwischen Organisationen (vgl. z. B. Britton 2000), die heute in der Frauen- und Geschlechterforschung Ausgangspunkt von Debatten zur „De-Institutionalisierung von Geschlecht" (Heintz/Nadai 1998; vgl. dazu Aulenbacher 2010) bilden, legt es als Resultat eines auf *Zielerreichung* ausgelegten bzw. angewiesenen Organisationsalltags offen. Geschlechterklassifikationen in Organisationen werden dabei als ein instrumentelles Arrangement ersichtlich, wenn sie im Rahmen hegemonialer Interessen „kapitalisiert" (Aulenbacher 2010) oder selektiv aktualisiert werden. Zugleich öffnen die hier skizzierten Ansätze den Blick für den dynamischen und veränderlichen Charakter von Organisationen: sie verweisen darauf, dass sich diese nicht als direkte Widerspiegelung gesellschaftlicher Arbeits- und Machtverhältnisse verstehen lassen, sondern gesellschaftliche Bedingungen und Normierungen immer auch verarbeiten, re-interpretieren und modifizieren (vgl. hierzu auch Halford/ Savage/Witz 1997). Deutungen von Geschlecht wie weitere soziale Differenzierungen stellen sich aus dieser Perspektive als ein komplexes, dynamisches und vieldeutiges Gebilde dar, das sich im Verlauf der Geschichte einer Organisation potentiell verändern und entwickeln kann (Martin/ Frost/O'Neill 2006; Wetterer 2008).

## 3.1 Feministische Organisationskulturforschung

Während organisationskulturtheoretische Konzepte wertvolle Anregungen für die feministische Organisationsanalyse bereithalten, so erscheint umgekehrt die Integration einer feministisch-kritischen Perspektive für die Organisationskulturforschung unerlässlich: Einer „feministischen Stimme" (Smircich 1983) kommt zum einen, wie schon angedeutet, grundsätzlich ein besonderer Stellenwert in der Organisationskulturforschung zu, da sie auf die Bedeutung von Geschlecht als integralem Bestandteil organisationaler Wirklichkeit aufmerksam macht. Darüber hinaus bringt die feministische Organisationsanalyse in kritisch-reflexiver Weise *emanzipatorisches Wissen* in die Organisationskulturforschung ein: In vielen Organisationen existieren bis heute hegemonial männliche Deutungsmonopole bzw. „asymmetrische Geschlechterkulturen" (Müller 1998), welche Veränderungen kollektiver Interpretationen sozialer Wirklichkeit und deshalb oftmals auch dem Wandel sowie dem Lernen von Organisationen im Wege stehen. In besonderer Weise erlauben es Führungspositionen, Interpretationen von sozialer Realität im Sinne der gewünschten Zielsetzungen und Regeln zu beeinflussen oder hegemoniale Orientierungen zu Geschlecht in Form spezifischer Leitvorstellungen und Praktiken zu institutionalisieren. Ein feministisch-kritischer Zugang, der das Ziel einschließt, den ideologischen bzw. interessengeleiteten Charakter der Überführung von Alltagserfahrung in Normen, Routinen und Überzeugungen in Organisationen offen zu legen und die Bedeutung von kollektivem Wissen für die Stabilisierung von Machtverhältnissen zu thematisieren, erscheint deshalb gleichermaßen für Veränderungen von Geschlechterverhältnissen wie für die Entwicklung von Organisationen unverzichtbar.

Erinnert werden soll in diesem Zusammenhang an Gedanken, welche die kanadische Wissenssoziologin Dorothy Smith (1989) in Anlehnung an Alfred Schütz bereits vor vielen Jahren im Zeichen einer „Problematisierung der Alltagswelt" formuliert hat. Ihre Überlegungen erscheinen von besonderer Relevanz, wenn es um die Analyse des Phänomens „Organisationskultur" geht, dem ein für die Subjekte oft selbstverständlicher, unhinterfragter Charakter innewohnt. Die feministische Organisationsanalyse bietet im Sinne von Smith einen interpretativen Rahmen, der in kritisch-reflexiver Weise die „natürliche Ordnung des Alltags" problematisiert, indem sie die Selbstverständlichkeiten im Wissen und Handeln der organisationalen Akteure und Akteurinnen bzw. die „kulturelle Eigenlogik der Organisationen" (Hanappi-Egger 2011) in ihrer Verwobenheit mit gesellschaftlichen Interessen und Ungleichheitslagen thematisiert und zu verändern versucht. Dabei stellt sie, mit Smith (1989:403) gesprochen, nicht nur den organisationalen Akteurinnen und Akteuren ein emanzipatorisches „Wissen von der sozialen Organisation und von der Bestimmtheit seiner oder ihrer unmittelbar erfahrenen Alltagswelt zur Verfügung", sondern vermag auch, die wissenschaftliche Auseinandersetzung mit dieser Thematik auf darin angelegte Normierungen und „blinde Flecken" zu befragen und somit den Weg für weiterführende Perspektiven zu ebnen.

*Weiterführende Literatur*

Ashkanasy, Neil/Wilderom, Celeste/Peterson, Mark (Hrsg.) (2011). The Handbook of Organizational Culture and Climate. Thousand Oaks/CA: Sage.

Calás, Marta/Smircich, Linda (2006). From the „Woman's Point of View" Ten Years Later: Towards a Feminist Organization Studies. In: Clegg, Stewart R./Hardy, Cynthia/Nord, Walter R./Lawrence, Thomas B. (Hrsg.). Handbook of Organization Studies. London: Sage, 284–346 (2. Auflage).

Liebig, Brigitte (2013). „Tacit knowledge" und Management: Ein wissenssoziologischer Beitrag zur qualitativen Organisationskulturforschung. In: Bohnsack, Ralf/Nentwig-Gesemann, Iris/Nohl, Arnd-Michael (Hrsg.). Die dokumentarische Methode und ihre Forschungspraxis. Grundlagen qualitativer Sozialforschung. Wiesbaden: VS, 157-177 (3. Auflage).

*Im Text erwähnte Quellen*

Aaltio, Iiris/Mills, Albert (Hrsg.) (2002). Gender, Identity and the Culture of Organization. London: Routledge.

Acker, Joan (1990). Hierarchies, Jobs, Bodies: A Theory of Gendered Organizations. In: Gender & Society, 4, 2, 139–158.

Allaire,Yvan/Firsirotu, Mihaela (1984). Theories of Organizational Culture. Organization Studies, 5 (3), 193–226.

Alvesson, Mats (2011). Organisational Culture: Meaning, Discourse, and Identity. In: Ashkanasy, Neil/Wilderom, Celeste/Peterson, Mark (Hrsg.). The Handbook of Organizational Culture and Climate. Thousand Oaks/CA: Sage, 11–28.

Alvesson, Mats (2012). Understanding Organizational Culture, London: Sage (2. Auflage).

Alvesson, Mats/Berg, Per Olof (1992). Corporate Culture and Organizational Symbolism. An Overview. Berlin, New York: de Gruyter.

Alvesson, Mats/Billing, Yvonne-Due (1992). Gender and Organization: Towards a Differentiated Understanding. In: Organization Studies, 13, 1, 73–103.

Andresen, Sünne/Dölling, Irene (Hrsg.) (2008). Umbau des Geschlechterwissens von ReformakteurInnen durch Gender Mainstreaming. In: Wetterer, Angelika (Hrsg.). Geschlechterwissen und soziale Praxis. Theoretische Zugänge – empirische Erträge. Königstein/Taunus: Helmer, 204–223.

Ashcraft, Karen/Mumby, Dennis (2004). Reworking Gender: A Feminist Communicology of Organization. Thousand Oaks/CA: Sage.

Ashkanasy, Neil/Jackson, Camille (2002). Organizational Culture and Climate. In: Anderson, Neil/Ones, Deniz S./Sinangil, Handan Kepir/Viswesvaran, Chockalingam (Hrsg.), Handbook of Industrial, Work and Organisation Psychology. London: Sage, 398–415 (2. Auflage).

Ashkanasy, Neil/Wilderom, Celeste/Peterson, Mark (Hrsg.) (2011). The Handbook of Organizational Culture and Climate. Thousand Oaks/CA: Sage.

Aulenbacher, Brigitte (2010). Falsche Gegensätze und vermeintlicher Konsens. Eine diskurspolitische Intervention in Sachen ‚Organisation, Geschlecht, Kontingenz'. In: Feministische Studien, 1, 109–120.

Aulenbacher, Brigitte/Meuser, Michael/Riegraf, Birgit (2010). Soziologische Geschlechterforschung. Eine Einführung. Wiesbaden: VS.

Berger, Peter L./Luckmann, Thomas (1972). Die gesellschaftliche Konstruktion der Wirklichkeit. Frankfurt: Fischer (3. Auflage).

Bögel, Rudolf (2003). Organisationsklima und Unternehmenskultur. In: Rosenstiel, Lutz von/Regnet, Erika/Domsch, Michel (Hrsg.). Führung von Mitarbeitern. Handbuch für erfolgreiches Personalmanagement. Stuttgart: Schäffer-Poeschel, 707–720 (5. Auflage).

Britton, Dana (2000). The epistemology of the gendered organization. In: Gender & Society, 14 (3), 418–434.

Burrell, Gibson/Morgan, Gareth (1979). Sociological Paradigms and Organizational Analysis. Heinemann, London.

Burrell, Gibson/Hearn, Jeff (1989). The Sexuality of Organization. In: Hearn, Jeff/Sheppard, Deborah L./Tancred-Sheriff, Peta/Burrell, Gibson (Hrsg.). The Sexuality of Organization. London: Sage, 1–28.

Buzzanell, Patrice M. (2000) (Hrsg.). Rethinking Organizational and Managerial Communication from Feminist Perspectives. Thousand Oaks/CA: Sage.

Calás, Marta/Smircich, Linda (1996). From The Women's Point of View: Feminist Approaches to Organization Studies. In: Clegg, Stewart R./Hardy, Cynthia/Nord, Walter R./(Hrsg.). Handbook of Organization Studies. London: Sage, 218–257.

Calás, Marta/Smircich, Linda (2006). From the „Woman's Point of View" Ten Years Later: Towards a Feminist Organization Studies. In: Clegg, Stewart R./Hardy, Cynthia/Nord, Walter R./Lawrence, Thomas B. (Hrsg.). Handbook of Organization Studies. London: Sage, 284–346 (2. Auflage).

Calás, Marta/Smircich, Linda (2009). Feminist Perspectives on Gender in Organizational Research: What Is and Is Yet to Be. In: Buchanan, David/Bryman, Alan (Hrsg.). Handbook of Organizational Research Methods. London: Sage, 246–269.

Collinson, David (2007). Work and Masculinity. In: Encyclopedia of Men and Masculinities. London, New York: Routledge, 69–73.

Dandridge, Thomas/Mitroff, Ian/Joyce, William (1980). Organizational symbolism: A Topic to Expand Organizational Analysis. In: Academy of Management Review, 5 (1), 77–82.

Deal, Terrence/Kennedy, Allan (1982). Corporate Cultures: the Rites and Rituals of Corporate Life. Reading/WA: Addison-Wesley.

Dellinger, Kirsten (2002). Wearing Gender and Sexuality „On Your Sleeve": Dress Norms and the Importance of Occupational and Organizational Culture at Work. In: Gender Issues, 20 (1), 3–25.

Dölling, Irene (2003). Das Geschlechter-Wissen der Akteure/Innen. In:Andresen, Sünne/Dölling, Irene/Kimmerle, Christoph (Hrsg). Verwaltungsmodernisierung als soziale Praxis. Geschlechter-Wissen und Organisationsverständnis von Reformakteuren. Opladen: Leske+Budrich, 113–165.

Duncan, Simon/Pfau-Effinger, Birgit (Hrsg.) (2000). Gender, Economy and Culture in the European Union. European Science Foundation Network „Gender Inequality and the European Regions". London, New York: Routledge.

Ebers, Mark (1988). Der Aufstieg des Themas „Organisationskultur" in problem- und disziplingeschichtlicher Perspektive. In: Dülfer, Eberhard (Hrsg.). Organisationskultur. Stuttgart: Poeschel, 23–47.

Ferguson, Kathy (1984). The Feminist Case against Bureaucracy. Philadelphia: Temple University Press.

Funder, Maria (2011). Soziologie der Wirtschaft. Eine Einführung. München: Oldenburg.

Geertz, Clifford (1973). The Interpretations of Cultures: Selected Essays. New York: Basic Books.

Gherardi, Silvia (1994). The Gender We Think, the Gender We Do in Our Everyday Organizational Lives. In: Human Relations, 47 (6), 591–610.

Gherardi, Silvia (1995). Gender, Symbolism and Organizational Cultures. London: Sage.

Gherardi, Silvia/Poggio, Barbara (2007). Gendertelling in Organizations: Narratives from Male-Dominated Environments. Stockholm, Malmö: Liber.

Halford, Susan/Savage, Mike/Witz, Anne (1997). Gender, Careers and Organisations. Houndmills. Basingstoke: Palgrave Macmillan.

Hanappi-Egger, Edeltraud (2011). The Triple M of Organizations: Man, Management and Myth. Wien: Springer.

Harlow, Elisabeth/Hearn, Jeff (1995). Cultural Constructions: Contrasting Theories of Organizational Culture and Gender Construction. In: Gender, Work and Organization, 2 (4), 180–191.

Haynes, Kathrin (2012). Body Beautiful? Gender, Identity and the Body in Professional Services Firms. In: Gender, Work and Organization, 19 (5), 489–507.

Hearn, Jeff/Parkin, Wendy (1983). Gender and Organisation: A Selective Review and a Critique of a Neglected Area. In: Organizational Studies, 3, (4), 219–242.

Heintz, Bettina/Nadai, Eva (1998). Geschlecht und Kontext. De-Institutionalisierungsprozesse und geschlechtliche Differenzierung, In: Zeitschrift für Soziologie 27, 75–93.

Helms Mills, Jean/Mills, Albert (2000). Rules, Sensemaking, Formative Contexts, and Discourse in the Gendering of Organizational Culture. In: Ashkanasy, Neal/Peterson, Mark/Wilderom, Celeste (Hrsg.). The Handbook of Organizational Culture and Climate. Thousand Oaks/CA: Sage, 245–260.

Hirschauer, Stefan (2001). Das Vergessen des Geschlechts. Zur Praxeologie einer Kategorie sozialer Ordnung. In: Heintz, Bettina (Hrsg.). Geschlechtersoziologie. Kölner Zeitschrift für Soziologie und Sozialpsychologie, Sonderheft 41. Wiesbaden: Westdeutscher Verlag, 208–235.

Hochschild, Arlie Russell (2012). The Managed Heart: Commercialization of Human Feeling, Updated with a New Preface. Berkeley, Los Angeles: Univ. of California Press.

Hofbauer, Johanna/Holtgrewe, Ursula (2009). Geschlechter organisieren – Organisationen gendern. Zur Entwicklung feministischer und geschlechtersoziologischer Reflexionen über Organisationen. In: Aulenbacher, Brigitte/Wetterer, Angelika (Hrsg.). Arbeit. Diagnosen und Perspektiven der Geschlechterforschung. Münster: Westfälisches Dampfboot, 64–81.

Hofstede, Geert (2001). Culture's Consequences – Comparing Values, Behaviors, Institutions and Organizations Across Nations. Thousand Oaks, London, Neu Delhi: Sage (2. Auflage).

Itzin, Catherine/Newman, Janet (Hrsg.) (2001). Gender, Culture and Organizational Change. New York: Routledge.

Jüngling, Christiane (1999). Integration mit Macht. Zur Mikropolitik der betrieblichen Gleichstellung von Frauen. In: Arbeit, 4 (8), 357–373.

Kirton, Gill/Greene, Ann-Marie (2010). The Dynamics of Managing Diversity: A Critical Approach. Oxford: Butterworth Heinemann.

Krell, Gertraude (1991). Organisationskultur – Renaissance der Betriebsgemeinschaft? In: Dülfer, Eberhard (Hrsg.). Organisationskultur: Phänomen – Philosophie – Technologie. Stuttgart: Poeschel, 147–160 (2. Auflage).

Liebig, Brigitte (2001). Katalysator des Wandels oder verschärfte Konkurrenz? Orientierungen zur Geschlechtergleichstellung im Kontext betrieblicher Transformationen. In: Zeitschrift für Personalforschung, 15 (1), 18–36.

Liebig, Brigitte (2003). Vom „Ernährer" zum „Entrepreneur". Human Relations in Zeiten der New Economy. In: Kuhlmann, Ellen/Betzelt, Sigrid (Hrsg.). Geschlechterverhältnisse im Dienstleistungssektor – Dynamiken, Differenzierungen und neue Horizonte. Baden-Baden: Nomos, 175–188.

Liebig, Brigitte (2013a). „Tacit knowledge" und Management: Ein wissenssoziologischer Beitrag zur qualitativen Organisationskulturforschung. In: Bohnsack, Ralf/ Nentwig-Gesemann, Iris/Nohl, Arnd-Michael (Hrsg.). Die dokumentarische Methode und ihre Forschungspraxis. Grundlagen qualitativer Sozialforschung. Berlin/ Heidelberg/Wiesbaden: Springer VS, 157–177 (3. Auflage).

Liebig, Brigitte (2013b). Organisationskultur und Geschlechtergleichstellung. Eine Typologie betrieblicher Geschlechterkulturen. In: Müller, Ursula/Riegraf, Birgit/Wilz, Sylvia (Hrsg). Geschlecht und Organisation. Reihe Geschlecht und Gesellschaft, Berlin/Heidelberg/Wiesbaden: Springer VS, 292–316.

Martin, Joanne (2002). Organizational Culture. Mapping the Terrain. Thousand Oaks/CA: Sage.

Martin, Joanne/Frost, Peter/O'Neill, Olivia (2006). Organizational Culture: Beyond Struggles for Intellectual Dominance. In: Clegg, Stewart R./Hardy, Cynthia/Nord, Walter R./Lawrence, Thomas B. (Hrsg.). Handbook of Organization Studies. London: Sage, 725–754

May, Thomas (1997). Organisationskultur. Zur Rekonstruktion und Evaluation heterogener Ansätze in der Organisationstheorie. Opladen: Westdeutscher Verlag.

Mensching, Anja (2008). Gelebte Hierarchien. Mikropolitische Arrangements und organisationskulturelle Praktiken am Beispiel der Polizei. Wiesbaden: VS.

Meyer, John/Rowan, Brian (1977). Institutional Organizations: Formal Structure as Myth and Ceremony. In: American Journal of Sociology, 83, 340–363.

Mills, Albert (2002). Studying the Gendering of Organizational Culture Over Time: Concerns, Issues and Strategies. In: Gender, Work and Organization, 9 (3), 286–307.

Morgan, David/Brandth, Berit/Kvande, Elin (Hrsg.) (2005). Gender, Bodies, and Work. Aldershot: Ashgate Publishing.

Morgan, Gareth/Frost, Peter/Pondy, Luc (1983). Organizational Symbolism. In: Pondy, Luc/Frost, Peter/Morgan, Gareth/Dandridge, Thomas (Hrsg.). Organizational Symbolism. Greenwich, CT: JAI, 3–35.

Müller, Ursula (1998). Asymmetrische Geschlechterkultur in Organisationen und Frauenförderung als Prozess – mit Beispielen aus Betrieben und der Universität. In: Zeitschrift für Personalforschung 12 (2), 123–142.

Müller, Ursula (1999). Geschlecht und Organisation. Traditionsreiche Debatten – aktuelle Tendenzen. In: Nickel, Hildegard M. (Hrsg.). Transformation, Unternehmensorganisation, Geschlechterforschung. Opladen: Leske+Budrich, 53–75.

Müller, Ursula (2010). Organisation und Geschlecht aus neoinstitutionalistischer Sicht. Betrachtungen am Beispiel von Entwicklungen in der Polizei. In: Feministische Studien, 1 (10), 40–55.

Nonaka, Ikujiro/Konno, Nonoru (1998). The Concept of „Ba": Building a Foundation for Knowledge Creation. In: California Management Review, 40 (3), 40–54.

Nonaka, Ikujiro/Takeuchi, Hirotaka (1995). The Knowledge-Creating Company: How Japanese Companies Create the Dynamics of Innovation. Oxford: Oxford Univ. Press.

Ouchi, William (1981). Theory Z: How American Business Can Meet the Japanese Challenge. Reading MA: Addison-Wesley.

Pawlowsky, Peter (1998). Wissensmanagement: Erfahrungen und Perspektiven. Wiesbaden: Gabler.

Peters, Thomas/Waterman, Robert (1982). In Search of Excellence: Lessons from Americas Best Run Companies. New York: Harper & Row.

Pettigrew, Peter (1979). On Studying Organizational Cultures. In: Administrative Science Quarterly, 24 (4), 570–581.

Pfau-Effinger, Birgit (1996). Analyse internationaler Differenzen in der Erwerbsbeteiligung von Frauen. Theoretischer Rahmen und empirische Ergebnisse. In: Kölner Zeitschrift für Soziologie und Sozialpsychologie, 48 (3), 462–492.

Polanyi, Michael (1966). The Tacit Dimension. Chicago: University of Chicago Press.

Pondy, Luc/Frost, Peter/Morgan, Gareth/Dandridge, Thomas (Hrsg.) (1983). Organisational Symbolism. Greenwich: JAI Press.

Ramsay, Karen/Parker, Martin (1992). Gender, Bureaucracy and Organizational Culture. In: Savage, Michael/Witz, Anne (Hrsg.). Gender and Bureaucracy. Oxford: Blackwell, 253–276.

Rastetter, Daniela (2008). Zum Lächeln verpflichtet. Emotionsarbeit im Dienstleistungsbereich. Frankfurt: Campus.

Riegraf, Birgit (2010). Organisation, Geschlecht, Kontingenz. Die Bedeutung des Poststrukturalismus für die geschlechtersoziologische Organisationsforschung. In: Feministische Studien, 1, 99–108.

Sackmann, Sonja (1993). Die lernende Organisation: Theoretische Überlegungen, gelebte und reflektierte Praxis. In: Fatzer, Gerhard (Hrsg.). Organisationsentwicklung für die Zukunft: ein Handbuch. Köln: EHP, 227–254.

Schein, Edgar (1992). Organizational Culture and Leadership. San Francisco: Jossey-Bass Publishers.

Schlamelcher, Ulrike (2011). Paradoxien und Widersprüche der Führungskräfterekrutierung: Personalauswahl und Geschlecht. Wiesbaden: VS.

Smith, Dorothy (1989). Eine Soziologie für Frauen. In: List, Elisabeth/Studer, Herline (Hrsg.). Denkverhältnisse. Frankfurt: Suhrkamp, 353–422 (zuerst 1979).

Smircich, Linda (1983). Concepts of Culture and Organizational Analysis. In: Administrative Science Quarterly, 28 (3), 339–358.

Standing Conference on Organizational Symbolism: www.scos.org (Abruf: 15.1.2013).

Wetterer, Angelika (Hrsg.) (2008). Geschlechterwissen und soziale Praxis. Theoretische Zugänge – empirische Erträge. Königstein/Taunus: Helmer.

Wetterer, Angelika (2009). Gleichstellungspolitik im Spannungsfeld unterschiedlicher Spielarten von Geschlechterwissen. Eine wissenssoziologische Rekonstruktion. In: Gender. Zeitschrift für Geschlecht, Kultur und Gesellschaft, 2 (1), 45–60.

Wijk, Charles H. van/Finchilescu, Gillian (2008). Symbols of Organisational Culture: Describing and Prescribing Gender Integration of Navy Ships. In: Journal of Gender Studies, 17 (3), 237–249.

Wilz, Silvia (2010). Organisation: Die Debatte um „Gendered Organizations". In: Becker, Ruth/Kortendiek, Beate (Hrsg.). Handbuch Frauen- und Geschlechterforschung, Teil III, B, 513–519.

Winker, Gabriele/Degele, Nina (2011). Intersectionality as Multi-Level-Analysis: Dealing With Social Inequality. In: European Journal of Women´s Studies, 18 (1), 51–66.

# Männer, Männlichkeit und Organisation

*Maja Apelt und Sylka Scholz*

## 1 Einleitung

Die Behauptung, dass die obersten Etagen von Großunternehmen oder Parteien männerbündisch, oder dass Armeen „männliche" Organisationen sind, würde inzwischen wohl nicht mehr auf vollständiges Unverständnis stoßen. Für manche stellen diese Annahmen gar einen Gemeinplatz dar. Dies aber verdeckt, dass die Frage, was mit männlichen Organisationen eigentlich gemeint sein kann, nicht so leicht zu beantworten ist. Sind Organisationen grundsätzlich männlich konnotiert, weil in ihnen Eigenschaften gefordert werden, die eher als männlich denn als weiblich gelten oder gilt das Label männlich nur für Organisationen, in denen Frauen in einer deutlichen Minderheitenposition sind? Genauso ist die Frage noch lange nicht ausreichend geklärt, welche Rolle Organisationen für die Konstruktion von Männlichkeit in der Gesellschaft spielen. Und was heißt das alles angesichts einer weitgehenden formalen Gleichstellung der Geschlechter in den meisten Organisationen?

Diese und ähnliche Fragen im Verhältnis von Organisationen, Männern und Männlichkeit(en) sollen in diesem Beitrag diskutiert werden. Dazu sind aber noch zwei Vorbemerkungen notwendig: Zum einen ist der Zusammenhang von Männlichkeit und Organisation bisher noch *kein* zentrales Thema der Männlichkeitsforschung. Collinson und Hearn (2005: 289) sprechen in einem internationalen Überblicksartikel von einer Vermeidung (avoidance) der Themenfelder Arbeit, Organisation und Management. Men's Studies, und dies gilt auch für den deutschsprachigen Kontext, haben bisher kaum eigenständige Beiträge zu einer Organisationsforschung im engeren Sinn geleistet. Gleichwohl lassen sich einige Ansätze und Studien finden, die sich in einem weiten Sinn mit den Gegenständen Arbeit, Organisation und Management beschäftigt haben (s.u.) und den Ausgangspunkt unserer Argumentation bilden.

Zum zweiten stellt die Männer- oder Männlichkeitsforschung kein einheitliches Feld dar, stattdessen gibt es im deutschen Kontext gegenwärtig eine Reihe von Auseinandersetzungen um die Institutionalisierung dieser

Forschung (vgl. Scholz 2013). Sehr grob lassen sich dabei zwei Richtungen unterscheiden: Die eine fokussiert den Gegenstand „Mann" und bezeichnet sich entsprechend als „Männerforschung". Im Mittelpunkt dieser Forschung steht die Aufdeckung männlicher Sichtweisen, die sich hinter der Konstruktion des Mannes als geschlechtsneutralem Wesen oder als Repräsentant des „Allgemeinmenschlichen" verstecken. Diskutiert wird insbesondere die Krise des Mannes und seiner männlichen Identität unter den gegenwärtigen gesellschaftlichen Bedingungen (vgl. etwa Böhnisch 2012; Hollstein 2012). Die zweite Richtung lässt sich als „Männlichkeitsforschung" charakterisieren, sie bezieht sich *nicht* auf den Begriff Mann, sondern auf die Konfiguration von Geschlecht. Männlichkeit wird „als ein relationales Phänomen im Kontext von Geschlechterverhältnissen in den Blick genommen und damit als strukturierendes Prinzip gesellschaftlicher Konstellationen" (Bereswill/Meuser/Scholz 2007: 8). Anders formuliert: Männlichkeit bestimmt sich zum einen immer in Bezug auf Weiblichkeit. Positionen sind zudem mit gesellschaftlichen Machtpositionen und dem Zugang zu den unterschiedlichen Lebensressourcen verbunden. Dabei zeigen sich zum anderen erhebliche Differenzierungen innerhalb der Genusgruppen Männer und Frauen, ist doch Geschlecht immer auch mit anderen sozialen Zugehörigkeiten wie Klasse, Ethnie oder Alter verknüpft. Wir verorten den vorliegenden Aufsatz in dieser soziologisch fundierten Männlichkeitsforschung (vgl. dazu auch Scholz 2012; Apelt/Dittmer 2007).

Organisationen sind das zentrale Merkmal der modernen (aber nicht unbedingt der postmodernen) Gesellschaft. Am Übergang von der stratifikatorischen zur funktional differenzierten Gesellschaft schiebt sich – Luhmann (1975) zufolge – die Organisation zwischen die Ebenen Interaktion und Gesellschaft. Dies sehen wir daran, dass Unternehmen, Verwaltungen, Schulen, Gefängnisse, aber auch Vereine und Parteien oder auch Organisationen der Hilfe in großem Umfang erst im Zuge der Industrialisierung und der Entstehung der bürgerlichen Gesellschaft gegründet werden. Zumeist gab es diese Organisationen schon früher, aber erst mit der Entstehung der modernen Gesellschaft setzen sie sich durch und prägen deren Strukturen.[1]

Die Durchsetzung moderner Organisationen ist eng verknüpft mit der Veränderung der Geschlechterverhältnisse und der Konstruktion von

---

1 Siehe hierzu auch den Beitrag von Maria Funder in diesem Band.

Männlichkeit in der modernen Gesellschaft. Die Bildung von Erwerbsorganisationen ist direkt gekoppelt an die Auflösung der Familie als ganzheitliche Produktionsgemeinschaft und damit auch an die Trennung von Haus- und Erwerbsarbeit, Produktion und Reproduktion, Familie und Arbeit. Die Familie wurde privatisiert und emotionalisiert, die Arbeit erhielt den Charakter einer Vertragsbeziehung und wurde versachlicht.

Dass die Folgen für die Geschlechterverhältnisse dabei ambivalent sind, wurde bisher vor allem im Hinblick auf die Frauen herausgearbeitet, denn einerseits steckt in der Konstruktion der bürgerlichen Gesellschaft und des Kapitalismus mit der Arbeitskraft als Ware die prinzipielle Möglichkeit der Gleichstellung der Geschlechter, andererseits werden Frauen aber gerade mit diesem Übergang von der traditionellen zur modernen Gesellschaft auf die Familie zurückverwiesen, und es gewinnt erst zu diesem Zeitpunkt die Vorstellung weiblicher (und männlicher) Charaktereigenschaften an Bedeutung (vgl. etwa Hausen 1976).

Etwas aus dem Blick geraten ist dabei, dass der Modernisierungsprozess auch für Männer nicht konfliktfrei ablief. Die Entlastung der Familie von der Produktionsfunktion bedeutete für das männliche Familienoberhaupt, dass seine Funktion aus der Familie ausgelagert wurde. Zwar war die bürgerliche Familie damit von der vorrangig männlichen Erwerbsarbeit abhängig und das Verhältnis der Geschlechter zueinander zugunsten der Männer asymmetrisch. Zugleich aber mussten sich Männer mit der Konzentration des Kapitals und der Zentralisierung des Staates in immer größeren und stark hierarchischen Unternehmen und Verwaltungen ein- und unterordnen. Letztlich wurde durch diese Entwicklung die Basis ihrer Autorität in Familie und Erwerbsarbeit brüchig. Der daraus resultierenden Verunsicherung versuchten die Männer mit einem verstärkten „Doing Masculinity" entgegenzuwirken. Medium dieses „Doing Masculinity" waren dabei wieder Organisationen: männliche Gesangs- und Turnvereine, studentische Verbindungen oder zumeist männlich dominierte Jugendbewegungen. Diese hatten zwar vordergründig politische oder emanzipatorische Zwecke, sie waren aber immer auch Instanzen männlicher Sozialisation und Initiation, indem sie Räume der Entwicklung, Behauptung und Darstellung von Männlichkeit(en) boten; das gleiche gilt für Feuerwehren, Armeen und Parteien.

Vor dem Hintergrund dieses Problemaufrisses gehen wir im Weiteren zunächst auf unser theoretisches Verständnis von Männlichkeit und vom Zusammenhang Männlichkeit und Organisation ein (2). Im dritten Abschnitt stellen wir, mit Blick auf das Management in Unternehmen und das Militär, Ergebnisse der empirischen Forschung vor. Am Schluss werden zentrale Aspekte der Analyse zusammengefasst und weiterführende Fragen für eine männlichkeitssensible Organisationsforschung sowie organisationssensible Männlichkeitsforschung formuliert.

*2 Theoretische Grundlagen – Männlichkeit und Organisation*

Obwohl Organisations- und Männlichkeitsforschung theoriegeschichtlich auf gänzlich unterschiedliche Quellen zurückgehen, versuchen wir zu zeigen, dass sie sich recht gut verknüpfen lassen. Zugleich werden an einzelnen Stellen Divergenzen deutlich, auf die wir am Schluss des Beitrages dann noch gesondert eingehen.

*2.1 Die gesellschaftliche Konstruktion von Männlichkeit(en)*

Ausgangspunkt unserer Argumentation ist es, Männlichkeit im Plural zu denken. Die Logiken, durch die sich Männlichkeiten konstituieren, sind sowohl durch das Streben nach Dominanz wie nach Distinktion gekennzeichnet und dies wiederum einmal gegenüber Weiblichkeit(en) und zugleich in Relation zu jeweils anderen Männlichkeiten (vgl. u.a. Connell 1999; Meuser 2006). Ergebnis dieser Auseinandersetzungen um Dominanz und Distinktion ist ein jeweils historisch konkretes hierarchisches Verhältnis der Männlichkeiten zueinander und die Dominanz oder auch Hegemonie einer spezifischen Männlichkeit. Connell geht davon aus, dass eine Männlichkeit hegemonial ist, damit meint sie eine „historisch bewegliche Relation" (Connell 1999: 102), die sich in sozialen Kämpfen konstituiert und transformieren kann. Der Begriff Hegemonie verweist darauf, dass die gesellschaftliche Vormachtstellung von Männern und Männlichkeit nicht durch gewaltförmige Herrschaft hergestellt wird, sondern durch Interessenbündnisse und eine Kultur der Zustimmung. Diese basiert darauf, dass die gesamte Genusgruppe der Männer von der Unterdrückung und Abwertung von Weiblichkeit profitiert. Damit erhalten Männer, auch wenn sie selbst nicht der hegemonialen Männlichkeit entsprechen, eine „patriarchale Dividende" (ebd.: 100), also Vermögens-, Macht- und emotionale Vorteile.

Dem hegemonialen Männlichkeitsmodell entspricht nur eine kleine Anzahl von Männern. Es wirkt deshalb innerhalb einer Gesellschaft vor allem als verbindliches Orientierungsmuster, als Leitbild oder Leitidee, zu dem sich Männer (zustimmend oder abgrenzend) in Bezug setzen müssen. Hegemoniale Männlichkeit wird durch die soziale Praxis der gesellschaftlichen Elite bzw. gesellschaftlicher Eliten definiert, also durch eine zahlenmäßige Minderheit der Bevölkerung. Es sind ferner nicht einzelne Mitglieder der Elite, welche in einem intentionalen Akt bewusst und gezielt definieren, was hegemoniale Männlichkeit ausmacht. Stattdessen bildet sich in der sozialen Praxis der Elite ein Muster von Männlichkeit heraus, das kraft der sozialen Position der Elite hegemonial wird. Eine solche hegemoniale Männlichkeit ist immer an gesellschaftliche Macht und Herrschaft und damit – so unsere Position – immer auch an Organisationen gebunden.

Geht man aber von einer funktional differenzierten, pluralen Gesellschaft aus, so bedeutet das, dass jede Organisation mehr oder weniger explizit ein Männlichkeitsideal produzieren kann, dieses Ideal im gesamtgesellschaftlichen Kontext jedoch nicht hegemonial sein muss. Das wiederum hängt vom Status der Organisation im gesellschaftlichen Teilsystem und darüber hinaus von der Bedeutung des jeweiligen Teilsystems für das gesellschaftliche Gesamtgefüge ab. Insofern sprechen wir zunächst von einer „dominanten Männlichkeit". Diese gilt es in der jeweiligen Organisation zu rekonstruieren und anschließend zu untersuchen, in welchem Verhältnis sie zu einer (möglichen) hegemonialen Männlichkeit in den Teilsystemen sowie am Ende auch in der Gesellschaft steht. Es wäre dann eine offene, empirische Frage, ob sich für eine gesamte Gesellschaft eine hegemoniale Männlichkeit herausbildet.

Von dieser Ebene einer dominanten oder hegemonialen Männlichkeit in der Gesellschaft, die als „institutionalisierte Praxis" (Meuser/Scholz 2011: 61) bezeichnet werden kann, lässt sich die Ebene der alltäglichen Praxis der Konstruktion von Männlichkeit unterscheiden, das sog. „generative Prinzip" (ebd.: 62) der Erzeugung des männlichen Habitus. Der männliche Habitus wird in den als ernst angesehenen „Spielen" wie Krieg, Politik, Ökonomie oder Wissenschaft, also Spielen, „deren Einsatz irgendeine Form von Herrschaft ist" (Bourdieu 2005: 133) hergestellt.[2] Diese „männlichen Spiele" (Bourdieu 1997: 216) werden zugleich bestimmt von der „libido dominandi" (ebd.: 187), also dem Wunsch, andere Männer und Frauen zu dominieren, und durch das „Prinzip gleicher Ehre" (ebd.: 204),

---

2 Siehe auch den Beitrag von Johanna Hofbauer in diesem Band.

welches Männern aufgrund ihrer Geschlechtszugehörigkeit zugeschrieben wird; Frauen sind davon ausgeschlossen.

In der alltäglichen Praxis werden unterschiedliche Männlichkeiten nicht nur erzeugt, sondern zugleich als Ressourcen in den „ernsten Spielen des Wettbewerbs" (ebd.: 189) eingesetzt. Dies zeigen etwa die Studien über sozial benachteiligte männliche Jugendliche, die hypermaskuline Inszenierungen und Gewalt als Ressource einsetzen. Ihr Streben nach Anerkennung führt dabei aber zu weiterer Marginalisierung (Bereswill 2007). Das heißt, dass die Konstruktion von Männlichkeit einem übergreifenden generativen Prinzip folgt, das Ergebnis aber eben oft *nicht* die Konstitution von hegemonialer Männlichkeit ist. Denn die Machtrelationen unter Männern sind mit anderen sozialen Zugehörigkeiten verwoben.

*2.2 Organisation und Männlichkeit*

Eine begriffliche Abgrenzung der Organisation von anderen sozialen Entitäten der Interaktion, der Gruppe oder Gesellschaft gelingt u.E. nur mit der frühen Luhmannschen Systemtheorie, der zufolge das zentrale Unterscheidungskriterium von Organisationen ist, dass über die Mitgliedschaft, egal ob von den Individuen selbst, von der Organisation oder der Gesellschaft, bewusst entschieden werden kann. In Gesellschaften oder Familien wird man hineingeboren, in Interaktionen wird man verstrickt, Gruppen entwickeln sich in der Regel nicht durch Akklamation, sondern durch regelmäßige Interaktion. Die Mitgliedschaft in Organisationen hingegen ist an die Einhaltung gewisser offen kommunizierbarer Erwartungen gebunden: der Zahlung eines Mitgliedsbeitrages, an bestimmte physische Voraussetzungen, den Nachweis bestimmter Bildungs- oder Qualifikationszertifikate, dem Bestehen bestimmter Prüfungen, der zugesicherten Bereitschaft, 20 oder 40 Stunden für die Organisation tätig zu sein. Diese Bedingungen, die wir mit Luhmann (1976: 35 ff.) „formal" nennen, werden von den Organisationen häufig schriftlich festgehalten.

Da Organisationen aber keine durch und durch rationalen Gebilde, sondern soziale Systeme sind, genügt die Bestimmung der Organisationen über Formalität nicht, sie muss ergänzt werden durch die Strukturen der Informalität. Informell sind Erwartungen, die nicht schriftlich fixiert sind, an die nicht – oder zumindest nicht offensichtlich – der Ein- oder Ausschluss in die Organisation gebunden ist. Sie werden häufig nicht offen kommuniziert und ihre Missachtung nicht offen sanktioniert, was nicht bedeutet, dass die Sanktionen deshalb weniger drastisch sind. Erst im Zusammenspiel von formalen und informalen Strukturen entsteht das, was wir soziologisch unter Organisation verstehen. Trotzdem lohnt es sich, die Beziehungen der formalen und informalen Strukturen zu Männlichkeit separat zu betrachten:

Bezüglich der *formalen Organisationsstrukturen* können wir einen Prozess der Gleichstellung der Geschlechter konstatieren. War es im 19. und 20. Jahrhundert noch selbstverständlich, Frauen den Zugang zu ganzen Erwerbsfeldern, zu Parteien oder Vereinen gänzlich zu verwehren, ist in der Gegenwart jeder Ausschluss begründungspflichtig und steht unter dem Verdacht, männerbündisch begründet zu sein. Diese formale Gleichstellung lässt sich ganz unterschiedlich bewerten. So hat Joan Acker die These entwickelt, dass die an die Organisationsmitglieder gestellten Erwartungen der instrumentellen Rationalität, Abstraktheit und Unpersönlichkeit unter der Hand männlich konnotiert seien und Frauen zu ungeeigneten Abweichungen machen (Acker 1992; vgl. auch Müller 2005).[3] Man könnte formulieren, diese formalen, angeblich geschlechtsneutralen Strukturen stellten nicht selten eine Institutionalisierung hegemonialer Männlichkeit dar. Lässt sich ein solches Männlichkeitsleitbild nicht mehr in den formalen Strukturen wiederfinden, ist das ein Indikator dafür, dass es nicht mehr offen eingefordert werden kann, also ein Stück weit seine Legitimation verloren hat. Wie wirkungsvoll das ist, zeigen die empirischen Untersuchungen zur Kausalität von Formalisierung und Gleichstellung (vgl. u.a. Allmendinger/Podsiadlowski 2001).

Zugleich können männlich konnotierte Verhaltensnormen und Werte aber auch in die Informalität „abgesunken" sein. Damit entsteht das Problem, dass sie weiter hoch wirksam, aber umso schwerer identifizierbar und veränderbar sind. Insofern ist es nicht verwunderlich, dass sich die Forschung zu Männlichkeit in Organisationen auf die *informellen Strukturen* konzentriert hat. Entsprechend unserer Bestimmung von Männlichkeit(en), die sich einerseits in Abgrenzung zu Weiblichkeit und andererseits in sozialen Kämpfen untereinander konstituieren, lassen sich für das Verhältnis Organisation und Männlichkeit zwei zentrale Modi unterscheiden: zum einen die Etablierung von männerbündischen Strukturen bzw. von „Old Boys Networks" und zum anderen die mikropolitischen Ausein-

---

3 Zur feministischen Organisationsforschung siehe auch den Beitrag von Edeltraud Ranftl in diesem Band.

andersetzungen um den Status und die Position bestimmter Männlichkeiten. Mit beiden Modi verknüpft ist die Konstruktion männlicher Identitäten im Zusammenhang mit organisationalen Strukturen oder auch organisationalem Wandel.

Der *Männerbund* lässt sich soziologisch zunächst als spezifische Form einer auf Nähe und Gleichheit basierenden Vergemeinschaftung konzipieren. Dass ihm aber zugleich ein Moment der bewusst angestrebten Verbindung innewohnt, bedeutet, dass hier Prozesse der Vergemeinschaftung und Vergesellschaftung ineinandergreifen (vgl. Doppler 2005: 156). Aus dieser Perspektive lassen sich dem Männerbund drei miteinander eng verbundene Funktionen zuordnen: erstens dient er der Stabilisierung männlicher Identität, zweitens der Stabilisierung männlicher Normen in Abgrenzung zu weiblichen und drittens trägt er zur mehr oder weniger bewussten sozialen Schließung gegenüber Frauen und anderen Männlichkeiten bei (vgl. Elias/Scotson 1990). Spricht man von „Old Boys Networks" sind ähnliche Prozesse gemeint, der Fokus aber liegt auf den mehr oder weniger bewusst hergestellten und genutzten Beziehungen und weniger auf dem Moment der affektiven Nähe.

Der zweite Modus der Konkurrenz und der sozialen Kämpfe zwischen unterschiedlichen Männlichkeiten bezieht sich auf die oben genannten „männlichen Spiele". Dahinter steht, dass die alltägliche Praxis der Konstruktion von Männlichkeiten – das „Doing Masculinity" – selbst ein Teil der und eine besondere Ressource in den mikropolitischen Auseinandersetzungen um Regeln, Positionen und Ressourcen ist (vgl. Volmberg/Leithäuser/Neuberger 1995).

*3 Forschungsfelder der Männlichkeits- und Organisationsforschung*

Noch lässt sich nicht von einer Forschungstradition zum Verhältnis von Organisationen und Männlichkeit sprechen. Neben dem Militär und dem Management liegen Untersuchungen zur Konstruktion von Männlichkeit in Organisationen und der Bedeutung von Männlichkeit für das Handeln in Organisationen für die Feuerwehr (Thurnell-Read/Parker 2008; Wang/ Kleiner 2001; Wetterer/Poppenhusen/Voss 2006), die Polizei (Behr 2000, 2007; Wilz 2005; Müller et al. 2007) und das Gefängnis (Bereswill/Greve 2001; Bereswill 2008) vor. Wir konzentrieren uns hier auf das Militär und das Management, da dazu verhältnismäßig viele Untersuchungen vorliegen und weil beide Bereiche zentrale Bedeutung für die Konstruktion hegemonialer Männlichkeit haben. So hat etwa das Militär über lange Zeit die Vorstellungen von Männlichkeit geprägt. Die soldatische Männlichkeit war bis in die Mitte des 20. Jahrhunderts hegemonial. Abgelöst wird sie von einer transnationalen Managermännlichkeit, die in der Gegenwart als Leitbild hegemonialer Männlichkeit fungiert, deren Position aber nicht als gänzlich unangefochten gelten kann. Die dazu geführten Diskussionen versuchen wir in einen organisationssoziologischen Zusammenhang zu stellen.

*3.1 Militärische Männlichkeit von der Hegemonie zum Außenseiter*

Die historisch besondere Verknüpfung von Militär und Männlichkeit ist ein inzwischen sehr breit beforschtes Thema (vgl. etwa den Überblick in Scholz 2012; Apelt/Dittmer 2007). Die Studien belegen den wechselseitigen Zusammenhang von Militär und Männlichkeit: So war das Bild des Soldaten lange Zeit auch das Bild des „echten" Mannes und das Militär galt zumindest zeitweise als eine „Schule der Männlichkeit". Dieses Bild der gesellschaftsprägenden Verknüpfung von Männlichkeit und Militär entstand in Deutschland im 19. Jahrhundert. Mit der Einführung der stehenden Heere, der Professionalisierung, Disziplinierung und Kasernierung der Soldaten wurden Frauen aus dem Militär ausgeschlossen. Im Zuge der erfolgreichen Verankerung der Wehrpflicht 1813/14 wurde das Militär zu einer „Schule der Männlichkeit" (vgl. Frevert 1997). Die „Söhne des Vaterlandes" (ebd.: 156) lernten in dieser Armee „ohne Unterschied der Geburt" (ebd.) zum einen Disziplin, Gehorsam, Mut, Hingabe sowie das Gefühl der Zusammengehörigkeit und zum anderen, ein Glied einer gewaltigen Masse zu sein. Das Militär war damit – neben Turn- und Männergesangsvereinen – das eigentliche Instrument der Initiation von Männlichkeit (vgl. Frevert 2001) und die perfekte Projektionsfläche zur Wiederherstellung und Etablierung eines durch Industrialisierung, Bürokratisierung und aufkommende Frauenbewegung belasteten Männlichkeitsideals.

Die Verknüpfung von Militär und Männlichkeit spiegelt sich vor allem in der *militärischen Sozialisation* wider. Diese umfasst mehrere ineinander greifende Mechanismen: *Erstens* sollen in der militärischen Ausbildung Eigenschaften wie Mut, Entschlossenheit, physische Fitness, Kampfgeist, Angriffslust und Kameradschaft anerzogen werden, alles in allem Eigenschaften, die einerseits für einen siegreichen Kampf als unerlässlich und andererseits als männlich gelten (Klein 2001: 196; Dittmer 2007). Ein *zweiter* Mechanismus besteht im Ausschluss privater, familialer und sexueller Beziehungen und den Aufbau quasi-familialer Beziehungen militärischer Kameradschaft. Die Kameradschaft fungiert als Ersatzfamilie, die nicht im Widerspruch zur hierarchischen Über- und Unterordnung steht, sondern diese ergänzt (vgl. Kühne 1996). Frauen werden in dieser Gemeinschaft nicht nur überflüssig, sondern zum Störfaktor. Der *dritte* Mechanismus erschließt sich erst bei genauerer Betrachtung des „heimlichen Lehrplans" der militärischen Ausbildung und seiner psychoanalytischen oder machttheoretischen Interpretation. Die Rekruten befinden sich in der Grundausbildung in der Situation einer „totalen Institution" (Goffman 1973; Apelt 2004). Sie werden ihrer Identitätsausrüstung – ihrer individuellen Kleidung, ihres Namens, der Frisur, des bisher eingeübten Verhaltens – sowie jeglicher Privatsphäre und Rückzugsmöglichkeit beraubt und über Gehorsamstests, Normenfallen etc. extrem verunsichert (vgl. Treiber 1973). Sie werden zugleich in die Position eines weiblichen Objektes versetzt, das typisch weibliche Tätigkeiten, wie Betten machen, aufräumen, putzen, übernehmen muss. Dieser weibliche Objektstatus wird von Erdheim (1982) als zentraler Motor zur Produktion von Männlichkeit interpretiert. Die Rekruten werden in ihrem Selbst verunsichert, verweiblicht und entindividualisiert. Männlichkeit erwächst dann aus der aktiven Überwindung dieser Position. Die Rekruten gewinnen an Männlichkeit, indem sie die ihnen gestellten militärischen Aufgaben bewältigen, und sie überwinden den Objektstatus, indem sie die Kontrolle der Organisation internalisieren oder aber, indem sie sich den Mechanismen der totalen Institution zu entziehen suchen. Sie entkommen den Sanktionierungen, indem sie sich selbst kontrollieren. Mit Maihofer (1995) lässt sich das als Prozess betrachten, in dem sich die Rekruten selbst den rigiden Regeln unterordnen und so den Subjektstatus erlangen. Diese Selbstbe*herr*schung lässt sich als männliches Prinzip interpretieren: Indem der Mann zu sich selbst ein Verhältnis der Beherrschung herstellt, wird er fähig zur Herrschaft über andere (vgl. auch Apelt 2004; Apelt/Dittmer 2007).

Für die Gegenwart kann aber eine solche enge Verknüpfung von Militär und Männlichkeit nicht mehr ungebrochen behauptet werden, denn *erstens* hat das Militär lange nicht mehr die Bedeutung für Männlichkeitskonstruktionen in der (post-)modernen Gesellschaft (Meuser/Scholz 2011) und *zweitens* hat sich militärische Männlichkeit im Allgemeinen verändert. In diesem Zusammenhang sind *drittens* die Differenzierungen innerhalb und die Auseinandersetzungen zwischen unterschiedlichen militärischen Männlichkeiten in den Blick geraten.

(1) War das Militär während des 19. Jahrhunderts und bis in die Mitte des 20. Jahrhunderts für die gesellschaftliche Konstruktion von Männlichkeit hegemonial, so ändert sich dies nach dem Zweiten Weltkrieg. Mit der lang anhaltenden Friedensphase in Europa, der Entwicklung der Atombombe, mit der ein Krieg nicht mehr durchführbar erschien, und der Individualisierung und Demokratisierung, durch die militärische Normen und Werte zunehmend als fremdartig und altertümlich galten, verlor das Militär an gesellschaftlicher Akzeptanz. Dazu kam, dass der Wehrdienst als männlicher Initiationsritus mit der Normalisierung des Zivildienstes seine Selbstverständlichkeit verlor und sich stattdessen alternative männliche Normen entwickelten.

(2) Zugleich wandelt sich das Bild militärischer Männlichkeit selbst. Statt mit dem Bild des heroischen Kämpfers identifizieren sich Offiziere mehr und mehr mit dem Bild eines pragmatischen Managers, der den Waffeneinsatz zugunsten politischer Lösungen zurückstellt (vgl. Janowitz/ Roger 1965; Janowitz 1971). Dahinter steht die abnehmende Bedeutung klassischer militärischer Formalstrukturen von Befehl und Gehorsam zugunsten von Beeinflussung, Überzeugung und Gruppenkonsens sowie spezialisierter Fachkenntnisse. Mit dem Wandel des Krieges und dem erweiterten Aufgabenspektrum der Streitkräfte insbesondere seit den 1990er Jahren befindet sich das Militär und damit zusammenhängend auch ihre Männlichkeitsnormen in einem schwierigen Spagat: Einerseits erfordern „Peacekeeping" und „Peacebuilding" den weiteren Abschied vom heroischen Kämpfer; der Soldat soll politische, soziale, diplomatische, interkulturelle und ökonomische Kompetenzen erwerben. Andererseits werden diese „Peacekeeping"-Einsätze gefahrvoller, die Truppen erhalten immer häufiger ein „robustes Mandat", das heißt, der Einsatz von Waffen zur Erzwingung, Wahrung oder Wiederherstellung des Friedens ist erlaubt, die Grenzen zwischen Friedens- und Kampfeinsätzen schwinden. Zudem erhalten die Streitkräfte wieder mehr und mehr „echte" Kampfaufträge. Darüber, welche Folgen dies für die Professionalisierung des Soldatenberufs, den Stellenwert des heroischen Kämpfers im Militär und die Ausbildung der Soldaten hat, wird nicht nur in der Öffentlichkeit, sondern auch innerhalb der Streitkräfte offen debattiert. Teil dieser Debatte ist (explizit!) die Frage, wie männlich die Streitkräfte sein dürfen oder sein müssen: Männlichkeit sei – so eine Position – funktional im Sinne einer (friedenssichernden) Darstellung der Fähigkeit, die Zivilbevölkerung zu schützen (vgl. Cockburn/Hubic 2002), zugleich aber führe sie – zum anderen – zu Macho-Gehabe und erhöhe die Gefahr des Machtmissbrauchs sowie sexueller

Übergriffe Männlichkeit könne aber auch – wie eine andere Position behauptet – einerseits eine Ressource sein, um die psychischen Belastungen des Umganges mit Verwundungen und Sterben besser aushalten zu können, sie würde andererseits aber verhindern, dass sich Soldaten möglichen einsatzbedingten Traumata stellen.

(3) Die veränderten Einsatzszenarien für die Streitkräfte führen auch zu sozialen Kämpfen zwischen unterschiedlichen Männlichkeiten, wie Barrett (1999) und Apelt/Dittmer (2007) herausgearbeitet haben. So konnten sie belegen, dass die Fragen der Positionierung von Teilstreitkräften und Truppengattungen innerhalb der Streitkräfte, ihres Prestiges und ihrer Integrations- oder umgekehrt Ausschlussbemühungen gegenüber weiblichen Soldaten eng mit der jeweiligen Konstruktion von Männlichkeit verbunden sind. Es zeigt sich für die Gegenwart, dass in den Streitkräften häufig keine der untersuchten Truppengattungen oder auch Männlichkeiten eindeutig hegemonial sind. Eher hat jeder militärische Bereich eine eigene Männlichkeitsnorm als Teil seiner Organisationskultur entwickelt, um damit Verhalten zu normieren, zu sanktionieren und ihm Sinn zu geben sowie auch die Gemeinschaft und den Zusammenhalt zu fördern und sich nach außen abzugrenzen. Den Insignien des Kampfes und der Opferbereitschaft kommt dabei aber – trotz aller Veränderungen – immer noch eine herausragende Position zu.

*3.2 Management und (hegemoniale) Männlichkeit*

Galt das Militär über lange Zeit als Inbegriff einer männlichen Organisation, verliert das Management erst in der Gegenwart und paradoxerweise mit zunehmender Beteiligung von Frauen den Schein der Geschlechtsneutralität. Während sich die Organisationsforschung die Frage nach dem Geschlecht des Managements nie gestellt hat, versteht die Männlichkeitsforschung das Management als Hort hegemonialer Männlichkeit (vgl. Collinson/Hearn 2005; Lange 2003). Ralf Lange (2003) vertritt die These, dass die Ressource Männlichkeit die Praxis des Managements in entscheidender Weise prägt. Aufgrund ihrer Geschlechtszugehörigkeit erlangen Männer Zutritt zu dieser Arena, Frauen finden sich im Topmanagement maximal als tokenisierte Ausnahme (vgl. Scholz 2012). Jedoch gelangen nicht alle Männer in die Führungsetagen, sondern nur die, deren männlicher Habitus dem in der Organisation dominierenden Männlichkeitsleitbild entspricht. Die Praxis des Managements beeinflusst wiederum die verschiedenen Erscheinungsformen von Männlichkeit in der jeweiligen Organisation. Dabei sind, wie im Folgenden gezeigt wird, weder Managementkonzepte noch Männlichkeitskonstruktionen fix, sondern einem historischen Wandel und sozialen Kämpfen unterworfen.

Das Thema Management ist in der Männlichkeitsforschung gegenwärtig sehr zentral, denn der Managermännlichkeit wird die Position der hegemonialen Männlichkeit zugesprochen und dies nicht nur national, sondern weltweit. Unter den Bedingungen der Globalisierung habe sich eine globale Geschlechterordnung („world gender order", Connell 2005: 72) herausgebildet, die über die Wege der internationalen Kommunikation mit den lokalen Geschlechterordnungen interagiert. Zugleich entstehen neue Räume und Felder jenseits der einzelnen Länder und Regionen, etwa trans- und multinationale Kooperationen in der Wirtschaft, aber auch politische Kooperationen, wie die Europäische Union oder die Vereinten Nationen. In den transnationalen Feldern konstituiert sich – so Connell (2005: 77) eine globalisierte hegemoniale Männlichkeit, eine „Transnational Business Masculinity".

Die Analyse dieser Männlichkeit gestaltet sich jedoch ausgesprochen schwierig und die vorliegenden Untersuchungen zeigen kein einheitliches Ergebnis (vgl. auch Meuser 2010a). Laut Connell spiegeln die gefundenen Unterschiede einerseits die Differenzen in der „internationalen Kapitalistenklasse" (Connell 2005: 77) wider, die unterschiedlichen Charakterisierungen können andererseits jedoch auch Resultat der Forschung sein, die ausgesprochen unterschiedliche Quellen (Managermagazine, Umfragen, Interviews) nutzt. Als weitgehend übergreifende Merkmale lassen sich festhalten: eine begrenzte technische Rationalität, ein gesteigerter Egozentrismus, relativierte Loyalitäten gegenüber der eigenen Firma, ein sinkendes Verantwortungsgefühl für andere, außer zur Imagepflege, sowie eine libertine Sexualität mit einer Tendenz zu käuflichen Beziehungen zu Frauen. Diese Männlichkeit muss jedoch nicht von den Managern selbst verkörpert werden. Sie wird vor allem durch die Körper von Elitesportlern repräsentiert, weshalb besonders professionelle Sportevents zur Herstellung und Pflege von Netzwerken und Geschäftsanbahnungen genutzt werden. Generell werden Sport, Fitness und die äußere Erscheinung wichtiger, es lässt sich eine bewusste Kultivierung des Körpers feststellen (vgl. dazu auch Connell/Wood 2005).

Diese dominanzbasierte Männlichkeitskonstruktion fand für Connell einen idealen Ausdruck im Kult des Finanzjongleurs (vgl. Connell 1998). Möglicherweise hatte Connell, als sie die Texte schrieb, Gordon Gekko aus dem Film *Wall Street* (Regie: Oliver Stone, Filmstart 1987) vor Augen gehabt. In der Retrospektive zeigt sich, dass eben diese Filmfigur mit ihrem Habitus nicht nur die Finanzbranche, sondern das kulturelle Leitbild des Managers geprägt hat. So schreibt etwa das *Managermagazin* im Februar 2011: „Gekko wurde mit seinem Credo ‚Gier ist gut' zu einer Identifikationsfigur für eine ganze Generation von Bank-, Geld- und sonstigen Managern." Dies war ganz und gar nicht das Anliegen des Regisseurs, der mit *Wallstreet 1* einen kritischen Film zur Entwicklung des neoliberalen Finanzkapitalismus vorlegen wollte; doch entgegen seiner Intention wurde Michael Douglas als Gordon Gekko zur Kultfigur, die ihre kulturelle Wirkungskraft bis heute entfaltet.[4]

Die wachsende Vereinnahmung der Gesellschaft und der persönlichen Sphäre durch die Wirtschaft spricht dafür, dem Management auch im deutschen Kontext eine herausgehobene Bedeutung zuzuerkennen (vgl. auch Meuser/Scholz 2011). Wenn hegemoniale Männlichkeit durch die soziale Praxis gesellschaftlicher Eliten definiert wird, dann gebührt der „Managermännlichkeit" eine besondere Aufmerksamkeit. Eine eigene Untersuchung über Managementstile in einem Unternehmen der Agrarindustrie (vgl. Scholz 2012: 85 ff.) zeigt durchaus, dass im Wirtschaftsbereich eine bestimmte globalisierte Konstruktion von Männlichkeit an Boden gewinnt, wie sie Connell in ihren Untersuchungen beschreibt. Die angeführte Filmfigur des Brokers Gordon Gekko kann als eine extrem überspitzte Darstellung dieser Männlichkeit gelesen werden, die sich in der sozialen Wirklichkeit in zentralen Kriterien aber durchaus niederschlägt. Die bereits erwähnte Studie zeigt dies deutlich: In einem historischen Verlauf hat sich das Management von einem „paternalistischen Stil" zu einem „wettbewerbszentrierten Managementstil" gewandelt (vgl. dazu auch Collinson/ Hearn 2005; Lange 2003). Der paternalistische Stil bestand darin, dass der Vorgesetzte im Unternehmen, dem Militär oder der Verwaltung mit väterlicher Autorität und mütterlicher Fürsorge agierte. Sie bot den Angestellten für ihre Unterordnung in die betriebliche Hierarchie Sicherheit in ihren Berufskarrieren, zugleich konnten sie sich dieser familialen Autorität und Fürsorge viel weniger entziehen als es in einem rein formalen Unterstellungsverhältnis möglich wäre (vgl. auch Sennett 1990). Zentrales Merkmal des wettbewerbszentrierten Managementstils ist hingegen die Orien-

---

4 Vgl. dazu diverse Kritiken zu *Wall Street 2. Geld schläft nicht* (Filmstart 2010) oder den Beitrag *Die Feindbilder. Manager im Film* im *Managermagazin* 2/2011.

tierung an raschen und hohen Gewinnen auf dem Markt. Im Unterschied zum paternalistischen Management treten hier die Belange der Mitarbeitenden in den Hintergrund. Dies wird jedoch im untersuchten Fall (Scholz 2012) durch die sozialintegrative Schiffsmetaphorik („Wir sitzen alle in einem Boot!"), welche als Leitbild für die Organisationskultur gilt, verdeckt. Dieser Managementstil ist nicht nur in den obersten Führungsetagen handlungsleitend und Bedingung für den Erfolg des Einzelnen, sondern setzt sich in die unteren Etagen fort. Empirisch zeigt sich, dass diejenigen Männer, welche sich mit dem neuen, männlichen Leitbild des „marktorientierten Verkaufsmanagers" (ebd.: 86) identifizieren, auch den Wandlungsprozess der Erwerbsarbeit und der Unternehmenskultur deutlich positiver bewerten und damit persönlich berufliche Aufstiegschancen antizipieren, während jene Arbeitnehmer, die das alte Leitbild eines „wissenschaftlichen Agrarmanagers" (ebd.) weiter vertreten, die Veränderungen negativ bewerten und durchaus in ihrem männlichen Habitus verunsichert sind.

Mit dem Wandel des Managements ist auch eine Umbildung von Männlichkeit verbunden von einer paternalistischen Männlichkeit hin zu einer „aggressiven Wettbewerbsmännlichkeit" (vgl. auch Kerfoot/Knights 1996). Der moderne Manager muss sich zum Experten in Soft Skills und sozialer Kompetenz machen, das Einbringen der ganzen Person erfolgt aber gleichsam methodisch und Emotionen werden „unternehmerisch" eingesetzt (vgl. Connell/Wood 2005). Ein zentrales Merkmal dieser Männlichkeit besteht darin, zum einen den starken Druck auszuhalten, der mit den wachsenden Unsicherheitszonen einer globalen Ökonomie einhergeht, und zum anderen damit klar zu kommen, dass die eigene Karriere alles andere als institutionell gesichert ist. Mit Unsicherheit produktiv umzugehen und sich vom Wandel nicht verunsichern zu lassen, kann dabei als „hegemoniale Männlichkeit unter den Bedingungen von Entgrenzung und wachsenden Unübersichtlichkeiten" (Meuser/Scholz 2011: 67) verstanden werden. Diese konstituiert sich ständig aufs Neue in den ernsten – und tendenziell rigider werdenden – Spielen des Wettbewerbs (vgl. auch Connell/Wood 2005).

Umstritten ist jedoch, ob es tatsächlich *eine* oder *nur eine* hegemoniale Männlichkeit gibt. Diese Frage lässt sich zum gegenwärtigen Zeitpunkt nicht hinreichend beantworten, dazu ist der bisherige Forschungsstand in der Männlichkeitsforschung nicht ausreichend. Verwiesen sei auf die Debatte in der Zeitschrift EWE, in welcher ausgehend von einem Artikel von Michael Meuser (2010b): „Geschlecht, Macht, Männlichkeit – Strukturwandel von Erwerbsarbeit und hegemonialer Männlichkeit" vierzig Forscher und Forscherinnen über diese Frage diskutierten und ein empirisches Forschungsdefizit konstatierten. Meusers (2010a) zusammenfassendes Resümee lautet, dass das Konzept der hegemonialen Männlichkeit als theoretisches Konzept kein Auslaufmodell ist, aber es „nicht ausgemacht" ist, dass in dem „Wettbewerb" unter verschiedenen Männlichkeiten, „die transnational business masculinity, den ‚Sieg' in dem Sinne davon trägt, dass sie zur einzigen hegemonialen Männlichkeit wird" (Meuser 2010a: 422).

Auch lassen sich in den einzelnen Organisationen Kämpfe um die hegemoniale Männlichkeit nachzeichnen. In dieser Hinsicht ist die für Organisationen immer wichtigere Norm der Geschlechtergleichstellung relevant, die, wie oben beschrieben, in Konflikt zum immer noch weitgehend männerbündisch organisierten Management steht. Stephan Höyng und Ralf Puchert untersuchten Ende der 1990er Jahre die Arbeitskultur in der Berliner Verwaltung unter dem Fokus, welche Position männliche Arbeitnehmer zur beruflichen Gleichstellung haben (vgl. Höyng/Puchert 1998a). Sie differenzierten in ihrer Studie drei unterschiedliche Arbeits- und Organisationskulturen, die mit entsprechenden Männlichkeitskonstruktionen korrespondieren. Das männliche Leitbild der Organisation ist der „Übererfüller" (ebd.: 267): Männer dieses Typus realisieren die gesellschaftlichen Erwartungen an Männer bezüglich Leistung und Erfolg, konzentrieren sich ganz auf ihre Berufsarbeit und vernachlässigen den Privatbereich. Haben sie Familie und Kinder, dann ist es die (Ehe-)Frau, die alle Pflichten übernimmt und Hausfrau ist. Mit ihren hohen Arbeitszeiten erfüllen sie die Anforderungen an Männer über das notwendige Maß hinaus, weshalb Puchert und Höyng sie als „Übererfüller" bezeichnen. Diese Männer haben im Management hohe Positionen inne, ihre Arbeits- und Organisationskultur ist in hohem Maße männerbündisch strukturiert. Sie sondern sich von anderen Arbeitnehmer_innen ab, haben ein starkes Zusammengehörigkeitsgefühl, pflegen einen kameradschaftlichen Umgang in oft langjährigen Beziehungen. Diese männerbündische Arbeitskultur hat großen Einfluss auf die ganze Verwaltung. Auch wenn die Führungskräfte offiziell gegenüber Gleichstellung positiv eingestellt sind, widerspricht eine Umsetzung ihrer Lebensweise und Kultur so eklatant, dass eine Unterstützung von Frauen in der Organisation für sie kaum möglich ist. Im technischen Bereich dominiert das Männlichkeitsbild des „guten Ernährers" (ebd.: 263), der sich auf seine Berufsarbeit konzentriert, um seine Familie versorgen zu können. Die Techniker und Ingenieure haben eine nüchterne und funktionsorientierte Arbeitskultur entwickelt, die patriarchalen Werten folgt. Sie sind gegenüber Gleichstellung sehr kritisch eingestellt. Die Autoren verweisen auch auf die Zwänge der traditionellen Familienernährerrolle: Diese männlichen Arbeitnehmer konzentrieren sich nur auf Beruf und Familie, sie haben kaum andere Interessen und stehen unter hohem Druck im Arbeitsleben. Während sie mit ihrer Männlichkeit die Kultur der Übererfüller komplizenhaft stützen, agiert eine Minderheit von Männern gegen das Leitbild des Übererfüllers. Die „Verweigerer und Zeitpioniere" (ebd.: 271) haben Interesse an einem kooperativen Arbeitsstil, an einem guten Arbeitsklima mit flachen Hierarchien und sind gleichstellungsorientiert. Unter Druck gerät dieser Männlichkeitstypus, weil er der hegemonialen Männlichkeit des Übererfüllers zwar kritisch gegenüber steht, zugleich aber mit Abwertungen rechnen muss, die sich negativ auf seine berufliche Karriere auswirken können.

Insgesamt kommen die Autoren zu einem ernüchternden Resultat bezüglich der Umsetzung von Gleichstellungsprogrammen. Die Grenzen der formalen Regelungen sind aus ihrer Sicht erschöpft. Um die Ablehnung, Be- und Verhinderung beruflicher Gleichstellung durch männliche Arbeitnehmer und Führungskräfte zu überwinden, gilt es „die Ziele und Wünsche von Männern" (Höyng/Puchert 1998b: 71) in die Gleichstellungspolitik zu integrieren. Dies bedeutet etwa den Arbeitsdruck, der auf Männern in einer patriarchalen, männerbündischen Arbeits- und Organisationskultur lastet, abzubauen und eine „lebenswerte Zeitkultur" (ebd.) einzuführen, die beiden Geschlechtern erlaubt, sich für die Familie und andere außerberufliche Interessen zu engagieren. Dieser Wandel der Arbeits- und Organisationskultur wird angesichts der prekärer werdenden Arbeitsbedingungen auf der einen Seite und der Transformationen von Vaterschaft hin zu einer emotional involvierten und an Sorgearbeit beteiligten Väterlichkeit auf der anderen Seite immer drängender. Für Väter nehmen die „Doppelbelastungen (zu, d.V.), sodass auch Männer alltägliche Vereinbarkeitsprobleme zu spüren bekommen" (Höyng/Lange 2004: 116). Vor diesem Hintergrund wendet sich die Männlichkeitsforschung vermehrt dem Thema Vaterschaft zu (vgl. Scholz 2012: 110 ff.) und untersucht diese nun auch im Kontext der betrieblichen Organisation (vgl. Alemann/Beaufays/Reimer 2012).

*4 Fazit*

Unser Durchgang durch Studien aus den Bereichen Organisationsforschung und Männlichkeitsforschung hat gezeigt, dass beide Forschungsstränge jeweils anschlussfähig sind. Die Untersuchungen zum Management und Militär zeigen, dass Männlichkeit ein Element der Organisationskultur sein kann oder auch als eine Ressource in mikropolitischen Auseinandersetzungen um Macht und Status fungiert. Häufig entwickeln sich – gerade in Männerdomänen – unterschiedliche Männlichkeiten und damit verknüpfte Auseinandersetzungen um Dominanz. Die Analysen belegen, dass es nicht nur um Dominanz oder Hegemonie geht, sondern, dass Männlichkeit nicht selten eine Ressource der Abwehr von sozialem Abstieg oder Prestigeverlust in Organisationen ist. Dabei darf allerdings nicht übersehen werden, dass der Mainstream der Organisationsforschung und der Männlichkeitsforschung jeweils von unterschiedlichen gesellschaftstheoretischen Grundannahmen ausgeht: die Organisationsforschung von der funktional differenzierten Gesellschaft, die Männlichkeitsforschung vom Konzept der männlichen Herrschaft oder männlichen Hegemonie in Verbindung mit Theorien zur Konstitution des Geschlechterverhältnisses in einer Gesellschaft. Es besteht vor allem bezüglich der Frage nach hegemonialer Männlichkeit in der Theorie wie der Empirie weiterhin ein Forschungsbedarf. Unser Argument lautet, dass die Konstruktion hegemonialer Männlichkeit nicht nur durch die sozialen Eliten erfolgt, sondern diese Elite oder Eliten immer an eine spezifische Organisation gebunden ist/ sind. Den Blick auf die organisationalen Zusammenhänge zu richten, könnte zu einem Erkenntnisgewinn hinsichtlich der Konstitution, Stabilisierung, aber auch der Transformation hegemonialer Männlichkeit führen. Zugleich gilt es unseres Erachtens, die Männlichkeitsforschung stärker mit dem Mainstream der Geschlechterforschung zu verbinden und etwa zu untersuchen, welche Folgen es etwa für die Konstruktion von Männlichkeit hat, wenn Frauen eine als männlich verstandene Sozialisation (bspw. im Militär) durchlaufen oder inwieweit es den Frauen möglich ist, Männlichkeit als Ressource einzusetzen. Dahinter steht die Annahme, dass die Eroberung der Männerdomänen durch Frauen folgenreich ist für die Veränderung von Männlichkeit(en), für die Geschlechterverhältnisse in der Gesellschaft insgesamt, aber auch für die Theorie und die empirische Forschung.

## Weiterführende Literatur

Behr, Rafael (2000). Cop Culture. Der Alltag des Gewaltmonopols. Männlichkeit, Handlungsmuster und Kultur in der Polizei. Opladen: Leske+Budrich.
Bereswill, Mechthild/Meuser, Michael/Scholz, Sylka (2009). Dimensionen der Kategorie Geschlecht. Der Fall Männlichkeit. Münster: Westfälisches Dampfboot (2. Auflage).
Connell, Raewyn (Robert W.) (2013). Der gemachte Mann. Konstruktion und Krise von Männlichkeiten. Wiesbaden: VS (4. Auflage).

## Im Text erwähnte Quellen

Acker, Joan (1992). Gendering organizational theory. In: Mills, Albert J./Tancred, Peta (Hrsg.). Gendering Organizational Analysis. London: Sage, 248–260.
Alemann, Annette von/Beaufays, Sandra/Reimer, Thordis (2012). Gaining Access to the Field of Work Organizations with the Issue of „Work-Family-Life Balance" for Fathers. SFB 882 Working Paper Series No. 7. DFG Research Center (SFB) 882 From Heterogeneities to Inequalities. Bielefeld.
Allmendinger, Jutta/Podsiadlowski, Astrid (2001). Segregation in Organisationen und Arbeitsgruppen. In: Heintz, Bettina (Hrsg.). Geschlechtersoziologie. Sonderband der Kölner Zeitschrift für Soziologie und Sozialpsychologie. Wiesbaden: Westdeutscher Verlag, 276–307.
Apelt, Maja (2004). Männliches Militär und die Subjektkonstruktion weiblicher Soldaten. In: Delitz, Jürgen/Gyldenfeld, Heinrich von/Rimek, Jochen (Hrsg.). Institution im sozialen Wandel. Hamburg: Krämer, 63–87.
Apelt, Maja/Dittmer, Cordula (2007). „Under pressure" – Militärische Männlichkeiten im Zeichen Neuer Kriege und veränderter Geschlechterverhältnisse. In: Bereswill, Mechthild/Meuser, Michael/Scholz, Sylka (Hrsg.). Dimensionen von Geschlecht. Der Fall Männlichkeit. Münster: Westfälisches Dampfboot, 68–83.
Barrett, Frank J. (1999). Die Konstruktion hegemonialer Männlichkeit in Organisationen: Das Beispiel der US-Marine: In: Eifler, Christine/Seifert, Ruth (Hrsg.). Soziale Konstruktionen – Militär und Geschlechterverhältnis. Münster: Westfälisches Dampfboot, 71–91.
Behr, Rafael (2000). Cop Culture. Der Alltag des Gewaltmonopols. Männlichkeit, Handlungsmuster und Kultur in der Polizei. Opladen: Leske+Budrich.
Behr, Rafael (2007). Polizeikultur: Routinen, Rituale, Reflexionen. Bausteine zu einer Theorie der Praxis der Polizei. Wiesbaden: VS.
Bereswill, Mechthild (2007). Sich auf eine Seite schlagen. Die Abwehr von Verletzungsoffenheit als gewaltsame Stabilisierung von Männlichkeit. In: Bereswill, Mechthild/Meuser, Michael/Scholz, Sylka (Hrsg.). Dimensionen der Kategorie Geschlecht. Der Fall Männlichkeit. Münster: Westfälisches Dampfboot, 101–118.

Bereswill, Mechthild (2008). „Im Knast bin ich ein anderer Mensch als draußen". Die biographische Verarbeitung von Institutionenerfahrungen. In: Forum Supervision 16 (31), 52–65.

Bereswill, Mechthild/Greve, Werner (Hrsg.) (2001). Forschungsthema Strafvollzug. Interdisziplinäre Beiträge zur kriminologischen Forschung, Band 21. Baden Baden: Nomos.

Bereswill, Mechthild/Meuser, Michael/Scholz, Sylka (Hrsg.) (2007). Dimensionen der Kategorie Geschlecht. Der Fall Männlichkeit. Münster: Westfälisches Dampfboot.

Böhnisch, Lothar (2012). Männerforschung: Entwicklung, Themen, Stand der Diskussion. Aus Politik und Zeitgeschichte, 62 (40), 24–30.

Bourdieu, Pierre (1997). Männliche Herrschaft. In: Dölling, Irene/Krais, Beate (Hrsg.). Ein alltägliches Spiel. Geschlechterkonstruktion in der sozialen Praxis. Frankfurt: Suhrkamp, 153–217.

Bourdieu, Pierre (2005). Männliche Herrschaft. Frankfurt: Suhrkamp.

Cockburn, Cynthia/Hubic, Meliha (2002). Gender and the Peacekeeping Military: A View from Bosnian Women's Organizations. In: Cockburn, Cynthia/Zarkov, D. (Hrsg.). The Postwar Moment: Militaries, Masculinities and International Peacekeeping. London: Lawrence and Wishart, 103–121.

Collinson, David L./Hearn, Jeff (2005). Men and Masculinities in Work, Organisation, and Management. In: Kimmel, Michael S./Hearn, Jeff/Connell, R.W. (Hrsg.). Handbook of Studies on Men & Masculinities. Thousand Oaks, London, New Delhi: Sage, 289–310.

Connell, Raewyn W. (2005). Globalisation, Imperialism, and Masculinities. In: Kimmel, Michael S./Hearn, Jeff/Connell, Raewyn W. (Hrsg.). Handbook of Studies on Men & Masculinities. Thousand Oaks, London, New Delhi: Sage, 71–89.

Connell, Raewyn W./Wood, Julian (2005). Globalisation and Business Masculinites. In: Men & Masculinities, 7 (4), 347–364.

Connell, Robert W. (1998). Masculinities and Globalization. In: Men and Masculinities, 1 (1), 3–23.

Connell, Robert W. (1999). Der gemachte Mann. Konstruktionen und Krise von Männlichkeiten. Opladen: Leske+Budrich.

Dittmer, Cordula (2007). Military Bodies, Weapon use and Gender in the German Armed Forces. In: Heil, Reinhard/Kaminski, Andreas/Stippak, Marcus/Unger, Alexander u.a. (Hrsg.). Tensions. Technological and Aesthetic (Trans)Formations of Society. Bielefeld: Transcript, 327–336.

Doppler, Doris (2005). Männerbund Management. Geschlechtsspezifische Ungleichheit im Spiegel soziobiologischer und ethnologischer Konzepte. München und Mehring: Rainer Hampp.

Elias, Norbert/Scotson, John L. (1990). Etablierte und Außenseiter. Frankfurt: Suhrkamp.

Erdheim, Mario (1982). Die gesellschaftliche Produktion von Unbewußtheit. Eine Einführung in den ethnopsychoanalytischen Prozeß. Frankfurt: Suhrkamp.

Frevert, Ute (1997). Das Militär als „Schule von Männlichkeit". Erwartungen, Angebote, Erfahrungen im 19. Jahrhundert. In: dies. (Hrsg.). Militär und Gesellschaft im 19. und 20. Jahrhundert. Stuttgart: Klett-Cotta, 145–173.

Frevert, Ute (2001). Die kasernierte Nation. Militärdienst und Zivilgesellschaft in Deutschland. München: C.H. Beck.

Goffman, Erving (1973). Asyle. Über die soziale Situation psychiatrischer Patienten und anderer Insassen. Frankfurt: Suhrkamp.

Hausen, Karin (1976). Die Polarisierung der Geschlechtscharaktere – Eine Spiegelung der Dissoziation von Erwerbs- und Familienleben. In: Conze, Werner (Hrsg.). Sozialgeschichte der Familie in der Neuzeit Europas. Stuttgart: Klett, 363–393.

Hollstein, Walter (2012). Vom Singular zum Plural: Männlichkeiten im Wandel. In: Politik und Zeitgeschichte, 62 (40), 10–16.

Höyng, Stephan/Lange, Ralf (2004). Gender Mainstreaming – ein Ansatz zur Auflösung männerbündischer Arbeits- und Organisationsstrukturen. In: Meuser, Michael/Neusüß, Claudia (Hrsg.). Gender Mainstreaming. Konzepte – Handlungsfelder – Instrumente. Bonn: Bundeszentrale für politische Bildung, 103–119.

Höyng, Stephan/Puchert, Ralf (1998a). Die nicht angenommene Herausforderung: Patriarchale Arbeitskultur, Maskulinitäten und berufliche Gleichstellung. In: Zeitschrift für Frauen- und Geschlechterforschung, 16 (3), 59–75.

Höyng, Stephan/Puchert, Ralf (1998b). Die Verhinderung beruflicher Gleichstellung. Männliche Verhaltensweisen und männerbündische Kultur. Bielefeld: Kleine.

Janowitz, Morris (1971). The Professional Soldier. A Social and Political Portrait. New York, London: Free Press.

Janowitz, Morris/Roger W. Little (1965). Militär und Gesellschaft. Boppard am Rhein: Boldt.

Kerfoot, Deborah/Knights, David (1996). ‚The best is Yet to Come': The Quest for Embodiment in Managerial Work. In: Collinson, David/Hearn, Jeff (Hrsg.). Men as Managers, Managers as Men. Critical Perspectives on Men, Masculinities and Managements. London: Sage, 78–98.

Klein, Uta (2001). Militär und Geschlecht in Israel. Frankfurt, New York: Campus.

Kühne, Thomas (1996). Kameradschaft – „das Beste im Leben des Mannes". Die deutschen Soldaten des Zweiten Weltkriegs in erfahrungs- und geschlechtergeschichtlicher Perspektive. In: Geschichte und Gesellschaft, 22, 504–529.

Lange, Ralf (2003). Management, Männlichkeiten und Geschlechterdemokratie. Zur sozialen Konstruktion von hegemonialer Männlichkeit im Management von Organisationen. In: Heinrich-Böll-Stiftung (Hrsg.). Geschlechterdemokratie wagen. Königstein: Helmer, 105–125.

Luhmann, Niklas (1975). Interaktion, Organisation, Gesellschaft. In: ders.: Soziologische Aufklärung 2. Aufsätze zur Theorie der Gesellschaft. Opladen: Westdeutscher Verlag, 9–21.

Luhmann, Niklas (1976). Funktionen und Folgen formaler Organisation. Berlin: Duncker & Humblot.

Maihofer, Andrea (1995). Geschlecht als Existenzweise. Macht, Moral, Recht und Geschlechterdifferenz. Frankfurt: Helmer.

Meuser, Michael (2006). Geschlecht und Männlichkeit. Soziologische Theorie und kulturelle Deutungsmuster. Wiesbaden: VS (2. Auflage).

Meuser, Michael (2010a). Hegemoniale Männlichkeit – ein Auslaufmodell? In: Erwägen, Wissen, Ethik, 21 (3), 415–431.

Meuser, Michael (2010b). Geschlecht, Macht, Männlichkeit – Strukturwandel von Erwerbsarbeit und hegemonialer Männlichkeit. In: Erwägen, Wissen, Ethik, 21 (3), 325–335.

Meuser, Michael/Scholz, Sylka (2011). Krise oder Strukturwandel hegemonialer Männlichkeit? In: Bereswill, Mechthild/Neuber, Anke (Hrsg.). In der Krise? Männlichkeiten im 21. Jahrhundert. Münster: Westfälisches Dampfboot, 56–79.

Müller, Ursula (2005). Geschlecht, Arbeit und Organisationswandel – Eine Re-Thematisierung. In: Kurz-Scherf, Ingrid/Correll, Lena/Janczyk, Stefanie (Hrsg.). In Arbeit: Zukunft. Münster: Westfälisches Dampfboot, 224–240.

Müller, Ursula/Müller-Franke, Waltraud/Pfeil, Patricia/Wilz, Sylvia (2007). Zwischen De-Thematisierung und Vergewisserung. Geschlechterkonstruktionen im Organisationswandel am Beispiel Polizei. In: Gildemeister, Regine/Wetterer, Angelika (Hrsg.). Erosion oder Reproduktion geschlechtlicher Differenzierungen? Münster: Westfälisches Dampfboot, 32–55.

Scholz, Sylka (2012). Männlichkeitssoziologie. Studien aus den sozialen Feldern Arbeit, Politik und Militär. Münster: Westfälisches Dampfboot.

Scholz, Sylka (2013). Soziologie der Geschlechterverhältnisse und/oder Soziologie der Männlichkeit? Positionierungen im Werk von Michael Meuser. In: Behnke, Cornelia/Lengersdorf, Diana/Scholz, Sylka (Hrsg.). Wissen – Methode – Geschlecht. Wiesbaden: VS, 201–218.

Sennett, Richard (1990). Autorität. Frankfurt: Fischer-Taschenbuch.

Thurnell-Read, Thomas/Parker, Andrew (2008). Men, Masculinity and Firefighting: Occupational Identity, Shop-floor Culture and Organizational Change. In: Emotion, Space and Society, 1 (2), 127–134.

Treiber, Hubert (1973). Wie man Soldaten macht. Sozialisation in „kasernierter Gesellschaft". Düsseldorf: Bertelsmann.

Volmberg, Birgit/Leithäuser, Thomas/Neuberger, Oswald (1995). Nach allen Regeln der Kunst. Macht und Geschlecht in Organisationen. Stuttgart: Kore.

Wang, Shih-Yung/Kleiner, Brian H. (2001). „Sex Discrimination in Fire Fighting Organisations". In: International Journal of Sociology and Social Policy, 21 (8/9/10), 175–183.

Wetterer, Angelika/Poppenhusen, Margot/Voss, Anja (2006). Abschlussbericht des Forschungsprojektes Mädchen und Frauen bei der Freiwilligen Feuerwehr. Entwicklung von Leitlinien für Modellprojekte zur Förderung der Integration von Mädchen und Frauen in die Feuerwehr. Graz, Hannover und Köln im März 2006. Download unter: http://www.lfv-bb.de/dokumente/gesamtdokument,property=pdf,bereich=feuerwehr,rwb=true.pdf (Abruf: 24.4.2013).

Wilz, Sylvia, M. (2005). „Nicht genügend kann davor gewarnt werden..." – Männer und Frauen bei der Polizei. Fakten und Diskurse. In: Ahrens, Jens-Rainer/Apelt, Maja/Bender, Christiane (Hrsg.). Frauen im Militär. Empirische Befunde und Perspektiven zur Integration von Frauen in die Streitkräfte. Wiesbaden: VS, 156–172.

# Teil IV
# Organisation und Geschlecht – Interventionen und Perspektiven

# Gender und Diversity: Eine Diskursgeschichte

*Gertraude Krell*

*1 Einleitung: Warum eine Diskursgeschichte?*

Die in wissenschaftlichen Publikationen vermittelten Bilder von Gender und Diversity sowie von deren Verhältnis zueinander gleichen Vexierbildern. Auf Vexierbildern sehen wir je nach Hinsicht ganz Unterschiedliches. Darum geht es auch in der Geschichte von den Blinden, die auf einen Elefanten treffen: Derjenige, der den Stoßzahn des Tieres anfasst, kommt zu der Auffassung, der Elefant habe die Form eines Speeres. Derjenige, der ihn von der Seite betastet, gelangt zu dem Schluss, der Elefant gleiche einer Wand oder Mauer. Derjenige, der den Rüssel in die Hand nimmt, hält dagegen, der Elefant gleiche einer Schlange, während für den, der das Bein ertastet, feststeht, dass der Elefant einen Baum ähnelt usw. Mit dieser Geschichte wird in Lehrbüchern zu Organisationstheorien die Botschaft vermittelt, dass diese Theorien als „Bilder von Organisationen" (Morgan 1986) jeweils nur bestimmte Ausschnitte oder Aspekte der organisationalen Wirklichkeit beleuchten – und damit zugleich andere ausblenden.

Post-strukturalistische Theorien fokussieren darauf, dass und wie „Wirklichkeiten" überhaupt erst diskursiv erzeugt werden. So versteht Michel Foucault (1981: 74) Diskurse „als Praktiken […], die systematisch die Gegenstände bilden, von denen sie sprechen". Im Rahmen der Diskursforschung werden Diskurse auch als (Spiel-)Felder oder Arenen konzipiert, in denen Vertreter_innen verschiedener Diskurspositionen, verstanden als politische Standorte, „Deutungskämpfe" austragen (Jäger/Jäger 2007).

Eine Diskursgeschichte richtet demnach den Blick auf die mit der Erzeugung wissenschaftlicher Gegenstände verbundenen Deutungskämpfe – oder auch „Spiele der Wahrheit" (Ewald/Waldenfels 1991). Sabine Hark (2005: 259 ff.), von der ich den Begriff übernommen habe, spricht in ihrer „Diskursgeschichte des Feminismus" von „Geschichten über die Geschichte" als „Politik der Erzählungen". Dabei sind die (Re-)Konstruktionen der Vergangenheit immer verwoben mit Positionierungen in der Gegenwart und Perspektiven auf die Zukunft.

Dementsprechend handelt dieser Beitrag davon, wie mit „interessierten" Geschichten über Diversity und das Verhältnis von Gender und Diversity (Wissens-)Politik gemacht wird – eingeschlossen mich als Erzählerin dieser Diskursgeschichte. Dabei gehe ich folgendermaßen vor: Den Auftakt und Ausgangspunkt bilden widerstreitende Erzählungen zu Diversity (Management) und dessen Verhältnis zu Gender (Mainstreaming) aus der deutschsprachigen Geschlechterforschung (2.1a). Diesen gegenübergestellt werden zunächst Entstehungsgeschichten, und zwar erst diskursive Diversity-Erzeugungen von ausgewählten Pionier_innen aus dem „Mutterland" USA (2.1b), und später Entwicklungsgeschichten aus dem englischen und deutschen Sprachraum zu den Vervielfältigungen von Diversity als Konzept und Konstrukt (2.2). Im Schlussteil komme ich noch einmal auf meine Erzählung zur Verbindung von Geschlechter- und anderen Diversitätspolitiken zurück (3).

## 2 Die Entwicklung des Diskursfeldes

### 2.1 Diversity Management als Gegenstand und Produkt von Deutungskämpfen

a) „Gender und Diversity: Albtraum oder Traumpaar?"

So lautete der Titel einer Tagung, die 2006 an der Freien Universität Berlin stattfand. In der Einleitung zum gleichnamigen Tagungsband (Andresen/Koreuber/Lüdke 2009) wird erläutert, mit dem Titel solle das heftig diskutierte Pro und Kontra der Verbindung von Gender (im Sinne von Gender Mainstreaming) und Diversity (im Sinne von Diversity Management oder Managing Diversity als „Unternehmensstrategie") „spielerisch provozierend" aufgegriffen werden (Andresen/Koreuber 2009: 19 ff.).

Für meinen Beitrag, in dem ich für „vielfältige Verbindungen" plädiere, wählte ich damals die Metapher einer – pragmatischen – „Vernunftehe" (Krell 2009a). Zunächst wird dort allerdings die den Paar-Metaphern zu Grunde liegende Vorstellung hinterfragt, Gender und Diversity existierten als zwei völlig getrennte Konstrukte und Konzepte, deren „Vereinigung" abgelehnt oder angestrebt werden könnte. Denn: Auf der einen Seite wird in verschiedenen Hinsichten von einer Vielfalt der Geschlechter ausgegangen.[1] Auf der anderen Seite wird im Rahmen von Diversity-Konzepten Gender als eine zentrale Kategorie betrachtet und behandelt.

Diejenigen, die Diversity Management grundsätzlich *befürworten*, betrachten es deshalb als „Türöffner" oder auch „Trojanisches Pferd" für den Abbau von Diskriminierungen aufgrund des Geschlechts – gerade weil dafür auch mit Wettbewerbsvorteilen geworben wird. Als weiterer Vorteil wird angesehen, dass über Gender hinaus potentiell alles berücksichtigt wird, was ausgrenzungs-, abwertungs-, stigmatisierungs- bzw. diskriminierungsrelevant ist. Das betrifft sowohl gruppenbezogene Zugehörigkeiten und Zuschreibungen als auch individuelle Attribute und Attributionen. Insofern ermöglichen Diversity-Konzepte, vielfältige Dominanzverhältnisse zu erkennen und an ihrer Veränderung zu arbeiten.

Diejenigen, die Diversity Management *ablehnen*, betonen dagegen:[2] Bei diesem Konzept gehe es nur um ökonomische Kalküle. Im Unterschied zu Gender (Mainstreaming) stehe dahinter keine politische Bewegung. Zudem mangele es an einer theoretischen Fundierung. Zwischen den „großen" ungleichheits- oder diskriminierungsrelevanten Kategorien wie Gender (im Kontext Intersektionalität auch Race & Class) und anderen vergleichsweise unbedeutenden Kriterien werde nicht differenziert. Klasse bleibe im Diversity-Diskurs gleich ganz außen vor. Geschlecht und andere Dimensionen von Vielfalt würden nicht als Konstrukte betrachtet und behandelt, sondern vereigenschaftlicht, essentialisiert oder sogar naturalisiert. Diversity sei individualisierend, strukturelle Faktoren sowie Machtverhältnisse blieben unterbelichtet oder gar ganz ausgeblendet.

Eine Trennlinie wird allerdings nicht nur oder nicht erst zwischen Gender und Diversity gezogen, sondern auch schon zwischen Feminismus und Gender (vgl. z. B. Hark 2005: 250 ff.) sowie zwischen Frauen- und Geschlechterpolitik und Gender Mainstreaming. So verwirft Angelika Wetterer (2002) nicht nur Managing Diversity sondern auch Gender Mainstreaming als „Strategien rhetorischer Modernisierung". Michael Meuser (2009: 96, 103) problematisiert „Gender als Humanressource, Humankapital Gender, Gender Marketing" als die neuen „Schlagwörter" und moniert eine damit verbundene „Kapitalisierung der Geschlechterdifferenz". Tove

---

1 Davon zeugen bspw. Ansätze wie „Gender als interdependente Kategorie" (Walgenbach et al. 2007) oder „Intersektionalität" (vgl. z. B. Winker/Degele 2009; Smykalla/Vinz 2011).
2 Auf detaillierte Quellenangaben wird hier verzichtet (vgl. dazu z. B. Krell 2010, 2013).

Soiland (2009: 38, 47) stellt einerseits in den Mittelpunkt ihrer Kritik, neuere Gender- und Diversity-Konzepte gingen von der Annahme aus, Geschlechterhierarchien seien primär durch überkommene Geschlechterstereotype bedingt. Dadurch ließen sie „strukturelle Probleme als vermeintlich individuell lösbare erscheinen" (ebd.). Andererseits würdigt Soiland (im Unterschied zu Wetterer) Gender Mainstreaming positiv als ein „Politikinstrument". Durch Gender-Budgeting könne zu mehr Geschlechtergerechtigkeit in den und durch die öffentlichen Haushalte beigetragen werden. Generell ziele Gender Mainstreaming auf die Steuerung staatlicher Politik als rahmensetzend für Geschlechterpolitiken in Organisationen, wie Verwaltungen und Unternehmen. Insofern sehe sie nicht, „wie Managing Diversity als Instrument der Personalpolitik überhaupt beanspruchen kann, diesen Ansatz weiterzuführen" (Soiland 2009: 40).

In vielen der Beiträge aus dem Feld der deutschsprachigen Geschlechterforschung, die Diversity Management als gleichstellungspolitisches Konzept verwerfen, wird zwar erwähnt, es stamme aus den USA. Aber es wird – und das finde ich bemerkenswert – kaum auf (Original-)Quellen aus den USA eingegangen. Im Folgenden möchte ich deshalb dem hier umrissenen deutschsprachigen Diskurs den US-amerikanischen vergleichend gegenüberstellen.


b) Zurück zu den Wurzeln: Erzählungen aus den USA

Wer wissen will, wann und warum Diversity Management entstand, erfährt dazu im „Handbook of Diversity Management" (Plummer 2003c), das Konzept wurzele in den sozialen Bewegungen der 1950er bis 1970er Jahre *und* in demographischen und ökonomischen Veränderungen der 1980er und 1990er Jahre (vgl. Brazzel 2003: 61). Mit der Angabe von zwei Wurzeln und zwei Zeiträumen integriert der Autor zwei widerstreitende Positionierungen: Für die einen ist Diversity Management ein Produkt der Kämpfe der schwarzen Frauen und Männer, weißen Frauen und anderer Gruppen gegen Ungleichheiten und Unterdrückung in den 1950er bis 1970er Jahren sowie der durch sie bewirkten Gesetzgebungen zu EEO (Equal Employment Opportunities) und AA (Affirmative Action) (vgl. z. B. Cross 2000: XI). Andere ziehen dagegen eine Trennlinie zwischen gesetzlich gebotenen Programmen und Maßnahmen zur Gleichstellung von Schwarzen und Frauen einerseits und Managing Diversity als primär ökonomisch begründetem Konzept andererseits. Sie datieren dessen Entstehung deshalb erst ab Mitte der 1980er Jahre (vgl. z. B. Thomas im Interview mit Johnson 2008: 411). Vertreter_innen beider Positionen unterstreichen die Bedeutung des Buchs „Workforce 2000" (Johnston/Packer 1987) – und (re)konstruieren damit den demographischen Wandel entweder als einen Verstärker oder als einen Auslöser für Diversity Management.

Am Beispiel von Roosevelt Thomas Jr., Taylor Cox Jr., Elsie Cross und Marilyn Loden möchte ich nun verdeutlichen, wie unterschiedlich schon diese vier Pionier_innen Diversity (Management) diskursiv erzeugen.

*Roosevelt Thomas Jr.*

Thomas ist ein schwarzer Mann (oder, wie es in der amtlichen Statistik der USA heißt: African-American). Plummer, die Herausgeberin des schon erwähnten Handbuchs, zählt ihn zu den „Outstanding Scholars" (Plummer 2003a: X). Auch in einem 2008 erschienenen Schwerpunktheft zu Diversity der Zeitschrift „Academy of Management Learning & Education" wird er als „a pioneer and thought leader in the field" gewürdigt (Johnson 2008). Thomas ist nicht nur Gründer und Leiter der R. Thomas Consulting and Training, sondern auch des American Institute for Managing Diversity.

Schon der Titel seines ersten Buches „Beyond Race and Gender: Unleashing the Power of Your Total Work Force by Managing Diversity" (Thomas 1991) signalisiert: Erstens geht es für ihn, wie er immer wieder betont, bei Managing Diversity (oder auch MWFD = Managing Work Force Diversity) nicht um bestimmte Gruppen, sondern um Unterschiede und Gemeinsamkeiten bezogen auf *alle* Beschäftigten. Zweitens soll von der Entfesselung der „Power" aller Beschäftigten durch MWFD in erster Linie das Management profitieren – und nicht die Mitarbeiter_innen oder die Gesellschaft (vgl. auch Thomas 2003: 99).

In einem späteren, auch ins Deutsche übersetzten, Buch erklärt Thomas (2001) das Schaffen von Bedingungen, die für alle „passen", zur Aufgabe nicht nur des Managements, sondern aller Beschäftigten. Zur besseren Bewältigung dieser Aufgabe werden in dem Buch verschiedene Arbeitshilfen präsentiert. Eine davon ist die „moderne Fabel" von der Giraffe, die sich ein Haus baut, und dann den Elefanten, mit dem sie Einiges verbindet, zu sich einlädt, aber beide müssen feststellen, dass ein Giraffenhaus nicht für Elefanten geeignet ist.

Diese Fabel kann als strukturelle Dominanzverhältnisse de-thematisierend gelesen und kritisiert werden. Für Thomas selbst ist sie dagegen „ein kritischer Ansatz, der unser überkommenes Bild von Diversity infrage stellt: dass es nämlich in jeder Situation, jedem Unternehmen, jeder Gesellschaft die ‚Einen', die ‚Normalen', gibt und dann noch die ‚Anderen', die sich in irgendeiner Weise (üblicherweise durch ihr Geschlecht oder ihre Rasse) unterscheiden. In dieser traditionellen Sichtweise werden nur die ‚Anderen' als Diversity gesehen. Sobald wir aber beginnen, Diversity als kollektive Zusammensetzung zu akzeptieren, die sich sowohl aus den ‚Normalen' als auch aus den ‚Anderen' zusammensetzt, wird offenkundig, dass sich Diversity nicht auf Rasse oder Geschlecht oder sonstige Gegensatzpaare beschränkt, sondern dass es eine komplexe, sich ständig erneuernde Mischung von Eigenschaften, Verhaltensweisen und Talenten darstellt" (Thomas 2001: 27). In diesem Zusammenhang problematisiert Thomas auch, dass Personen aufgrund bestimmter Gruppenzugehörigkeiten stereotypisierend bestimmte Eigenschaften und Verhaltensweisen zugeschrieben werden.

*Taylor Cox Jr.*

Auch bei dem zweiten Pionier, der sowohl von Deborah Plummer (2003a: X) zu den „Outstanding Scholars" gezählt als auch in dem genannten Schwerpunktheft vorgestellt wird, handelt es sich um einen Afro-Amerikaner.

In seinem Fall wird das auch als relevant herausgestellt, und zwar sowohl für seine Hinwendung zu Diversity als Arbeitsschwerpunkt als auch für seine diskursive Erzeugung von Diversity Management. Seine ehemaligen Mitarbeiterinnen (Blake-Beard/Finley-Hervey/Harquail 2008) erzählen, welche Lektionen in Sachen Rassismus Cox erhielt: Er wuchs zu Zeiten der „Rassentrennung" in West Virginia auf, dies bedeutete den Besuch einer Schule speziell für Schwarze, gar keinen Zutritt zu vielen Orten oder Verbannung auf die hinteren Sitzreihen. Cox' Vater erwarb als einer der ersten Schwarzen in den USA in den 1950er Jahren einen MBA – als einer der Besten seines Jahrgangs. Trotzdem wurde er nie zu Vorstellungsgesprächen für Fach- und Führungspositionen eingeladen, sondern parkte schließlich Autos in einer Garage ein.

Cox Jr. konnte seine akademischen Abschlüsse (MBA und PhD) schon besser verwerten und arbeitete zunächst im (Hochschul-)Management sowie als Assistant Professor an verschiedenen Universitäten. An der University of Michigan School of Business wurde er dann als erster Afro-Amerikaner Professor auf Lebenszeit. Im Jahr 2000 zog er sich aus der Universität zurück, um in Vollzeit als Pastor tätig sein zu können.

Cox gründete und leitet(e) ebenfalls ein Unternehmen für Diversity-Forschung und -Beratung (Taylor Cox & Associates, Inc.). Seine Beratungstätigkeit erstreckte sich nicht nur auf Unternehmen, sondern auch auf andere Organisationen (z. B. Universitäten) – und auch über die Grenzen der USA hinaus (z. B. auf Süd-Afrika und Australien). Aufgrund seiner Erfahrungen in Australien plädiert er im Geleitwort zu dem von Plummer (2003c) herausgegebenen Handbuch dafür, Regierungen sollten Diversity Management zu einem festen Bestandteil ihrer Innen- und Außenpolitik machen (vgl. Cox 2003: VIII).

In dem 2008 veröffentlichten Porträt wird Cox als derjenige vorgestellt, der zur Etablierung des so genannten Business Case beitrug, indem er die Wettbewerbsvorteile durch Diversity Management herausstellte (vgl. z. B. Cox/Blake 1991).[3] Und wir lernen ihn als jemanden kennen, der schon früh über die Intersektionalität von „Race" und „Gender" forschte (vgl. z. B. Cox/Nkomo 1986; Nkomo/Cox 1989).

Rückblickend und resümierend werden als Cox' zentrale Ziele genannt, Vielfalt zu verstehen und Rassismus, Sexismus sowie andere Formen von Diskriminierung zu bekämpfen (vgl. Blake-Beard/Finley-Hervey/Harquail 2008: 397). Davon zeugt auch das von ihm generierte Diversity-Leitbild der „Multikulturellen Organisation"[4] (vgl. Cox 1991, 1993, 2001):

- Es herrscht Pluralismus und Vielfalt wird wertgeschätzt.
- Alle Beschäftigten sind strukturell integriert, d.h. „kulturelle Identitäten", wie Geschlecht, Rasse, Ethnie oder Nation, haben keinen Einfluss auf Beschäftigungs-, Beförderungschancen oder das Entgelt.
- Alle Beschäftigten haben Zugang zu informellen Netzwerken.

---

3 Der Begriff „Business Case" steht für die ökonomischen Vorteile von Diversity Management. Eine auf hiesige Verhältnisse übertragene – und erweiterte – Zusammenstellung der von Cox/Blake (1991) angeführten Argumente findet sich in Krell/Sieben (2011). Für Cox stehen diese ökonomische Begründungen für Diversity Management allerdings nicht in Widerspruch zu (menschen-)rechtlichen und moralischen (vgl. Cox 1993). Vielmehr vertritt er eine integrative Position.

4 Ein anderes, aber ähnliches, Leitbild ist das der „inklusiven Organisation" (vgl. z. B. Gardenswartz/Rowe 2010; ausführlicher dazu: Krell/Sieben 2011).

*Gertraude Krell*

- Vorurteile und Diskriminierungen werden abgebaut. Das betrifft nicht nur die Interaktion zwischen Personen, sondern auch und insbesondere die Kriterien, Verfahren und Praktiken der Personalpolitik – und damit auch institutionelle oder mittelbare Diskriminierungen.
- Konflikte und Auseinandersetzungen aufgrund von Gruppenzugehörigkeiten werden bearbeitet und dadurch minimiert – inklusive des „Backlash" durch die Mitglieder der dominanten Gruppe.

Zwar werden in dem 2008 erschienenen Schwerpunktheft der „Academy of Management Learning & Education" nur zwei männliche Diversity-Pioniere vorgestellt. Aber es gibt, was wir schon ahnten, auch Pionierinnen. Von zweien möchte ich hier noch erzählen.

*Elsie Cross*

Diese Pionierin, eine schwarze Frau, starb 2009 im Alter von 81 Jahren. Nach dem Erwerb eines MBA und eines Masters in Psychologie sowie beruflichen Erfahrungen in verschiedenen Feldern gründete sie 1977 das Beratungsunternehmen Elsie Y. Cross Associates, das sie bis zum Rückzug in den Ruhestand auch leitete. Cross beriet ebenfalls nicht nur Unternehmen, sondern auch Schulen, Universitäten, Behörden und andere Organisationen – auch über die Grenzen der USA hinaus. Im Newsletter des „Diversity Workforce Network" schildert ihr Sohn, Barry Cross, der das Unternehmen weiterführt, seine Mutter als „diversity's champion and a courageous leader – totally dedicated to the amelioration of oppression, such as racism, sexism and heterosexism" (www.workforcediversitynetwork.com/news_1001_cross.aspx).

Cross' Unternehmen gab von 1992 bis 2011 die Zeitschrift „The Diversity Factor", ein E-Journal, heraus. Cross ist Mit-Herausgeberin des Sammelbandes „The Promise of Diversity: Over 40 Voices Discuss Strategies for Eliminating Discrimination in Organizations" (Cross et al. 1994). Ihr Buch „Managing Diversity: The Courage to Lead" beginnt mit dem Satz, es reflektiere mehr als 30 Jahre Diversity-Arbeit und Lebenserfahrung (vgl. Cross 2000: VII).

In diesem Buch wendet sie sich entschieden gegen den Vorwurf, durch EEO/AA und Managing Diversity, das für sie deren Weiterführung darstellt, würden nun die bisher Unterdrückten privilegiert und die bisher Privilegierten diskriminiert. Um diejenigen Leser_innen, die zur dominanten

Gruppe (bei ihr: Weiße, Männer, Nichtbehinderte und Heterosexuelle) gehören, für die Erfahrung von Rassismus, Sexismus und anderen Formen von Unterdrückung zu sensibilisieren, entscheidet sie sich für die Form der Erzählung. Und sie wählt die – exemplarische – Geschichte, die sie am besten kennt: ihre eigene als schwarze Frau, verknüpft mit der Geschichte der USA. Die Lektüre dieser Geschichte kann ich hier nur weiterempfehlen. Vor diesem Hintergrund erklärt Cross auch, wenn ihr jemand sage, bei Managing Diversity gehe es um alle Arten von Unterschieden, dann verblüffe sie das. Es sei doch offensichtlich, dass nicht alle Unterschiede gleich behandelt würden (vgl. Cross 2000: 14 ff.).

*Marilyn Loden*

Loden wird von Plummer (2003a: X) ebenfalls zu den „Outstanding Scholars" gezählt. Auch diese Pionierin, eine weiße (oder auch Caucasian/ Anglo-) Frau, ist Gründerin und Leiterin eines Beratungsunternehmens (Loden Associates), zu dessen Klientel in Sachen Gender und Diversity nicht nur privatwirtschaftliche Unternehmen gehören.

Lodens Weg zum Thema Diversity führte über den Arbeitsschwerpunkt „Frauen im Management". In diesem Zusammenhang habe ich sie als eine prominente Vertreterin der These von der Existenz und Vorteilhaftigkeit eines „typisch weiblichen Führungsstils" (vgl. Loden 1988) kennen gelernt – und kritisiert (vgl. Krell 2008).

Das von ihr mitverfasste Buch „Work Force America: Managing Employee Diversity as a Vital Resource" enthält folgende kritische Beschreibung der am „homogenen Ideal" der weißen Männer orientierten Überzeugungen (Loden/Rosener 1991: 28):

1. Anders zu sein ist gleichbedeutend damit, Defizite zu haben.
2. Vielfalt stellt eine Bedrohung für das effektive Funktionieren der Organisation dar.
3. Wer hinsichtlich der Werte der dominanten Gruppe[5] Unbehagen empfindet oder äußert, ist überempfindlich.
4. Die Mitglieder der besonderen Gruppen sollen und wollen so sein wie die dominante Gruppe.

---

5 „The term *dominant group* refers to those people with a disproportional amount of power and influence within organizations" (Loden/Rosener 1991: 37; Herv. i. O.).

5. Gleichbehandlung bedeutet, alle über einen Kamm zu scheren.
6. Es ist erforderlich, die Menschen anzupassen und nicht die Organisationskultur.

Wie Thomas bezieht Loden Vielfalt auf alle Organisationsmitglieder – inklusive der dominanten Gruppe. Im Zentrum ihres „Diversity-Rades" steht deshalb die Persönlichkeit. Im nächsten – inneren – Kreis folgen Gender, Ethnie, Rasse, Alter, sexuelle Orientierung und (Nicht-)Behinderung, die als primäre, relativ unveränderliche Merkmale konzipiert werden. In einem weiteren Kreis kommen noch so genannte sekundäre, veränderliche Merkmale hinzu: darunter Bildung, Einkommen, familiärer Status, Arbeitsstil, Wohnort, Funktion und Stellung in der Organisation (vgl. z. B. Loden 2003: 313).

Wie Thomas – und anders als Cox und Cross – vertritt Loden eine konfrontative Position, d.h. sie grenzt Managing Diversity von EEO und AA ab. Jene seien ethisch begründet und vom Staat qua Gesetz aufgezwungen, Managing Diversity werde dagegen freiwillig und aufgrund ökonomischer Vorteile realisiert. Jene fokussierten auf Probleme, Managing Diversity dagegen auf Chancen (vgl. z. B. Loden/Rosener 1991: 198). In ihrem Beitrag im „Handbook of Diversity Management" unterstreicht sie noch einmal, es gehe nicht um das Problem der Persistenz institutioneller „isms" (wie Sexism & Racism) als „diversity issues", sondern um „diversity opportunities" (Loden 2003: 308 f.).

*Erstes Zwischenfazit und Ausblick*

Schon diese vier Beispiele verdeutlichen, dass die referierte (Fundamental-)Kritik den vielfältigen diskursiven Erzeugungen von Diversity nicht gerecht wird. Das gilt erst recht angesichts der inzwischen noch größer gewordenen Vielfalt der Deutungen, Positionierungen und Erzeugungen (vgl. 2.2).

Die mit den unterschiedlichen Entstehungs-Geschichten verbundenen Diskurspositionen sind nicht nur bedeutsam für die (Re-)Konstruktion der Vergangenheit, sondern auch für „Die Ordnung der Dinge" (Foucault) in der Gegenwart. So wird mit Blick auf die USA Mitte der 2000er Jahre von „zwei Lagern" berichtet: auf der einen Seite die Vertreter_innen der „Business-Perspektive" und auf der anderen die der „Equity-Perspektive", die sich in der Tradition der Human-Rights-Bewegung(en) verorten. Beide

Seiten machten in Interviews im Herbst 2004 deutlich, „dass sie das Konzept Diversity Management anwenden – allerdings mit ganz unterschiedlichen Überzeugungen, Grundpositionen und Werthaltungen" (Vedder 2006: 7).

Mit den beiden „Lagern" müssen allerdings nicht unterschiedliche Konzeptgestaltungen einhergehen. Die Pointe dieser Geschichte sehe ich vielmehr darin, dass beide Seiten das Gleiche oder sehr Ähnliches tun können, sich dabei aber kritisch bis ablehnend beäugen, weil auf der Gegenseite andere/„falsche" Beweggründe vorliegen oder vermutet werden.[6]

Wie schon am Beispiel von Cox und Cross verdeutlicht, gibt es neben solchen konfrontativen Positionierungen aber auch integrative, die ökonomische, rechtliche und ethisch-moralische Argumente für Diversity Management nicht gegeneinander ausspielen, sondern als prinzipiell miteinander vereinbar ansehen.[7] Die viel zitierte Unterscheidung zwischen dem (menschen-)rechtlich orientierten Fairness- und Diskriminierungsparadigma, dem ökonomisch orientierten Markteintritts- und Legitimitätsparadigma und dem ganzheitlichen Lern- und Effektivitätsparadigma (vgl. Thomas/Ely 1996; Ely/Thomas 2001) kann als konfrontativ kategorisiert werden, weil die ersten beiden Etiketten einander gegenübergestellt werden, oder als integrativ, weil es nicht nur These und Antithese gibt, sondern auch das Lern- und Effektivitätsparadigma als Synthese. Diese drei „Paradigmen" werden auch als Entwicklungsphasen oder -stadien interpretiert (vgl. z. B. Bruchhagen/Koall 2010).

Nach diesen „Geschichten über die Geschichte" soll es nun um neuere Entwicklungen als weitere Vervielfältigungen und die damit verbundenen Deutungskämpfe gehen.

*2.2 Weitere Vervielfältigungen von Diversity als Konzept und Konstrukt*

Dieser Teil ist untergliedert nach a) Forschungskonzepte/-felder, b) Praxiskonzepte/-felder und c) (Be)Deutungskämpfe um Dimensionen von

---

6 Wie schon angesprochen, werden auch von Vertreter_innen der "Equity-Perspektive" ökonomische Argumente verwendet.
7 Auf das damit verbundene Spannungsfeld verweist bspw. der Titel "Diversity Outlooks: Managing Diversity zwischen Ethik, Profit und Antidiskriminierung" (Koall/Bruchhagen/Höher 2007).

Vielfalt.[8] Ausgangspunkt und Anlass für meine „Politik der Erzählungen" ist auch hier das „Diversity-Bashing" seitens vieler Frauen- und Geschlechterforscher_innen im deutschsprachigen Raum. Der Wahrheitsanspruch ihrer „Bilder von Diversity" wird nun durch – chronologisch angeordnete – Entwicklungsgeschichten aus dem englischen und deutschen Sprachraum hinterfragt.

a) Forschungs-Konzepte/-felder

In Diskussionen über Gender und Diversity wird immer wieder folgende Gegenüberstellung vorgenommen: Auf der einen Seite die feministische Theorie mit ihrem macht- und herrschaftskritischen Fokus oder auch das umfassende Wissen der Gender Studies und auf der anderen Seite das „theorielose"/„theoriearme"/„untertheoretisierte" und/oder „machtblinde" Diversity Management. An dieser Gegenüberstellung finde ich zunächst bemerkenswert, dass als Pendant zu Diversity Management als Praxiskonzept nicht Gender Mainstreaming gesetzt wird, sondern die Gender Studies – und insofern „Äpfel mit Birnen verglichen" werden. Im Folgenden geht es nun um das in diesem Zusammenhang gezeichnete Bild von Diversity (Management).

Michael Brazzel (2003) benennt als „*theoretische Wurzeln von Diversity Management*" wissenschaftliche Erkenntnisse aus verschiedenen Disziplinen, die darauf zielen, Individuen, Gruppen, Organisationen, Gemeinschaften (Communities) und Gesellschaften zu verändern. Im Zentrum stehen Beiträge zur Organisationsentwicklung, die Veränderungen von Individuen und Gruppen einschließen. Hinzu kommen Ansätze zur Veränderung von Gemeinschaften und Gesellschaften – und damit zugleich von Organisationen von außerhalb. Mit Blick auf Gender erwähnt werden von ihm bspw. „The Feminist Mystique" (Friedan 1963), „Men and Women of the Corporation" (Kanter 1977) und „Making Gendered People: Bodies, Identities, Sexualities" (Connell 1999).

Zur Institutionalisierung von „*Diversity Studies*" als integrierende Forschungsrichtung oder auch Forschungsprogramm im deutschsprachigen

---

8 Zu den Deutungskämpfen um das Verhältnis von Geschlechterforschung und Gleichstellungspraxis vgl. z. B. Lüdke/Runge/Koreuber (2005), Wetterer (2008) und Knapp (2011).

Raum beitragen soll der gleichnamige Sammelband (Krell et al. 2007b). Integration wird dabei bezogen auf

- Forscher_innen und Erkenntnisse aus verschiedenen Disziplinen (vertreten sind: Anthropologie, Betriebswirtschaftslehre, Ethnologie, Erziehungswissenschaft, Medizin, Politikwissenschaft, Rechtswissenschaft und Soziologie),
- verschiedene Arbeitsschwerpunkte und Perspektiven (wie z. B. Gender Studies,[9] Postcolonial Studies, Antisemitismus-, Alter(n)s- und Behindertenforschung) und
- mit Konstrukten, wie Differenz, Alterität, Identität, Hybridität, verbundene unterschiedliche theoretische Perspektiven.

Das verspricht Synergieeffekte – bspw. hinsichtlich der Analyse der Konstruktion oder „Fabrikation" (im Sinne von Butler) von Geschlecht, Alter, Ethnie usw. Hinzu kommt, dass Verschränkungen von Geschlecht und anderen Dimensionen von Vielfalt besser berücksichtigt werden können. Für Theoriearbeit mit einem engen Praxisbezug steht das Leitmotiv „arbeiten an und mit Diversity" (Krell et al. 2007a: 14). Dieses Arbeiten nicht nur „mit", sondern auch „an" Diversity soll zudem eine kritische Auseinandersetzung mit bestimmten Erzählungen als Lesarten oder Erzeugungen signalisieren.

Die Trennlinien zwischen kritischen und nicht-kritischen Ansätzen – und auch die zwischen unterschiedlichen kritischen Positionierungen – sind einmal mehr Gegenstand und Produkt von Deutungskämpfen. Die Geschichte der *„Critical Diversity Studies"* erzählen Patrizia Zanoni, Maddy Janssens, Yvonne Benschop und Stella Nkomo (2010) wie folgt: Diese Forschungsrichtung entstand Mitte der 1990er Jahre – als Reaktion auf die dominante Rhetorik der Vertreter_innen der Business-Perspektive (wie z. B. Roosevelt Thomas Jr.). Ihr Anliegen ist zunächst, alternative Verständnisse von Diversity zu generieren. Dafür werden ganz unterschiedliche Ansätze verwendet: Post-Strukturalismus, Diskursanalyse, Cultural Studies, Post-Kolonialismus, Institutionalismus und die Labour-Process-Theorie.[10] Als der, bei aller Unterschiedlichkeit dieser theoretischen Perspektiven, gemeinsame Nenner der Critical Diversity Studies wird herausgestellt: „They share, at the core, a non-positivistic, non-essen-

---

9 Diese werden auch als eigene Disziplin angesehen und institutionalisiert.
10 Im Text werden diese jeweils um exemplarische Quellenangaben ergänzt. Darauf verzichte ich hier aus Platzgründen.

tialist understanding of diversity – as well as the socio-demographic identities subsumed under this term – as socially (re)produced in on-going, context-specific processes. Crucially, they underline how such processes and the resulting understandings both reflect existing unequal power relations within a given context and contribute to maintaining, resisting and/or transforming them" (Zanoni et al. 2010: 10). Abschließend wird noch einmal betont, diese kritische Perspektive ziele auf Veränderungen nicht nur der Forschung, sondern auch der herrschenden Verhältnisse – durch radikale und alternative Diversity-Projekte.

Angesichts der Fülle der (nicht nur) hier genannten theoretischen Zugänge ist es wenig überraschend, dass nicht nur „zu wenig Theorie" bemängelt wird, sondern auch „zu viele – verschiedene – Theorien". Solchen Klagen über theoretische Uneinheitlichkeit oder Unübersichtlichkeit wird wiederum entgegengehalten: Gerade der Verzicht auf vereinheitlichende und damit vereinfachende Theorien eröffnet – in Theorie und Praxis – die Möglichkeiten „für die vielen Erzählungen vieler Erzählender" (Bruchhagen/Koall 2010: 943).

b) Praxis-Konzepte/-felder

Eine andere Geschichte als die von Diversity Management als einer „Unternehmensstrategie" erzählen schon die Porträts der vier Pionier_innen, deren Beratungstätigkeit sich mitnichten auf privatwirtschaftliche Unternehmen beschränkt. Auch Brazzel (2003: 52) benennt mit Blick auf die USA ein breiteres Spektrum an Praxisfeldern, wie NGOs, (Hoch-)Schulen, Behörden, Gewerkschaften, politische Parteien, Regierungen.

In *Deutschland* ist Diversity zwar zunächst hauptsächlich in Unternehmen realisiert worden, findet sich aber zunehmend auch in Politik und Verwaltung, Hochschulen und anderen Organisationen. Wie vielfältig die Praxisfelder inzwischen geworden sind, lässt sich bspw. an der Liste der Unterzeichnenden der „Charta der Vielfalt" ablesen (vgl. www.charta-der-vielfalt.de).

Auch gibt es mit „Diversity Education" (Prengel 2007) und „Diversity Politics" (Riedmüller/Vinz 2007) inzwischen kontextspezifische Konzepte. Hinzu kommt: Für Diversity-Konzepte ist inzwischen in Praxis – und Wissenschaft – eine *Vielzahl an Namen* erfunden und erzeugt worden. Sie lauten bspw. Diversity, Diversity Management, Diversity & Inclusion, Diversity Mainstreaming,[11] Diversity Policies sowie im deutschsprachigen Raum auch Diversitätsmanagement[12], Diversitätspolitik, Vielfalt und Chancengleichheit (um diejenigen anzusprechen, die Anglizismen ablehnen). Bei dieser „Politik der Bezeichnungen" geht es auch und insbesondere darum, bei den jeweils Adressierten negative Assoziationen zu verhindern oder zu verringern und positive hervorzurufen oder zu verstärken.

Zum Wahrheitsanspruch der Geschichte, Diversity Management sei *beschränkt auf Personalpolitik*, wurde ebenfalls schon Relativierendes gesagt. Je nach Kontext fokussieren Diversity-Konzepte auch auf die Vielfalt von Kund_innen, Klient_innen, Patient_innen, Studierenden, Bürger_innen und anderen Bezugsgruppen. Anwendungsorientierte Konzepte wie Diversity-Marketing werden wiederum kritisiert, weil bzw. wenn sie auf die Gewinnung und Bindung zahlungskräftiger Konsument_innen abzielen (vgl. z. B. Mir/Mir/Wong 2006: 179), ethnisieren (vgl. z. B. Schuchert-Güler/Eisend 2007) oder Zweigeschlechtlichkeit (re)produzieren und naturalisieren (vgl. z. B. Krell 2009b).

c) (Be)Deutungskämpfe um Dimensionen von Vielfalt

Hier ist die Vervielfältigung schon konzeptionell angelegt. Das am Ende von Auflistungen möglicher Dimensionen von Diversity übliche „usw." ist aber nicht, wie von einigen Kritiker_innen unterstellt, zwingend gleichbedeutend damit, dass alle möglichen Unterscheidungen als gleich-gültig betrachtet und behandelt werden. Es soll vielmehr für eine kategorische Offenheit für kontextabhängige Relevanzen stehen – und damit zugleich für Verständigungsprozesse darüber, was jeweils relevant ist oder besser: gemacht werden sollte. Für Verena Bruchhagen und Iris Koall (2010: 943 f.) besteht das Potenzial von Diversity gerade „in den subtilen Momenten der Komplexitätserhöhung, vor allem aber in der Reflexion und Bearbeitung der an sie gebundenen Irritationen und Anstrengungen". Beispiele für solche Irritationen sind die Fragen nach Stigmatisierung in Or-

---

11 Die Bezeichnung „Diversity Mainstreaming" verwendet die britische Politikwissenschaftlerin Judith Squires (2007), um gegenüber Kritiker_innen von Diversity-Konzepten deren politischen Anspruch zu unterstreichen.
12 Eine Forschungsgruppe der Wirtschaftsuniversität Wien arbeitet mit dem Etikett „Gender- und Diversitätsmanagement" (Bendl/Hanappi-Egger/Hofmann 2004, 2006 sowie Edeltraud Hanappi-Egger/Helga Eberherr in diesem Band).

ganisationen aufgrund von „zu viel" oder „falschem" Wissen (vgl. Zimmer/Wegener 2006) oder nach Raucher_innen als den neuen Unterdrückten (vgl. Cooper 2011).

Die durch die konzeptionelle Öffnung erzeugte Komplexität wird allerdings in Forschung und Praxis immer wieder reduziert. In den USA benennen Forscher_innen und Berater_innen die so genannten „Big 8": „Race, Gender, Ethnicity/Nationality, Organizational Role/Function, Age, Sexual Orientation, Mental/Physical Ability, Religion" als die am häufigsten berücksichtigten Dimensionen (vgl. Plummer 2003b: 25 ff.). Im gleichen Handbuch findet sich bei Brazzel (2003: 81) eine Liste von ebenfalls acht „Social Identity Groups", die aber „Class" statt „Organizational Role/Function" enthält. Im „Handbook of Workplace Diversity" (Konrad/Prasad/Pringle 2006) werden diskriminierungsrelevante Faktoren berücksichtigt, unabhängig davon, ob sie Gegenstand von Antidiskriminierungs-Gesetzen sind (Prasad/Pringle/Konrad 2006: 2). Neben den üblichen Beiträgen, zu denen immer solche über Gender gehören, enthält es ebenfalls einen Beitrag zu „Class" (Scully/Blake-Beard 2006) sowie einen weiteren zu „Appearance and Obesity" (Bell/McLaughlin 2006; vgl. auch Vedder/Vedder 2012). Komplexitätsreduktionen stehen demnach als Gegenbewegungen Komplexitätserhöhungen gegenüber – und umgekehrt. Insofern kann von einem Wechselspiel von Komplexitätsreduktion und -erhöhung ausgegangen werden, das sowohl kontextabhängig als auch interessengeleitet – und deshalb auch ein „Wahrheitsspiel" (Foucault) – ist.

Damit komme ich zur Frage, ob, wie von vielen befürchtet, mit Diversity ein Bedeutungsverlust von Gender einhergeht. Empirische Studien zeigen, dass Gender oder Geschlecht nicht nur als eine der so genannten Kern-Dimensionen von Diversity gilt, sondern in vielen Kontexten sogar als die wichtigste. In einer zwar nicht repräsentativen, aber dennoch aufschlussreichen schriftlichen Befragung zur Relevanz von Diversity(-Dimensionen) in der Personalforschung an Universitäten in Deutschland, Österreich und der Schweiz wird von den 39 Antwortenden am häufigsten Geschlecht genannt, dicht gefolgt von Kultur (hier verwendet als Sammelbegriff für nationale oder ethnische Herkunft/Zugehörigkeit) und mit deutlich größerem Abstand von Alter (vgl. Krell/Pantelmann/Wächter 2006). Hier könnte man demnach von den „Big 3" sprechen. Die von Sabine Lederle (2008: 227) interviewten 15 ausgewählten Diversity-Manager_innen deutscher Großunternehmen nennen alle Geschlecht, das damit ebenfalls auf Platz eins landet, gefolgt von Behinderung und „Herkunft/Religion". In einer aktuellen Studie über die deutschen DAX-30-Unternehmen im

Jahr 2012 kommt Petra Köppel (2012: 1) zu dem Ergebnis: „Nach wie vor genießt Gender höchste Priorität".

Köppel konstatiert aber auch, dass im Ergebnis noch keine tiefgreifenden Veränderungen zu verzeichnen sind. Dass die Erfolgsmeldungen bescheiden ausfallen, ist wiederum nicht auf Diversity beschränkt, sondern gilt für alle Konzepte der Geschlechtergleichstellung.

*Zweites Zwischenfazit und Ausblick*

Diversity-Konzepte werden uns zwar die Gleichstellung der Geschlechter in Organisationen genau so wenig auf dem Silbertablett liefern wie diejenigen Konzepte, die vorher existierten und parallel existieren, aber wir können etwas daraus und damit machen, um diesem Ziel näher zu kommen.

Gender war, ist und bleibt eine zentrale Dimension von Diversity. Aber es gibt Akteur_innen, die andere Schwerpunkte setzen. Deshalb ist für die Zukunft von Gender entscheidend, wer sich in Deutungskämpfen und/oder Aushandlungsprozessen über die Relevanz dieser Diversity-Dimension, über ihr Verhältnis zu anderen – mit ihr verschränkten – Dimensionen sowie über weitere Fragen der Ausgestaltung und Reichweite von Diversity-Konzepten durchsetzt (vgl. dazu auch Krell 2013). Auf eine dieser Gestaltungsfragen, die Verbindung von Geschlechterpolitik(en) mit anderen Diversity-Politiken, möchte ich abschließend noch etwas genauer eingehen.

*3 Zum Schluss: Vielfältige Verbindungen revisited*

In meinem früheren „Plädoyer für vielfältige Verbindungen" (Krell 2009a) unterscheide und erörtere ich als drei mögliche Varianten: „Diversity unter dem Dach Gender", „Gender & Diversity"[13] sowie „Gender unter dem Dach Diversity". Das möchte ich hier revidieren, weil dort ausgeblendet wurde, dass es noch andere speziell auf einzelne Diversity-Dimen-

---

13  Von dem „Doppelnamen" gibt es wiederum verschiedene Versionen: Bspw. GDO (= Gender & Diversity in Organizations) als ein Bereich der „Academy of Management" (division.aomonline.org/gdo/), „Gender- und Diversitätsmanagement" (Bendl/Hanappi-Egger/Hofmann 2004, 2006 und Edeltraud Hanappi-Egger/Helga Eberherr in diesem Band) sowie „Gender plus Diversity" (Schiederig/Vinz 2011).

sionen fokussierende (Gleichstellungs-)Politiken gibt. Sowohl interessenpolitisch als auch rechtlich bedingt finden wir, insbesondere in Verwaltungen und Hochschulen, neben Gender Mainstreaming, (Inter-)Cultural Mainstreaming oder auch Interkulturelle Öffnung, Disability Mainstreaming, Queer Mainstreaming, Age Mainstreaming usw. (vgl. z. B. Smykalla 2010: 9 f.). Dadurch werden die potentiell möglichen und auch in der Praxis existierenden Kombinationen vielfältiger:

(1) Diversity kann unter dem Dach Gender realisiert werden.
(2) Gender- plus andere „dimensionsspezifische" Politiken/Zuständigkeiten existieren nebeneinander. Ob mit Blick auf diese Variante davon gesprochen wird, die einzelnen Politiken existierten „eigenständig" oder „fragmentiert", signalisiert schon unterschiedliche Bewertungen.
(3) Gender- plus andere „dimensionsspezifische" Politiken/Zuständigkeiten bleiben bestehen, und dazu kommen noch Diversity/Antidiskriminierung als Querschnittsfunktionen. Damit sind in jedem Fall Schnittstellen- und Abstimmungsprobleme programmiert.
(4) Gender- plus andere Politiken/Zuständigkeiten bleiben bestehen, werden aber abgestimmt durch ein Netzwerk, einen runden Tisch oder Ähnliches.[14]
(5) Gender- plus andere „dimensionsspezifische" Politiken/Zuständigkeiten werden unter dem Dach Diversity integriert. Diese Variante kann wiederum sehr unterschiedlich ausgestaltet werden. In Großunternehmen bspw. sind häufig die für Gender (dort in der Regel als „Chancengleichheit" bezeichnet) Zuständigen zu Diversity-Manager_innen gemacht worden. In Organisationen, wo bereits mehrere „dimensionsspezifische" Politiken/Zuständigkeiten existieren, könnten diese immer noch bestehen bleiben, aber nicht (wie bei Variante 3) neben, sondern im Organigramm unterhalb von Diversity angeordnet.

Die jeweils für den Einzelfall – und dort für möglichst viele Beteiligte – passende Kombination der verschiedenen Gleichstellungspolitiken zu fin-

---

14 Ein Beispiel dafür ist das Netzwerk „Vielfalt und Chancengleichheit" im Land Berlin. Dort sind vertreten: die Landesstelle für Gleichbehandlung – gegen Diskriminierung (LADS), die Abteilung Frauen und Gleichstellungspolitik, die Beauftragte des Berliner Senats für Integration und Migration, der Fachbereich Gleichgeschlechtliche Lebensweisen der LADS, der Landesbeauftragte für Menschen mit Behinderung, die Abteilung Soziales, Bereich Senior/innen und der Beauftragte für Kirchen, Religions- und Weltanschauungsgemeinschaften.

den und zu realisieren, betrachte ich als eine der großen Herausforderungen für die gegenwärtige und zukünftige Diversity-Praxis. Aber auch das ist nur eine von vielen möglichen Diversity-Geschichten.

*Weiterführende Literatur*

Andresen, Sünne/Koreuber, Mechthild/Lüdke, Dorothea (Hrsg.) (2009). Gender und Diversity: Albtraum oder Traumpaar? Wiesbaden: VS.

Konrad, Alison M./Prasad, Pushkala/Pringle, Judith K. (Hrsg.) (2006). Handbook of Workplace Diversity. London, Thousand Oaks, New Delhi: Sage.

Krell, Gertraude/Riedmüller, Barbara/Sieben, Barbara/Vinz, Dagmar (Hrsg.) (2007). Diversity Studies. Frankfurt, New York: Campus.

Plummer, Deborah L. (Hrsg.) (2003). Handbook of Diversity Management. Lanham, New York, Oxford: University Press of America.

*Im Text erwähnte Quellen*

Andresen, Sünne/Koreuber, Mechthild (2009). Gender und Diversity: Albtraum oder Traumpaar? Eine Einführung. In: Andresen, Sünne/Koreuber, Mechthild/Lüdke, Dorothea (Hrsg.). Gender und Diversity: Albtraum oder Traumpaar? Wiesbaden: VS, 19–33.

Andresen, Sünne/Koreuber, Mechthild/Lüdke, Dorothea (Hrsg.) (2009). Gender und Diversity: Albtraum oder Traumpaar? Wiesbaden: VS.

Bell, Myrtle P./McLaughlin, Mary E. (2006). Outcomes of Appearance and Obesity in Organizations. In: Konrad, Alison M./Prasad, Pushkala/Pringle, Judith K. (Hrsg.). Handbook of Workplace Diversity. London, Thousand Oaks, New Delhi: Sage, 455–474.

Bendl, Regine/Hanappi-Egger, Edeltraud/Hofmann, Roswitha (Hrsg.) (2004). Interdisziplinäres Gender- und Diversitätsmanagement. Wien: Linde.

Bendl, Regine/Hanappi-Egger, Edeltraud/Hofmann, Roswitha (Hrsg.) (2006). Agenda Diversität: Gender- und Diversitätsmanagement in Wissenschaft und Praxis. München und Mering: Rainer Hampp.

Blake-Beard, Stacy D./Finley-Hervey, Joycelyn A./Harquail, Celia Virginia (2008). Journey to a Different Place: Reflections on Taylor Cox, Jr.'s Career and Research as a Catalyst for Diversity Education and Training. In: Academy of Management Learning & Education, 7 (3), 394–405.

Brazzel, Michael (2003). Historical and Theoretical Roots of Diversity Management. In: Plummer, Deborah L. (Hrsg.). Handbook of Diversity Management. Lanham, New York, Oxford: University Press of America, 51–93.

Bruchhagen, Verena/Koall, Iris (2010). Managing Diversity: Ein (kritisches) Konzept zur produktiven Nutzung sozialer Differenzen. In: Becker, Ruth/Kortendiek, Beate unter Mitarbeit von Budrich, Barbara/Lenz, Ilse/Metz-Göckel, Sigrid/Müller, Ursula/Schäfer, Sabine (Hrsg.). Handbuch Frauen- und Geschlechterforschung. Wiesbaden: VS, 939–946, (3. Auflage, zuerst 2004).

Connell, Robert W. (1999). Making Gendered People: Bodies, Identities, Sexualities. In: Feree, Myra Marx/Lorber, Judith/Hess, Beth B. (Hrsg.). Revisioning Gender. Thousand Oaks et al.: Sage, 449–471.

Cooper, Davina (2011). From Blokes to Smokes: Differenzen theoretisieren. In: Castro Varela, Maria do Mar/Dhawan, Nikita (Hrsg.). Soziale (Un)Gerechtigkeit. Kritische Perspektiven auf Diversity, Intersektionalität und Antidiskriminierung (Politikwissenschaft Band 158). Münster: LIT, 78–98.

Cox Jr., Taylor H. (1991). The Multicultural Organization. In: Academy of Management Executive, 5 (2), 34–47.

Cox Jr., Taylor H. (1993). Cultural Diversity in Organizations: Theory, Research and Practice. San Francisco: Berrett-Koehler.

Cox Jr., Taylor H. (2001). Creating the Multicultural Organization. San Francisco: Jossey-Bass.

Cox Jr., Taylor H. (2003). Foreword. In: Plummer, Deborah L. (Hrsg.). Handbook of Diversity Management. Lanham, New York, Oxford: University Press of America, VII–VIII.

Cox Jr., Taylor H./Blake, Stacy (1991). Managing Cultural Diversity: Implications for Organizational Competiveness. In: Academy of Management Executive, 5 (3), 45–56.

Cox Jr., Taylor H./Nkomo, Stella M. (1986). Differential Performance Appraisal Criteria: A Field Study of Black and White Managers. In: Group & Organization Studies, 11 (1–2), 101–119.

Cross, Elsie Y. (2000). Managing Diversity. The Courage to Lead. Westport, London: Quorum.

Cross, Elsie Y./Katz, Judith H./Miller, Frederick A./Seashore, Edith W. (Hrsg.) (1994). The Promise of Diversity: Over 40 Voices Discuss Strategies for Eliminating Discrimination in Organizations. Burr Ridge, New York: Irwin.

Ely, Robin J./Thomas, David A. (2001). Cultural Diversity at Work. The Effects of Diversity Perspectives on Work Group Processes and Outcomes. In: Administrative Science Quarterly, 46 (2), 229–273.

Ewald, Francois/Waldenfeld, Bernhard (Hrsg.) (1991). Spiele der Wahrheit. Michel Foucaults Denken. Frankfurt: Suhrkamp.

Foucault, Michel (1981). Archäologie des Wissens. Frankfurt: Suhrkamp.

Gardenswartz, Lee/Rowe, Anita (2010). Managing Diversity: A Complete Desk Reference and Planning Guide. Alexandria, Beijing, Mumbai: SHRM (3. Auflage, zuerst 1993).

Friedan, Betty (1963). The Feminist Mystique. New York: W. W. Norton & Company (deutsch: Der Weiblichkeitswahn. Reinbek: Rowohlt 1970).

Hark, Sabine (2005). Dissidente Partizipation. Eine Diskursgeschichte des Feminismus. Frankfurt: Suhrkamp.

Jäger, Margarete/Jäger, Siegfried (2007). Deutungskämpfe. Theorie und Praxis kritischer Diskursanalyse. Wiesbaden: VS.

Johnson, C. Douglas (2008). It's More Than the Five To Do's: Insights on Diversity Education and Training From Roosevelt Thomas, a Pioneer und Thought Leader in the Field. In: Academy of Management Learning & Education, 7 (3), 406–417.

Johnston, William B./Packer, Arnold H. (1987). Workforce 2000. Indianapolis: Hudson Institute.

Kanter, Rosabeth Moss (1977). Men and Women of the Corporation. New York: HarperCollins.

Knapp, Gudrun-Axeli (2011). Gleichheit, Differenz, Dekonstruktion und Intersektionalität: Vom Nutzen theoretischer Ansätze der Frauen- und Geschlechterforschung für die gleichstellungspolitische Praxis. In: Krell, Gertraude/Ortlieb, Renate/Sieben, Barbara (Hrsg.). Chancengleichheit durch Personalpolitik. Wiesbaden: Gabler, 71–82 (6. Auflage, zuerst 1997).

Koall, Iris/Bruchhagen, Verena/Höher, Friederike (Hrsg.) (2007). Diversity Outlooks: Managing Diversity zwischen Ethik, Profit und Antidiskriminierung. Hamburg: Lit.

Köppel, Petra (2012). Diversity Management in Deutschland 2012: Ein Benchmark unter den DAX 30-Unternehmen. Köln: Synergie Consult. Download unter www.synergyconsult.de/pdf/Benchmark_DM2012.pdf (Abruf 4.1.2013).

Konrad, Alison M./Prasad, Pushkala/Pringle, Judith K. (Hrsg.) (2006). Handbook of Workplace Diversity. London, Thousand Oaks, New Delhi: Sage.

Krell, Gertraude (2008). „Vorteile eines neuen weiblichen Führungsstils": Ideologiekritik und Diskursanalyse. In: Krell, Gertraude (Hrsg.). Chancengleichheit durch Personalpolitik. Wiesbaden: Gabler, 319–330 (5. Auflage, zuerst 1997).

Krell, Gertraude (2009a). Gender und Diversity: Eine ‚Vernunftehe' – Plädoyer für vielfältige Verbindungen. In: Andresen, Sünne/Koreuber, Mechthild/Lüdke, Dorothea (Hrsg.). Gender und Diversity: Albtraum oder Traumpaar? Wiesbaden: VS, 133–153.

Krell, Gertraude (2009b). Gender Marketing: Ideologiekritische Diskursanalyse einer Kuppelproduktion. In: Diaz-Bone, Rainer/Krell, Gertraude (Hrsg.). Diskurs und Ökonomie. Wiesbaden: VS, 203–224.

Krell, Gertraude (2010). Gender unter dem Dach Diversity: Eine Auseinandersetzung mit häufig geäußerten Einwänden. In: Hohmann-Dennhardt, Christine/Körner, Marita/Zimmer, Reingard (Hrsg.). Geschlechtergerechtigkeit. Festschrift für Heide Pfarr. Baden-Baden: Nomos, 147–157.

Krell, Gertraude (2013). Vielfältige Perspektiven auf Diversity: erkunden, enthüllen, erzeugen. In: Bender, Saskia-Fee/Schmidbaur, Marianne/Wolde, Anja (Hrsg.). Diversity ent-decken: Reichweiten und Grenzen von Diversity Policies an Hochschulen. Weinheim, Basel: Beltz Juventa, 61–78.

Krell, Gertraude/Pantelmann, Heike/Wächter, Hartmut (2006). Diversity(-Dimensionen) und deren Management als Gegenstände der Personalforschung in Deutschland, Österreich und der Schweiz. In: Krell, Gertraude/Wächter, Hartmut (Hrsg.). Diversity Management. München und Mering: Rainer Hampp, 25–56.

Krell, Gertraude/Riedmüller, Barbara/Sieben, Barbara/Vinz, Dagmar (2007a). Einleitung: Diversity Studies als integrierende Forschungsrichtung. Diversity Studies. In: Krell, Gertraude/Riedmüller, Barbara/Sieben, Barbara/Vinz, Dagmar (Hrsg.). Diversity Studies. Frankfurt, New York: Campus, 7–16.

Krell, Gertraude/Riedmüller, Barbara/Sieben, Barbara/Vinz, Dagmar (Hrsg.) (2007b). Diversity Studies. Frankfurt, New York: Campus.

Krell, Gertraude/Sieben, Barbara (2011). Diversity Management: Chancengleichheit für alle und auch als Wettbewerbsvorteil. In: Krell, Gertraude/Ortlieb, Renate/ Sieben, Barbara (Hrsg.). Chancengleichheit durch Personalpolitik. Wiesbaden: Gabler, 155–174 (6. Auflage, zuerst 1997).

Lederle, Sabine (2008). Die Ökonomisierung des Anderen. Eine neoinstitutionalistisch inspirierte Analyse des Diversity Management-Diskurses. Wiesbaden: VS.

Loden, Marilyn (1988). Als Frau im Unternehmen führen. Feminine Leadership. Freiburg i.Br.: Rudolf Haufe.

Loden, Marilyn (2003). Facilitating Diversity Issues. In: Plummer, Deborah L. (Hrsg.). Handbook of Diversity Management. Lanham, New York, Oxford: University Press of America, 307–321.

Loden, Marilyn/Rosener, Judy B. (1991). Workforce America: Managing Employee Diversity as a Vital Resource. New York et al.: McGraw-Hill.

Lüdke, Dorothea/Runge, Anita/Koreuber, Mechthild (Hrsg.) (2005). Kompetenz und/ oder Zuständigkeit. Zum Verhältnis von Geschlechtertheorie und Gleichstellungspraxis. Wiesbaden: VS.

Mir, Raza/Mir, Ali/Wong, Diana (2006). Diversity: The Cultural Logic of Global Capital. In: Konrad, Alison M./Prasad, Pushkala/Pringle, Judith K. (Hrsg.). Handbook of Workplace Diversity. London, Thousand Oaks, New Delhi: Sage, 167–188.

Morgan, Gareth (1986). Images of Organization. Beverly Hills et al.: Sage.

Nkomo, Stella/Cox, Taylor (1989). Gender Differences in the Upward Mobility of Black Managers? In: Sex Roles, 21, 825–839.

Plummer, Deborah L. (2003a). Preface. In: Plummer, Deborah L. (Hrsg.). Handbook of Diversity Management. Lanham, New York, Oxford: University Press of America, ix–xiii.

Plummer, Deborah L. (2003b). Overview of the Field of Diversity Management. In: Plummer, Deborah L. (Hrsg.). Handbook of Diversity Management. Lanham, New York, Oxford: University Press of America, 1–49.

Plummer, Deborah L. (Hrsg.) (2003c). Handbook of Diversity Management. Lanham, New York, Oxford: University Press of America.

Prasad, Pushkala/Pringle, Judith K./Konrad, Alison M. (2006). Examining the Contours of Workplace Diversity: Concepts, Contexts and Challenges. In: Konrad, Alison M./Prasad, Pushkala/Pringle, Judith K. (Hrsg.). Handbook of Workplace Diversity. London, Thousand Oaks, New Delhi: Sage, 1–23.

Prengel, Annedore (2007). Diversity Education – Grundlagen und Probleme der Pädagogik der Vielfalt. In: Krell, Gertraude/Riedmüller, Barbara/Sieben, Barbara/Vinz, Dagmar (Hrsg.). Diversity Studies. Frankfurt, New York: Campus, 49–67.

Riedmüller, Barbara/Vinz Dagmar (2007). Diversity Politics. In: Krell, Gertraude/ Riedmüller, Barbara/Sieben, Barbara/Vinz, Dagmar (Hrsg.). Diversity Studies. Frankfurt, New York: Campus, 143–162.

Schiederig, Katharina/Vinz, Dagmar (2011). Gender plus Diversity als bildungspolitische Perspektive. In: Krüger, Dorothea (Hrsg.). Genderkompetenz und Schulwelten. Wiesbaden: VS, 229–254.

Schuchert-Güler, Pakize/Eisend, Martin (2007). Ethno-Marketing – Eine kritische Betrachtung. In: Krell, Gertraude/Riedmüller, Barbara/Sieben, Barbara/Vinz, Dagmar (Hrsg.). Diversity Studies. Frankfurt, New York: Campus, 217–233.

Scully, Maureen A./Blake-Beard, Stacy (2006). Locating Class in Organizational Diversity Work: Class as Structure, Style and Process. In: Konrad, Alison M./Prasad, Pushkala/Pringle, Judith K. (Hrsg.). Handbook of Workplace Diversity. London, Thousand Oaks, New Delhi: Sage, 431–454.

Smykalla, Sandra (2010). Die Bildung der Differenz. Weiterbildung und Beratung im Kontext von Gender Mainstreaming. Wiesbaden: VS.

Smykalla, Sandra/Vinz, Dagmar (Hrsg.) (2011). Intersektionalität zwischen Gender und Diversity. Münster: Westfälisches Dampfboot.

Soiland, Tove (2009). Gender als Selbstmanagement. Zur Reprivatisierung des Geschlechts in der gegenwärtigen Gleichstellungspolitik. In: Andresen, Sünne/Koreuber, Mechthild/Lüdke, Dorothea (Hrsg.). Gender und Diversity: Albtraum oder Traumpaar? Wiesbaden: VS, 35–51.

Squires, Judith (2007). Diversity Mainstreaming. Moving Beyond Technocratic and Additive Approaches. In: Femina Politica, 10 (1), 45–56.

Thomas, David A./Ely, Robin J. (1996). Making Differences Matter: A New Paradigm for Managing Diversity. In: Harvard Business Review, 74 (6), 79–90.

Thomas Jr., R. Roosevelt (1991). Beyond Race and Gender. Unleashing the Power of Your Total Work Force by Managing Diversity. New York: AMACOM.

Thomas Jr., R. Roosevelt in Zusammenarbeit mit Marjorie I. Woodruff (2001). Management of Diversity. Wiesbaden: Gabler.

Thomas Jr., R. Roosevelt (2003). Approaches to Work Force Mixtures. In: Plummer, Deborah L. (Hrsg.). Handbook of Diversity Management. Lanham, New York, Oxford: University Press of America, 95–110.

Vedder, Günther (2006). Die historische Entwicklung von Managing Diversity in den USA und in Deutschland. In: Krell, Gertraude/Wächter, Hartmut (Hrsg.). Diversity Management. München und Mering: Rainer Hampp, 1–23.

Vedder, Günther/Vedder, Margit (2012). Able Bodyism, Lookism und Diversity Management. In: Ortlieb, Renate/Sieben, Barbara (Hrsg.). Geschenkt wird einer nichts – oder doch? Festschrift für Gertraude Krell. München und Mering: Rainer Hampp, 163–168.

Walgenbach, Katharina/Dietze, Gabriele/Hornscheidt, Antje/Palm, Kerstin (2007). Gender als interdependente Kategorie. Opladen, Farmington Hills: Barbara Budrich.

Wetterer, Angelika (2002). Strategien rhetorischer Modernisierung. Gender Mainstreaming, Managing Diversity und die Professionalisierung der Gender-Expertinnen. In: Zeitschrift für Frauenforschung & Geschlechterstudien, 20 (3), 129–148.

Wetterer, Angelika (Hrsg.) (2008). Geschlechterwissen und soziale Praxis. Königstein/Taunus: Helmer.

Winker, Gabriele/Degele, Nina (2009). Intersektionalität. Bielefeld: Transcript.

Zanoni, Patrizia/Janssens, Maddy/Benschop, Yvonne/Nkomo, Stella (2010). Unpacking Diversity, Grasping Inequality: Rethinking Difference through Critical Perspectives. In: Organization, 17 (1), 9–29.

Zimmer, Marco/Wegener, Jan (2006). Zu viel Wissen? Überlegungen zu Stigmatisierungen in Organisationen. In: Krell, Gertraude/Wächter, Hartmut (Hrsg.). Diversity Management. München und Mering: Rainer Hampp, 167–200.

*Webseiten*

Academy of Management: www.division.aomonline.org/gdo/ (Abruf am 10.1.2013),

Charta der Vielfalt: www.charta-der-vielfalt.de (Abruf am 7.1.2013).

Workforce Diversity Network: www.workforcediversitynetwork.com/news_1001_cross.aspx (Abruf am 3.1.2013).

# Diversity Management: Interventionsstrategie im rechtlich-politischen, wirtschaftlichen und organisationsdynamischen Kontext

*Nathalie Amstutz und Regula Spaar*

## 1 Einleitung

Diversity Management ist eine in den letzten Jahren gefragte Managementstrategie, deren Zielsetzung, basierend auf organisationalen Analysen, in der Gestaltung einer inklusiven, fördernden und kreativen Organisationskultur besteht. Viele Unternehmen geben an, Diversity Management zu praktizieren und platzieren diese Managementgrundsätze auf ihren Webseiten und in ihren Firmenportraits. Sie versprechen sich und ihren Anspruchsgruppen Vorteile hinsichtlich Kreativität, Nutzen von Potenzialen und fairen Organisationskulturen sowie die Förderung und den Zugang zu gut qualifizierten Arbeitskräften.

Kritisch hinterfragt wird allerdings die strukturelle Reichweite sowie die weitgehend ökonomische Ausrichtung des Konzepts. Zudem wird ihm nur eine beschränkte theoretische Rigorosität zugestanden. Der vorliegende Beitrag nimmt Bezug auf drei zentrale Fragestellungen: Bietet das Konzept tatsächlich Chancen, kritische Themen in Organisationen zu adressieren? Auf welche theoretischen Positionen kann das Konzept zur Beschreibung organisationaler Ungleichheitsrelationen zurückgreifen? Mit welchen organisationalen Resistenzen hat sich Diversity Management auseinanderzusetzen?

Zur Beantwortung dieser Fragen wird einleitend auf die Entstehungsgeschichte von Diversity Management eingegangen (2). Aufgezeigt wird die Bedeutung der USA und der dortigen Rolle der Bürgerrechtsbewegungen für die Entwicklung der Konzepte in Europa. Sodann wird die Frage nach einem begrifflich konzisen Vorschlag für zwei Herausforderungen des Diversity Managements diskutiert (3): Erstens dem Zusammenwirken der Diversitykategorien und zweitens der Adressierung macht- und hierarchiebezogener Ungleichheitsrelationen in Organisationen. Der Ansatz der Intersektionalität[1] liefert hierzu wichtige Impulse und stellt für ein fundiertes Diversity-Konzept eine herausfordernde und weiterführende Referenz dar. Im vierten Teil wird nach der Resistenz von Organisationen gegenüber rechtlichen und gesellschaftlichen Veränderungsansprüchen gefragt. Im Zentrum stehen Widerstände gegen die effektive Umsetzung eines Diversity Managements in Organisationen (4).

## 2 Zur Entstehungsgeschichte des Diversity Managements[2]

### 2.1 Diversity Management in den USA: Diversity & Inclusion

Die Entstehung von Diversity Management in den USA kann auf die Bürgerrechtsbewegung der 1950er, 1960er und 1970er sowie auf die US-amerikanische Frauenrechtsbewegung der 1960er Jahre zurückgeführt werden (vgl. u.a. Vedder 2006a; Engel 2004; Jensen-Dämmerich 2011). Gleiche politische Rechte für alle wurden von Frauenorganisationen und von afroamerikanischen Bürgerrechtsorganisationen eingefordert. Diskriminierung, insbesondere im gesellschaftlichen Leben und in der Arbeitswelt, sollte mittels konkreter Maßnahmen verhindert werden. Daraus entstanden Programme, wie die Equal Employment Opportunity (EEO) und die Affirmative Action (AA),[3] welche die gesetzlich verankerte Verpflichtung von Arbeitgebern, Antidiskriminierungsbemühungen nachzuweisen, in der Umsetzung unterstützen. Diese antidiskriminierungsrechtlichen Bewegungen, rechtlichen Vorgaben und Durchsetzungsinstrumente prägten eine „Equity-Perspektive", die sich ausdrücklich an den Arbeitsmarkt, die Betriebe und Arbeitgebende richtete (vgl. Vedder 2006b; Krell/Sieben 2011).

In den 1980er Jahren beschäftigten sich Organisationsberater_innen und Wissenschaftler_innen vermehrt mit der Mesoebene der Organisationen und Betriebe als Orten struktureller und individueller Diskriminierungen. Sie befassten sich mit den Anforderungen, Zielsetzungen und Argu-

---

1 Siehe hierzu auch den Beitrag von Helga Eberherr in diesem Band.
2 Eine Diskursgeschichte des Diversity Managements bietet der Aufsatz von Gertraude Krell in diesem Band.
3 Das EEO befasst sich bis heute mit Verstößen gegen Chancengleichheit in den USA, es überwacht und ahndet diese (www.eeoc.gov). Affirmativ Action (positive Maßnahmen) sind institutionalisierte Maßnahmen zur verbesserten Inklusion von ausgegrenzten Gruppen oder Minderheiten auf dem Arbeitsmarkt, im Erwerbsleben und in der Bildung (www.affirmativeaction.org).

mentationen der organisationalen Gleichstellungspolitiken und entwickelten zusätzlich zur Equity-Perspektive eine „Business-Perspektive", die eine betriebswirtschaftliche Argumentation für Affirmative Action und Equal Opportunity eröffnete (vgl. ebd.). Dadurch wurden die positiven ökonomischen Aspekte der personellen Vielfalt in den Vordergrund gestellt, und es entstanden zahlreiche Konzepte, welche die Vorteile der systematischen Bearbeitung „der Bedürfnisse heterogener Mitarbeiter- und Kundengruppen" (Vedder 2006b: 8) hervorhoben. Mit der Veröffentlichung des „Workforce 2000 Reports"[4] 1987 beschleunigte sich die Verbreitung der Business-Perspektive. Der „Workforce Report" thematisierte zum ersten Mal die demografischen Veränderungen des amerikanischen Arbeitsmarktes und die daraus entstehenden künftigen Rekrutierungsprobleme der Unternehmen. Obwohl die Prognosen kritisiert und teilweise revidiert wurden, beschleunigte der Report in den 1990er Jahren die Entwicklung weiterer zahlreicher Publikationen zu Diversity Management (vgl. Edelman/Riggs Fuller/Mara-Dita 2001: 1612 ff.).

Die Einbindung der Business-Perspektive in Diversity-Management-Konzepte brachte eine Reihe von Argumentationslinien hervor, welche den Nutzen und das betriebliche Potenzial von Diversity Management unterstrichen. Die Literatur führt folgende Argumente für Diversity Management auf (vgl. Krell/Sieben 2011; Mor Barack 2011; Vedder 2006a):[5]

- Beschäftigungsstrukturargument:
  Aufgrund des demographischen Wandels und des damit einhergehenden Fachkräftemangels ist eine Personalpolitik gefragt, welche die organisationsinternen Personalressourcen, Kompetenzen und Potenziale

---

4 Der Workforce 2000 Report wurde 1987 von William Johnston und Arnold Packer vom Hudson-Institut in Washington, D.C. erstellt. Das Hudson-Institut ist eine unabhängige Forschungsorganisation, welche sich der Forschung von globaler Sicherheit und Wohlstand in den Themen internationale Beziehungen, Wirtschaft, Gesundheitssystem, Kultur und Recht widmet.

5 Auch die EU-Diversity-Chartas heben die Vorteile von Diversity Management hervor, u.a. das Personalmarketing, das Beschäftigungsargument und das Finanzierungsargument. Zusätzlich betonen die Chartas, dass Organisationen mit Maßnahmen zur Förderung der Diversität und Chancengleichheit das Risiko eines Reputationsverlusts aufgrund von Diskriminierung vermeiden können. Gleichzeitig übernehmen die Organisationen soziale Verantwortung gegenüber ihrem Personal, ihrer Kundschaft, ihren Lieferanten, Investoren etc. http://www.diversity-charter.com/diversity-charter-commitment.php.

fördert, organisationsextern neue Arbeitskräftegruppen adressiert und integriert.
- Equityargument:
Diversity Management fördert ein Klima der Fairness und Chancengleichheit. Es verortet systematisch Diskriminierungen, die Einzelpersonen oder Gruppen benachteiligen und schädigen und entwickelt Instrumente, diese zu beheben. Dies fördert das Vertrauensverhältnis innerhalb der Organisation. Rechtsstreitigkeiten und Klagen können vermieden werden.
- Reputationsargument:
Organisationsintern wie -extern führen Diskriminierungen und Rechtsstreitigkeiten zu Vertrauensverlusten. Dies äußert sich in Kosten (Fehlzeiten aufgrund von Krankheitsausfällen, Fluktuationen, Diskriminierungsklagen). Gute Reputation ist ebenfalls für potentielle Anleger_innen und Finanzierungspartner_innen vertrauensbildend.
- Personalmarketingargument:
Unternehmen mit Diversity-Management-Programmen gelten als attraktive Arbeitgebende für Bewerbende und Nachwuchskräfte und verschaffen sich einen Vorteil auf dem Arbeitsmarkt.
- Marketingargument:
Unternehmen mit Diversity-Management-Programmen verstehen sich nicht nur als attraktive Arbeitgebende, sondern auch als attraktive Geschäftspartner, die Produkte für eine vielfältige Kundschaft anbieten.
- Kreativitäts- und Problemlösungsargument:
Heterogene Teams entwickeln dank dem Einbezug unterschiedlicher Lebenserfahrungen und Problemlösungsperspektiven unter bestimmten Rahmenbedingungen kreativere und tragfähigere Lösungen.
- Internationalisierungsargument:
Diversity-Management-Programme intendieren eine Sensibilisierung und Qualifizierung von international agierenden Firmen zur Gestaltung ihrer spezifischen Herausforderungen.
- Flexibilitäts- und Innovationsargument:
Heterogenität auf allen Ebenen der Organisation soll es ermöglichen, aufgrund der Perspektivenvielfalt flexibler auf Veränderungen zu reagieren. Der durch Diversity Management ausgelöste Organisationswandel soll die innovative Dynamik der Organisation fördern.

Zwei Studien der Europäischen Kommission untersuchten den Nutzen und das Potenzial von Diversity Management genauer, die eine 2003 zu Methoden und Messung von Kosten und Effektivität von Diversity Policies, die andere 2005 zum Geschäftsnutzen von Vielfalt mittels Befragung von über 3.000 Organisationen. Die Ergebnisse wurden in zwei zeitliche Perspektiven unterteilt: 1. In die kurz- und mittelfristige Verbesserung der Wirtschaftlichkeit durch Kostenreduktion, z. B. durch die Reduzierung des Arbeitskräftemangels, die Erschließung neuer Märkte und Verbesserung der Leistung auf den bestehenden Märkten, und 2. in die langfristige Verbesserung des „Human- und Organisationskapitals" – also die Verbesserung der Mitarbeitendenzufriedenheit und folglich der Personalbindung sowie des Organisationsimages für Mitarbeitende, Kund_innen und Investoren.

Eine kritische Analyse der Effekte betrieblicher Diversity-Diskurse auf die Rechtsentwicklung in den 1980er und 1990er Jahren förderte schon 2001 eine problematische „Managerialisierung" der Rechtsdiskurse zutage (vgl. Edelman/Riggs Fuller/Mara-Drita 2001). Diese „Managerialisierung" transformiert demnach nicht nur Diskurse zu Gleichstellung, Recht und Gesetz, sondern auch das Sprechen über Affirmative Action und deren Legitimation in Organisationen (vgl. ebd.: 1591). Dieser Effekt bringt auch neue, rechtlich nicht abgestützte und deshalb problematische Begriffe, wie beispielsweise „Lifestyle" oder „Weltanschauung", mit sich, die als weitere Diskriminierungsdimensionen aufgenommen werden. Heute beziehen sich Diversity-Policies häufig sowohl auf die Equity- wie auf die Business-Argumentation, eine Zusammenführung der Begründungen die als „integrative Perspektive" bezeichnet wird (vgl. Krell 2011: 164). Dies lässt sich an der in US-amerikanischen Firmen geläufigen Bezeichnung der „Diversity & Inclusion Policy" ablesen.

*2.2 „United in Diversity": Diversity in Europa*

In den 1990er Jahren gelangten die Diversity-Management-Konzepte durch international tätige Unternehmen nach Europa. Anders als in den USA entwickelten sich die Konzepte in erster Linie aufgrund von betrieblichen Standards internationaler Organisationen (vgl. Danowitz/Claes 2012; Klarsfeld 2010) und trafen in den westeuropäischen Ländern auf die rechtlich-politische Gender-Mainstreaming-Strategie. Aus diesem Zusammentreffen entstanden zwei Diskussionsstränge: Der erste konzentriert sich auf die Frage nach der Wirkungsmacht institutionalisierter Gleichstellungspolitiken und nach der mit der Institutionalisierung einhergehenden

Gefahr ihrer Entpolitisierung (vgl. u.a. Wetterer 2002). Gerade die forcierte Businessperspektive löste Zweifel hinsichtlich der Zielsetzung und Durchsetzungskraft der Konzepte aus gleichstellungspolitischer Sicht aus. Der zweite Diskussionsstrang beschäftigt sich mit dem Zusammentreffen von Gender Mainstreaming und Diversity Management und bezieht sich auf die Rolle der Ungleichheitskategorien. Zur Diskussion steht, ob die frauenpolitischen Errungenschaften und Forderungen des Gender Mainstreaming, die sich in der Zusammenarbeit von feministischer Forschung und Praxis widerspiegeln, durch Einbezug weiterer, möglicherweise konkurrierender Kategorien, wie Alter, kulturelle Herkunft, Behinderung, verwischt werden.

Die Rechtsentwicklung in der EU unterstützt die Verbindlichkeit der betrieblichen Diversity-Konzepte mit dem im Amsterdamer Vertrag von 1997 festgehaltenen Diskriminierungsverbot aufgrund von Alter, Geschlecht, Ethnizität, Behinderung, Rasse, Religion und sexueller Orientierung.[6] Die Antidiskriminierungsrichtlinien von 2006 und die daraufhin länderspezifisch umgesetzten Gleichbehandlungsgesetze bedeuten eine weitere Konkretisierung der Equity-Perspektive für Diversity-Management-Konzepte in Europa (Klarsfeld 2010).

Das Zusammenwirken von betrieblichen Initiativen, Politik und Recht wurde durch die Gründungen der Europäischen Diversity-Chartas aktiv vorangetrieben. Die vom französischen Montaigne-Institut 2004 initiierte Charta war eine Antwort auf die Jugendproteste in den Vororten von Paris und Marseille. Einzelne Betriebe forderten damit das Bewusstsein der Betriebe für ihre entscheidende Rolle im Gelingen sozialer Kohäsion und Inklusion ein (vgl. Bender/Klarsfeld/Laufer 2010: 95).[7] Mit der Unterzeichnung der Diversity-Charta dokumentiert eine Organisation ihr Bestreben, Diskriminierung mittels konkreter Maßnahmen auf allen Ebenen des Personalmanagements zu verhindern sowie über die umgesetzten Maßnahmen

---

6 Aus dem Diskriminierungsverbot des Amsterdamer Vertrags entstehen zwischen 2000 und 2004 europäische Gleichbehandlungsrichtlinien (Antirassismusrichtlinie (2000/43/EG), Rahmenrichtlinie Beschäftigung (2000/78/EG), Gender-Richtlinie (2002/73/EG) und die Richtlinie zur Gleichstellung der Geschlechter auch außerhalb der Arbeitswelt (2004/113/EG), www.eur-lex.europa.eu.). Sie geben in ihrem jeweiligen Geltungsbereich Definitionen für die unterschiedlichen Arten von Diskriminierungen vor und verpflichten zu Sanktionen bei Verstößen gegen das Gleichbehandlungsgebot sowie zur Beweiserleichterung von Betroffenen.

7 Weitere Infos unter: http://www.diversity-charter.com/diversity-charter-french-charter-overview.php.

zu berichten. Seit 2010 sind die neu entstandenen Chartas der Mitgliedstaaten unter europäischer Federführung als Netzwerk zusammengeschlossen, jüngstes Mitglied ist seit 2012 Polen.[8] Die Fassungen der Chartas der Europäischen Mitgliedstaaten zeigen Unterschiede hinsichtlich der aufgeführten Diskriminierungsdimensionen. Die Wahl dieser Kategorien gibt Aufschluss über den jeweiligen rechtlichen, wirtschaftlichen und gesellschaftspolitischen Kontext. Die länderspezifischen Definitionen der jeweiligen nationalen Politiken beziehen sich auf ein Verständnis von nationaler Identität und Zugehörigkeit, das in unterschiedlichen Mythen und Vorstellungen von Einheit und Diversität gründet. So stehen die Kriterien für das Gewähren der Staatsbürgerschaft in engem Verhältnis zu diesen Vorstellungen nationaler Identität und prägen wiederum die Ausgestaltung von Diversity-Policies. Klarsfelds Buch zeigt die Bedeutung des unterschiedlichen Verständnisses von Staatsbürgerschaft in den jeweiligen Ländern für die Diversitykonzepte auf.

In Frankreich wird die Diversity-Debatte weniger in Bezug auf Mainstreaming-Fragen oder als Aussage zu Affirmative Action geführt, sondern als Reaktion auf das für Frankreich prägende formal egalitäre Prinzip. Dieses Prinzip blieb, so lautet eine Kritik, lange „blind gegenüber Ungleichheiten und Diskriminierungen [...], die es generierte" (Laufer 2009: 35; Übersetzung d.V.). Die stark am egalitären Modell der Staatsbürgerschaft orientierte Integrationsvorstellung wird durch bestehende Mehrfachdiskriminierung innerhalb dieser Citoyenneté herausgefordert (z. B. durch in den Vororten wohnhafte französische Jugendliche, deren Eltern aus dem Maghreb oder aus den Übersee-Departementen nach Frankreich gezogen sind). Dagegen diskutieren Deutschland und die Schweiz ihren Weg vom „Gastarbeiterland" – dem Modell, das von 1950 bis in die 70er Jahre die Migrationspolitiken der beiden Länder prägte und zwischen Bürger_innen und „Gästen" unterschied – zum Modell der heutigen multikulturellen Einwanderungsländer. Diese Modelle prägen die Einwanderungs-, Einbürgerungs- und Arbeitsmarktpolitik sowie auch die Wahl der entsprechenden Begriffe, wie „Race", Ethnizität oder kulturelle Herkunft (Küster 2007).[9] Der von der EU 2000 adoptierte Slogan „United in Diversity" hebt

---

[8] Weitere Infos unter: http://ec.europa.eu/justice/discrimination/diversity/diversity-charters/index_en.htm.
[9] Zum Begriff Klasse und Geschlecht siehe z. B. Vinz 2012.

die politische Dimension der Einheit bei gleichzeitiger Betonung kultureller und sprachlicher Diversität hervor.[10]

Zusammengefasst lässt sich der heutige Stand von Diversity Management in den USA und in Europa folgendermaßen beschreiben: „Diversity management in the US is a strategy to cope with the backlash against affirmative action and the resulting dismantling of affirmative action programms. In Europe diversity management is associated with a rising awareness of diversity and the implementation of strict anti-discrimination directives. These laws, as well as social and cultural norms, provide the context in which diversity management is developed and implemented" (Danowitz/Claes 2012: 56).

Mit diesem Blick auf Diversity-Diskurse zwischen den USA und Europa ist in keiner Weise eine globale Themensetzung von Diversity-Konzepten dargelegt. Diese westliche Betrachtung braucht ein weitgehenderes Wissen zu internationalen, regionalen und lokalen Diversity- und Gleichstellungsdiskursen und -politiken.

Für eine globale Diskussion von Diversity ist zentral, dass nationale Grenzen und damit nationale Gesetzgebungen in Bezug auf organisationale Einheiten heute an Festigkeit verlieren. Die Wanderung von Arbeitskräften ist nur eine Seite der Internationalisierung, die Migration von Firmen via Outplacement, Outsourcing und Verlagerungen von Produktions- und Dienstleistungsabteilungen im Kontext von internationalen Handelsabkommen verwischen nationale und organisationale Grenzen. Dazu gehören auch Firmenzusammenschlüsse und Kapitalverflechtungen. Die Migration von Arbeitskräften ist ein zentraler Faktor für die Auseinandersetzung mit kultureller Diversität in Unternehmen. Ebenso zu beachten sind die Verlagerungen der Arbeitgeber, die tendenziell vor Ort zu tieferen Lohnkosten Arbeitsplätze generieren. Der lokale Kontext für Diversity ist somit nur beschränkt ein nationaler (vgl. Mor Barak 2011: 117).

---

10 "United in Diversity: The motto means that, via the EU, Europeans are united in working together for peace and prosperity, and that the many different cultures, traditions and languages in Europe are a positive asset for the continent" (European Union).

## 3 Ungleichheitsrelationen im Diversity-Konzept

### 3.1 Intersektionalität und Herrschaftsmatrix

Diversity Management hat den Anspruch, verändernd auf Organisationen einwirken zu können. Die Adressierung von Ungleichheitsrelationen kommt nicht um organisationale Fragen von Inklusion und Exklusion, Privilegien und Benachteiligungen, Macht und Normierung herum. Ebenso zentral ist die Frage, wie das Zusammenwirken der Kategorien auf struktureller Ebene gedacht werden kann, um eine Zentrierung auf eine individualistische Perspektive und damit eine essentialisierende Position zu vermeiden. Diversity Management begegnet bei der Beschäftigung mit Nichtdiskriminierung, Förderung von Potenzialen und Reflexion von Machtpositionen gezwungenermaßen (organisationalen) *Ungleichheitsstrukturen*. Diese Strukturen bilden einen „Nexus" oder eine „Matrix", wie wir sehen werden, deren Beharrungsvermögen wesentlich zu den Resistenzgründen von Organisationen gegenüber Veränderung gehören.

Dazu bietet die Intersektionalitätsforschung die Rolle eines „Brückenkonzepts" zwischen Geschlechter- und Gleichstellungspolitik und Diversity-Diskursen (vgl. Smykalla/Vinz 2012: 11). Sie stellt für ein fundiertes Diversity-Konzept eine weiterführende und zugleich herausfordernde Referenz dar. „Das Forschungsfeld bzw. der gemeinsame Gegenstand von Intersektionalität sind [...] Macht-, Herrschafts- und Normierungsverhältnisse, die soziale Strukturen, Praktiken und Identitäten reproduzieren" (Walgenbach 2012). Bereits in den Schlüsseltexten der 1980er und 1990er Jahre beschäftigt sich die der Intersektionalitätsforschung zugrunde liegende Critical Race Theory mit Fragen der Adressierung gesellschaftlicher Herrschaftsstrukturen innerhalb der Kategorie Gender und der damit verbundenen Ausdifferenzierung von Privilegien und Benachteiligungen (vgl. Crenshaw et al. 1995; Crenshaw 1995). Diese Verwobenheit von Gender, Class und Race wird von Margaret L. Andersen als „Nexus" bzw. System sozialer Kontrolle analysiert (vgl. Andersen 2010: 181).[11] Diese Systeme zeigen sich als interindividuelle Alltagspraxen bis hin zu gruppenbezogenen Machtkonstellationen, die durch die vorherrschenden Formen der Arbeitsteilung und die Konstitution von Arbeitsmärkten (re)pro-

---

11 Zum Wandel der Begriffe „race", „class" und „gender" zwischen US-amerikanischen und deutschsprachigen feministischen Theorien vgl. Knapp 2005.

duziert werden. Die Einforderung einer Theoretisierung von Mehrfachdiskriminierung durch die Analysen der „Black Feminists" führte zu einer Standpunktdebatte, die innerhalb der feministischen politischen Bewegung und Analyse auf die Notwendigkeit verschiedener Standpunkte verwies und die Berücksichtigung verschiedener Erfahrungen einforderte. Diese wurden zum Ausgangspunkt spezifischer Analysen und politischer Artikulation (vgl. Amstutz 2010; Chebout 2012). Damit waren zwei Bedingungen gesetzt, die heute für die betriebliche Gleichstellungs- und Diversitypolitik zentral sind:

1. Das Verhandeln, Konzipieren und Bearbeiten von Diversitykategorien geschieht von „einem Standpunkt" aus. Dieser Standpunkt ist von der Wissenschaftlerin genauso zu reflektieren wie vom Diversity-Manager. Der Standpunkt reflektiert die eigene Erfahrung und Wahrnehmung im System struktureller Privilegien und Benachteiligungen und wird sich der jeweiligen Perspektive und des unumgänglichen „blinden Flecks" bewusst.
2. Das System struktureller Privilegien und Benachteiligungen setzt eine zugrunde liegende Struktur voraus, die ein mehr oder weniger explizites Arrangement (oder „Gender-Regime", Pfau-Effinger 1994; Betzelt 2007) ausbildet. Die strukturelle Ebene wurde in den 1980er Jahren in Texten der deutschsprachigen Forschung als Frage nach dem „Geschlecht als Strukturkategorie" diskutiert und das Zusammenwirken von geschlechtsspezifischer Arbeitsteilung und kapitalistischer, patriarchalischer Wirtschaftsstruktur analysiert (vgl. Beer 1990; dazu Funder 2008: 414). Laut Patricia Hill Collins formiert sich eine strukturelle Machtkonstellation anhand der Strukturkategorien „Race, Gender, Class and Sexuality" als sich überschneidende Paradigmen („Intersectional Paradigms"), die je spezifische Systeme von Unterdrückung konstruieren. Die Paradigmen beruhen nach Collins auf rassistischen, heteronormativen, sexistischen Ideologien, welche die sozialen, klassenspezifischen Erfahrungen bestimmter Gruppen prägen (vgl. Collins 2000/2009: 247).

Die Intersektionalität dieser Paradigmen zu erforschen, heißt erstens, die Gleichzeitigkeit der Wirkungsmacht der Kategorien als Effekt von Mehrfachdiskriminierungen zu analysieren. Darüber hinaus gilt es zweitens – und dies ist die bislang in der deutschsprachigen Intersektionalitätsforschung noch einzulösende Aufforderung von Collins' Ansatz –, die gegenseitige Bedingung der Strukturkategorien zu analysieren. Meist wird von einer unterschiedlichen „Genese", von einer unterschiedlichen Verfasstheit der Kategorien ausgegangen. Soll der Moment der Intersektion, des Aufeinandertreffens der Paradigmen, strukturell verortet werden, dann ist die Erfahrung von Mehrfachdiskriminierung einer betroffenen Person der Effekt der strukturellen Intersektion. Die Konstituierung dieses Zusammenfallens wäre dann in der Konstruktion der Kategorien selbst zu verorten. Dies minimiert in keiner Weise die Erfahrung der jeweiligen Person oder Gruppe. Es wirft aber ein anderes Licht auf die strukturelle Ebene der Intersektion. Das würde in seiner Konsequenz bedeuten, dass ein Konstrukt wie Race ohne Sexuality und Class nicht konzeptualisierbar ist. Das Konstrukt Race ist vielmehr auf den Paradigmen Heterosexualität, Gender und Class abgestellt, die Paradigmen bedingen einander gegenseitig (vgl. Collins 2000/2009: 138; Andersen 2010: 183). Dies zeigt Collins am Beispiel der Zuordnung von „Kontrollbildern", von stereotypisierenden hierarchisierenden Bildern, denen die Gruppe der „African-American Women" ausgesetzt sind. Die Genderstereotypen basieren auf Stereotypen von „Black Womenhood", die sich auf ein binäres, hierarchisiertes Muster als Class, Race und (heteronormativer) Sexuality beziehen. Die Ausdeutung der Kategorien fußt auf wirksamen ideologischen Rechtfertigungen, die sich nach Collins als Herrschaftsmatrix („Matrix of Domination") analysieren lassen.

Wie Race nicht ohne Gender konstruierbar ist, so basiert wiederum Gender auf Sexuality, Race und Class. Judith Butler spricht von der „kulturellen Matrix", der „Matrix kohärenter Normen" in ihrer Analyse der auf Heterosexualität abstellenden Geschlechterasymmetrien (Butler 1991: 38; 2009: 92 ff.). (Dis-)Ability ist unserer Auffassung nach Teil dieser binären Matrix und stellt eine weitere grundlegende Kategorie dar, die ebenfalls mit Sexuality und Hetereonormativität, Class und Race eng verbunden ist.

Inwiefern sind nun Aussagen zu Intersectionality, zu Ungleichheitsrelationen in Bezug auf Sex, Race, Gender, Class und (Dis)Ability verallgemeinerbar? Bei der Bearbeitung der Aufgabe, Diversity in eine internationale Perspektive zu stellen, wird die Notwendigkeit deutlich, spezifische Erfahrungshorizonte, historische und lokale Erfahrungen und Realitäten sowie den eigenen Standort einzurechnen. Collins, die in ihren Ausführungen die Berücksichtigung der Spezifizität von Erfahrung in den Analysen dezidiert einfordert, gesteht dem Konzept der Herrschaftsmatrix insofern Universalität zu, als die Kategorien Race, Class, Gender, Sexuality einander bedingen und die Matrix Eingang in jegliche Analyse gesellschaftlicher Dominanzen finden sollte. Eine „Global Matrix of Domination" hat aber die jeweils lokal und historisch unterschiedliche Organisation dieser Ungleichheitsrelationen zu berücksichtigen (vgl. Collins 2000/2009: 246).

Wie wirken sich die Überlegungen der Intersektionalitätsforschung in Organisationen aus? Wie ist im Rahmen des Diversity Management in Organisationen damit zu arbeiten? Die feministische Organisationsforschung hat Elemente der „Gendered Organisation" bzw. des „Gendered Subtext" von Organisationen schon in den 1990er Jahren erarbeitet (vgl. Acker 1990; Wilz 2002; Bendl 2005). Hier lässt sich das oben skizzierte Modell der Herrschaftsmatrix anschließen: Ohne heterosexuelle Matrix ist keine geschlechterspezifische, hierarchisierende Arbeitsteilung denkbar. Wird strukturelle Ungleichheit in Organisationen untersucht, so geht es nicht in erster Linie darum, einzelne individuelle Positionen im Modell der hierarchisierten Organisation zu positionieren, sondern die strukturelle Bedingtheit der Arbeitsteilung selbst hinsichtlich ihrer Ausrichtung auf die Matrix zu analysieren. Beziehen wir in diese Analyse z. B. Management und Sekretariat, Reinigungsdienste und technische Dienste mit ein, so ist leicht erkennbar, dass nicht nur Personen bestimmten (scheinbar rein funktionalen) Funktionen zugeordnet werden und die Intersektion bestimmter Kategorien erfahren, sondern auch, dass die Arbeit bzw. die Funktionen selbst dieser Strukturierung entsprechend organisiert sind. Das Putzen der Büros, das Sekretariat, das Management, der technische Dienst sind Arbeitsfelder, die entlang der heterosexuellen Matrix und damit einer geschlechterhierarchischen Arbeitsteilung entsprechend organisiert sind. „Die berufliche Segregation nach Geschlecht" gehört „zu den Strukturmerkmalen von Arbeitsmärkten" (Funder 2008: 421). Wird weiter untersucht, wer den wenig anerkannten und zumeist schlecht bezahlten „Putzjob" in den schweizerischen und deutschen Firmen übernimmt, so wird schnell deutlich, dass er von Frauen „mit Migrationshintergrund" geleistet wird. Der Arbeitsmarkt ist ein vergeschlechtlichter, so wie er auch ein ethnisierter ist. Geschlecht, Ethnie (oder kulturelle Herkunft) und Klasse sind erst in ihrer Verschränkung Platzanweiser bestimmter Funktionen. Die Affirmation „Jede/jeder hat bei uns die gleichen Chancen" enthält eine beschwörende Absichtserklärung, in der davon ausgegangen wird, dass Ungleichheiten im Zugang zu Macht, Ressourcen, Entscheidung nicht vorhanden sind. Sie verkennt, dass bezahlte und unbezahlte Arbeit, Berufe, Funktionen und im Privaten stattfindende Arbeit selbst entlang dieser Paradigmen organisiert sind.

## 3.2 Diversity Management in lokalen und historischen Kontexten

Diversity Management in verschiedenen lokalen Kontexten auszuloten verlangt Kriterien zur Beschreibung der jeweiligen historischen und lokalen Rahmenbedingungen, in denen die Konzepte ausformuliert werden. Dazu gehören die Organisation von Privatem und Öffentlichem, die Arbeitsteilung, die rechtliche Definition von Kategorien wie Behinderung, Sexualität, Geschlecht, Nationalität, aber auch Diskurse zu Gleichstellungspolitik, Migrationspolitik oder familienpolitischen Rahmenbedingungen. Die soziale Konstruktion der Kategorien findet demnach an vielen Orten statt und führt zu einem dynamischen Gepräge von Geschlechterkultur oder Diversitykultur. Eine Gesellschaft konstruiert die Kategorien Race, Class, Ethnicity, (Dis-)Ability, Sexuality/LGBT (Lesbian, Gay, Bi- and Transsexual), Gender, Religion und Age rechtlich, politisch, kulturell und wirtschaftlich und prägt damit eine je spezifische Organisation von Differenzstrukturen aus. Dabei spielen Arbeitsteilung, Beteiligung an der Erwerbsarbeit, damit verbundene Existenzsicherung, Erwerb von Status und Macht sowie Öffnung und Schließung weiterer sozialer Praxisfelder eine Rolle (vgl. Beer 2004; Funder 2008: 417).

Mehrere Autor_innen schlagen vor, die Einflussfaktoren auf die Diversity-Konfigurationen von Organisationen in Bezug auf die Makro-, Meso-, und Mikroebene zu strukturieren, um eine Ausdifferenzierung der kulturellen und institutionellen Kontexte leisten zu können (Funder 2008: 427 in Bezug auf Geschlechterverhältnisse).[12] Syed und Özbilgin (2009) schlagen ein Modell vor, das sie als „Relational Framework" bezeichnen und welches die Relation zwischen den verschiedenen Ebenen herausstreicht. Ihrem Ansatz zufolge sind erst so Fragen der Machtbeziehungen in den Organisationen zu stellen, die mit einer rein organisationalen Perspektive unberücksichtigt bleiben (vgl. Syed/Özbilgin 2009: 2437). Die Makroebene umfasst Recht, Institutionen, Kultur und Wirtschaftspolitik in ihrem historischen Kontext. Die Autoren stellen die Makroebene dar als Produktionsort von Kodes sozialer Differenzierung, die – in Anlehnung an Cecilia Ridgeway (2006) – auf der sozialen Stratifikation beruhen (vgl. ebd.). Die Mesoebene ist in diesem Ansatz die organisationale Ebene, wo die Machtrelationen der auf der Makroebene definierten Kodes reproduziert werden.

---

[12] Danowitz/Hanappi-Egger (2012: 147) stützen sich auf die Begriffe Makro- und Mikro-Umwelten.

Syed und Özbilgin stellen hier einen Bezug zu Bourdieus Habitustheorie[13] her. Die Mikroebene bezeichnet die individuelle Ebene der Interaktionen, der individuellen Aspirationen und der Handlungsfähigkeit (vgl. Syed/ Özbilgin 2009: 2443). Die Mikroebene ist handlungstheoretisch und in Relation zur Makro- und Mesoebene zu betrachten. Syed und Özbilgins Vorschlag des „Relational Frameworks" bietet eine Reihe von Anschlussmöglichkeiten für die Analyse von Organisationen. In unserem Zugang prägen die spezifischen lokalen und historischen Kontexte wesentlich die Entscheidungen der Organisation für die Betonung und die Wahl der Argumentationslinien (integrativ, businessorientiert, gleichstellungsorientiert) sowie für die Ausrichtung der Diversitystrategie (Policy). Das folgende Modell (siehe Abb. 1) soll diese Dimensionen aufzeigen (in der oben zitierten Literatur als Makro- und Mesoebene bezeichnet). Die vier Felder „Recht" (Gleichstellungs- und Integrationspolitik), „Wirtschafts-

*Abbildung 1: Einflussfaktoren auf Diversitypolitiken von Organisationen (eigene Darstellung)*

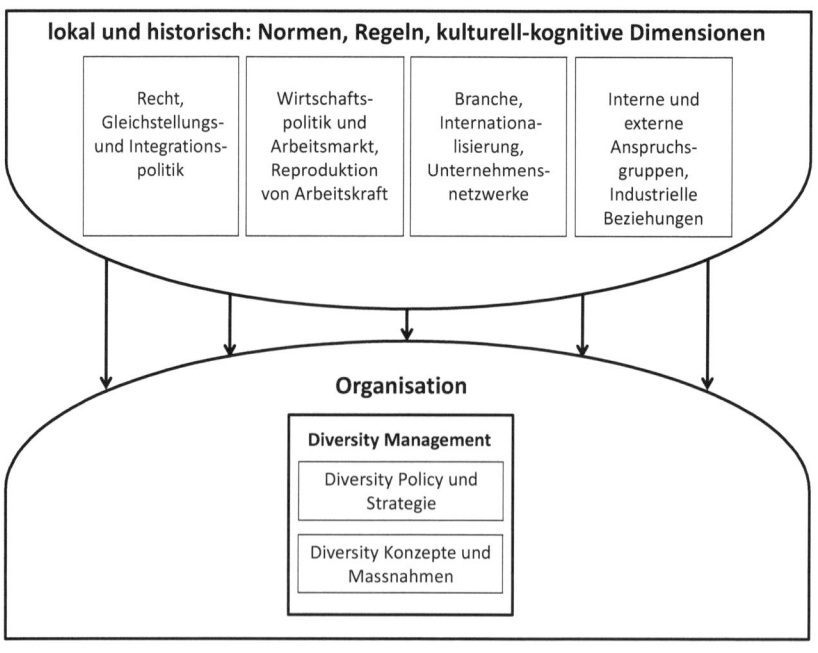

| lokal und historisch: Normen, Regeln, kulturell-kognitive Dimensionen | | | |
|---|---|---|---|
| Recht, Gleichstellungs- und Integrationspolitik | Wirtschaftspolitik und Arbeitsmarkt, Reproduktion von Arbeitskraft | Branche, Internationalisierung, Unternehmensnetzwerke | Interne und externe Anspruchsgruppen, Industrielle Beziehungen |

**Organisation**

**Diversity Management**

Diversity Policy und Strategie

Diversity Konzepte und Massnahmen

---

13 Siehe hierzu auch den Beitrag von Johanna Hofbauer in diesem Band.

und Arbeitsmarktpolitik", „Branche" sowie „Interne und externe Anspruchsgruppen und Industrielle Beziehungen", die wir im Folgenden vorschlagen, sind in ihrer normativen, regulativen und kulturell-kognitiven Dimension hinsichtlich der Diversitykategorien zu verstehen. D.h. diese Felder sind als Bündel von Vorschriften, Normen und Erwartungen im Kontext bestimmter kultureller Ausdeutungen zu betrachten:

- Recht, Gleichstellungs- und Integrationspolitik: Politische Partizipation und zivilgesellschaftliche Initiativen/Recht und Sexualität, Religion, Partnerschaft, Behinderung, Nationalität, Bürgerrechtserwerbsgesetzgebung und Rechtspraxis/Familie/Elternschaft.
- Wirtschafts- und arbeitsmarktpolitischer Kontext: Reproduktion der Arbeitskraft (Gender, soziale Herkunft/Klasse, Migration, Rasse, Behinderung, Sexualität, Religion)/Sozialversicherungssystem, bezahlte und unbezahlte Arbeit.
- Organisationsspezifischer Kontext: Branche, Internationalisierungsgrad, Prozess der Organisation, Unternehmensnetzwerke, Heterogenität der Organisation (Abteilungen, Hierarchieebenen, etc.)
- Interne und externe Anspruchsgruppen: Industrielle Beziehungen, Kreditgeber, Medien etc.

Wie können sich nun Organisationen, trotz beträchtlicher externer und interner Anforderungen an gleichstellungsorientierte Organisationskulturen, an Inklusion und Partizipation historisch benachteiligter Gruppen diesen Ansprüchen entziehen und vertikal und horizontal stark segregierte Organisationsstrukturen aufweisen? Welche Mechanismen, Strategien und Prozesse führen dazu? Bevor die Frage der Resistenzen aufgegriffen wird, geben wir einen kurzen Überblick über die Schritte der Strategie- und Umsetzungsprozesse des Diversity Management in Organisationen, die in zahlreichen Best Practices vorgestellt werden (vgl. Risberg/Beauregard/Sander 2012; Müller/Sander 2009; EU-Kommission 2005, 2008).

*4 Umsetzungsprozess und Resistenzen: Diversity in Organisation*

*4.1 Umsetzungsmodell*

Wird auf die letzten 20 Jahre der Umsetzung zurückgeblickt, zeigen sich in der Literatur zahlreiche Modelle.[14] Zusammengefasst betonen diese Umsetzungsmodelle von Diversity Management – im Sinne des Lern- und Effektivitätsansatzes nach Thomas und Ely (1996) – die Implementierung als Lernprozess, welcher verschiedene Umsetzungsphasen und Umsetzungsebenen berücksichtigt (vgl. Dass/Parker 1999). Angelehnt an das Modell von Danowitz und Hannappi-Egger (2012) können vier Umsetzungsphasen ausgemacht werden, welche hier zusammengefasst dargestellt werden:

- *Organisationsanalyse*
  Der Formulierung einer Diversity-Management-Strategie geht die Sammlung von Informationen und Daten der aktuellen internen und externen Kontexte, in welchen eine Organisation agiert, voraus (vgl. Müller/Sander 2009). Es braucht eine Einschätzung des aktuellen Ist-Zustandes über den Stand von Diversity, um auf Basis dieser Analyse eine Diversity-Management-Strategie und folglich konkrete Diversity-Management-Ziele sowie Maßnahmen zu formulieren. Nach Mensi-Klarbach und Hanappi-Egger (2012) können dies beispielsweise demographische Daten der Belegschaft sein, also Anzahl der Mitarbeitenden unterschieden nach bestimmten Diversity-Kategorien, Zahlen und Daten über die Lohnverhältnisse, Befragungen zu Einstellung und Haltung der Mitarbeitenden gegenüber Diversity, Untersuchung der bereits vorhandenen Unternehmensstrategie auf Diskriminierung und Diversity-Potential etc. In dieser ersten Phase ist besonders zu berücksichtigen, dass die Instrumente der Organisationsanalyse sowie die bereits vorhandenen Personalmanagementinstrumente, Praktiken und Verfahren sowohl auf ihr Diskriminierungs- wie auch auf ihr Gleichstellungspotential hin überprüft werden müssen (vgl. Krell/Sieben 2011).
- *Entwicklung der Diversity-Strategie; Festlegung von Zielen und Maßnahmen*

---

14 Für einen Überblick über die verschiedenen Umsetzungsmodelle siehe Agars/ Kottke (2004) und Danowitz/Hanappi-Egger (2012).

Basierend auf der Organisationsanalyse wird die Diversitystrategie definiert und Ziele festgelegt. Müller und Sander (2009) berücksichtigen in ihrem Diversity-Controlling dazu zwei messbare Ebenen: die strategische und die operative. Dabei beziehen sich die strategischen Ziele auf den längeren Planungshorizont, die generelle Entwicklungsrichtung. Die operativen Ziele nehmen Bezug auf die kurzfristige Planung – beispielsweise die Jahres- und Quartalsplanung. Als zentrales Erfolgskriterium für diesen Umsetzungsschritt werden genügend Zeitressourcen genannt (vgl. Überacker 2004).

- *Umsetzung der Diversity-Strategie*
  Ausgehend von der definierten Diversity-Management-Strategie werden konkrete Umsetzungsmaßnahmen abgeleitet. Diese sind je nach Organisation unterschiedlich ausgestaltet, betreffen aber im Allgemeinen folgende Bereiche:
  – Personalplanung, Personalgewinnung
  – Personalbindung, Personalentwicklung, Entlohnung
  – Führungskräftesensibilisierung und -entwicklung
  – Organisations- und Personalstrategie, Corporate Social Responsibility
  – Marketing und Kommunikation
  – Produkte und Dienstleistungsentwicklung etc.[15]

Best Practices betonen die Wichtigkeit, dass diese Instrumente nicht nur top-down, also von Management und Vorgesetzten, eingeführt und umgesetzt werden, sondern auch als Bottom-up-Prozess initiiert sind. Sowohl Thomas und Ely (1996) als auch Cox (2001) und heute Krell/Sieben (2011) und Watrinet (2007) betonen, dass Diversity Management in der Verantwortung aller Managementstufen und Angestelltenebenen liegt. Danowitz und Hanappi-Egger (2012: 153) fassen die Umsetzungsverantwortung zusammen: „Long-term strategies and concerning are mainly devised by top management to provide a general orientation. While the translation of these strategies into policy is also the responsibility of top management, they share this responsibility with middle management and, to a lesser extent, other employees". Die Rol-

---

15 Diese Auflistung der Umsetzungsbereiche ist nicht abschließend, sondern basiert auf den Studien der Europäischen Kommission von 2005 und 2008, welche die Umsetzungsbereiche von 3.000 Organisationen untersuchen, sowie auf der Ausführung von möglichen Maßnahmen im Beitrag von Risberg/Beauregard/Sander 2012.

le von Diversity Manager_innen in größeren Organisationen (meist Mittel- bis Großunternehmen) ist das Begleiten, Leiten, Definieren, Entwickeln und Steuern von Diversity Management (vgl. Risberg/ Beauregard/Sander 2012: 189).

- *Monitoring, Controlling und Evaluation der Diversity-Umsetzung*
Da die Entwicklung der Diversity-Management-Ziele und der darauf entwickelten Maßnahmen ihre Messbarkeit voraussetzt, ist die Kontrolle und Evaluation ein weiterer Schritt der Umsetzung. Nach Müller und Sander (2009) lassen sich vier Schritte der Kontrolle und Evaluation unterscheiden: 1. Ist-Soll-Vergleich oder periodische Standortbestimmung, 2. Abweichungsanalyse, 3. Ursachenanalyse, 4. Anpassung und Entwicklung neuer Maßnahmen und Interventionen. Dabei wird nicht nur die Kosten-Effektivität kontrolliert und evaluiert, es wird auch Transparenz im Umsetzungsprozess geschaffen, außerdem werden Entwicklung und Veränderungen der Organisation aufgezeigt. Die Schwierigkeit dieses vierten Umsetzungsschrittes liegt in der Quantifizierbarkeit der Umsetzungsmaßnahmen. Zwar können quantitative Ziele, wie die Veränderung der Zusammensetzung der Belegschaft (z. B. Frauenquote), leicht überprüft werden, zur Messung des Reifegrades einer Diversity-Strategie oder eines Diversity-Klimas werden aber ausdifferenzierte Instrumente benötigt (vgl. Watrinet 2007; Wolfson/Kraiger/Finkelstein 2011).

### 4.2 „Silence" oder „Talk the Talk": Resistenzen im Diversity Management

„In the early days of doing this work there was silence around LGBT people in the workplace. We didn't even say ‚gay' or ‚lesbian'. The groups like LGBT, Gender, Race/Ethnicity, have been routinely discriminated against and have had to struggle for recognition and advancement. All of these groups were most often working in the back office jobs (operations), but rarely in the bottom line positions. They complained of a ‚glass ceiling' because it was nearly impossible to see themselves rising above a certain level in the organization", so die Erfahrung von Andrea Cisco, einer Consultant des „The Future Work Institute, New York".

Auf die große Beharrungskraft gegen Veränderungen in Organisationen im Hinblick auf die Umsetzung eines Diversity Management verweist auch Alan Richter, Consultant und CEO der QED-Consultant LLC, New

York: „Often the organization talks the talk, but does not follow through on the values & beliefs it professes to have. We use the benchmarks to identify where an organization currently is. The foundational benchmarks are: 1. vision, strategy and business case – where there may be large pockets of employees who do not ‚buy' the strategy or the business case; 2. leadership & accountability – commonly, the top leadership has championed the initiative (otherwise we consultants never even enter the organization) but the resistance is below the top level – where middle managers resist, as often they are the ones with the special privileges under scrutiny; 3. Infrastructure and implementation – the chief resistance takes the form of an initiative without the resources and funding to make any change. These are of course organizational barriers to change" (vgl. O'Mara/Richter 2011). Aussagen von Praktiker_innen wie diese sind durchaus keine Ausnahme, sie machen deutlich, wie groß die Kluft zwischen Konzept und praktischer Umsetzung ist.

Das Dilemma von Diversity zwischen Equity- und Businessperspektive setzt sich offenbar fort in einer weiteren Reihe von Ambivalenzen, die als „Stillschweigen/Silence" und „Deklaration/Talk" von Berater_innen wahrgenommen werden. Im Fokus steht hier vor allem das Auseinanderfallen von Praktiken und Verhalten innerhalb und durch Organisationen und den formulierten Lern- und Effektivitätszielen (Thomas/Plaut 2008: 7). Unterschieden wird zwischen individuellen und organisationalen Resistenzen und zwischen offenen und verdeckten Widerständen (vgl. Thomas/Ely 1996; Thomas/Plaut 2008). Widerstände reichen von offensichtlicher Diskriminierung gegenüber Menschen als „Vertreter_innen" einer bestimmten Kategorie bis hin zur passiven Akzeptanz dieser Diskriminierung (vgl. Erfurt 2010: 13). Probleme werden personalisiert (Individualisierung des Problems) oder biologisiert, also auf angenommene „natürliche Unterschiede" zurückgeführt. Erfurt weist dabei auf die Bedeutung diskursiver Prozesse wie der Negierung von Handlungsbedarf hinsichtlich Gleichstellung oder der Verweigerung von adäquaten materiellen und personellen Ressourcen hin. Eine scharfe Trennung individueller und organisationaler Resistenzen wird von den wenigsten Autor_innen vorgeschlagen. Erklärungskonzepte wie „Doing Gender", dessen Übertragbarkeit auf Diversity Kategorien ausgelotet wurde (vgl. Lindau 2010), prägen die Organisationskultur über die individuelle Ebene hinaus. Die organisationalen Resistenzen bezeichnet Thomas als systemische Exklusionen, Verleugnungen, Unterdrückungen und Isolierungen.

Zentraler Mechanismus dabei sind „Egalitätsmythen" (Funder/Dörhöfer/Rauch 2006), die scheinbar Diversity unterstützen, jedoch eine konträre Wirkung entfalten. Zu diesen Mythen gehört der Mythos der Meritokratie: er geht davon aus, dass allen die gleichen Chancen in der Organisation zugestanden werden und allein die Leistung über den Erfolg, die Einstellung, die Beförderung entscheidet. Diskriminierungen werden hier in einer vormodernen Vergangenheit verortet, in der Bevorzugung und Günstlingswirtschaft das Leistungsprinzip verhinderten (vgl. Thomas/Plaut 2008: 18). Ein weiterer Mythos ist das Ideal der „Color Blindness", das davon ausgeht, dass Unterschiede der Hautfarbe keine Rolle spielen, da sie in einer egalitären Organisationskultur nicht vorkommen dürfen. Folglich werden sie nicht wahrgenommen.

Auf diese Egalitätsmythen stützen sich Modernitätsdiskurse ab, die ein Stillschweigen von Diskriminierungen fördern. Die Reproduktion dieser Modernitätsdiskurse behauptet eine scheinbar egalitäre Organisationskultur, entfaltet aber gegenteilige Wirkung, indem sie Ungleichheiten tabuisiert (vgl. Wetterer 2002; Nentwich 2004).

Eine weitere Perspektive auf die Differenzierung von Resistenzen oder Widerständen ist die Kluft zwischen Befürwortung („Endorsment") und Umsetzung („Activity"; Avery 2011), d.h. die Auslotung der Kluft zwischen Befürwortung von Diversity Management beispielsweise im Unternehmensleitbild und den tatsächlich umgesetzten Maßnahmen. Angelika Wetterer (2002) beschreibt diese Dynamik als „rhetorische Modernisierung".

Der Neoinstitutionalismus stellt für eine Analyse dieser Kluft in der Dynamik zwischen Organisation und Umweltansprüchen einen weiterführenden Ansatz dar.[16] Sabine Lederle stellt in ihrer Studie zur Einführung von Diversity Management die Frage nach den Gründen von Organisationen für die Einführung von Diversity Management aus neoinstitutionalistischer Sicht neu und kommt bei ihrer Befragung von Unternehmen zu folgendem Ergebnis (vgl. Lederle 2007): Zentrale Gründe für die Einführung von Diversity Management bei den befragten Unternehmen waren erstens die Verankerung der Organisationen in Konzernen und Unternehmungsnetzwerken. Das sind beispielsweise vertikale Verbindungen zwischen Mutter- und Tochtergesellschaften, wobei die US-Muttergesellschaften häufig die Einführung von Diversity Management verlangen. Horizontale

---

16 Siehe hierzu auch den Beitrag von Maria Funder/Florian May in diesem Band.

Verbindungen hingegen sind Resultate von Fusionen und Partnerschaften. Ein zweiter Grund für die Einführung von Diversity Management stellt gemäss Lederles Studie die Einführung der Antidiskriminierungsrichtlinien dar und in deren Folge das Allgemeine Gleichbehandlungsgesetz in Deutschland. Die Antizipation möglicher Rechtsverletzungen wird als Prävention gegen größere Imageschäden gesehen. Ein dritter Grund sind weitere externe Anspruchsgruppen wie Investmentgesellschaften, Ratingagenturen, Analysten, Banken, Medien, Aktionäre, die einen zunehmenden Druck auf Unternehmen ausübten. Viertens sind die Orientierung an anderen Organisationen der Branche und die Bedeutung von Professionsnetzwerken treibende Gründe. Nachahmungseffekte bzw. die Tendenz zur Isomorphie lassen sich somit aufgrund der Befürchtung „den Anschluss zu verlieren" erklären, die im Rahmen von Diversity-Diskursen und durch Benchmarking geschürt wird. Zusammenfassend kommt Lederle zu dem Schluss, dass „Isomorphie-Mechanismen", also Angleichungsprozesse ablaufen, „ohne dass der Beitrag von Diversity Management zur Erhöhung der internen organisationalen Effizienz nachgewiesen werden kann" (Lederle 2007: 36). An der Stelle der (oder zumindest konkurrierend zur) internen Wirksamkeit liegt der Fokus auf dem Aufbau einer Legitimitätsfassade, wie Stefan Süss im Kommentar zu Lederles Ausführungen schreibt: „Das Konzept (Diversity Management, d.V.) stellt dann keine inhaltliche, sondern eine rhetorische Modernisierung der es anwendenden Unternehmen dar. Zu beobachten sind selbstverstärkende Prozesse (Increasing Returns) des Fassadenaufbaus und der Legitimitätssicherung, die – unabhängig von einem schwer identifizierbaren Kern des Konzepts – seine allmähliche Institutionalisierung befördern" (Süss 2007: 171). Hier stellen der Mimetismus (die Angleichung und Nachahmung), sowie der Talk und dessen Kehrseite, das damit verbundene Stillschweigen über Diskriminierungsfälle, die Wirksamkeit von Diversity Management infrage. Daran schließt sich die Frage an, wie groß die Kluft zwischen „Talk" und „Action" sein kann, bevor die Legitimität der Organisation ernsthaft zur Disposition steht.

Bewirkt die Institutionalisierung des Diversity-Diskurses, vervielfacht durch den Mimetismus und die oben angeführten Gründe, eine Managerialisierung des Rechts und des Sprechens über Gleichstellung, wie es Edelman et al. bereits 2001 analysierten (vgl. Edelman/Riggs Fuller/Mara-Dita 2001: 1595)?

Die Chancen des Diversity-Konzepts, kritische Themen in Organisationen zu adressieren, werden von Resistenzen auf mehreren Ebenen konterkariert. Die herrschenden Egalitätsmythen scheinen sich dabei stabilisierend auf die Ungleichheiten auszuwirken und eine Thematisierung der segregierenden Arbeitsteilung, wie sie Collins „Herrschaftsmatrix" oder Butlers heterosexuelle Matrix beschreiben, in Organisationen zu vereiteln. Hierzu ist genauer zu analysieren, wie sich Talk und Silence zueinander verhalten und ein Gleichgewicht herstellen, das laufend reproduziert wird und das „gute Funktionieren der Organisation" bestätigt.

Oder kann ein Diskurs wie der Diversity-Diskurs nun, wie es Lederle erwägt, gerade als und durch Mimetismus zu einer Verbreitung des Diversity Management und, gleichsam als „Self-fulfilling prophecy" (vgl. Funder 2011: 179) zu einer Setzung von Erwartungen und verbindlichen Standards führen? Diese Effekte und die Rolle der Artikulation und Adressierung der Ungleichheitsrelationen in Organisationen wären in vergleichenden Untersuchungen neu zu diskutieren.

*Weiterführende Literatur*

Mor Barack, Michàlle E. (2011). Managing Diversity. Toward a Globally Inclusive Workplace. Thousand Oaks, California: Sage.

Danowitz, Mary Ann/Hanappi-Egger, Edeltraud/Mensi-Klarbach, Heike (Hrsg.) (2012). Diversity in Organizations. Concepts & Practices. Basingstoke: Palgrave Macmillan.

Thomas, Kecia M. (2008). Diversity Resistance in Organizations. New York: Taylor & Francis Group.

Lederle, Sabine (2007). Die Einführung von Diversity Management in deutschen Organisationen: Eine neoinstitutionalisitische Perspektive. In: Zeitschrift für Personalforschung, 21 (1), 22–41.

*Im Text erwähnte Quellen*

Acker, Joan (1990). Hierarchies, Jobs, Bodies. A Theory of Gendered Organization. In: Gender & Society, 4, 139–158.

Agars, Mark/Kottke, Janet (2004). Models and Practice of Diversity Management: A Historical Review and Presentation of a New Integration Theory. In: Stockdale, Margret S./Crosby, Faye J. (Hrsg.), The Psychology and Management of Workplace Diversity. Oxford: Blackwell, 55–77.

Amstutz, Nathalie (2010). Diversity Management: theorie- und politikfern? Für Mehrstimmigkeit in der Konzeptualisierung von Diversity Management. In: Gender, 2, 9–24.

Andersen, Margaret L. (2010). The Nexus of Race and Gender: Parallels, Linkages, and Divergences in Race and Gender Studies. In: Collins, Patricia Hill/Solomos, John: Race and Ethnic Studies. Los Angeles, London, New Delhi: Sage.

Avery, Derek R. (2011). Support for Diversity in Organizations: A Theoretical Exploration of its Origins and Offshoots. In: Organizational Psychology Review, 1 (3), 239–256.

Beer, Ursula (1990). Geschlecht, Struktur, Geschichte. Soziale Konstituierung des Geschlechterverhältnisses. Frankfurt: Campus.

Beer, Ursula (2004). Sekundärpatriarchalismus. Patriarchat in Industriegesellschaften. In: Becker, Ruth/Kortendiek, Beate (Hrsg.). Handbuch Frauen- und Geschlechterforschung. Theorie, Methoden, Empirie. Wiesbaden: VS, 56–61.

Bender, Anne-Françoise/Klarsfeld, Alain/Laufer, Jacqueline (2010). Equality and Diversity in the French Context. In: Klarsfeld, Alain (Hrsg.). International Diversity Handbook on Diversity Management at Work. Country Perspectives on Diversity and Equal Treatment. Cheltenham UK, Northhampton USA: Edward Elgar, 83–108.

Bendl, Regine (2005). Revisiting Organization Theory. Integration and Deconstruction of Gender and Transformation of Organization Theory. Frankfurt, Berlin, Bern, Bruxelles, New York, Oxford, Wien: Peter Lang.

Betzelt, Sigrid (2007). „Gender Regimes": Ein ertragreiches Konzept für die komparative Forschung. Literaturstudie. In: ZeS-Arbeitspapier, 12. (http://www.ssoar.info/ssoar/handle/document/10911, Download: 1.12.2012)

Butler, Judith (1991). Das Unbehagen der Geschlechter. Frankfurt: Suhrkamp.

Butler, Judith (2009). Die Macht der Geschlechternormen. Frankfurt: Suhrkamp.

Chebout, Lucy N. (2012). Wo ist Intersectionality in bundesdeutschen Intersektionalitätsdiskursen? In: Smykalla, Sandra/Vinz, Dagmar (Hrsg.). Intersektionalität zwischen Gender und Diversity: Theorien, Methoden und Politiken der Chancengleichheit. Münster: Westfälisches Dampfboot, 46–60.

Collins, Patricia Hill (2000/2009). Black Feminist Thought. New York, London: Routledge.

Cox, Taylor Jr. (2001). Creating the Multicultural Organization. A Strategy for Capturing the Power of Diversity. San Francisco: Jossey-Bass.

Crenshaw, Kimberlé (1995). Mapping the Margins: Intersectionality, Identity Politics, and Violence against Women of Color. In: Crenshaw Kimberlé/Gotanda, Neil/Peller, Gary/Kandall, Thomas (Hrsg.). Critical Race Theory – The Key Writings that Formed the Movement. New York: The New Press, 357–383.

Crenshaw, Kimberlé/Gotanda, Neil/Peller, Gary/Kandall, Thomas (Hrsg.) (1995). Critical Race Theory – The Key Writings that formed the movement. New York: The New Press.

Danowitz, Mary Ann/Claes, Marie-Thérèse (2012). Diversity in Europe: Its Development and Contours. In: Danowitz, Mary Ann/Hanappi-Egger, Edeltraud/Mensi-Klarbach, Heike (Hrsg.). Diversity in Organizations. Concepts & Practices. Basingstoke: Palgrave Macmillan, 33–62.

Danowitz, Mary-Ann/Hanappi-Egger, Edeltraud (2012). Diversity as Strategy. In: Danowitz, Mary Ann/Hanappi-Egger, Edeltraud/Mensi-Klarbach, Heike (Hrsg.). Diversity in Organizations. Concepts & Practices. Basingstoke: Palgrave Macmillan, 137–160.

Dass, Parshotam/Parker, Barbara (1999). Strategies for Managing Human Resource Diversity: From Resistance to Learning. In: Academy of Management Executive, 13 (2), 66–80.

Edelman, Lauren B./Riggs Fuller, Sally/Mara-Drita, Iona (2001). Diversity Rhetoric and the Managerialization of Law. In: American Journal of Sociology, 106 (6), 1289–1641.

Engel, Roland (2004). Die Diversität des Diversity Management: Geschichten & Landkarten. In: Hernsteiner. Zeitschrift für Managemententwicklung, 2 (17), 15–18.

Erfurt, Philine (2010). Nicht wichtig, keine Zeit, fehlende Beweise – Widerstände bei der Implementierung von Gender Mainstreaming und Diversity Management. In: Zeitschrift für Managing Diversity und Diversity Studies, 2, 96–112.

Europäische Kommission (2003). Methods and Indicators to Measure the Cost-Effectiveness of Diversity Policies in Enterprises. Final Report.

Europäische Kommission (2005). Geschäftsnutzen von Vielfalt. Bewährte Verfahren am Arbeitsplatz.

Europäische Kommission (2008). Continuing the Diversity Journey. Business Practices, Perspectives and Benefits.

Europäische Union : Diversity Chartas: http://ec.europa.eu/justice/discrimination/diversity/diversity-charters/index_en.htm [Download 11.3.2013].

Funder, Maria (2008). Geschlechterverhältnisse und Wirtschaft. In: Maurer, Andrea (Hrsg.). Handbuch der Wirtschaftssoziologie. Wiesbaden: VS, 411–430.

Funder, Maria (2011). Soziologie der Wirtschaft. Eine Einführung. München: Oldenbourg.

Funder, Maria/Dörhöfer, Steffen/Rauch, Christian (2006). Geschlechteregalität – Mehr Schein als Sein. Geschlecht, Arbeit und Interessenvertretung in der Informations- und Telekommunikationsindustrie. Berlin: Edition Sigma.

Jensen-Dämmerich, Kirsten (2011). Diversity-Management. Ein Ansatz zur Gleichbehandlung von Menschen im Spannungsfeld zwischen Globalisierung und Rationalisierung? München und Mering: Rainer Hampp.

Johnston, William B./Packer, Arnold B. (1987). Workforce 2000: Work and Workers for the 21st century. Executive summary. Indianapolis, Indiana, Hudson Institute.

Klarsfeld, Alain (2010). Perspectives from 16 Countries on Diversity and Equal Treatment at Work: An Overview and Transverse Question. In: Klarsfeld, Alain (Hrsg.). International Diversity Handbook on Diversity Management at Work. Country Perspectives on Diversity and Equal Treatment. Cheltenham UK, Northhampton USA: Edward Elgar, 1–10.

Knapp, Gudrun-Axeli (2005). Race, Class, Gender. Reclaiming Baggage in Fast Travelling Theories. In: European Journal of Women's Studies, 12 (3), 249–265.

Krell, Gertraude/Sieben, Barbara (2011). Diversity Management: Chancengleichheit für alle und auch als Wettbewerbsvorteil. In: Krell, Getraude/Ortlieb, Renate/ Sieben, Barbara (Hrsg.), Chancengleichheit durch Personalpolitik. Wiesbaden: Gabler, 155–174 (6. Auflage).

Küster, Sybille (2007). Staatsangehörigkeit in Deutschland, Historische Aspekte der Nationalisierung und Ethnisierung von „Fremdheit". In: Klinger, Cornelia/Knapp, Gudrun-Axeli/Sauer, Birgit (Hrsg.). Achsen der Ungleichheit. Zum Verhältnis von Klasse, Geschlecht und Ethnizität. Frankfurt, New York: Campus, 193–209.

Kyriakidou, Olivia/Özbilgin, Mustafa F. (Hrsg.) (2006). Relational Perspectives in Organizational Studies: A Research Companion. Cheltenham: Edward Elgar.

Laufer, Jacqueline (2009). L'égalité professionnelle entre les hommes et les femmes est-elle soluble dans la diversité? In: Egalité et diversité. Travail, Genre et Sociétés 21, 29–54.

Lederle, Sabine (2007). Die Einführung von Diversity Management in deutschen Organisationen. Eine neoinstitutionalistische Perspektive. In: Zeitschrift für Personalforschung, 21 (1), S. 22–41.

Lindau, Anja (2010). Verhandelte Vielfalt. Die Konstruktion von Diversity in Organisationen. Wiesbaden: Gabler.

Mensi-Klarbach, Heike/Hanappi-Egger, Edeltraud (2012). Organizational Analysis. In: Danowitz, Mary Ann/Hanappi-Egger, Edeltraud/Mensi-Klarbach, Heike (Hrsg.). Diversity in Organizations. Concepts & Practices. Basingstoke: Palgrave Macmillan, 161–184.

Mor Barack, Michàlle E. (2011). Managing Diversity. Toward a Globally Inclusive Workplace. Thousand Oaks, California: Sage.

Müller, Catherine/Sander Gudrun (2009). Innovativ Führen mit Diversity-Kompetenz. Vielfalt als Chance. Bern: Haupt.

Nentwich, Julia (2004). Die Gleichzeitigkeit von Differenz und Gleichheit. Neue Wege für die Gleichstellungsarbeit. Königstein/Ts.: Helmer.

O'Mara, Julie/Richter, Alan (2011). Global Diversity & Inclusion Benchmarks: [Download: http://www.omaraassoc.com/pdf/GDIB_2011.pdf].

Pfau-Effinger, Birgit (1994). Erwerbspartnerin oder berufstätige Ehefrau. Soziokulturelle Arrangements der Erwerbstätigkeit von Frauen im Vergleich. In: Soziale Welt, 45, 322–337.

Ridgeway, Cecilia (2006). Social Relational Contexts and Self-organizing Inequality. In: Kyriakidou, Olivia/Özbilgin, Mustafa R. (Hrsg.). Relational Perspectives in Organizational Studies: A Research Companion. Cheltenham: Edward Elgar, 180–196.

Risberg, Annette/Beauregard, Alexandra/Sander, Gudrun (2012). Organizational Implementation: Diversity Practices and Tools. In: Danowitz, Mary Ann/Hanappi-Egger, Edeltraud/Mensi-Klarbach, Heike (Hrsg.). Diversity in Organizations. Concepts & Practices. Basingstoke: Palgrave Macmillan, 185–237.

Smykalla, Sandra/Vinz, Dagmar (Hrsg.) (2012). Intersektionalität zwischen Gender und Diversity. Theorien, Methoden und Politiken der Chancengleichheit. Münster: Westfälisches Dampfboot.

Süss, Stefan (2007). Die Einführung von Diversity Management in Organisationen: Diskussionsbeiträge zu drei offenen Fragen. In: Zeitschrift für Personalforschung, 21 (2), 170–175.

Syed, Jawad/Özbilgin, Mustafa (2009). A Relational Framework for International Transfer of Diversity Management Practices. In: International Journal of Human Resource Management, 20 (12), 2435–2453.

Thomas, David A./Ely, Robin J. (1996). Making Difference Matter: A New Paradigm for Diversity Management. Harvard Business Review.

Thomas, Kecia M./Plaut, Victoria C. (2008). The Many Faces of Diversity Resistance in the Workplace. In: Thomas, Kecia M., Diversity Resistance in Organizations. New York, Abingdon: Lawrence Erlbaum Associates. Taylor & Francis Group, 1–22.

Überacker, Jutta (2004). Wie kommt Diversity in die Organisation? In: Hernsteiner. Fachzeitschrift für Managemententwicklung, 2 (17), 10–14.

Vedder, Günther (2006a). Die historische Entwicklung von Diversity Management in den USA und in Deutschland. In: Krell, Gertraude/Wächter Hartmut (Hrsg.). Diversity Management. Impulse aus der Personalforschung. München und Mering: Rainer Hampp, 1–23.

Vedder, Günther (2006b). Diversity Management in der Organisationsberatung. In: Gruppendynamik und Organisationsberatung, 37 (1), 7–17.

Vinz, Dagmar (2012). Klasse und Geschlecht – eine umkämpfte Verbindung in Theorien zu Intersektionalität und Diversity. In: Smykalla, Sandra/Vinz, Dagmar (Hrsg.). Intersektionalität zwischen Gender und Diversity, Münster: Westfälisches Dampfboot, 61–75.

Walgenbach, Katharina (2012). Portal Intersektionalität (http://portal-intersektionalitaet.de/konzept/, Download: 30.11.2012).

Watrinet, Christine (2007). Indikatoren einer Diversity-gerechten Unternehmenskultur. Karlsruhe: Universitätsverlag.

Wetterer, Angelika (2002). Strategien rhetorischer Modernisierung. Gender Mainstreaming, Managing Diversity und die Professionalisierung der Gender-Expertinnen. In: Zeitschrift für Frauenforschung und Geschlechterstudien, 3, 129–148.

Wilz, Sylvia M. (2002). Organisation und Geschlechterdifferenz. Strukturelle Bindungen und kontingente Kopplungen. Opladen: Leske+Budrich.

Wolfson, Natalie/Kraiger, Kurt/Finkelstein, Lisa (2011). The Relationship between Diversity Climate Perceptions and Workplace Attitudes. In: The Psychologist-Manager Journal, 14 (3), 161–176.

# Intersektionalität aus der Organisationsperspektive

*Helga Eberherr*

## 1 Einleitung

Intersektionalität als theoretisches Konzept und als Analyseperspektive ist in den letzten Jahren in der Organisations- und Geschlechterforschung[1] zu einem dynamischen und bedeutenden Forschungsfeld avanciert, wie sich an den zahlreichen Beiträgen in einschlägigen deutschsprachigen und englischsprachigen wissenschaftlichen Publikationen in diesem Forschungsgebiet in den letzten Jahren ablesen lässt.[2] In der Diversitätsforschung, ein Forschungsbereich an den Schnittstellen der Organisations- und Geschlechterforschung, zeigt sich ebenfalls die zunehmende Bedeutung intersektionaler Forschungsperspektiven.[3] Intersektionalität hat sich zu einem theoretischen Konzept entwickelt, welches für konstruktivistische, dekonstruktivistische und strukturorientierte erkenntnistheoretische Paradigmen anschlussfähig ist. Derzeit kann jedoch nicht von einem einheitlichen, konsistenten Theoriegebäude der Intersektionalität gesprochen werden; vielmehr sind intersektionale Perspektiven durch eine gewisse Unbestimmtheit gekennzeichnet. Nach derzeitigem Stand der Forschung ist es vielmehr Gegenstand wissenschaftlicher Aushandlungs- und Diskussionsprozesse, inwieweit von einem neuen Paradigma der Geschlechterforschung gesprochen werden kann (vgl. Klinger/Knapp 2007; Bührmann 2009; Winker/Degele 2009, 2011). Die Bestimmung und theoretisch-konzeptionelle Einordnung intersektionaler Perspektiven ist dementsprechend heterogen. Manche Forscher und Forscherinnen verstehen darunter eine Theorie, andere wiederum ein heuristisches Konzept oder eine Analyse-

---

1 Für die Geschlechterforschung siehe weiterführend z. B. Brah/Phoenix 2004; Hill Collins 1999; Klinger/Knapp 2007; Knapp 2005; Phoenix/Pattynama 2006; Verloo 2006; Yuval-Davis 2006. .
2 Siehe z. B. Acker 2006; Calás/Smircich 2006; Ely/Padavic 2007; Ferree 2009; Holvino 2010; McCall 2005; McCall 2001; Munro 2001; Walby 2007.
3 Siehe z. B. Bendl/Fleischmann/Hofmann 2009; Hofmann/Cserer 2010; Janssens/ Steyaert 2003; Konrad/Prasad/Pringle 2006; Lewis 2005; Styhre/Eriksson-Zetterquist 2008; Zanoni et al. 2010.

strategie (vgl. Davis 2008). Einigkeit dürfte jedoch dahingehend bestehen, Intersektionalität als bedeutende Forschungsperspektive in der Geschlechterforschung zu bewerten. Der konzeptionellen Offenheit, gerade auch aus einer interdisziplinären Perspektive, kommt zentrale Bedeutung zu für die zunehmende Rezeption von Intersektionalität in der Organisations- und Geschlechterforschung, da durch diese Offenheit und Unbestimmtheit die Anschlussfähigkeit hinsichtlich unterschiedlicher Theorietraditionen ein stückweit erklärt werden kann (vgl. Davis 2008).

Mit Intersektionaliät wird grundsätzlich ein Zugang bezeichnet, der unterschiedliche soziale Kategorien in den Blick rückt und hinsichtlich potentieller intersektionaler Verschränkungsmöglichkeiten nicht limitiert ist. Bezogen auf den europäischen Raum lassen sich jedoch sogenannte Kernbegriffe sozialer Kategorien nennen, welche gleichzeitig jene Kategorien darstellen, die rechtlich in der EU-Antidiskriminierungsrichtlinie geregelt sind. Diese sind in alphabetischer Ordnung Alter, Behinderung, Ethnizität, Geschlecht, Religion/Weltanschauung und sexuelle Orientierungen. Intersektionale Perspektiven zeichnen sich dadurch aus, dass sowohl Differenzen bzw. Unterschiede innerhalb einer sozialen Kategorie als auch intersektionale Verschränkungen von zwei oder mehreren sozialen Kategorien im Fokus des Forschungsinteresses stehen können. Mit ersterem, also soziale Kategorien wie z. B. Geschlecht als in sich heterogen zu begreifen, wird ein bedeutender Strang der feministischen Theoriebildung aufgegriffen, in dem Homogenisierungen von Zugehörigkeiten und Gruppen kritisiert werden, da so Innergruppenunterschiede nivelliert werden. Bei zweitem wiederum ist die Einsicht leitend, dass soziale Kategorien wie z. B. Geschlecht, Ethnizität oder Klasse nicht nur jeweils für sich bedeutsam werden können, sondern sich wechselseitig beeinflussen und intersektional wirksam werden können (vgl. Eberherr 2012). Zusätzliche Komplexität erfahren intersektionale Zugänge durch ein Verständnis kontextueller Bedingtheit, d.h. die Relevanz und Wirkungsweisen verschiedener sozialer Kategorien jeweils entlang ihrer kontextspezifischen Bedeutung zu differenzieren und zu bestimmen.

*2 Begriffsbestimmungen und Kernargumentationen*

Wie Intersektionalität als Begriff, theoretisches Konzept oder als Forschungsperspektive verstanden werden kann, wird in zahlreichen Definitionen mit unterschiedlichen Schwerpunktsetzungen eingegrenzt. Für die

Organisationsforschung kann für das vorherrschende Verständnis von Intersektionalität als theoretisches Konzept und Forschungsperspektive exemplarisch die Definition von Styhre/Eriksson-Zetterquist herangezogen werden: „Intersectionality perspective suggests that researchers must examine how predominant classification systems such as class, gender, sexuality, and ethnicity/race co-exist and are simultaneously mutually constitutive and thus constantly influence how social life is structured and organized" (Styhre/Eriksson-Zetterquist 2008: 568).

Intersektionalität wird in diesem Verständnis als Perspektive verstanden, in der Forscherinnen und Forscher untersuchen, wie vorherrschende Klassifikationssysteme wie etwa Klasse, Geschlecht, Sexualität und Ethnizität co-existieren, sich verschränken und sich wechselseitig bedingen und dadurch beeinflussen, wie soziales Leben strukturiert und organisiert wird. Ergänzt werden kann, dass – neben der Perspektive auf die Wechselwirkungen und Verschränkungen sozialer Kategorien zueinander im Sinne multipler Differenzsetzungen – auch die Unterschiede innerhalb einer sozialen Kategorie Teil intersektionaler Forschungsperspektiven sind (vgl. Eberherr 2012) sowie die Bestimmung von variablen und kontextabhängigen hierarchischen Einbettungen und Bewertungen in organisationalen Praktiken, Prozessen und Strukturen. Soziale Kategorien und deren intersektionale Wirkungsweisen in organisationalen Praktiken und Prozessen werden nicht als statisch oder als permanent festgeschrieben konzeptualisiert sowie auch nicht als gleichermaßen wirksam, sondern als dynamisch, variabel und kontextabhängig. In Anlehnung an konstruktivistische, poststrukturalistische und diskurstheoretische Theorien wird weiters davon ausgegangen, dass Subjekte nicht als festgeschrieben oder in sich abgeschlossen zu begreifen sind, sondern entsprechend sozialer und organisationaler Rollen und Erwartungsvorstellungen unterschiedliche Subjektpositionen in Diskursen oder Interaktionen einnehmen bzw. sich auf mögliche Positionierungsangebote beziehen (wie z. B. Mann, Engländerin, Rentnerin, etc.; siehe weiterführend Althusser 1977; Foucault 1988; Mouffe 1992). Gleichzeitig werden Menschen durch jeweilige soziale Kategorien als Subjekte beschreib- und zuordenbar. In organisationalen Einbindungen können etwa geschlechtsspezifische, berufsbezogene, altersspezifische und nationale Zugehörigkeiten und Zuschreibungen in unterschiedlichen Verschränkungen relevant und wirksam werden. So kann eine slowakische erfahrene Technikerin in organisationalen Praktiken wie z. B. in der Betriebskantine als einzige Frau am Tisch primär als Frau adressiert werden, wohingegen in anderen organisationalen Kontexten primär ihre professionelle Erfahrung relevant gemacht wird und Geschlecht in seiner Bedeutung in den Hintergrund treten kann. Diese organisationalen, sozialen und rollenspezifischen Positionierungsangebote können im Widerspruch zueinander stehen oder konfliktreiche Wirkungen entfalten. Je nach spezifisch aktualisierten und relevant gesetzten Zuordnungen entlang sozialer Kategorien können Einschluss- und Ausschlussmechanismen wirksam werden, indem z. B. die Teilhabe an materiellen und immateriellen Ressourcen (z. B. auch informelles Wissen) daran geknüpft wird. Als organisationale Praktik oder Prozess kann hier an Auswahlverfahren für Beförderungen oder auch an Neueinstellungen gedacht werden, wo Geschlecht, Alter und Nationalität jeweils spezifisch bzw. intersektional als Entscheidungskriterium aktualisiert und relevant gemacht werden können.

Historisch verorten Gender-Forscher_innen den Anstoß zu Debatten um intersektionale Verschränkungen einzelner sozialer Kategorien in den 1980er Jahren in den USA, ausgehend von Interventionen des „Black Feminism" (vgl. Combahee River Collective 1981) und dessen Kritik an der hegemonialen Ausrichtung des Feminismus an westlichen, „weißen Mittelschichtsfrauen" (siehe auch Carby 1982; Hill Collins 1993). Diese Kritik führte insbesondere im US-amerikanischen Kontext zu der Forderung nach einer Differenzierung hinsichtlich unterschiedlicher Positionierungen und Heterogenitäten von Frauen sowie einer Weiterentwicklung und Reflexion feministischer Theoriebildung entlang von „race" und Klasse. „Grundlegend war dabei die Einsicht, dass Frauen nicht nur qua Geschlecht unterdrückt werden, sondern auch als rassistisch markierte Andere sowie aufgrund ihrer Klassenzugehörigkeit" (Winker/Degele 2009: 12). Durch diese intersektionale Perspektive wird jedoch nicht eine Verdoppelung des Ausmaßes der Diskriminierung verstanden von z. B. Schwarz-Sein, Frau-Sein und Arbeiterin-Sein im Sinne eines additiven Aufrechnens. Vielmehr zielt dieser Zugang auf eine Betrachtung der unterschiedlichen, konstitutiv aufeinander verweisender Diskriminierungsformen in ihrer jeweils konkreten empirischen Lebensführung und Wirkung (vgl. Anthias/Yuval-Davis 1983) ab. Ende der 1980er Jahre wurden für diese Forschungsbestrebungen, verschiedene soziale Kategorien in ihrer Verwobenheit zu denken, der Begriff „intersectionality" von der amerikanischen Juristin Kimberlé Crenshaw (Crenshaw 1989) geprägt. Diese Bezeichnung hat bis heute eine vielfältige Weiterentwicklung in den Sozial-, Wirtschafts- und Geisteswissenschaften erfahren und seit den 1990er Jahren auch verstärkt Eingang in die Organisations- und Geschlechterforschung gefunden. Für die Organisationsforschung lassen sich unterschiedliche

Schwerpunktsetzungen in den US-amerikanischen und europäischen Intersektionalitätsdiskursen ausmachen. In der US-amerikanischen Diskussion – nicht zuletzt bedingt durch die bereits skizzierte historische Entwicklung – spielen Antidiskriminierungsbestrebungen und identitätsperspektivische Ansätze (Davis 2008) eine wichtige Rolle im Verständnis von Intersektionalität. In der europäischen Diskussion – insbesondere in der Tradition dekonstruktivistischer und queerer Perspektiven – sind Fragen der Überwindung binärer Oppositionen und Dualismen sowie die Bestimmung mehrdimensionaler Wirkungen von sozialen Kategorien zentraler. Für die Organisations- und Geschlechterforschung, die ungleichheitsgenerierende und ungleichheitsaufrechterhaltende Strukturen, Prozesse und Praktiken in Organisationen und des Organisierens zu bestimmen und zu erklären sucht, sind mit der Einsicht, den Forschungsfokus über Geschlecht hinaus zu erweitern, weitreichende Herausforderungen verknüpft. Als eine zentrale Problemstellung ist hier die Frage nach dem konzeptionellen Verständnis für analytische Perspektiven im Umgang mit kategorialer Komplexität zu stellen. Die von McCall entwickelte Bestimmung von drei analytischen Perspektiven im Umgang mit kategorialer Komplexität ist wohl als einer der einflussreichsten zu bezeichnen. McCall (2005) unterscheidet bezogen auf das jeweilige kategoriale Verständnis die inter-kategoriale Komplexität, die intra-kategoriale und die anti-kategoriale Komplexität. Bei einer inter-kategorialen Herangehensweise richtet sich die Aufmerksamkeit auf die Wechselwirkungen zwischen verschiedenen Gruppenzugehörigkeiten bzw. sozialen Kategorien. McCall beschreibt die inter-kategoriale Komplexität wie folgt: „This approach [...] requires that scholars provisionally adopt existing analytical categories to document relationships of inequality among social groups and changing configurations of inequality along multiple and conflicting dimensions" (McCall 2005: 1773).

McCall betont die Notwendigkeit der Setzung sozialer Kategorien aus analytischer Perspektive, verweist jedoch darauf, diese als provisorisch zu begreifen, um permanente kategoriale Festschreibungen zu entgehen. Forscher und Forscherinnen, die dem intra-kategorialen Ansatz folgen, interessieren sich für Gruppenheterogenitäten innerhalb einer Gruppe bzw. einer Kategorie. Im Fokus stehen also Gruppenzugehörigkeiten und deren Innergruppendifferenzierungen. Ähnlich dem inter-kategorialen Ansatz wird in dieser Perspektive grundsätzlich eine stabile und dauerhafte kategoriale Zugehörigkeit angenommen. Anti-kategoriale Komplexität schließlich steht für Forschungszugänge, in denen insbesondere eine Überwindung kategorialer Zuordnungen angestrebt wird: „The [...] *anticatego-*

*rical complexity* (Herv. i. O.) [...] is based on a methodology that deconstructs analytical categories. Social life is considered too irreducibly complex – overflowing with multiple and fluid determinations of both subjects and structures – to make fixed categories anything but simplifying social fictions that produce inequalities in the process of producing differences" (McCall 2005: 1773). Basierend auf dekonstruktivistischen Theorien und Methodologien ist das Bestreben dieser Perspektive also, einer vereinfachenden Zu- und Einordnung entlang sozialer Kategorien zu entgehen zugunsten einer Betonung multipler, temporärer und dynamischer sozialer Relationen und Subjektpositionen.

Eine Herausforderung intersektionaler Theorieentwicklung ist neben dem Umgang mit kategorialer Komplexität die Frage nach der Bedeutung einzelner sozialer Kategorien und der Begründung von deren Auswahl; also die Frage zu beantworten, welche Kategorien wann und warum als relevant und wirkmächtig angenommen werden bzw. als relevant vorausgesetzt werden. Trotz der Zunahme von Untersuchungen, die sich der theoretischen, analytischen und methodologischen Bestimmung intersektionaler Verschränkungen sozialer Kategorien widmen, sind diese Fragen erst ansatzweise zu beantworten. Hinsichtlich ihrer Wirkmächtigkeit in Organisationen werden in der Organisations- und Geschlechterforschung insbesondere die Kategorien Geschlecht, Ethnizität und Klasse als bedeutend hervorgehoben. Diesen sozialen Kategorien wird eine besondere Relevanz zur Erklärung gesellschaftlicher und organisationaler ungleicher Ressourcen- und Machtverteilungen eingeräumt (vgl. Anthias 2001; Klinger/Knapp 2007). Geschlecht, Ethnizität und Klasse werden in diesem Verständnis als Strukturkategorie aufgrund ihrer fundamentalen Einschreibungen und Wirkmächtigkeiten in Gesellschaften bezeichnet. Insbesondere für Geschlecht wird argumentiert, dass sich Geschlecht als Ursache sozialer Ungleichheiten nicht auf andere Ursachen reduzieren lasse (vgl. Winker/Degele 2009). Ähnliche Argumentationslinien gelten für Ethnizität und Klasse. In neueren Theoriekonzeptionen werden jedoch insbesondere bezogen auf Geschlecht, aber auch hinsichtlich Ethniziät und Klasse, die Kontingenz und Kontextualität von Prozessen und Praktiken des „Gendering" in Organisationen hervorgehoben (z. B. Heintz/Merz/Schumacher 2007; Hofbauer 2006). Damit wird also betont, Einschreibungen, Aktualisierungen und Relevanzsetzungen sozialer Kategorien für die Produktion und Reproduktion von Ungleichheiten kontextabhängig zu begreifen und durch konkrete (empirische) Bestimmungen zu differenzieren. In neueren Entwicklungen insbesondere ausgehend von den Queer-Theorien (siehe weiterführend Hartmann et al. 2007) wird Sexualität als weitere soziale Kategorie hervorgehoben, da Heteronormativität als ein fundamentales gesellschaftliches und organisationales Strukturierungsprinzip zu betrachten sei. Mit der Bezeichnung Heteronormativität wird Heterosexualität als bestimmende Norm der Geschlechterverhältnisse benannt, welche gesellschaftliche Organisation strukturiert. Heteronormativität wird als in sämtlichen gesellschaftlichen Verhältnissen eingeschrieben verstanden und inkludiert ebenso Rassismus und Klassenverhältnisse als heteronormativ geprägt (vgl. Wagenknecht 2004).

Die Autorinnen Winker und Degele (2009) wiederum schlagen vier Kategorien auf der Strukturebene vor, nämlich Klasse, Geschlecht, Hautfarbe/Ethnizität und Körper[4]. Mit der Kategorie Körper greifen sie Erkenntnisse neuerer Geschlechterforschung auf, wie bereits erwähnt insbesondere der Queer-Theorie, indem sie gesellschaftliche Verhältnisse als heteronormative Verhältnisse reflektieren. Neben Aussehen, körperlichen Funktionsfähigkeiten und ähnlichem umfasst die Kategorie Körper ebenso sexuelle Orientierungen. Die Erweiterung um den Körper wird auch abgestützt durch Erkenntnisse aus der soziologischen Forschung, wo durch zahlreiche Untersuchungen die Relevanz von körperlichen Attributen zu Bedeutungsproduktion und Signifikation betont wird (vgl. Neckel 2000). Auch Winker und Degele argumentieren die Erweiterung relevanter Strukturkategorien um Körper mit der Bedeutungszunahme von Alter, körperlicher Verfasstheit und Attraktivität auf Bewertungs- und Einordnungsprozesse und somit deren Einfluss auf unterschiedliche Teilhabe an formellen und informellen Ressourcen, die systematisch zu Ungleichheitsverhältnissen beitragen. Die theoretisch-konzeptionelle Bestimmung der Bedeutung weiterer sozialer Kategorien wie z. B. Alter oder Behinderung im Sinne eines gesellschaftlich-organisationalen Strukturierungsprinzips ist bisher noch nicht umfassend vorgenommen worden und muss daher unbestimmt bleiben. Diese Diskussion um die Bestimmung der Auswahl sozialer Kategorien ist auch im Zusammenhang von Komplexität zu sehen, die es aus forschungspragmatischen Gründen zu reduzieren gelte, wie Winker und Degele (Winker/Degele 2009) argumentieren, da insbesondere empirische Analysen mit mehr als drei Kategorien kaum mehr zu bewältigen wären.

---

4 Die jeweils aus den einzelnen Strukturkategorien abzuleitenden Diskriminierungsformen werden für Klasse als Klassismus, für Geschlecht als Sexismus/Heteronormativität, für Rasse als Rassismus und für Körper als Bodismus bezeichnet.

Als ein weiterer zentraler Diskussionsstrang im Rahmen intersektionaler theoretischer und methodologischer Verortungen ist die Frage nach der Bestimmung relevanter Ebenen – also wie konzeptionell-analytisch Makro-, Meso- und Mikroebene aus intersektionaler Perspektive Rechnung getragen werden kann – zu nennen. Auf diesen Aspekt werde ich im nachfolgenden Abschnitt basierend auf neueren Entwicklungen und Forschungserkenntnissen noch weiter eingehen sowie Charakteristika sozialer Kategorien und deren intersektionalen Wirkungsweisen zu bestimmen suchen. Daran anknüpfend lassen sich Dilemmata der Intersektionalitätsforschung benennen sowie Implikationen für weiterführende Forschungsstrategien ausmachen.

*3 Neuere Entwicklungen intersektionaler Forschungsperspektiven*

Wie das Verhältnis von Makro-, Meso- und Mikroebene zu denken und bestimmen sei, ist eine Fragestellung, welche sowohl die Sozialwissenschaften grundsätzlich als auch die Organisations- und Geschlechterforschung im Engeren seit langem beschäftigt. In der Makroperspektive richtet sich das Interesse auf soziale Einheiten und Prozesse, wie z. B. Gesellschaften, auf der Mesoebene wiederum richtet sich der Fokus auf gesellschaftliche Teilbereiche, wie z. B. Organisationen, und auf der Mikroebene auf Kleingruppen und Individuen. Für die Geschlechterforschung kann formuliert werden, dass makroanalytische Zugänge auf die Bestimmung und Erklärung von Geschlechterverhältnissen in gesamtgesellschaftlicher Perspektive abzielen (z. B. Gottschall 2000). In mikroanalytischer Perspektive wird jedoch eher nach dem Entstehen sozialer Ungleichheiten und deren Herstellung, Reproduktion und Aufrechterhaltung in Interaktionen, Praktiken und Prozessen gesucht. Für die Geschlechterforschung sind hier insbesondere jene Ansätze zu nennen, die sich mit der Konstruktion, also der Herstellung von Geschlecht in Interaktionen auseinandersetzen, die als „Doing-Gender"-Ansätze (West/Zimmerman 1987) umschrieben werden können bzw. weiterführend über Geschlecht hinausgehend als „Doing-Difference"-Ansätze (Fenstermaker/West 2002). Für die Organisations- und Geschlechterforschung kommt der Meso- und Mikroebene besondere Bedeutung zu, wiewohl jedoch, ausgehend von organisationalen Bestimmungen, gesamtgesellschaftliche Perspektiven Berücksichtigung finden. Sozialtheoretisch formuliert heißt das, zu bestimmen, wie eine Verbindung von handlungstheoretischen und strukturtheoretischen

Herangehensweisen gedacht werden könnte. In neueren Sozialtheorien, (z. B. Anthony Giddens' „Theorie der Strukturation" oder Pierre Bourdieus „Praxeologie") wird versucht, diese analytische Trennung aufzubrechen und somit struktur- und handlungstheoretische Perspektiven, also Makro-, Meso- und Mikroebene, zu verbinden. Sozialtheoretisch formuliert heißt das, zu bestimmen, wie eine Verbindung von handlungstheoretischen und strukturtheoretischen Herangehensweisen gedacht werden könnte. Oder, um mit Giddens (Giddens 1997) zu sprechen, wie die Dualität von Handlung und Struktur als rekursives Verhältnis konzipiert werden kann, um dem Spannungsverhältnis zwischen Kontingenzspielräumen des Handelns einerseits und restringierenden organisationalen Strukturen andererseits gerecht zu werden. Giddens' Theorie der Strukturation (Giddens 1976, 1997) stellt einen vielversprechenden konzeptionell-theoretischen Rahmen für intersektionale Analysen zur Verfügung, da diese eine Verbindung von Meso- und Mikroebene ermöglicht. Der Kerngedanke der Theorie der Strukturierung fußt auf der Dualität von Handlung und Struktur, womit ein sich gegenseitig bedingender Charakter von Handlung und Struktur bezeichnet ist und somit ein Gerüst zur Analyse strukturierender Prozesse, Interaktionen und Praktiken bietet. Denn Struktur ist nicht unabhängig von den Akteur_innen zu verstehen, sondern sie wird von diesen durch ständige Bezugnahme auf sie rekursiv reproduziert. Ein weiterer vielversprechender Zugang zum Umgang mit unterschiedlichen Ebenen, der eher auf eine methodologisch-empirische Konzeption abzielt, ist das von Winker und Degele vorgeschlagene Modell der intersektionalen Mehrebenenanalyse (Winker/Degele 2009), welches sie am Beispiel von Erwerbslosigkeit entwickeln. Dieses Modell zielt auf „kontextspezifische, gegenstandsbezogene und an sozialen Praxen ansetzende Wechselwirkungen ungleichheitsgenerierender sozialer Strukturen (d.h. von Herrschaftsverhältnissen), symbolischer Repräsentationen und Identitätskonstruktionen" (Winker/ Degele 2009: 15). Damit suchen die Autorinnen sowohl gesellschaftliche Sozialstrukturen, Organisationen und Institutionen (Makro- und Mesoebene) als auch Prozesse der Identitätsbildung (Mikroebene) und kulturelle Symbole, die sie als Repräsentationsebene bezeichnen, zu berücksichtigen[5] (vgl. Winker/Degele 2009: 18).

---

5 Konsequenterweise benennen sie ihr Verständnis von Intersektionalität in diesem Zusammenhang in Anlehnung an Bourdieus „Praxeologische Intersektionalität".

Die Bestimmung von Spezifika und Charakteristika einzelner sozialer Kategorien, auch im Sinne von Gemeinsamkeiten und Unterschieden sozialer Kategorien, zählt gegenwärtig zu einem noch eher unterbelichteten Themenfeld in der Intersektionalitätsforschung. Soziale Kategorien sind in ihrer Bedeutsamkeit und Wirksamkeit, wie bereits ansatzweise gezeigt wurde, nicht gleich, sondern vielmehr ist davon auszugehen, dass sowohl in Abhängigkeit vom spezifischen Kontext als auch von den jeweiligen Spezifika der entsprechenden sozialen Kategorie unterschiedliche Wirkungsweisen auftreten (vgl. Eberherr 2012). So macht es z. B. bezogen auf kontextueller Variabilität einen Unterschied in der Wirkung und Bedeutung von z. B. heterosexueller und homosexueller Orientierung, ob ein Unternehmen diese soziale Kategorie tabuisiert oder ob ein Unternehmen Homosexuelle als Hauptkund_innen adressiert (z. B. im Tourismus) und diesen Fokus auch unter den Mitarbeiter_innen hinsichtlich des quantitativen Verhältnisses repräsentiert haben möchte. Soziale Kategorien wie Alter, Geschlecht, sexuelle Orientierung, Behinderung, Ethnizität und Religion/Weltanschauung (um die als Kernbegriffe bezeichneten zu nennen) zeichnen sich durch ihre Unabschließbarkeit und Variabilität (siehe auch Heintz/Merz/Schumacher 2007) aus. Eine spezifische Herausforderung in der intersektionalen Auseinandersetzung mit sozialen Kategorien „liegt gerade darin, die jeweilige Eigentümlichkeit bzw. Spezifizität einer Kategorie zu bestimmen und gleichzeitig den Zusammenhängen bzw. Interferenzen mit anderen Kategorien gerecht zu werden" (Bendl/Eberherr/ Mensi-Klarbach 2012: 80). Soziale Kategorien können weiters entlang unterschiedlicher Ordnungs- und Funktionslogiken unterschieden und bestimmt werden. Für Geschlecht ist dies eine kategorial-exklusive Logik; d.h. es folgt einem Entweder-Oder bzw. auch einer dualen Logik. Ähnliches gilt für Alter und Behinderung in ihrer dualen Ausprägungsform, jedoch kann diese noch stärker graduell unterschieden werden als bei Geschlecht. Ethnizität wiederum kann durch eine zwei- bis mehrpolige kategoriale Zugehörigkeit bestimmt werden (vgl. Kreckel 2004: 107 f.). Einer ganz anderen Logik wiederum ist die soziale Kategorie Klasse unterworfen, die eher einer graduell-quantitativen Logik folgt. In diesem Zusammenhang ist weiterhin die Frage zu stellen, welche Rolle diesen Spezifika und Charakteristika hinsichtlich der Relevanzsetzungen und Aktualisierungen sozialer Kategorien in Prozessen, Interaktionen und Praktiken in Organisationen zukommt, also nach den intersektionalen Wirkungsweisen zu fragen.

Als weitere Unterscheidungsebenen von sozialen Kategorien und zur Bestimmung ihrer jeweiligen Spezifika kann neben der bereits genannten strukturellen Relevanz für Ungleichheitsprozesse (d.h. also auch Verwobenheit mit machtbasierten Strukturen) ihre Sichtbarkeit, Körperbezogenheit sowie ihre symbolische Repräsentanz und Relevanz herangezogen werden. Sichtbare und körperbezogene soziale Kategorien unterscheiden sich in ihrer Wirkung von nicht-sichtbaren und nicht-körperbezogenen sozialen Kategorien. In der gegenwärtigen Arbeitswelt, auch als postmoderne Arbeitswelt zu bezeichnen (vgl. Neckel 2000: 43), werden insbesondere Attribute von Lebensstilen, Biographie und Persönlichkeitsmerkmale zu Qualifikationen umgedeutet bzw. stilisiert. Das heißt somit auch, dass nicht allein sogenannte fachliche Kompetenzen und formale Qualifikationen relevant gemacht und wirkmächtig werden, sondern auch „askriptive Merkmale der Person wie Aussehen, Geschlecht und Alter erhalten eine gesteigerte Bedeutung, weil sie aufgrund ihrer Sichtbarkeit und Evidenz wie nichts anderes für die Zeichenproduktion geeignet sind" (Neckel 2000: 43). Merkmale der Sichtbarkeit eignen sich besonders gut dafür, gesellschaftlich verankerte Bewertungsmuster bis hin zu stereotypen Zuschreibungen zu aktualisieren (für weiterführende empirische Befunde siehe z. B. Eberherr/Hanappi-Egger 2012). Ähnlich argumentiert auch Heintz, wenn sie festhält, dass in Interaktionen insbesondere jene kategorialen Zugehörigkeiten relevant gemacht werden, die gut sichtbar sind, wie z. B. das Geschlecht (vgl. Heintz 2003: 215 f.). So betont Heintz die Bedeutung von Personalisierungsspielräumen in Auswahl- und Bewertungsprozessen, wie z. B. in der Selektion bei Einstellungs- und Beförderungsentscheidungen. In organisationssoziologischen Untersuchungen konnte diesbezüglich gezeigt werden, dass z. B. Geschlecht insbesondere in wenig standardisierten Interaktion-Settings für soziale Differenzierungen als leicht handhabbares Selektionskriterium genutzt werden kann (siehe z. B. Allmendinger 2003; Reskin/McBrier 2000; Tomaskovic-Devey/Skaggs 1999, 2001). In ihrer Untersuchung zur Rekrutierung leitender Manager betont Holgersson (2012) ebenfalls die Bedeutung informeller Prozesse bei fehlen transparenter Strukturen im Auswahlprozess. So konnte sie zeigen, wie vorherrschende Managementkulturen und Erwartungszuschreibungen zur Reproduktion von Gleichem führen; also zur Reproduktion eines bestimmten Typus von Manager. Sie bestimmt somit Homosozialität als wirkmächtig, indem über prototypische Bilder und Normierungen, was einen „passfähigen" Manager auszeichnet, Ein- und Ausschlussprozesse entlang Geschlecht, Ethnizität, Alter, Sexualität und Klasse fortgeschrieben und aufrechterhalten werden.

Wie bereits ausgeführt, ist eine zentrale Herausforderung intersektionaler Organisations- und Geschlechterforschung, dem konzeptionell-analytischen Verständnis zur Bestimmung der Relevanz sozialer Kategorien gerecht zu werden, einerseits mit Blick auf den gleichzeitigen Anspruch, dynamische und kontextabhängige Wirkmächtigkeiten zu beachten und andererseits statische Fixierungen von Gruppenzugehörigkeiten zu vermeiden. In der Diversitätsforschung, einem noch jungen Forschungsfeld, welches sich mit Geschlechter- und Diversitätsfragen aus organisationaler Perspektive beschäftigt, wird aus kritischer Perspektive ebenfalls der Anspruch formuliert, als fixiert und statisch zu denkende kategoriale Zuordnungen zu überwinden, da so Subjektpositionen und Gruppenzugehörigkeiten essenzialisiert und in unzulässiger Weise Homogenität festgeschrieben werde.[6] Mit Essenzialisierung ist eine Festschreibung, Fixierung und Naturalisierung des Anderen auf seine Andersartigkeit bzw. des Eigenen auf seine ursprüngliche Wesenheit, also die Essenz, zu verstehen. Formulierungen wie „Frauen sind nun mal so" oder „Das ist ja wohl wieder typisch Männer" drücken diese Annahme einer natürlichen Wesenheit prototypisch aus, wodurch Innergruppenunterschiede nivelliert werden. So formulieren z. B. Zanoni et al. (2010) zur Bestimmung kritischer Diversitätsforschung: „They share, at the core, a non-positivistic, non-essentialist understanding of diversity – as well as the socio-demographic identities subsumed under this term – as socially (re)produced in on-going, context-specific processes" (Zanoni et al. 2010: 10).

Der Umgang mit Unterscheidungen von Gruppen bzw. die Problematik der Grenzziehungen entlang Differenzen wird von Holvino/Kamp (2009) als zentrales Dilemma in einer kritischen Reflexion der derzeitigen Diversitäts- und Diversitätsmanagementforschung bezeichnet. Durch das Sichbeziehen auf Differenzen werden einerseits kollektive soziale Kategorisierungen entlang von Gruppen wie Frauen, Homosexuelle etc. aufrechterhalten und festgeschrieben. Andererseits wiederum negiert eine universelle Gleichheitsannahme bestehende gesellschaftliche und organisationale Ungleichheits- und Machtverhältnisse. Diese Erkenntnisse sind keinesfalls neu, sondern sind vielmehr Ergebnis jahrzehntelanger feministischer For-

---

6 Siehe z. B. Lorbiecki/Jack 2000; Bendl/Fleischmann/Walenta 2008; Eberherr/Fleischmann/Hofmann 2008; Zanoni et al. 2010.

schung im Versuch, eindimensionaler Betrachtungen von Geschlechterkonstruktionen, Klassenkonstruktionen oder ethnischen Konstruktionen zu entgehen und gleichzeitig das politische Subjekt als Adressat_in für Gruppenpolitiken nicht völlig aufgeben zu müssen (weiterführend z. B. Becker-Schmidt/Knapp 2000). Für Anforderungen kritischer Diversitäts- und Managementforschung und der Reflexion von Diversitätsmanagement-Praxis stellen sich jedoch diese Fragen in spezifischer Weise neu. Um Auswege aus diesem Dilemma für intersektionale, multikategorial orientierte Forschungszugänge zu entwickeln, lohnt sich ein Blick auf die Erkenntnisse postkolonialer und poststrukturalistischer Forschung. Dieser Aspekt wird im nachfolgenden Ausblick wieder aufgegriffen werden.

## 4 Ausblick

Für zukünftige Entwicklungen und Forschungsausrichtungen intersektionaler Perspektiven der Organisations- und Geschlechterforschung bedarf es einer verstärkten Auseinandersetzung zur theoretisch-konzeptionellen sowie empirischen Spezifizierung von Variabilität und Kontextualität multikategorialer Wirkungsweisen. Ebenso dürfte die Bestimmung von Spezifika einzelner sozialer Kategorien und deren Verhältnisse zueinander sowohl gegenwärtig als auch zukünftig ein Forschungsfeld von zentraler Bedeutung bleiben. Insbesondere zur Beantwortung von Fragen kontextueller Relevanz und intersektionaler Verschränkungen sowie Interferenzen sozialer Kategorien in Organisationen können multiperspektivische und empirische Mehrebenenanalysen wichtige Beiträge leisten. Dem bereits formulierten theoretischen Anspruch gerecht zu werden, keine neuerlichen Fixierungen und Essentialisierungen im Forschungsdesign und dem empirischen konkreten Vorgehen zu reproduzieren, kann heißen, soziale Kategorien als forschungsstrategisch notwendig zu begreifen, diese jedoch nicht ex ante als relevant und bedeutsam festzuschreiben. Methodologisch kann dieser Anspruch wohl am ehesten durch empirische Verfahren, die in der Tradition interpretativer, dekonstruktiver und rekonstruktiver Sozialforschung stehen, erfüllt werden; das inkludiert auch den Versuch, die Anzahl relevanter Kategorien sowie Bedeutsamkeiten intersektionaler Verschränkungen als Erkenntnis erst im empirischen Feld induktiv zu bestimmen. Diese prinzipielle empirische Offenheit hinsichtlich der Bedeutung sozialer Kategorien für ungleichheitsgenerierende Prozesse und Praktiken in Organisationen erlaubt es, einerseits widersprüchliche empirische Phänomene in den Blick zu rücken und andererseits Innergruppenheterogenitäten sowie auch Gruppenhomogenitäten adäquat zu berücksichtigen. Dieser Anspruch kann in Anlehnung an Spivak (1996) als strategischer Essentialismus bezeichnet werden. Dieser Begriff wurde im Kontext postkolonialer Theorien entwickelt. Spivak betont damit die Notwendigkeit, im Rahmen von Identitätspolitiken Gruppenzugehörigkeiten aufrechtzuerhalten, ohne Essentialisierungen vorauszusetzen; wenn auch nur aus strategischen Gründen und temporär. In Anlehnung daran kann Intersektionalität als Interdependenz gedacht werden, die soziale Kategorien als in multiple Ungleichheitsverhältnisse verhaftet begreift und situative kontextuelle Relevanzsetzungen als strategischen Kategorialismus untersucht, um bestimmende duale Einordnungslogiken aufzubrechen, Normierungen und Ungleichheitsverhältnisse sichtbar und somit veränderbar zu machen.

*Weiterführende Literatur*

Acker, Joan (2012). Gendered Organizations and Intersectionality: Problems and Possibilities. In: Equality, Diversity and Inclusion: An International Journal, 31, 214–224.
Aulenbacher, Brigitte/Fleig, Anne/Riegraf, Birgit (2010). Organisation, Geschlecht, soziale Ungleichheiten: Warum ein Heft zu diesem Thema? In: Feministische Studien, 1 (5), 3–7.
Boogaard, Brendy/Roggeband, Conny (2010). Paradoxes of Intersectionality: Theorizing Inequality in the Dutch Police Force through Structure and Agency.
Winker, Gabriele/Degele, Nina (2009). Intersektionalität. Zur Analyse sozialer Ungleichheit. Bielefeld: Transcript.
Zanoni, Patrizia (2011). Diversity in the Lean Automobile Factory: Doing Class through. In: Gender, Disability and Age. Organization, 18, 105–127.

*Im Text erwähnte Quellen*

Acker, Joan (2006). Inequality Regimes: Gender, Class, and Race in Organizations. In: Gender Society, 20, 441–464.
Allmendinger, Jutta (2003). Strukturmerkmale universitärer Personalselektion und deren Folgen für die Beschäftigung von Frauen. In: Theresa Wobbe (Hrsg.) Zwischen Vorderbühne und Hinterbühne. Beiträge zum Wandel der Geschlechterbeziehungen in der Wissenschaft vom 17. Jahrhundert bis zur Gegenwart. Bielefeld: Trancript, 259–277.
Althusser, Louis (1977). Ideologie und ideologische Staatsapparate. Aufsätze zur marxistischen Theorie. Hamburg: VSA.

Anthias, Floya (2001). The Material and the Symbolic in Theorizing Social Stratification: Issues of Gender, Ethnicity and Class. In: The British Journal of Sociology, 52, 367–390.

Anthias, Floya/Yuval-Davis, Nira (1983). Contextualizing Feminism: Gender, Ethic, and Class Divisions. In: Feminist Review, 15, 62–75.

Becker-Schmidt, Regina/Knapp, Gudrun-Axeli (2000). Feministische Theorien zur Einführung. Hamburg: Junius.

Bendl, Regine/Fleischmann, Alexander/Walenta, Christa (2008). Diversity Management Discourse meets Queer Theory. In: Gender in Management: An International Journal, 23, 382–394.

Bendl, Regine/Eberherr, Helga/Mensi-Klarbach, Heike (2012). Vertiefende Betrachtungen zu ausgewählten Diversitätsdimensionen. In: Bendl, Regine/Hanappi-Egger, Edeltraud/Hofmann, Roswitha (Hrsg.). Diversität und Diversitätsmanagement. Wien: facultas wuv, 79–136.

Bendl, Regine/Fleischmann, Alexander/Hofmann, Roswitha (2009). Queer Theory and Diversity Management: Reading Codes of Conduct from a Queer Perspective. In: Journal of Management and Organization, 15 (5), 625–638.

Brah, Avtar/Phoenix, Ann (2004). Ain't I A Woman? Revisiting Intersectionality. In: Journal of International Women's Studies, 5 (3), 75–86.

Bührmann, Andrea D. (2009). Intersectionality – ein Forschungsfeld auf dem Weg zum Paradigma? Tendenzen, Herausforderungen und Perspektiven der Forschung über Intersektionalität. In: Gender, 2, 28–44.

Calás, Marta B./Smircich, Linda (2006). From the ‚Woman's Point of View' ten Years later: Toward a Feminist Organization Studies. In: Stewart Clegg/Cynthia Hardy/ Walter Nord (Hrsg.). Handbook of Organization Studies. London: Sage, 284-34, (2nd Edition).

Carby, Hazel V. (1982). White Women listen! Black Feminism and the Boundaries of Sisterhood. In: The Centre for Contemporary Culture Studies (Hrsg.). The Empire Strikes Back: Race and Racism in 70s Britain. London: Hutchinson, 212–235.

Combahee River Collective (1981). A Black Feminist Statement. In: Hull, Gloria T./ Scott, Patricia B./Smith, Barbara (Hrsg.). But Some of Us are Brave. Black Women's Studies. Old Westbury: The Feminist Press, 13–22.

Crenshaw, Kimberlé (1989). Demarginalizing the Intersection of Race and Sex: A Black Feminist Critique of Antidiscrimination Doctrine. In: The University of Chicago Legal Forum, 139–167.

Davis, Kathy (2008). Intersectionality in Transatlantic Perspective. In: Knapp, Gudrun-Axeli/Klinger, Cornelia (Hrsg.). ÜberKreuzungen. Fremdheit, Ungleichheit, Differenz. Münster: Westfälisches Dampfboot, 19–35.

Eberherr, Helga (2012). Stereotypisierung, Diskriminierung und intersektionale Verschränkungen. Grundlegende Theorien und Konzepte in der Organisationsforschung. In: Bendl, Regine/Hanappi-Egger, Edeltraud/Hofmann, Roswitha (Hrsg.). Diversität und Diversitätsmanagement. Wien: facultas wuv, 61–74.

Eberherr, Helga/Fleischmann, Alexander/Hofmann, Roswitha (2008). Labour Market and Organisational Perspectives on Age(ing) – Bringing Gender, Diversity, and Intersectionality into Focus. In: Beisheim, Margret/Maier, Florentine/Kreil, Linda/ Gusenbauer, Bianca (Hrsg.). Constructions of Women's Age at the Workplace. Frankfurt: Peter Lang, 15–30.

Eberherr, Helga/Hanappi-Egger, Edeltraud (2012). Macht der Distinktion: Von Differenz-produktionen zu Ungleichheiten in Organisationen. Wien: Abteilung für Gender und Diversitätsmanagement, WU Wien (unv. Projektbericht).

Ely, Robin/Padavic, Irene (2007). A Feminist Analysis of Organizational Research on Sex Differences. In: Academy of Management Review, 32, 1121–1143.

Fenstermaker, Sarah/West, Candace (2002). Doing Gender, Doing Difference. Inequality, Power, and Institutional Change. New York/London: Routledge.

Ferree, Myra Marx (2009). Inequality, Intersectionality and the Politics of Discourse: Framing Feminist Alliances. In: Lombardo, Emanuela/Meier, Petra/Verloo, Mieke (Hrsg.). The Discursive Politics of Gender Equality: Stretching, Bending and Policy-Making. New York, London: Routledge, 86–104.

Foucault, Michel (1988). Archäologie des Wissens. Frankfurt: Suhrkamp (zuerst 1969).

Giddens, Anthony (1976). New Rules of Sociological Method. New York: Basic Books.

Giddens, Anthony (1997). Die Konstitution der Gesellschaft. Grundzüge einer Theorie der Strukturierung. Frankfurt, New York: Campus (3. Auflage).

Gottschall, Karin (2000). Soziale Ungleichheit und Geschlecht: Kontinuitäten und Brüche, Sackgassen und Erkenntnispotentiale im deutschen soziologischen Diskurs. Opladen: Leske+Budrich.

Hartmann, Jutta/Klesse, Christian/Wagenknecht, Peter/Fritzsche, Bettina/Hackmann, Kristina (2007) (Hrsg.). Heteronormativität. Empirische Studie zu Geschlecht, Sexualität und Macht. Wiesbaden: VS.

Heintz, Bettina (2003). Die Objektivität der Wissenschaft und die Partikularität des Geschlechts. Geschlechterunterschiede im disziplinären Vergleich. In: Wobbe, Theresa (Hrsg.). Zwischen Vorderbühne und Hinterbühne. Beiträge zum Wandel der Geschlechterbeziehungen in der Wissenschaft vom 17. Jahrhundert bis zur Gegenwart. Bielefeld: Transcript, 211–239.

Heintz, Bettina/Merz, Martina/Schumacher, Christina (2007). Die Macht des Offensichtlichen: Bedingungen geschlechtlicher Personalisierung in der Wissenschaft. In: Zeitschrift für Soziologie, 36 (4), 261–281.

Hill Collins, Patricia (1993). Toward a New Vision: Race, Class and Gender as Categories of Analysis and Connection. In: Race, Sex & Class, 1, 25–45.

Hill Collins, Patricia (1999). Moving Beyond Gender: Intersectionality and Scientific Knowledge. In: Marx Ferree, Myra/Lorber, Judith/Hess, Beth B. (Hrsg.). Revisioning Gender. London: Sage, 261–284.

Hofbauer, Johanna (2006). Konkurrentinnen außer Konkurrenz? Zugangsbarrieren für Frauen im Management aus der Perspektive des Bourdieuschen Distinktions- und Habituskonzepts. In: Österreichische Zeitschrift für Soziologie (ÖZS), 31 (4), 23–44.

Hofmann, Roswitha/Cserer, Amelie (2010). Forschungsbericht „Lesben am Werk". Explorationsstudie zur Erwerbstätigkeit lesbischer Frauen in Österreich. Working Papers/Abteilung Gender und Diversitätsmanagement. WU Wirtschaftsuniversität, Wien.

Holgersson, Charlotte (2012). Recruiting Managing Directors: Doing Homosociality. In: Gender, Work & Organization, (ohne Seitenangaben).

Holvino, Evangelina (2010). Intersections: The Simultaneity of Race, Gender and Class in Organization Studies. In: Gender, Work & Organization, 17, 248–277.

Holvino, Evangelina/Kamp, Annette (2009). Diversity Management: Are we Moving in the Right Direction? Reflections from both Sides of the North Atlantic. In: Scandinavian Journal of Management, 25, 395–403.

Janssens, Maddy/Steyaert, Chris (2003). Theories of Diversity within Organization Studies: Debates and Future Trajectories. FEEM Working Paper No. 14. Download unter: http://www.feem.it/web/activ/_wp.html (Abruf: 12.3.2011).

Klinger, Cornelia/Knapp, Gudrun-Axeli (2007). Achsen der Ungleichheit – Achsen der Differenz: Verhältnisbestimmungen von Klasse, Geschlecht, „Rasse"/Ethnizität. In: Klinger, Cornelia/Knapp, Gudrun-Axeli/Sauer, Birgit (Hrsg.). Achsen der Ungleichheit. Zum Verhältnis von Klasse, Geschlecht und Ethnizität. Frankfurt, New York: Campus, 19–41.

Knapp, Gudrun-Axeli (2005). Race, Class, Gender: Reclaiming Baggage in Fast Travelling Theories. In: European Journal of Women's Studies, 12, 249–265.

Konrad, Alison M./Prasad, Pushkala/Pringle, Judith K. (Hrsg.) (2006). The Handbook of Workplace Diversity. London et al.: Sage.

Kreckel, Reinhard (2004). Politische Soziologie der sozialen Ungleichheit. Frankfurt, New York: Campus.

Lewis, Gail (2005). Welcome to the Margins: Diversity, Tolerance, and Policies of Exclusion In: Ethnic and Racial Studies, 28, 536–558.

Lorbiecki, Anna/Jack, Gavin (2000). Critical Turns in the Evolution of Diversity Management. In: British Journal of Management, 11, 17–31.

McCall, Leslie (2001). Complex Inequality: Gender, Class, and Race in the New Economy. New York: Psychology Press.

McCall, Leslie (2005). The Complexity of Intersectionality. In: Journal of Women in Culture & Society, 30, 1771–1800.

Mouffe, Chantal (1992). Feminism, Citizenship, and Radical Democratic Politics. In: Butler, Judith/Scott, Joan W. (Hrsg.). Feminists theorize the Political. New York: Routledge, 369–384.

Munro, Anne (2001). A Feminist Trade Union Agenda? The Continued Significance of Class, Gender and Race. In: Gender, Work and Organization, 8, 454–471.

Neckel, Sighard (2000). Die Macht der Unterscheidung. Essays zur Kultursoziologie der modernen Gesellschaft. Frankfurt, New York: Campus.

Phoenix, Ann/Pattynama, Pamela (2006). Intersectionality. In: European Journal of Women's Studies, 13, 187–192.

Reskin, Barbara F./McBrier, Debra B. (2000). Why Not Ascription? Organizations' Employment of Male and Female Managers. In: American Sociological Review, 65, 210.

Spivak, Gayatri Chakravorty (1996 [1985]). Subaltern studies. Deconstructing Historiography. In: Landry, Donna/MacLean, Gerald (Hrsg.). The Spivak Reader. London: Routledge, 203–236.

Styhre, Alexander/Eriksson-Zetterquist, Ulla (2008). Thinking the Multiple in Gender and Diversity Studies: Examining the Concept of Intersectionality. In: Gender in Management: An International Journal, 23 (8), 567–582.

Tomaskovic-Devey, Donald/Skaggs, Sheryl (1999). Degendered Jobs? Organizational Processes and Gender Segregated Employment. In: Research in Social Stratification and Mobility, 17, 139.

Tomaskovic-Devey, Donald/Skaggs, Sheryl (2001). Führt Bürokratisierung zu geschlechtsspezifischer Segregation? In: Heintz, Bettina (Hrsg.). Geschlechtersoziologie, Kölner Zeitschrift für Soziologie und Sozialpsychologie, Sonderheft 41. Opladen: Westdeutscher Verlag, 208–331.

Verloo, Mieke (2006). Multiple Inequalities, Intersectionality and the European Union. In: European Journal of Women's Studies, 13, 211–228.

Wagenknecht, Peter (2004). Heteronormativität. In: Haug, Wolfgang Fritz/Haug, Frigga/Jehle, Peter (Hrsg.). Historisch-kritisches Wörterbuch des Marxismus, 6 (I). Hamburg: Argument, 189–206.

Walby, Sylvia (2007). Complexity Theory, Systems Theory, and Multiple Intersecting Social Inequalities. In: Philosophy of the Social Sciences, 37 (4), 449–470.

West, Candace/Zimmerman, Don H. (1987). Doing Gender. In: Gender and Society, 1, 125–151.

Winker, Gabriele/Degele, Nina (2009). Intersektionalität. Zur Analyse sozialer Ungleichheit. Bielefeld: Transcript.

Winker, Gabriele/Degele, Nina (2011). Intersectionality as Multi-level Analysis: Dealing with Social Inequality. In: European Journal of Women's Studies, 18, 51–66.

Yuval-Davis, Nira (2006). Intersectionality and Feminist Politics. In: European Journal of Women's Studies, 13, 193–209.

Zanoni, Patrizia/Janssens, Maddy/Benschop, Yvonne/Nkomo, Stella (2010). Guest Editorial: Unpacking Diversity, Grasping Inequality: Rethinking Difference through Critical Perspectives. In: Organization, 17, 9–29.

Organisationen verändern Geschlechterverhältnisse?!
Queer-theoretische Perspektiven für eine geschlechtergerechte
Entwicklung von Organisationen

*Roswitha Hofmann*

*1 Einleitung*

Gesellschaft/en und Organisation/en sind strukturell, prozessual wie diskursiv miteinander verwoben.[1] Dies stellt eine grundlegende Bedingung für die Reproduktion von Geschlechterverhältnissen in Organisationen, aber auch für deren stetige Veränderung dar. Dementsprechend führte der in den letzten 50 Jahren im europäischen Raum beobachtbare Wandel von Geschlechterverhältnissen in Richtung Geschlechtergleichstellung auch zu Anpassungs- und Gestaltungsleistungen von Organisationen. Verwaltungsorganisationen und staatsnahe Organisationen hatten dabei als erste die politisch ausgehandelten Antidiskriminierungs- und Gleichstellungsvorgaben umzusetzen.[2] Organisationen, die dem „freien Markt" angehören, versuchen demgegenüber ihre Entscheidungs- und Gestaltungsfreiheit zu erhalten und präferieren daher das Prinzip der „freiwilligen Selbstregulation". Es ermöglicht Organisationen, sich ohne Verletzung der derzeit dominanten ökonomischen Rationalität an gesellschaftliche Wandelerscheinungen und Krisen anzupassen, ihre Ressourcenbasis (Arbeitskräfte, Produktionsmittel, Rohstoffe etc.) in der nötigen Qualität zu sichern und ihren Marktwert zu steigern. Die Praxis zeigt, dass Lobbying für dieses Prinzip auch der Abwehr weiterer gesetzlicher Regulierungen in Sachen Geschlechtergleichstellung und Antidiskriminierungsvorgaben dient. Konsequenterweise wurden in der Auseinandersetzung mit gesellschaftspolitischen Forderungen nach Geschlechtergleichstellung und Debatten zu nachhaltigem Wirtschaften vielfältige Managementkonzepte entwickelt, die die Entwicklung von Organisationen unter dynamischen Bedingungen

---
1 Vgl. die Beiträge von Elke Wiechmann und Roswitha Hofmann in diesem Band.
2 Vgl. dazu beispielsweise die bundespolitischen Vorgaben zum Thema Gender Mainstreaming in Österreich.

sicherstellen sollen (vgl. Jonker/Stark/Tewes 2011). Mit Nachhaltigkeitsmanagement, Corporate Governance, Corporate Citizenship, Corporate Social Responsibility oder Diversitätsmanagement versuchen Organisationen, den an sie zunehmend seitens der Gesellschaft gestellten strukturellen und normativen Veränderungsanforderungen und organisationseigenen Pathologien (z. B. Bilanzfälschungen und Korruption) zu begegnen. Geschlechterverhältnisse werden in diesen Konzepten vor allem unter „Personal" oder „Mitarbeiter_innen" thematisiert, wobei der zahlenmäßige Ausgleich von Frauen und Männern in der Belegschaft, die Herstellung von Chancengleichheit, die Vermeidung von sexueller Belästigung und Diskriminierung zumeist im Zentrum stehen. Analysen der praktischen Umsetzung dieser Managementkonzepte zeigen allerdings auch deren Schwächen. So sind die Zielsetzungen oft sehr allgemein gehalten und wenig überprüfbar, die strategische Verankerung oberflächlich und die Nichterreichung der Ziele bzw. Verstöße gegen die dargelegten Prinzipien bleibt folgenlos (vgl. z. B. Pagels 2004; Schultz 2009). Der Vorwurf, diese Konzepte seien lediglich Instrumente der strategischen Unternehmenskommunikation und dienten der Imagepflege, taucht daher des Öfteren in öffentlichen Diskussionen auf (vgl. u.a. Kilian/Hennigs 2011).[3] Dennoch haben die zahlreichen strategischen Maßnahmen, die auf Strukturen und Prozesse sowie kulturelle Aspekte in Organisationen abzielen, einige Veränderungen gebracht. Da Veränderungsprozesse immer auch als Lernprozesse verstanden werden können, kann zur Illustration dieser Vorgänge das Konzept des „Triple Loop Learnings" (Tosey/Visser/Saunders 2013) herangezogen werden, wonach sich folgendes Bild zeichnen lässt: Inkrementelle Veränderungen, also das Vermeiden von Fehlern bzw. Fehlverhalten in Geschlechterfragen wird in Organisationen vor allem durch topdown verordnete Verhaltensvorgaben angestrebt. Hier sei beispielsweise auf explizite Verhaltensvorschriften bezüglich der Vermeidung von Diskriminierung bzw. sexueller Belästigung hingewiesen. Des Weiteren werden Prozesse und Strukturen überdacht, also Vorgangsweisen verändert („Double Loop Learning"), um Diskriminierung und Exklusion zu vermeiden (z. B. Prozessveränderung im Recruiting, Veränderungen in der Führungskräfteauswahl und -bewertung). Die dritte Ebene des organisationalen Lernens („Triple Loop Learning"), nämlich bestehende Werthaltungen und Normen und darauf aufbauende Denk- und Handlungsparadigmen

---

3 Siehe hierzu auch den Beitrag von Amstutz/Spaar in diesem Band.

hinsichtlich Geschlecht und Geschlechterverhältnisse weiter infrage zu stellen, wurde bisher vor allem im Bereich von Leitbildentwicklungen und organisationskulturellen Veränderungsbemühungen adressiert. So besteht beispielsweise vielerorts eine Sensibilität hinsichtlich geschlechterstereotyper Bilder und Sprache.

Jahrzehntelange Bemühungen in Sachen Gleichstellung der Geschlechter und Antidiskriminierung auf politischer und organisationaler Ebene haben so zwar Veränderungen im Diskurs über die Legitimität von Gleichstellungsansprüchen bewirkt, dennoch werden Gleichstellungsbemühungen nach wie vor von Beharrungsstrategien, die sich in mehr oder weniger subtilen Widerstandsformen äußern, und von Backlash-Phänomenen im öffentlichen Diskurs über Geschlechtergleichstellung begleitet. Dies zeigen Statistiken zum Gender Pay Gap (vgl. Europäische Union 2013) ebenso wie die Besetzungspraxen in den Führungsetagen von börsennotierten Unternehmen (vgl. Naderer/Niklas 2008; Holst/Schimeta 2011) und die Tatsache, dass – trotz gesetzlicher Einführung von Elternkarenzmodellen – das Thema Kinderbetreuung, insbesondere Karenz in Recruitingprozessen, immer noch als nachteiliger Faktor vor allem für Frauen gilt. Zudem werden, wie in feministischen Perspektiven stark eingefordert, globale Zusammenhänge, in denen sich ungleiche Geschlechterverhältnisse in der internationalen Arbeitsteilung zeigen (Stichwort „doppelte Standards", vgl. Sodano 2011), kaum bzw. nicht ausreichend konsequent behandelt.

In Anbetracht dieser Entwicklungen stellt sich die Frage, welche Qualität des Wandels hinsichtlich der Geschlechterverhältnisse Organisationen in all ihren Ausprägungen[4] durch ihre Managementstrategien und den darin eingenommenen Sichtweisen auf Geschlecht überhaupt ermöglichen? Aus Sicht der Autorin können queer-theoretische Perspektiven zur Behandlung dieser Frage aufgrund ihrer machtanalytischen und transformativen Ausrichtung einen grundlegenden Beitrag leisten. Ziel der Ausführungen ist es daher, vorhandene, auf Gleichstellung und Antidiskriminierung ausgerichtete organisationale Strategien und die dazugehörigen Instrumente aus einer queer-theoretischen Perspektive zu reflektieren und Optionen gegen Persistenzphänomene, die einer Veränderung ungleicher Geschlech-

---

4 Aufgrund der Pluralität gesellschaftlicher Verhältnisse in Sachen Geschlechterverhältnisse können sich die Ausführungen hier nur auf den EU-Raum beziehen, obwohl auch hier, trotz vertraglicher Verpflichtungen zwischen den Mitgliedstaaten, nach wie vor große Unterschiede in der Umsetzung von Gleichstellungsvorgaben existieren (vgl. European Commission 2010).

terverhältnisse in Organisationen und Gesellschaften entgegenstehen, zu formulieren. Dafür werden zunächst gängige Konzepte, die u.a. der nachhaltigen Veränderung von Geschlechterverhältnissen in Organisationen dienen sollen, kurz entlang ihrer jeweils spezifischen Rationalitätsvorstellungen beschrieben (2). Im darauffolgenden Abschnitt (3) wird die von der Autorin angelegte queer-theoretische Perspektive ausgeführt, um vor diesem Hintergrund im 4. Kapitel die aktuellen Entwicklungen einer Kritik zu unterziehen und das Veränderungspotenzial der gängigen Praxen zu beurteilen. Im 5. Kapitel werden daraus Veränderungsnotwendigkeiten abgeleitet, die als Anstöße für einen Perspektivenwechsel zu verstehen sind.

## 2 Organisationale Managementstrategien und Geschlechterverhältnisse

Die unterschiedlichen feministischen Bewegungen haben maßgeblich zur Entwicklung von Gleichstellungs- und Antidiskriminierungsstandards beigetragen, zu denen sich Organisationen heute verhalten müssen. Dafür werden die damit verbundenen Anforderungen in die jeweilige Organisationslogik übersetzt (vgl. u.a. Bereswill 2005). Unter den derzeit herrschenden neoliberalen Politiken werden Gleichstellungs- und Antidiskriminierungspolitiken und damit verbundene Maßnahmen daher zunehmend über ihren ökonomischen Nutzen kompatibel gemacht. So soll über Gleichstellungs- und Antidiskriminierungsmaßnahmen öffentlicher Kritik begegnet und Rechtskosten und Imageschäden vermieden werden, die aufgrund von Diskriminierungsfällen entstehen könnten. Über Gleichstellungs- und Antidiskriminierungspolitiken könne zudem das „Employer Branding" unterstützt und dadurch das Arbeitskräftepotenzial besser ausgeschöpft werden sowie Bedarfen von Kund_innen und Bürger_innen besser begegnet werden. Negative Auswirkungen von Geschlechterungleichheit und von Diskriminierung werden unter dieser Perspektive daher zumeist dann durch unterschiedliche (Management-)Strategien adressiert, wenn ihre Beseitigung interne und externe Risiken reduziert, ein gesetzlicher Auftrag besteht oder andere Vorteile verspricht. Organisationen setzen ihren jeweiligen Aufgaben, Zielsetzungen und kontextuellen Bedingungen entsprechend unterschiedliche Managementstrategien ein, um ihre nachhaltige Bestands- und Wertentwicklung zu fördern. Strategien wie Gender Mainstreaming, Corporate Citizenships, Corporate Governance, Compliance Management, Corporate Social Responsibility, Diversitätsmanagement und Nachhaltigkeitsmanagement zielen dabei zum Teil auf strukturelle

Aspekte, in denen sich Geschlechterverhältnisse abbilden, und zum Teil auf die Optimierung der Leistungsbedingungen und des Verhältnisses von Organisation und Gesellschaft. Geschlecht – gedacht in der dichotomen Form von Mann/Frau – spielt dabei zumeist auf der Ebene des Personalmanagements und im Umgang mit dem Organisationsumfeld eine Rolle. Die genannten Instrumente werden im Folgenden hinsichtlich ihres Umgangs mit Geschlechterthemen charakterisiert.

Gender Mainstreaming (GM) hat als gleichstellungspolitische Strategie seinen Ursprung in der internationalen Frauenbewegung.[5] 1997/1999 wurde das Konzept im Amsterdamer Vertrag verankert und ist nun Teil der Gleichstellungspolitik der EU. In EU-Ländern ist GM somit auf unterschiedlichen Ebenen rechtlich verankert.[6] Als originär gesellschaftspolitische Strategie zielt GM auf der Managementebene auf die Überprüfung und Gestaltung struktureller Bedingungen zur gesellschaftlichen Gleichstellung von Frauen und Männern ab. GM wird in öffentlichen Verwaltungen und Einrichtungen häufig auch in Kombination mit Frauenförderung als Doppelstrategie eingesetzt und in den letzten Jahren zunehmend im Zusammenhang mit Diversity Mainstreaming diskutiert (vgl. Hankivsky 2005).

Die folgenden Strategien, wie etwa Corporate Citizenship (CC) oder Corporate Governance (CG), sind im Vergleich zu GM nicht im gesellschaftspolitischen Bereich, sondern im marktwirtschaftlichen Kontext entstanden und folgen daher einer originären betriebswirtschaftlichen Rationalität. Über CC suchen Organisationen nutzenorientiert ihre gesellschaftliche Einbettung über gesellschaftliches Engagement (Sponsoring, Spenden, Stiftungen, Förderung ehrenamtlicher Arbeit von Mitarbeiter_innen etc.) zu gestalten (vgl. Wieland/Conradi 2002). In diesem Sinne dient CC häufig der Abwehr externer Risiken und damit der Standortverbesserung bzw. -sicherung (vgl. Backhaus-Maul et al. 2008; Hentze/Thies 2012). Geschlechterthemen spielen hier beispielsweise eine Rolle, wenn ungleiche Bildungschancen zwischen Kindern unterschiedlichen Geschlechts im Umfeld der Organisation als Thema aufgegriffen und über Spenden oder

---

5 Gender Mainstreaming wurde 1985 auf der 3. UN-Weltfrauenkonferenz in Nairobi diskutiert und auf der 4. UN-Weltfrauenkonferenz konzeptionell weiterentwickelt.
6 So ist Gender Mainstreaming beispielsweise in Österreich durch den verfassungsmäßigen Gleichbehandlungsgrundsatz und durch mehrere Ministerratsbeschlüsse rechtlich verankert.

Sponsoring Empowerment- oder Gleichstellungsprojekten gefördert werden.

Corporate Governance (CG) wurde entwickelt, um interne Risiken, wie beispielsweise Bilanzfälschungen und Führungsverhalten, abzuwehren, wodurch die Wertschöpfung und die nachhaltige Entwicklung der Organisationen gesichert werden sollen (vgl. Paetzmann 2012; Hentze/Thies 2012: 109). Die Prinzipien der CG sind zumeist in einem Kodex festgehalten, dem sich die Organisationen verpflichten bzw. zu dem sie gesetzlich verpflichtet werden. Dieser soll nicht nur normativ nach innen sondern vor allem auch vertrauensbildend nach außen (Anleger_innen, Geschäftspartner_innen, allgemeine Öffentlichkeit etc.) wirken. Geschlecht wurde hier in den letzten Jahren durch die politische Diskussion um das Geschlechterungleichgewicht in den Führungsgremien und den damit zunehmend einhergehenden gesetzlichen Regelungen Thema. Dementsprechend erfolgten auch inhaltliche Anpassungen, wie das Beispiel des Deutschen Corporate-Governance-Kodex[7] zeigt. Unter Punkt 4.1.5 ist zu lesen: „Der Vorstand soll bei der Besetzung von Führungsfunktionen im Unternehmen auf Vielfalt (Diversity) achten und dabei insbesondere eine angemessene Berücksichtigung von Frauen anstreben". Punkt 5.1.2 enthält eine ähnliche Formulierung: „Der Aufsichtsrat bestellt und entlässt die Mitglieder des Vorstands. Bei der Zusammensetzung des Vorstands soll der Aufsichtsrat auch auf Vielfalt (Diversity) achten und dabei insbesondere eine angemessene Berücksichtigung von Frauen anstreben".

Teil einer CG-Strategie ist zumeist auch ein Compliance Management. Dieses konzentriert sich auf die Einhaltung von gesetzlichen Rahmenbedingungen (Gleichbehandlungsgesetze, Börsengesetze etc.) und internen wie externen Regeln der Selbstverpflichtung. Als Instrumente werden Verhaltensrichtlinien (Codes of Conduct, Code of Ethics, Integrity Code) eingesetzt, die die Regeltreue der Organisation hinsichtlich der Vermeidung von Korruption, Betrug, Diskriminierung und anderen (geschäfts-)schädigenden Risiken sicherstellen sollen (vgl. Hentze/Thies 2012: 117 ff.). In Codes of Conduct wird dementsprechend zumeist auch

---

7 Laut dem deutschen Transparenz- und Publizitätsgesetz sind börsennotierte Unternehmen seit 2002 dem Deutschen Corporate-Governance-Kodex (DCGK) verpflichtet (online: http://www.corporate-governance-code.de/ger/download/kodex_2 012/D_CorGov_Endfassung_Mai_2012.pdf [Abgerufen am 25.3.2013]). In Österreich liegt ein ähnlicher Kodex vor, dieser unterliegt aber der freiwilligen Selbstverpflichtung. Siehe dazu: http://www.corporate-governance.at/.

auf Grundrechts- und Gleichbehandlungsfragen eingegangen, um Folgekosten und Imageschäden von der Organisation abzuwenden.

Corporate Social Responsibility (CSR) ist eine vielgestaltige Strategie, die sowohl interne wie externe Risiken und Anforderungen behandelt. CSR wird in der Praxis häufig mit Nachhaltigkeitsmanagement (NM) verknüpft (vgl. Schneider/Schmidpeter 2012) und baut zumeist auf einem Dreisäulenmodell (Wirtschaft – Ökologie – Soziales) auf und knüpft so an die geführten Diskurse zur nachhaltigen Entwicklung und zum nachhaltigen Wirtschaften an (vgl. u.a. Linne/Schwarz 2003; Hiß 2006). Je nach Situiertheit der Organisation werden ökonomische, soziale und ökologische Treiber durch Maßnahmen adressiert (vgl. u.a. Köppl/Neureiter 2004; Curbach 2008). Die spezifische rationale Einbettung dieser Strategie bringt beispielhaft ein Wirtschaftsvertreter auf den Punkt: „Unternehmerische Verantwortung und zwar gegenüber Kunden, Lieferanten, Kreditgebern ebenso wie Mitarbeitern und den natürlichen Ressourcen, gehört zu den Basisnotwendigkeiten nachhaltigen, das heißt auf Dauer gedeihlich angelegten Wirtschaftens" (Leitl 2004: 106). CSR- bzw. Nachhaltigkeitsberichte[8] sind wichtige Instrumente, die zum einen der Dokumentation der Maßnahmen und zum anderen der Vermittlung von Glaubwürdigkeit nach innen und vor allem nach außen (Kapitalmärkte) dienen. Im Hinblick auf Geschlechtergleichstellung weist die EU-Kommission in ihrer aktuellen CSR-Strategie explizit darauf hin, dass „Gender Equality" ein Schlüsselthema sei (European Commission 2011: 5). Geschlecht und Geschlechterverhältnisse werden in CSR- bzw. Nachhaltigkeitsprogrammen zumeist im sozialen Bereich thematisiert. Als konkrete Maßnahmen werden u.a. Karrierefördermaßnahmen für Frauen, Work-Life-Balance-Maßnahmen und Präventionsmaßnahmen gegen sexuelle Belästigung eingesetzt. CSR- und Nachhaltigkeitsberichte geben zudem zumeist Auskunft über das Verhältnis von Frauen und Männern im Unternehmen, ihre Verteilung in den einzelnen Funktionsbereichen sowie zunehmend auch über Gehaltsunterschiede.

Diversitätsmanagement (DM), oft auch als Diversity & Inclusion bezeichnet, dient dazu, die Vielfalt der Mitarbeiter_innen für den Erfolg der Organisation zu nutzen und negative soziale und ökonomische Effekte von

---

8 Häufig benutzte Berichtsstandards sind die Leitlinien der Global Reporting Initiative (www.globalreporting.org) und die Richtlinien der European Federation of Financial Analyst Societies (www.effas-esg.com). Zur Entwicklung der Nachhaltigkeitsberichterstattung siehe u.a. Daub (2010).

Diversität (z. B. Konflikte zwischen Gruppen, Imageschäden aufgrund von Diskriminierungsvorfällen etc.) zu minimieren. Dafür werden kontext- und bedarfsspezifische Maßnahmen gesetzt (vgl. dazu Bendl/Hanappi-Egger/Hofmann 2012). DM ist auch Teil der CSR-Strategie der EU. Diversität und DM werden hier im Kontext von „labour and employment practices" und „workplace challenges" genannt (vgl. European Commission 2011: 7 f.). Geschlechterverhältnisse sind dabei ein Aspekt unter mehreren.

Die genannten Zugänge sind nur eine Auswahl aus den eingesetzten Strategien und Instrumenten,[9] mit denen Organisationen neben ökonomischen und ökologischen Risiken auch gesellschaftliche Entwicklungen und ihre Effekte auf das organisationale Handeln und die Wertschöpfung in den Fokus nehmen. In der Praxis treten diese Zugänge häufig in kombinierter Form auf (vgl. u.a. Emmott/Worman 2008). So wird unter Nachhaltigkeitsmanagement oder CSR häufig DM, CG und CC subsumiert, wie beispielsweise bei der Firma Henkel. In seiner Unternehmenspolitik verknüpft das Unternehmen Grundsätze zur Nachhaltigkeit mit Leitlinien für die Zusammenarbeit und einem Verhaltenskodex zu einem Corporate-Governance-Standard (vgl. Fischer/Rauberger 2004: 203). Es zeigt sich auch, dass die genannten Strategien und Instrumente zunehmend weniger punktuell und projekthaft, sondern systematischer implementiert werden (vgl. Jabbour/Santos 2008). Dennoch geraten die genannten Strategien und Instrumente zuweilen stark unter Kritik. So wird angemerkt, dass der vermittelte Anspruch und die tatsächliche Praxis oft weit auseinander klaffen (vgl. Schultz 2009) und die Strategien Verhältnisse eher absichern als verändern (vgl. Bereswill 2005). Dies führt zu der eingangs formulierten Frage zurück: Welche Qualität des Wandels hinsichtlich der Geschlechterverhältnisse wird in Organisationen durch die gegenwärtigen Managementstrategien und Instrumente überhaupt ermöglicht? Folgender Abschnitt dient als theoretische Grundlage für die weitere Behandlung dieser Frage.

---

9 Einen Überblick zu diesen und weiteren Managementkonzepten geben u.a. Hentze/Thies (2012).

## 3 Queer-theoretische Perspektiven auf Geschlechterverhältnisse

Die internationale Frauen- und Geschlechterforschung hat mit ihren zahlreichen Analysen zur Konstruktion und zu Effekten von ungleichen Geschlechterverhältnissen die Entwicklung von politischen Strategien und Gesetzeswerdungen zur Bekämpfung von Ungleichbehandlung aufgrund des Geschlechts maßgeblich beeinflusst (vgl. u.a. Wharton 2002; Davis/ Evans/Lorber 2006; Becker/Kortendiek 2010; Connell 2010). Es zeigt sich allerdings, dass dekonstruktive Positionen, welche Geschlecht nicht mehr als fixe Kategorie bzw. als Dichotomie konzeptualisieren und damit die Perspektive einer radikalen Transformation des Denkens über Geschlecht und Geschlechterverhältnisse in Diskurse einführen, in der Praxis nach wie vor kaum wahrgenommen werden. Solche Ansätze haben sich insbesondere im äußerst heterogenen Feld der Queer Theories entwickelt (vgl. Engel 2005; Klapeer 2007). Sie rücken ein nicht-dichotomisierendes Differenzverständnis in den Mittelpunkt. Aus queer-theoretischer Sicht ist die zweigeschlechtliche Ordnung der Geschlechter eine normative, der gesellschaftlichen Regulation und Naturalisierung von Geschlechterverhältnissen dienende Setzung, an die sich die heteronormative Verfasstheit von Gesellschaften (vgl. Butler 1991; Sedgwick 1991) und Organisationen (vgl. Parker 2002; Skidmore 2004; Bowring 2009; Tyler/Cohen 2010) knüpft. Unter der heteronormativen Verfasstheit von Gesellschaft ist die normative Verknüpfung von als eindeutig begriffener biologischer Geschlechtlichkeit (Mann/Frau), sozialer Geschlechtlichkeit (männlich/weiblich) und sexuellem Begehren (sexuelle Orientierung, Sexualität, etc.) gemeint, die normativ und damit sozial anerkannt die Form von Mann-männlich-heterosexuell bzw. Frau-weiblich-heterosexuell anzunehmen hat. Aus queer-theoretischer Perspektive spielt die spezifische Machtformation zwischen normativer Heterosexualität und einer hierarchisierten Geschlechterdifferenz – Butler bezeichnet diese als „Matrix der Heterosexualität" (Butler 1991) – eine wesentliche Rolle bei der Herstellung und der Aufrechterhaltung ungleicher Geschlechterverhältnisse und den damit verbundenen In- und Exklusionsmechanismen. Dadurch, dass eine Kohärenz zwischen Geschlechterkörper (Mann/Frau), dem sozialen Geschlecht (männlich/weiblich) und dem sexuellen Begehren als natürlich und normal gesetzt wird, gerät aus dem Blick, dass dieser Zusammenhang ein Effekt von Zurichtungs- und Vereindeutigungsprozessen ist. Queer-theoretische Betrachtungen zielen daher konsequenterweise darauf ab, das Verhältnis zwischen Geschlechtskörper, sozialem Geschlecht, Sexualität und Begehren als historisch entwickeltes Phänomen zu analysieren, das konstitutiv für die Formierung von gesellschaftlichen Institutionen, kulturellen und epistemischen Ordnungssystemen, von Subjektivität und von sozialen Beziehungen ist. Die Vorstellung einer Geschlechterdichotomie und die damit einhergehende „oppositionelle Konsolidierung" (Engel 2008: 330) von weiblicher und männlicher Identität ist nach queer-theoretischem Gesichtspunkt nicht nur eine Grundbedingung für die Hierarchisierung von Geschlechterverhältnissen, sondern eine zentrale Macht- und Herrschaftsstrategie zu deren Aufrechterhaltung (vgl. Vasterling 1997). Geschlechterunterscheidungen und Geschlechterhierarchisierung basieren dabei insbesondere auf Diskursen, die nach Foucault (1981: 74) „systematisch die Gegenstände bilden, von denen sie sprechen", und nicht-diskursiven Praktiken, in denen die dichotomisierende Normierung von Geschlecht hergestellt wird. Dies zeigt sich beispielsweise in der mehr oder weniger spielerischen Ausrufung des „Geschlechterkrieges". Hier werden diskursiv wiederholt Grenzziehungen zwischen den Geschlechtern öffentlich in Szene gesetzt. Dieses wiederholte „In-Szene-setzen" von Geschlechtergrenzen bezeichnet Butler auch als Teil „performativer Praktiken" (Butler 1997: 22). Durch die diskursive Wiederholung von Geschlechterunterscheidungen werden die beiden Geschlechter immer wieder als solche „vereindeutigt" und wirken einer Veränderung von gesellschaftlich anerkannten Geschlechterkonstruktionen und -verhältnissen entgegen. Butler und andere Autor_innen zeichnen in ihren Analysen die historische Entstehung der dichotomen Anordnung und Hierarchisierung von Geschlecht, deren Naturalisierung und Normalisierung nach und zeigen das dahinterliegende Ordnungsprinzip auf (vgl. Butler 1991: 17). So bilden für die vergeschlechtlichte und hierarchisierte Arbeitsteilung (Arbeitszuweisung und Arbeitsübernahme) die jeweils historisch-kulturell gültige Geschlechterhierarchie und die mit sozialer Anerkennung versehen Geschlechteridentitäten die Ordnungsbasis. Beispiele dafür sind die Zuweisung und Übernahme von Hausarbeit an bzw. durch vorwiegend Frauen oder die vergeschlechtlichte Konstruktion der Normalarbeitskraft und von Organisationskulturen, die immer noch auf die klassisch „männliche" Lebenswelt rekurrieren, in der heterosexuelle, weiße Männer den Haupterwerb für eine Familie erwirtschaften, die ihm wiederum emotionalen und reproduktiven Rückhalt bietet.

Für Forscher_innen, die sich an queer-theoretischen Positionen orientieren, ist es daher zentral, jene Normen analytisch zu erfassen, die zu gesellschaftlichen und sozialen Ausschlüssen führen. Queer-theoretische Forscher_innen fragen danach, wie hegemoniale und exkludierende Sichtweisen in Gesellschaften und ihren Organisationen entstehen und aufrechterhalten werden bzw. transformiert werden können. Hier zeigen neuere Entwicklungen der Queer Theories, dass es längst nicht mehr ausschließlich um die Intersektion von Geschlecht und Begehren geht, sondern auch um weitere Differenzlinien wie Ethnisierung, Alter oder physische Verfasstheit. Um stigmatisierende Markierungen von nicht-normativen Existenzweisen – sei es nun aufgrund einer nicht-normativen Geschlechtlichkeit,[10] Sexualität,[11] körperlichen Verfasstheit[12] oder Alter – zu vermeiden, ist es daher aus queer-theoretischer Sicht zentral, sich mit Normalisierungs-, Naturalisierungs- und Hierarchisierungsregimen in lokalen, nationalen und auch internationalen Kontexten auseinanderzusetzen. Damit tritt die Frage nach Konstruktionsbedingungen und Interdependenzen von Anerkennungsverhältnissen in Gesellschaften und Organisationen ins Zentrum von Analysen.

Queer-theoretische Perspektiven ermöglichen es also zum einen, grundlegende diskursiv-normierende Konstitutionsbedingungen von Geschlechterverhältnissen, wie die Norm der Zweigeschlechtlichkeit und Heterosexualität, als Prämissen zu identifizieren, die in Gesellschaft und Organisation Geschlecht(erverhältnisse) und den Umgang mit Sexualität bestimmen und durch institutionalisierte Heteronormativität und Exklusionspraxen, wie Heterosexismus und Homo-/Transphobie, absichern (vgl. Creed 2006: 371; Engel 2008: 344; 2009). Zum anderen geraten durch sie auch vermehrt weitere Interdependenzen zwischen Differenzlinien in den Blick.

Dieses analytische Potenzial queer-theoretischer Perspektiven wurde in den letzten beiden Jahrzehnten von unterschiedlichen Disziplinen erkannt und thematisch ausdifferenziert. So fanden queer-theoretische Positionen nicht nur Eingang in die Soziologie, die Kulturwissenschaften und Politikwissenschaften, sondern auch in die Ökonomie (vgl. Hofmann et al. 2013) und in die Organisationsforschung (vgl. Bendl/Fleischmann/Hofmann 2009). Die diesbezüglichen Analysen unterscheiden sich aufgrund ihrer macht- und herrschaftskritischen sowie auf radikale Transformation abzielende Kritik von traditionellen managementwissenschaftlichen Analysen, die zumeist darauf ausgerichtet sind, Beiträge für die Optimierung von

---

10 Z. B. Transgender, Intersexuelle, Transsexuelle.
11 Z. B. Homosexuelle, Pansexuelle, Bisexuelle.
12 Z. B. Menschen mit unterschiedlichen körperlichen und/oder geistigen Einschränkungen.

(etablierten) Managementpraxen zu liefern. Der Standpunkt, von dem aus die folgende Reflexion stattfindet, ist demnach ein gesellschafts- und damit auch organisationskritischer, der im Sinne einer grundlegenden Veränderung von Geschlechterverhältnissen Gewissheiten hinterfragbar macht und dadurch zur mittel- und langfristig nötigen Auflösung von persistenten Diskursen, Strukturen und Handlungsweisen beitragen will. Die folgende Reflexion zu den vorgestellten Managementstrategien soll das Potenzial queer-theoretischer Perspektiven für organisationale Analysen persistenter Exklusionsmechanismen und die Ausgestaltung von Gleichstellungs- und Antidiskriminierungsstrategien ausloten.

*4 Queer-theoretische Reflexion von Managementstrategien*

Gegenwärtig manifestiert sich die wissenschaftliche Kritik an neuen Managementkonzepten, wie CC, CSR oder DM, in verschiedenen Schwerpunktsetzungen. So ist zwischen Arbeiten, die auf einen inkrementellen Wandel von Organisationen und auf eine Optimierung von Managementstrategien fokussieren (vgl. Benn/Dunphy/Griffiths 2006; Stropnik 2010) und Arbeiten, die einen zwar risikoreichen, aber transformativen Wandel durch proaktive Maßnahmen, die organisationale Lernprozesse in Richtung nachhaltiger Entwicklung anregen (vgl. Bendl/Fleischmann/Hofmann 2009), zu unterscheiden. In anderen Arbeiten wird die Kritik an Managementstrategien mit einer grundlegenden Kritik am derzeit dominanten Wirtschafts- und Politiksystem verknüpft. Das heißt, es werden neben kritischen Reflexionen der eingesetzten Instrumente zur Verbesserung der Managementpraxis auf unterschiedlichen Ebenen auch radikalere Veränderungen angeregt, wie ein Wechsel von der ökonomischen Wachstums- zu einer an Nachhaltigkeitskriterien orientierten Entwicklungsperspektive (vgl. Gladwin/Kennelly/Krause 1995) oder das verstärkte Zusammendenken von gesellschaftlichen, organisationalen und individuellen Perspektiven (vgl. Syed/Kramar 2009). Hierzu ist anzumerken, dass auch in solchen kritischen Arbeiten nach wie vor eine Geschlechterblindheit existiert,[13] jedoch zum Thema Geschlecht und Organisation, angefangen vom organisationalen Wandel bis hin zum „nachhaltigen Wirtschaften", bereits eine Vielzahl an Erkenntnissen und Perspektiven seitens der Geschlechterfor-

---

13 Siehe hierzu die Beiträge von Maria Funder und Edeltraud Ranftl in diesem Band.

schung vorliegt (vgl. u.a. Notz 2003; Hofmeister/Katz/Mölders 2013). Dieses kritische und perspektivische Potenzial der ökonomischen und organisationstheoretischen Geschlechterforschung wird selbst in kritischen Strömungen, die im wissenschaftlichen und politischen Mainstream Diskurs-Mächtigkeit erlangt, haben nach wie vor wenig genützt.

Welche Kritik ist nun aus queer-theoretischen Positionen heraus zu üben, um Veränderungen anzustoßen? Aus Sicht der Autorin muss eine durch queer-theoretische Perspektiven angeleitete dichotomie- und heteronormativitätskritische Reflexion der vorgestellten Management-Strategien sowohl an der sprachlich-diskursiven Ebene (vgl. Hofmann 2011) als auch an nicht-diskursiven Praktiken ansetzen. Dabei müssen identitäts- und strukturbildende Aspekte, die den Managementstrategien aufgrund ihrer normativen Einbettung in die derzeitigen hegemonialen Wirtschafts- und Politikformen als gesellschaftliches Regulierungssystem zugrunde liegen, berücksichtigt werden.

Auf diskursiver Ebene werden in den Managementstrategien die heteronormativen Verhältnisse dann reproduziert, wenn Geschlecht ausschließlich über die Dichotomie „Frau-Mann" adressiert wird, also beispielsweise stereotype Zuschreibungen angerufen werden und – falls überhaupt berücksichtigt – sexuelle Identität bzw. sexuelle Orientierung nicht über die Norm (=Heterosexualität) (vgl. Pringle 2008), sondern lediglich über die „Abweichung" (z. B. transsexuelle, homosexuelle Menschen) thematisiert wird. Als Beispiel lassen sich hier Organisationen anführen, die ihr Elternkarenzmanagement zwar mittlerweile an Frauen u n d Männer adressieren, aber in der Praxis Karenzwünschen von Männern mit Skepsis und Abwertung begegnen, oder Organisationen, die die Existenz von Regenbogenfamilien[14] nicht berücksichtigen und unter der Diversitätsdimension „sexueller Orientierung" lediglich „Homo- und Bisexualität" verstehen. Die normativen Verhältnisse, in diesen Beispielen also die Zuschreibung der Versorgungsarbeit an Frauen und die der Einkommenssicherung an Männer, das Festhalten an traditionellen Vorstellungen von „Familie" und die Ausblendung der Hierarchisierung zwischen Heterosexualität und anderen sexuellen Orientierungen, bleiben so weitgehend aufrecht. Gesetzliche Anforderungen, die als Resultate eines gesamtgesellschaftlichen Konsenses zur Veränderung von Geschlechterverhältnissen gelten (z. B. Karenz-

---

14 Als Regenbogenfamilien werden Familien von gleichgeschlechtlichen Partner_innen bezeichnet (vgl. Rupp 2011).

gesetz, Antidiskriminierungsgesetze), greifen hier in ihrer Signalwirkung noch zu kurz. Ein Grund liegt aus queer-theoretischer Sicht darin, dass die heteronormativen Verhältnisse und die damit einhergehenden Ausschließungsmechanismen durch das herrschende Leistungsprinzip verschleiert werden. Entlang dieses Prinzips wird nämlich Chancengleichheit und gesellschaftliche Inklusion an individuelle Leistung geknüpft und nach wie vor ausgeblendet, dass Geschlechterverhältnisse strukturelle Leistungsvoraussetzungen bestimmen (vgl. u.a. Funder/Sproll 2012). So versprechen Organisationen bei entsprechenden Anpassungsleistungen Chancengleichheit. Diese Anpassungsleistungen sind auf einen bestimmten Leistungsethos ausgerichtet und bilden als „Technologien des Selbst" (Foucault 1993) die Voraussetzung für gesellschaftliche und ökonomische Teilhabe und Anerkennung. Die genannten Management-Konzepte leiten hierzu auf unterschiedlichen Ebenen an und versprechen dadurch beispielsweise auch bisher marginalisierten Menschen, als Konsument_innen und Arbeitnehmer_innen wahrgenommen und akzeptiert zu werden. Nicht das Geschlecht, nicht die sexuelle Orientierung steht demnach im Fokus, was zählt, ist die Leistung, die ein Mensch für die Organisation erbringt, so die programmatische Vorstellung. Daran knüpft sich diskursiv ein Anerkennungsversprechen, das aus queer-theoretischer Perspektive lediglich zu einer prekär bleibenden Inklusion einiger, bei gleichzeitiger Fortschreibung diskriminierender Strukturen, führt. Duggan (2003) beschreibt in diesem Zusammenhang das Phänomen der „Homonormativität". Es zeigt, wie Lesben und Schwule trotz stigmatisierter Position durch leistungsorientierte Subjektivierungsformen und Anerkennung der Leistungsnormen gesellschaftliche und ökonomische Teilhabe und Anerkennung erlangen können. Dabei leiten Individualisierungsdiskurse einen normalisierenden Umgang mit Vergeschlechtlichung und Sexualität an (vgl. Engel 2005: 136 f.), der mit Ansprüchen an einen geschlechterkonformen Habitus und der Privatisierung von Begehren und nicht-normativen sexuellen Orientierungen einhergeht. Der Preis für die Inklusion – trotz stigmatisierter Positionierung – ist demnach die Anerkennung des vorherrschenden Leistungsregimes und darüber hinaus der Norm der Zweigeschlechtlichkeit sowie die Anerkennung der heterosexuellen Norm durch die „Privatisierung" jeder anderen sexuellen Begehrensrelation.

Die diskursive Verfestigung des Leistungsideals führt zudem zu einer weiteren Entkopplung von gesellschaftlichen Forderungen nach sozialer Anerkennung, Gerechtigkeit und Antidiskriminierung in ökonomischen und betriebswirtschaftlichen Diskursen und Praktiken. Aus queer-theoretischer Sicht unterstützen Managementstrategien diese Tendenz in ihrer Eigenschaft als Machtstrategien, indem sie den organisationalen Umgang mit Differenz durch diskursive und strukturelle Setzungen regeln. So verweist Ahmed (2007) am Beispiel des Diversitätsmanagements darauf, wie Diversität in Organisationen institutionell und diskursiv gerahmt wird, um Bestrebungen, den Status Quo aufrechtzuerhalten, zu unterstützen. Rhetoriken spielen dabei eine zentrale Rolle.[15] Beispielsweise signalisiert der Begriff „Diversität" eher positivere Konnotationen als „Differenz", und der im Kontext von Diversitätsmanagement häufig verwendete Satz „Vielfalt wird wertgeschätzt" forciert die Illusion, dass die Organisation nicht diskriminiert, nicht rassistisch, sexistisch, homophob sei. Mit diesen und ähnlichen Diktionen werden aber nach Ahmed Differenz und damit verknüpfte Machtverhältnisse oftmals nur unter dem Schleier der „Inclusiveness" maskiert (vgl. Ahmed 2007, 2012). Demnach sind DM und andere Managementkonzepte aus einer queer-theoretischen Perspektive nicht lediglich als „Reaktion auf Differenzverhältnisse" in Organisationen und Gesellschaft zu betrachten. Die Konzepte reproduzieren durch ihren Umgang mit Differenz auch Normen und Ausschlüsse. Dies passiert dadurch, dass Differenzen lediglich über die nicht-normative Seite thematisiert wird, d.h. aber auch, dass nicht nach den normativen Bedingungen von Differenzsetzungspraktiken gefragt wird. Dadurch werden die herrschenden Verhältnisse bei gleichzeitiger inkrementeller Anpassung und Symptombekämpfung stabil gehalten. Eine Veränderung der in Differenzsetzungsdiskursen und -praktiken angelegten Ungleichheits- und Diskriminierungsverhältnisse kann nicht gelingen, weil die normativen Grundregeln – dazu zählt der oben genannte Wissenskomplex hinsichtlich normierter und hierarchisierter Zweigeschlechtlichkeit und heterosexueller Begehrensrelationen – erhalten bleiben.

Zusammenfassend kann festgestellt werden: Anpassungen an gesellschaftliche Entwicklungen erfolgen in Organisationen dann, wenn negative Konsequenzen absehbar sind (z. B. Fachkräftemangel, Fluktuationskosten, Wissensverlust) und als Risiko anerkannt werden, oder rechtliche Regelungen (z. B. gesetzliche Quotenregelungen, Gleichbehandlungsgesetze) dazu zwingen. Das zweigeschlechtlich und heteronormativ organisierte Geschlechterkonzept prägt dabei nach wie vor gesellschaftspolitische und organisationale Diskurse und Praktiken. Zwar ergeben sich sowohl durch

---

15  Vgl. auch Zanoni/Janssens 2004.

gesetzliche Vorgaben wie auch, getrieben durch die Vervielfältigung von Lebenspraxen, Veränderungen (Zeitflexibilität, Auszeitregelungen etc.), aber nach wie vor strukturiert das entlang zweier Geschlechter hierarchisierte Geschlechterregime die Möglichkeiten der gesellschaftlichen, sozialen und ökonomischen Teilhabe und Teilnahme von Menschen in ungleicher Art und Weise. Zwar signalisiert die Praxis (rhetorische) Aufgeschlossenheit zur Veränderung ungleicher Geschlechterverhältnisse über die oben genannten Managementkonzepte, sie reagiert aber in Bezug auf grundlegende Veränderungsforderungen mit Einstellungs- und Verhaltensstarre, wodurch Machtstrukturen weitgehend stabil bleiben. Dies zeigt sich nicht nur in Phänomenen wie dem „Glass-Ceiling-Effekt" und dem Gender-Pay Gap, die analytisch auf Missverhältnisse in der Zweigeschlechterordnung fokussieren, sondern auch in der weitgehenden Ausblendung von Ungleichheitsphänomenen, denen nicht-normative Geschlechterrepräsentationen zugrunde liegen, und intersektionalen Effekten, wie sie in Formen der internationalen Arbeitsteilung und Arbeitsmigration zu Tage treten (vgl. Roß 2008). Auf analytischer und organisationsstrategischer Ebene ist nun weiters interessant, wie die Reproduktion heteronormativer und gesellschaftlicher Verhältnisse nicht nur analysiert und kritisiert, sondern im Sinne einer Förderung von Geschlechtergerechtigkeit auch praktisch destabilisiert werden kann.

## 5 Konsequenzen queer-theoretischer Perspektiven für einen organisationalen und gesellschaftlichen Wandel der Geschlechterverhältnisse

Die zu Beginn dieses Beitrages gestellte Frage, welche Qualität des Wandels hinsichtlich der Geschlechterverhältnisse Organisationen in all ihren Ausprägungen durch ihre Managementstrategien und die darin eingenommenen Sichtweisen auf Geschlecht überhaupt ermöglichen, kann an dieser Stelle so beantwortet werden: Sie hängt grundsätzlich von der Bereitschaft ab, heteronormative Verhältnisse radikal zu hinterfragen, also die Norm und nicht die Norm-Abweichung diskursiv und handlungspraktisch in den Blick zu nehmen. Managementkonzepte, die zu einem substanziellen Wandel von Geschlechterverhältnissen beitragen wollen, müssen vor dem skizzierten theoretischen Hintergrund auf mehreren Ebenen auf ihr diesbezügliches Potenzial überprüft werden: 1. auf der analytischen Ebene, wo es um die Frage geht, welches Geschlechterkonzept dem organisationalen

Handeln zugrunde gelegt wird; 2. auf der strategischen Ebene, d.h. der Ebene der Zielformulierung, und 3. auf der instrumentellen Ebene, also dort, wo es darum geht, Instrumente zu entwickeln, die einem solchen Wandel förderlich sind.

Auf organisationsanalytischer Ebene setzt eine nachhaltige Veränderung von Geschlechterverhältnissen eine substanzielle Veränderung des Denkens über Geschlecht und der zugrunde gelegten Normen der Zweigeschlechtlichkeit und Heterosexualität voraus. Es braucht hier die Wahrnehmung der Geschlechterdiversität und der heteronormativen Verfasstheit von Gesellschaft und Organisation sowie der daraus resultierenden Effekte. Auf Basis queer-theoretischer Erkenntnisse lassen sich in Organisationsanalysen vergeschlechtlichte Hierarchisierungsmechanismen und die Behandlung(sweisen) von Normabweichungen genauso identifizieren wie die damit verknüpfte (subtile) Gewaltförmigkeit eines auf Zweigeschlechtlichkeit bezogenen Organisationsalltags. So kann in Ist-Analysen danach gefragt werden, welche Menschenbilder in Leitbildern etc. enthalten sind, und welche Folgen dies auf die organisationale Praxis hat. Diese Reflexion kann Lernprozesse anstoßen, die Organisationen in die Lage versetzen, jenseits rhetorischer Bekenntnisse, zu einem sozialen Wandel beizutragen, der geschlechterbezogene Diskriminierungen und Ausgrenzungen negiert. Zur Herleitung dafür nötiger Analyseperspektiven kann an wissenschaftliche Arbeiten angeknüpft werden, die die Reproduktion und Wirkweisen von heteronormativen Verhältnissen in Organisationen behandeln (vgl. u.a. Tonks 2006; Pringle 2008; Hill 2009; Colgan/McKearney 2011).

Durch ihren grundsätzlichen transformativen Charakter bieten die Queer Theories auch auf strategischer Ebene Ansatzpunkte, um aus dem Kreislauf der Normalisierungs- und Naturalisierungspraktiken hinsichtlich der alltäglichen Vergeschlechtlichung herauszukommen. Organisationen können queer-theoretische Perspektiven dazu nutzen, einen differenzierten Umgang mit Geschlecht und Geschlechterverhältnissen auf formal-struktureller und organisationskultureller Ebene entlang eines nicht-dichotomen Geschlechterkonzepts zu gestalten. Dafür sind die in Managementstrategien enthaltenen normativen Ideen zu explizieren. Eine Neuordnung von Geschlechterverhältnissen bedeutet, die normative Idee der Inklusion unter einer nicht-dichotomisierenden bzw. hierarchisierenden Perspektive zu verfolgen. Beispiele dafür wären die Thematisierung der Problematik von stereotypen Männlichkeits- und Weiblichkeitskonstruktionen in der Strategieentwicklung zum Thema Elternkarenz oder die Benennung von normativen Zusammenhängen zwischen unterschiedlichen sexuellen Orientierungen in der Behandlung dieses Diversitätsthemas sowie die systematische Berücksichtigung von Intersektionalitäten. Strategisches Ziel kann es auch explizit sein, Handlungsoptionen aller Geschlechter zu erweitern, indem Handlungsbeschränkungen aufgrund heteronormativer Erwartungshaltungen identifiziert werden. Das „männliche" Führungsverhalten einer Frau, das „unmännliche" Verhalten einer konsensorientierten männlichen Führungskraft oder die Angst vor fehlender Kund_innen-Akzeptanz bei der Einstellung einer Transperson wären dann Phänomene, die der Vergangenheit angehören. Diese Beispiele zeigen: queer-theoretisch angelegte Perspektiven müssen immer den spezifischen Umgang mit Ziel-, Interessen- und Bewertungskonflikten berücksichtigen, die Rückschlüsse auf zu verändernde Machtverhältnisse zulassen. Dafür bedarf es auf strategischer Ebene des Entwurfs transformationsorientierter Visionen von CSR, GM, CG und CC, in denen Lern- und Verlernprozesse für einen differenzierten Umgang mit Differenzsetzungspraktiken angeregt werden (vgl. Hofmann 2006, 2010, 2011) und Geschlecht(erkonstruktion) als multiples Phänomen (vgl. Vasterling 1997) wahrgenommen und behandelt wird. Lernen durch Differenz erfordert insbesondere soziales Lernen in Organisationen und individuelle Kompetenzbildung (Barth 2012). Um solche transformative Lernprozesse in Gang zu setzen, müssen Organisationen allerdings die eingeschränkte Fokussierung der eingesetzten Managementstrategien auf Risikoverminderung, Reputations-, Entwicklungs- und Leistungsverbesserung erweitern. Hierbei handelt es sich zweifelsohne um ein ambitioniertes Unterfangen, das bislang noch auf eine Vielzahl von Barrieren stößt – wie insbesondere die Beharrungskraft der hegemonialen Männlichkeit (vgl. Connell 2010) in vielen Wirtschaftsbereichen.

Auf instrumenteller Ebene kann der kritische Umgang mit heteronormativen Effekten neues Organisationswissen über Geschlechtlichkeit produzieren und neue Handlungsperspektiven eröffnen, in denen performative Akte verändert werden können. Heteronormativ geprägte semiotisch-materielle „Wahrheiten" können beispielsweise durch konkrete Praktiken der Sichtbarmachung nicht-normativer Existenzweisen umgearbeitet werden, wobei es allerdings auch hier auf ein entsprechendes Umfeld ankommt, dass auch bei Normabweichung Anerkennung sicherstellt. Ein Instrument dafür kann die Beseitigung ausschließlich dichotomer Kategorien bei Geschlechtsangaben sein, wie es bereits in mehreren Staaten[16] praktiziert wird (weiblich/männlich/anderes). Weitere Möglichkeit sind der konsequente Verweis auf Geschlechterdiversität über die Einführung des Unterstrichs[17] in Organisationsunterlagen, die Sichtbarmachung von nicht-heterosexuellen Formen des Zusammenlebens (u.a. im internen wie externen Marketing oder in Statistiken), die Einführung von anonymen Beschwerdeinstrumenten, Ansprechpersonen und transparenten Sanktionsmechanismen (z. B. auf Ebene der Mitarbeiter_innenbewertung) gegen Sexismus, Homo- und Transphobie, Rassismus und andere Ausgrenzungs- und Abwertungspraktiken.

Organisationen und ihre Managementkonzepte müssen aus queer-theoretischer Perspektive vermehrt danach beurteilt werden, ob sie gesellschaftliche Veränderungen fördern, die einen substanziellen Abbau von persistenten, exkludierenden Normalitätsregimen, die auf rigider Zweigeschlechtlichkeit und Heteronormativität beruhen, bewirken.

*Weiterführende Literatur*

Ahmed, Sara (2007). The Language of Diversity. In: Ethnic and Racial Studies. 2. Special Issue: Feminism and Postcolonialism: Knowledge/Politics, 235–256.

Connell, Raewyn (2010). Im Innern des gläsernen Turms: Die Konstruktion von Männlichkeiten im Finanzkapital. In: Feministische Studien, 1, 8–24.

Engel, Antke (2008). Geschlecht und Sexualität: Jenseits von Zweigeschlechtlichkeit und Heteronormativität. In: Moebius, Stephan/Reckwitz, Andreas (Hrsg.). Poststrukturalistische Sozialwissenschaften. Frankfurt: Suhrkamp, 330–346.

Pringle, Judith (2008). Gender in Management: Theorizing Gender as Heterogender. In: British Journal of Management, 19, S1, 110–119.

*Im Text erwähnte Quellen*

Ahmed, Sara (2007). The Language of Diversity. In: Ethnic and Racial Studies. 2. Special Issue: Feminism and Postcolonialism: Knowledge/Politics, 235–256.

---

16 Argentinien, Nepal und Australien haben in den letzten Jahren gesetzliche Möglichkeiten eröffnet, sich als Frau, Mann oder entlang eines anderen Geschlechts zu identifizieren.

17 Der Unterstrich, auch als „Gender Gap" bezeichnet, ermöglicht auf Ebene der schriftlichen Darstellung u.a. Menschen einzubeziehen, die nicht in eine Dichotomie wie das Frau/Mann-Schema passen (wollen).

Ahmed, Sara (2012). On Being Included: Racism and Diversity in Institutional Life. Durham and London: Duke University Press.

Backhaus-Maul, Holger/Biedermann, Christiane/Nährlich, Stefan/Polterauer, Judith (Hrsg.) (2008). Corporate Citizenship in Deutschland. Bilanz und Perspektiven. Wiesbaden: VS.

Barth, Matthias (2012). Social Learning Instead of Educating the Other. In: GAIA, 21 (2), 91–94.

Becker, Ruth/Kortendiek, Beate (2010). Handbuch Frauen- und Geschlechterforschung. Wiesbaden: VS (3. erweiterte und durchgesehene Auflage).

Bendl, Regine/Fleischmann, Alexander/Hofmann, Roswitha (2009). Queer Theory and Diversity Management: Reading Codes of Conduct from a Queer Perspective. In: Journal of Management and Organization, 15 (5), 625–638.

Bendl, Regine/Hanappi-Egger, Edeltraud/Hofmann, Roswitha (Hrsg.) (2012). Diversität und Diversitätsmanagement. Wien: facultas wuv.

Benn, Suzanne/Dunphy, Dexter/Griffiths, Andrew (2006). Enabling Change for Corporate Sustainability: An Integrated Perspective. In: AustralAsian Journal of Environmental Management, 13, 156–165.

Bereswill, Mechthild (2005). Geschlecht als Humanressource – reproduzieren oder irritieren? In: Ernst, Waltraud (Hrsg.). Leben und Wirtschaften – Geschlechterkonstruktionen durch Arbeit. Münster: LIT, 218–229.

Bowring, Michèle A./Brewis, Joanna (2009). Truth and Consequences. Managing Lesbian and Gay Identity in the Canadian Workplace. In: Equal Opportunities International, 28 (5), 361–377.

Butler, Judith (1991). Das Unbehagen der Geschlechter. Frankfurt: Suhrkamp.

Butler, Judith (1997). Körper von Gewicht. Frankfurt: Suhrkamp.

Colgan, Fiona/McKearney, Aiden (2011). Creating inclusive organisations: what do lesbian, gay and bisexual employees in the private sector think makes a difference? In: Wright, Tessa/Conley, Hazel (Hrsg.). Gower Handbook of Discrimination at Work. Farnham: Gower.

Connell, Raewyn (2010). Im Innern des gläsernen Turms: Die Konstruktion von Männlichkeiten im Finanzkapital. In: Feministische Studien, 1, 8–24.

Creed, Douglas, W.E. (2006). Seven Conversations about the Same Thing. Homophobia and Heterosexism in the Workplace. In: Konrad, Alison M./Prasad, Pushkala/ Pringle, Judith K. (Hrsg.). Handbook of Workplace Diversity. London, Thousand Oaks, New Delhi: Sage, 371–400.

Curbach, Janina (2008). Die Corporate-Social-Responsibility-Bewegung. Wiesbaden: VS.

Daub, Claus-Heinrich (2010). Gesellschaftliche Legitimation durch glaubwürdige Berichterstattung. In: Ökologisches Wirtschaften, 1, 30–34.

Davis, Kathy/Evans, Mary/Lorber, Judith (2006). Handbook of Gender and Women's Studies. London: Sage.

Duggan, Lisa (2003). The Twilight of Equality? Neoliberalism, Cultural Politics, and the Attack on Democracy. Boston: Beacon Press.

Emmott, Mike/Worman, Dianah (2008). The Steady Rise of CSR and Diversity in the Workplace. In: Strategic HR Review, 7 (5), 28–33.

Engel, Antke (2005). Entschiedene Interventionen in der Unentscheidbarkeit. Von queerer Identitätskritik zur VerUneindeutigung als Methode. In: Harders, Cilia/Kahlert, Heike/Schindler, Delia (Hrsg.). Forschungsfeld Politik. Wiesbaden: VS, 261–284.

Engel, Antke (2008). Geschlecht und Sexualität: Jenseits von Zweigeschlechtlichkeit und Heteronormativität. In: Moebius, Stephan/Reckwitz, Andreas (Hrsg.). Poststrukturalistische Sozialwissenschaften. Frankfurt: Suhrkamp, 330–346.

Engel, Antke (2009). Bilder von Sexualität und Ökonomie. Queere kulturelle Politiken im Neoliberalismus. Bielefeld: Transcript.

European Commission (2010). Gender equality in the EU in 2009. Download: http://ec.europa.eu/public_opinion/archives/ebs/ebs_326_en.pdf.

European Commission (2011). Communication from the Commission to the European Parliament, the Council, the European Economic and Social Committee and the Committee of the Regions. A renewed EU strategy 2011–14 for Corporate Social Responsibility Brussels, 25.10.2011, COM(2011) 681 final.

Europäische Union (2013). Tackling the Gender Pay Gap in the European Union. Download: http://ec.europa.eu/justice/gender-equality/files/gender_pay_gap/gpg_brochure_2013_final_en.pdf.

Fischer, Michael-Rolf/Rauberger, Rainer (2004). Gesellschaftliche Verantwortung: das Corporate-Citizenship-Programm als Teil der Henkel-Nachhaltigkeitsstrategie. In: Köppl, Peter/Neureiter, Martin (Hrsg.). Corporate social responsibility: Leitlinien und Konzepte im Management der gesellschaftlichen Verantwortung von Unternehmen. Wien: Linde, 201–228.

Foucault, Michel (1981). Archäologie des Wissens. Frankfurt: Suhrkamp.

Foucault, Michel (1993). Der Gebrauch der Lüste. Sexualität und Wahrheit 2. Frankfurt: Suhrkamp.

Funder, Maria/Sproll, Martina (2012). Symbolische Gewalt und Leistungsregime. Geschlechterungleichheit in der betrieblichen Arbeitspolitik. Münster: Westfälisches Dampfboot.

Gladwin, Thomas N./Kennelly, James J./Krause, Tara-Shelomith (1995). Shifting Paradigms for Sustainable Development: Implicatins for Management Theory and Research. In: The Academy of Management Review, 20 (4), 874–907.

Hankivsky, Olena (2005). Gender vs. Diversity Mainstreaming: A Preliminary Examination of the Role and Transformative Potential of Feminist Theory. In: Canadian Journal of Political Science/Revue canadienne de science politique, 38 (4), 977–1001.

Hentze, Joachim/Thies, Björn (2012). Unternehmensethik und Nachhaltigkeitsmanagement. Bern, Stuttgart, Wien: Haupt.

Hill, Robert J. (2009). Incorporating Queers: Blowback, Backlash, and Other Forms of Resistance to Workplace Diversity Initiatives That Support Sexual Minorities. In: Advances in Developing Human Resources, 11, 37–53.

Hiß, Stefanie (2006). Warum übernehmen Unternehmen gesellschaftliche Verantwortung? Ein soziologischer Erklärungsversuch. Frankfurt, New York: Campus.

Hofmann, Roswitha. (2006). Lernen, Wissen und Kompetenz im Gender- und Diversitätsmanagment. In: Bendl, Regine/Hanappi-Egger, Edeltraud/Hofmann, Roswitha (Hrsg.). Agenda Diversität: Gender- und Diversitätsmanagement in Wissenschaft und Praxis München und Mering: Rainer Hampp, 10–24.

Hofmann, Roswitha 2010. Nachhaltigkeitsorientierung im Gender- und Diversitätsmanagement. In: Gender, 1 (1), 56–68.

Hofmann, Roswitha (2011). Die Rolle der diskursiven Plastizität von Organisationen für ein lernorientiertes Diversitätsmanagement. In: Diversitas – Zeitschrift für Managing Diversity und Diversity Studies, 1, 11–18.

Hofmann, Roswitha/Klapeer, Christine/Müllbacher, Sandra/Schönpflug, Karin/ Schwarzbauer, Wolfgang (2013). LGB Data Project for the EU. A Compilation of Statistical Data on Sexual Orientation and an Application to Research on the Economic Status of LGBs. Institute for Advanced Studies Vienna.

Hofmeister, Sabine/Katz, Christine/Mölders, Tanja (Hrsg.) (2013). Geschlechterverhältnisse und Nachhaltigkeit. Opladen, Berlin, Toronto: Barbara Budrich.

Holst, Elke/Schimeta, Julia (2011). 29 von 906: Weiterhin kaum Frauen in Top-Gremien großer Unternehmen. In: Wochenbericht des DIW Berlin Nr. 3, 2–10.

Jabbour, Charbel José Chiappetta/Santos, Fernando César Almada (2008). The Central Role of Human Resource Management in the Search for Sustainable Organizations. In: The International Journal of Human Resource Management, 19 (12), 2133–2154.

Jonker, Jan/Stark, Wolfgang/Tewes, Stefan (2011). Corporate Social Responsibility und nachhaltige Entwicklung. Heidelberg: Springer.

Kilian, Thomas/Hennigs, Nadine (2011). Unternehmerische Verantwortung zwischen Anspruch und Wirklichkeit: Eine empirische Analyse der Kommunikation CSR-relevanter Aspekte in Geschäftsberichten der DAX-30-Unternehmen von 1998–2009. In: uwf UmweltWirtschaftsForum, 19 (3–4), 249–255.

Klapeer, Christine M. (2007). queer.contexts. Entstehung und Rezeption von Queer Theory in den USA und Österreich. Innsbruck, Wien, Bozen: StudienVerlag.

Köppl, Peter/Neureiter, Martin (Hrsg.) (2004). Corporate Social Responsibility: Leitlinien und Konzepte im Management der gesellschaftlichen Verantwortung von Unternehmen. Wien: Linde.

Leitl, Christoph (2004). Gesellschaftliche Verantwortung von Unternehmen: eine Selbstverständlichkeit nachhaltigen Unternehmertums. In: Köppl, Peter/Neureiter, Martin (Hrsg.). Corporate Social Responsibility: Leitlinien und Konzepte im Management der gesellschaftlichen Verantwortung von Unternehmen. Wien: Linde, 105–110.

Linne, Gudrun/Schwarz, Michael (Hrsg.) (2003). Handbuch Nachhaltige Entwicklung. Wie ist nachhaltiges Wirtschaften machbar? Opladen: Leske+Budrich.

Naderer, Ruth/Niklas, Alice (2008). AK Auswertung 2008: Frauen in Führungspositionen –kein Fortschritt erkennbar. Download: http://wien.arbeiterkammer.at/pictures/ d65/FraueninChefetagen.pdf.

Notz, Gisela (2003). Nachhaltiges Wirtschaften und die Bedeutung für ein zukunftsfähiges Geschlechterverhältnis. In: Linne, Gudrun/Schwarz, Michael (Hrsg.). Handbuch Nachhaltige Entwicklung. Wie ist nachhaltiges Wirtschaften machbar? Opladen: Leske+Budrich, 423–432.

Paetzmann, Karsten (2012). Corporate Governance. Strategische Marktrisiken, Controlling, Überwachung. Heidelberg: Springer (2. Auflage).

Pagels, Nils (2004). Diversity Management als Instrument für feministische und antirassistische Praxen? In: Roß, Bettina (Hrsg.). Migration, Geschlecht und Staatsbürgerschaft. In: Politik und Geschlecht, 16. Wiesbaden: VS, 163–177.

Parker, Martin (2002). Queering Management and Organization. In: Gender, Work and Organization, 9 (2), 146–166.

Pringle, Judith (2008). Gender in Management: Theorizing Gender as Heterogender. In: British Journal of Management, 19, S1, 110–119.

Roß, Bettina (2008). Ethnizität und Geschlecht in der internationalen Arbeitsteilung. In: Brabandt, Heike/Roß, Bettina/Zwingel, Susanne (Hrsg.). Mehrheit am Rand? Geschlechterverhältnisse, globale Ungleichheit und transnationale Handlungsansätze. Wiesbaden: VS, 69–86.

Rupp, Marina (Hrsg.) (2011). Partnerschaft und Elternschaft bei gleichgeschlechtlichen Paaren – Verbreitung, Institutionalisierung und Alltagsgestaltung. Zeitschrift für Familienforschung/Journal of Family Research, Sonderheft 7. Opladen: Barbara Budrich.

Schneider, Andreas/Schmidpeter, René (Hrsg.) (2012). Corporate Social Responsibility. Verantwortungsvolle Unternehmensführung in Theorie und Praxis. Berlin, Heidelberg: Springer Gabler.

Schultz, Irmgard (2009). CSR for gender equality: a new approach for dealing with long-standing inequalities? Insights from two banks. In: Barth, Regine/Wolff, Franziska (Hrsg.). Corporate Social Responsibility in Europe. Rhetoric and Realities. Cheltenham: Edward Elgar Publishing.

Sedgwick, Eve Kosofsky (1991). Epistemology of the Closet. Hemel Hempstead: Harvester Wheatsheaf.

Skidmore, Paul (2004). A Legal Perspective on Sexuality and Organization: A Lesbian and Gay Case Study. In: Gender, Work & Organization, 11 (3), 229–253.

Sodano, Valeria (2011). The New Division of Labor in the Globalized Economy. In: Forum for Social Economics, 40 (3), 281–298.

Stropnik, Nada (2010). How can Corporate Social Responsibility Contribute to Gender Equality and Work-Life-Balance. Example of the „Family friendly Enterprise" Certificate in Slovenia. In: Nase Gospodarstvo, 56 (5/6), 11–20.

Syed, Jawad/Kramar, Robin (2009). Socially Responsible Diversity Management. In: Journal of Management & Organization, 15, 639–651.

Tonks, Graeme (2006). Sexual Identity. HRM's Invisible Dimension of Workplace Diversity. In: The International Journal of Diversity in Organisations, Communities and Nations, 6 (1), 35–48.

Tosey, Paul/Visser, Max/Saunders, Mark N. K. (2013). The Origins and Conceptualizations of ‚Triple-Loop' Learning: A Critical Review. In: Management Learning, 43, 291–307.

Tyler, Melissa/Cohen, Laurie (2010). ‚Spaces That Matter: Gender Performativity and Organizational Space'. In: Organization Studies, 31 (2), 175–198.

Vasterling, Veronica (1997). Dekonstruktion der Identität – Zur Theorie der Geschlechterdifferenz bei Derrida. In: Stoller, Silvia/Vetter, Helmuth (Hrsg.). Phänomenologie und Geschlechterdifferenz. Wien: facultas wuv, 132–147.

Wharton, Amy (2002). Geschlechterforschung und Organisationssoziologie. In: Kölner Zeitschrift für Soziologie und Sozialpsychologie, Sonderheft 42, 188–202.

Wieland, Josef/Conradi, Walter (Hrsg.) (2002). Corporate Citizenship. Marburg: Metropolis.

Zanoni, Patrizia/Janssens, Maddy (2004). Deconstructing Difference: The Rhetorics of HR managers' Diversity Discourses. In: Organization Studies, 25, 55–74.

# Organisation und Geschlechterdemokratie: Optimistische und kritische Ausblicke

*Elke Wiechmann*

*1 Einleitung*

Organisationen sind eingebettet in die Gesellschaft, gleichzeitig strukturieren sie diese selbst maßgeblich mit. So werden etwa über Bildungsorganisationen, politische oder kirchliche Organisationen und Verbände Werthaltungen und Deutungen vermittelt. Die Art und Weise der Inklusion in Arbeitsorganisationen entscheidet über materielles Auskommen, Status und Prestige. Zunehmende Organisationsdynamiken sind deshalb eng verwoben mit dem sozialen Wandel, ja sogar mit der Reproduktion sozialer Ungleichheit. Folglich interessiert sich auch die Frauen- und Geschlechterforschung für Organisationen und hier insbesondere für ihre Rolle im Hinblick auf die Entstehung, Verfestigung oder den Abbau von Geschlechterdifferenzen, wobei der Geschlechterdemokratie eine große Relevanz zukommt. Der Begriff der Geschlechterdemokratie ist nicht als konzeptioneller Ansatz zu verstehen, sondern vielmehr als demokratischer Anspruch, der sich grundsätzlich über mehr Geschlechtergerechtigkeit herstellen muss. Eine umfassende Definition legte die Heinrich-Böll-Stiftung[1] vor: „Demokratische Verhältnisse sind dann erreicht, wenn die Zugänge von Frauen und Männern auf allen Ebenen, d.h. gesellschaftlich, politisch, sozial, ökonomisch und kulturell, gleichberechtigt möglich sind. Geschlechterdemokratie impliziert die gleiche Partizipation von Frauen und Männern in Politik, Öffentlichkeit und Ökonomie, die Erweiterung und Sicherung der gerechten Neuverteilung und Neubewertung gesellschaftlicher Arbeit zwischen Frauen und Männern".[2] Vereinfacht formu-

---

1 Siehe: http://www.gwi-boell.de/downloads/Gendertoolbox_Materialien_Definitionen.pdf, Abruf 25.7.2013.
2 Die Bundesregierung fasst einen vergleichbaren – wenngleich verkürzten – Anspruch wie folgt: „Die Gleichstellung der Geschlechter ist ein zentrales Anliegen in demokratischen Gesellschaften und als solches auch Teil des Selbstverständnisses europäischer Staaten" (Bundesregierung 2010: 5).

liert geht es um die Um- und Neuverteilung von Arbeit, Ressourcen und Positionen – also auch von Macht. Das Politikfeld „Gleichstellung" spielt dabei eine besondere Rolle, insofern hier vor allem institutionelle und organisationale Einflusssphären zusammentreffen und in der Gleichstellungspraxis Form annehmen.

Der vorliegende Beitrag nimmt einerseits noch einmal die wesentlichen für die Gleichstellungspraxis relevanten theoretischen Ansätze in den Blick (2) und gibt einen Überblick über den institutionellen (politischen) Rahmen aus normativer Sicht (3). Schließlich werden die Fortschritte in der Gleichstellungspraxis auf der politischen, der wissenschaftlichen und der Unternehmensebene anhand empirischer Ergebnisse überprüft (4). Dabei bildet die Leitfrage die Geschlechterdemokratie. Eine kritische Würdigung erfolgt im Ausblick (5).

## 2 Geschlechtertheorien für die Gleichstellungspraxis

Für das Politikfeld der Gleichstellung bzw. die Gleichstellungspraxis sind die Gleichheits- und die Differenztheorie[3] bedeutsam. Beide Theorieansätze erleben gegenwärtig eine Renaissance, was wohl auch damit zusammenhängt, dass sie ein ausreichendes Operationalisierungspotenzial für praxisnahe Maßnahmen in Organisationen und Institutionen bieten. Darüber hinaus werden aktuell vor allem zwei weitere Ansätze diskutiert, die für die gleichstellungspolitische Praxis interessante Anknüpfungspunkte bieten könnten: Dekonstruktion und Intersektionalität (vgl. u.a. Knapp 2011).

### 2.1 Gleichheitstheoretischer Ansatz

Vereinfacht formuliert geht der gleichheitstheoretische Ansatz von einer grundsätzlichen Gleichheit von Frauen und Männern aus. Danach sind alle Frauen und Männer in ihren Fähigkeiten, Fertigkeiten und Eigenschaften gleich. Das biologische Geschlecht (Sex) spielt in diesem Ansatz keine Rolle zur Erklärung von Ungleichheiten, Ausgangspunkt ist vielmehr das

---

3 In den Anfängen der zweiten Frauenbewegung in den 1970er Jahren sind vor allem die Gleichheits- und Differenztheorie vertreten worden und boten maßgebliche Interpretations- und Handlungsfolien.

kulturelle Geschlecht (Gender). Mit der eingängigen Formel: „Man kommt nicht als Frau zur Welt, man wird es" hat Simone de Beauvoir den Kern des Gleichheitsansatzes bereits 1949 in ihrem Werk „Das andere Geschlecht" skizziert. Die real existierende *Geschlechterhierarchie* drückt sich vor allem darin aus, dass die den Männern zugeschriebenen Verhaltensweisen und Eigenschaften bis heute die gesellschaftliche Norm bilden. Ursächlich hierfür sind gesellschaftliche und politische Einflussfaktoren und Machtstrukturen. Diese werden immer wieder neu produziert und reproduziert, was maßgeblich durch die Sozialisation und Verteilungsmechanismen (von Macht, Arbeit und Geld) geschieht. Für beide Geschlechter – Frauen wie Männer – ist die Durchbrechung dieser gesellschaftlichen Norm schwer zu erreichen, da eine Abweichung mit Sanktionsmechanismen einhergeht, wie etwa dem Ausschluss oder mangelnder Anerkennung durch die eigene Genusgruppe.

Den gleichheitstheoretischen Ansätzen geht es um die „konsequente Verfolgung einer Politik der Antidiskriminierung in allen Bereichen, egalitäre Verteilung der Familienarbeit und Quotierung politischer und beruflicher Positionen" (Knapp 2011: 74). Im Zentrum steht die Umverteilung von Macht, Geld und Arbeit. So begründen Gleichheitstheoretikerinnen die Forderung nach mehr Frauen in Führungspositionen (in der Regel 50%) mit den gleichen Teilhabechancen für beide Geschlechter vor dem Hintergrund demokratischer Legitimation (Geschlechterdemokratie). Der gleichheitstheoretische Ansatz ist die Grundlage für die heutige institutionalisierte Gleichstellungspolitik. Konkrete Maßnahmen lassen sich mit diesem Ansatz am ehesten für die Praxis operationalisieren.

Als *Kritik an der Gleichheitstheorie* wird formuliert, dass sie für die Assimilierung bzw. Anpassung der Frau an den Mann als Norm plädiere. Damit allerdings wird das für die Ungleichheit verantwortliche Macht- und Gesellschaftssystem nicht grundlegend angetastet, sondern zementiert.

*2.2 Differenztheoretischer Ansatz*

Im Gegensatz zu den gleichheitstheoretischen Ansätzen postulieren und unterstreichen Differenztheorien die natürliche Differenz zwischen Frauen und Männern. Die Unterschiedlichkeit von Frauen und Männern wird biologisch begründet und herausgestellt. In diesem Ansatz werden Frauen spezifische Eigenschaften zugeschrieben, die sich etwa aus der Tatsache, dass Frauen Kinder bekommen können und Männer nicht, ergeben. Entsprechend seien die weiblichen Fähigkeiten als bewahrend, sozial verantwortlich und erhaltend höher zu bewerten als männliche Verhaltensweisen. Insofern sei das Weibliche die eigentliche (bessere) Norm und die Gesellschaft muss somit feminisiert werden. Den differenztheoretischen Ansätzen folgend, fordern ihre Vertreterinnen eigene Autonomieräume für Frauen, in denen sie sich entsprechend ihrem Wesen verwirklichen und entfalten können. Eine Gleichstellungspolitik, die dem differenztheoretischen Ansatz folgt, hebt die besonderen Eigenschaften und Verhaltensweisen von Frauen gegenüber Männern hervor. Hier wird etwa ein typisch weiblicher Führungsstil als Positivkriterium für das Management betrachtet, um die Forderung nach mehr Frauen in Führungspositionen argumentativ zu stützen (vgl. Knapp 2011: 73).

Die maßgebliche *Kritik an der Differenztheorie* besteht darin, dass sie lediglich eine Umkehrung der Bewertungs-, Macht- und Herrschaftsverhältnisse fordert, indem die weiblichen Verhaltensformen und Eigenschaften als die bessere Norm aufgestellt wird, was im Ergebnis jedoch eine Umkehrung der Machtverhältnisse bedeutet – die Geschlechterhierarchie wird also lediglich umgekehrt. Darüber hinaus wird kritisiert, dass dieser Ansatz mit der Betonung auf die weiblich-mütterlichen Eigenschaften die gegenwärtige Ungleichheit eher festige als ihr entgegenwirke und daher die Gefahr berge, dass Frauen eher in ein traditionelles Rollenmuster zurückfallen (könnten).

## 2.3 Dekonstruktionstheoretischer Ansatz

Der dekonstruktionstheoretische Ansatz[4] wurde ab den 1990er Jahren von der feministischen Wissenschaft aufgegriffen (vgl. hierzu u.a. Butler 1991, 2009; Villa 2003, 2013). Aus der Sicht dieses *postmodernen Theorieansatzes* muss auch die konstruierte Zweigeschlechtlichkeit in eine biologische und eine kulturelle (Sex und Gender) Geschlechterzugehörigkeit kritisch hinterfragt werden. Die Zuordnung von Menschen in „Mädchen/Frauen" und „Jungen/Männer" sei bereits eine kulturelle Setzung, mit der zugleich Rollenerwartungen und Verhaltenszuschreibungen verbunden sind, die aber lediglich sozial und gesellschaftlich konstruiert seien. Mit

---

4 Judith Butler gilt als Vordenkerin des dekonstruktionstheoretischen Ansatzes.

diesem Geschlechterdualismus – Frau und Mann – als gesellschaftliches Ordnungsprinzip unterschlage man aber die vielfältigen Unterschiede unter Frauen und unter Männern. Der „Blau-Rosa-Code" (Knapp 2011: 74) müsse aufgelöst werden, damit die gesellschaftlichen Zuschreibungsprozesse nicht länger Geschlechterhierarchien ausbilden können. Gemeint ist, dass sich Frauen wie Männer (auch) in ihrer Selbstdarstellung ständig der jeweiligen geschlechtertypisch normierten Zuordnung entsprechend verhalten und damit die Geschlechterhierarchie selbst mit verfestigen („Doing Gender", vgl. u.a. Gildemeister 2008: 137 ff.). Gleichberechtigung kann demnach nur erreicht werden, wenn diese Dualität der Geschlechterordnung zugunsten von Vielfalt dekonstruiert wird.

Für die Gleichstellungspraxis in Organisationen und Institutionen bietet dieser Ansatz allerdings (noch) unzureichende Anknüpfungspunkte und kaum Anstöße für politische Handlungsmöglichkeiten, was zugleich eine *Kritik am dekonstruktionstheoretischen Ansatz* darstellt. „Butler unterschlägt die gesellschaftstheoretischen Aspekte des Geschlechts und engt den Begriff auf die Geschlechtsidentität ein. Gleichzeitig weitet sie den Begriff der Identität stark aus" (Villa 2008: 155 ff.). Die behandelten Perspektiven seien derart individualistisch, dass sie für politische Handlungsprogramme nahezu untauglich sind.

*2.4 Intersektionalitätsansatz*

Die US-amerikanische Wissenschaftlerin Kimberlé Crenshaw (1991) prägte den Begriff *Intersektionalität* Ende der 1990er Jahre im Kontext der Antidiskriminierungsgesetzgebung in den USA.[5] Damit wollte sie die Auswirkungen mehrfacher Ungleichheiten problematisieren. Ihr Anknüpfungspunkt ist der einseitig geführte feministische Diskurs, wonach schwarze Frauen andere Diskriminierungserfahrungen in den USA machen als schwarze Männer oder weiße Frauen. Es wird darauf verwiesen, dass mehrere Diskriminierungsmerkmale (etwa Ethnie/Herkunft, Klasse/Schicht, Geschlecht) auch mehrfach diskriminierend wirken. Auf diese Weise wird deutlich, dass Frauen keineswegs eine homogene Gruppe mit gleichen Interessen darstellen, und sich somit auch „die Frauenfrage" als

---

5 Siehe hierzu auch die Beiträge von Nathalie Amstutz und Regula Spaar sowie Helga Eberherr in diesem Band.

zentrale Frage nicht stellen kann. Dieser Ansatz hebt darauf ab, dass es nicht nur Diskriminierungsunterschiede zwischen den Geschlechtern – also Männern und Frauen – gibt, sondern auch unter Frauen und der Grad von Diskriminierungspotentialen und ihre realen Auswirkungen unterschiedlich sein können (vgl. Wiechmann 2006). Zudem gilt dieser Ansatz mittlerweile als „nahezu unabdingbare(..) Voraussetzung für eine angemessene Analyse aller Fälle von Ungleichheit" (Acker 2010: 86), wobei insbesondere die US-amerikanischen Forschungen das Kriterium „Klasse" ausdrücklich einbeziehen.

Anders in Deutschland: Eine besondere *Kritik an der EU-Antidiskriminierungsgesetzgebung*, die sich als Folge in den einzelnen EU-Mitgliedstaaten wie auch im deutschen Allgemeinen Gleichbehandlungsgesetz (AGG) niederschlägt, ist die Unterschlagung des Diskriminierungsmerkmals „Klasse" bzw. „soziale Herkunft", die aber zugleich als eine die Gesellschaft strukturierende Kategorie gilt (vgl. Sauer 2012: 10). Dementsprechend handelt es sich – wie Sauer schlussfolgert – durchaus um eine Schlüsselfrage, ob und wie der Staat (bzw. staatliche Normen und Institutionen) an der Produktion und Reproduktion von Ungleichheiten beteiligt ist.

*2.5 Zusammenfassung*

Die drei ersten skizzierten theoretischen Ansätze – Gleichheit, Differenz und Dekonstruktion – nennt Knapp (2012: 250 ff.) auch die „drei Räume des Feminismus". Sie müssen – folgt man ihrer Argumentation – künftig stärker zusammengedacht werden, da sie sich gegenseitig bedingen und ergänzen. Die hieraus gewonnenen Erkenntnisse können „ein wichtiges Korrektiv für die Praxis der Gleichstellung sein" (Knapp 2011: 72). Mit anderen Worten, keiner der theoretischen Ansätze ist kritikfrei, aber dort, wo der eine Ansatz keine ausreichenden gleichstellungspolitischen Ableitungen und Erklärungen zulässt, kann möglicherweise der andere Anknüpfungspunkte und Weiterentwicklungen aufzeigen.

Der Intersektionalitätsansatz gilt als eine „paradigmatische Neuorientierung" in der Geschlechterforschung (Knapp 2012: 403; ähnlich Gerhardt 2013: 62). Mit den wichtigsten Strukturkategorien *Race, Class* und *Gender* nimmt die wissenschaftliche Analyse das Zusammenwirken unterschiedlicher Diskriminierungen/Herrschaftsformen in den Fokus. Die Herausforderung für Theorie, Forschung und Praxis besteht in einer Doppelstrategie (Gerhardt 2008: 212). Das heißt, es muss eine Politik der Autonomie gekoppelt werden mit einer Politik der Einflussnahme. Folgt man Nancy Fraser (2009), so kommt es auf Umverteilung, Anerkennung und Repräsentation an, zu der auch Organisationen als zentraler Ort der Allokation von Erwerbschancen (u.a. Einkommen, Aufstieg, Prestige) einen wichtigen Beitrag leisten (vgl. Funder 2011: 171 ff.).

*3 Der institutionelle Rahmen aus normativer Sicht – Das Beispiel Deutschland*

Institutionell ist die Gleichberechtigung zwischen Frauen und Männern im 21. Jahrhundert in Deutschland in vielen Gesetzen verankert und wird darüber hinaus von der Europäischen Union gesetzlich gestützt und für die Mitgliedstaaten gefordert. Neben dem Grundgesetz (GG) (Abschnitt 3.1) sind das Bundesgleichberechtigungsgesetz (BGleiG) (Abschnitt 3.2) und Ländergleichberechtigungsgesetze (LGG) (Abschnitt 3.3) in allen Bundesländern beschlossen worden. Bundesgleichberechtigungsgesetz und Ländergleichberechtigungsgesetze beziehen sich ausschließlich auf den öffentlichen Dienst. Für die Privatwirtschaft ist eine Gesetzesinitiative politisch gescheitert. Stattdessen wurde 2001 eine freiwillige Vereinbarung zwischen Politik und Privatwirtschaft (Abschnitt 3.4) getroffen, die mittlerweile seit 12 Jahren in einer Bewährungsprobe steht. Darüber hinaus trat das Allgemeine Gleichbehandlungsgesetz (AGG) (Abschnitt 3.5) im August 2006 in Kraft. Schließlich ist Gleichberechtigung auch im Betriebsverfassungsgesetz sowie den Personalvertretungsgesetzen der einzelnen Bundesländer (Abschnitt 3.6) verankert und damit Aufgabe von Betriebs- und Personalräten in privaten Unternehmen und öffentlichen Verwaltungen. Damit ist der öffentliche Sektor gleichstellungspolitisch deutlich stärker reguliert als die Privatwirtschaft, wo „gegenwärtig das Betriebsverfassungsgesetz in Verbindung mit dem AGG die größte handlungsleitende Verbindlichkeit" (Maschke/Wiechmann 2010: 540) darstellt.

*3.1 Das Grundgesetz (GG)*

Das Grundgesetz als Verfassung der Bundesrepublik Deutschland trat 1949 in Kraft und schrieb dort im *Artikel 3 Absatz 2* den Grundsatz der Gleichberechtigung mit dem schlichten Satz *„Männer und Frauen sind* *gleichberechtigt"* fest. Damit wurde der Grundstein für die Institutionalisierung der Gleichstellungspolitik in Deutschland in den Folgejahren gelegt. Allerdings hatte es der Gleichberechtigungsgrundsatz auf seinem Weg in das Grundgesetz nicht einfach: 1948 versammelte sich der „Parlamentarische Rat" in Bonn. Hier trafen bestellte bzw. entsandte Abgeordnete aus den Länderparlamenten zusammen, um das Grundgesetz auszuarbeiten. Unter den 65 Abgeordneten befanden sich vier Frauen. Bundespräsident Theodor Heuss und seine politischen Parlamentskollegen waren gegen einen uneingeschränkten Gleichberechtigungsartikel. Erst nach der erfolgreichen Mobilisierung der weiblichen Öffentlichkeit als Wählerschaft – vornehmlich initiiert von der SPD-Politikerin und Juristin Dr. Elisabeth Selbert – war der Druck auf die männlichen Parlamentskollegen offenbar groß genug; denn immerhin kamen nach dem Zweiten Weltkrieg auf 100 männliche Wähler 170 Wählerinnen. Der organisierte frauenpolitische Protest von Politikerinnen und Frauenorganisationen sorgte schließlich dafür, dass der Artikel 3 Absatz 2 in seiner Schlichtheit 1949 verabschiedet wurde. Der entscheidende Fortschritt des Formulierungsvorschlags von Selbert bestand darin, dass es sich um eine unmittelbar geltende Verfassungsnorm handeln sollte. Mit dem Gleichberechtigungsgrundsatz war der Weg frei für eine umfassende Gleichberechtigung und wurde mit der rechtspolitischen Verpflichtung, entgegenstehendes Recht anzupassen, verbunden (Cordes 2008: 916). Besonderen Anpassungsbedarf hatte das im Bürgerlichen Gesetzbuch (BGB) geregelte Familienrecht, das bis dahin das Alleinentscheidungsrecht des Mannes in der Ehe normierte, der u.a. auch über die Berufstätigkeit der Ehefrau zu entscheiden hatte. Mit dem 1976 beschlossenen *Ersten Gesetz zur Reform des Ehe- und Familienrechts* löste man sich vom „Hausfrauenmodell", denn nunmehr konnten auch Ehefrauen selbstverantwortlich über ihre Berufstätigkeit entscheiden.

Im Zuge der Wiedervereinigung wurde gemäß Grundgesetz eine neue, gesamtdeutsche Verfassung notwendig. Im Einigungsvertrag von 1990 war unter anderem die Stärkung der Gleichberechtigung vorgesehen. Schließlich wurde der Artikel 3 Absatz 2 GG 1994 um den zweiten Satz ergänzt: „Männer und Frauen sind gleichberechtigt. Der Staat fördert die tatsächliche Durchsetzung der Gleichberechtigung von Frauen und Männern und wirkt auf die Beseitigung bestehender Nachteile hin" (Artikel 3 Absatz 2 GG). Mit dem Zusatz des zweiten Satzes wird die Gleichstellung von Frauen und Männern als programmatisches Staatsziel verankert. Der Gesetzgeber erkennt an, dass eine faktische, also tatsächliche Gleichberechtigung noch nicht erreicht ist und schafft die rechtliche Grundlage zur Beseitigung der strukturellen Diskriminierung.

### 3.2 Das Bundesgleichstellungsgesetz (BGleiG)

Wie das Grundgesetz hat auch das Bundesgleichstellungsgesetz in seiner ab 2001 gültigen Fassung einen Entwicklungsprozess durchlaufen und steht aktuell in einer neuerlichen Novellierungsphase. Der *Geltungsbereich* des Bundesgleichstellungsgesetzes bezieht sich ausschließlich auf die Bundesverwaltung und die Gerichte des Bundes, ebenso gilt das Gesetz für privatrechtlich organisierte Einrichtungen der Bundesverwaltung. Das Bundesgleichstellungsgesetz (BGleiG) knüpft an das zweite Gleichberechtigungsgesetz von 1994 an. Mit den Ergebnissen des Vierten Berichts der Bundesregierung über die Förderung der Frauen im Bundesdienst im Berichtszeitraum von 1995 bis 1998 wurde deutlich, dass der Verfassungsauftrag durch das zweite Gleichberechtigungsgesetz von 1994 nicht erreicht worden war.[6]

Was hat sich verändert? Ganz grundsätzlich wird nun mit einer neuen Begrifflichkeit gearbeitet, die sich von der „Frauenförderung", dem „Frauenförderplan" sowie der „Frauenbeauftragten" löst und stattdessen die Begriffe „Gleichstellung", „Gleichstellungsplan" und „Gleichstellungsbeauftragte" nutzt. Dies entspricht dem Zeitgeist insofern, als nunmehr auch Männer stärker in den Gleichstellungsfokus rücken – dennoch bleibt das Gleichstellungsgesetz vor allem ein Gesetz gegen die nach wie vor bestehenden Benachteiligungen der Frauen im Beruf. Die Vereinbarkeit von Familie und Beruf spielt neben dem Anspruch, mehr Frauen in Führungspositionen zu platzieren, in diesem Gesetz eine wichtige Rolle. Insgesamt sind die Inhalte des Gleichstellungsgesetzes stärker als bisher an das organisationsinterne Personalmanagement gerichtet und wird Gleichstellung an die Personalführung delegiert. Damit ist der rechtliche Rahmen neu justiert und auch die institutionelle Seite der Gleichstellungspolitik auf Bun-

---

6 Im Berichtszeitraum betrug der Frauenanteil im höheren Dienst lediglich 13,5%. Eine erhebliche Unterrepräsentanz zeigte sich in den Leitungsfunktionen der obersten Bundesbehörden (Bundesministerien): Bei den Referatsleitungen lag der Frauenanteil bei 10,6%, bei den Unterabteilungsleitungen bei 8,2% und bei den Abteilungsleitungen – den höchsten Leistungspositionen vor den Staatssekretären – nur noch bei 2,1%.

desebene klarer konturiert als zuvor. Weiterhin fehlen im Gesetz jedoch klare Anreize bzw. Sanktionen bei Nichterfüllung der Norm.

Seit 2010 liegt die zweite Evaluation des Bundesgleichstellungsgesetzes für den Berichtszeitraum von 2004 bis 2009 vor, die zumindest auf einen Wandel hindeutet: Die größten Anteilssteigerungen für Frauen gab es in diesem Zeitraum auf der Ebene der Referatsleitungen. Auf der Ebene der Abteilungsleitung stieg der Anteil von Frauen in dieser Zeit von neun auf 14% (Bundesregierung 2010: 25).

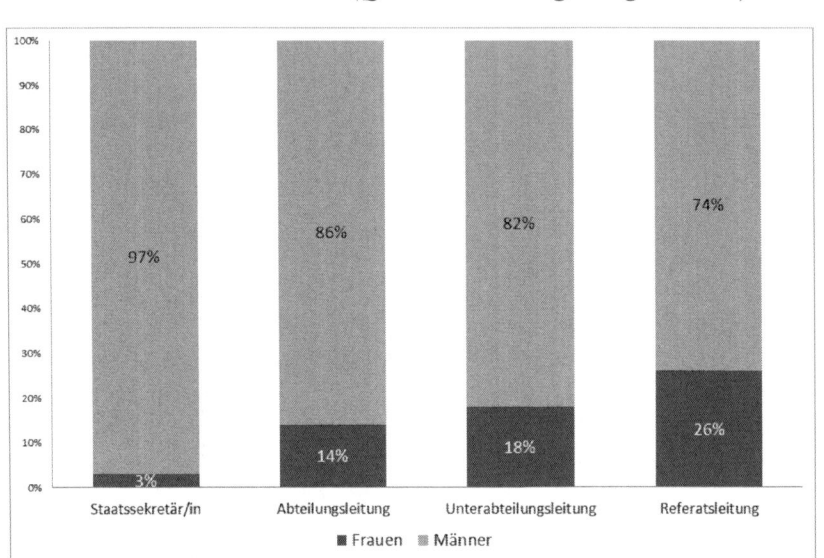

*Abbildung 1: Frauen- und Männeranteile an Leitungsfunktionen der obersten Bundesbehörden 2009 (Quelle: Bundesregierung 2010: 24)*

| | Staatssekretär/in | Abteilungsleitung | Unterabteilungsleitung | Referatsleitung |
|---|---|---|---|---|
| Männer | 97% | 86% | 82% | 74% |
| Frauen | 3% | 14% | 18% | 26% |

Insgesamt werden die Umsetzungserfolge des Gesetzes jedoch als „nicht befriedigend" bezeichnet. Einige Defizite werden besonders hervorgehoben (Bundesregierung 2010: 102):

- In Bezug auf Leitungspositionen sind die Anteilssteigerungen von Frauen nur zögerlich. Nach wie vor ist es für Frauen schwer, die *gläserne Decke* zu durchbrechen, insbesondere oberhalb von Referatsleitungen.
- Führungskräfte sind sich offenbar weitgehend nicht über ihre Rolle bei der Umsetzung des Gesetzes bewusst.

## 3.3 Die Ländergleichstellungsgesetze (LGG)

Auf Länderebene regeln Landesgleichstellungsgesetze seit den 1990er Jahren die Gleichstellung von Frauen und Männern für den öffentlichen Dienst. Sie sind als Antwort auf das Bundesgleichberechtigungsgesetz verabschiedet worden. Da der Geltungsbereich des Bundesgleichstellungsgesetzes lediglich die Bundesverwaltung und die ihr zu- bzw. nachgeordneten Behörden erfasst, blieben die 16 Länder und ihre Kommunen ohne vergleichbare Regelungen. Mit dem neuen Jahrtausend existieren in allen Bundesländern Landesgleichstellungsgesetze, die die Umsetzung der Gleichberechtigung für Landesbehörden und Kommunen regeln. Allerdings gibt es bereits mehrere Novellierungen bzw. Anpassungen. Die Regelungsdichte, Reichweite und gleichstellungspolitische Konkretisierung der Gesetze ist sehr heterogen. In den Gesetzen wird der mehr oder weniger konkrete Rahmen für die Institutionalisierung von Gleichstellungsbeauftragten in den Landesverwaltungen und den Kommunen vorgegeben. Klärungsbedarf galt der Frage: Wer ist für die Umsetzung von Gleichstellungsmaßnahmen zuständig? Dass dies nicht die Gleichstellungsbeauftragten (GB) sein können, ergibt sich aus dem Verständnis von Verwaltungshandeln im Rahmen der Linienorganisation, also entlang der Hierarchie: Gleichstellungsbeauftragte wie -büros sind in der Regel außerhalb der Linie organisiert. Die Landesgesetze in ihrer Mehrheit stellten klar, dass es Aufgabe der Dienststellenleitungen und Führungskräfte ist, Gleichstellungsmaßnahmen in ihren jeweiligen Verantwortungsbereichen umzusetzen. Allerdings mangelt es in den Landesgleichstellungsgesetzen an konkreten Auflagen, die dafür sorgen, dass die Dienststellenleiter_innen dieser Aufgabe gerecht werden (können). „Gesetzesinhalte sind den Entscheidern oft nicht bekannt, Führungskräfte und Personalverantwortliche nehmen ihre Verantwortung noch nicht ausreichend wahr. Zu oft wird das Thema noch an die Gleichstellungsbeauftragte delegiert, die eine äußerst anspruchsvolle Rolle ausfüllen muss" (Schimeta 2012: 52).

Darüber hinaus beziehen sich die meisten Regelungsbereiche der Landesgleichstellungsgesetze ausschließlich auf die Landesbehörden und (nur) eingeschränkt auf die Kommunen. Hier sind die Gesetze nicht ohne die Kommunalverfassungen (bzw. Gemeinde- oder Kreisordnungen) zu verstehen. Erst daraus ergibt sich ein annähernd reales Bild von den Möglichkeiten *kommunaler Gleichstellungspolitik*. So wird beispielsweise im Landesgleichstellungsgesetz von Brandenburg für die kommunale Gleichstellung auf die Kommunalverfassung verwiesen, wo die Institution der kommunalen Frauen- und Gleichstellungsbeauftragten zu regeln sei. In der Praxis bedeutet dies: Die Kommunalverfassung hat Vorrang vor dem Landesgleichstellungsgesetz. Ganz anders verfährt Schleswig-Holstein. Hier ist bereits im Landesgleichstellungsgesetz erfasst, dass die Kommunalverfassung bestimmte Standards erfüllen muss. Was allerdings allen Gleichstellungsgesetzen gemeinsam anhaftet, ist ihre mangelnde Ausstattung mit Sanktionsmöglichkeiten bzw. mit wirksamen Anreizmechanismen, weshalb sie auch als *Soft Law* bezeichnet werden (vgl. Wiechmann 2006; Stiegler/Wiechmann 2013).

*3.4 Freiwillige Vereinbarung*

In Deutschland gibt es kein Gleichstellungsgesetz für die Privatwirtschaft – hier greift lediglich das Allgemeine Gleichbehandlungsgesetz. Die Forderung nach einem Gleichstellungsgesetz für die Privatwirtschaft wird seit langem heftig und kontrovers diskutiert. 1998 schien der Zeitpunkt für eine Gesetzesinitiative günstig. Dennoch scheiterte ein bereits vorbereitetes Gleichstellungsgesetz unter Protesten von Frauenverbänden und gleichstellungspolitischen Praktikerinnen wie Wissenschaftlerinnen. Das massive Veto der Wirtschaft führte unter rot-grüner Regierung 2001 schließlich zum Kompromiss einer freiwilligen Vereinbarung zwischen der Bundesregierung und den Spitzenverbänden der deutschen Wirtschaft (vgl. Pfarr 2001).

Aus der Vereinbarung lässt sich kein normativer Anspruch ableiten, der Schwerpunkt liegt auf Freiwilligkeit. Für eine mangelhafte Umsetzung der Vereinbarung in der Praxis wird der gesetzliche Weg nicht ausgeschlossen. Kriterien für den Erfolg oder Misserfolg werden allerdings nicht benannt. „Solange die ‚Vereinbarung der Bundesregierung und der Spitzenverbände der deutschen Wirtschaft zur Förderung der Chancengleichheit von Frauen und Männern in der Privatwirtschaft' erfolgreich umgesetzt wird, wird die Bundesregierung keine Initiative ergreifen, um die Chancengleichheit von Frauen und Männern in der Privatwirtschaft auf gesetzlichem Wege zu erreichen. Davon unberührt bleibt die Umsetzung von zwingendem EU-Recht" (Vereinbarung 2001). Zwar ist ein verfolgtes Ziel, mehr Frauen in Führungspositionen zu bringen (Nachwuchskräfteförderung), allerdings liegt ein deutlicher Schwerpunkt der Vereinbarung auf Familienfreundlichkeit in Betrieben.

Die freiwillige Selbstverpflichtung der Privatwirtschaft greift offenbar weniger als gewünscht. Eine Studie, die u.a. der Geschlechterungleichheit bei Führungseliten der deutschen Wirtschaft und der Unterrepräsentanz von Frauen in den Führungsetagen (ca. 9%) nachgeht, „zeigt, dass Geschlechterungleichheit im Management als natürliche und damit unabänderliche Tatsache begriffen wird" (Alemann 2007: 487). Die Wirtschaftseliten zeigen sich eher als „geschlossene Gesellschaft". Begründungsmuster stützen sich auf eliteeigne Deutungen. So kommt im Weltbild von Wirtschaftseliten der erziehende Mann nicht vor und dieselbe Untersuchung stellt fest, dass nahezu für die Hälfte der befragten weiblichen Führungskräfte Karriere nur ohne Kinder möglich war (vgl. auch Kleinert 2006). Schließlich sehen Führungseliten für einen Abbau der Geschlechterungleichheit insbesondere die Gesellschaft und vor allem den Staat in der Pflicht, nicht hingegen die Wirtschaft selbst als Verantwortungsträgerin. Die Bundesregierung resümiert hingegen Teilerfolge: „Die Strategie der freiwilligen Vereinbarung zwischen den Spitzenverbänden der deutschen Wirtschaft und der Politik ist ein Erfolg" (Bundesregierung 2006: 64). Wissenschaftliche Nachfolgestudien zeichnen jedoch ein etwas anderes Bild: Aktivitäten der Privatwirtschaft zur Förderung der Chancengleichheit stagnieren auf niedrigem Niveau (vgl. Kohaut/Möller 2009; Holst/Schimeta 2013).

*3.5 Allgemeines Gleichbehandlungsgesetz (AGG)*

Im August 2006 trat das Allgemeine Gleichbehandlungsgesetz (AGG), auch bekannt als Antidiskriminierungsgesetz, in Kraft. Damit werden vier EU-Richtlinien zur Antidiskriminierung in deutsches Recht umgesetzt[7]: die Antirassismusrichtlinie (2000/43/EG), die Rahmenrichtlinie Beschäftigung (2000/78/EG), die „Gender-Richtlinie" (2002/73/EG) und die Richtlinie zur Gleichstellung der Geschlechter auch außerhalb der Arbeitswelt (2004/113/EG). *Ziel des AGG* (§ 1) ist es, Benachteiligungen aus Gründen der Rasse, der ethnischen Herkunft, des Geschlechts, der Religion, der Weltanschauung, der Behinderung, des Alters oder der sexuellen Identität zu verhindern oder zu beseitigen.

---

7 Zu den Richtlinien im Überblick sowie zu weiteren Ausführungen zum AGG, insbesondere für das Personalmanagement, vgl. Oechsler/Klarmann 2008: 24 ff.

Das Allgemeine Gleichbehandlungsgesetz hat eine lange konflikthafte Diskussion unter den politischen Akteuren hinter sich:

- 1986: Die Bundestagsfraktion „Die Grünen" brachten den Gesetzentwurf für ein Antidiskriminierungsgesetz (ADG) in den Bundestag ein (BT-Drucksache: 10/6137). Dieses Gesetz hebt explizit auf die Benachteiligungen von Frauen ab.
- 1998: Mehrere Abgeordnete und die SPD-Bundestagsfraktion bringen einen weiteren Entwurf „zur Durchsetzung des Gleichbehandlungsgebotes des Artikels 3 Grundgesetz" (Gleichbehandlungsgesetz) ein (BT-Drucksache: 13/10081).
- Ab 2000: Zwischen den Jahren 2000 und 2004 verabschiedete der Rat der Europäischen Union (EU) die vier o.g. Richtlinien zur Gleichbehandlung bzw. gegen Diskriminierung. Nachdem sich die Politik in Deutschland nach einer von der EU vorgegebenen Frist nicht auf ein Gleichbehandlungsgesetz einigen konnte, drohte die EU Deutschland wegen Nichtumsetzung der Richtlinien in deutsches Recht mehrfach mit einer Klage vor dem Europäischen Gerichtshof (EuGH) und reichte schließlich 2004 Klage gegen Deutschland ein.
- Ab 2005: Auszumachen ist eine hohe politische Dynamik, begleitet von heftigen Kontroversen zur Ausgestaltung eines Antidiskriminierungsgesetzes, das dann im August 2006 in Kraft trat.

Von Arbeitgeberseite wurde Klageflut, Bürokratiezuwachs und zusätzliche Kosten mit dem neuen Gesetz erwartet, wofür der Nutzen nicht im Verhältnis stehe. Die Arbeitnehmerseite kritisierte dagegen die zögerliche Umsetzung des Gesetzes. In der Praxis finden sich die vorgeschriebenen betrieblichen Beschwerdestellen kurzerhand in den Gleichstellungsstellen, wo diese existieren (vornehmlich im öffentlichen Dienst), wieder – oder sie sind der Personalverwaltung von Unternehmen zugeordnet.

Ersten Einschätzungen und mittlerweile vorliegenden Untersuchungen zufolge blieb sowohl die erwartete Klageflut als auch der befürchtete Bürokratiezuwachs offenbar aus (vgl. Maschke/Wiechmann 2010; Sieben/Schimmelpfeng 2011: 63). Insgesamt scheinen die Arbeitgeber allerdings aufmerksamer gegenüber Diskriminierungen zu sein. Darüber hinaus werden die Wirkungen des Gesetzes, insbesondere mit Blick auf den Anstieg des Frauenanteils in Führungspositionen, allerdings eher zurückhaltend beurteilt.

## 3.6 Das Betriebsverfassungsgesetz und die Personalvertretungsgesetze

Der Frauenanteil in den Gesamtpersonalrats- und Betriebsratsgremien ist in den letzten Jahren gestiegen und ebenso die Zahl der weiblichen Vorsitzenden. Unabhängig davon haben Personalräte zum überwiegenden Teil eine simplifizierende Sicht auf Gleichstellung. Für sie ist das Gleichstellungsfeld relativ einheitlich besetzt, und zwar durch die Frauen- bzw. Gleichstellungsbeauftragte insbesondere in öffentlichen Verwaltungen. Das Thema Gleichstellung wurde lange Zeit verkürzt als Politik von Frauen für Frauen diskutiert und von Gleichstellungsstellen in diesem Verständnis begleitet und umgesetzt. Diese Sicht ist durch die Gesetzgebung noch unterstützt worden, in der zwar immer von Frauen und Männern die Rede ist, allerdings ein grundsätzlicher Bezug bzw. eine gleichstellungspolitische Betroffenheit der Männer fehlt (vgl. Wiechmann 2006a).

*Das Betriebsverfassungsgesetz*

Mit der Novellierung des Betriebsverfassungsgesetzes 2001 sind die Betriebsräte stärker gefordert, sich mit Aspekten von Gleichstellung und Frauenförderung bzw. Chancengleichheit zu befassen. Frauen sollen mindestens belegschaftsanteilig im Betriebsrat vertreten sein und schließlich wird der Aufgabenkatalog (§ 80 BetrVG) für Betriebsräte um die Vereinbarkeit von Familie und Beruf ergänzt. Außerdem gehört nun zu den allgemeinen Aufgaben der Betriebsräte die Durchsetzung der tatsächlichen Gleichstellung, etwa hinsichtlich der Einstellung, Beschäftigung, der Aus- und Weiterbildung sowie des beruflichen Aufstiegs (Maschke/Wiechmann 2010: 493).

Dem novellierten Betriebsverfassungsgesetz kommt unter anderem deshalb eine erhöhte Bedeutung für die betriebliche Gleichstellungsförderung zu, weil das Gleichstellungsgesetz für die Privatwirtschaft im selben Jahr gescheitert war. Darüber hinaus ist die betriebliche Vereinbarung ein Mittel, um mehr Geschlechtergerechtigkeit im Betrieb zu fördern. Betriebsräte können nunmehr gemeinsam mit der Unternehmensleitung Grundsätze und Inhalte von Gleichstellung und Chancengleichheit vereinbaren und einen verbindlichen Handlungsrahmen im Betrieb schaffen. Vereinbarungen sind allerdings kein Garant für ihre Umsetzung, sondern beruhen auf einem verbindlichen „Agreement" zwischen Arbeitnehmer- und Arbeitgeberseite. Für die Umsetzung bedarf es deshalb immer einer entschiedenen

Einforderungsstrategie. Die Inhalte von Betriebsvereinbarungen richten sich stark auf die Vereinbarkeitsfrage und damit zusammenhängende Themen.[8] Wenngleich es Fortschritte hinsichtlich mehr Geschlechtergerechtigkeit in Betrieben gibt, ist doch auch ein Ergebnis, dass die betriebliche Gleichstellungspolitik nicht das vordringlichste Projekt von Betriebsräten in Unternehmen ist (zusammenfassend vgl. Maschke/Wiechmann 2010).

*Das Personalvertretungsgesetz*

Zunächst ist anzumerken, dass die Personalvertretungsgesetze des Bundes und der 16 Länder ebenso heterogen ausgestaltet sind, was die Mitbestimmungs-, Mitwirkungs- und Anhörungsrechte angeht, wie das Bundes- und die Landesgleichstellungsgesetze, insgesamt allerdings mit weit klarer definierten Rechten. Das Personalvertretungsrecht ist für die Bundesebene im Bundespersonalvertretungsgesetz (BPersVG) verankert. § 51 macht die Frauenförderung zum Personalvertretungsfeld. Zudem hat die Personalvertretung nach § 68 Abs. 1 Satz 5a u.a. die allgemeine Aufgabe „die Durchsetzung der tatsächlichen Gleichberechtigung von Frauen und Männern insbesondere bei der Einstellung, Beschäftigung, Aus-, Fort- und Weiterbildung und dem beruflichen Aufstieg, zu fördern". Ebenso weist der § 76 Abs. 2 Satz 10 auf die Gleichstellungsorientierung ggf. durch eine Dienstvereinbarung der Personalvertretung hin. Das Personalvertretungsrecht ist für die Bundesländer und Kommunen im jeweiligen Landespersonalvertretungsgesetz (LPersVG) verankert. Zwar zeigt sich in den Dienstvereinbarungen der Verwaltungen durchaus eine höhere Varianz an gleichstellungspolitischen Themen, aber insgesamt betrachtet lässt sich ein ähnliches Ergebnis wie für die Privatwirtschaft konstatieren.

## 3.7 Fazit

Auf den ersten Blick scheint die gleichstellungspolitische Regulierung umfänglich und breit angelegt. Und dennoch zeigen Evaluationen der Rechtsnormen zum Teil erhebliche Defizite im Vorankommen gleichberechtigter Teilhabe von Frauen im Beruf auf. Dies gilt für die Privatwirt-

---

8 Betriebs- und Dienstvereinbarungen werden regelmäßig vom Archiv Betriebliche Vereinbarungen der Hans-Böckler-Stiftung gesammelt und ausgewertet.

schaft wie für den öffentlichen Dienst. Als Zwischenergebnis kann festgehalten werden, dass weder Rechtsnormen noch Institutionalisierung der Gleichstellung die Geschlechterdemokratie bislang zufriedenstellend voranbringen konnten.[9] Ein Grund für dieses Ergebnis liegt allerdings in der Gesetzesgestaltung selbst: Allen Gleichstellungsgesetzen fehlen harte Sanktionsmechanismen bei Gesetzesbrüchen (vgl. Stiegler/Wiechmann 2013).

*4 Die gleichstellungspolitische Praxis: Erfolge und Rückschläge*

Nach einer theoretischen Reflexion unterschiedlicher Ansätze und der institutionellen gleichstellungspolitischen Rahmenbedingungen soll im Folgenden die Gleichstellungspraxis selbst im Fokus stehen. Wie haben also (politische) Normsetzungen die Gleichstellungsrealität verändert und zu mehr Geschlechtergerechtigkeit hin zur Geschlechterdemokratie beigetragen?

Einen ersten Eindruck vermittelt eine Bevölkerungsbefragung, die nach der Umsetzung von Gleichstellung im Beruf, in der Politik und in der Familie fragt.

Grundsätzlich stehen Frauen in allen Bereichen der umgesetzten Gleichberechtigung skeptischer gegenüber als Männer. Am wenigsten findet aus Sicht der Befragten eine Gleichberechtigung im Beruf statt (Frauen stimmen lediglich mit 19% zu, Männer mit 28%, allerdings ebenfalls auf niedrigem Niveau). Im Folgenden wird die Repräsentanz von Frauen in der Politik, in der Wissenschaft und in privaten Unternehmen beleuchtet, um einerseits festzustellen, ob Bewegungen hin zu mehr Gleichberechtigung und Geschlechterdemokratie erkennbar werden, und um andererseits eine Einschätzung zu den oben skizzierten Normen und ihrer Wirkkraft herzustellen.

---

9 Zu vergleichbaren Einschätzungen kommen Expert_innen für Österreich und die Schweiz. Auch hier gibt es Gleichstellungsgesetze und dennoch zeigt sich in der Gleichstellungspraxis noch deutlicher Steigerungsbedarf hinsichtlich der Frauenanteile in verantwortungsvollen Positionen.

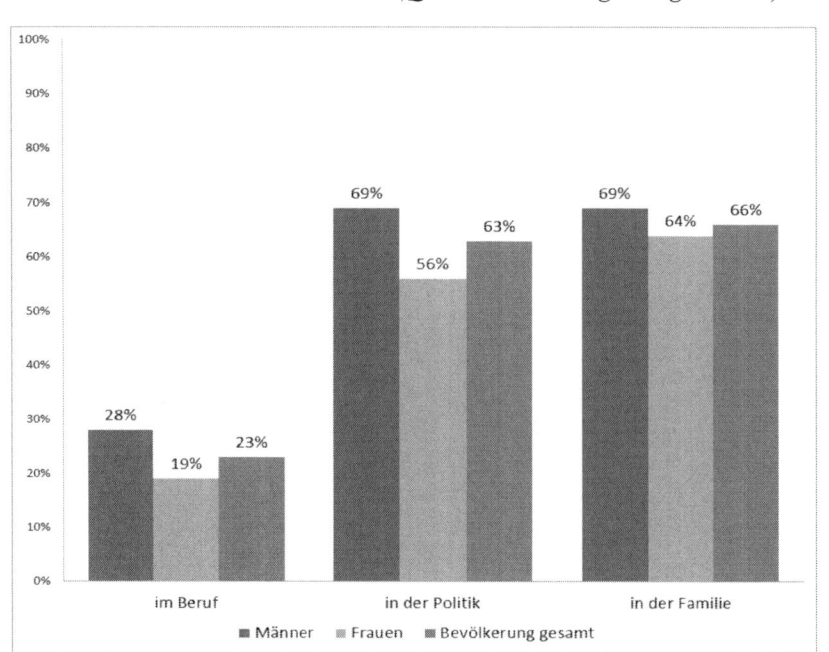

*Abbildung 2: Umsetzung von Gleichstellung in Beruf, Politik und Familie aus Sicht von Frauen und Männern (Quelle: Bundesregierung 2010: 6)*

[Balkendiagramm:
- im Beruf: Männer 28%, Frauen 19%, Bevölkerung gesamt 23%
- in der Politik: Männer 69%, Frauen 56%, Bevölkerung gesamt 63%
- in der Familie: Männer 69%, Frauen 64%, Bevölkerung gesamt 66%]

### 4.1 Politische Partizipation (Mandate und Ämter)

Seit ca. 15 Jahren stagniert der Frauenanteil auf allen Parlamentsebenen – Bund, Länder und Kommunen – durchschnittlich bei einem Drittel.[10] Folgt man den gängigen Erklärungsfaktoren für politische Unterrepräsentanz von Frauen in den Parlamenten, dann wird diese vor allem mit der Situation der Frauen selbst, ihrer geschlechtsspezifischen Sozialisation und der Arbeitsteilung begründet (vgl. etwa Kinzig 2007). Hoecker (1998) spricht vom „magischen Dreieck", wonach unterschiedliche sozioökono-

---

10 Die Varianz unter den 16 Bundesländern ist dabei groß: So liegt der Frauenanteil im Landtag von Baden-Württemberg im Jahr 2013 bei lediglich 18%, trotz einer grün-rot geführten Landesregierung. Im Landtag von Brandenburg liegt der Frauenanteil dagegen bei 40%. Auch bei den Großstädten ist die Varianz hoch: So sind im Stadtrat von Osnabrück wie in dem von Fürth nahezu 50% Frauen vertreten, wogegen der Frauenanteil etwa in Salzgitter lediglich 17% beträgt.

mische, institutionelle und kulturelle Faktoren die Unterrepräsentanz von Frauen in deutschen Parlamenten begründen. Der Abbau der Unterrepräsentanz wird in diesem Erklärungsmodell zum langfristigen Projekt, das primär auf gesellschaftliche Lern- und Wandlungsprozesse setzt, die mehr gleichberechtigte Teilhabe zunächst in jede Familie bzw. in jeden Haushalt bringen.

Eine andere Perspektive nehmen neuere Studien zur politischen Unterrepräsentanz von Frauen mit der Hypothese ein, dass Parteien zentrale Weichensteller für politische Karrieren sind (vgl. Wiechmann/Holtkamp 2011). Diese am Rational-Choice-Institutionalismus orientierte Hypothese wird in den qualitativen Analysen ergänzt durch eine mikropolitische Perspektive, die stärker die Interessen, Konflikte und Machtkonstellationen innerhalb von Organisationen einfängt und damit Parteien nicht als einheitliche Akteure konzipiert.

Im Rahmen einer der bislang umfangreichsten Studien zur Unterrepräsentanz von Frauen in der Kommunalpolitik (vgl. Holtkamp/Schnittke/ Wiechmann 2011; Wiechmann/Holtkamp 2011), die diesem Ansatz folgt, ging es vorrangig um Antworten auf die folgenden Fragen:

- Wie stark sind Frauen in deutschen Parlamenten unterrepräsentiert, insbesondere auf der kommunalen Ebene?
- Welche Ursachen sind für diese Unterrepräsentanz festzustellen?
- Welche Maßnahmen sind bei Fokussierung auf die wichtigsten Ursachen dazu geeignet, die Unterrepräsentanz von Frauen zügig abzubauen?

*Politische Repräsentanz von Frauen am Beispiel der deutschen Großstädte*

Ein Zeitreihenvergleich zwischen den Jahren 1980 und 2010 zur Entwicklung der Frauenrepräsentanz in deutschen Großstädten[11] zeigt zunächst einen kontinuierlichen Anstieg bis ca. Mitte der 1990er Jahre. Im dann folgenden Jahrzehnt bis heute allerdings stagniert die Frauenrepräsentanz bei ca. einem Drittel.

---

11 Großstädte sind über ihre Einwohnerzahl definiert (mehr als 100.000 Einwohner_innen).

*Abbildung 3: Entwicklung der Frauenrepräsentanz in westdeutschen Großstadtparlamenten (eigene Berechnungen nach Wiechmann/Holtkamp 2011: 130)*

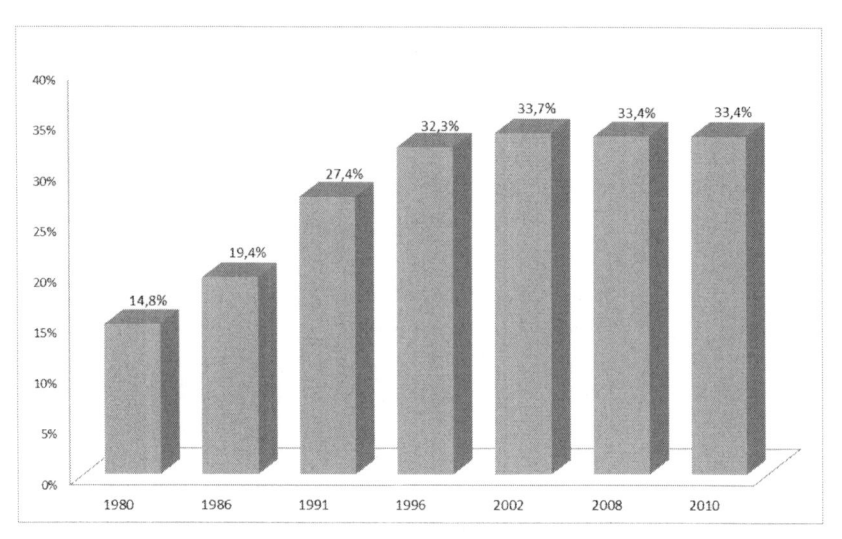

| Jahr | Anteil |
|---|---|
| 1980 | 14,8% |
| 1986 | 19,4% |
| 1991 | 27,4% |
| 1996 | 32,3% |
| 2002 | 33,7% |
| 2008 | 33,4% |
| 2010 | 33,4% |

Schauen wir auf den sprunghaften Anstieg der Frauen in den Räten ab den 1980er Jahren im Zeitreihenvergleich, dann sind folgende Ereignisse zu berücksichtigen:

- 1983: Die Grünen ziehen in den Bundestag ein, ab 1986 mit einer 50%-Quote.
- 1988: Die SPD bereitet den Weg für die 40%-Quote vor.
- 1990: Die PDS (LINKE ab 2005) beschließt ihre 50%-Quote.
- 1996: Die CDU empfiehlt das Quorum (33%).
- 2010: Die CSU arbeitet an der 40%-Quote.

Offensichtlich haben die Grünen die Parteien unter Anpassungsdruck gesetzt und waren im Parteienwettbewerb um vorwiegend weibliche Wählerstimmen Auslöser und Ansporn für eine Quotendebatte, der sich selbst die CDU nicht gänzlich entziehen konnte und die der CSU Debattenstoff lieferte. Vergleicht man nun die kommunale Repräsentanz mit Bundes- und Länderebene, dann zeigen sich marginale Abweichungen.

*Abbildung 4: Entwicklung des Frauenanteils in bundesdeutschen Parlamenten (in Prozent)*
*(eigene Berechnungen nach Holtkamp/Schnittke/Wiechmann 2011: 37)*

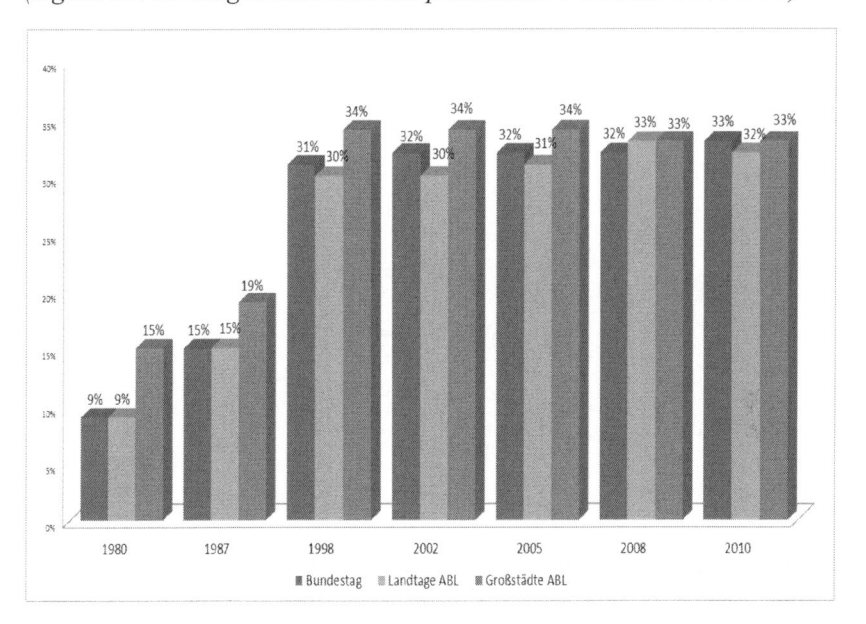

Wir haben es folglich seit Mitte der 1990er Jahre mit einer Stagnation der Frauenrepräsentanz in den Parlamenten zu tun. Sucht man nach den Gründen für diese Stagnation in der Politik, dann zeichnet sich zum einen das Wahlrechtssystem für Frauen als nachteilig aus (vgl. Wiechmann/Holtkamp 2011). Zum anderen sind die Parteien als politische Organisationen selbst für die Stagnation verantwortlich. Denn wenn sie Frauen nicht in ausreichender Zahl für Mandate und Ämter gewinnen und nominieren, dann können Frauen auch nicht gewählt werden. Insofern haben Parteien eine hohe Mitverantwortung für die Umsetzung der Geschlechterdemokratie in der Politik. Schnelle Lösungen sind möglich und zudem heftig umstritten – insbesondere in Deutschland. Seit einiger Zeit wird hier ein Paritätsgesetz nach französischem Vorbild (Loi sur la Parité) diskutiert. Dem Paritätsgesetz zufolge müssen die Parteien in Frankreich zu den Kommunalwahlen 50% Frauen auf ihren Wahllisten aufstellen, wobei sich die Quotierung auch auf die oberen Listenplätze beziehen muss. Können oder wollen die Parteien die Kandidatinnenquote nicht erfüllen, werden sie nicht zur Wahl zugelassen. Damit ist der Anreiz für die Parteien ungleich höher, Kandidatinnen aufzustellen als in Deutschland. Der Erfolg dieses Gesetzes in Frankreich ist markant: Waren vor dem französischen Paritätsgesetz in den Kommunen mit mehr als 3.500 Einwohner_innen in 1995 nur 25,7% der Kommunalparlamentarier weiblich, verdoppelte sich 2001 der Frauenanteil nahezu und blieb auch 2008 mit 48,5% auf konstant hohem Niveau. Eine erste Studie zeigt, dass für 78% der befragten Parteien die Anwendung des Gesetzes kein Problem war: „that it was ‚easy' to apply the parity law selecting candidats for their lists" (Bird 2002: 11). Die Parteien brauchen also einen überzeugenden Anreiz. Mittlerweile liegen vier Rechtsgutachten zu einem Paritätsgesetz für Deutschland vor, die allesamt die Vereinbarkeit mit dem Grundgesetz überprüfen: Zwei der Gutachten sehen keine Problem, wohingegen die zwei anderen Probleme hinsichtlich der Verfassungskonformität sehen.

### 4.2 Wissenschaftliche Partizipation

Die deutschen Hochschulen und Universitäten (im Folgenden kurz Hochschulen genannt) sind Bildungseinrichtungen der Bundesländer[12] und unterliegen u.a. dem jeweiligen Landesgleichstellungsgesetz. Der Wissenschaftsbetrieb ist je nach Fachdisziplin noch immer ein stark männerdominierter Bereich. Karrierechancen und Hindernisse an den Hochschulen und Forschungsinstituten beschäftigen die Frauen- und Geschlechterforschung mit dem Wandel an den Hochschulen seit Ende der 1990er Jahre noch einmal verstärkt. Dieser Wandel fällt zusammen mit einer zunehmenden Frauenpräsenz an Universitäten und Hochschulen, die einerseits mit dem Wandel bzw. den Hochschulreformen und andererseits mit den deutlich erweiterten Bildungsvoraussetzungen von Frauen zu tun haben kann. Diese Veränderungen an Hochschulen, vor allem ihre „Feminisierung" bedeutet jedoch noch keineswegs, dass es Frauen gegenüber Männern heute a priori leichter fällt, in wissenschaftliche Spitzenpositionen (Professuren) zu gelangen.

Ca. seit den 1990er Jahren steigt die Wahrnehmung des zunehmenden Qualifikationsniveaus von Frauen. Und dennoch ist nicht eingetreten, was die Harvard-Professorin Rosabeth M. Kanter noch Mitte der 1970er Jahren prognostizierte: Mit der steigenden Qualifizierung der Frauen würden

---

12 Ausgenommen hiervon sind private Hochschulen und Universitäten.

*Organisation und Geschlechterdemokratie: Optimistische und kritische Ausblicke*

diese quasi automatisch stärker in Führungs- und Managementpositionen aufsteigen und damit sukzessive eine Gleichverteilung der Machtverhältnisse und -positionen einhergehen (Kanter 1977). Heute kann diese These als widerlegt gelten (vgl. Wiechmann 2006: 25 f.).[13] Anhand der folgenden Abbildung zeigt sich, dass offenbar noch andere Mechanismen zur Erreichung von Führungs- und Machtpositionen eine Rolle spielen.

*Abbildung 5: Chancen von Frauen und Männern an Hochschulen (Stand: 2010) (eigene Darstellung nach GWK 2012: 6)*

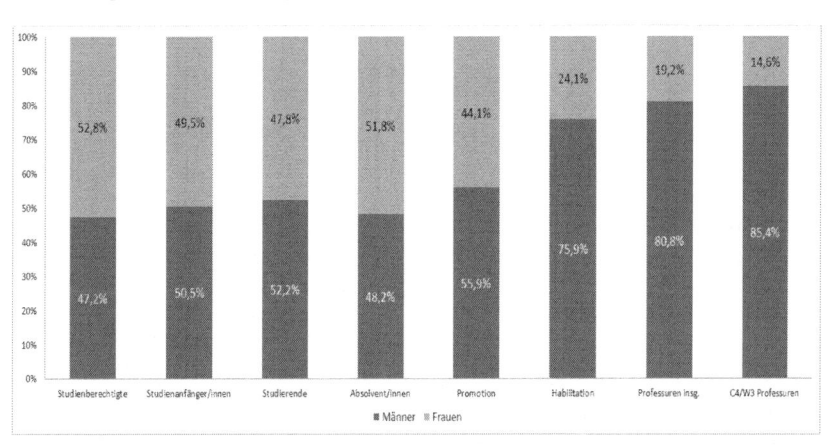

Die Abbildung weist den neuralgischen Punkt aus, der Frauen beim Eintritt in das Berufsfeld der Wissenschaft erwartet. Beginnend vom Einstieg in das Studium liegen sie quantitativ nahezu gleich auf mit Männern. Im Wissenschaftsbetrieb spielen dann etappenweise weitere Qualifizierungen (Promotion, Habilitation) eine Rolle, um schließlich eine Professur zu erhalten. Bereits bei der Qualifikationsstufe „Promotion" geht die Schere zugunsten von Männern auseinander und für das Jahr 2010 besetzten lediglich ca. 19% Frauen eine Professur im Spitzenbereich gegenüber 81% Männern. Gleichwohl zeigt die Entwicklung der letzten zehn Jahre (2000 bis 2010) auf den ersten Blick durchaus Bewegung an den Hochschulen:

- Erstimmatrikulationen von 49,2 auf 49,5%,
- Studienabschlüsse von 46,0% auf 51,8%,
- Promotionen von 34,3% auf 44,1%,

---

13 Siehe hierzu auch den Beitrag von Edeltraud Ranftl in diesem Band.

433

- Habilitationen von 18,4% auf 24,9% und
- Professuren von 10,5% auf 19,2%

Ginge es im gleichen Habilitationstempo weiter, bräuchten wir noch ca. 50 bis 60 Jahre bis Frauen den gleichen Anteil an Habilitationen vorweisen können wie Männer, was dann noch keineswegs gleichbedeutend damit ist, dass sie auch eine der vergleichsweise wenigen, aber vor allem begrenzten Professuren – im Jahr 2010 gab es an deutschen Hochschulen 41.462 Professuren (GWK 2012: 13) – erreichen. Hieran hat die Einrichtung von Juniorprofessuren nur wenig verändert.

Spitzenpositionen an Hochschulen bzw. in der Hochschulleitung weist die Gemeinsame Wissenschaftskonferenz (GWK) für 2011 wie folgt aus:

- 46 Rektorinnen/Präsidentinnen, das entspricht einem Frauenanteil von 12,5%,
- 160 Prorektorinnen/Vizepräsidentinnen, das entspricht einem Frauenanteil von 22,6%,
- 81 Kanzlerinnen, das entspricht einem Frauenanteil von 25,8% (GWK 2012: 16).

Nach wie vor wird kritisiert, dass Frauen immer noch an die gläserne Decke stoßen (vgl. GWK 2012: 8; ähnlich Bundesregierung 2010).

Eine dennoch erkennbare Feminisierung der Hochschulen trifft aber zeitgleich zusammen mit sich verschlechternden Arbeits- und Rahmenbedingungen an den deutschen Hochschulen (vgl. Zimmer/Krimmer/Stallmann 2007). Mit den neuen Besoldungsstrukturen und der Einführung der Juniorprofessur scheinen Frauen zwar größere Chancen zu haben als früher, ihr Karriereziel, eine Professur, zu erreichen – allerdings verdienen sie deutlich weniger Geld und/oder sind zeitlich befristet beschäftigt.

*4.3 Partizipation in der Wirtschaft (Führungspositionen)*

Krell (2010: 427) bezeichnet die gleichberechtigte Teilhabe von Frauen und Männern in Führungspositionen zum einen als Indikator für Geschlechtergerechtigkeit im Erwerbsleben und zum anderen als eine „klassische" gleichstellungspolitische Forderung. Anders als bei politischen Mandats- oder Funktionsträgerinnen oder auch bei Professuren an Hochschulen, lassen sich die Frauenanteile in Führungspositionen in der öffentlichen wie privaten Wirtschaft weit schwerer ermitteln. Zum Teil zeigen sich widersprüchliche Ergebnisse und Zahlen, je nach Untersuchung, methodischem Zugang und nicht zuletzt der Definition von Führung. So kann das Gehalt, die Anzahl der Mitarbeiter_innen, der Grad der Entscheidungsmacht oder der Hierarchiestatus als Indikator für Führung herangezogen werden (vgl. Wiechmann 2006; Krell 2010). Übersichtlicher stellt sich die Situation dar bei klar definierten Führungsfunktionen im Top-Management: in Geschäftsführungen, Aufsichtsräten und Vorständen (vgl. Schimeta 2012; Holst/Schimeta 2013). Krell (2010: 432 ff.) zieht anhand neuerer Studien zur (Unter-)Repräsentanz von Frauen in Führungspositionen folgendes Zwischenfazit:

- Steigerungen hinsichtlich aller Führungspositionen sind erkennbar. Diese bewegen sich zwischen einem Fünftel und einem Viertel mit Steigerungswerten zwischen zwei und fünf Prozent innerhalb von ca. 5 Jahren.
- Für das Top-Management sind dagegen kaum nennenswerte Steigerungsraten erkennbar.

Insgesamt zeigen sich die Ergebnisse unterschiedlicher Studien jedoch in zwei Punkten sehr ähnlich: Erstens bewegt sich der Frauenanteil in Führung auf niedrigem Niveau und zweitens steigt ihr Anteil – wenn überhaupt – nur sehr zögerlich, insbesondere je höher die Führungspositionen angesiedelt sind.

Das Deutsche Institut für Wirtschaft (DIW) in Berlin untersucht jährlich die größten Unternehmen in Deutschland hinsichtlich der Frauenrepräsentanz in den Vorständen und Geschäftsführungen (Vorständen) sowie in den Aufsichtsräten und Verwaltungsräten (Aufsichtsräten) (vgl. Holst/Schimeta 2013: 3 ff.).[14] Danach waren im Jahr 2012 in den Vorständen der Top-200-Unternehmen lediglich 4% Frauen vertreten. In Zahlen ausgedrückt heißt dies, dass 39 Frauen 931 Männern gegenüberstehen. Der Frauenanteil stieg von 2011 auf 2012 um einen Prozentpunkt, bleibt aber weiterhin auf sehr niedrigem Niveau (vgl. ebd.: 4). In Aufsichtsräten sind generell etwas mehr Frauen vertreten (13%), was vor allem an der Arbeitnehmermitbestimmung liegt. Danach entsendet insbesondere die Arbeitnehmerseite Frauen in die Aufsichtsräte. Der Studie (ebd.: 5) zufolge gibt es lediglich ein Unternehmen, in dem der Aufsichtsrat paritätisch mit Frauen und Männern besetzt ist: die Douglas-Holding mit acht Män-

---

14 Hierbei handelt es sich vornehmlich um die 200 größten Unternehmen Deutschlands, ohne den Finanzsektor.

nern und acht Frauen, wobei sieben Frauen von der Arbeitnehmervertretung entsendet werden.

Holst und Schimeta (2013) haben ebenfalls die Beteiligungsunternehmen des Bundes untersucht und fanden auch in den weitaus stärker gleichstellungspolitisch regulierten öffentlichen Unternehmen[15] erhebliche Repräsentanzdefizite hinsichtlich Frauen in Führungspositionen; trotz der immer wieder proklamierten Vorbildfunktion des öffentlichen Sektors. Schimeta attestiert dem Finanzsektor – den öffentlich-rechtlichen Banken und Sparkassen – einen besonderen Handlungsbedarf: „Legt man die Entwicklung der letzten fünf Jahre zugrunde, wird es noch 792 Jahre dauern, bis Frauen und Männer in gleichem Maße in den Vorständen [...] vertreten sind" (Schimeta 2012: 5).

Mangelnde Bildungs- bzw. Qualifikationsvoraussetzungen seitens der Frauen für anspruchsvolle Positionen und explizit herausgehobene Führungspositionen dürften heute kaum eine ausreichende Begründung für den niedrigen Anteil von Frauen sein. Es gab noch nie eine besser ausgebildete Frauengeneration als heute. Krell (2010: 439) stellt anhand verschiedener Studien heraus, dass Frauen trotz z.T. besserer Bildungsabschlüsse schlechtere Karrierechancen haben, die sich bereits in zwei wichtigen Indikatoren zeigen: 1. dem geringeren Verdienst und 2. den im Durchschnitt kleineren Mitarbeiterstab. Sie fasst beispielhaft die Ergebnisse von Haffner (2007) zusammen, die in einer Befragung von 7.437 Studienabsolvent_innen der Fächergruppen Chemie, Physik, Ingenieurwissenschaften und Informatik den beruflichen Erfolg gemessen hat und zum Ergebnis kommt: „Frauen mit einer ausgezeichneten Examensnote waren weniger erfolgreich als Männer mit einer schlechteren Examensnote" (Krell 2010: 440, nach Haffner 2007: 15).

Die 2001 abgeschlossene freiwillige Vereinbarung zwischen der Bundesregierung und den Spitzenverbänden der deutschen Wirtschaft anstelle eines Gleichstellungsgesetzes trägt offenbar auch nach mehr als 10 Jahren kaum nennenswerte Früchte in Form von deutlichen Anteilssteigerungen von Frauen in Führungspositionen, weder in der privaten noch in der öffentlichen Wirtschaft. Das ist umso bemerkenswerter, da zumindest für einen großen Teil der öffentlichen Wirtschaft die geltenden Bundes- und Landesgleichstellungsgesetze „theoretisch" zum Zuge kommen müssten

---

15 Hier greifen das Bundesgremiengesetz sowie in Teilen das Bundesgleichstellungsgesetz.

und der öffentliche Sektor zudem in einer Vorbildfunktion steht (vgl. Stiegler/Wiechmann 2013; Schimeta 2012; Bundesregierung 2010).

## 5 Optimistische und kritische Ausblicke

Die heutige Frauengeneration ist die bestausgebildete Generation aller Zeiten. Bildung ist zwar keine Garantie für gleiche gesellschaftliche Teilhabe an (Entscheidungs-)Macht, Geld und Arbeit, aber die Voraussetzung. Hier haben Frauen in den letzten 40 Jahren erheblich aufgeholt und Männer in Teilen überholt. Damit sind Frauen zunächst gut aufgestellt, und es wird schwerer, sie aufgrund formaler Qualifikationsdefizite aus Unternehmen, Verwaltungen und Politik fern zu halten. Noch aber dominiert das Bild der Geschlechterungerechtigkeit in öffentlichen und privaten Betrieben sowie in der Politik. „Betriebliche oder tarifliche Vereinbarungen und freiwillige Initiativen zur Chancengleichheit sind heute nicht weiter verbreitet als zu Anfang des Jahrzehnts. Sie stagnieren seit Jahren auf niedrigem Niveau" (Jüngling/Rastetter 2011: 28). Was Jüngling und Rastetter für die Privatwirtschaft resümieren, lässt sich allerdings ähnlich für den öffentlichen Dienst zusammenfassen. Denn die deutlich stärkere gleichstellungspolitische (staatliche/politische) Regulierung bedeutet keineswegs, dass es Frauen per se leichter haben in ihren angestrebten Karrierewegen, insbesondere darin, an die Spitze zu gelangen. Und auch der Vergleich mit der Politik lässt Zweifel an der gleichberechtigten Teilhabe politischer Entscheidungen aufkommen, denn auch hier kann zurzeit lediglich eine seit ca. 15 Jahren anhaltende Stagnation im Hinblick auf das Vordringen von Frauen in die Parlamente festgestellt werden.

Hoffnungen auf einen Wandel werden jedoch mit der jüngeren Frauengeneration verbunden, die mit einer deutlich stärkeren Selbstverständlichkeit Aufstiegschancen einfordert. „Mehr als ein Drittel von ihnen sieht sich später im Chefsessel, nicht im Vorzimmer" (Allmendinger 2009: 100). Vorerst bleibt der Weg bis zum (obersten) Chefsessel allerdings für Frauen noch steinig. Wenngleich in diesem Beitrag durchaus kleinere Anteilssteigerungen für Frauen auszumachen sind, braucht die Umsetzung von Geschlechterdemokratie im eingangs definierten Verständnis offenbar noch viel Zeit, wenn nicht stärkere Regulierungsformen, wie etwa Quotenvorgaben, für Beschleunigung sorgen. An Fraser anknüpfend, die Umverteilung, Anerkennung und Repräsentation als zentral für einen Wandel erachtet, zeigt sich, dass dieser sowohl auf der Mikroebene der Interaktion (u.a. Abkehr von heteronormativen geschlechtlichen Zuschreibungsmustern) als auch auf der Mesoebene der Organisation (u.a. Abbau geschlechtlicher Segregation) ansetzen muss und letztendlich auch auf die gesellschaftliche Ebene, etwa einen Wandel politischer Repräsentation und Chancen sozialer Teilhabe, abzielen muss.

*Weiterführende Literatur*

Becker, Ruth/Kortendiek, Beate (Hrsg.) (2010). Handbuch Frauen- und Geschlechterforschung. Wiesbaden: VS (3. Auflage).

Krell, Gertraude/Ortlieb, Renate/Sieben, Barbara (Hrsg.) (2011). Chancengleichheit durch Personalpolitik. Wiesbaden: Gabler (6. Auflage).

Projektgruppe GiB (2010). Geschlechterungleichheiten im Betrieb. Arbeit, Entlohnung und Gleichstellung in der Privatwirtschaft. Berlin: Editon Sigma.

*Im Text erwähnte Quellen*

Acker, Joan (2010). Geschlecht, Rasse, und Klasse in Organisationen – die Untersuchung von Ungleichheiten aus der Perspektive der Intersektionalität. In: Feministische Studien, 27 (1), 86–98.

Alemann, Annette von (2007). Unterrepräsentanz ohne Ende? Geschlechterungleichheit bei Führungseliten der deutschen Wirtschaft. In: WSI-Mitteilungen, 9, 487–493.

Allmendinger, Jutta (2009). Frauen auf dem Sprung. Wie junge Frauen leben wollen. Bonn: Bundeszentrale für politische Bildung.

Bird, Karen (2002). Who are the Women? Effects of Gender Parity in French Municipal Elections, Manuskript, teilveröffentlicht in: Bird, Karen: Who are the Women? Effects of Gender Parity in French Municipal Elections. In: French Politics, 1 (1), 5–38.

Bundesregierung (2006). 2. Bilanz Chancengleichheit. Frauen in Führungspositionen. Berlin.

Bundesregierung (2010). Zweiter Erfahrungsbericht der Bundesregierung zum Bundesgleichstellungsgesetz. (Berichtszeitraum: 2004 bis 2009). Drucksache 17/4307. Berlin.

Butler, Judith (1991). Das Unbehagen der Geschlechter. Frankfurt: Suhrkamp.

Butler, Judith (2009). Die Macht der Geschlechternormen. Frankfurt: Suhrkamp.

Cordes, Mechtild (2008). Gleichstellungspolitiken: Von der Frauenförderung zum Gender Mainstreaming. In: Becker, Ruth/Kortendiek, Beate (Hrsg.). Handbuch Frauen- und Geschlechterforschung. Wiesbaden: VS, 916–924 (2. Auflage).

Crenshaw, Kimberlé (1991). Mapping the Margins: Intersectionality, Identity Politics, and Violence Against Women of Color. In: Stanford Law Review, 43 (6), 1241–1299.

Fraser, Nancy (2009). Lageverzeichnis der feministischen Imagination: Von Umverteilung über Anerkennung zu Repräsentation. In: Grisard, Dominique/Häberlein, Jana/Kaiser, Anelis/Saxer, Sibylle (Hrsg.). Gender in Motion. Die Konstruktion von Geschlecht in Raum und Erzählung. Frankfurt, New York: Campus, 259–280.

Funder, Maria (2011). Soziologie der Wirtschaft. Eine Einführung. München: Oldenbourg.

Gerhardt, Ute (2008). Frauenbewegung. In: Roth, Roland/Rucht, Dieter (Hrsg.). Die sozialen Bewegungen in Deutschland seit 1945. Frankfurt, New York: Campus, 187–217.

Gerhardt, Ute (2013). In den Brüchen der Zeit. 30 Jahre feministische Studien. In: Feministische Studien, 30 (1), 58–64.

Gildemeister, Regine (2008). Doing Gender: Soziale Praktiken der Geschlechterunterscheidung. In: Becker, Ruth/Kortendiek, Beate (Hrsg.). Handbuch Frauen- und Geschlechterforschung. Wiesbaden: VS, 137–145 (2. Auflage).

GWK (Gemeinsame Wissenschaftskonferenz) (2012). Chancengleichheit in Wissenschaft und Forschung. 16. Fortschreibung des Datenmaterials (2010/2011) zu Frauen in Hochschule und außerhochschulischen Forschungseinrichtungen. Heft 29. Bonn.

Haffner, Yvonne (2007). Mythen um männliche Karrieren und weibliche Leistung. Opladen: Barbara Budrich.

Hoecker, Beate (1998). Handbuch Politische Partizipation von Frauen in Europa. Opladen: Leske+Budrich.

Holst, Elke/Schimeta, Julia (2013). Frauenanteil in Topgremien großer Unternehmen nimmt geringfügig zu. Deutsches Institut für Wirtschaftsforschung. In: DIW Wochenbericht, 3, 3–14.

Holtkamp, Lars/Schnittke, Sonja/Wiechmann, Elke (2011). Die Stagnation der parlamentarischen Frauenrepräsentanz – Erklärungsansätze am Beispiel deutscher Großstädte. In: Zeitschrift für Parlamentsfragen, 42 (1), 35–40.

Jüngling, Christiane/Rastetter, Daniela (2011). Die Implementierung von Gleichstellungsmaßnahmen: Optionen, Widerstände und Erfolgsstrategien. In: Krell, Gertraude/Ortlieb, Renate/Sieben, Barbara (Hrsg.). Chancengleichheit durch Personalpolitik. Wiesbaden: Gabler, 25–40 (6. Auflage).

Kanter, Rosabeth M. (1977). Men and Women of the Corporation. New York: Basic Books.

Kinzig, Silke (2007). Auf dem Weg zur Macht? Zur Unterrepräsentation von Frauen im deutschen und U.S.-amerikanischen Regierungssystem. Wiesbaden: VS.

Kleinert, Corinna (2006). Frauen in Führungspositionen. Karriere mit Hindernissen. In: IAB-Kurzbericht, 9.

Knapp, Gudrun-Axeli (2011). Gleichheit, Differenz, Dekonstruktion und Intersektionalität. Vom Nutzen theoretischer Ansätze der Frauen- und Geschlechterforschung für die gleichstellungspolitische Praxis. In: Krell, Gertraude/Ortlieb, Renate/Sieben, Barbara (Hrsg.). Chancengleichheit durch Personalpolitik. Wiesbaden: Gabler, 71–82 (6. Auflage).

Knapp, Gudrun-Axeli (2012). Im Widerstreit. Feministische Theorie in Bewegung. Wiesbaden: VS.

Kohaut, Susanne/Möller, Iris (2009). Vereinbarungen zur Chancengleichheit. Kaum Fortschritte bei der betrieblichen Förderung. In: IAB-Kurzbericht, 26.

Krell, Gertraude (2010). Führungspositionen. In: Projektgruppe GiB (Hrsg.). Geschlechterungleichheiten im Betrieb. Arbeit, Entlohnung und Gleichstellung in der Privatwirtschaft. Berlin: Editon Sigma, 423–484.

Maschke, Manuela/Wiechmann, Elke (2010). Instrumente und Akteure betrieblicher Gleichstellungsförderung. In: Projektgruppe GiB (Hrsg.). Geschlechterungleichheiten im Betrieb. Berlin: Editon Sigma, 485–550.

Oechsler, Walter A./Klarmann, Philipp (2008). Implikationen des Allgemeinen Gleichbehandlungsgesetzes (AGG) für das Personalmanagement: Wie diskriminierungsfrei sind die personalpolitischen Instrumente? In: Krell, Gertraude/Ortlieb, Renate/ Sieben, Barbara (Hrsg.). Chancengleichheit durch Personalpolitik. Gleichstellung von Frauen und Männern in Unternehmen und Verwaltungen. Wiesbaden: Gabler, 23–38 (5. Auflage).

Pfarr, Heide (2001). Voraussetzungen für ein effektives Gleichstellungsgesetz für die Privatwirtschaft. In: Arbeit und Recht, 49 (10), 433–436.

Sauer, Birgit (2012). Intersektionalität und Staat. Ein staats- und hegemonialtheoretischer Zugang zu Intersektionalität. Download URL: (www.portal-intersektionalität.de, Zugriff: 24.5.2013).

Schimeta, Julia (2012). Einsam an der Spitze. Frauen in Führungspositionen des öffentlichen Sektors. Friedrich-Ebert-Stiftung. Berlin. Download (http://www.fes.de/ forumpug/inhalt/documents/Expertise_Internet_.pdf, Zugriff: 4.05.2013).

Sieben, Barbara/Schimmelpfeng, Oliver (2011). Forschungsskizze: Gleichstellungspolitik nach dem AGG. Eine Befragung der 100 wertschöpfungsstärksten deutschen Unternehmen. In: Krell, Gertraude/Ortlieb, Renate/Sieben, Barbara (Hrsg.). Chancengleichheit durch Personalpolitik. Wiesbaden: Gabler, 59–64 (6. Auflage).

Stiegler, Barbara/Wiechmann, Elke (2013). Zwei Säulen einer modernen kommunalen Gleichstellungspolitik. Mindestanforderungen an Landesgleichstellungsgesetze. Berlin: Friedrich-Ebert-Stiftung (i.E.).

Villa, Paula-Irene (2003). Judith Butler. Frankfurt, New York: Campus.

Villa, Paula-Irene (2008). (De)Konstruktion und Diskurs-Genealogie: Zur Position und Rezeption von Judith Butler. In: Becker, Ruth/Kortendiek, Beate (Hrsg.). Handbuch Frauen- und Geschlechterforschung. Wiesbaden: Gabler, 146–158 (2. Auflage).

Villa, Paula-Irene (2013). Subjekte und ihre Körper. Kultursoziologische Überlegungen. In: Graf, Julia/Ideler, Kristina/Klinger, Sabine (Hrsg.). Geschlecht zwischen Struktur und Subjekt. Theorie, Praxis, Perspektiven. Opladen: Barbara Budrich, 59–78.

Wiechmann, Elke (2006). Gleichstellungspolitik als Machtspiel. Eine mikropolitische Analyse der Gleichstellungspolitik in kommunalen Reorganisationsprozessen. Freiburg: Fördergemeinschaft wissenschaftlicher Publikationen von Frauen e.V.

Wiechmann, Elke (2006a). Zusammenarbeit zwischen Personalräten und Gleichstellungsbeauftragten. Arbeits- und Kooperationsbeziehungen. In: Der Personalrat, 5, 189–193.

Wiechmann, Elke/Holtkamp, Lars (2011). Politische Repräsentanz von Frauen in der Kommunalpolitik. In: Gender, 3 (3), 129–138.

Zimmer, Annette/Krimmer, Holger/Stallmann, Freia (2007). Frauen an Hochschulen: Winners among Losers. Opladen: Leske+Budrich.

# Anhang

*Angaben zu den Autor_innen der Beiträge*

Amstutz, Nathalie, Prof. Dr.; Professorin für Gender und Diversity in Organisationen an der Fachhochschule Nordwestschweiz, Hochschule für Wirtschaft, Institut für Personalmanagement und Organisation. Arbeits- und Forschungsschwerpunkte: Gender- und Diversitykulturen in Organisationen, Kommunikation und Gleichstellungs-Controlling, Begleitung organisationaler Veränderungsprozesse.

Apelt, Maja, Prof. Dr.; Professorin für Organisations- und Verwaltungssoziologie an der Universität Potsdam, Wirtschafts- und Sozialwissenschaftliche Fakultät, Arbeits- und Forschungsschwerpunkte: Organisationssoziologie, Gender-Organisationsforschung, Militär-, Gewalt-, Sicherheitsforschung, Netzwerkforschung

Dörhöfer, Steffen, Dr.; M.A. Soziologie, Vertretungsprofessur zu „Personalmanagement und Organisation" an der FH Nordhausen. Fachbereich Wirtschafts- und Sozialwissenschaften. Arbeitsschwerpunkte: Wirtschafts-, Arbeits- und Organisationssoziologie, Managementforschung, Soziologische Theorie, Geschlechterforschung.

Eberherr, Helga, Mag., Dr.; Soziologin, Senior Researcher an der Wirtschaftsuniversität Wien, Department für Management, Institut für Gender und Diversität in Organisationen. Arbeits- und Forschungsschwerpunkte: Gender-, Diversitäts- und Intersektionalitätsforschung, Organisations- und Geschlechtersoziologie, (Re-)Produktion von Ungleichheiten, Ageing, Methodologie und multidimensionale Forschungsdesigns.

Funder, Maria, Prof. Dr.; Professorin für Soziologie an der Philipps-Universität Marburg, Fachbereich 03 Gesellschaftswissenschaften und Philosophie, Institut für Soziologie, Arbeitsbereich „Soziologie der Wirtschaft und Arbeit". Arbeits- und Forschungsschwerpunkte: Arbeits- und Industriesoziologie, Wirtschaftssoziologie, Industrielle Beziehungen, Organisations- und Genderforschung.

*Anhang*

Hanappi-Egger, Edeltraud, Prof. DI Dr.; Professorin für „Gender and Diversity in Organisations" an der Wirtschaftsuniversität Wien, Department für Management, Institut für Gender und Diversität in Organisationen. Arbeits- und Forschungsschwerpunkte: Organisationsstudien zu Gender/Diversität, Gender und Technik, Feministische Ökonomie und Managementmythen.

Hofbauer, Johanna, Prof. Dr.; Außerordentliche Universitätsprofessorin am Institut für Soziologie und Empirische Sozialforschung der Wirtschaftsuniversität Wien; Lehr-, Arbeits- und Forschungsschwerpunkte: Gesellschaftstheorie, Geschlechter-, Arbeits- und Organisationsforschung.

Hofmann, Roswitha, Dr.; Hochschullektorin, Forscherin und wissenschaftliche Organisationsberaterin. Arbeits- und Forschungsschwerpunkte: Organisationsbezogene Diversitätsforschung (Geschlecht, sexuelle Orientierungen und Intersektionalität), Diversitätsmanagement und Organisationsentwicklung und Nachhaltigkeitsperspektiven, sozial-ökologische Forschung unter Diversitätsperspektiven, queer-feministische Technikforschung. www.uebergrenzendenken.at

Jüngling, Christiane, Dr. rer. nat.; Diplom-Psychologin. Psychologische Psychotherapeutin, Systemische Supervisorin (SG). Selbständig in eigener Praxis für Psychotherapie, Systemisches Coaching und Supervision. Arbeitsschwerpunkte: Mikropolitik, Gender, Frauen und Macht in Organisationen, Entscheidungsprozesse in Gruppen.

Krell, Gertraude, Prof. Dr.; Pensionierte Universitätsprofessorin für Betriebswirtschaftslehre mit dem Schwerpunkt Personalpolitik, Freie Universität Berlin, forscht, publiziert und referiert weiterhin zu den – interdependenten – Arbeitsschwerpunkten Chancengleichheit der Geschlechter, insbes. Entgelt und Führungspositionen, Verständnis und Verhältnis von Gender & Diversity, Diskursgeschichte(n) von Ökonomie sowie Emotionen in Organisationen.

Liebig, Brigitte, Prof. Dr.; Professorin für Organisational Behaviour an der Fachhochschule Nordwestschweiz, Hochschule für Angewandte Psychologie, Institut für Kooperationsforschung und -entwicklung. Arbeits- und Forschungsschwerpunkte: Arbeit, Organisation, Geschlechter- und Gleichstellungsforschung, Interprofessionelle Kooperation, Bildungs- und Hochschulforschung.

May, Florian, M.A. Soziologie; Wissenschaftlicher Mitarbeiter an der Philipps-Universität Marburg, Fachbereich 03 Gesellschaftswissenschaften und Philosophie, Institut für Soziologie, Arbeitsbereich „Soziologie der Wirtschaft und Arbeit". Arbeits- und Forschungsschwerpunkte: Arbeits- und Industriesoziologie, Organisations- und Genderforschung, kritische Männlichkeitsforschung, Organisationskultur.

Ranftl, Edeltraud, Dr.; Vertragsassistentin an der Johannes-Kepler-Universität Linz, Institut für Soziologie, Abteilung Wirtschaftssoziologie und Organisationssoziologie. Arbeits- und Forschungsschwerpunkte: Frauen- und Geschlechterforschung, Arbeits- und Industriesoziologie.

Rastetter, Daniela, Dr. rer. pol.; Professorin für Personal und Gender an der Fakultät Wirtschafts- und Sozialwissenschaften der Universität Hamburg. Arbeitsbereiche: Frauen in Führungspositionen, Emotionsarbeit im Dienstleistungsbereich, Mikropolitik, Geschlechterverhältnisse in Organisationen, Personalauswahl.

Scholz, Sylka, PD Dr.; Wissenschaftliche Mitarbeiterin an der TU Dresden, SFB 804 „Transzendenz und Gemeinsinn". Arbeits- und Forschungsschwerpunkte: Männlichkeits- und Geschlechtersoziologie, Familiensoziologie, Filmsoziologie, Methoden der qualitativen Sozialforschung.

Spaar, Regula, lic. phil.; Wissenschaftliche Mitarbeiterin an der Fachhochschule Nordwestschweiz, Hochschule für Wirtschaft, Institut für Personalmanagement und Organisation. Arbeits- und Forschungsschwerpunkte: Retention Management, Personalentwicklung, Diversity Management und Projektmanagement.

Wetzel, Ralf, Dr. rer. pol.; Associate Professor für Organization & Management, Department People & Organization, Vlerick Business School in Belgien. Arbeits- und Forschungsschwerpunkte: Organisationstheorie, Innovationsforschung und nachhaltiges Ressourcenmanagement, organisatorischer Wandel und organisationale Polyphonie.

Wiechmann, Elke, Dr.; Akademische Rätin an der Fernuniversität Hagen, Institut für Politikwissenschaft, Lehrgebiet: Politik und Verwaltung. Arbeits- und Forschungsschwerpunkte: Verwaltungsmodernisierung, Partizipations- und Organisationsforschung, lokale Politikforschung und Genderforschung.

# Personenregister

Achatz, Juliane 75, 80
Acker, Joan 61, 75, 185, 235, 300
Allaire, Yvan 274
Allmendinger, Jutta 300, 379, 437
Althusser, Louis 371
Alvesson, Mats 274
Amstutz, Nathalie 343
Andresen, Sünne 79, 284, 320
Apelt, Maja 305
Aulenbacher, Brigitte 73, 284
Baecker, Dirk 90, 111, 161
Barnard, Chester I. 36
Becker-Schmidt, Regina 30, 381
Beer, Ursula 352
Bendl, Regine 272, 354, 378, 394
Bereswill, Mechthild 295
Berger, Peter L. 200, 280
Billing, Yvonne-Due 235, 272
Blickle, Gerhard 248
Böhnisch, Lothar 295
Bourdieu, Pierre 81, 142, 298, 356, 377
Bruch, Michael 34, 132
Brunsson, Nils 47, 160, 207
Burrell, Gibson 273
Butler, Judith 98, 282, 331, 353, 364, 395, 415
Calás, Marta 70, 232, 282
Coleman, James S. 34
Collinson, David 294
Connell, Reawyn 306, 404
Crenshaw, Kimberlé 372, 415
Crozier, Michel 42
Danowitz, Mary Ann 350, 358
Davis, Kathy 373
Degele, Nina 285, 372, 375

Deutschmann, Christoph 218
DiMaggio, Paul J. 144, 199, 209
Dittmer, Cordula 305
Dölling, Irene 201, 284
Dörhöfer, Steffen 171, 184, 207, 362
Eberherr, Helga 232, 378
Elias, Norbert 301
Emirbayer, Mustafa 48, 144
Engel, Antke 396
Fenstermaker, Sarah 232, 376
Ferguson, Kathy E. 39, 71
Firsirotu, Mihaela 274
Foucault, Michel 72, 122, 282, 319, 396, 400
Fraser, Nancy 30, 417, 437
Friedberg, Erhard 42, 148
Fuchs, Peter 90, 106
Funder, Maria 58, 67, 184, 207, 354, 362
Giddens, Anthony 48, 166, 233, 377
Gottschall, Karin 376
Hagemann-White, Carol 167
Hanappi-Egger, Edeltraut 230, 232, 271, 358
Harlow, Elisabeth 272
Hearn, Jeff 294
Heintz, Bettina 167, 210, 236, 285, 379
Hill Collins, Patricia 352, 372
Hirschauer, Stefan 39, 236, 284
Hochschild, Arlie Russell 246, 253, 277
Hofbauer, Johanna 58, 61, 156, 185, 232
Hofmann, Roswitha 230
Holgersson, Charlotte 379
Holtgrewe, Ursula 58, 61, 69

*Personenregister*

Holvino, Evangelina 380
Höyng, Stephan 309
Itzin, Catherine 272
Janowitz, Morris 304
Jarzabkowski, Paula 170, 173
Kanter, Rosabeth M. 61, 148, 159, 213, 330, 432
Klarsfeld, Alain 348
Knapp, Gudrun-Axeli 413
Krell, Gertraude 320, 331, 335, 359, 434
Liebig, Brigitte 151
Lorber, Judith 67, 70, 157, 159
Luckmann, Thomas 200, 280
Luhmann, Niklas 32, 41, 89, 200, 205, 295, 299
Martin, Patricia Y. 185
Mayo, Elton 38
McCall, Leslie 373
Meuser, Michael 308, 321
Meyer, John 46, 200, 216
Morgan, Gareth 36, 43, 319
Müller, Ursula 48, 196
Nadai, Eva 167, 285
Nentwich, Julia C. 219
Neuberger, Oswald 249
Newman, Janet 272
Nkomo, Stella 331
Ortmann, Günther 33, 48, 148
Pasero, Ursula 80, 90, 100
Polanyi, Michael 179, 281

Powell, Walter W. 144, 200, 210
Pringle, Rosemary 68
Rastetter, Daniela 248, 278, 437
Ridgeway, Cecilia 78, 153
Riegraf, Birgit 73, 248
Rowan, Brian 46, 200, 216
Savage, Mike 69, 79
Schein, Edgar 274
Schlamelcher, Ulrike 283
Scholz, Sylka 295
Scott, W. Richard 35, 48, 201
Selznick, Philip 36
Sennett, Richard 307
Smircich, Linda 279, 286
Sydow, Jörg 33, 48, 170
Taylor, Frederick W. 36
Tolbert, Pamela S. 199, 217
Türk, Klaus 123, 132, 195, 200, 215
Vedder, Günther 329, 345
Weber, Max 33, 60, 68, 201, 250, 273
Weick, Karl E. 148, 176, 228
Weinbach, Christine 90, 100, 110
West, Candace 232, 376
Wetterer, Angelika 81, 184, 321, 362
Wilz, Sylvia M. 59, 78, 233
Winker, Gabriele 285, 372
Witz, Anne 69, 73, 79
Zanoni, Patrizia 331, 380
Zimmerman, Don H. 232, 376
Zucker, Lynne G. 200, 202, 217

# Stichwortregister

Action 46, 207, 363, *siehe auch* Talk
Affirmative Action 61, 322, 344
Ambiguity failure 112
Antidiskriminierung 336, 344, 370, 389, 413
– Antidiskriminierungsgesetz 334, 400, 415
– Antidiskriminierungspolitik 390
Arbeit
– Arbeitsmarkt 61, 70, 271, 344, 346, 354
– Arbeitsorganisation(en) 34, 146, 156, 271, 411, *siehe auch* Erwerbsorganisation(en)
– Arbeitsteilung 30, 77, 142, 201, 351, 389, 396, 428
Autopoiesis 111

Bisexualität 399
Bürokratie 68, 148, 201
– Bürokratietheorie 33, 68
Business Case 325

Chancengleichheit 29, 208, 239, 346, 388, 400, 422, 437
Class 321, 334, 351, 371, 416
Cultural Turn 271

Differenz
– Differenzstrukturen 355
– Differenzverhältnisse 401
Diskriminierung(en) 66, 210, 321, 344, 372, 388, 416
Diskurs
– Diskursfeld 320
– Diskursgeschichte 319
– Diskursive Praktiken 71, 125, 319
Diversity
– Dimension(en) 226, 234, 399

– Diversity Management 172, 216, 320, 343
– Diversity Policies 333, 347
– Diversitykultur 355
Doing Difference 225, 245
Doing Gender 51, 81, 102, 167, 228, 232, 282, 361, 415
Doing Masculinity 296, 301
Dualität von Struktur 49, 166

Egalitätsmythos 46, 184, 195, 207, 216
Eigenlogik(en) 33, 171, 271, 287
Emotion
– Emotionsarbeit 245, 278
– Emotionsmanagement 245, 255, 264
– Emotionsregulation 245, 251, 261
Entkopplung 46, 205
Erwerb
– Erwerbsorganisation(en) 33, 296, *siehe auch* Arbeitsorganisation(en)
– Erwerbssystem 34
Essentialismus, strategischer 382
Ethnie 37, 152, 295, 325, 354, 415
Ethnizität 159, 348, 370
Exklusion 37, 104, 116, 136, 351
– Exklusionsmechanismen 395, 398
– soziale 29
– strukturelle 95
– systemische 361

Familienernährerrolle 310
Feminisierung 63, 432
Feminismus 319, 372, 416
– liberaler 70
– radikaler 74
– sozialistischer 79
Flexibilisierung 74, 146
Formalstruktur(en) 46, 109, 175, 207, 304

449

*Stichwortregister*

Führungskräfte 66, 233, 245, 309, 420
Führungspositionen 63, 142, 157, 249, 255, 286, 413, 419, 434
Funktionale Differenzierung 32, 91, 104, 295, 311
Gender Mainstreaming 108, 172, 320, 330, 347, 390
Gender Pay Gap 389
Gendered Organization 59, 76, 171, 185, 282
Geschlecht
- Geschlechterdemokratie 411, 427, 437
- Geschlechtergleichstellung 271, 279, 309, 335, 387
- Geschlechterhierarchie(n) 135, 230, 322, 396, 413
- Geschlechterkategorie 31
- Geschlechterkultur(en) 58, 151, 286, 355
- Geschlechtersegregation 40, 143, 150
- Geschlechtersoziologie 32, 171
- Geschlechterstereotype 30, 39, 76, 146, 245, 264, 322
- Geschlechterungleichheit(en) 30, 40, 67, 106, 142, 172, 185, 196, 208, 239, 390, 423
- Geschlechtlichkeit 100, 395, 404
- Geschlechtsneutralität 37, 59, 305
Glass Ceiling 67, 360
Glass Escalator 67
Glass Wall(s) 67
Gleichstellung
- Gleichstellungsdiskurse 350
- Gleichstellungspolitik(en) 130, 161, 208, 216, 248, 271, 310, 336, 345, 391, 413
Gouvernementalität 125
Grenzziehung(en)
- Erwerbs-/Privatleben 64, 69, 133, 284, 380, 396
- organisationale 49, 157
Habitus 143, 148, 161, 298, 305, 400

Hausarbeit 396
Hegemonie 297, 302, 311
- hegemoniale Männlichkeit 298, 306
Herrschaftsmatrix 351, 364
Heteronormativität 136, 201, 375, 397, 405
Heterosexualität 99, 353, 375, 395
Heterosexuelle Matrix 354, 364
Hierarchie
- flache 33, 207, 310
- hierarchische Arbeitsteilung 354, 396
Human Relations 273
Human Resource Management 172
Humankapital 212, 321
Informelle Struktur(en) 36, 77, 206, 208, 300
Institutionalismus 198, 331
- diskursiver 218
Interdependenz(en) 31, 44, 51, 182, 196, 215, 397
Interpretative Soziologie 168
Intersektionalität 78, 285, 321, 325, 344, 351, 369, 382, 412, 415
Isomorphie 205, 210, 363
Isomorphismus/Isomorphism
- coercive 211
- institutioneller/institutional 210, 217
- mimetic 211
- normative 211
Kapital 143, 149
- bürokratisches 150
- emotionales 255
- kulturelles 149
- ökonomisches 149
- soziales 149
- symbolisches 149
Karrierechancen 30, 432, 436
Klasse 159, 295, 321, 354, 370, 415
Konstruktion (von Geschlecht) 52, 59, 77, 131, 231, 234, 278, 284, 294, 331, 376, 396, 403

450

Kontextualität 134, 167, 185, 235, 374, 381
Kontingenz(en) 236, 275, 374
Körper 79, 90, 103, 115, 126, 130, 233, 246, 250, 261, 306, 375
- Körperlichkeit 79, 250, 261
Kulturelle Artefakte 275
Lebenspraxen 402
Legitimität 46, 78, 104, 160, 202, 279, 363, 389
- Legitimationschancen 34
Leistung
- Leistungsdruck 64
- Leistungsfähigkeit 34, 161
- Leistungsregime 400
Machtfeld(er) 147, 157
Makroebene 49, 51, 72, 144, 161, 215, 355, 376
Management
- Managementpraxis 398
- Managementstrategie(n) 343, 390, 398
Managing Diversity 63, 320
Männerbund 301
- männerbündisch 294, 300, 309
Männlichkeit
- Männlichkeitsforschung 294, 305
- Männlichkeitsnorm(en) 304
Mehrebenenanalyse(n) 377, 381
Mesoebene 49, 51, 144, 161, 171, 215, 344, 355, 376, 438
Migration 350
- Arbeitsmigration 402
- Migrationshintergrund 354
- Migrationspolitik(en) 349, 355
Mikroebene 49, 51, 144, 161, 171, 215, 355, 376, 437
Mikropolitik 42, 48, 58, 170, 245
Monitoring 360
Mythenspirale 197, 218
Neo-Institutionalismus 45, 52, 195, 362
Normalarbeitskraft 37, 396

Organisation
- organisationale Praktiken 176, 183, 226, 231, 371, 401
- organisationale(s) Feld(er) 144, 202, 210
Organisationsforschung 29, 58, 122, 142, 195, 230, 250, 271, 294, 371, 397
Organisationsgesellschaft 35
Organisationskultur(en) 151, 233, 273, 305, 328, 343, 357, 361, 396
- Organisationskulturforschung 271
Organisationssoziologie 29, 35, 48, 59, 72, 131, 196, 271
Patriarchat 70
Performative Praktiken 396
Persistenz 40, 106, 196, 239, 328
Personalpolitik 111, 216, 322, 326, 345
- Personalressourcen 345
Produktionssphäre 76
Prozessorientierte Organisationstheorie 51, 225
Queer
- Queer Studies 131
- Queer Theorie/Queer Theory 374, 395, 403
- Queer-theoretische Perspektiven 373, 387
- Queer-theoretisches Konzept 136
Race 64, 321, 334, 349, 351, 371, 416
Rationale Organisation(en) 36, 71, 147, 160, 273
Rationalität
- Rationalitätsfassaden 46, 205
- Rationalitätsmythen 202
- Rationalprinzip 36
Reflexivität 49, 152, 169, 172
- Selbstreflexivität 255, 264
Regierungsdispositiv 122, 131
Rekonfigurationsprozesse 51, 196
Reproduktion
- Reproduktionsarbeit 135
- Reproduktionssphäre 76

451

Resistenzen 343, 358, 360
Rhetorische Modernisierung 184, 321, 362
Segregation (geschlechtliche)
– horizontale 40, 60, 357
– vertikale 40, 60, 357
Sensemaking 228, 238
Sexismus 67, 325, 397, 405
Sexualität/Sexuality 69, 77, 122, 126, 306, 352, 371, 395
– sexuelle Orientierung(en) 225, 285, 328, 348, 370, 375, 395, 399
Sexuelle Belästigung(en) 67, 261, 388, 393
Soft Skills 40, 256, 308
Sozialisation 60, 152, 253, 296, 302, 413, 428
– Sozialisationsprozesse 251
Strukturation
– reflexive 35, 49, 166, 171
– Strukturationstheorie 48, 167, 218
Symbolische Gewalt 142
Symbolische Herrschaft 144

Systeme
– natürliche 32, 40
– offene 32, 45
– rationale 31, 35
– soziale 32, 35, 40, 100, 169, 299
Systemtheorie 89, 98, 117, 299

Talk 46, 207, 363, *siehe auch* Action
Technologien des Selbst 126, 400

Undoing Difference 225
Undoing Gender 183, 236
Ungleichbehandlung(en) 40, 106, 395
Ungleichheit
– Ungleichheitsregime 78
– Ungleichheitsstrukturen 107, 351
Unsicherheitszone(n) 43, 250, 257, 263, 308

Vergeschlechtlichung 59, 77, 133, 400

Weiblichkeit 65, 71, 252, 295

Zweckrationalität 36
Zweigeschlechtlichkeit 39, 51, 76, 99, 201, 333, 397, 400, 414